Literarischer Anzeiger
zu den
Entscheidungen des Reichsgerichts.
Verlag von **Veit & Comp.** in Leipzig.

№ Der „Literarische Anzeiger" erscheint in zwanglosen Nummern und bildet eine unentgeltliche Beilage der Entscheidungen des Reichsgerichts in Zivilsachen und in Strafsachen. Für seinen Inhalt ist ausschließlich die Verlagsbuchhandlung verantwortlich. Preis der einmal gespaltenen Petitzeile 60 Pf. 58/59.

Verlag von Franz Vahlen, Berlin W. 8.

Entscheidungen des Reichsmilitärgerichts. Herausgegeben von den Senatspräsidenten und dem Obermilitäranwalt unter Mitwirkung der juristischen Mitglieder der Senate und der Mitglieder der Militäranwaltschaft. 6. Bd. 1904. Geh. 4 M., geb. 5,20 M.

Brachvogel-Frydrychowicz. — Handbuch des Grundbuchrechts, enthaltend die auf das materielle und formelle Grundbuchrecht sich beziehenden Gesetze, Verordnungen und Ausführungsbestimmungen mit Anmerkungen, für die Praxis zusammengestellt von den Amtsgerichtsräten Brachvogel und Frydrychowicz. 1901. Geh. 8 M., geb. 9,50 M.

Goldmann. — Das Handelsgesetzbuch vom 10. Mai 1897 erläutert von S. Goldmann, Justizrat, Rechtsanwalt am Landgericht I in Berlin und Notar. Erster Band. Geh. 9 M., geb. 11 M. Zweiter Band (Lfg. 1—7 bis § 287) geh. 14 M.

Goldmann-Lilienthal. — Das bürgerliche Gesetzbuch systematisch dargestellt von E. Goldmann und L. Lilienthal, Rechtsanwälten in Berlin. Erster Band. Zweite Auflage. 1903. Geh. 19 M., geb. 21 M. Zweiter Band, Abt. 1. 1905. 3 M.

Jaeckel. — Reichsgesetz über die Zwangsversteigerung und die Zwangsverwaltung vom 24. März 1897 (Fassung v. 1898) nebst dem Einführungsgesetz und den für Preußen ergangenen Ausführungs- und Kostenbestimmungen. Mit einem ausführlichen Kommentar von Dr. Paul Jaeckel, Reichsgerichtsrat. Zweite, neubearbeitete Auflage. 1904. Geh. 15 M., geb. 17 M.

— Textausgabe mit Anmerkungen rc. Dritte Auflage. 1904. 1,50 M.

Isay. — Patentgesetz und Gesetz, betr. den Schutz von Gebrauchsmustern. Systematisch erläutert von Dr. Hermann Isay, Rechtsanwalt am Kammergericht. 1903. Geh. 11 M., geb. 13 M.

Kleinfeller. — Lehrbuch des deutschen Zivilprozeßrechts. Für das akademische Studium von Dr. Georg Kleinfeller, o. ö. Professor der Rechte in Kiel. 1905. Geh. 12 M., geb. 13 M.

Koffka. — Kommentar zum Gesetz über die Enteignung von Grundeigentum vom 11. Juni 1874 nebst den dazu erlassenen Bestimmungen des Ausführungsgesetzes zum Reichsgesetz über die Zwangsversteigerung und die Zwangsverwaltung unter Berücksichtigung der einschlägigen Vorschriften des Fluchtliniengesetzes von Emil Koffka, Justizrat. 1905. Geh. 6,80 M., geb. 7,80 M.

Krobitzsch. — Die Verfügung in Strafsachen. (Strafverfolgung und Strafvollstreckung.) Ein praktisches Handbuch für den staatsanwaltlichen Dienst. Unter Berücksichtigung der gegebenen Literatur und Judikatur, sowie unter Anführung zahlreicher Beispiele bearbeitet von Krobitzsch, Landgerichts-Präsident. Zweite, neubearbeitete Auflage. 1903. Geh. 8 M., geb. 9 M.

Mügel. — Die preußischen Kostengesetze vom 25. Juni 1895 (Fassung vom 6. Oktober 1899). Preuß. Gerichtskostengesetz und Gebührenordnung für Notare. Mit Kommentar in Anmerkungen und mit Kostentabellen, herausgeg. von Oskar Mügel, Geh. Oberjustizrat usw. Vierte Auflage. 1904. Geh. 11 M., geb. 13 M.

Neumann. — Handausgabe des Bürgerlichen Gesetzbuchs unter Berücksichtigung der sonstigen Reichsgesetze und der Gesetzgebungen aller Bundesstaaten insbesondere Preußens für Studium und Praxis bearbeitet von Dr. H. Neumann, Rechtsanwalt am Kammergericht. Dritte Auflage. 3 Bände. 1903. Geh. 26 M., geb. 31 M.

Olshausen. — Kommentar zum Strafgesetzbuch für das Deutsche Reich einschließlich der Strafbestimmungen der Konkursordnung. Von Dr. Justus Olshausen, Oberreichsanwalt. Siebente Auflage, neubearbeitet unter Mitwirkung von Dr. A. Zweigert, Reichsanwalt. Erster Band. 1905. Geh. 16,50 M., geb. 19 M.

v. Rheinbaben. — Die preußischen Disziplinargesetze. Unter Benutzung des einschlägigen amtlichen Materials erläutert von Paul von Rheinbaben, Geh. Oberregierungsrat und vortr. Rat beim Königl. Staatsministerium. 1904. Geh. 14 M., geb. 16 M.

Skonietzki u. Gelpcke. — Zivilprozeßordnung und Gerichtsverfassungsgesetz für das Deutsche Reich nebst den Einführungsgesetzen und den Preußischen Ausführungsgesetzen auf Grund der Rechtsprechung erläutert von Richard Skonietzki, Reichsgerichtsrat, und Dr. Max Gelpcke, Rechtsanwalt und Notar. Erste Lieferung. 1905. Geh. 3 M.

v. Wilmowski. — Deutsche Reichs-Konkursordnung erläutert von Dr. G. v. Wilmowski, Geheimer Justizrat. Nach dem Tode des Verfassers fortgesetzt von Dr. Kurlbaum, Oberlandesgerichts-Präsident, A. Kurlbaum, Rechtsanwalt und W. Kühne, Rechtsanwalt. Sechste, umgearbeitete Auflage. Liefg. 1—5 (bis § 201). Geh. 10,70 M.

Druck von Metzger & Wittig in Leipzig.

Entscheidungen

des

Reichsgerichts.

Herausgegeben

von

**den Mitgliedern des Gerichtshofes
und der Reichsanwaltschaft.**

Entscheidungen in Zivilsachen.

Neue Folge.

Neunter Band.

Der ganzen Reihe neunundfünfzigster Band.

Leipzig.
Verlag von Veit & Comp.
1905

Entscheidungen

des

Reichsgerichts

in

Zivilsachen.

Neue Folge.

Neunter Band.

Der ganzen Reihe neunundfünfzigster Band.

Leipzig,
Verlag von Veit & Comp.
1905

Druck von Metzger & Wittig in Leipzig.

Inhalt.

I. Reichsrecht.

II. Gemeines Recht.

III. Preußisches Recht.

IV. Prozeßrecht.

1. Kann eine Handlung auch dann zu Zwecken des Wettbewerbes im Sinne des § 6 des Gesetzes zur Bekämpfung des unlauteren Wettbewerbes vom 27. Mai 1896 dienen, wenn der Handelnde mit ihr nur den Verlust eigener Kunden in seinem Erwerbsgeschäfte verhindern will?

II. Zivilsenat. Urt. v. 20. September 1904 i. S. M., La R. & Co. (Kl.) w. Aktienges. Deutsche Kognak-Brennerei (Bekl.). Rep. II. 580/03.

I. Landgericht Chemnitz.
II. Oberlandesgericht Dresden.

Die Beklagte, welche, wie die Klägerin, Kognak herstellt, richtete an den Kaufmann M. in C. einen Brief, in dem folgender Passus vorkommt: „Wir raten Ihnen, in Zukunft alles zu unterlassen, was angetan wäre, unser Interesse zu beeinträchtigen, wenn Sie nicht wünschen, daß wir Sie deshalb verklagen und überdies über das geschäftliche Gebaren einer Firma, für die Sie Sich sehr interessieren, verbürgte und authentische, durch Staatsanwaltschaft und sonstige Behörden festgestellte interessante Mitteilungen in die Kundschaft gelangen lassen." Die in diesem Schreiben gemeinte Klägerin erhob Unterlassungsklage gegen die Beklagte und stützte dieselbe unter anderem auf § 6 des Gesetzes zur Bekämpfung des unlauteren Wettbewerbes vom 27. Mai 1896. Die Klage wurde in erster und zweiter Instanz abgewiesen. Das Reichsgericht hat das Berufungsurteil aufgehoben und die Sache an das Berufungsgericht zurückverwiesen aus folgenden hier in Betracht kommenden

Gründen:

„Den Inhalt des unter dem 3. Dezember 1902 von der Beklagten an M. gerichteten Briefes legt das Berufungsgericht dahin aus, es sei die Tatsache behauptet, daß die Staatsanwaltschaft und andere Behörden gewisse, nicht mitgeteilte Tatsachen festgestellt, also als wahr ermittelt hätten, welche das geschäftliche Gebaren der Klägerin beträfen und geeignet seien, die Klägerin bei ihrer Kundschaft bloßzustellen und Nachteile für den Absatz, also für den Erwerb der Klägerin herbeizuführen....

In erster Linie hat die Klägerin den von ihr erhobenen Unterlassungsanspruch auf § 6 des Gesetzes zur Bekämpfung des unlauteren Wettbewerbes vom 27. Mai 1896 gestützt, welcher im Abs. 1 diesen Anspruch ausdrücklich zuläßt. Die Anwendung dieser Gesetzesstelle, deren übrige Voraussetzungen es für gegeben erachtet, hat das Berufungsgericht deshalb abgelehnt, weil die Beklagte die in Rede stehende Behauptung nicht zu Zwecken des Wettbewerbes, nämlich nicht in der Absicht aufgestellt habe, den M. zum Abbruche seiner Geschäftsbeziehungen zur Klägerin zu bestimmen. Hierzu führt das Berufungsgericht aus, es genüge nicht, daß die Äußerung aus Anlaß des Konkurrenzkampfes der Parteien und zu dem Zwecke gefallen sei, Gerüchte niederzuhalten, welche der Beklagten nachteilig seien, vielmehr müsse ihr Zweck sein, das Absatzgebiet der Klägerin zu schmälern. Diese Auffassung wurde von der Revisionsklägerin zutreffend als rechtsirrig bezeichnet. Der erkennende Senat hat bereits in einer früheren Entscheidung — vom 9. Dezember 1898, Rep. II. 266/98 — ausgesprochen, die Abwehr unlauteren Wettbewerbes des Klägers schließe an sich nicht aus, daß die Handlung des Beklagten „zu Zwecken des Wettbewerbes" erfolgt sei, indem sie solchen Zwecken auch dann diene, wenn damit gegenüber unlauteren Wettbewerbshandlungen des Klägers von dem Beklagten der Verlust eigener Kunden in seinem Erwerbsgeschäfte verhindert werden solle; denn auch in diesem Falle diene die Handlung des Beklagten der Förderung seines Interesses in seinem Erwerbsgeschäfte behufs Wettbewerbes mit anderen Erwerbsgeschäften gleicher Art. An dieser Rechtsanschauung hält der Senat auch in dem gegenwärtigen Falle fest. Daraus ergibt sich, daß das Berufungsgericht mit Unrecht unterlassen hat, die Äußerung der Beklagten nach der Richtung hin zu prüfen, ob sie nicht aus dem hervorgehobenen rechtlichen Gesichtspunkt als zu Zwecken des Wettbewerbes geschehen anzusehen sei." ...

2. Schließt § 49 Abs. 2 G.K.G. auch den Ansatz der in dem Abs. 1 des § 49 allgemein vorgeschriebenen Erhöhung der Beweisgebühr in der Berufungsinstanz um ein Viertel aus?

G.K.G. § 49 Abss. 1. u. 2.

II. Zivilsenat. Beschl. v. 20. September 1904 i. S. Stadtgemeinde Mannheim (Kl.) w. H. u. Gen. (Bekl.). Beschw.-Rep. II. 127/04.

I. Oberlandesgericht Karlsruhe.

Die vorstehende Rechtsfrage wurde verneint aus folgenden

Gründen:

... „Der § 49 Abs. 1 G.K.G. enthält die allgemeine Vorschrift, daß sich in der Berufungsinstanz die Gebührenansätze um ein Viertel erhöhen; § 49 Abs. 2 bestimmt weiter: „Für eine Beweisanordnung sowie Beweisaufnahme in der Berufungsinstanz, welche nur auf Grund der in der ersten Instanz vorgebrachten Tatsachen und Beweismittel erfolgt, kommt eine Beweisgebühr nicht zur Erhebung, soweit eine solche rücksichtlich desselben Streitgegenstandes schon in der ersten Instanz zu erheben war." Der Wortlaut der erst bei der Beratung im Reichstage ohne nähere Begründung angefügten Vorschrift des Abs. 2 kann allerdings zu Zweifeln Anlaß geben. Wenn es dort heißt, daß für eine Beweisanordnung und Beweisaufnahme .... eine Beweisgebühr nicht zur Erhebung kommt, soweit eine solche rücksichtlich desselben Streitgegenstandes schon in der ersten Instanz zu erheben war, so könnte das allerdings bedeuten, daß auch die in dem Abs. 1 des § 49 allgemein vorgeschriebene Erhöhung der Beweisgebühr in der Berufungsinstanz nicht erhoben werden dürfe; das aus dem Worte „soweit" etwa abzuleitende Bedenken wäre ferner nach dem übrigen Zusammenhange jenes beschränkenden Zusatzes unschwer zu beseitigen. Pfafferoth macht für diese von ihm, abweichend von den früheren Auflagen, in den beiden letzten Auflagen — 8. Aufl. S. 242/243 — vertretene Auslegung geltend, die Vorschrift des § 49 Abs. 2 beabsichtige offenbar im Hinblick auf § 6 G.K.G. den Parteien eine Kostenvermehrung in dem Falle zu ersparen, daß ihrer Beweisantretung in erster Instanz nur teilweise oder in ungenügender Weise entsprochen worden sei, und demzufolge in zweiter Instanz eine Ergänzung und Wiederholung der

Beweisaufnahme erfolgen müsse, die, wenn sie in erster Instanz stattgefunden hätte, dort von der ohnehin darin erwachsenen Beweisgebühr gemäß § 28 G.K.G. mitvergütet worden wäre; sie sei deshalb dahin auszulegen, daß die Beweisgebühr in der Berufungsinstanz ganz wegfalle, wenn die übrigen Voraussetzungen in § 49 Abs. 2 vorliegen.

Ganz ungezwungen läßt aber auch jene Vorschrift die Auslegung zu, daß eine Beweisgebühr insoweit nicht zur Erhebung komme, als eine solche rücksichtlich desselben Streitgegenstandes schon in der ersten Instanz zu erheben war, und daß sie somit nur ausspreche, daß immer nur die in erster Instanz erhobene Beweisgebühr auf die an sich sonst in der Berufungsinstanz zu erhebende Gebühr anzurechnen sei. Der erkennende Senat tritt der letzteren Auffassung bei, für welche überwiegende innere Gründe sprechen. Danach soll aus Erwägungen allgemeiner Billigkeit nicht in erster Instanz und in der Berufungsinstanz die ganze Beweisgebühr erhoben, sondern die in erster Instanz erhobene Beweisgebühr auf die Beweisgebühr der Berufungsinstanz angerechnet werden. Soweit Pfafferoth unter Bezugnahme auf § 6 G.K.G. die Zweckbestimmung der Vorschrift darin findet, den Parteien, wenn ihren Beweisanträgen in der unteren Instanz ungenügend entsprochen sei, eine Kostenvermehrung zu ersparen, so gibt er der Vorschrift durch Heranziehen des § 6 a. a. O. eine Tragweite, die ihr nicht zukommt, um so mehr als sie bei ihrer unbeschränkten Fassung in gleichem Maße überall dort anzuwenden ist, wo die Voraussetzung des § 6 nicht vorliegen kann, und folgeweise ihre angebliche Zweckbestimmung nicht zutreffen würde.

Für die hier vertretene Auslegung hat sich in der Literatur Rittmann, Das Deutsche Gerichtskostengesetz 2. Aufl. zu § 49 Abs. 2 S. 272 a. E. unter Nr. 4, ausgesprochen; sie wird vertreten in einem Beschlusse des I. Zivilsenats des Reichsgerichts vom 21. November 1885, Beschw.-Rep. I. 76/85 — abgedruckt Jurist. Wochenschr. 1886 S. 13 Nr. 17, Bolze, Bd. 2 Nr. 1476, Bureaubl. 1886 S. 7. (Dadurch, daß bei dem Abdruck in der Jurist. Wochenschr. als Datum dieses Beschlusses aus Versehen der 28. September — das Datum des angefochtenen Beschlusses — angegeben war, werden in der Literatur zwei Beschlüsse des I. Zivilsenats, vom 28. September und 21. November 1885, zitiert; in Wirklichkeit ist nur der eine Beschluß vom 21. November 1885 ergangen.) In gleichem Sinne hat sich auch der erkennende Senat schon früher in einem Beschlusse vom 27. April 1897 — Beschw.-Rep. II. 64/97 — ausgesprochen. Im weiteren soll wegen seiner beachtenswerten Begründung noch auf einen Beschluß des Oberlandesgerichts Hamburg — III. Zivilsenats — vom 6. Dezember 1900 (Rechtspr. d. O.L.G. Bd. 4 Nr. 91 S. 191) verwiesen werden.

Pfafferoth a. a. O. und ein ihm folgender Beschluß des II. Zivilsenats des Oberlandesgerichts Hamburg — Hans. G.-Z. Bbl. 1900 Nr. 150 — glauben sich für ihre Auffassung noch auf einen Beschluß des III. Zivilsenats des Reichsgerichts vom 15. Januar 1897, Beschw.-Rep. III. 1/97 (Jurist. Wochenschr. 1897 S. 111 Nr. 24) berufen zu können, indessen mit Unrecht. Dort war nur die Frage zu entscheiden, ob unter „Beweismittel" in § 49 Abs. 2 die allgemeinen Beweiskategorien zu verstehen seien, und danach diese Vorschrift schon dann Anwendung finde, wenn über dieselbe Tatsache, über welche in erster Instanz Zeugen vernommen waren, in der Berufungsinstanz neue Zeugen vernommen wurden. Mit Recht hat der III. Zivilsenat diese Frage verneint. Seine allgemein gefaßte Begründung rechtfertigt in keiner Weise die Annahme, daß er zu der hier streitigen Frage Stellung zu nehmen und sie in einem von der älteren Praxis des Reichsgerichts abweichenden Sinne zu entscheiden beabsichtigte." ...

3. Schulpatronat. Ist der Rechtsweg zulässig über das Präsentationsrecht bei Besetzung von Lehrerstellen an Volksschulen?

IV. Zivilsenat. Urt. v. 22. September 1904 i. S. Katholische Kirchengemeinde und Stadtgemeinde A. (Kl.) w. Regierung zu M. (Bekl.). Rep. IV. 7/04.

I. Landgericht Münster.
II. Oberlandesgericht Hamm.

Die Klägerinnen nahmen, und zwar die Kirchengemeinde für ihren Pfarrer, die Stadtgemeinde für ihre Bürgermeisterei, das Recht in Anspruch, gemeinschaftlich der Beklagten den ersten Lehrer und die erste Lehrerin an der katholischen Volksschule in A. bei eintretender Stellenerledigung zu präsentieren. Es wurde gestützt auf Erwerb durch 44jährige Ersitzung, überdies aber auf ausdrückliche Anerkenntnisse, die die Beklagte in Verfügungen aus den Jahren 1844 und 1860 abgegeben habe. Die Beklagte nahm das Recht der Anstellung der Volksschullehrer als ein ausschließlich dem Staate zustehendes, von ihr auszuübendes Hoheitsrecht in Anspruch, das der Ersitzung entzogen sei. Sie bestritt aber auch die Ersitzung und die behaupteten Anerkenntnisse. Das Landgericht traf zugunsten der Klägerinnen die begehrte Feststellung, wiewohl unter Beschränkung auf die Stelle des ersten Lehrers — nicht auch der ersten Lehrerin. Auf Berufung der Beklagten wies das Oberlandesgericht die Klage ganz ab. Die Revision der Klägerinnen ist mit der Maßgabe zurückgewiesen, daß die Klage wegen Unzulässigkeit des Rechtsweges abgewiesen werde.

Gründe:

„Wäre die Verfolgung des behaupteten Rechts im Wege des Zivilprozesses überhaupt zulässig, so würde, wie das Reichsgericht bereits wiederholt, zuletzt in der Sache Herzog von Arenberg gegen die Regierung zu Münster, Rep. IV. 45/89, anerkannt hat, nicht zu beanstanden sein, daß die Klage gegen die zuständige Regierung als Prozeßpartei gerichtet worden ist. Allein dem Berufungsrichter ist darin beizustimmen, wenn er — ohne freilich diesen Gedanken folgerichtig durchzuführen — das streitige Recht als einen Anspruch bezeichnet, der lediglich öffentlichrechtlicher Natur ist, außerhalb des Privatrechts steht und daher nicht im Privatrechtsstreite verfolgt werden kann. Gemäß § 22 A.L.R. II. 12 kommt die Bestellung der Schullehrer in der Regel der Gerichtsobrigkeit zu. Auch nach Aufhebung der Gerichtsbarkeit ist für das Gebiet des Volksschulwesens daran festzuhalten, daß die hieraus, d. h. die aus der städtischen oder ländlichen Gutsherrlichkeit, fließenden Rechte, insbesondere das Recht zur Besetzung der Lehrerstellen, Privaten oder Gemeinden grundsätzlich noch heute zustehen, sofern sie ehedem im Besitze der Gerichtsobrigkeit gewesen sind. Dieses Anstellungsrecht ist gemeint, so oft in älteren Gesetzen und Verordnungen vom Schulpatronat die Rede ist. Ein eigentliches, dem Kirchenpatronat ähnliches Schulpatronat besteht nicht. Auch wo zwischen „Privatpatronatsschulstellen“ und „Schulstellen landesherrlichen Patronats“ unterschieden wird, sind unter den ersteren nur solche Stellen zu verstehen, bezüglich deren das Anstellungsrecht Privatpersonen oder Korporationen zusteht. Überall, wo dies nicht der Fall ist, steht das als landesherrliches Patronat bezeichnete Anstellungsrecht dem Staate zu. Hierin ist weder durch die Verfassungsurkunde vom Jahre 1850 (Artt. 24. 26. 112), noch durch das Schulaufsichtsgesetz vom 11. März 1872 etwas geändert. Wenn § 18 der Geschäftsinstruktion für die Regierungen vom 23. Oktober 1817 bestimmt: „ihr gebührt a. die Besetzung sämtlicher dem landesherrlichen Patronatsrechte unterworfenen geistlichen und Schullehrerstellen, sowie die Bestätigung der von Privatpatronen und Gemeinden dazu erwählten Subjekte", so ist damit anerkannt, daß es Private wie Gemeinden geben kann, denen zwar nicht mehr die Anstellung, wie in § 22 A.L.R. II. 12 bestimmt war, aber doch die Wahl der Lehrer, oder richtiger, da hierzu Bestätigung der Gewählten vorbehalten wird, ein Vorschlags- oder Präsentationsrecht zusteht. Soweit dies nicht der Fall ist, bleibt dagegen die Stellenbesetzung ausschließlich dem Staate vorbehalten, der sie durch die Regierungen als seine Organe ausübt. Behauptet also jemand, daß ihm für Besetzung einer Lehrerstelle ein Vorschlagsrecht zustehe, so beschränkt er damit das freie Anstellungsrecht des Staates, und es fragt sich, ob der Streit hierüber im ordentlichen Rechtswege ausgetragen werden kann.

Das Reichsgericht hat in ständiger Rechtsprechung daran festgehalten, daß die Entscheidung darüber, ob es sich im Streitfalle um eine „bürgerliche Rechtsstreitigkeit" handle, und ob hierfür die Zuständigkeit von Verwaltungsbehörden oder Verwaltungsgerichten begründet sei (§ 13 G.V.G.), in Ermangelung reichsrechtlicher Vorschriften zunächst aus dem maßgebenden Landesrechte zu gewinnen sei. Irgendwelche Verwaltungsinstanzen sind zur Entscheidung von Streitigkeiten der vorliegenden Art ausdrücklich nicht berufen. Die „Schulangelegenheiten" des Zuständigkeitsgesetzes vom 1. August 1883 betreffen andere Materien. Wohl aber ist zu verneinen, daß es sich um eine bürgerliche Rechtsstreitigkeit handle, wenn über den Inhalt und über die Grenze staatlicher Hoheitsrechte gestritten wird; ein Fall, in dem nach § 36 der Verordnung vom 26. Dezember 1808 der Rechtsweg auch ausdrücklich ausgeschlossen ist. Daß zu diesen Hoheitsrechten an vorderster Stelle das Recht der Ämterverleihung gehört, ist staatsrechtlich unbezweifelt. Es kann deshalb niemals Gegenstand eines bürgerlichen Rechtsstreites sein, ob der Staat bei Ausübung dieses Ämterbesetzungsrechts, das er für sich ausschließlich in Anspruch nimmt, die Mitwirkung Dritter — Privatpersonen oder öffentlichrechtlicher Körperschaften — zu dulden habe.

Vgl. Entsch. des R.G.'s in Zivils. Bd. 44 S. 226.

Endlich kann ein Streit über solche Hoheitsrechte auch nicht dadurch zur bürgerlichen Rechtsstreitigkeit werden, daß der Erwerb eines jene Hoheitsrechte schmälernden eigenen Rechts auf einen dem Privatrecht angehörigen Titel, Vertrag, Ersitzung 2c, gegründet wird. Es muß vielmehr ein zum Rechtwege nach den Gesetzen geeigneter Gegenstand objektiv vorliegen.

Vgl. Entsch. des R.G.'s in Zivils. Bd. 4 S. 220.

Die vorstehenden Ausführungen ergeben, daß die Revision zurückzuweisen war, ohne daß es auf die vom Berufungsrichter näher erörterte Frage der Ersitzung ankam. Zur Verdeutlichung empfahl sich, auch in der Urteilsformel noch besonders zum Ausdruck zu bringen, daß die Klage gemäß § 274 Ziff. 2 Z.P.O. wegen Unzulässigkeit des Rechtsweges abzuweisen war." . . .

4. Auslegung des § 837 B.G.B. Ist unter dem dort vorausgesetzten Besitze an dem Gebäude nur der Eigenbesitz, oder auch der Mietbesitz zu verstehen?

VI. Zivilsenat. Urt. v. 22. September 1904 i. S. Bielefelder Maschinenfabrik, vormals D. (Bekl.) w. W. (Kl.). Rep. VI. 545/03.

I. Landgericht Bielefeld.
II. Oberlandesgericht Hamm.

Der Kläger war am 23. Juni 1900 durch den Zusammenbruch der zu seiner Mietwohnung führenden Haustreppe verletzt worden. Er klagte gegen die Beklagte als die Eigenbesitzerin des Grundstücks auf Entschädigung. Das Landgericht verurteilte die Beklagte; ihre Berufung wurde zurückgewiesen. Ihre Revision blieb erfolglos aus folgenden

Gründen:

„Die Verurteilung der Beklagten ist auf § 836 B.G.B. gegründet. Der Tatbestand dieses Gesetzes ist in dem Berufungsurteile mit bedenkenfreier Begründung festgestellt. Die Beklagte ist Eigenbesitzerin des Grundstücks, auf dem sich das Gebäude befindet, dessen Treppe infolge mangelhafter Unterhaltung eingestürzt ist. Die Revision hat gegen diese Feststellung rechtliche Bedenken nicht erhoben und auch die Annahme nicht beanstandet, daß die Beklagte den durch § 836 ihr offen gelassenen Entlastungsbeweis nicht geführt habe. Sie rügt aber Verletzung des § 837, weil sie in den Vorinstanzen mit ihrem Einwand abgewiesen sei, nicht sie treffe die im § 836 bestimmte Verantwortlichkeit, sondern die Eheleute Tischler Br., die von ihr das Haus im ganzen gemietet und sich überdies vertraglich zur Unterhaltung des gemieteten Gebäudes verpflichtet hätten. Die erhobene Beschwerde ist nicht begründet.

Die Revision hat ausgeführt, nur der § 836 bestimme, daß unter „Besitzer" im Sinne seiner Vorschriften der Eigenbesitzer verstanden werden solle. Der § 837 enthalte eine gleiche Vorschrift nicht. Jeder, der auf einem fremden Grundstücke in Ausübung eines Rechts ein Gebäude besitze, habe die im § 836 bestimmte Verantwortlichkeit anstatt des Besitzers des Grundstücks zu tragen. Der Mieter eines Hauses habe an diesem auf einem fremden Grundstücke befindlichen Gebäude in Ausübung seines Mietrechts Besitz; damit sei der Tatbestand gegeben, bei dessen Vorhandensein der Eigenbesitzer des Grundstücks von seiner Verantwortlichkeit frei werde. Diese Auslegung des § 837, für die sich die Revision auf Neumann (B.G.B., Bem. 1 zu § 837) beruft, ist nicht haltbar.

Der § 837 schafft eine Ausnahme von der Regel des § 836. Wo nach diesem der Eigenbesitzer des Grundstücks haften würde, soll an dessen Stelle der treten, der in Ausübung eines Rechts ein auf dem fremden Grundstücke befindliches Gebäude besitzt. Dieser Zusammenhang ergibt, daß der Besitz, der im § 837 vorausgesetzt wird, nicht jeder Besitz des Gebäudes sein kann, daß er vielmehr so geartet sein muß, daß die Haftung für fehlerhafte Einrichtung oder mangelhafte Unterhaltung anstatt des Eigenbesitzers des Grundstücks dem Besitzer des Gebäudes zufällt. Für den Besitz des Mieters eines Hauses, der hier allein in Frage steht, trifft das nicht zu.

Denn der Mieter ist nach § 536 B.G.B. zur Unterhaltung des gemieteten Gebäudes nicht verpflichtet, und sollte er, wie die Beklagte behauptet hat, vertraglich die Unterhaltung übernommen haben, so bliebe nach § 838 B.G.B. der Eigenbesitzer des Grundstücks dennoch neben ihm ersatzpflichtig. Mit diesen Bestimmungen setzt sich die von der Revision vertretene Auslegung in Widerspruch. Der § 837 spricht ferner allein von dem in Ausübung eines Rechts geübten Besitz an dem Gebäude und bringt damit zum Ausdrucke, daß er abgesondert von dem Besitz an dem Grundstücke bestehen soll. Der Besitz eines gemieteten Hauses umfaßt in gleicher Weise den Besitz des Gebäudes und den des Grundstücks, auf dem es steht. Eine Scheidung zwischen dem Besitz an dem Gebäude und dem Grundstück ist nur da möglich, wo ersteres nicht Bestandteil des letzteren ist; das trifft zu in dem durch § 95 B.G.B. geregelten Falle, wo jemand in Ausübung eines Rechts an einem fremden Grundstücke ein Gebäude mit diesem verbunden hat. Dann ist der Berechtigte, also gegebenenfalls der Mieter, Eigenbesitzer des Gebäudes, mit dem der Eigenbesitzer des Grundstücks nichts zu tun hat, und es ist nur folgerichtig, wenn § 837 für diesen Ausnahmefall die im § 836 bestimmte Verantwortlichkeit für Einrichtung und Unterhaltung des Gebäudes auf dessen Eigenbesitzer überträgt.

Die Verhandlungen, aus denen die Fassung des § 837 hervorgegangen ist, stehen der Auslegung der Revision nicht, wie diese auszuführen gesucht hat, zur Seite. Der erste Entwurf und die Beratungen der zweiten Kommission fußten, wie die Revision zugeben muß, völlig auf der Auffassung, daß die in Frage stehende Ausnahme von der Regel sich auf den Fall des § 95 (§ 785 des I. Entw.) beziehe. Wenn dann die Redaktionskommission dem § 837 eine Fassung gegeben hat, die nicht unmittelbar zum Ausdrucke bringt, welche Art des Besitzes an dem Gebäude vorausgesetzt wird, so wird dadurch die Beweiskraft der obigen Darlegung nicht abgeschwächt."...

5. Über das Verhältnis des Bürgen zum Hauptschuldner. Zur Auslegung des § 775 B.G.B.

VI. Zivilsenat. Urt. v. 22. September 1904 i. S. K. (Bekl.) w. B. (Kl.). Rep. VI. 542/03.

I. Landgericht Freiburg.
II. Oberlandesgericht Karlsruhe.

Für zwei Darlehne im Betrage von 2000 ℳ und 1800 ℳ, die der Beklagte von der Firma J. A. Kr. in Freiburg erhalten hatte, und die am 15. Mai, bzw. am 15. Juni 1902 rückzahlbar waren, verbürgte sich der Kläger der genannten Firma im Auftrage des Beklagten. Da dieser bisher nur 1000 ℳ im Dezember 1902 zurückgezahlt hatte, forderte jener von ihm auf Grund von § 775 Abs. 1 Ziff. 3 B.G.B. Befreiung von der Bürgschaft, soweit sie sich nicht durch jene Zahlung erledigt hatte. Der Beklagte wendete ein, infolge einer ihm von seiner Gläubigerin erteilten Stundung, mit der nachmals der Kläger sich ihm gegenüber einverstanden erklärt habe, sei er nicht in Verzug geraten; dem Klaganspruche stehe weiter entgegen, daß er dem Kläger am 4. Dezember 1901 eine Sicherungshypothek für den Höchstbetrag von 4000 ℳ bestellt habe; der Kläger habe sich aber auch hiermit zufrieden gegeben, und darin liege ein Verzicht auf das Recht, Befreiung von der Bürgschaft zu verlangen.

Das Landgericht erkannte nach dem Klagantrage; die Berufung des Beklagten wurde zurückgewiesen. Auf die Revision des Beklagten ist das Berufungsurteil aufgehoben worden.

Gründe:

„Dem Berufungsgericht ist darin beizutreten, daß die zwischen dem Beklagten und seiner Gläubigerin getroffene Vereinbarung für sich allein der Geltendmachung des Rechts, Befreiung von der Bürgschaft zu verlangen, nicht entgegensteht; insbesondere kann sich der Beklagte hierfür auf § 767 Abs. 1 B.G.B. nicht berufen. Diese Vorschrift behandelt die Pflichten des Bürgen gegen den Gläubiger; hier handelt es sich um die Rechte des Bürgen gegen den Schuldner. Von letzteren handelt der Titel über die Bürgschaft überhaupt nur in ganz beschränktem Maße. Die Bürgschaft ist ein Vertrag zwischen dem Gläubiger und dem Bürgen; der Schuldner ist dabei rechtlich in keiner Weise beteiligt. Der Schuldner braucht zum Bürgen überhaupt nicht in einem Rechtsverhältnisse zu stehen, und dann können Rechte und Pflichten zwischen diesen Personen nicht in Frage kommen. Nur für den Fall der Befriedigung des Gläubigers durch den Bürgen ist bestimmt, daß die Forderung jenes auf diesen übergeht (§ 774). Besteht aber ein Rechtsverhältnis zwischen dem Bürgen und dem

Schuldner, auf Grund dessen jener die Bürgschaft übernommen hat, so sind Rechte und Pflichten zwischen dem Bürgen und dem Schuldner während der Dauer der Bürgschaft lediglich nach diesem Rechtsverhältnis zu beurteilen, und es ist, wenn — wie hier — ein Auftragsverhältnis vorliegt, lediglich eine aus dem Zwecke der Bürgschaft sich erklärende Modifikation der aus § 670 in Verbindung mit § 257 B.G.B. sich ergebenden Rechte des Beauftragten, daß er, wie § 775 vorschreibt, nur unter gewissen Voraussetzungen Befreiung von der Bürgschaft von seinem Auftraggeber fordern kann. Lediglich nach dem zwischen den Parteien bestehenden Auftragsverhältnis ist daher zu beurteilen, ob dem Kläger das Recht auf Befreiung von der Bürgschaft dadurch hätte entzogen werden können, daß der Beklagte und seine Gläubigerin nach Übernahme der Bürgschaft die Hinausschiebung der Fälligkeitstermine vereinbart haben. Als diese Vereinbarung getroffen wurde, war ihm jenes Recht bezüglich des Darlehns von 2000 *M* nach § 284 Abs. 2 B.G.B. bereits unbedingt entstanden; bezüglich des anderen Darlehns war es noch bedingt durch die Nichtzahlung am 15. Juni 1902; aber es war ein ihm für den Fall der Nichtzahlung bereits zustehendes Recht. Dieses Recht konnte ihm durch Abmachungen zwischen dritten Personen nicht genommen werden. Wenn er auch nach § 768 B.G.B. berechtigt sein würde, sich der Gläubigerin gegenüber auf diese Abmachungen zu berufen, so blieben, bzw. wurden in seinem Verhältnis zum Beklagten die Forderungen doch zu den bei Übernahme der Bürgschaft geltenden Fälligkeitsterminen fällig.

Es kann ferner die Ansicht der Revision als zutreffend nicht anerkannt werden, daß der Kläger schon deswegen allein, weil ihm Sicherheit geleistet worden, Befreiung von der Bürgschaft nicht fordern könne. Allerdings wird von Kremer (Die Mitbürgschaft S. 120 flg.) die Auffassung vertreten, daß der Bürge, der vor Fälligkeit der Hauptverbindlichkeit Sicherheitsleistung erlangt habe, nicht berechtigt sei, nach eingetretener Fälligkeit Befreiung von der Bürgschaft zu fordern; das Gesetz sage nichts von einem solchen Rechte, und nachdem Sicherheit geleistet worden, habe der Bürge nur noch in beschränktem Maße an der Befreiung ein berechtigtes Interesse, da er, wenn er zahle, seinen Ersatz ja sicher erlangen könne; nach dem richtig verstandenen Gesetzeswortlaut ersetze die Kaution offenbar die Befreiung vollständig und dauernd. Allein diese Auffassung ist unzutreffend. Der 2. Absatz des § 775 steht im engsten Zusammenhang mit Abs. 1; in den Fällen, in denen der Bürge Befreiung fordern könnte, soll der Schuldner dieses Verlangen durch Sicherheitsleistung abwenden dürfen, wenn die Hauptverbindlichkeit noch nicht fällig ist. Letzteres ist aber überhaupt nur in den unter 1 und 2 aufgeführten Fällen des § 775 denkbar, da die Fälle unter 3 und 4 den bereits erfolgten Eintritt der Fälligkeit voraussetzen. Es ist nun nicht abzusehen, warum in jenen Fällen dann, wenn der Schuldner Sicherheit geleistet hatte, der Bürge nach Eintritt der Fälligkeit schlechter gestellt sein soll, als wenn ihm keine Sicherheit geleistet worden wäre. Denn das Recht auf Befreiung ist jedenfalls ein wertvolleres, als das auf Sicherheitsleistung, und die Sicherheit ist gerade dafür zu leisten, daß die Befreiung des Bürgen bewirkt werde, sobald die Hauptverbindlichkeit fällig geworden.

Vgl. Protokolle der Kom. für die 2. Lesung des Entwurfes des B.G.B.; Planck, B.G.B. Bd. 2 § 775 Bem. 2.

Um so weniger kann in einem Falle des § 775 Abs. 1 Ziff. 3 der Abs. 2 eine Stütze für die Ansicht der Revision bieten. Darin, daß der Kläger sich Sicherheit hat bestellen lassen, liegt daher an und für sich kein Verzicht auf das Recht, Befreiung von der Bürgschaft zu verlangen.

Dagegen kann aus den Umständen des Falls, insbesondere aus den zwischen den Parteien gepflogenen Verhandlungen, ein solcher Verzichtswille sich ergeben; wie denn auch der Kläger dann, wenn er mit der Hinausschiebung der Fälligkeit der Darlehne dem Beklagten gegenüber sich einverstanden erklärt haben sollte, Befreiung von der Bürgschaft nicht aus dem Grunde verlangen kann, weil die zur Zeit der Bürgschaftsübernahme geltenden Fälligkeitstermine verstrichen sind. Das Berufungsgericht hat das Vorbringen des Beklagten, daß der Kläger jenes Einverständnis ihm erklärt habe, deswegen für unbeachtlich erklärt, weil die Änderung der Fälligkeitstermine dem Kläger gegenüber nur dann wirksam sein würde, wenn sie schriftlich getroffen worden wäre, da die Fälligkeitsbestimmung einen Teil der Bürgschaftserklärung des Klägers bilde und, wie diese selbst, nach § 766 B.G.B. schriftliche Form erfordere. Aus dem gleichen Grunde hat es den behaupteten Verzicht für unerheblich erklärt: eine Abweichung von der Regel des § 775 hätte, um gegen den Kläger wirksam zu sein, schriftlich vereinbart werden müssen.

Mit Recht bezeichnet die Revision diese Ausführungen als rechtsirrtümlich. Das Berufungsgericht übersieht, daß es sich hier nicht um das Verhältnis zwischen dem Gläubiger und dem Bürgen, sondern allein um das zwischen dem Bürgen und dem Schuldner handelt. Die Vorschrift des § 766 erfordert die Schriftform nur für die Bürgschaftserklärung, mithin nur für die Erklärung, die der Bürge dem Gläubiger abgibt; wobei dahingestellt bleiben kann, ob sich jenes Formerfordernis auch auf Nebenumstände, wie den Erfüllungsort und die Erfüllungszeit, bezieht. Ein solches zwischen dem Gläubiger und dem Bürgen getroffenes Abkommen, durch das die Fälligkeit der Bürgschaftsschuld übrigens vorgerückt wurde, lag dem vom Berufungsgericht angezogenen, in der Jurist. Wochenschr. Jahrg. 1903 Beil. S. 108 abgedruckten Urteil des IV. Zivilsenats des Reichsgerichts zugrunde. Das Rechtsverhältnis zwischen dem Kläger und der Gläubigerin des Beklagten kommt aber bei Beurteilung des Klaganspruchs überhaupt nicht in Betracht. Dadurch, daß der Kläger dem Beklagten gegenüber mit dem Hinausschieben der Fälligkeitstermine sich einverstanden erklärt, und dadurch, daß er auf das Recht, Befreiung von der Bürgschaft zu verlangen, dem Beklagten gegenüber verzichtet haben sollte, wird seine Bürgschaftserklärung in keiner Weise berührt; es handelt sich hier nur um das zwischen den Parteien bestehende Auftragsverhältnis, und für die Erteilung und die Annahme des Auftrags zur Übernahme einer Bürgschaft, sowie für die Abänderung der darauf bezüglichen Vereinbarung ist vom Gesetz eine Form nicht vorgeschrieben." ...

6. Ist die Verweisung auf die hinterlegte Sache nach § 379 Abs. 1 B.G.B. eine empfangsbedürftige Willenserklärung, oder lediglich eine dem Schuldner gewährte Einrede gegen den Klaganspruch auf Zahlung? Prüfungspflicht des hinterlegenden Schuldners, wenn die Forderung abgetreten und gepfändet worden ist?

II. Zivilsenat. Urt. v. 23. September 1904 i. S. Reichsfiskus (Bekl.) w. F. Konkursmasse (Kl.). Rep. II. 593/03.

I. Landgericht I Berlin.
II. Kammergericht daselbst.

Der verklagte Postfiskus schuldete der Firma F. W. & M. M. zu Berlin für Lieferungen den Betrag von 3465,73 ℳ. Durch Zession vom 1. November 1901 übertrug die genannte Firma diese Forderung „von mehr als 3000 ℳ“ an den Kaufmann F. zu Berlin, über dessen Vermögen demnächst der Konkurs ausbrach. Durch Brief vom 30. November 1901 (der Empfängerin zugegangen am 20. Dezember 1901) machte die Gläubigerin selbst von der Abtretung der Oberpostdirektion Mitteilung. Am 16. Dezember 1901 und am 7. Januar 1902 wurden für die Firma G. Vorpfändungen dieser Forderung gemäß § 845 Z.P.O. der Oberpostdirektion zugestellt. Der ersten Vorpfändung folgte binnen der dreiwöchigen Frist des § 845 Abs. 2 eine Nachpfändung nicht nach; wohl aber erfolgte die Nachpfändung bezüglich der Pfändung vom 7. Januar 1902 am 10. desselben Monats. Später wurden noch weitere Pfändungen gegen die Firma F. W. & M. M. auf die fragliche Forderung angelegt.

Durch Klageschrift vom 4. Februar 1902 erhob der Kaufmann F. auf Grund der erwähnten Zession gegen den Postfiskus Klage auf Zahlung von 3400 ℳ nebst Zinsen zu 4 % seit dem 20. Dezember 1901. Der verklagte Postfiskus hinterlegte darauf unter Bezugnahme auf § 853 Z.P.O. am 14. Februar 1902 den Betrag von 3465,73 ℳ als Forderung der Firma F. W. & M. M. bei der Königlichen Ministerial-, Militär- und Baukommission und machte hiervon unterm 24. Februar 1902 dem Amtsgericht unter Mitteilung sowohl der Zession als der Pfändungen Anzeige. Das Amtsgericht leitete darauf das Verteilungsverfahren ein und wies in diesem ohne Zuziehung des F. bzw. der Konkursmasse den hinterlegten Betrag den pfändenden Gläubigern zu.

Bei der mündlichen Verhandlung über die Klage beantragte der Beklagte die Abweisung der Klage, indem er unter Berufung auf § 372 B.G.B. behauptete, daß er zur Hinterlegung berechtigt gewesen sei, und demgemäß den Kläger auf die hinterlegte Sache verwies.

Das Landgericht wies, nachdem mittlerweile der Konkursverwalter für die Konkursmasse den Rechtsstreit aufgenommen hatte, die Klage ab. Die hiergegen von der Konkursmasse eingelegte Berufung wurde zurückgewiesen.

Das Berufungsurteil wurde aufgehoben, und die Sache an das Berufungsgericht zurückverwiesen.

Aus den Gründen:

„Die Revision muß als begründet erachtet werden.

Nach den unbestrittenen Feststellungen der Vorinstanzen ist die Abtretung der streitigen Forderung an den Gemeinschuldner F. gegen den verklagten Postfiskus von der ursprünglichen Gläubigerin, der Firma F. W. & M. M., dem Beklagten durch Schreiben vom 30. November 1901, welches zugegebenermaßen am 20. Dezember 1901 in den Besitz der Oberpostdirektion gelangte, mitgeteilt worden. Zu dieser Zeit bestand eine Vorpfändung der Forderung gegen die Zedentin gemäß § 845 Abs. 1 Z.P.O., welche indessen, da eine Nachpfändung daraufhin nicht erfolgt ist, nach Ablauf der in § 845 Abs. 2 vorgesehenen Frist von 3 Wochen nach der am 16. Dezember 1901 erfolgten Zustellung, also mit Ablauf des 6. Januar 1902, ihre Wirksamkeit verlor. Damit erwarb aber der Gemeinschuldner F., sofern keine sonstigen Hindernisse, die bisher in schlüssiger Weise nicht geltend gemacht sind, im Wege standen, das ausschließliche Recht an der streitigen Forderung. Mit dem Abschlusse des Abtretungsvertrages war er nach § 398 B.G.B. an die Stelle der früheren Gläubigerin getreten, und das seinem Anspruche allein entgegenstehende Hindernis, die Vorpfändung, war unwirksam geworden. Die erst später gegen die frühere Gläubigerin angelegten Pfändungen trafen die Forderung nicht mehr, weil dieselbe dieser nicht mehr zustand; sie mußte die Abtretung nach § 409 B.G.B. unter allen Umständen gegen sich gelten lassen. Das Berufungsgericht hat gleichwohl den mit der am 10. Februar 1902 zugestellten Klage erhobenen Anspruch des F. und nunmehr dessen Konkursmasse auf Zahlung des Forderungsbetrages, in Übereinstimmung mit dem Landgericht, für unbegründet erachtet, und zwar mit Rücksicht auf die am 14. Februar 1902, also nach Anstellung der Klage, erfolgte Hinterlegung der geschuldeten Summe seitens des Beklagten. Dabei wird angenommen, eine Befreiung desselben sei zwar nicht auf Grund des § 378 B.G.B. erfolgt, weil die Rücknahme der hinterlegten Summe nicht ausgeschlossen gewesen sei; dagegen sei der Beklagte berechtigt gewesen, auf Grund des § 379 Abs. 1 den F. auf die hinterlegte Sache zu verweisen, und das sei durch die Klagebeantwortung geschehen; der Beklagte sei auch nach § 372 B.G.B. zur Hinterlegung wegen der Unsicherheit der Person des Gläubigers berechtigt gewesen.

Seitens der klägerischen Konkursmasse ist hiergegen zur Begründung der Revision in erster Linie geltend gemacht worden, das Berufungsgericht habe zu Unrecht angenommen, daß durch die Klagebeantwortung eine dem § 379 Abs. 1 entsprechende Verweisung des F. auf die hinterlegte Sache erfolgt sei; eine Verweisung im Sinne dieser Bestimmung bestehe in der vom Schuldner dem Gläubiger gegenüber abzugebenden Erklärung, daß derselbe berechtigt sein solle, die hinterlegte Sache bei der Hinterlegungsstelle für sich in Anspruch zu nehmen; die Klagebeantwortung enthalte eine solche Erklärung nicht; zudem könne dieselbe zwischen den Prozeßbevollmächtigten nur ausgetauscht werden, wenn diese hierzu besonders bevollmächtigt seien.

Dieser Angriff ist indessen verfehlt. Die Verweisung auf Grund des § 379 Abs. 1 ist nicht ein rechtsgeschäftlicher Akt, eine empfangsbedürftige Willenserklärung mit der Wirkung der Begründung des Anspruchs des verwiesenen Gläubigers auf die hinterlegte Sache, sondern lediglich die Einrede des Schuldners, der auf die Rücknahme nicht verzichtet hat, daß er nicht zu zahlen brauche, weil und solange er berechtigterweise hinterlegt habe. Das wird nicht nur von den Kommentaren zum B.G.B. übereinstimmend anerkannt (vgl. u. a. Rehbein, Bd. 2 S. 314, Planck, zu § 379 Bem. 2), sondern ist auch bei den Beratungen der II. Kommission ausdrücklich als die Bedeutung derselben bezeichnet worden.

Vgl. Achilles, Protokolle Bd. 1 S. 351 flg.

Danach genügt zu der mehrerwähnten Verweisung lediglich die Bestreitung des Anspruchs auf Zahlung im Prozeß mit Rücksicht auf die bestehende Hinterlegung, wie diese in der Klagebeantwortung des Gemeinschuldners F., sowie in der Einlassung der Konkursmasse bei der mündlichen Verhandlung enthalten ist. Einer besonderen Vollmacht bedurfte es dazu weder für den einen noch für den anderen Prozeßvertreter.

Diese Einrede konnte aber gegen den Zahlungsanspruch des F. und nunmehr dessen Konkursmasse, wie auch das Berufungsgericht annimmt, nur dann Erfolg haben, wenn die Hinterlegung bei der gegebenen Sachlage nach den einschlagenden gesetzlichen Bestimmungen berechtigt war. Diese Berechtigung zur Hinterlegung ist vom Berufungsgericht nicht auf Grund des § 853 Z.P.O., der den Fall vorsieht, daß eine Forderung für mehrere Gläubiger gepfändet ist, angenommen worden, und es unterliegt auch keinem begründeten Bedenken, daß diese Vorschrift, welche die Einleitung des Verteilungsverfahrens lediglich unter pfändenden Gläubigern im Auge hat, nicht anwendbar ist, wenn neben den letzteren ein Zessionar Anspruch auf die Forderung erhebt.

Vgl. Petersen, Z.P.O. (4) § 853 Bem. 1 a. E.

Dagegen nimmt das Berufungsgericht an, daß der Beklagte zur Hinterlegung auf Grund des § 372 B.G.B. wegen Ungewißheit über die Person des Gläubigers berechtigt gewesen sei. In dieser Hinsicht geben aber die Ausführungen desselben Anlaß zu wesentlichen rechtlichen Bedenken.

Zur Begründung seiner Annahme, daß der Beklagte, wie dieses der § 372 Satz 2 für die Berechtigung zur Hinterlegung erfordert, infolge einer nicht auf Fahrlässigkeit beruhenden Ungewißheit über die Person des Gläubigers mit Sicherheit nicht habe erfüllen können, führt das Berufungsgericht aus, es könne dem Schuldner an sich nicht schaden, wenn es nur auf Rechtsirrtum beruhen konnte, daß er sich wegen der Person des Gläubigers in Ungewißheit befand; beachtenswert sei in dieser Hinsicht für die Richtung der neueren Gesetzgebung der § 853 Z.P.O., wonach dem Schuldner bei der Konkurrenz mehrerer pfändender Gläubiger die Entscheidung über die bessere Berechtigung nicht zugemutet werden solle; der gleiche Grundsatz müsse auch gelten, wenn eine Abtretung mit Pfändungen zusammentreffe.

Diese Ausführungen sind rechtlich verfehlt und stehen in Widerspruch mit der positiven Vorschrift des § 372 a. a. O., wonach dem Schuldner eine Prüfungspflicht auferlegt ist, und nur dann, wenn diese Prüfung zu begründeten Zweifeln über die Person des berechtigten Gläubigers führt, mit den im Gesetze vorgesehenen Wirkungen hinterlegt werden darf. Ob dabei die Ungewißheit auf der Beurteilung tatsächlicher oder rechtlicher Fragen und Verhältnisse beruht, ist ohne entscheidende Bedeutung. Das Bürgerliche Gesetzbuch steht in dieser Frage wesentlich auf dem, auch durch die Rechtsprechung wiederholt anerkannten, Standpunkt des früheren, namentlich des gemeinen, Rechts. Einerseits soll die objektive Gewißheit bezüglich der Person des Gläubigers unter mehreren Prätendenten nicht in allen Fällen das Recht des Gläubigers zur Hinterlegung beseitigen; es soll das Hinterlegungsrecht auch dann anerkannt werden, wenn bei dem Schuldner begründete subjektive Zweifel in der bezeichneten Richtung bestehen konnten. Andererseits ist aber davon auszugehen, daß bei objektiv klarer Sachlage begründete Ansprüche möglichst nicht in Frage gestellt werden sollen,

vgl. Rehbein, Bürgerliches Gesetzbuch Bd. 2 S. 307; Seuffert, Archiv Bd. 46 S. 282; Striethorst, Archiv Bd. 77 S. 289,

indem zu große Nachsicht in dieser Hinsicht dem Schuldner gegenüber leicht zu Unrecht gegen den berechtigten Gläubiger führen würde. Dann, aber auch nur dann, wenn nach einer mit der im geschäftlichen Verkehr üblichen und erforderlichen Sorgfalt vorzunehmenden Prüfung mit Rücksicht auf die Umstände des Falls begründete Zweifel anzuerkennen sind, kann der hinterlegende Schuldner sich auf § 372 Satz 2 mit Erfolg berufen.

Vgl. Entsch. des R.G.'s in Zivils. Bd. 53 S. 204 flg., bes. 211.

Ob im vorliegenden Falle der Beklagte bezw. dessen beteiligte Beamte überhaupt in eine Prüfung der Frage der Priorität der Zession zugunsten des F. vor den Pfändungen eingetreten sind, erhellt nicht, ist insbesondere in den Vorinstanzen nicht erörtert worden. Sollte der Beklagte sich in dem rechtlichen Irrtum befunden haben, daß er auf Grund des § 853 Z.P.O. hinterlegen könne, so würde damit die Hinterlegung nach § 372 nicht gerechtfertigt werden können.

Das angefochtene Urteil mußte danach aufgehoben, und die Sache behufs Erörterung und näherer tatsächlicher Feststellung in den bezeichneten Richtungen an das Berufungsgericht zurückverwiesen werden." . . .

7. **Haben Gebäude, welche der Pächter eines Grundstücks auf diesem nur zu dem Zwecke errichtet hat, sie während der Pachtzeit zu benutzen, den Charakter von unbeweglichen Sachen im Sinne**

der Tarifstelle 32a des preußischen Stempelsteuergesetzes vom 31. Juli 1895?
B.G.B. §§ 94. 95.

VII. Zivilsenat. Urt. v. 23. September 1904 i. S. preuß. Fiskus (Bekl.) w. H. u. Gen. (Kl.). Rep. VII. 96/04.

I. Landgericht I Berlin.
II. Kammergericht daselbst.

Aus den Gründen:

„Es handelt sich zunächst um die Höhe des Stempels, der zu dem in der Urkunde vom 4. Dezember 1902 niedergelegten, zwischen dem Kläger zu 1 als Vertreter der Gesellschaft „M.'sche Imprägnierungswerke" und dem Kläger zu 2 abgeschlossenen Vertrage zu verwenden ist, soweit in diesem der Verkauf eines Fabrikgebäudes seitens des erwähnten Vertreters an den Mitkontrahenten zum Ausdruck kommt. Es steht fest, daß die genannte Gesellschaft das Gebäude für ihren Betrieb auf einem von ihr gepachteten Areal während der Pachtzeit errichtet hatte mit der Verpflichtung, das Gebäude bei Beendigung des Pachtverhältnisses wieder zu beseitigen und das Pachtgrundstück in dem früheren Zustande zurückzugeben. Nicht zweifelhaft ist ferner, daß, wenn auch die Absicht bestanden hat, daß die Gesellschaft später das Pachtgrundstück erwerbe, in dieser Richtung nichts erfolgt ist, das Pachtverhältnis vielmehr mit der erwähnten Verpflichtung zur Beseitigung des Gebäudes fortbesteht. Die Vorinstanz ist der Ansicht des verklagten Fiskus entgegengetreten, wonach es sich bei der in Rede stehenden Vereinbarung um die Veräußerung einer unbeweglichen Sache im Sinne der Tarifstelle 32a des Stempelsteuergesetzes vom 31. Juli 1895 handle, hat vielmehr angenommen, daß nach dem für die Anwendung der angezogenen Bestimmung gegenwärtig in Betracht kommenden Bürgerlichen Gesetzbuche als unbewegliche Sachen im Sinne jener Vorschrift Grundstücke anzusehen seien, und als ein solches das in Frage befindliche Gebäude nicht erachtet werden könne, da dieses, weil es nur zu einem vorübergehenden Zwecke mit dem Grund und Boden verbunden sei, sich zufolge § 95 Abs. 1 Satz 1 B.G.B. als Bestandteil eines

Grundstücks nicht darstelle. Demgemäß stehe als Gegenstand der Veräußerung nur eine bewegliche Sache in Frage, und sei danach nur der niedrigere Stempel nach Tarifstelle 32c a. a. O. zu verwenden.

Dieser von seiten des Beklagten mit der Revision bekämpften Auffassung muß beigetreten werden. Es ist davon auszugehen, daß die Frage, was unter unbeweglichen Sachen im Sinne der angezogenen Tarifstelle 32a zu verstehen sei, sich nach dem jeweiligen Bürgerlichen Rechte entscheidet, und daher (vgl. Art. 4 Einf.-Ges. zum B.G.B.) nach dem Inkrafttreten des neuen Gesetzes für die solchem Zeitraume angehörigen Fälle dieses zur Anwendung kommt. Das Bürgerliche Gesetzbuch bleibt bei der natürlichen Einteilung aller Sachen in bewegliche und unbewegliche stehen, bezeichnet aber die letzteren durchweg als Grundstücke. Die Gleichheit der Begriffe stellt sich nach der Entstehungsgeschichte des Gesetzes als unbestreitbar dar.

Vgl. Planck, B.G.B. Bd. 3 S. 4.

Es ist demnach die Auffassung als irrig zu erachten, daß, da nach dem Bürgerlichen Gesetzbuche die Existenz von unbeweglichen Sachen neben der von Grundstücken nicht ausgeschlossen sei, Gebäude und Werke, die auf einem Immobile zu einem vorübergehenden Zwecke errichtet werden, als unbewegliche Sachen zu gelten hätten. Dies wird von Eck in seinen Vorträgen über das Bürgerliche Gesetzbuch (zweite, von Leonhard herausgegebene Aufl. Bd. 1 S. 105) behauptet. Er will bei den erwähnten Gegenständen die natürliche Beschaffenheit derselben als entscheidend ansehen und auf sie das Immobiliarsachenrecht angewendet wissen, jedoch mit der Beschränkung, daß die aus der Grundbuchverfassung sich ergebenden, wegen der hier vorliegenden Unmöglichkeit der Anlegung eines Grundbuchblattes auszuschließenden Vorschriften auszuscheiden hätten. Diese schon nach dem oben Gesagten hinfällige Ansicht führt zu einer durchaus abzuweisenden Duplizität des rechtlichen Charakters der fraglichen Gegenstände und kann, wenn sich auch aus der Qualifizierung als bewegliche Gegenstände mehrfach befremdliche Resultate ergeben, keine Annahme finden.

Die Revision bekämpft sodann mit Unrecht die Annahme, daß es sich vorliegend um einen Gegenstand handle, der nur zu einem vorübergehenden Zwecke mit dem Grund und Boden verbunden sei. Die oben im Eingange mitgeteilte Sachlage rechtfertigt diese Annahme durchaus." ...

8. Hat der Theaterunternehmer ein dem Schauspieler, durch welchen er die Vorstellung ausführen läßt, in der Ausführung zur Last fallendes Verschulden nach Maßgabe des § 278 B.G.B. zu vertreten?

III. Zivilsenat. Urt. v. 27. September 1904 i. S. Bank für Bauten (Bekl.) w. Ch. (Kl.). Rep. III. 81/04.

I. Landgericht Dresden.
II. Oberlandesgericht daselbst.

Die Frage ist bejaht aus nachstehenden, den Sachverhalt ergebenden

Gründen:

„Die angefochtene Entscheidung, durch welche die Berufung der Beklagten gegen das den vom Kläger erhobenen Schadensersatzanspruch dem Grunde nach für berechtigt erklärende Urteil des Landgerichts zurückgewiesen ist, beruht auf der Feststellung, daß der Kläger in der von der Beklagten, welche als Eigentümerin des Dresdener Zentraltheaters die Veranstaltung von theatralischen Vorstellungen verschiedenster Art in demselben gewerbsmäßig betreibt, am 17. April 1902 eröffneten Abendvorstellung, der er nach Lösung einer Platzkarte beiwohnte, durch ein dem Artisten S. E. in Ausführung einer Programmnummer, zu welcher derselbe der Beklagten vertraglich verbunden war, zur Last fallendes fahrlässiges Verhalten zu Schaden gekommen ist. Die Beklagte greift dies Urteil in zwiefacher Richtung an, einmal mit der Rüge, daß von der nachträglichen Vernehmung E.'s über ihre Behauptung, derselbe habe bei Füllung der Flasche immer dasselbe Schälchen benutzt, prozeßwidrigerweise Abstand genommen, und zweitens mit dem Einwande, daß auf die vorerwähnte Feststellung die durch § 278 B.G.B. getroffene Vorschrift zu Unrecht angewandt worden sei. Allein in beiden Richtungen ist der Revision der Erfolg zu versagen. Wie die prozessuale Bemängelung ohne weiteres sich dadurch erledigt, daß nicht nur der Mangel der Glaubwürdigkeit des Zeugen, sondern ebenso der in bedenkenfreier Ausführung dargelegte Mangel der Erheblichkeit der behaupteten Tatsache zur Ablehnung der Vernehmung bestimmt hat, so ist nicht minder der Vorwurf materieller Rechtsverletzung als unbegründet abzuweisen. Die Revision verneint, daß der Theaterunternehmer sich der Darsteller zur Erfüllung seiner Verbindlichkeit bedient, ausführend, daß derselbe in bezug auf das Verhalten derselben nicht anders stehe, als der Verkäufer bei einem Distanzgeschäft, der die Ware zu übersenden habe, in bezug auf das Verhalten der mit dem Transport beauftragten Personen. Hierin liegt eine Verkennung der Schuldverbindlichkeit des Unternehmers. Die Veranstaltung der angekündigten Vorstellung ist die Leistung, welche von dem Unternehmer gegen Empfang des Entgelts dem Besucher versprochen wird und als der Gegenstand des von letzterem durch Zahlung des Entgelts erworbenen Anspruchs gewollt ist. Abweichend von der Verpflichtung des Verkäufers zur Versendung, die sich mit dem Abschluß des Transportvertrages erfüllt, findet erst in der Durchführung der Vorstellung dem Parteiwillen entsprechend die Schuldverbindlichkeit des Unternehmers ihre Erfüllung. Nicht abzuweisen ist daher die Folgerung, daß die Personen, welche die programmäßige Vorstellung in Ausführung bringen, eine Verbindlichkeit des Unternehmers erfüllen, und daß sie, wenn sie auf Veranlassung des Unternehmers handeln, als Personen erscheinen, deren der Schuldner sich zur Erfüllung seiner Verbindlichkeit bedient. Ob dieselben in der Ausführung selbständig sind, ist unmaßgeblich; im Hinblick auf die Erfüllung der Schuldverbindlichkeit des Unternehmers dem Theaterbesucher gegenüber bleiben sie gleichwohl im Sinne des § 278 B.G.B. dessen Hilfspersonen. Diese Gesetzesvorschrift ist daher mit Recht auf das festgestellte Sachverhältnis angewandt." . . .

9. Verpflichtet die Klausel „Netto Kasse gegen Konnossement" unbedingt zur Zahlung des Kaufpreises bei Übergabe des Ladescheins? Kommt der Käufer, der mit dieser Klausel gekauft hat, im Falle der Zahlungsweigerung bei Vorzeigung des Ladescheins auch dann nicht

in Verzug, wenn sich erst demnächst herausstellt, daß er aus einem Grunde, den er nicht geltend gemacht, vielleicht gar nicht gekannt hat, materiell zur Zahlung und Annahme der Ware bzw. des Ladescheins nicht verpflichtet war?

II. Zivilsenat. Urt. v. 27. September 1904 i. S. B. (Kl.) w. Gebr. J. (Bekl.). Rep. II. 597/03.

I. Landgericht Hamburg.
II. Oberlandesgericht daselbst.

Aus den Gründen:

„Die Revision konnte nicht für begründet erachtet werden.

Der von dem Kläger auf Grund des § 326 B.G.B. erhobene Schadensersatzanspruch, bestehend in der Differenz zwischen dem von der Beklagten nach dem Lieferungsvertrage der Parteien geschuldeten Kaufpreis und dem beim öffentlichen Verkaufe des Ladescheins erzielten Erlöse, nach Abzug eines Betrages von 378 ℳ für teilweise nicht vertragsmäßige Ware, würde nur begründet sein, wenn die Beklagte infolge der Weigerung, entsprechend der Klausel „netto Kassa gegen Konnossement" bei der Vorzeigung des Ladescheins des für sie bestimmten Eisens oder doch binnen der ihr vom Kläger gesetzten Nachfrist denselben durch Zahlung des Kaufpreises ꝛc in Höhe von 10386,87 ℳ einzulösen, in Zahlungsverzug gekommen wäre.

Die Beklagte hatte diese Einlösung verweigert, weil der ihr angebotene Ladeschein, entgegen den vertraglichen Abmachungen, kein reines Konnossement gewesen sei, vielmehr den Vermerk „Ohne Verbindlichkeit für das deklarierte Gewicht" enthalten habe.

Das Oberlandesgericht hat die Frage, ob die Beklagte berechtigt war, aus diesem Grunde die Annahme des Ladescheins und die Zahlung des geforderten Betrages zu verweigern, nicht entschieden, indem es davon ausgeht, daß diese Weigerung aus einem anderen Grunde, nämlich um deswillen eine berechtigte gewesen sei, weil sich demnächst ergeben habe, auch von dem Kläger selbst nach Inhalt der Klage zugegeben werde, daß die Ware zu einem für erheblich zu erachtenden Teile den Vertragsabmachungen nicht entsprochen habe, die Beklagte daher schon aus diesem Grunde nicht in Zahlungsverzug gekommen sei.

Dieser Annahme steht zunächst nicht die erwähnte Klausel „netto Kassa gegen Konnossement“ entgegen. Dieselbe verpflichtet den Käufer nicht **unbedingt** zur Zahlung gegen Übergabe der Papiere, hat vielmehr nur die Wirkung, daß, wenn der Käufer die Einlösung weigert, er die Beweislast dafür, daß die Weigerung berechtigt, z. B. die Ware vertragswidrig war, überkommt. In dieser Hinsicht ist der Entscheidung des I. Senats vom 15. Dezember 1900 (Entsch. des R.G.'s in Zivils. Bd. 47 S. 142 flg.) lediglich beizutreten. Die Frage der Beweislast erledigt sich aber im vorliegenden Falle durch die Feststellung der Vertragswidrigkeit eines Teiles der Ware durch das Oberlandesgericht sowohl auf Grund des in dem Verfahren zur Sicherung des Beweises erstatteten Gutachtens, als auf Grund des bezüglichen Zugeständnisses des Klägers.

Weiterhin kommt in Frage, ob der Käufer, der unter der Bedingung „Kassa gegen Konnossement“ kauft, im Falle der Zahlungsverweigerung bei Vorzeigung des Ladescheins auch dann nicht in Verzug gerät, wenn sich erst demnächst herausstellt, daß er aus einem Grunde, den er nicht geltend gemacht, vielleicht gar nicht gekannt hat, materiell zur Zahlung und Annahme des Ladescheins bzw. der Ware nicht verpflichtet war. Die Frage ist mit dem Oberlandesgericht dahin zu entscheiden, daß in einem solchen Falle der Zahlungsverzug ausgeschlossen ist, weil es an der objektiven Zahlungsverpflichtung des Käufers fehlt, die unter allen Umständen Voraussetzung des Zahlungsverzuges ist.“ ...

10. 1. Bilden die Vorschriften des Bürgerlichen Gesetzbuchs über den Güterstand der Verwaltung und Nutznießung auch da, wo sie nur infolge der Bestimmung in § 34 Abs. 1 sächs. Ausf.-Ges. zum B.G.B. vom 18. Juni 1898 gelten, revisibles Recht?

2. Kann bei gesetzlichem Güterrecht der Mann kraft seines Rechts der Verwaltung und Nutznießung die Überlassung eines von der Frau zur Zeit der Eheschließung selbständig betriebenen Handelsgeschäfts verlangen, und hat er alsdann das Recht, das Geschäft in ihrem Namen und auf ihre Rechnung, aber nach seinem alleinigen Ermessen und zu eigenem Nutzen weiter zu führen?

B.G.B. §§ 1363. 1373. 1375. 1376. 1377. 1379. 1380.

IV. Zivilsenat. Urt. v. 29. September 1904 i. S. L. (Kl.) w. L. Ehefr. (Bekl.). Rep. IV. 116/04.

I. Landgericht Plauen.
II. Oberlandesgericht Dresden.

Die Beklagte war in erster Ehe verheiratet gewesen mit dem Kaufmann Ernst Ludwig E. zu Auerbach i. V., der dort unter der Firma E. L. E. ein kaufmännisches Geschäft, nämlich eine Material- und Schnittwarenhandlung, betrieben hatte. Nach seinem im Jahre 1883 erfolgten Tode setzte sie den Betrieb dieses Geschäfts unter der bisherigen Firma fort und wurde im Handelsregister als Inhaberin der Firma eingetragen. Im Jahre 1889 verheiratete sie sich mit dem Kläger, einem Kaufmann, der jedoch damals kein Vermögen besaß und 1877 in Konkurs verfallen gewesen war. Auch nach ihrer Verheiratung mit dem Kläger blieb sie allein als Inhaberin des Geschäfts, das unverändert unter der alten Firma fortgesetzt wurde, im Handelsregister eingetragen, und es wurde das Geschäft, wie unter den Parteien nicht streitig ist, für ihre Rechnung weiter geführt. Kläger war jedoch fortan in dem Geschäft ebenfalls tätig, und die Parteien sind darüber uneinig, welche rechtliche Stellung er einnahm. Kläger behauptet, daß er das Geschäft seit seiner Verehelichung mit der Beklagten zwar für ihre Rechnung, aber selbständig, als ob er der Inhaber sei, geführt habe, während sie angibt, daß er nur ihr Gehilfe und Handlungsbevollmächtigter — auf Grund ausdrücklich oder stillschweigend erteilter Vollmacht — gewesen sei. Im Jahre 1901 kam es wegen des Gebarens des Klägers im Geschäft zu Zwistigkeiten und zur Erhebung einer Klage abseiten der jetzigen Beklagten gegen den jetzigen Kläger, durch die sie beantragte, seine Verwaltung und Nutznießung an ihrem eingebrachten Gut aufzuheben. Diese Klage führte jedoch nicht zu einem Urteil, sondern wurde, nachdem schon streitige Verhandlung stattgefunden hatte, zurückgenommen; dagegen ließ die jetzige Beklagte im Januar und Februar 1903 dem Kläger die Verbote zugehen, in ihrem Geschäft fernerhin tätig zu sein und die Geschäftsräume wieder zu betreten. Nunmehr schritt Kläger zu der gegenwärtig vorliegenden Klage und beantragte die Verurteilung der Beklagten,

ihm die Verwaltung ihres eingebrachten Vermögens, insbesondere ihres unter der Firma E. L. E. zu Auerbach bestehenden Geschäfts zu überlassen,

bemerkte jedoch zur Erläuterung, er verlange nur die Überlassung der Verwaltung des Geschäfts. In erster Instanz wurde die Klage abgewiesen. Die Berufung des Klägers blieb ohne Erfolg. Auch seine Revision wurde zurückgewiesen aus folgenden

Gründen:

„1. Beide Parteien sind sächsische Staatsangehörige und haben ihren ehelichen Wohnsitz nur im Königreich Sachsen gehabt. Ein Ehevertrag oder ein sonstiger Vertrag über ihr Güterrecht ist von ihnen nicht abgeschlossen worden. Demnach sind für sie vom Beginn ihrer Ehe ab die Bestimmungen des Bürgerlichen Gesetzbuchs für das Königreich Sachsen über das gesetzliche Güterrecht maßgebend gewesen. In dieser Rechtslage ist mit dem 1. Januar 1900 eine Änderung eingetreten, und zwar infolge der Bestimmung in § 34 Abs. 1 sächs. Ausf.-Ges. zum B.G.B. vom 18. Juni 1898:

„Leben zur Zeit des Inkrafttretens dieses Gesetzes Ehegatten nach gesetzlichem Güterrechte, so treten von dieser Zeit an die Vorschriften des Bürgerlichen Gesetzbuchs über den Güterstand der Verwaltung und Nutznießung an die Stelle der bisherigen Vorschriften."

Im Hinblick hierauf haben beide Instanzgerichte den vorliegenden Rechtsstreit unter Anwendung der Vorschriften in §§ 1363 flg. B.G.B. entschieden. Gleichwohl entsteht die Frage, ob die angefochtene Entscheidung der Nachprüfung unterliegt, oder ob sie zufolge § 549 Z.P.O. der Anfechtung durch die Revision entzogen ist. Die Nachprüfung ist indes für statthaft zu erachten. Denn die hier in Rede stehenden Vorschriften sind im Königreich Sachsen vom 1. Januar 1900 ab für die in jener Bestimmung seines Ausführungsgesetzes genannten Fälle zwar durch dieses Gesetz, mithin durch ein Landesgesetz, auf dessen Verletzung die Revision nicht gestützt werden kann, eingeführt worden, aber nicht als landesgesetzliche, nur inhaltlich mit dem Reichsrecht übereinstimmende Vorschriften, sondern, wie der mitgeteilte Wortlaut ergibt, als Vorschriften des Bürgerlichen Gesetzbuchs, mithin als reichsrechtliche Bestimmungen. Insoweit als das angefochtene Urteil auf ihrer Anwendung beruht, ist daher seine Anfechtung gestattet.

Vgl. Entsch. des R.G.'s in Zivils. Bd. 55 S. 250.

2. Bei seiner Würdigung der Parteibehauptungen hat das Berufungsgericht, ebenso wie das Landgericht, die Angaben der Beklagten für wahr erachtet und angenommen, daß die Beklagte auch nach Eingehung der Ehe mit dem Kläger das Geschäft selbständig auf ihren Namen und für eigene Rechnung weiter betrieben habe, der Kläger dagegen nur als ihr Handlungsgehilfe in demselben tätig gewesen sei. Es hat sodann ausgesprochen, daß bis zum 1. Januar 1900 die güterrechtlichen Befugnisse des Klägers sich nicht auf die einzelnen Bestandteile des Geschäfts, sondern nur auf dessen Reingewinn erstreckt hätten, das Geschäft vielmehr Vorbehaltsgut der Beklagten und deshalb der Verwaltung des Klägers nicht unterworfen gewesen sei. Beides ist für die Revisionsinstanz maßgebend; die tatsächliche Annahme, weil sie auf einer einwandsfreien Feststellung, die Rechtsausführung, weil diese auf Auslegung des sächsischen Bürgerlichen Gesetzbuchs beruht. Das Berufungsgericht ist sodann des Erachtens, daß mit dem 1. Januar 1900, weil nunmehr zufolge § 34 sächs. Ausf.-Ges. zum B.G.B. das gesetzliche Güterrecht des letzteren für die Parteien maßgebend wurde, auch dasjenige Gut, das nach dem sächsischen Recht bisher Vorbehaltsgut der Beklagten gewesen war, doch dem Recht der Verwaltung und Nutznießung des Klägers anheimfiel, wenn es nach dem deutschen Bürgerlichen Gesetzbuch zum eingebrachten Gut der Beklagten gerechnet werden mußte. Deshalb aber hält es zur Entscheidung des vorliegenden Rechtsstreites die Anwendung der nämlichen Rechtssätze für geboten, die Platz greifen würden, wenn die Eheschließung der Parteien unter der Herrschaft des Bürgerlichen Gesetzbuchs erfolgt, und Beklagte die Inhaberin des in Rede stehenden Geschäfts als eines selbständig von ihr betriebenen Handelsgeschäfts gewesen wäre. Diese Erwägung ist rechtlich zutreffend; von solcher Grundlage aus muß daher der erhobene Anspruch beurteilt werden.

Den oben mitgeteilten Anspruch versteht das Berufungsgericht dahin, daß Kläger das Geschäft im Namen und für Rechnung seiner Ehefrau, und zwar nicht als ihr Bevollmächtigter, sondern kraft eigenen Rechts, nämlich in Ausübung seines ehemännlichen Verwaltungs- und Nießbrauchsrechts, führen wolle. Das Landgericht hatte den Anspruch in gleicher Weise ausgelegt, denselben aber, ebenfalls in der Erwägung, daß das deutsche Bürgerliche Gesetzbuch maßgebend sei, für unbegründet erachtet, und zwar in erster Linie deshalb, weil dem Ehemann nach dem gesetzlichen Güterrecht des Bürgerlichen Gesetzbuchs ein solches Recht an einem von der Ehefrau betriebenen Erwerbsgeschäft nicht zustehe. Von dem Berufungsgericht dagegen ist das Verlangen des Klägers schon deshalb als unberechtigt betrachtet worden, weil das Geschäft der Beklagten und das diesem Geschäft gewidmete Vermögen nicht bloß unter der Herrschaft des sächsischen Rechts ihr Vorbehaltsgut gewesen, sondern solches auch bei dem Inkrafttreten des deutschen Bürgerlichen Gesetzbuchs geblieben sei.

Diese Entscheidung beruht auf der rechtlichen Erwägung, daß nach dem gesetzlichen Güterrecht des Bürgerlichen Gesetzbuchs alles Vermögen, das die Frau in einem von ihr bei Eingehung der Ehe selbständig betriebenen Erwerbsgeschäft an Gewerbekapital benutzt, ihr Vorbehaltsgut zu bleiben hat. Gefolgert aber wird das von dem Berufungsgericht aus § 1366 B.G.B. Auch diese Ansicht hat allerdings in der Literatur Vertretung gefunden, und zwar ist sie zuerst aufgestellt von Hachenburg (vgl. dessen Vorträge, 2. Aufl. S. 391), übernommen von Düringer und Hachenburg in deren „Handelsgesetzbuch" (Einl. S. 11) und wird in noch weiterer Ausdehnung, sowie mit etwas anderer Begründung verteidigt von Dernburg (in der Deutsch. Jurist. Zeitung 1902 S. 465, sowie in seinem „Bürgerlichen Recht" Bd. 4 2. Aufl. § 40 S. 131). Und in der Tat kann kein Zweifel darüber obwalten, daß es sowohl dem Bedürfnis des Rechtsverkehrs, als den Anforderungen der Billigkeit lediglich entspricht, wenn für den gesetzlichen Güterstand des Bürgerlichen Gesetzbuchs als Vorbehaltsgut alles dasjenige Vermögen betrachtet wird, das der Ehefrau von dem Ehemann zu dem selbständigen Betrieb eines Erwerbsgeschäfts überlassen, insbesondere in einem der Ehefrau bei dem Beginn der ehelichen Nutznießung und Verwaltung zustehenden und von ihr mit Einwilligung des Ehemannes fortgesetzten Erwerbsgeschäft begriffen ist. In Frage kann nur kommen, ob eine derartige Regelung dem geltenden Recht entspricht, und ob sie angesichts der Fassung, die der § 1366 tatsächlich erhalten hat, mit dessen Bestimmung in Einklang zu bringen ist. Es kann und soll indes auf diese Frage gegenwärtig nicht eingegangen, und daher nicht erörtert werden, ob die vom Berufungsgericht befolgte Ansicht, wenn auch vielleicht nicht auf § 1366, so doch auf andere Bestimmungen des Bürgerlichen Gesetzbuchs sich stützen ließe; denn der vorliegende Fall bietet hierzu eine Veranlassung nicht.

Kläger beansprucht die Nutznießung an dem Geschäft der Beklagten und meint, daß er deshalb zum Fortbetrieb des Geschäfts zwar nach seinem Gutdünken, aber ohne eigene Verbindlichkeit befugt sei. Die Revision bestätigt, daß Kläger die Herausgabe des Geschäfts verlange, um dasselbe ohne Zuziehung der Beklagten, jedoch für deren Rechnung und in ihrem Namen zu führen, mithin so, daß durch seine Rechtsgeschäfte nicht er selbst, sondern allein die Beklagte verpflichtet werde; das soll der Stellung des Ehemannes nach dem gesetzlichen Güterrecht des Bürgerlichen Gesetzbuchs entsprechen.

Hierin ist indes der Revision nicht beizutreten. In der Frage, welche Rechte dem Manne hinsichtlich eines von der Frau bei Beginn der Ehe betriebenen und selbständig von ihr fortgesetzten Erwerbsgeschäfts nach gesetzlichem Güterrecht zustehen, gehen zwar in der Literatur die Ansichten ungemein auseinander,

vgl. außer den Genannten Zschimmer in der Zeitschr. für das gesamte Handelsr. Bd. 52 S. 495; Ullmann in der Jurist. Wochenschr. 1902 S. 49 und in dessen Schrift „Das gesetzliche eheliche Güterrecht in Deutschland" 2. Aufl. S. 93 flg.; Schefold im Arch. für die zivil. Praxis Bd. 91 S. 145; Planck, B.G.B. Bd. 4 § 1376 Bem. 5; Schmidt-Habicht in Hölder's Kommentar zum B.G.B. Bd. 4 § 1367 Bem. 2f, § 1376 Bem. 5; Engelmann in Staudinger's Kommentar zum B.G.B. Bd. 4 § 1376 Bem. 7; Lehmann u. Ring, H.G.B. Bd. 1 § 1 Nr. 29,

und es finden sich Darlegungen, die der Revision einigermaßen zur Stütze dienen können. Insbesondere wird in Ansehung des Falles, daß die Frau bei Eingehung der Ehe ein Handelsgeschäft betreibt, die Ansicht vertreten, daß der Mann das Recht und die Pflicht habe, vom Eheschluß an das Geschäft der Frau zu leiten und zu führen; daß er allerdings über Rechte, welche zum Handelsgeschäft gehören, nicht ohne Zustimmung der Frau verfügen und die Frau auch nicht einseitig ohne ihre Zustimmung durch Rechtsgeschäfte verpflichten, daß er jedoch ihre Zustimmung auf Grund des § 1379 B.G.B. erzwingen könne, und zwar nicht nur für das jeweils abzuschließende Rechtsgeschäft, sondern allgemein im voraus für alle im Betriebe erforderlichen Geschäfte Zschimmer a. a. O.; ähnlich Ullmann in dessen erwähnter Schrift S. 96, der S. 99 noch der Ansicht ist, daß die Frau auch verpflichtet sei, die nach § 22 H.G.B. erforderliche ausdrückliche Einwilligung zur Fortführung der Firma zu erteilen. Diese Ansichten entsprechen jedoch keinenfalls dem Bürgerlichen Gesetzbuch. Wäre man wirklich zu der Annahme gezwungen, daß nach dem gesetzlichen Güterrecht des Bürgerlichen Gesetzbuchs ein von der Frau bei Beginn der Ehe betriebenes Erwerbsgeschäft nicht bloß zu ihrem eingebrachten Vermögen gehöre, sondern auch lediglich den in §§ 1373 flg. getroffenen Bestimmungen unterstehe, so würde sich doch die Einräumung so weit gehender Befugnisse an den Mann nicht rechtfertigen lassen. Hätte in dem bezeichneten Falle das dem Erwerbsgeschäft der Frau gewidmete Vermögen lediglich die Eigenschaft des eingebrachten Gutes, und bliebe es solches auch dann, wenn der Mann in die unveränderte Fortsetzung des Betriebes willigte, so würden ihm vielleicht die aus §§ 1376. 1377. 1380 B.G.B. sich ergebenden Rechte zustehen; aber ein Fortbetrieb für ihre Rechnung mit der Maßgabe, daß die Frau, und zwar die Frau allein, verpflichtet werde, ist schon deshalb ausgeschlossen, weil zufolge § 1375 das Verwaltungsrecht des Mannes nicht die Befugnis umfaßt, die Frau durch Rechtsgeschäfte zu verpflichten. Auf Grund des § 1379 aber kann dem Manne eine dahin gehende Befugnis nicht verliehen werden, weil die Voraussetzung, unter der zufolge jener Vorschrift die Zustimmung der Frau durch das Vormundschaftsgericht ersetzt werden kann, in Fällen der vorliegenden Art nicht zutrifft. Es wird zwar gesagt (vgl. Zschimmer, a. a. O. S. 496), die Frau stehe, wenn der Mann ihr Geschäft übernommen habe, abgesehen davon, daß ihre Zustimmung zu Verfügungen über nicht verbrauchbare Gegenstände und zu Verpflichtungsgeschäften verlangt werde, hinsichtlich der Leitung des Geschäftsbetriebes nicht anders da als ein Minderjähriger, in dessen Namen ein Gewerbe vom Inhaber der elterlichen Gewalt oder vom Vormund betrieben werde, nur daß die Gründe des Ausschlusses verschiedene seien: hier die Rechte des Mannes am Frauenvermögen, dort die mangelnde Geschäftsfähigkeit. Allein auch mit solchem Zusatz paßt dieser Hinweis nicht. Die Frau kann, wie wohl von keiner Seite bestritten wird, ein Erwerbsgeschäft betreiben, ohne daß sie der Zustimmung des Mannes bedarf. Der Mann kann seine Einwilligung versagen und ihr den Betrieb verbieten; aber schließen kann er ihr das Geschäft nicht, und auf Unterlassung des Betriebes kann er auch nicht klagen; er kann, um seinen Willen zur Geltung zu bringen, nur die Klage gemäß § 1354 erheben. Abgesehen davon aber wäre für die Bestimmung des § 1379 nur Raum, wenn der Mann zur Verwaltung berufen wäre; seine Befugnis zur Verwaltung eines von der Frau betriebenen Erwerbsgeschäfts selbst ohne ihre Zustimmung ist aber nicht anzuerkennen. Allerdings ist dem Bürgerlichen Gesetzbuch der Nießbrauch an einem Vermögen oder an einem Bruchteil bekannt, jedoch nur nach Maßgabe der §§ 1085 flg.; ferner ergibt sich aus § 22 H.G.B., daß ein Handelsgeschäft in gewisser Weise Gegenstand eines Nießbrauchs sein kann. Allein die durch letztere Bestimmung in Verbindung mit § 25 H.G.B. eröffnete Möglichkeit, ein Handelsgeschäft einem anderen zum Nießbrauch zu überlassen, setzt gütliche Vereinbarung voraus und kann nicht füglich dem Manne einen Anspruch auf Fortführung des Geschäfts auch gegen den Willen der Frau verleihen. Stimmt die Frau der Übernahme des Geschäfts durch den Mann nicht zu, so hat der letztere nur die gesetzlich ihm zustehenden Rechte, und zu diesen, auf deren Umfang gegenwärtig nicht weiter eingegangen werden soll, gehört der Nießbrauch an ihrem Geschäft schon deshalb nicht, weil dem B.G.B., wie es schließlich gestaltet wurde, der eigentliche Nießbrauch an einem Inbegriff von Rechten und Sachen und deshalb der Nießbrauch an einem Erwerbsgeschäft fremd ist. Es muß deshalb auch die Annahme, daß der Mann die Überlassung der Firma eines von seiner Frau betriebenen Geschäfts und damit die Folgen der §§ 22. 25 H.G.B. erzwingen könne, als der gesetzlichen Grundlage entbehrend, abgelehnt werden.

Hiernach erweist sich der erhobene Anspruch als unbegründet, und er ist deshalb mit Recht abgewiesen worden. Ob dem Kläger vielleicht ein anderes Recht zukommen würde, steht gegenwärtig nicht in Frage, da er einen Anspruch geltend gemacht hat, der nur entweder in vollem Umfange anzuerkennen, oder ganz abzulehnen ist, dagegen eine Zuerkennung in beschränktem Umfange nicht gestattet. Es ist deshalb auch nicht zu erörtern, ob dem Kläger an den einzelnen zu dem Geschäftsvermögen gehörenden Sachen und Rechten jemals Verwaltungsrechte zugestanden haben, und ob er solche Rechte bei der jetzigen Gestaltung des Geschäfts überhaupt noch haben würde." . . .

11. 1. Kann eine letztwillige Verfügung wegen Irrtums des Erblassers auf Grund des § 2078 Abs. 2 B.G.B. nur dann angefochten werden, wenn die irrige Vorstellung allein es war, die den Erblasser zu seiner Verfügung bestimmte?

2. Welche Bedeutung hat neben der Anfechtbarkeit einer letztwilligen Verfügung wegen Irrtums gemäß § 2078 Abs. 2 die in § 2339 Abs. 1 Ziff. 3 (und § 2345) B.G.B. zugelassene Anfechtung wegen arglistiger Täuschung des Erblassers?

IV. Zivilsenat. Urt. v. 29. September 1904 i. S. E. (Kl.) w. E. (Bekl.). Rep. IV. 223/04.

I. Landgericht Bremen.
II. Oberlandesgericht Hamburg.

Im Juli 1901 starb zu Bremen der Privatmann Heinrich Ernst E. und hinterließ, da seine Ehefrau und seine anderen Kinder vor ihm verstorben waren, als nächsten gesetzlichen Erben einen von seinen Kindern ihn allein überlebenden Sohn, den Kläger. In seinem Nachlasse fand sich ein von ihm am 19. März 1889 errichtetes Testament, sowie eine dazu gehörige Beilage vom 6. Januar 1899. Durch das Testament hatte der Erblasser in § 1 den Kläger zum Erben eingesetzt, jedoch einen Testamentsvollstrecker ernannt und bestimmt, daß Kläger, „solange er unverheiratet bleibe und kein eigenes Geschäft gegründet habe", nicht in den Besitz des Nachlasses kommen, sondern nur, zur Bestreitung seines Unterhalts, 2000—2500 ℳ im Jahre ausbezahlt erhalten sollte. In § 2 war sodann verfügt, daß Kläger, falls er ein eigenes Geschäft gründen wolle, und dieses „eine genügend solide Grundlage zu bieten scheine", auch wenn er noch unverheiratet sei, eine entsprechende Summe oder sogar den ganzen Nachlaß von dem Testamentsvollstrecker, nach dessen Ermessen, erhalten solle. In § 3 verbot der Erblasser dem Kläger die Eingehung der Ehe mit Johanna Sch., beschränkte ihn für den Fall des Zuwiderhandelns oder für den Fall, daß er sich den anderen Bestimmungen des Testaments nicht fügen, insbesondere daß er dasselbe anfechten sollte, auf den Pflichtteil und berief für solchen Fall die Beklagte zu seiner Erbin. In § 4 endlich vermachte er unter den dort getroffenen näheren Bestimmungen sein Hausgrundstück in Syke oder statt dessen ein Kapital von 20000 ℳ an die Beklagte. In der Beilage vom 6. Januar 1899 änderte der Erblasser die letztere Verfügung dahin ab, daß die Beklagte sein Hausgrundstück und daneben ein Kapital von 40000 ℳ erhalten solle. Sodann brachte er das Verbot der Heirat des Klägers mit Johanna Sch. in Wegfall, hielt jedoch die Verfügung in § 1 seines Testaments aufrecht und bestimmte, daß der Kläger, wenn er ein Geschäft gründen wolle, nur im Falle der übereinstimmenden Ansicht seines Testamentsvollstreckers und der Beklagten die in § 2 des Testaments angeordneten Zahlungen erhalten solle. Endlich wiederholte er die Androhung der Beschränkung des Klägers auf den Pflichtteil und verfügte, daß hierauf näher angegebene Beträge anzurechnen seien. Beide letztwilligen Verfügungen wurden am 2. August 1901 auf dem Amtsgerichte Br. in Gegenwart des Klägers eröffnet. Am 1. August 1902 erklärte Kläger vor einem Notar, daß er das Testament und dessen Beilage wegen Betrugs, Irrtums und widerrechtlicher Drohung, begangen von der Beklagten, anfechte, das Testament auch wegen Verletzung seines Pflichtteils angreife. Diese Erklärung wurde von ihm dem Amtsgerichte Br. am 2. August, unter Wiederholung ihres Inhalts, überreicht und auf sein Betreiben der Beklagten am 4. August 1902 zugestellt. Alsdann erhob Kläger Klage gegen die Beklagte und beantragte:

die erwähnten letztwilligen Verfügungen für ungültig zu erklären; in zweiter Linie: Beklagte zu verurteilen, anzuerkennen, daß ihr keinerlei Rechte an dem Nachlaß des Erblassers zustehen, und jene Verfügungen, soweit sie für die Beklagte Zuwendungen enthalten, dem Kläger gegenüber unwirksam seien.

Vom Landgerichte wurde die Klage abgewiesen. Die von dem Kläger eingelegte Berufung blieb ohne Erfolg. Auf seine Revision wurde das Urteil aufgehoben, und die Sache an das Berufungsgericht zurückverwiesen.

Aus den Gründen:

... „Auch das Oberlandesgericht geht davon aus, daß für die Entscheidung, ob und in welchem Umfange die in Rede stehenden letztwilligen Verfügungen wegen ihres Inhalts angefochten werden können, lediglich das Bürgerliche Gesetzbuch maßgebend sei. Dies ist, da der Erblasser nach dem 1. Januar 1900 gestorben ist, zufolge der in Artt. 213. 214 Einf.-Ges. zum B.G.B. ausgesprochenen Grundsätze zutreffend und wird nicht beanstandet.

Angefochten hat Kläger die beiden letztwilligen Verfügungen in seiner Erklärung vom 1. August 1902 wegen „Betrugs, Irrtums und widerrechtlicher Drohung", begangen durch die Beklagte. Der Tatbestand der Bedrohung ist jedoch aus den Behauptungen des Klägers nicht zu entnehmen; dieser Anfechtungsgrund scheidet daher ohne weiteres aus. Angefochten im Prozeß hat Kläger:

1. das Testament vom 19. März 1889, weil Beklagte den Erblasser zu demselben dadurch bewogen habe, daß sie ihm unwahrerweise erzählte, Kläger wolle die Sch. heiraten, und ihm zur Unterstützung dieser Behauptung von ihr selbst angefertigte angebliche Liebesbriefe der Sch. gezeigt habe; ferner, weil der § 3 des Testaments eine unsittliche Bestimmung enthalte, und endlich, weil Beklagte turpis persona, deshalb aber erbunwürdig sei;

2. die Beilage vom 6. Januar 1899 deshalb, weil Beklagte den Erblasser zu dieser letztwilligen Verfügung durch die unwahre Behauptung, des Klägers Gattin habe gedroht, ihn zu erschießen, bewogen habe, und weil Beklagte als turpis persona erbunwürdig sei; endlich deshalb, weil sie den Erblasser durch die unwahre Behauptung bestimmt habe, Kläger habe geäußert, er wolle seinen Vater für unzurechnungsfähig erklären lassen.

In zweiter Instanz hat Kläger sodann noch geltend gemacht, daß Beklagte eine später vom Erblasser in Form eines eigenhändigen Testaments errichtete letztwillige Verfügung unterschlagen habe.

Von diesen Behauptungen hat das Berufungsgericht die letzte, da sie eine unzulässige Klagänderung enthalte, dem Widerspruche der Beklagten gemäß ausgeschieden; auf den Anfechtungsgrund, daß Beklagte turpis persona sei, ist es nicht eingegangen. Beides ist nicht beanstandet und zutreffend.

Sodann hat das Berufungsgericht angenommen, daß auf die sonst behaupteten Anfechtungsgründe sowohl der § 2078 B.G.B. in seinen Bestimmungen über den Irrtum, als der § 2339 Ziff. 3 in Verbindung mit § 2345 in seinen Bestimmungen über arglistige Täuschung zur Anwendung zu gelangen hätte. Es ist dabei des Erachtens, daß die in Rede stehenden Bestimmungen des Testaments vom 19. März 1889, weil diese in der Beilage vom 6. Januar 1899 wiederholt werden, unanfechtbar seien, wenn die Beilage nicht angefochten werden könne, und untersucht deshalb, ob die Anfechtung der Beilage begründet sei. Den § 2078 B.G.B. aber legt es in dessen nach seiner Ansicht auf den vorliegenden Fall zutreffender Bestimmung dahin aus, daß jene letztwillige Verfügung wegen Irrtums angefochten werden könne, wenn

1. der Erblasser sie infolge einer irrigen Vorstellung getroffen hatte, und

2. sie ohne diese irrige Vorstellung nicht getroffen haben würde,

und verlangt für die Durchführung der Anfechtung den Beweis vom Kläger in beiden Beziehungen. Ob dagegen der Irrtum durch arglistige Täuschung hervorgerufen worden sei, erachtet das Berufungsgericht hinsichtlich des § 2078 für unerheblich. Und es ist endlich der Ansicht, daß der von ihm für die Anfechtung auf Grund des § 2078 erforderte Beweis für die Anfechtung auf Grund der §§ 2339 Ziff. 3. 2345 mindestens ebenfalls geführt werden müsse. Infolgedessen prüft es nur, ob den Erfordernissen des § 2078 vom Kläger genügt sei. Diese Frage aber verneint es. Als tatsächlich erwiesen nimmt das Berufungsgericht an, daß der Erblasser sich zu seinen letztwilligen Verfügungen in der Beilage entschlossen, weil er geglaubt habe, der Kläger wolle ihn für unzurechnungsfähig erklären lassen; dagegen erachtet es als nicht bewiesen, daß diese Vorstellung eine irrige gewesen sei. Sodann hält es für nicht wahrscheinlich, daß der Erblasser auch durch die irrige Annahme, seine Schwiegertochter habe ihn bedroht, zu seinen letztwilligen Verfügungen bewogen worden sei. Aber es entscheidet diese Frage nicht. Vielmehr ist es der Ansicht, daß selbst dann, wenn man annehmen wolle, die Drohung der Schwiegertochter habe mitgewirkt, doch nicht festgestellt werden könne, daß der Erblasser seine Verfügungen ohne diese irrige Vorstellung nicht getroffen hätte. Im Hinblick hierauf hält das Berufungsgericht die Anfechtung für sachlich unbegründet und läßt es daher, wie das Landgericht, dahingestellt, ob die Anfechtungsfrist gewahrt sei.

Diese Erwägungen sind nicht geeignet, die angefochtene Entscheidung zu tragen.

Zugegeben werden muß der Revision zunächst, daß die Prüfung der gegen das Testament vom 19. März 1889 erhobenen Angriffe aus unzutreffenden Gründen unterlassen worden ist. Die letztwillige

Verfügung vom 19. März 1889 ist ein wirkliches (vor zwei Senatoren der Freien Hansestadt Bremen errichtetes und von diesen solennisiertes) Testament, diejenige vom 6. Januar 1899 dagegen nur eine übereinstimmend mit einem im Testament gemachten Vorbehalte und in der dort vorgeschriebenen Form errichtete Beilage, deren Gültigkeit von der Rechtsbeständigkeit des Testaments abhängt. Es kann deshalb nicht lediglich darauf ankommen, ob die Bestimmungen des Testaments in der Beilage wiederholt sind, und ob letztere einen Grund zur Anfechtung bietet, oder nicht, sondern es ist zunächst auf die Anfechtung des Testaments einzugehen, weil mit dessen Ungültigkeit die Beilage ohne weiteres hinfällig werden würde. Das Berufungsgericht hätte deshalb auch den Angriff des Klägers gegen das Testament prüfen müssen.

Von den oben wiedergegebenen Anfechtungsgründen des Klägers kann freilich seine Berufung darauf, daß der § 3 des Testaments eine unsittliche Bestimmung enthalte, auf sich beruhen bleiben, weil diese Bestimmung, unter der das Verbot einer Eheschließung mit der Johanna Sch. verstanden werden soll, nicht nur durch den Widerruf des gedachten Verbots in der Beilage ihre Bedeutung verloren hat, sondern auch, selbst wenn sie als unsittlich angesehen werden könnte, nicht die Ungültigkeit des ganzen Testaments zur Folge haben würde. Daneben hat Kläger jedoch geltend gemacht, daß das Testament überhaupt infolge einer arglistigen Täuschung des Erblassers errichtet worden sei, und diese Behauptung ist nicht nur erheblich, sondern auch bestimmend für den Umfang des Klaganspruchs, den das Berufungsgericht zu eng begrenzt hat. Das Berufungsgericht hat stets nur erörtert, ob die Vermächtnisse der Beklagten anfechtbar seien; der Kläger hat aber die letztwilligen Verfügungen beide in erster Linie ihrem vollen Umfange nach angefochten, und konnte das zufolge § 143 Abs. 4 B.G.B. durch Klage gegen die Beklagte, da letztere durch die angefochtenen Verfügungen für den Fall der Anfechtung zur Erbin berufen ist.

Sodann ist die Rechtsanwendung des Berufungsgerichts zu beanstanden, wenn auch sein Ausgangspunkt durchaus der richtige ist. Für die Anfechtung der letztwilligen Verfügungen in ihrem gesamten Umfange kommt § 2078, für die Anfechtung der zugunsten der Beklagten getroffenen Bestimmungen kommen daneben die §§ 2339 Ziff. 3. 2345

B.G.B. in Betracht. Auch das Berufungsgericht hat seine Entscheidung aus § 2078 entnommen, in seinen Gründen indes ausgesprochen, es komme für die — seiner Auffassung zufolge zunächst zu prüfende — Anfechtbarkeit der Beilage nach dem maßgebenden § 2078 darauf an, ob der Erblasser über den Inhalt seiner Erklärungen im Irrtume gewesen sei oder eine Erklärung dieses Inhalts überhaupt nicht habe abgeben wollen, und anzunehmen sei, daß er die Erklärungen bei Kenntnis der Sachlage nicht abgegeben haben würde. Diese Erwägung ergibt, daß das Berufungsgericht den Abs. 1 des § 2078 für zutreffend erachtet hat, und das entspricht nicht der Sachlage. Denn nach den Behauptungen des Klägers sind die Erklärungen, die der Erblasser in seinen beiden Verfügungen niedergelegt hat, wirklich von ihm gewollt, und der Kläger macht nur geltend, daß der Wille des Erblassers jedesmal durch eine irrige Vorstellung beeinflußt gewesen sei. Auf einen solchen Tatbestand aber würde der Abs. 2 des § 2078 zutreffen. Der § 2078 gestattet die Anfechtung einer letztwilligen Verfügung wegen Irrtums und umfaßt in seinem ersten Absatze, wie § 119 den Fall des Irrtums über den Inhalt der Erklärung und den Fall des Irrtums in der Erklärungshandlung. In Übereinstimmung mit § 119 bestimmt er ferner, daß ein solcher Irrtum als erheblich zu gelten habe, wenn anzunehmen sei, daß der Erblasser die Erklärung bei Kenntnis der Sachlage nicht abgegeben haben würde; dabei soll es jedoch, abweichend von § 119, nicht darauf ankommen, ob der Erblasser bei verständiger Würdigung des Falles anders verfügt hätte. Die Vorschrift des § 2078 Abs. 2 erklärt sodann, in weiterer Abweichung von § 119, Irrtum in den Beweggründen, also selbst den nicht durch eine arglistige Täuschung hervorgerufenen, ebenfalls für erheblich, wenn er in der irrigen Vorstellung von Tatumständen besteht, und zwar auch solcher, die in der Vergangenheit oder Gegenwart, nicht nur, wie die Revision annimmt, solcher, die in der Zukunft liegen. Auch im Falle des Abs. 2 kann indes die Anfechtung nur stattfinden, wenn anzunehmen ist, daß der Erblasser die Erklärung bei Kenntnis der Sachlage nicht abgegeben haben würde; denn nur dann ist der Irrtum erheblich, weil nur dann ein ursächlicher Zusammenhang zwischen dem Irrtume und der abgegebenen Erklärung vorhanden ist. Dies ist durch das in Abs. 2 gebrauchte Wort „bestimmt" zum Ausdrucke gelangt. Einer anderen Vorschrift in dieser Hinsicht bedurfte es nicht, da eine solche in Abs. 1 nur deshalb notwendig war, um das in § 119 erwähnte Erfordernis, daß der Erklärende bei verständiger Würdigung des Falls anders verfügt hätte, auszuschließen, während sich die Ausschließung dieses Erfordernisses für den Fall des Abs. 2 aus dem Worte „bestimmt" von selbst ergab.

Hiernach stehen die in den beiden ersten Absätzen des § 2078 bezeichneten Fälle, was die Erheblichkeit des Irrtums betrifft, einander gleich. Ferner stehen sie darin gleich, daß der ursächliche Zusammenhang zwischen Irrtum und Erklärung von dem Anfechtungskläger bewiesen werden muß. Insofern würde es deshalb ohne Bedeutung sein, daß das Berufungsgericht den Abs. 1 statt des Abs. 2 seiner Entscheidung zugrunde gelegt hat. Aber es läßt in Ansehung der Beilage vom 6. Januar 1899, deren Errichtung es allein erörtert, die Möglichkeit offen, daß die irrige Vorstellung des Erblassers, seine Schwiegertochter habe ihn bedroht, mitbestimmend auf ihn eingewirkt habe, hält indes gleichwohl die Feststellung, daß derselbe ohne diese Vorstellung die Verfügung nicht getroffen hätte, für ausgeschlossen, und zwar, wie in den Gründen gesagt wird, deshalb, weil dann „anzunehmen sei, daß verschiedene Motive bestimmend gewesen seien: vor allem auch der Ärger über die Erklärung seines Sohnes, ihn für unzurechnungsfähig erklären lassen zu wollen, daneben vielleicht auch ein schon vorher vorhanden gewesener Wunsch, für seine Nichte, die ihm seit Errichtung des Testaments vom 19. März 1889 weiter 10 Jahre aufopfernd gedient hatte, in auskömmlicher Weise zu sorgen". Danach muß das Berufungsgericht eine Anfechtung wegen Irrtums auf Grund des § 2078 nur dann für statthaft erachtet haben, wenn der Irrtum allein es war, der den Erblasser zu seiner Verfügung veranlaßte. Dies steht allerdings mit einer Bemerkung der Motive zu § 1781 des ersten Entwurfs (Bd. 5 S. 48) im Einklange, ist jedoch nicht zutreffend. Angefochten werden kann zwar eine letztwillige Verfügung wegen Irrtums nur dann, wenn ihre Erklärung hierauf beruht: allein der ursächliche Zusammenhang zwischen einem tatsächlichen Irrtume des Erblassers und seiner Erklärung ist bereits vorhanden, wenn seine irrige Vorstellung in einem solchen Grade mitbestimmend für seine Erklärung war, daß er diese ohne jene Vorstellung nicht abgegeben haben würde, mögen auch andere, zutreffende Vorstellungen ebenfalls mitgewirkt haben.

Vgl. Planck, Bürgerliches Gesetzbuch Bd. 5 § 2078 Bem. 2 $\alpha\beta$. Nur der Nachweis eines solchen Irrtums muß daher erbracht werden, mehr jedoch nicht. Und es ist auch nicht dem Anfechtungsgegner der Beweis freizulassen, daß der Erblasser bei Kenntnis der wahren Sachlage ebenso verfügt hätte. Denn in Ansehung von letztwilligen Verfügungen, bei denen, im Gegensatze zu Rechtsgeschäften unter Lebenden, die Rücksicht auf die Sicherheit des Verkehrs nicht in Betracht kommt, soll zwar die wirkliche Absicht des Erblassers, soweit sie nicht mit zwingenden Rechtsvorschriften in Widerspruch steht, zur Geltung gebracht werden (vgl. Strohal, Erbrecht 3. Aufl. § 41 Anm. 8), aber nur die wirklich und in freier Betätigung des Willens erklärte Absicht. Und deshalb muß, sobald der Nachweis gelingt, daß die Erklärung auf einem vom Gesetze als erheblich bezeichneten Willensmangel beruht, die Anfechtung zugelassen werden, ohne daß der Frage nachgegangen werden kann, was der Erblasser, wenn er nicht in Irrtum befangen gewesen wäre, getan hätte.

Nicht anders aber verhält es sich mit der Anfechtung eines Vermächtnisses auf Grund der §§ 2339 Ziff. 3 und 2345 B.G.B. wegen einer dem Bedachten zur Last fallenden arglistigen Täuschung des Erblassers. Für die Anfechtung einer letztwilligen Verfügung wegen Irrtums auf Grund des § 2078 ist es ohne Bedeutung, ob die irrige Vorstellung des Erblassers durch arglistige Täuschung hervorgerufen wurde, oder nicht; denn es ist der Irrtum, der die Anfechtung begründet, und seine Ursache kommt nicht in Betracht. Im Hinblicke hierauf wurde die Hervorhebung des Betrugs als eines besonderen Anfechtungsgrundes, die sich im ersten Entwurfe des Bürgerlichen Gesetzbuchs als § 1780 neben dem in § 1781 geregelten des tatsächlichen Irrtums befand, von der zweiten Kommission, weil entbehrlich, beseitigt (vgl. Protokolle Bd. 5 S. 52). Für die Anfechtung einer letztwilligen Verfügung wegen Unwürdigkeit des Bedachten ist dagegen der Fall der arglistigen Täuschung des Erblassers von besonderer Bedeutung, und deshalb ist dieser Fall der Anfechtung in § 2339 Ziff. 3 B.G.B. neben der Anfechtung wegen Irrtums auf Grund des § 2078 trotz einiger dagegen geäußerten Bedenken beibehalten.

vgl. Protokolle der zweiten Kommission Bd. 5 S. 639. 641, weil beide Rechtsbehelfe sich in manchen Beziehungen unterscheiden. Insbesondere ist letzteres der Fall, was die Person des Anfechtungsberechtigten anlangt (vgl. §§ 2080 und 2341), und nicht minder kommt hierbei die Wirkung der Anfechtung in Betracht. Die Anfechtung auf Grund des § 2078 reicht nicht weiter, als der Anfechtungsgrund dies verlangt, d. h. es wird nur die von dem Irrtume betroffene einzelne Verfügung hinfällig; die Anfechtung auf Grund des § 2339 Ziff. 3 dagegen entkräftet, um ihrem Zwecke zu entsprechen, jede zugunsten des Täuschenden getroffene Verfügung also auch eine solche, die von seiner Täuschung, weil diese eine ganz andere Verfügung zum Gegenstande hatte, gar nicht berührt wurde. Vgl. Protokolle a. a. O. S. 641.

Die erwähnten Unterschiede kommen jedoch im vorliegenden Falle nicht zur Geltung, da Kläger stets der Anfechtungsberechtigte sein würde, und die arglistige Täuschung, die der Kläger geltend macht, auch zur Anordnung der für die Beklagte selbst bestimmten Vermächtnisse geführt haben soll. Es steht also lediglich zur Frage, ob die Anordnung derselben dem freien Willen des Erblassers entspricht, oder ob er hierzu durch die Täuschung bestimmt wurde, und in dieser Beziehung ist nur erheblich, ob eine ihn bestimmende irrige Vorstellung in ihm erweckt worden ist. Der Nachweis, den Kläger führen muß, um hiermit durchzudringen, ist daher kein anderer, als der, den er wegen seiner Anfechtung auf Grund des § 2078 zu erbringen hat; den Beweis des Betrugs dagegen braucht er nicht auch noch zu führen, weil die besonderen Folgen des Betrugs im vorliegenden Falle nicht in Frage kommen.

Es ist danach noch zu erörtern und zu entscheiden, ob der Erblasser sich in dem vom Kläger behaupteten tatsächlichen Irrtume befand, sowie, ob er durch seine irrige Vorstellung zu den angefochtenen letztwilligen Verfügungen bestimmt wurde, und zwar derart, daß diese Vorstellung der alleinige Beweggrund war oder doch insoweit mitwirkte, daß er die Verfügungen ohne sie nicht getroffen haben würde. Diese Erörterung hat zunächst in Ansehung des Testaments vom 19. März 1889 stattzufinden und ist nur, wenn sich dieses als unanfechtbar erweist, auf die Beilage vom 6. Januar 1899 zu erstrecken." . . .

12. Unter welchen Voraussetzungen kann eine Bürgschaftsurkunde, die der Gläubiger schon in Händen hat, als Urkunde über eine neu übernommene Bürgschaft im Sinne des § 766 B.G.B. dienen?

VI. Zivilsenat. Urt. v. 29. September 1904 i. S. Gebr. L. (Kl.) w. M. (Bekl.). Rep. VI. 555/03.

I. Landgericht Braunschweig.
II. Oberlandesgericht daselbst.

Aus den Gründen:

... „Die Klägerin hat den Beklagten aus einer selbstschuldnerischen Bürgschaft in Anspruch genommen, die er nach ihrer Behauptung in der zweiten Hälfte des Januars 1902 zu M. bis zur Höhe von 3000 ℳ für einen von ihr dem Kaufmann W. R. zu B. eröffneten Warenkredit übernommen haben soll. Sie hat die nach § 766 B.G.B. für die Verbürgung erforderliche schriftliche Form dadurch für gewahrt erachtet, daß die Parteien übereingekommen seien, ein vom Beklagten der Klägerin am 23. Juni 1901 in B. ausgestellter Bürgschaftsschein entsprechenden Inhalts, der sich noch in den Händen der Klägerin befand, solle jetzt für diese Bürgschaft Geltung haben. ...

Was ... die Frage anlangt, ob durch die Übereinkunft, die erwähnte Urkunde solle jetzt für diese Bürgschaft Geltung haben, die gesetzlich erforderliche Schriftlichkeit hergestellt sein würde, so ist zwar der Klägerin darin Recht zu geben, daß es gleichwertig ist, ob die Bürgschaftsurkunde bei Übernahme der Bürgschaft allererst dem Gläubiger hingegeben wird, oder ob Bezug genommen wird auf eine vom Bürgen schon früher ausgestellte Urkunde, die der Gläubiger aus irgendeinem Anlasse schon vorher in die Hände bekommen hat. Aber mit Recht hat das Berufungsgericht eine Urkunde, welche zum Zwecke der Übernahme einer anderen Bürgschaft, die inzwischen schon durch Erfüllung von seiten des Bürgen erledigt ist, ausgestellt und hingegeben worden war, überhaupt für untauglich erklärt, als Schriftform für die neu übernommene Bürgschaft zu dienen. Die hier fragliche Urkunde ist ausgestellt über eine in B. im Juni 1901 in Höhe von 3000 ℳ übernommene Bürgschaft, aus welcher der Beklagte von der Klägerin zum vollen Betrage in Anspruch genommen worden ist, und auf deren Grund er die letzten 1500 ℳ am 14. Januar 1902 der Klägerin gezahlt hat. Dann konnte sie nicht nachträglich gelten als Urkunde über die in der zweiten Hälfte des Januars 1902 zu M. vorgenommene Verbürgung, und daher würde es dieser Bürgschaft an der erforderlichen Schriftform fehlen, wie die beiden vorigen Gerichte mit Recht angenommen haben." ...

13. Zur Auslegung des § 377 Abs. 1 (früher Art. 347 Abs. 1) H.G.B.

II. Zivilsenat. Urt. v. 30. September 1904 i. S. B. (Kl.) w. E. (Bekl.). Rep. II. 603/03.

I. Landgericht Freiburg.
II. Oberlandesgericht Karlsruhe.

Der Beklagte, Inhaber einer Hofbuch- und Kunsthandlung, hatte bei dem Kläger eine größere Bestellung von Ansichtspostkarten — sog. Künstlerkarten — nach Originalaquarellen gemacht. Er stellte die ihm übersendete Partie Auflagedrucke der als zweite Serie bezeichneten Bestellung als mangelhaft zur Verfügung und weigerte Zahlung des Kaufpreises. Die Instanzgerichte nahmen an, die Mängelanzeige sei noch rechtzeitig. Auf Revision des Klägers wurde das Berufungsurteil aufgehoben, und die Sache in die Berufungsinstanz zurückverwiesen.

Aus den Gründen:

... „Von der als zweite Serie bezeichneten Bestellung hatte der Kläger anfangs September 1899 eine Partie Auflagedrucke dem Beklagten übersendet. Mit Karte vom 7. September bat letzterer den Kläger um umgehende Zusendung der Originale, ohne welche er kein Urteil über die empfangenen Karten fällen könne. Der Kläger kam diesem Ersuchen am 12. September nach; er erinnerte an die für die Beurteilung der Karten maßgebenden Bedingungen, die er seinerzeit gestellt habe, und sagte tunlichste Berücksichtigung etwaiger Wünsche des Beklagten bei den angeblich noch nicht gedruckten Karten zu. Nach Eingang der Originale holte der Beklagte mehrere Gutachten ein. Auf Erinnerung des Klägers vom 27. September 1899, in der um Nachricht auf das Schreiben vom 12. September gebeten wurde, antwortete der Beklagte mit Schreiben vom 4. Oktober, daß er noch keinen definitiven Bescheid geben könne, weil er von den Sachverständigen noch nicht die erbetenen Äußerungen erhalten habe. Am folgenden Tage erwiderte ihm der Kläger, daß er auf Abnahme der angeblich inzwischen fertig gedruckten Karten bestehen müsse. Mit Brief vom 11. Oktober weigerte der Beklagte deren Abnahme als mangelhafter. Die Instanzgerichte haben übereinstimmend als bewiesen erachtet, daß die Auflagedrucke der zweiten Serie mangelhaft seien, und der Beklagte an sich zu deren Zurückweisung berechtigt war. Der Kläger hatte indessen weiter geltend gemacht, die Mängelrüge vom 11. Oktober sei verspätet, und der Beklagte müsse daher die anfangs September gelieferten und auch die übrigen Karten der zweiten Serie als genehmigt gegen sich gelten lassen. Der erste Richter und der Berufungsrichter haben mit allerdings zum Teil voneinander abweichender Begründung die Mängelrüge vom 11. Oktober als rechtzeitig erachtet. Die hier allein in Betracht kommenden Ausführungen des Berufungsrichters gehen dahin: nach allem Vorangegangenen (gemeint sind hier auch die Vorgänge mit der ersten Serie) sei es dem Beklagten nicht zu verargen gewesen, wenn er, bevor er eine definitive Entscheidung über Annahme oder Zurückweisung der zweiten Serie Postkarten faßte, bei seiner eigenen mangelnden Fachkenntnis zuvor noch das Gutachten von Sachverständigen erhob, wie er dies dem Kläger bereits mit Brief vom 4. Oktober mitteilte, und wie dies in ähnlichen Fällen auch sonst schon für zulässig erklärt worden sei.

Der Revisionskläger bekämpft diese Ausführungen als auf Verletzung des Gesetzes beruhend; er macht geltend, daß nicht die persönlichen Anschauungen und Verhältnisse des Beklagten dafür entscheidend sein können, ob er durch Erhebung von Gutachten die Mängelrüge, wie hier geschehen, verzögern dürfe. Dem Angriff konnte der Erfolg nicht versagt werden. Dem Käufer ist durch die Bestimmungen des Art. 347 H.G.B. nicht verwehrt, zu der dort vorgesehenen Untersuchung Sachverständige zuzuziehen; darum handelt es sich hier nicht. In Frage steht vielmehr, ob, wenn durch Einholung von Gutachten sich die darin liegende Untersuchung der Ware und die Mängelanzeige verzögert, sie doch noch als rechtzeitige angesehen werden kann. Bei Auslegung und Anwendung der darin mit § 377 H.G.B. n. F. übereinstimmenden Vorschrift in Art. 347 a. a. O., wonach der Käufer die Ware ohne Verzug nach der Ablieferung, soweit dies nach dem ordnungsmäßigen Geschäftsgange tunlich ist, zu untersuchen und, wenn sie sich als nicht vertragsmäßig oder gesetzmäßig ergibt, dem Verkäufer sofort davon Anzeige zu machen hat, waren Rechtslehre und Rechtsprechung einverstanden einmal darüber, daß die Zuziehung von Sachverständigen oder die Erhebung von Gutachten zur ordnungsgemäßen Untersuchung dann als erforderlich erachtet werden dürfe, wenn die Ware von der Art sei, daß ihre Beschaffenheit nur von Sachverständigen erkannt werden könne, sodann darüber, daß für die weitere Frage, ob danach der Käufer zur ordnungsgemäßen Untersuchung Gutachten Sachverständiger einholen dürfe, die objektive Sachlage und die allgemeinen Verkehrsanschauungen, nicht die persönlichen Verhältnisse des Käufers und seine subjektiven Anschauungen entscheidend sein können, und endlich auch darüber, daß, soweit nicht einer der bisher erörterten Fälle vorliegt, der mit solchen Waren handelnde Käufer in der Regel entweder die zu eigener Untersuchung nötige Sachkunde besitzen, oder geeignete Vorkehrungen treffen muß, um die gehörige Untersuchung in der für solche Waren üblichen Zeit durch Dritte besorgen zu lassen. Zwar sind bei Anwendung der dargelegten rechtlichen Grundsätze im übrigen die besonderen Umstände des einzelnen Falls zu berücksichtigen; immerhin muß aber die Würdigung der Sachlage im einzelnen Falle erkennen lassen, daß der Instanzrichter von ihnen ausgegangen sei. Die oben wiedergegebenen Urteilsgründe des Berufungsrichters lassen indessen nach ihrem Wortlaute und ihrem Zusammenhange wohl keine andere Auslegung zu, als daß nach Annahme des Berufungsrichters die persönlichen Verhältnisse des Käufers, dessen subjektive Anschauungen, nicht die besondere Natur der Ware und die allgemeinen Verkehrsanschauungen dafür entscheidend seien, ob die Einholung von Gutachten noch in den Rahmen der in Art. 347 verlangten unverzüglichen Untersuchung, soweit sie nach ordnungsmäßigem Geschäftsgange tunlich sei, falle. Nach dieser Richtung sind die Ausführungen des Berufungsrichters nicht frei von Rechtsirrtum. Da aber auf ihnen die Verneinung der eingewendeten Verspätung der Mängelrüge beruht, so mußte der erwähnte Mangel zur Aufhebung des Berufungsurteils, soweit es den hierher gehörenden Teil des Klaganspruchs betrifft, führen. Das Berufungsgericht, an das die Sache in dem bezeichneten Umfange zur anderweiten Verhandlung und Entscheidung zurückzuverweisen ist, wird für den Fall, daß es zu dem Ergebnisse käme, die Mängelrüge sei verspätet, übrigens noch zum Gegenstand besonderer Prüfung machen müssen, aus welchen Gründen die gegebene Sachlage die Annahme des Klägers rechtfertige, daß das Präjudiz der Genehmigung aus Abs. 2 des Art. 347 die noch nicht abgelieferten Karten der zweiten Serie in gleichem Maße umfasse, wie die zu Anfang September gelieferten." ...

14. Zur Frage der Befreiung nichtdeutscher Konsuln, die Angehörige sowohl des entsendenden wie des bremischen Staates sind, von der bremischen Einkommensteuer auf Grund von Staatsverträgen, die den Konsuln die Vorrechte der meistbegünstigten Nation gewähren.

VII. Zivilsenat. Urt. v. 30. September 1904 i. S. Cl. (Kl.) w. den bremischen Staat (Bekl.). Rep. VII. 111/04.

I. Landgericht Bremen.
II. Oberlandesgericht Hamburg.

Nach § 3 b. c des bremischen Einkommensteuergesetzes vom 27. Juli 1900 (Bremisches Gesetzbl. S. 237), sind von der Einkommensteuer, der die im bremischen Staate wohnenden Personen unterliegen (§ 1), befreit diejenigen, welche durch Reichsgesetze oder Staatsverträge befreit sind, und Konsulatsbeamte nichtdeutscher Staaten, welche Angehörige des Staates sind, der sie ernannt hat. Der Kläger war von der Argentinischen Republik zum Konsul in Bremen bestellt und besaß die Staatsangehörigkeit dieser Republik; er war aber auch bremischer Staatsbürger. Für das Jahr 1902 zur Einkommensteuer herangezogen, beanspruchte er unter Berufung auf § 3 c a. a. O. sowie auf Art. 11 des zwischen dem Zollverein und der Argentinischen Republik geschlossenen Freundschafts-, Handels- und Schiffahrtsvertrages vom 19. September 1857 (Preuß. Gesetzs. von 1859

S. 405) die Befreiuung von der Steuer, zahlte sie am 6. März 1903 und forderte sie demnächst im Rechtswege zurück. Er wurde indessen vom Landgerichte mit seiner Klage abgewiesen, und das Oberlandesgericht wies die von ihm eingelegte Berufung zurück. Auch die Revision hat keinen Erfolg gehabt.

Gründe:

„Daß der Kläger aus dem nicht revisibelen bremischen Einkommensteuergesetz vom 27. Juli 1900 einen Grund für seine Befreiung von der bremischen Einkommensteuer nicht herleiten kann, hat der Berufungsrichter dargetan. Es kann sich für die Revisionsinstanz nur darum handeln, ob der zwischen den Staaten des Zollvereins und der Argentinischen Konföderation unter dem 19. September 1857 geschlossene und demnächst auch für den bremischen Staat bindend gewordene Freundschafts-, Handels- und Schiffahrtsvertrag (Preuß. Gesetzs. von 1859 S. 405) eine dem Kläger zur Seite stehende Befreiungsvorschrift enthält. Die Frage muß, mit dem Berufungsrichter, verneint werden. Der Art. 11 des Vertrages lautet an der maßgebenden Stelle: „Die Konsuln der Argentinischen Konföderation sollen in den zum Zollverein gehörigen Staaten alle Vorrechte, Befreiungen und Abgabenfreiheiten genießen, welche den den meistbegünstigten Nationen angehörigen Konsuln desselben Ranges gegenwärtig zugestanden sind oder künftig werden zugestanden werden..." Hiernach kommt es, wie der Berufungsrichter mit Recht annimmt, nicht darauf an, ob ein deutscher Konsul in Argentinien, der die deutsche und die argentinische Staatsangehörigkeit besitzt, Steuerfreiheit genießt, sondern lediglich darauf, ob das Deutsche Reich oder ein Bundesstaat einem fremden Konsul auch dann Abgabenfreiheit gewährt, wenn er nicht bloß Angehöriger des entsendenden Staates, sondern zugleich auch Angehöriger des Deutschen Reiches bzw. desjenigen Bundesstaates ist, in welchem er seine Residenz hat. Verträge, in denen dies ausdrücklich ausgesprochen wäre, sind nicht zu ermitteln. Es heißt, daß die Konsularbeamten (nach manchen Verträgen nur die Berufskonsuln), sofern sie Angehörige desjenigen vertragenden Teils sind, welcher sie ernannt hat, von Militärlasten, direkten persönlichen Leistungen und Abgaben 2c befreit sind (Vertrag mit Costa-Rica vom 18. Mai 1875, R.G.Bl. 1877 Nr. 3 Art. 27; mit Nicaragua vom 4. Februar 1896, R.G.Bl. 1897 Nr. 18 Art. 22;

mit der Dominikanischen Republik vom 30. Januar 1885, R.G.Bl. 1886 Nr. 2 Art. 21; mit Griechenland vom 26. November 1881, R.G.Bl. 1882 Nr. 16 Art. 2; mit Guatemala vom 20. September 1887, R.G.Bl. 1888 Nr. 38 Art. 22). In manchen Verträgen ist schlechthin von der Befreiung der Konsuln die Rede (z. B. in dem Vertrage mit Italien vom 7. Februar 1872 bzw. 21. Dezember 1868, R.G.Bl. 1872 Nr. 14, B.G.Bl. 1869 Nr. 13). Der Wortlaut der Verträge zwingt nicht zu der vom Kläger vertretenen Auslegung, da er nicht den Fall der doppelten Staatsangehörigkeit deckt, und im Sinne der Verträge liegt es gewiß nicht, die den fremden Konsuln eingeräumten Vergünstigungen auch dann zu gewähren, wenn diese gleichzeitig Bürger des empfangenden Staates sind. Dabei kann nicht, wie die Revision will, unterschieden werden zwischen Pflichten, die den einheimischen Staatsbürger als solchen treffen, wie die Militärdienstpflichten, und Pflichten, die ihm zugleich mit den übrigen Bewohnern des Staates auf Grund des Wohnsitzes obliegen, wie im gegenwärtigen Falle die Steuerpflicht. Befreien ihn die Konsularverträge nicht von den ersteren, obschon er auch Angehöriger des entsendenden Staates und dessen Konsul ist, so kann ihm ebensowenig Freiheit von den letzteren aus diesem Grunde zugestanden werden. Beim Mangel einer ausdrücklichen Bestimmung fehlt der Anlaß, dem Bürger des eigenen Staates ein Steuerprivilegium nur mit Rücksicht auf seine Stellung als Konsul und gleichzeitigem Angehörigen eines fremden Staates zu gewähren. Wie es sich mit einem solchen Privilegium verhalten würde, wenn der Konsul nicht auch Angehöriger des eigenen Staates, sondern eines anderen fremden Staates wäre, braucht nicht untersucht zu werden, da Kläger Bremer Bürger ist. Zu bemerken ist noch, daß in einigen Verträgen, z. B. mit den Havaiischen Inseln vom 25. März / 19. September 1879 (R.G.Bl. 1880 Nr. 13) und mit Mexiko vom 5. Dezember 1882 (R.G.Bl. 1883 Nr. 18), die negative Fassung gewählt ist (Konsularbeamte, welche nicht Angehörige des Landes sind, wo sie beglaubigt sind, sollen befreit sein ɔc). Diese Fassung läßt klar erkennen, daß die Befreiungen fortfallen, sofern die Konsularbeamten auch Angehörige des empfangenden Staates sind. Die anderen Verträge ausdehnend auszulegen, erscheint nicht zulässig; ersichtlich sollen dem Sinne nach überall die gleichen Verhältnisse geschaffen werden . . ."

15. Ist der Vorstand einer eingetragenen Genossenschaft, welcher die Aufkündigung eines Genossen nicht rechtzeitig dem Gerichte zur Liste der Genossen einreicht und dadurch den aufkündigenden Genossen schädigt, diesem auf Grund eines Vertragsverhältnisses oder auf Grund des Abs. 1 oder des Abs. 2 von § 823 B.G.B. zum Schadensersatze verpflichtet?

Gesetz, betr. die Erwerbs- und Wirtschaftsgenossenschaften, vom 20. Mai 1898 §§ 69. 70. 72—74.
B.G.B. § 823.

III. Zivilsenat. Urt. v. 4. Oktober 1904 i. S. M. (Kl.) w. B. (Bekl.). Rep. III. 91/04.

I. Landgericht Hannover.
II. Oberlandesgericht Celle.

Zu vorstehender Frage hat das Reichsgericht die Schadensersatzpflicht nach § 823 Abs. 2 B.G.B. angenommen aus nachstehenden, zugleich den Sachverhalt ergebenden

Gründen:

„Der Kläger, welcher früher dem Hannoverschen Hypothekenverein e. G. m. u. H. in Hannover als Mitglied angehörte, hatte nach seiner Behauptung mit Zuschrift vom 28. März 1898 dem Vorstande dieser Genossenschaft gegenüber seine Mitgliedschaft zum 31. Dezember 1898 aufgekündigt, auch von diesem durch Zuschriften vom 28. Februar und 5. Mai 1899 die Auszahlung seines Mitgliedguthabens zunächst zugesichert bekommen und schließlich am 20. Juli 1899 erhalten. Wie der Kläger ferner behauptet, hat indessen der genannte Vorstand, in den seit dem September 1898 der Beklagte eingetreten war, die ihm nach § 69 des Genossenschaftsgesetzes vom 20. Mai 1898 obliegende Verpflichtung, die rechtzeitig erfolgte Aufkündigung spätestens sechs Wochen vor dem 31. Dezember 1898 dem Amtsgericht zur Eintragung in die Liste der Genossen einzureichen, nicht erfüllt, diese Mitteilung vielmehr gänzlich unterlassen, so daß die Eintragung der Aufkündigung in die genannte Liste unterblieb, infolgedessen die Mitgliedschaft des Klägers fortdauerte, und derselbe, als am 29. September 1902 die Genossenschaft in Konkurs verfallen war, zur persönlichen Mithaftung für das sehr erhebliche Defizit herangezogen und schließlich im Vergleichswege genötigt wurde, einen Beitrag von 5500 *M* an den Konkursverwalter zu zahlen. Auf Grund dieses Sachverhalts hat der Kläger von dem Beklagten, der als Vorstandsmitglied durch die auch ihm zur Last fallende Nichtanmeldung der Aufkündigung vom 28. März 1898 die erwähnte Schädigung des Klägers schuldhaft herbeigeführt habe, die Erstattung eines Teilbetrages von 1600 *M* begehrt.

Beide Vorinstanzen haben diese Klage abgewiesen. Das Berufungsgericht insbesondere ist dabei von folgenden Erwägungen ausgegangen.

Aus einem kontraktlichen Verschulden des Beklagten könne der Kläger weder nach gemeinem Rechte, noch nach dem Rechte des Bürgerlichen Gesetzbuchs einen Anspruch erheben, da zwischen dem Vorstande einer Genossenschaft und deren einzelnen Mitgliedern ein Vertragsverhältnis nicht bestehe.

Das weiter geltend gemachte außerkontraktliche Verschulden des Beklagten anlangend, sei zunächst die für die Jahre 1898 und 1899 behauptete Unterlassung der Anmeldung der Aufkündigung zur Liste nach gemeinem Rechte zu beurteilen, nach diesem aber nur im Falle der Arglist und — bei fahrlässigem Verhalten — in den hier nicht vorliegenden Fällen des aquilischen Gesetzes eine Schadensersatzpflicht gegeben.

Eine in die Zeit von 1900 ab fallende Unterlassung unterliege dem Bürgerlichen Gesetzbuche. Von dessen Bestimmungen sei höchstens die Anwendbarkeit des § 823 Abss. 1 und 2 in Betracht zu ziehen; allein Abs. 1 könne nicht Platz greifen, weil nicht ein bestimmtes Recht des Klägers, sondern nur dessen Vermögen im ganzen durch die Fahrlässigkeit des Beklagten geschädigt sein solle. Der Abs. 2 aber schlage nicht ein, weil die vom Beklagten angeblich verletzte Vorschrift des § 69 des Genossenschaftsgesetzes wesentlich nur den Schutz der Genossenschaftsgläubiger, nicht der einzelnen Genossen bezwecke. . . .

Diese Ausführungen des Berufungsgerichts sind nicht durchweg frei von Rechtsirrtum.

Beizutreten ist zwar der Vorinstanz darin, daß der Vorstand einer Genossenschaft nur zu der letzteren, welche ihn bestellt hat, nicht aber zu deren einzelnen Mitgliedern in einem Vertragsverhältnisse steht (vgl. § 34 Abs. 2 des Genossenschaftsgesetzes und die bereits von den Vorinstanzen angeführte Entscheidung des Reichsgerichts Bd. 28 S. 71), daß also auch von einem kontraktlichen Verschulden keine Rede sein kann.

Zutreffend ist ferner in betreff der Haftung für außerkontraktliches Verschulden die Annahme des Berufungsrichters, daß für ein in die Jahre 1898 und 1899 fallendes Verschulden das gemeine Recht zur Anwendung gelange, dieses aber bei fahrlässigem Verhalten, welches allein dem Beklagten zur Last gelegt werde, eine Haftpflicht nur in den Fällen des aquilischen Gesetzes kenne, ein solcher Fall indessen hier nicht vorliege.

Vgl. Entsch. des R.G.'s in Zivils. Bd. 28 S. 73.

Auch die Revision hat in den angegebenen Richtungen einen ausdrücklichen Angriff nicht erhoben, vielmehr nur den ferneren Ausführungen des Berufungsgerichts gegenüber für ein nach dem 1. Januar 1900 stattgehabtes fahrlässiges Verhalten des Beklagten die Anwendbarkeit der Vorschriften in § 823 B.G.B., und zwar sowohl in Abs. 1 als in Abs. 2, geltend gemacht.

Bezüglich des Abs. 1 ist der Angriff unbegründet. Nach dessen Vorschrift ist schadensersatzpflichtig, wer vorsätzlich oder fahrlässig das Leben, den Körper, die Gesundheit, die Freiheit, das Eigentum oder ein sonstiges Recht eines anderen widerrechtlich verletzt. Zutreffend nimmt aber die Vorinstanz an, daß hier von der fahrlässigen Verletzung eines „sonstigen (subjektiven) Rechts" des Klägers keine Rede sein könne. Allerdings hat nach § 65 des Genossenschaftsgesetzes jeder Genosse das Recht, mittels Aufkündigung seinen Austritt aus der Genossenschaft zu erklären. Allein dieses Recht ist dem Kläger nach dessen eigenem Vorbringen vom Beklagten nicht verkümmert, vielmehr die Aufkündigung vom Kläger ungehindert dem Vorstande der Genossenschaft erklärt, und nur von diesem durch die Nichtanmeldung der Aufkündigung beim Registergericht die rechtliche Wirkung der Aufkündigung vereitelt, und auf solche Weise das Vermögen des Klägers in seiner Gesamtheit, welches als „sonstiges Recht" nicht angesehen werden kann, geschädigt worden. Ohne Grund führt auch die Revision aus, daß der Kläger ein Recht auf Mitteilung seiner Aufkündigung an das Registergericht gehabt habe. Denn nach § 69 des Genossenschaftsgesetzes ist zwar der Vorstand (von Amts wegen) verpflichtet, die Aufkündigung des Genossen dem Gerichte zur Liste der Genossen einzureichen; allein ein (subjektives) Recht auf diese Einreichung ist damit dem betreffenden Genossen, der nach dem oben Gesagten zu dem Vorstande überhaupt in keiner vertraglichen Beziehung steht, nicht eingeräumt.

Mit Erfolg greift dagegen die Revision die Auffassung der Vorinstanz an, daß auch der Abs. 2 des § 823 auf eine im Jahre 1900 verschuldete Fahrlässigkeit des Beklagten keine Anwendung finden könne. Nach dieser Vorschrift trifft die Schadensersatzpflicht auch denjenigen, welcher gegen ein den Schutz eines anderen bezweckendes Gesetz verstößt. Ohne ausreichenden Grund nimmt aber das Berufungsgericht an, daß der § 69 des Genossenschaftsgesetzes, wonach die Aufkündigungserklärung vom Vorstande dem Registergerichte mitgeteilt werden soll, nur den Schutz der Genossenschaftsgläubiger und der Genossenschaft, nicht aber auch den des einzelnen Genossen bezwecke. Allerdings will der angeführte § 69 in Verbindung mit § 70 des Genossenschaftsgesetzes, wonach die mitgeteilte Aufkündigung in die Liste eingetragen werden, und infolge dieser Eintragung der Genosse mit dem in der Liste vermerkten Jahresschlusse ausscheiden soll, das Interesse der Genossenschaft und ihrer Gläubiger wahren, insofern dadurch der Bestand der den Gläubigern haftenden Mitglieder der Genossenschaft, und damit die Kreditwürdigkeit der letzteren klar gelegt werden soll. Damit wird aber nicht ausgeschlossen, daß die erwähnten Vorschriften auch den Schutz des ausscheidenden Genossen bezwecken, welcher ein augenscheinliches Interesse daran hat, daß seine Aufkündigungserklärung durch möglichst baldige Mitteilung an das Registergericht sowie durch die Eintragung in die Liste zu einer rechtlich wirksamen werde, insbesondere, vorbehaltlich der Ausnahme des § 125 des Genossenschaftsgesetzes, seine Befreiung von den Verpflichtungen der Genossenschaft ohne Vorzug herbeigeführt, auch für seine Ansprüche gegen letztere eine bestimmte Grundlage geschaffen werde. Daß das Genossenschaftsgesetz mit den erwähnten Vorschriften auch das Interesse des ausscheidenden Genossen wahren will, ergibt sich aus den weiter folgenden Bestimmungen in § 72, wonach das Gericht von der Eintragung nicht bloß den Vorstand, sondern auch den Genossen zu benachrichtigen hat, in § 73, wonach die Auseinandersetzung des Ausgeschiedenen mit der Genossenschaft sich nach der Vermögenslage derselben und dem Bestande der Mitglieder zur Zeit seines Ausscheidens bestimmt, sowie in § 74, wonach die Klage des ausgeschiedenen Genossen auf Auszahlung seines Geschäftsguthabens in zwei Jahren (nach seinem Ausscheiden) verjährt. In Übereinstimmung hiermit gesteht auch Parisius-Crüger, Kommentar zum Genossenschaftsgesetze 4. Aufl. zu § 69 in Bemerkung 3 dem Genossen, der durch verzögerte Weiterbeförderung seiner Aufkündigungserklärung an das Registergericht vom Vorstande geschädigt worden ist, gegen letzteren eine Ersatzklage nach § 823 Abs. 2 B.G.B. zu.

Hiernach war die angefochtene Entscheidung aufzuheben, und die Sache zur Erörterung der weiteren noch in Betracht kommenden Streitfragen in die Vorinstanz zurückzuverweisen." ...

16. Sind Ansprüche auf Vertragsstrafen wegen Zuwiderhandlungen gegen ein Konkurrenzverbot, die der Gemeinschuldner nach der Konkurseröffnung vorgenommen hat, Konkursforderungen?

K.O. §§ 3. 6. 7.

II. Zivilsenat. Urt. v. 4. Oktober 1904 i. S. D. Konkursverw. (Kl.) w. W. (Bekl.). Rep. II. 58/04.

I. Landgericht Stuttgart.
II. Oberlandesgericht daselbst.

Kaufmann D. hatte in zwei nebeneinander liegenden Läden zwei getrennte Geschäfte. Das eine verkaufte er am 13. Juni 1900 an den Kläger W.; das andere betrieb er weiter. Am 4. September 1900 wurde über sein Vermögen das Konkursverfahren eröffnet. Der Konkursverwalter verkaufte das zweite Geschäft an ein Händlerkonsortium; es wurde von letzterem an die Frau des Gemeinschuldners verkauft und von dem Gemeinschuldner als Geschäftsführer seiner Frau betrieben. Bei dieser Tätigkeit handelte er, wie die Instanzgerichte übereinstimmend angenommen haben, einem Konkurrenzverbot zuwider, dem er sich in dem Kaufvertrage vom 13. Juni 1900 gegenüber W. unterworfen hatte. Die danach verwirkte Vertragsstrafe von 5000 *M* meldete W. als Konkursforderung an; auf Bestreiten des Konkursverwalters beantragte er mit der Klage, die Vertragsstrafe von 5000 *M* als nicht bevorrechtigte Konkursforderung festzustellen. Die Vorderrichter erkannten zugunsten des Klägers. Auf die Revision des Konkursverwalters wurde unter Aufhebung der Instanzurteile die Klage abgewiesen.

Aus den Gründen:

... „Der Berufungsrichter führt aus, die von D. verwirkte Vertragsstrafe könne auch in dessen Konkurse als Konkursforderung verfolgt werden, obgleich die Zuwiderhandlung des Gemeinschuldners erst nach der Konkurseröffnung erfolgt und von seiner Willkür abhängig gewesen sei. In diesem Zusammenhange wird erwogen: einmal treffe die für die Teilnahme der Forderung als Konkursforderung im § 3 Abs. 1 K.O. bestimmte Voraussetzung, daß der Vermögensanspruch an den Gemeinschuldner schon zur Zeit der Eröffnung des Verfahrens begründet gewesen sei, hier zu, weil die Strafforderung als ein durch die Zuwiderhandlung des Schuldners bedingtes Forderungsrecht gegen diesen schon vor der Zuwiderhandlung, also vor der Konkurseröffnung, vorhanden und somit nach § 67 K.O. zu behandeln war. Sodann sei der rechtlichen Auffassung beizutreten, daß unter den im § 7 K.O. genannten Rechtshandlungen des Gemeinschuldners nur solche Handlungen desselben verstanden sein können, die eine mit dem im § 6 geregelten Dispositionsverlust in Widerspruch stehende Verfügung desselben über die Konkursmasse enthalten, somit nicht solche Handlungen, die einen Einfluß auf die Konkursmasse nicht durch seine hierauf gerichtete Verfügung, sondern ohne und gegen diesen Willen ausüben. Zu den letzteren Handlungen sei nach der gegebenen Sachlage die Zuwiderhandlung des Gemeinschuldners gegen ein vor der Konkurseröffnung begründetes Konkurrenzverbot zu rechnen; letztere könne nicht als „Rechtshandlung" nach § 7 K.O. beurteilt werden.

Der Revisionskläger hatte in der schriftlichen Revisionsbegründung nur die Ausführungen des Berufungsrichters angegriffen, worin das Vorhandensein eines zur Zeit der Eröffnung des Verfahrens begründeten Vermögensanspruchs, und damit die Voraussetzung des § 3 Abs. 1 K.O. bejaht wurde; er machte geltend, die Vertragsstrafe sei nichts weiter als die Vereinbarung über die Höhe der Vergütung für den Fall, daß jemand in Zukunft ein Delikt begeht; das Delikt, nicht die Vereinbarung sei Grundlage der Forderung; deshalb habe zur Zeit der Konkurseröffnung auch nichts von dem Klaganspruch bestanden. In der mündlichen Verhandlung erweiterte er den Angriff dahin, der Berufungsrichter verletze jedenfalls den § 7 K.O. durch die Annahme, daß die Zuwiderhandlung des Gemeinschuldners gegen ein Konkurrenzverbot nach der Konkurseröffnung keine Rechtshandlung im Sinne jener Gesetzesvorschrift sei.

Dem Revisionsangriffe konnte der Erfolg nicht versagt werden. Wenn die erwähnte Zuwiderhandlung des Gemeinschuldners gegen ein Konkurrenzverbot nicht als Rechtshandlung nach § 7 a. a. O. zu beurteilen wäre, könnte zwar den Ausführungen des Revisionsklägers nicht beigetreten werden, daß überhaupt die Vereinbarung einer Vertragsstrafe, sofern keine Zuwiderhandlung vor der Konkurseröffnung erfolgte, keinen zur Zeit der Eröffnung des Verfahrens begründeten Vermögensanspruch im Sinne des § 3 Abs. 1 a. a. O. darstelle, und daß folgeweise eine Vertragsstrafe überhaupt nicht als Konkursforderung in Betracht komme, wenn die Zuwiderhandlung nach der Konkurseröffnung erfolgte. Zunächst steht den Ausführungen des Revisionsklägers, daß bei Vertragsstrafen das „Delikt", nicht die Vereinbarung, Grundlage der Forderung sei, die Vorschrift des § 339 B.G.B. entgegen. Weiterhin ist an der wiederholt in der Rechtsprechung des Reichsgerichts,

Entsch. in Zivils. Bd. 21 S. 6, Bd. 26 S. 92,

ausgesprochenen Auffassung festzuhalten, daß nach § 26 (früher 21) K.O. eine nach bürgerlichem Rechte bestehende Forderung auf das Erfüllungsinteresse als Konkursforderung geltend gemacht werden kann, daß folgeweise das Erfüllungsinteresse, das auf Grund einer vom Gesetz als wirksam erklärten Vereinbarung in einer Vertragsstrafe besteht (§§ 339. 340 B.G.B., §§ 26. 62 Ziff. 2 K.O.) als Konkursforderung geltend gemacht werden kann, sowie daß es der Geltendmachung einer solchen Forderung auf das Erfüllungsinteresse oder auf die Vertragsstrafe als Konkursforderung nicht entgegensteht, wenn eine nach der Konkurseröffnung eingetretene Nichterfüllung ihren Grund etwa in der Zahlungsunfähigkeit des Gemeinschuldners, in dem Nichtwollen oder Nichterfüllen des Konkursverwalters hat. Von dem Ausgange aus ferner, daß die Forderung auf das Erfüllungsinteresse gleich der

Forderung auf eine Vertragsstrafe von einer Vertragsverletzung aufschiebend bedingt sei, könnte, soweit in Wirklichkeit eine echte Bedingung vorlag, aus der Vorschrift in § 158 Abs. 1 B.G.B., wonach die von der Bedingung abhängig gemachte Wirkung mit dem Eintritt der Bedingung eintritt, nicht abgeleitet werden, daß kein zur Zeit der Konkurseröffnung begründeter Vermögensanspruch vorliegt, wenn die den Eintritt der Bedingung begründende Vertragsverletzung in die Zeit nach der Konkurseröffnung fällt. Denn die Vorschrift des § 67 K.O., deren Tragweite durch die jetzige Fassung des § 154 Abs. 2 ebenda noch verstärkt ist, schließt jeden Zweifel darüber aus, daß für den Begriff der Konkursforderung im Sinne des § 3 Abs. 1 ein nach dem Rechte des Bürgerlichen Gesetzbuchs zu beurteilendes aufschiebend bedingtes Schuldverhältnis zureicht.

Indessen folgt aus § 7 K.O., daß die Sätze: „Eine nach bürgerlichem Recht begründete Forderung auf das Erfüllungsinteresse oder auf eine Vertragsstrafe ist nach § 26 K.O. Konkursforderung", und „ein aufschiebend bedingtes Schuldverhältnis genügt nach § 3 K.O. für den Begriff der Konkursforderung", eine Einschränkung für den Fall erleiden, wenn die das Erfüllungsinteresse oder die Vertragsstrafe begründende Vertragsverletzung oder das als aufschiebende Bedingung gesetzte Ereignis eine Handlung des Gemeinschuldners nach der Konkurseröffnung ist. Denn nach § 7 a. a. O. sind Rechtshandlungen, welche der Gemeinschuldner nach der Eröffnung des Verfahrens vorgenommen hat, den Konkursgläubigern gegenüber unwirksam. Der Auffassung aber, die der Berufungsrichter vertritt, unter den in § 7 genannten Rechtshandlungen des Gemeinschuldners könnten nur solche Handlungen desselben verstanden sein, die eine mit dem im § 6 geregelten Dispositionsverlust in Widerspruch stehende Verfügung über die Konkursmasse enthalten, kann nicht beigetreten werden. Wenn die Begründung des Entwurfs der Konkursordnung S. 26 zu Entwurf § 2 (jetzt § 3) des Gesetzes ausführt: „Wenn das Verfahren durchführbar sein soll, muß dem Gemeinschuldner das Recht genommen werden, über die Masse zu verfügen (§ 5, jetzt § 6), und aus dem Verluste des Verfügungsrechts folgt, daß eine Forderung, soweit sie erst nach diesem, also nach Eröffnung des Verfahrens durch eine Handlung des Gemeinschuldners entstanden, umgestaltet oder vollendet worden ist, von der Teilnahme an der Masse ausgeschlossen werden muß", und S. 279 zu Entwurf § 60 (jetzt § 67) sagt: „Bedingungen, deren Erfüllung auf eine Tätigkeit des Gemeinschuldners gestellt ist, schließen die Forderung von der Teilnahme am Konkursverfahren gänzlich aus; jede Rechtshandlung, welche der Gemeinschuldner nach der Eröffnung desselben vornimmt, ist in bezug auf die Konkursgläubiger nichtig (Entwurf § 6, jetzt § 7); die Erfüllung der Bedingung durch ihn vermag daher eine Konkursforderung nicht zu erzeugen", so läßt sie darüber keinen Zweifel, daß nach Auffassung des Gesetzgebers die deutsche Konkursordnung durch ihren § 7 in Erweiterung der Bestimmungen des § 6 den rechtlichen Grundsatz aufstellt: jede rechtlich erhebliche Handlung des Gemeinschuldners nach der Konkurseröffnung, nicht bloß jede Verfügung desselben, ist zu Lasten der Konkursmasse unwirksam. Mit dieser Auffassung des Gesetzes ist sein Wortlaut wohl vereinbar, wonach hier unter Rechtshandlung jede Willensbetätigung mit rechtlichem Erfolg oder jede rechtlich erhebliche Handlung zu verstehen ist. Geht man aber von dieser Auslegung des § 7 aus, so steht von vornherein fest, daß, auch wenn eine Zuwiderhandlung des Gemeinschuldners nach der Konkurseröffnung nach bürgerlichem Recht eine Forderung auf das Erfüllungsinteresse oder auf eine Vertragsstrafe zu begründen geeignet ist, diese Forderung, mag man sie als eine zur Zeit der Konkurseröffnung aufschiebend bedingte ansehen, oder nicht, nicht als Konkursforderung geltend gemacht werden kann, weil sie den Konkursgläubigern gegenüber nach § 7 unwirksam ist. In diesem Sinne wird die hier streitige Frage für Vertragsstrafen, die durch eine Zuwiderhandlung des Gemeinschuldners nach der Konkurseröffnung verfallen sind, in der Rechtslehre, insbesondere von Jaeger, K.O. 2. Aufl. zu § 3 Bem. 10 S. 41, Wilmowski, K.O. 6. Aufl. zu § 3 Bem. 7 S. 49, v. Sarwey-Bossert, K.O. 4. Aufl. § 67 Bem. 1, Petersen u. Kleinfeller, K.O. 4. Aufl. § 7 Bem. 3. § 67 Bem. 4, vertreten, während Fitting, Reichs-Konkursrecht 3. Aufl. S. 95/96 Anm. 28 u. 29, Endemann, Das deutsche Konkursverfahren S. 493, v. Völderndorff, § 60 Bem. 3, Oetker, Konkursrechtliche Grundbegriffe Bd. 1 S. 156, L. Seuffert, Konkursprozeßrecht S. 54, den Standpunkt des Berufungsgerichts einnehmen. Die gleiche Auffassung des § 7 K.O., wie die hier ausgeführte, ist auch in dem Urteile des III. Zivilsenats vom 28. Januar 1896 (Entsch. des R.G.'s in Zivils.

Bd. 36 S. 126) vertreten, dessen hierher gehörende Ausführungen nach Inhalt der Akten nicht die vom Berufungsrichter unterstellte nebensächliche Bedeutung haben. Ob die folgerichtige Durchführung der hier vertretenen Auffassung, wie Jaeger a. a. O. ausführt, in allen den Fällen, wenn bei einer aufschiebend bedingten Forderung die Bedingung auf eine Handlung des Gemeinschuldners gestellt ist, arg. § 7 zu dem Ergebnisse führt, eine so bedingte Forderung von dem Begriffe der Konkursforderung schlechthin auszunehmen, weil nach § 7 von vornherein feststehe, daß die Bedingung mit Wirksamkeit gegenüber den Konkursgläubigern nicht erfüllt werden könne, steht hier nicht unmittelbar zur Entscheidung." . . .

17. Können Streitigkeiten über die Verteilung des Vermögens einer Gesellschaft m. b. H. unter die Gesellschafter durch Klage eines Gesellschafters gegen die Liquidatoren zum Austrag gebracht werden?

I. Zivilsenat. Urt. v. 5. Oktober 1904 i. S. Cz., T. & Co., Ges. m. b. H. in Liqu., (Bekl.) w. Cz. (Kl.). Rep. I. 217/04.

I. Landgericht Kottbus.
II. Kammergericht Berlin.

Die verklagte Gesellschaft m. b. H., bei der der Kläger als Gesellschafter beteiligt war, war im April 1903 in Liquidation getreten. Der § 4 des Gesellschaftsvertrages vom 15. Januar 1900 lautete:

„Das Geschäftsjahr fällt dauernd mit dem Kalenderjahr zusammen, und ist nach Ablauf eines jeden Jahres Bilanz zu ziehen.

Der sich ergebende Gewinn resp. Verlust wird zu gleichen Teilen den Inhabern gut- resp. abgeschrieben."

Die am Schlusse des Geschäftsjahres 1902 gezogene Bilanz hatte einen Verlust an den Stammeinlagen nicht ergeben. Dagegen stellte sich im Laufe der Liquidation ein größerer Verlust heraus, der, wenn er von den Gesellschaftern nach Kopfteilen zu tragen war, die Einlage des Klägers völlig absorbierte. Die Beklagte legte nun den vorerwähnten § 4 dahin aus, daß er auch für das Liquidationsstadium anzuwenden sei, und teilte diese ihre Auffassung und ihre Absicht, dementsprechend bei der Verteilung des Gesellschaftsvermögens zu verfahren, dem Bevollmächtigten des Klägers mit. Der Kläger war dagegen der Meinung, daß die Verteilung des sich beim Abschlusse der Liquidation ergebenden Gesellschaftsvermögens ohne Berücksichtigung des entstandenen Verlustes nach Maßgabe der Stammeinlagen zu erfolgen habe, und beantragte demgemäß, die Beklagte zu verurteilen, anzuerkennen, daß die Verteilung des Vermögens der Beklagten nach Verhältnis der Geschäftsanteile zu erfolgen habe.

Beklagte bestritt in erster Linie ihre Passivlegitimation, weil der fragliche Streit nur unter den Gesellschaftern selbst ausgetragen werden könne. Dieser Einwand wurde vom Reichsgericht verworfen aus folgenden

Gründen:

„Wenn auch aus § 155 Abs. 3 H.G.B. zu folgern ist, daß Streitigkeiten der Gesellschafter über die Verteilung der Liquidationsmasse einer offenen Handelsgesellschaft nur unter den Gesellschaftern selbst zum gerichtlichen Austrage zu bringen sind, so fehlt es doch an einer gleichen Bestimmung für die Gesellschaften m. b. H. Die einfache Übertragung jenes Grundsatzes erscheint aber bei der verschiedenen rechtlichen Struktur beider Rechtsgebilde nicht zulässig. Die Gesellschaft m. b. H. ist, im Gegensatze zur offenen Handelsgesellschaft, eine selbständige Rechtsperson, der die Gesellschafter als Dritte gegenüberstehen, und bleibt dies auch im Stadium der Liquidation (Ges. §§ 69. 13). Als solche wird sie von den Liquidatoren in der Weise selbständig vertreten, daß diese ihre Obliegenheiten unter Umständen auch gegen den Widerspruch der Gesellschafter zu erfüllen haben und hierfür haftbar sind (Ges. § 73). Nach dem Zusammenhange der Bestimmungen des Gesetzes in den §§ 70 bis 73 erscheint der von der Revision angeregte Zweifel, ob die Liquidatoren sich überhaupt mit der Verteilung des nach Berichtigung der Schulden verbleibenden Vermögens unter die Gesellschafter zu befassen hätten, durchaus unberechtigt; denn gerade auf die Art der Verteilung beziehen sich wesentliche den Liquidatoren im Gesetze auferlegte Verpflichtungen. Auch steht in dieser Hinsicht der analogen Anwendung der Bestimmungen des Handelsgesetzbuchs über die offene Handelsgesellschaft, bei der nach § 155 Abs. 1 daselbst die Liquidatoren ausdrücklich zur Verteilung der Restmasse unter die Gesellschafter berufen sind, nichts im Wege. Danach ist der Anspruch des Gesellschafters auf die ihm zukommende Verteilungsquote ein Anspruch gegen die in Liquidation befindliche Gesellschaft, und er ist deren gesetzlichen Vertretern gegenüber geltend zu machen." ...

18. Anfechtung einer letztwilligen Verfügung auf Grund des § 2079 B.G.B.

IV. Zivilsenat. Urt. v. 6. Oktober 1904 i. S. E. u. Gen. (Kl. u. Widerbekl.) w. L. Wwe. (Bekl. u. Widerkl.). Rep. IV. 97/04.

I. Landgericht Naumburg a. S.
II. Oberlandesgericht daselbst.

Am 2. August 1872 errichteten die Eheleute L. ein wechselseitiges Testament. In demselben beriefen sie sich gegenseitig zu Alleinerben ihres Nachlasses. Nach dem Tode des Letztlebenden von ihnen sollten sich in ihren Nachlaß je zur Hälfte die im § 3 unter I und II bezeichneten Personen teilen. Die unter I genannten Personen waren Verwandte des Ehemannes, die unter II aufgeführten Personen Verwandte der Ehefrau. Im § 4 war zunächst angeordnet, daß nach dem Tode des zuerst Versterbenden der Überlebende verpflichtet sein solle, ein versiegeltes Privatverzeichnis dem Gerichte zu überreichen. Dann hieß es „Dies Privatverzeichnis soll der Überlebende aber nur in dem Falle eidlich zu erhärten verpflichtet sein, wenn er sich wieder verheiratet. In diesem Falle soll auch der Überlebende verpflichtet sein, ein Dritteil unseres durch das Privatverzeichnis nachgewiesenen Vermögens zugunsten der in diesem Testamente zu Erben eingesetzten Verwandten des Verstorbenen sicherzustellen." Im Jahre 1887 starb die Ehefrau. Ihr Ehemann trat die Erbschaft nach ihr aus dem Testamente vom 2. August 1872 an und schloß demnächst im Jahre 1891 eine zweite Ehe mit der Beklagten. Am 26. September 1902 starb er mit Hinterlassung der Beklagten. Letztere focht das Testament vom 2. August 1872 gemäß §§ 2079. 2080 B.G.B. vor dem Amtsgerichte zu L. als Nachlaßgericht an, weil sie im Testamente nicht bedacht und erst nach der Testamentserrichtung durch die Eheschließung pflichtteilsberechtigt geworden sei. Die Kläger, welche die im § 3 II des Testaments als Erben zur Hälfte eingesetzten Verwandten der ersten Ehefrau des Erblassers L. waren, hielten die Anfechtung für unberechtigt, weil insbesondere nach § 4 des Testaments anzunehmen sei, daß der Erblasser auch bei Kenntnis der Sachlage dieselbe Verfügung getroffen haben würde. Die Kläger beantragten, die Beklagte zur Anerkennung zu verurteilen, daß die Erbschaft ihres am 26. September 1902 verstorbenen Ehemannes zur Hälfte auf die Kläger als Miterben in Gemäßheit des Testaments der L.'schen Eheleute vom 2. August 1872 übergegangen sei. Die Beklagte beantragte Klagabweisung; widerklagend verlangte sie in erster Linie Anerkennung ihres gesetzlichen Erbrechts, eventuell ihren Pflichtteil.

Das Berufungsgericht wies die Kläger mit ihren Anträgen ab. Zur Begründung seiner Entscheidung führte es aus: Für die erbrechtlichen Verhältnisse, insbesondere für die Frage der Voraussetzungen der Anfechtbarkeit kämen die Bestimmungen des Bürgerlichen Gesetzbuchs zur Anwendung. Der § 2079 desselben bestimme, daß eine letztwillige Verfügung angefochten werden könne, wenn der Erblasser einen zur Zeit des Erbfalles vorhandenen Pflichtteilsberechtigten übergangen habe, der erst nach der Errichtung pflichtteilsberechtigt geworden sei. Zu diesen Personen gehöre die Beklagte. Sie würde daher zur Anfechtung des Testaments berechtigt sein, falls nicht, wie die Kläger behaupten, der Satz 2 des § 2079 B.G.B. zutreffe, welcher die Anfechtung ausschließe, soweit anzunehmen sei, daß der Erblasser auch bei Kenntnis der Sachlage die Verfügung getroffen haben würde. Die Kläger seien für das Vorliegen der in Satz 2 bezeichneten Voraussetzung beweispflichtig. Dieser Beweis sei jedoch nicht geführt. Denn im § 4 des Testaments, auf welchen die Kläger sich berufen, hätten die Eheleute L. nur die Möglichkeit einer Wiederverheiratung des überlebenden Ehegatten in Betracht gezogen und daran einzelne Bestimmungen geknüpft, welche die Sicherung der eingesetzten Verwandten der Ehefrau im Falle der Wiederverheiratung des Ehemannes bezweckten. Die Annahme einer bloßen Möglichkeit dieser Art könne aber nicht genügen, um das Erfordernis einer „Kenntnis der Sachlage" zu erfüllen; denn darunter könne nicht eine Kenntnis im allgemeinen verstanden werden, sondern es müsse eine Kenntnis der bestimmten konkreten später eingetretenen Umstände vorliegen. Zu diesem Ergebnis führe die rechtliche Erwägung, daß das Bürgerliche Gesetzbuch das Anfechtungsrecht des übergangenen Pflichtteilsberechtigten nicht einfach aus dem Gesichtspunkte einer Verletzung des gesetzlichen Erbrechts, sondern aus dem eines Irrtums im Beweggrunde geregelt habe. Sei solches aber der Fall, so müsse vor allem Gewicht darauf gelegt werden, zu erforschen, was den Erblasser bewogen haben würde, mit Umgehung des Pflichtteilsberechtigten zu testieren; dann erst könne beurteilt werden, ob er sich in diesem Beweggrunde geirrt habe. Das sei aber nur möglich, wenn dem Erblasser die Person der späteren Pflichtteilsberechtigten, ihre Eigenschaften, ihre persönlichen Verhältnisse bekannt gewesen seien, da man sich nicht in etwas irren könne, was man gar nicht gekannt habe. Nur wenn der Ehemann L. die Ehe mit der Beklagten zur Zeit der Errichtung des Testaments schon ins Auge gefaßt und dann trotzdem so wie geschehen testiert hätte, könnte angenommen werden, daß die Voraussetzungen des Satzes 2 § 2079 B.G.B. vorlägen. Die Kläger seien hierfür beweisfällig. Sonach bleibe die Regel des Satzes 1 in Kraft, und sei die Beklagte zur Anfechtung mit der Wirkung der Nichtigkeit der letztwilligen Verfügung und des Eintrittes ihres gesetzlichen Erbrechts am Nachlasse ihres Ehemannes berechtigt.

Die Revision wurde für begründet erachtet aus folgenden

Gründen:

„Der § 2079 B.G.B. bestimmt:

„Eine letztwillige Verfügung kann angefochten werden, wenn der Erblasser einen zur Zeit des Erbfalls vorhandenen Pflichtteilsberechtigten übergangen hat, dessen Vorhandensein ihm bei der Errichtung der Verfügung nicht bekannt war, oder der erst nach der Errichtung geboren oder pflichtteilsberechtigt geworden ist. Die Anfechtung ist ausgeschlossen, soweit anzunehmen ist, daß der Erblasser auch bei Kenntnis der Sachlage die Verfügung getroffen haben würde."

Das Anfechtungsrecht ist für den Fall der Übergehung eines Pflichtteilsberechtigten gegeben. Eine Übergehung liegt vor, wenn der Erblasser den Pflichtteilsberechtigten in der letztwilligen Verfügung nicht bedacht hat, aber auch nicht von der Erbschaft ausschließen wollte.

Geht die erkennbare Willensmeinung des Erblassers auf Ausschließung, so greift, sofern die sonstigen Voraussetzungen zutreffen, ein Pflichtteilsanspruch, nicht das Anfechtungsrecht Platz. Als Grund der Anfechtung im Falle der Übergehung ergibt sich aus dem Wortinhalte der Bestimmung, auch abgesehen von ihrer Stellung im System und ihrer Anlehnung an § 2078, die Auffassung des Gesetzgebers, daß das Übergehen eines Pflichtteilsberechtigten bei Vorliegen des in Satz 1 des § 2079 vorausgesetzten Tatbestandes regelmäßig auf einem in der Person des Erblassers gegebenen Willensmangel beruht. Ist, wie hier, der Pflichtteilsberechtigte erst nach der Errichtung der letztwilligen Verfügung pflichtteilsberechtigt geworden, so besteht der mutmaßliche Willensmangel darin, daß der Erblasser diesen später eingetretenen, für seine Entschließung wesentlich in Betracht kommenden Tatbestand bei seiner letztwilligen Verfügung außer acht gelassen hat. Entkräftet wird in diesem Falle die gesetzliche Vermutung durch den Nachweis, daß der Erblasser auch bei Kenntnis der Sachlage, das heißt: auch wenn er die künftige Gestaltung bei Errichtung der letztwilligen Verfügung gekannt hätte, doch ebendieselbe Verfügung getroffen haben würde. In der Beurteilung dieses subjektiven Moments geht das Berufungsgericht fehl, indem dasselbe von den Klägern den Beweis verlangt, daß der Erblasser bei der Errichtung des Testaments die konkreten Umstände des demnächst eingetretenen Ereignisses, die Person des künftigen Ehegatten, seine Eigenschaften, seine persönlichen Verhältnisse, tatsächlich gekannt und trotzdem wie geschehen testiert habe. Damit würde über den Inhalt des § 2079 hinaus in Wahrheit ein Gegenbeweis in dem Sinne verlangt, daß der Erblasser den Pflichtteilsberechtigten von der Erbschaft positiv hat ausschließen wollen. Die Beweispflicht geht jedoch nur dahin, daß der Erblasser, auch wenn er bei Errichtung der letztwilligen Verfügung gewußt hätte, es werde später noch eine Person pflichtteilsberechtigt werden, dennoch, wie geschehen, den Pflichtteilsberechtigten nicht hätte bedenken wollen. Für die Feststellung dieser allein maßgebenden persönlichen Willensmeinung des Erblassers kommen alle erheblichen Umstände, seien es begleitende oder nachfolgende, in Betracht. Im übrigen lassen der Natur der Sache nach sich unbedingt geltende Regeln nicht aufstellen. Auf dieser Grundlage bleibt daher unter Heranziehung aller beigebrachten Tatumstände für das Berufungsgericht von neuem zu untersuchen, inwieweit der Erblasser auch bei Kenntnis der Sachlage seine Verfügungen getroffen hätte. Gelangt das Berufungsgericht bei der erneuten Verhandlung zu der Annahme, daß der Erblasser nicht dem Erbrecht einer späteren Ehefrau vorzugreifen beabsichtigte, und wäre somit der Anfechtungsfall gegeben, so folgt daraus noch keineswegs, daß er für diesen Fall die Kläger überhaupt nicht habe bedenken wollen. Vielmehr wird dann die Prüfung der Frage erforderlich werden, ob die Anfechtung aus § 2079 notwendig die völlige Nichtigkeit der letztwilligen Verfügung nach sich zieht, oder ob von dieser Wirkung der Anfechtung nicht die übrigen Anordnungen unberührt bleiben, soweit in Ansehung ihrer dargetan wird, daß der Erblasser sie bei Kenntnis der Sachlage gleichwohl getroffen haben würde." ...

19. Ist die Anfechtung einer in der Berufungsinstanz über die vorläufige Vollstreckbarkeit gemäß § 718 Abs. 1 Z.P.O. ergangenen Entscheidung überhaupt ausgeschlossen, oder ist hierbei eine Unterscheidung nach den Gründen der Anfechtung zu machen?

Z.P.O. § 718 Abs. 3.

VI. Zivilsenat. Urt. v. 6. Oktober 1904 i. S. K. (Bekl.) w. Ch. (Kl.). Rep. VI. 368/04.

I. Landgericht Dortmund.
II. Oberlandesgericht Hamm.

Das Landgericht hatte das auf Grund der §§ 833. 843 B.G.B. erlassene Urteil in Ansehung der dem Kläger zugesprochenen Rente nur gegen Sicherheitsleistung für vorläufig vollstreckbar erklärt. In der Berufungsinstanz beantragte der Kläger, das Urteil erster Instanz nach Maßgabe von § 708 Ziff. 6 Z.P.O. für vorläufig vollstreckbar zu erklären, und das Berufungsgericht entsprach diesem Antrage mittels Teilurteils. Die gegen dieses Teilurteil vom Beklagten eingelegte Revision ist als unzulässig verworfen worden.

Aus den Gründen:

... „Die Vorschrift des § 718 Abs. 3 Z.P.O. ist in ihrem Wortlaute bestimmt und klar. Jede Anfechtung (also insbesondere eine solche mittels der Revision) ist danach schlechthin ausgeschlossen. Das Gesetz unterscheidet nicht nach den verschiedenen Anfechtungsgründen, etwa zwischen der Anfechtung wegen Unrichtigkeit und der Anfechtung wegen Unzulässigkeit, bzw. Zulässigkeit der Entscheidung. Die Ausschließung jeder Anfechtung der in Frage stehenden Entscheidungen hat auch ihren guten gesetzgeberischen Grund. Die Motive zu § 718 — Entwurf III § 608 — S. 400 (Hahn, Materialien Bd. 1 S. 431) führen aus: „Die Revision für diesen Streitgegenstand zuzulassen, würde der Vergänglichkeit des Interesses der Parteien an demselben nicht entsprechen. Sie würden der Regel nach ein Urteil des Revisionsgerichts über die Vollstreckbarkeit nicht mit erheblich geringerem Zeitaufwande erlangen können, als ein die Hauptsache betreffendes Urteil des Berufungsgerichts, wenn dieses letztere überhaupt von der Entscheidung über die Vollstreckbarkeit getrennt ist."

Die Anfechtbarkeit der fraglichen Vollstreckbarkeitsentscheidungen wird mit Recht unbedingt verneint von Wach, Vorträge 2. Aufl. S. 308, und Seuffert, Zivilprozeßordnung 8. Aufl. Bem. 4 zu § 718 S. 317. Anders ist auch nicht der Beschluß des Reichsgerichts, V. Zivilsenats, vom 2. Juni 1886 i. S. B. w. Dr. u. Gen., Beschw.-Rep. V. 71/86, zu verstehen. Dort ist gesagt: „Wollte man aber auch der Bezeichnung, unter welcher die Entscheidung erlassen ist, keine Bedeutung beilegen, so würde doch nach § 656" (jetzt 718) „Abs. 3, soweit es sich um eine in der Berufungsinstanz über die vorläufige Vollstreckbarkeit erlassene Entscheidung handelt, diese überhaupt unanfechtbar sein. Denn es kann der Beschwerde nicht zugegeben werden, daß die zuletzt angezogene Vorschrift nur Platz greife, wenn der Berufungsrichter darüber entscheide, ob der Vorderrichter die speziellen Vorschriften der §§ 644—655 daselbst richtig, oder unrichtig angewendet habe Auch die Prüfung, ob die allgemeinen Voraussetzungen vorhanden sind, unter welchen die Erklärung der vorläufigen Vollstreckbarkeit erfolgen muß, also auch die, ob eine Entscheidung vorliege, welche eine solche Erklärung zulasse, fällt unter die Aufgabe, welcher sich der Richter notwendig unterziehen muß, wenn im Falle des § 656 seine Entscheidung angerufen wird." Diese reichsgerichtliche Entscheidung, welche in der Jurist. Wochenschr. 1886 S. 228 flg. Nr. 13 ungenau, namentlich unter Weglassung des

Wortes „nur", abgedruckt ist, wird demnach mit Unrecht bei Wach, a. a. O. S. 308 Anm., Gaupp-Stein, Z.P.O. Bem. IV zu § 718 6./7. Aufl. Bd. 2 S. 379 Anm. 15, Petersen u. Anger, Z.P.O. 4. Aufl. Bem. 4 zu § 718 Anm. 10, in dem Sinne, als sei darin die Anfechtbarkeit bejaht, aufgeführt.

Nun hat allerdings die Rechtsprechung des Reichsgerichts bezüglich der Fälle der §§ 707 und 719 Z.P.O., obwohl auch in § 707 Abs. 3 eine Anfechtung des Beschlusses für unstatthaft erklärt ist, die Unterscheidung gemacht und festgehalten, wonach die Anfechtung der fraglichen Anordnungen, wenn sie gegen deren Inhalt gerichtet ist, für ausgeschlossen, dagegen für zulässig erklärt wird, wenn das Gericht die Einstellung der Zwangsvollstreckung 2c abgelehnt hat, weil die Voraussetzungen der genannten Gesetzesbestimmungen nicht vorhanden seien, oder wenn umgekehrt das Gericht von der ihm in im § 707 oder 719 verliehenen Befugnis für einen Fall Gebrauch gemacht hat, für welchen sie nicht gegeben ist.

Vgl. die bei Seuffert, Bem. 4 zu § 707 Aufl. 8 Bd. 2 S. 293 flg., Gaupp-Stein, Bem. III zu § 707 Aufl. 4 Bd. 2 S. 354 flg. Anm. 21/22 angeführte Judikatur; auch — für den Fall des § 157 Abs. 3 Z.P.O. — Seuffert, Archiv Bd. 53 Nr. 52.

Ob oder wie weit die gegen diese Praxis erhobenen Einwände und Bedenken,

vgl. Wach, a. a. O.; Seuffert, a. a. O. S. 294; Gaupp-Stein zu § 707 a. a. O.; Struckmann u. Koch, Z.P.O. 8. Aufl. Bem. 6 zu § 707; Förster, Z.P.O. Bem. 7 zum alten § 647,

Beachtung verdienen, kann hier unentschieden bleiben. Keinenfalls aber erscheint es als geboten, jene Auffassung von der Vorschrift des § 707 Abs. 3 auf diejenige des § 718 Abs. 3 zu übertragen. Zwischen den Beschlüssen im ersteren und den Teilurteilen eines Berufungsgerichts im letzteren Falle bestehen immerhin nicht unwesentliche Unterschiede. Auch die oben schon erwähnte Begründung in den Motiven zu § 718 Abs. 3 beruht auf einem selbständigen Gesichtspunkte und deckt sich nicht mit der Begründung zu § 707 Abs. 3 in den Motiven S. 395 (Hahn, Materialien S. 427)." . . .

20. Kann der Konkursverwalter einer Genossenschaft m. b. H. den Anspruch gegen einen Genossen aus der Vorschußberechnung an einen Dritten abtreten?

I. Zivilsenat. Urt. v. 12. Oktober 1904 i. S. U. (Kl.) w. L. (Bekl.). Rep. I. 191/04.

I. Landgericht I Berlin.
II. Kammergericht daselbst.

In dem Konkurse über das Vermögen der in Liquidation befindlichen B. Volksbank, eingetragenen Genossenschaft m. b. H., trat der Konkursverwalter den Anspruch aus der gegen den Beklagten, als Genossen, für vollstreckbar erklärten Vorschußberechnung vom 21. September 1897 an den Kläger ab, nachdem die Zwangsvollstreckung gegen den Beklagten fruchtlos versucht worden war. Der Kläger ließ die Vorschußberechnung auf sich umschreiben, die Umschreibung nebst Zession dem Beklagten zustellen und beschritt den Rechtsweg. Seine Klage wurde in erster Instanz abgewiesen. Die Berufung blieb erfolglos. Auch die Revision ist zurückgewiesen.

Aus den Gründen:

... „Die Revision ist unbegründet, weil der von dem Oberlandesgerichte ausgesprochene Rechtsgrundsatz, daß der Konkursverwalter einer Genossenschaft m. b. H. den Anspruch gegen einen Genossen aus der Vorschußberechnung an einen Dritten nicht abtreten könne, zu billigen ist.

Der Anspruch auf die im Nachschußverfahren von den Genossen zu leistenden Beiträge ist „ein Bestandteil des Vermögens der Genossenschaft, der in seiner Entstehung durch den Eintritt des Konkurses bedingt und in seinem Umfange durch dessen Ausgang begrenzt erscheint, daher nur im Konkurse der Genossenschaft und in den besonders dafür vorgesehenen Formen zu realisieren ist".

Vgl. Begründung des Genossenschaftsgesetzes, Drucksachen des Reichstages Bd. 1. 4. Session 1888/89 Nr. 28 S. 41.

Diese Formen sind in den §§ 105—114 des Genossenschaftsgesetzes erschöpfend geregelt. Danach ist der Konkursverwalter das Organ, welches den Anspruch auf jene Beiträge geltend macht. Er berechnet sie schon vor der endgültigen Feststellung des Ausfalls der Gläubiger (§ 106), zieht sie, nachdem die Berechnung für vollstreckbar erklärt ist, ein und betreibt auf Grund der Berechnung gegen den Genossen, der nicht Zahlung leistet, in Gemäßheit der Zivilprozeßordnung die Zwangsvollstreckung (§ 109 Abss. 1 und 2). Falls diese erfolglos bleibt, wird der durch das Unvermögen der Genossen entstandene Ausfall auf die übrigen Genossen verteilt (§§ 103. 106 Abs. 2). Schon der Umstand, daß das Genossenschaftsgesetz im § 109 eine besondere Bestimmung über die Einziehung der Beiträge enthält, weist daraufhin, daß dieselbe an die Stelle des § 117 K.O. treten, und der Konkursverwalter die ihm durch diesen Paragraphen auferlegte Verpflichtung, das zur Konkursmasse gehörige Vermögen zu verwerten, soweit die im Nachschußverfahren zu leistenden Beiträge in Betracht kommen, nach Vorschrift des § 109 des Genossenschaftsgesetzes erfüllen soll. Die Verwertung erfolgt mangels freiwilliger Zahlung durch Beitreibung im Wege der Zwangsvollstreckung (§ 109 Abs. 2). Die Verwertung durch Veräußerung (Abtretung) der Forderung auf den Beitrag würde mit den Grundsätzen, nach denen das Nachschußverfahren geregelt ist, sich nicht vereinigen lassen. Dasselbe bezweckt lediglich, die Befriedigung der Konkursgläubiger dadurch herbeizuführen, daß die Genossen Beiträge zur Konkursmasse leisten (§ 105). Die Berechnung des Fehlbetrages in der Vorschußberechnung ist aber eine vorläufige und der Abänderung unterworfene (§ 113). Sie erhält erst durch die Nachschußberechnung (§ 114) die endgültige Feststellung, die zur Einziehung von Ergänzungsbeiträgen oder zur Rückerstattung von Vorschüssen, soweit sie zur Befriedigung der Gläubiger nicht erforderlich sind, führen kann. Die Rückzahlung bewirkt der Konkursverwalter (§ 115 Abs. 3). Alle diese Bestimmungen des Genossenschaftsgesetzes behandeln Vorgänge, die sich im Rahmen des Konkursverfahrens abspielen, und lassen keinen Zweifel darüber bestehen, daß die Vorschußbeiträge nur zur Einziehung in die Konkursmasse und zur Verteilung an die Konkursgläubiger dem Konkursverwalter bereit gestellt werden sollen, und daß die Forderung auf die Beiträge von den Genossen nur in der Person des Konkursverwalters erfüllt werden kann. Zu der Annahme, daß diese Forderung durch Veräußerung (Abtretung) aus dem Vermögen der Genossenschaft ausgeschieden, und der gezahlte Preis an ihre Stelle treten könne, gibt das Genossenschaftsgesetz keinen Anhalt. Die Zulassung der Veräußerung würde für die Genossenschaft m. b. H. zu dem unannehmbaren Ergebnisse führen, daß für den regelmäßigen Fall, wenn nämlich der Preis den Nominalbetrag der Forderung nicht erreicht, der Genosse, der an den Dritten auf Grund der Abtretung gezahlt hat, diese Zahlung, soweit sie den Preis übersteigt, dem Einzelangriffe eines Konkursgläubigers, weil sie nicht zur Konkursmasse geleistet und den Konkursgläubigern nicht zugute gekommen ist, nicht würde entgegensetzen können und unter Umständen über seine Haftsumme hinaus zahlen müßte. Diese Folge läuft dem § 141 des Genossenschaftsgesetzes zuwider und zwingt zu dem Rückschlusse, daß nach dem Genossenschaftsgesetze die Veräußerung (Abtretung) der Forderung auf den Vorschußbeitrag im Konkurse einer Genossenschaft m. b. H. unzulässig ist. Der im § 141 angezogene § 122 des Genossenschaftsgesetzes gewährt keinen stichhaltigen Gegengrund. Dieser Paragraph behandelt die Haftung der Genossen neben der Genossenschaft gegenüber den Konkursgläubigern; das Nachschußverfahren betrifft die Haftung der Genossen gegenüber der Genossenschaft. Die Forderung, die der Konkursverwalter in diesem Verfahren gegen den einzelnen Genossen geltend macht, ist dem Grunde nach eine andere, als die, welche der nicht befriedigte Konkursgläubiger wegen des erlittenen Ausfalls gegen ihn erhebt. Aus der Zulässigkeit der Abtretung dieser Ausfallsforderung folgt nicht auch die Zulässigkeit der Abtretung jener Forderung. Hiernach ist die Rüge der Revision, die geltend macht, daß im vorliegenden Falle, wie in jedem anderen Konkurse, dem Konkursverwalter die Befugnis zugestanden habe, die (eingeklagte) Forderung durch Abtretung für die Konkursmasse zu verwerten, hinfällig. War aber nach der vorstehenden Ausführung die Abtretung überhaupt unzulässig, so vermag hieran selbstverständlich der Umstand nichts zu ändern, daß nach der Behauptung des Klägers die Haftung der Mitgenossen des Beklagten erschöpft, daher die Möglichkeit, sie infolge Unvermögens des letzteren stärker heranzuziehen, ausgeschlossen gewesen sein soll." . . .

21. Kann in Preußen im ordentlichen Rechtswege auf Änderung der landespolizeilich genehmigten Betriebsanlage einer dem öffentlichen Verkehre dienenden Kleinbahn geklagt werden?

V. Zivilsenat. Urt. v. 12. Oktober 1904 i. S. P. (Kl.) w. Gesellschaft für elektrische Hoch- und Untergrundbahnen in Berlin (Bekl.). Rep. V. 147/04.

I. Landgericht I Berlin.
II. Kammergericht daselbst.

Der Kläger behauptete, daß das durch den Betrieb der an seinem Grundstücke vorbeiführenden Hochbahn verursachte Geräusch die Benutzung seines Grundstücks wesentlich beeinträchtige. Er verlangte neben einer für jetzt nicht in Betracht kommenden Entschädigung, daß die Beklagte verurteilt werde, Einrichtungen zu treffen, die geeignet seien, die Einwirkung des mit dem Betriebe der Hochbahn verbundenen Geräusches auf sein Grundstück auf das nach dem Stande der Technik erreichbare Maß zurückzuführen; eventuell daß ihr untersagt werde, durch den Betrieb der Hochbahn übermäßiges Geräusch in sein Grundstück hinüberdringen zu lassen. Mit diesen Anträgen wurde der Kläger in beiden Vorinstanzen wegen Unzulässigkeit des Rechtsweges abgewiesen. Auch seine Revision wurde zurückgewiesen aus folgenden

Gründen:

„Die Berliner Hoch- und Untergrundbahn ist ein dem allgemeinen öffentlichen Interesse in hohem Maße dienendes Verkehrsmittel. Sie ist eine Kleinbahn im Sinne der Nr. I des Gesetzes vom 28. Juli 1892. Gerade mit Rücksicht auf die Gemeinnützigkeit der dem öffentlichen Verkehre dienenden Kleinbahnen, andererseits aber auch auf die Gefahren, die mit dem Verkehr auf ihnen verbunden sind, sowie auf die Belästigungen, die der Betrieb für die Nachbaren mit sich führt, nimmt der Staat den Schutz der einander widerstreitenden Interessen wahr, damit ein staatshoheitliches Recht ausübend. Keine Kleinbahn darf ohne Genehmigung der Landespolizeibehörde hergestellt und betrieben, wesentlich erweitert oder geändert werden (§ 2 des angeführten Gesetzes). Die Genehmigung wird nach § 4 das. auf Grund polizeilicher Prüfung erteilt, die u. a. zum Gegenstande hat den Schutz gegen schädliche Einwirkungen der Anlage und des Betriebes, sowie die Wahrung der Interessen des öffentlichen Verkehrs. Mit dem Baue von Kleinbahnen, die für den Betrieb mit Maschinenkraft bestimmt sind (darunter fällt auch der elektrische Betrieb, vgl. Entsch. des O.V.G.'s Bd. 33 S. 434, Bd. 43 S. 392), darf erst begonnen werden, nachdem der Bauplan durch die genehmigende Behörde in der im § 17 das. näher bestimmten Weise festgestellt ist. Der Plan nebst Beilagen ist in dem betreffenden Gemeindebezirke vierzehn Tage zu jedermanns Einsicht offen zu legen. Während dieser Zeit kann jeder Beteiligte im Umfange seines Interesses Einwendungen gegen den Plan erheben. Über die Einwendungen ist zu verhandeln. Nach Beendigung der Verhandlungen wird über die erhobenen Einwendungen beschlossen, und dann erfolgt die Feststellung des Planes und der Anlagen, zu deren Errichtung und Unterhaltung der Unternehmer verpflichtet ist. Nach § 18 das. ist dem Unternehmer u. a. bei der Planfeststellung die Herstellung derjenigen Anlagen aufzuerlegen, welche die den Bauplan festsetzende Behörde zur Sicherung der benachbarten Grundstücke gegen Gefahren und Nachteile für erforderlich erachtet. Zur Eröffnung des Betriebes bedarf es nach § 19 das. der Erlaubnis der Landespolizeibehörde, und diese Erlaubnis ist zu versagen, sofern wesentliche in der Bau- und Betriebsgenehmigung gestellte Bedingungen nicht erfüllt sind. Auch nach der Betriebseröffnung steht die Kleinbahn unter staatlicher Aufsicht (§§ 22 flg. das.). Der Unternehmer hat den Betrieb ohne Unterbrechung zu führen, widrigenfalls die Genehmigung zurückgenommen werden kann (§ 24). Aus allen diesen Bestimmungen ergibt sich, daß der Staat kraft seiner Hoheit den Schutz des Publikums und der einzelnen Nachbaren gegen die Gefahren und Nachteile, die aus dem genehmigten Unternehmen und dem Betrieb entstehen können, in die Hand genommen hat. Es ergibt sich aber ferner daraus, daß der Unternehmer in der Freiheit, über das Unternehmen und den Betrieb zu verfügen, durch den Staat wesentlich beschränkt ist, daß er insbesondere ohne landespolizeiliche Genehmigung nach Herstellung der Bahn von dem einmal festgesetzten und genehmigten Plane auch in Einzelheiten nicht abweichen darf. Daraus folgt wiederum, daß auch Dritte, die durch den Betrieb in der Benutzung ihrer Grundstücke wesentlich beeinträchtigt zu sein glauben, gegen den Unternehmer Änderungen der Bahnanlage und des Betriebes im ordentlichen

Rechtswege nicht erzwingen können. Sie müssen sich an die mit der Wahrnehmung der staatlichen Polizeihoheit betrauten Behörden und, falls sie bei diesen nicht durchdringen, an die Verwaltungsgerichte wenden (§ 52 das. und §§ 127. 130 des Gesetzes über die allgem. Landesverwaltung vom 23. Juli 1883). Diese Grundsätze hat das Reichsgericht bereits mehrfach ausgesprochen in seinen Entsch. in Zivils. Bd. 31 S. 285, im Urteile vom 22. April 1903 in Sachen B. w. Aachener Kleinbahn, Rep. V. 96/03, und in dem zum Abdrucke bestimmten Urteile vom 11. Mai 1904, Rep. V. 415/03.[1] Die Unzulässigkeit des Rechtsweges über die erhobenen negatorischen Ansprüche ergibt sich aber auch aus den §§ 1—4 des Gesetzes über die Zulässigkeit des Rechtsweges in Beziehung auf polizeiliche Verfügungen vom 11. Mai 1842. Es ist ein durch höchstrichterliche Rechtsprechung festgestellter Grundsatz, daß die polizeiliche Genehmigung einer im Interesse des öffentlichen Verkehrs notwendigen oder zweckmäßigen Anlage die Bedeutung einer polizeilichen Verfügung hat.

Vgl. Gruchot, Beitr. Bd. 34 S. 1132, Bd. 39 S. 682; Jurist. Wochenschr. 1900 S. 629 Nr. 19.

Eine solche Verfügung richtet sich nicht bloß gegen den Hersteller der Anlage, sondern gegen jedermann. Die von ihr Betroffenen aber sind nach §§ 2 und 4 jenes Gesetzes, falls sie sich nicht auf einen besonderen Rechtstitel — und einen solchen bildet das Privateigentum nicht (Entsch. des R.G.'s in Zivils. Bd. 24 S. 281) — berufen können, auf die Geltendmachung von Entschädigungsansprüchen beschränkt.

In dem erwähnten Urteile Rep. V. 415/03 ist die Frage offen gelassen, ob die Geltendmachung von Eigentumsfreiheitsansprüchen gegen Kleinbahnen auch dann nicht im ordentlichen Rechtswege statthaft sei, wenn den betreffenden Kleinbahnen der Betrieb in der Genehmigungsurkunde nicht zur Pflicht gemacht worden ist. Auch diese Frage ist jedoch zu bejahen, weil das Kleinbahngesetz selbst im § 24 diese Verpflichtung auferlegt, und weil alle bisher erörterten Grundsätze jedenfalls so lange zur Anwendung zu kommen haben, als die Bahn im Betrieb ist. Abgesehen davon ist jene Pflicht der Beklagten im vorliegenden Falle in der Genehmigungsurkunde auferlegt worden.

[1] Inzwischen abgedruckt in Bd. 58 dieser Sammlung Nr. 32 S. 130. D. R.

Die Revision glaubt, aus dem § 13 Kleinbahngeś. die Zulässigkeit des Rechtswegs herleiten zu können, wonach die Genehmigung unter dem Vorbehalte der Rechte Dritter, der Ergänzung und Abänderung durch Feststellung des Bauplans erfolgt. Sie mißversteht jedoch diese Bestimmung, die sich nur auf die erste Genehmigung des Unternehmens bezieht, die nach dem Inhalte des § 13 eine nur vorläufige Bedeutung hat. Dieser Genehmigung folgt das Planfeststellungsverfahren, und in diesem haben die Eigentümer der benachbarten Grundstücke die ihnen bei der ersten Genehmigung vorbehaltenen Rechte, die den Schutz ihres Eigentums zum Inhalte haben, nach § 17 das. geltend zu machen. Darüber, ob die geltend gemachten Rechte begründet sind, entscheidet die Verwaltungsbehörde durch Beschluß, und gegen diesen Beschluß ist der Rechtsweg, wie schon erwähnt, nach § 52 das. nicht eröffnet. Die angemeldeten Rechte, die für begründet erachtet werden, berücksichtigt die beschließende Behörde nach § 18 das.; die zurückgewiesenen können nur in der Form von Entschädigungsansprüchen vor die ordentlichen Gerichte gebracht werden. Ob der § 13 die Entschädigungsansprüche überhaupt im Auge hat, kann zweifelhaft sein. Sollte es der Fall sein, so wäre die Bestimmung insoweit gegenüber den §§ 2 u. 4 des Gesetzes vom 11. Mai 1842 überflüssig.

Die Revision hat sich für die Zulässigkeit des Rechtswegs noch auf ein in den Entsch. des R.G.'s in Zivils. Bd. 44 S. 227 abgedrucktes Urteil berufen. Es handelte sich damals um eine Klage gegen den Militärfiskus, der eine Artilleriewerkstatt mit Maschinenbetrieb errichtet hatte. Die Klage ging auf Einstellung des Betriebes in gewissen Fabrikgebäuden, eventuell auf Herstellung von Einrichtungen zur Verhinderung wesentlicher Beeinträchtigungen der Nachbaren. Das Reichsgericht nahm an, daß der Betrieb der Werkstatt in direkter Ausübung des Militärhoheitsrechts erfolge, und daher die Entscheidung über den Antrag auf teilweise Einschränkung des Betriebes dem ordentlichen Rechtsweg entzogen, daß dagegen der Rechtsweg zulässig sei bezüglich des Antrags auf Herstellung von Schutzeinrichtungen, weil die schädlichen Hinüberwirkungen in die Nachbargrundstücke nicht ein Ausfluß eines Hoheitsrechts, sondern auf Grund militärfiskalischer Anordnungen erfolgt seien. Ob diesem Urteil gefolgt werden könnte, mag dahingestellt werden; denn jedenfalls können die allgemeinen rechtlichen Erwägungen, auf denen es beruht, auf den vorliegenden, nach einem Sondergesetze zu beurteilenden Fall nicht angewendet werden. Auch liegt der Unterschied der beiden Fälle auf der Hand. Wenn der Staat selbst einen Maschinenbetrieb unternimmt, werden die Nachbaren nicht in derselben Weise vom Staate geschützt, aber auch nicht in derselben Weise in der Ausübung ihrer Eigentumsrechte beschränkt, wie es durch das Kleinbahngesetz geschieht. Handelt es sich um einen unter § 16 Gew.O. fallenden Betrieb, so wird, auch wenn der Fiskus der Unternehmer ist, freilich auch für die Nachbaren durch §§ 18 flg. das. gesorgt; aber nach § 26 das. ist, wie es der Staatshoheit gegenüber notwendig war, die Klage auf Herstellung von Einrichtungen durch Gesetz, also durch einen Staatshoheitsakt, ausdrücklich gestattet, d. h. die Staatshoheit hat sich selbst eine Beschränkung auferlegt. Daran fehlt es im Kleinbahngesetz, und es würde ein Eingriff in die Staatshoheitsrechte sein, wenn die ordentlichen Gerichte eine solche im Gesetz nicht begründete Einschränkung aussprächen.

Was die Anwendung des oben Ausgeführten auf den vorliegenden Fall anlangt, so steht durch die unstreitige Genehmigung der Betriebseröffnung fest, daß die Berliner elektrische Hoch- und Untergrundbahn unter Beobachtung aller gesetzlichen Bestimmungen erbaut worden ist und die landespolizeiliche Genehmigung gefunden hat. Die Anlage ist als Ganzes genehmigt; daher können auch Einzelheiten ohne landespolizeiliche Genehmigung selbst dann nicht geändert werden, wenn sie dem Bauplane nicht entsprechen sollten. Der mit den beiden abgewiesenen Klaganträgen erstrebte Erfolg läßt sich nur durch teilweise Änderung der Bahnanlage erreichen. Eine solche kann nur im Verwaltungsweg angeordnet werden. Demnach ist die Erhebung des Beweises über die Behauptung des Klägers, die erstrebte Änderung der Schienenbettung lasse sich ohne Störung des Betriebes ausführen, vom Berufungsrichter mit Recht nicht für geeignet erachtet werden, die Zulässigkeit des Rechtsweges darzutun. Beeinträchtigt der genehmigte Betrieb den Kläger wesentlich in der Benutzung seines Grundstücks, so ist der Kläger durch den staatshoheitlichen Akt der Genehmigung in der Ausübung der ihm nach §§ 906. 1004 B.G.B. zustehenden Eigentumsbefugnisse beschränkt. Es steht ihm danach nur die Schadensersatzklage zu. Schadensersatz aber kann er, wie in dem

Urteile Rep. V. 415/03 ausgeführt wird, mit Rücksicht darauf, daß die ihm durch die Genehmigung der Kleinbahn zugefügte Rechtsminderung der Enteignung gleichsteht, ohne Rücksicht auf ein Verschulden der Beklagten fordern."

22. Umfang der Untersuchungspflicht aus § 377 Abs. 1 H.G.B. bei dem Kauf einer alten, ausgebesserten Lokomobile zum Selbstgebrauch.

II. Zivilsenat. Urt. v. 14. Oktober 1904 i. S. H. (Bekl.) w. S. (Kl.). Rep. II. 23/04.

I. Landgericht Oppeln.
II. Oberlandesgericht Breslau.

Die Beklagte, eine Maschinenfabrik, verkaufte Anfang Januar 1901 an den Kläger, einen Sägewerkbesitzer, eine alte, von ihr ausgebesserte Lokomobile. Die Maschine kam am 11. Januar 1901 beim Kläger an, wurde Mitte Januar aufgestellt und in Betrieb genommen. Am 20. Mai 1901 schrieb der Kläger an die Beklagte, nachdem bereits vorher an der Maschine Nachbesserungen vorgenommen waren, die Maschine habe einen Riß; er fordere zu deren Zurücknahme auf. Mit der Anfang Juli 1901 erhobenen Klage wandelte der Kläger und verlangte Zurücknahme der Maschine sowie Rückzahlung des gezahlten Kaufpreises. Die Beklagte rügte, daß die Mängelanzeige verspätet sei. Sie unterlag in beiden Vorinstanzen. Ihre Revision wurde zurückgewiesen.

Aus den Gründen:

... „Bei Erörterung der Frage, ob den Kläger das Präjudiz der Genehmigung treffe, weil er die Maschine nicht untersucht und nicht unverzüglich den Mangel angezeigt habe (§ 377 Abss. 1 und 2 H.G.B.), konnte der Berufungsrichter ohne Verletzung jener Gesetzesbestimmungen nach der Sachlage, unter besonderer Berücksichtigung, daß eine alte, ausgebesserte Maschine Kaufobjekt war, sowie daß der Kläger nicht Maschinenhändler ist, und daß er die Maschine zum eigenen Gebrauche gekauft hatte, von der Annahme ausgehen, der Kläger sei auf Grund des § 377 Abs. 1 a. a. O. vor der Ingebrauchnahme der Maschine nicht zu einer besonders eingehenden und gründlichen Untersuchung etwa unter Zuziehung Sachverständiger verpflichtet gewesen; er habe sie vielmehr ohne eine solche Untersuchung in Gebrauch nehmen dürfen, und die Pflicht zu unverzüglicher Anzeige sei erst eingetreten, als sich bei dem Gebrauche herausstellte, daß die Ausbesserung nichts genützt habe. Die hier ausgesprochene Auffassung entspricht der bisher in gleichen oder ähnlichen Fällen dem § 377 (früher Art. 347) Abss. 1 und 2 H.G.B. gegebenen Anwendung,

vgl. Entsch. des R.O.H.G.'s Bd. 11 S. 312; Bolze, Bd. 6 Nr. 561,

und enthält daher nicht, wie die Revisionsklägerin darzulegen versucht, eine Verletzung der erwähnten gesetzlichen Bestimmung. Jene Auffassung allein bringt aber der Berufungsrichter zum Ausdruck, wenn er in seinen Urteilsgründen sagt: „Die erfolglose Ausbesserung war der Fehler, der der Maschine anhaftete, und dieser Fehler, welcher die Unbrauchbarkeit nach sich zog, wurde erst unmittelbar vor der Anzeige entdeckt", und weiter ausführt: „Eine frühere Anzeige war nicht angängig, weil weniger das Vorhandensein als die mangelhafte Ausbesserung des Risses in Betracht kommt." ... Daß aber der Kläger unverzüglich, nachdem sich beim Gebrauch der Maschine herausgestellt hatte, die Ausbesserung habe nichts genützt, die Anzeige an die Beklagte machte, ist in den Gründen des Berufungsurteils einwandsfrei festgestellt." ...

23. Kann auch ein Betriebsbeamter, Werkmeister oder Techniker (§ 133a Gew.O.) den Ansprüchen des Gewerbeunternehmers aus einem vertragsmäßigen Wettbewerbsverbote den Einwand entgegensetzen, daß dieser ihm durch rechtswidriges Verhalten gerechten Grund zur Auflösung des Dienstverhältnisses gegeben habe?

III. Zivilsenat. Urt. v. 14. Oktober 1904 i. S. F. (Bekl.) w. Dz. (Kl.). Rep. III. 422/04.

I. Landgericht Oppeln.
II. Oberlandesgericht Breslau.

Auf Grund eines schriftlichen Vertrages vom 24. Dezember 1900 trat der Beklagte als Fabrikaufseher in der Dachstein- und Zementfabrik des Klägers in Stellung. In dem Vertrage hatte er sich verpflichtet, innerhalb dreier Jahre nach seinem Austritte weder in einem Geschäfte des Wettbewerbes eine Stellung anzunehmen, noch sich selbst mit der Herstellung von Zementwaren, Dachsteinen, Platten u. dgl. für eigene oder fremde Rechnung zu befassen. Für den Fall der Zuwiderhandlung hatte er sich verpflichtet, an den Kläger eine Vertragsstrafe von 200 ℳ zu zahlen, auch auf dessen Aufforderung mit der Herstellung sofort aufzuhören und für jeden Tag des Verzuges 15 ℳ Schadenersatz zu entrichten. Am 15. April 1902 gab er die Stellung auf.

Der Kläger behauptete, der Beklagte habe im Herbste 1903 in O.-S. mit der fabrikmäßigen Herstellung von Steinen und Platten, wie er sie in seiner, des Klägers, Fabrik kennen gelernt habe, begonnen und betreibe diese Herstellung noch weiter, obwohl er, Kläger, ihn durch ein Schreiben vom 13. November 1903 aufgefordert habe, sie einzustellen. Er beantragte deshalb, den Beklagten zu verurteilen:

1. die von ihm betriebene Herstellung von Dachsteinen und anderen Zementwaren sofort einzustellen,
2. an ihn 200 ℳ und für jeden Tag vom 14. November 1903 bis zur Einstellung des Betriebes weitere 15 ℳ zu zahlen.

Der Beklagte wendete zunächst ein, das Verbot des Wettbewerbes sei nach Ort und Gegenstand unbeschränkt und erschwere nicht nur sein Fortkommen, sondern mache es fast unmöglich. Sodann machte er geltend, der Kläger habe seinen Dienstaustritt auch selbst verschuldet; denn er habe ihm fortgesetzt unberechtigterweise Lohnabzüge gemacht, ihn fast täglich mit den gröbsten Schimpfworten belegt und ihn vielfach mit Fußtritten und einmal mit den Worten: „Dich Aas muß ich erstechen!" bedroht.

Das Landgericht verurteilte, indem es die Vertragsstrafe für die Verzögerung der Einstellung des Betriebes von 15 ℳ für jeden Tag auf 5 ℳ herabsetzte, den Beklagten mit dieser Ermäßigung nach dem Klagantrage.

Die Berufung des Beklagten wurde zurückgewiesen.

Auf die Revision des Beklagten ist das Berufungsurteil aufgehoben, und die Sache zur anderweiten Verhandlung und Entscheidung an das Berufungsgericht zurückverwiesen aus folgenden

Gründen:

„Das Berufungsgericht hat in Übereinstimmung mit dem Landgericht den auf das vertragsmäßige Wettbewerbsverbot gestützten Anspruch des Klägers gegen den Beklagten auf Unterlassung der Herstellung von Dachsteinen und anderen Zementwaren sowie auf Zahlung einer Vertragsstrafe von 200 ℳ und für jeden Tag des weiteren Betriebes einer solchen von 15 ℳ, abgesehen von der Höhe der zweiten Strafe, für begründet erachtet, indem es angenommen hat, daß die Voraussetzungen für die Wirksamkeit jenes Verbots und für den Verfall der Vertragsstrafen eingetreten seien. Den Einwand des Beklagten, daß das Wettbewerbsverbot für ihn unverbindlich sei, weil es sein Fortkommen in unbilliger Weise erschwere, hat es aus tatsächlichen Gründen, den ferneren Einwand aber, daß der Kläger ihn durch sein Verhalten genötigt habe, das Dienstverhältnis aufzulösen, deshalb verworfen, weil eine dem § 75 H.G.B. entsprechende Bestimmung in die Gewerbeordnung nicht aufgenommen, ja ihre Aufnahme sogar ausdrücklich abgelehnt sei."

(Es folgt die Ausführung, daß die erste Rüge der Revision, der § 138 B.G.B. sei durch Nichtanwendung verletzt, nicht zutreffe. Sodann wird fortgefahren:)

„Dagegen beruht die Verwerfung des Einwandes, daß der Kläger selbst durch vertragswidriges Verhalten dem Beklagten Grund zur Auflösung des Dienstverhältnisses gegeben habe, auf Rechtsirrtum. Allerdings war bei der Beratung des Entwurfs eines Einführungsgesetzes zum neuen Handelsgesetzbuch in der Kommission des Reichstages ein Antrag gestellt, einen § 133 g in die Gewerbeordnung aufzunehmen, der die Vorschriften des § 75 H.G.B. auf das Rechtsverhältnis der in § 133 a Gew.O. bezeichneten Personen zu dem Gewerbeunternehmer übertragen sollte. Der Antrag wurde, nachdem die Vertreter der verbündeten Regierungen der Ausdehnung im Grundsatze zugestimmt, aber die Sammlung ausreichenden Materials erst noch für notwendig erklärt hatten, von dem Antragsteller zurückgezogen, also nicht, wie das Berufungsgericht anzunehmen scheint, in einer Abstimmung abgelehnt.

Vgl. Hahn-Mugdan, Materialien zum Handelsgesetzbuch S. 647 bis 649.

Das Gesetz hat demnach zu der vorliegenden Frage überhaupt keine

Stellung genommen. Die Rechtslage in bezug auf das Verhältnis zwischen den Betriebsbeamten, Werkmeistern und Technikern einerseits und den Gewerbeunternehmern andererseits entspricht daher noch jetzt derjenigen, die vor dem Inkrafttreten des neuen Handelsgesetzbuchs in bezug auf das Rechtsverhältnis zwischen dem Handlungsgehilfen und dem Prinzipal bestand. Denn auch das frühere Handelsgesetzbuch hatte das aus dem vertragsmäßigen Verbote des Wettbewerbes für die Zeit nach dem Austritte des Handlungsgehilfen sich ergebende Rechtsverhältnis keiner Regelung unterworfen. Gleichwohl hatte schon damals das Reichsgericht in ständiger Rechtsprechung aus der rechtlichen Natur solcher Wettbewerbsverbote für ihre Auslegung den Grundsatz aufgestellt, daß sie in der Regel und im Zweifel nur auf den Fall zu beziehen seien, daß der Handlungsgehilfe die Stellung freiwillig, und ohne daß ihm der Prinzipal dazu gerechten Anlaß geboten, aufgebe, also wenn er ohne Kündigung weggehe oder seinerseits kündige, oder wenn er durch sein Verhalten dem Dienstherrn gerechten Anlaß zur Kündigung gegeben habe. Dagegen sollte nach dieser Rechtsprechung das Verbot in der Regel und im Zweifel nicht als auch den Fall mitumfassend angesehen werden, daß der Dienstherr ohne einen vom Handlungsgehilfen gegebenen gerechten Anlaß das Dienstverhältnis einseitig aufhebe oder kündige, oder daß er dem Handlungsgehilfen zu seinem Austritte gerechten Anlaß gebe.

Vgl. insbesondere Entsch. des R.G.'s in Zivils. Bd. 20 S. 106.

Diese Sätze müssen aber, da sie aus der rechtlichen Natur der Wettbewerbsverbote überhaupt abgeleitet und somit allgemeinen rechtlichen Erwägungen entsprungen sind, namentlich auf der Berücksichtigung von Treu und Glauben beruhen, noch jetzt auf das Rechtsverhältnis zwischen den in § 133a Gew.O. bezeichneten Personen und dem Gewerbeunternehmer Anwendung finden.

Im vorliegenden Falle war das Wettbewerbsverbot nach dem festgestellten Sachverhältnisse lediglich für den Fall des „Dienstaustritts" des Beklagten ausgesprochen, eine unzweifelhafte vertragsmäßige Bestimmung also, daß es auch außerhalb der vorher bezeichneten regelmäßigen Grenzen gelten solle, nicht getroffen. Es braucht deshalb nicht erörtert zu werden, ob nicht, selbst wenn dies geschehen wäre, doch in einem Falle, wie er hier behauptet ist, daß der Dienstherr durch die rechtswidrige Art seines Verhaltens den Betriebsbeamten veranlaßt habe, seinerseits das Dienstverhältnis zu kündigen, der Geltendmachung der Rechte aus dem Wettbewerbsverbote die Einrede der Arglist unter allen Umständen entgegenstehen würde.

Daß aber ein Verhalten des Dienstherrn, wie es hier der Beklagte von dem Kläger behauptet hat, dem Betriebsbeamten einen gerechten Anlaß bot, seinerseits das Dienstverhältnis aufzulösen, bedarf keiner Ausführung. Das angefochtene Urteil ist deshalb, da es auf dem dargelegten Rechtsirrtum beruht, aufzuheben. Zur Endentscheidung ist die Sache noch nicht reif, da der Kläger die zur Begründung des Einwandes geltend gemachten Tatsachen bestritten hat. Die Sache ist daher zur anderweiten Verhandlung und Entscheidung an das Berufungsgericht zurückzuverweisen." . . .

---

24. Berechnung der Erbschaftssteuer für den Anfall aus einem im Bereiche des preußischen Allgemeinen Landrechts errichteten gemeinschaftlichen Testament von Ehegatten, wenn beide Erblasser erst nach dem Inkrafttreten des Bürgerlichen Gesetzbuchs gestorben sind. Anwendung der Auslegungsregeln des neuen Rechts?

Preuß. Erbschaftssteuergesetz vom $\frac{\text{19. Mai 1891}}{\text{31. Juli 1895}}$ § 28.
Einf.-Ges. zum B.G.B. Artt. 213. 214.
B.G.B. § 2269.

VII. Zivilsenat. Urt. v. 14. Oktober 1904 i. S. T. u. Gen. (Kl.) w. preuß. Fiskus (Bekl.). Rep. VII. 100/04.

I. Landgericht Breslau.
II. Oberlandesgericht daselbst.

In dem am 9. August 1894 errichteten Testamente der Eheleute B. hatten diese sich gegenseitig zu Erben eingesetzt und nach dem Tode des letztversterbenden Ehegatten beiderseitige Verwandte, darunter die nur mit der Ehefrau verwandten Kläger, zur Erbschaft berufen. Der Ehemann B. verstarb am 18. April 1900, die Ehefrau am 30. März 1901. Der Erbanfall an die Kläger wurde vom Erbschaftssteueramte mit 8 v. H. zur Versteuerung herangezogen, und die hiernach für jeden der Kläger auf 151,50 ℳ berechnete Steuer von ihnen gezahlt. Sie waren der Meinung, daß von ihnen als Kindern einer Schwester der Ehefrau B. nur eine Erbschaftssteuer von 2 v. H. hätte erfordert werden dürfen, und erhoben auf Rückzahlung des überschießenden Betrages von je 113,50 ℳ nebst Zinsen Klage. Im übrigen ergibt der Sachverhalt sich aus den

Gründen:

„Für die streitige Frage, wie in dem vorliegenden Falle die Erbschaftssteuer zu berechnen ist, kommen in erster Reihe die Vorschriften des preußischen Erbschaftssteuergesetzes vom $\frac{\text{19. Mai 1891}}{\text{31. Juli 1895}}$ (G.S. 1891 S. 78 und 1895 S. 412) in Betracht. Diese Vorschriften sind trotz des seit der Errichtung des wechselseitigen Testaments vom 9. August 1894 eingetretenen, seit dem 1. Januar 1900 wirksamen Wechsels der privatrechtlichen Gesetze anwendbar, da sie als Normen des öffentlichen Rechts von jenem Wechsel unberührt geblieben sind. Inhalts des § 28 des Erbschaftssteuergesetzes soll bei einer gemeinschaftlichen letztwilligen Verfügung von Ehegatten, wenn es zweifelhaft bleibt, von welchem der beiden Ehegatten der Anfall an die zu Erben eingesetzten Verwandten des einen oder beider Ehegatten erfolgt ist, angenommen werden, daß der Anfall von dem dem Steuerpflichtigen am nächsten verwandten Ehegatten erfolgt sei, soweit der Nachlaß des letzteren reicht. Das Erbschaftssteuergesetz enthält keine Vorschriften, die zur Lösung eines solchen Zweifels verwendet werden könnten. Zur Lösung müssen hiernach als ergänzende Vorschriften die Bestimmungen des privaten Erbrechts herangezogen werden. Die Parteien streiten aber darüber, ob hierbei das vor dem 1. Januar 1900 geltend gewesene, oder das seit diesem Zeitpunkte in Kraft getretene Erbrecht maßgebend ist. Die Kläger verlangen die Anwendung des Bürgerlichen Gesetzbuchs, insbesondere des § 2269 das., mit Rücksicht darauf, daß beide Erblasser nach dem 1. Januar 1900 gestorben sind; der Beklagte dagegen hält das Bürgerliche Gesetzbuch für nicht anwendbar, da das wechselseitige Testament vor dessen Inkrafttreten errichtet ist. Der Berufungsrichter hat auf Grund des Art. 214 Einf.-Ges. zum B.G.B. zugunsten der vom Beklagten vertretenen Meinung entschieden; seine Entscheidung beruht aber auf einer Verletzung dieser Übergangsvorschrift, welche die Aufhebung des Berufungsurteils zur Folge haben muß.

Die das Erbrecht betreffenden, in den Artt. 213—217 enthaltenen Übergangsbestimmungen des Einführungsgesetzes stellen im Art. 213 als Regel den Grundsatz auf, daß für die „erbrechtlichen Verhältnisse", wenn der Erblasser vor dem Inkrafttreten des Bürgerlichen Gesetzbuchs gestorben ist, die bisherigen Gesetze maßgebend sind. Eine ausdrückliche Vorschrift darüber, wie es zu halten sei, wenn der Erblasser nach dem 1. Januar 1900 gestorben ist, ist nicht gegeben; aus der Fassung der Vorschrift und aus Art. 55 Einf.-Ges., der auch für die Übergangszeit maßgebend ist, soweit nicht in dem Bürgerlichen Gesetzbuche oder in den Übergangsvorschriften der Artt. 153—218 Einf.-Ges. ein anderes bestimmt ist, folgt aber ohne weiteres, daß für den letzteren Fall die bisherigen Gesetze nicht angewendet werden dürfen, und deshalb kann für einen solchen Fall der Erbfolge nur das zur Zeit des Todes des Erblassers geltende Recht in Betracht kommen. Dieser Auffassung entsprechend ordnete der Entwurf zum Einführungsgesetze ausdrücklich an, daß die erbrechtlichen Verhältnisse nach den Vorschriften des Bürgerlichen Gesetzbuchs zu beurteilen seien, wenn der Erblasser nach dessen Inkrafttreten gestorben sei. Diese Vorschrift ist bei der Beratung als selbstverständlich gestrichen worden. Sie verletzt nicht den Grundsatz, daß Gesetze keine rückwirkende Kraft haben, entspricht ihm vielmehr; denn das Erbrecht entsteht, mag der Erblasser eine letztwillige Verfügung errichtet haben, oder ohne eine solche gestorben sein, erst mit dem Tode des Erblassers, und der Inhalt und Umfang des Erbrechts ist daher nach den zur Zeit des Todes des Erblassers geltenden Gesetzen zu beurteilen.

Vgl. Entsch. des R.G.'s in Zivils. Bd. 46 S. 70, Bd. 50 S. 186, Bd. 54 S. 242; Jurist. Wochenschr. 1903 Beil. 1 S. 2.

Der Regel des Art. 213 gegenüber stellt das Einführungsgesetz in den Artt. 214—217 Ausnahmen fest, von denen hier nur die des Art. 214 in Betracht kommt. Er bestimmt:

„Die vor dem Inkrafttreten des Bürgerlichen Gesetzbuchs erfolgte Errichtung oder Aufhebung einer Verfügung von Todeswegen wird nach den bisherigen Gesetzen beurteilt, auch wenn der Erblasser nach dem Inkrafttreten des Bürgerlichen Gesetzbuchs stirbt.

Das gleiche gilt für die Bindung des Erblassers bei ... einem gemeinschaftlichen Testamente, sofern ... das Testament vor dem Inkrafttreten des Bürgerlichen Gesetzbuchs errichtet worden ist."

Der Berufungsrichter wendet diese Bestimmungen ohne näher Begründung auch auf das den Erbanfall bedingende Rechtsverhältnis an, in dem der Erbe gegenüber der Erbschaft steht, beurteilt also die Rechtswirkung der letztwilligen Verfügung für Dritte ebenfalls nach dem früheren Rechte, dem preußischen Allgemeinen Landrechte; er erachtet deshalb, entsprechend der im Bereiche dieses Rechts herrschenden Auffassung, die Kläger, soweit ihnen der zur Zeit des Todes des Ehemannes B. vorhanden gewesene Nachlaß desselben anfällt, nicht als Erben der Ehefrau B., sondern als fideikommissarische Nacherben des Ehemannes, dessen Nachlaß zunächst auf die Ehefrau als fiduziarische Erbin übergegangen sei. Der Art. 214 darf jedoch als Ausnahmevorschrift nicht über seinen klaren Sinn hinaus erstreckt werden. Im jetzigen Falle ist die Frage, ob das gemeinschaftliche Testament rechtsgültig errichtet ist, und ob die beiden Erblasser an seine Bestimmungen gebunden waren, außer Streit. Es handelt sich nur um die Frage, nach welchem Rechte die Rechtswirkungen des Testaments für die Erben zu beurteilen sind, und diese kann nach der Regel des Art. 213 in Übereinstimmung mit der bisherigen Rechtsprechung des Reichsgerichts nur dahin beantwortet werden, daß ausschließlich das Bürgerliche Gesetzbuch maßgebend ist.

Vgl. Urteile des Reichsgerichts Rep. IV. 122/01 und Rep. IV. 384/00 (Jurist. Wochenschr. S. 646 u. 322), Rep. IV. 285/03 (Jurist. Wochenschr. 1904 S. 144 Nr. 14), sowie Entsch. des R.G.'s in Zivils. Bd. 54 S. 242.

Hieraus folgt, daß auch der die Rechtswirkung des Testaments bestimmende Wille der Erblasser, dem sie durch die Errichtung haben Ausdruck geben wollen, auf Grund der Vorschriften des Bürgerlichen Gesetzbuchs zu erforschen ist. Bei der erneuten Verhandlung der Sache wird daher das Berufungsgericht den Inhalt der letztwilligen Verfügung nach den Auslegungsvorschriften der §§ 133. 2066 flg. und 2084 B.G.B. festzustellen haben; denn auch diese Vorschriften sind ein Teil des nach Art. 213 Einf.-Ges. anzuwendenden neuen Rechts. Zwar bemerken die Motive (S. 311) zum Art. 129 des Entwurfs zum Einführungsgesetze (jetzt Artt. 213. 214), es verstehe sich von selbst, daß für die Auslegung einer vor dem Inkrafttreten des Bürgerlichen Gesetzbuchs errichteten letztwilligen Verfügung die zur Zeit der Errichtung geltenden Auslegungsvorschriften maßgebend sein müssen. Diese Bemerkung kann aber, wie auch die in der Literatur herrschende Meinung annimmt,

vgl. Habicht, Einwirkung des Bürgerlichen Gesetzbuchs rc 3. Aufl. S. 741flg.; Planck, Bürgerliches Gesetzbuch Bd. 6 Bem. 3d zu Art. 214 Einf.-Ges.; Riedner, 2. Aufl. S. 470 unter 3b,

jedenfalls soweit es sich um die Findung des wirklich vorhanden gewesenen Willens handelt, nur mit der Einschränkung als richtig anerkannt werden, daß die früheren Auslegungsregeln ihre Natur als objektiv bindende Rechtsnormen für den Bereich des Erbrechts, außer in den Ausnahmefällen der Artt. 214—217 Einf.-Ges., verloren haben, wenn der Erblasser erst nach dem Inkrafttreten des Bürgerlichen Gesetzbuchs gestorben ist. Sie haben aber dadurch keineswegs ihre Bedeutung für die Auslegung der unter ihrer Herrschaft abgegebenen Willenserklärungen gänzlich eingebüßt. Denn da der oberste Auslegungsgrundsatz des Bürgerlichen Gesetzbuchs (§ 113) dahin geht, daß der wirkliche Wille der Erklärenden zu erforschen ist, so ist festzustellen, ob der Wille der Erblasser durch die ihnen etwa bekannten Auslegungsregeln des früheren Rechts derart beeinflußt gewesen ist, daß ihr Inhalt zu einem Bestandteile ihres Willens selbst geworden, und deshalb anzunehmen ist, daß sie ihre Erklärungen diesen Auslegungsregeln und der durch ihre ständige Anwendung etwa erwachsenen allgemeinen Rechtsanschauung über die Wirkung gemeinschaftlicher Testamente haben anpassen wollen. Das alte Recht kommt in diesem Falle nicht als Recht, sondern, entsprechend den Auslegungsregeln des neuen Rechts, als Wille des Erblassers zur Geltung. Ob etwa auch auf dem Gebiete der Schuldverhältnisse und der dinglichen Rechte den Auslegungsregeln des Bürgerlichen Gesetzbuchs, weil sie gegenüber denjenigen des früheren Rechts als der Niederschlag der nunmehr gereifteren und geläuterten Erfahrung des Gesetzgebers anzusehen sind, ein Einfluß auf die Auslegung vor dem 1. Januar 1900 abgegebener Willenserklärungen einzuräumen sei, braucht im vorliegenden Falle nicht entschieden zu werden.

Erst dann, wenn der wirkliche Wille der Erblasser unter Anwendung des § 113 und der sonstigen Auslegungsregeln des Bürgerlichen Gesetzbuchs nicht festgestellt werden kann, wird die besondere Auslegungsvorschrift des § 2269 daselbst anzuwenden sein; denn sie bestimmt, daß nur im Zweifel die gesetzliche Vermutung, daß bei gemeinschaftlichen Testamenten der Dritte für den gesamten Nachlaß als Erbe des zuletzt versterbenden Ehegatten eingesetzt sei, Platz greifen soll. Daß hier nur begründete, auf anderem Wege nicht zu lösende Zweifel gemeint sind, ist selbstverständlich. Bei der Entscheidung wird der Berufungsrichter endlich zu berücksichtigen haben, daß durch die Vorschrift des § 2269 B.G.B. im Falle ihrer Anwendung der ebenfalls nur im Zweifel anzuwendenden Vorschrift des § 28 des Erbschaftssteuergesetzes der Raum für die Anwendbarkeit völlig entzogen ist, da der § 2269, im Gegensatze zu den Vorschriften des Allgemeinen Landrechts, für gemeinschaftliche Testamente eine Vermutung begründet, die kraft Gesetzes jeden ihr entgegenstehenden Zweifel beseitigt." ...

25. Hat der Konkursverwalter, oder der Gemeinschuldner den Notar, der einen Vertrag des Gemeinschuldners beurkundet hat, als Zeugen von der Verpflichtung zur Verschwiegenheit zu entbinden?

I. Zivilsenat. Beschl. v. 15. Oktober 1904 i. S. Chemische Fabrik Fr. a./O., Ges. m. b. H. (Kl.) w. v. d. L. (Bekl.). Beschw.-Rep. I. 118/04.

I. Kammergericht Berlin.

Gründe:

„Am 2. Mai 1899 gründeten der Beklagte, der Fabrikbesitzer B. in F. und die Aktiengesellschaft für Tr. in K. laut eines von dem Notar B. in B. beurkundeten Vertrags die klagende Gesellschaft m. b. H. gegen Übernahme von Stammeinlagen, die für die Aktiengesellschaft auf 124000 ℳ, für die beiden anderen Gesellschafter auf je 138000 ℳ festgesetzt wurden. Diese erhielten ferner gemäß § 4 des Vertrages je 29128 ℳ ausgezahlt. Die Klägerin forderte die Rückerstattung von 24000 ℳ als zuviel gezahltem Betrage, und berief sich zum Beweise auf das Zeugnis des Notars B., der bekunden sollte, daß durch die hinter § 33 des Vertrages gesetzte Erklärung im allseitigen Einverständnis der Inhalt des § 4 habe klargestellt werden sollen. Das Kammergericht beschloß die Vernehmung des Zeugen. Obwohl der Präsident des Landgerichts I in B. die Genehmigung zur Vernehmung erteilt, auch der Beklagte, B. und der Verwalter in dem inzwischen über das Vermögen der Aktiengesellschaft für Tr. eröffneten Konkursverfahren den Zeugen von der Verpflichtung zur Verschwiegenheit entbunden hatten, verweigerte dieser sein Zeugnis auf Grund des § 383 Ziff. 5 Z.P.O., weil ihn der Vorstand der Aktiengesellschaft, als deren gesetzlicher Vertreter, von jener Verpflichtung entbinden müsse. Das Kammergericht erklärte die Zeugnisverweigerung durch Zwischenurteil für begründet. Hiergegen richtet sich die sofortige Beschwerde der Klägerin.

Das Kammergericht hat zutreffend dargelegt, daß der Notar B. nach den Umständen des Falls sein Zeugnis so lange verweigern durfte, als er nicht von der Verpflichtung zur Verschwiegenheit entbunden war. Wer ihn hiervon zu entbinden hatte, besagt der § 385 Abs. 2 Z.P.O. nicht; wohl aber ist, was das Kammergericht übersehen hat, dem hier maßgebenden Art. 90 des preußischen Gesetzes über die freiwillige Gerichtsbarkeit zu entnehmen, daß die in der Sache Beteiligten den Notar von der Verpflichtung entbinden müssen. Als solche Beteiligte werden der Regel nach die Vertragsparteien erscheinen. Die eine dieser Parteien ist im vorliegenden Falle in Konkurs verfallen. Nun verliert nach § 6 K.O. der Gemeinschuldner mit der Eröffnung des Verfahrens die Befugnis, sein zur Konkursmasse gehöriges Vermögen zu verwalten und über dasselbe zu verfügen. Das Verwaltungs- und Verfügungsrecht wird durch den Konkursverwalter ausgeübt (§ 6 Abs. 2. § 117 K.O.). Soll er diese ihm kraft Gesetzes erteilte Aufgabe erfüllen können, so müssen ihm unter Ausschluß des Gemeinschuldners auch diejenigen Befugnisse beigelegt werden, ohne welche die Aufgabe nicht gelöst werden kann. Dieselben liegen, wie das Recht zur Stellung des Strafantrags zeigt (vgl. Entsch. des R.G.'s in Straff. Bd. 33 S. 434, Bd. 35 S. 150), nicht ausschließlich auf dem Gebiete des Vermögensrechts. Es kann daher dem Kammergericht nicht darin beigetreten werden, daß die Befugnis, den Zeugen von der Verpflichtung zur Verschwiegenheit zu entbinden, schon deshalb zu versagen sei, weil sie kein der Zwangsvollstreckung unterliegendes Vermögensrecht darstelle, die Konkursmasse aber, auf die allein sich das Verwaltungs- und Verfügungsrecht des Konkursverwalters erstrecke, nur durch solche Rechte gebildet werde. Es ist vielmehr im Einzelfalle zu prüfen, ob die Aufklärung der Tatsachen, über die der Zeuge vernommen werden soll, für die Konkursmasse von Bedeutung ist und die Ausübung des Verfügungs- oder Verwaltungsrechts des Konkursverwalters beeinflußt. Bei Bejahung der Frage wird diesem regelmäßig auch die Ausübung jener Befugnis an Stelle des Gemeinschuldners zustehen. Der vorliegende Rechtsstreit betrifft die Rückerstattung einer Summe von 24000 ℳ an die klagende Gesellschaft, bei der die Aktiengesellschaft für Tr. mit einer Stammeinlage von 124000 ℳ beteiligt ist. Sein Ausgang ist für den Vermögensstand beider Gesellschaften und damit auch für die Konkursmasse der Aktiengesellschaft von Bedeutung, zu der die Vermögensrechte gehören, die der letzteren als Gesellschafter der Klägerin zustehen. Demnach hat der Konkursverwalter, dessen Verfügungs- und Verwaltungsrecht bei dieser Sachlage gleichsfalls von dem Ausgange des Rechtsstreites berührt wird, und nicht die Aktiengesellschaft durch ihre gesetzlichen Vertreter, den Notar B. von der Verpflichtung zur Verschwiegenheit zu entbinden, auf dessen Zeugnis sich die Klägerin zur Unterstützung des Klaganspruchs beruft. Daß bei der Wahrung dieser Pflicht Rücksichten rein persönlicher Art, wie sie am Ende des angefochtenen Beschlusses angedeutet sind, in Frage kommen könnten, ist im vorliegenden Falle nicht ersichtlich und um so weniger zu unterstellen, als die in Betracht kommende Vertragspartei eine Aktiengesellschaft ist. Es braucht daher nicht erörtert zu werden, wer den Zeugen von der Verpflichtung zur Verschwiegenheit zu entbinden hätte, wenn solche Rücksichten zu nehmen wären." . . .

26. 1. Ist der Zwangsverwalter befugt, nach Aufhebung der Zwangsverwaltung die Auszahlung und Überweisung einer noch nicht verteilten Verwaltungsmasse zu betreiben? Hat er diese Befugnis auch dann, wenn der betreibende Gläubiger befriedigt ist?

Zw.V.G. §§ 161. 155 Abs. 2.

2. Wirkt das im § 865 Abs. 2 Z.P.O. ausgesprochene Verbot der Fahrnispfändung absolut, oder nur zugunsten des die Immobiliarzwangsvollstreckung betreibenden Gläubigers?

3. Kann eine Pfändung von Mieten, nachdem das Ersuchen um Eintragung des Zwangsvollstreckungsvermerkes beim Grundbuchamt eingegangen war, dann gültig bewirkt werden, wenn eine Vorpfändung vor jenem Zeitpunkt erfolgt war?

Z.P.O. § 845 Abs. 2.

B.G.B. § 161.

V. Zivilsenat. Urt. v. 15. Oktober 1904 i. S. B. u. Gen. (Bekl.) w. B.'sche Zwangsvollstreckungsmasse (Kl.). Rep. V. 127/04.

I. Landgericht I Berlin.
II. Kammergericht daselbst.

Auf Antrag einer Hypothekenbank wurde die Zwangsverwaltung eines dem Kaufmann B. gehörigen Grundstücks am 20. September 1902 angeordnet, und D. zum Verwalter bestellt. Das Ersuchen um Eintragung des Zwangsverwaltungsvermerkes ging am Nachmittage desselben Tages 1 Uhr 10 Minuten beim Grundbuchamt ein. Der Vermerk wurde eingetragen. Am nämlichen Tage, aber erst am Abend zwischen $7^1/_2$ und 9 Uhr, wurden für die Beklagten Mieten jenes Grundstücks für das letzte Viertel des Jahres 1902 gepfändet. Dieser Pfändung war am 9. September 1902 ein Zahlungsverbot vorausgegangen. Die beschlagnahmten Mieten zum Betrage von 2927,57 *M* wurden hinterlegt. Das Grundstück kam zur Zwangsversteigerung, wobei jene Hypothekenbank befriedigt wurde. Die Verwaltung wurde im Laufe des Rechtsstreites aufgehoben, zugleich aber auf Antrag der Hypothekenbank eine neue Verwaltung für Rechnung des Erstehers (§ 94 Zw.V.G.) unter Beibehaltung des bisherigen Verwalters angeordnet. Auch diese Verwaltung wurde aufgehoben, nachdem die Ersteherin das Kaufgeld bar erlegt hatte. Der Verwalter verlangte mit der nach Aufhebung der Verwaltung erhobenen Klage, daß die Beklagten in die Auszahlung der hinterlegten, bisher nicht verteilten Mietbeträge an die Zwangsverwaltungsmasse willigten. Die Beklagten hielten den (früheren) Verwalter zur Klage nicht für legitimiert. Sie verlangten Abweisung der Klage auf Grund ihrer früheren Vorpfändung, und weil mit Befriedigung der betreibenden Gläubigerin (der Hypothekenbank) die durch die Zwangsverwaltung bewirkte Beschlagnahme hinfällig geworden sei.

Der erste Richter verurteilte die Beklagten nach den Klaganträgen. Die Berufung der Beklagten wurde zurückgewiesen. Auch die Revision der Beklagten ist zurückgewiesen worden aus folgenden

Gründen:

„Nach den Feststellungen des Berufungsrichters ist die Verwaltungsmasse zur Zwangsversteigerungsmasse gezogen. Im Kaufgelderbelegungstermin erklärten die anwesenden Beteiligten nach Belegung des Kaufgeldes und nach Verteilung der Masse, daß die hinterlegten Mieten sowie die aus Kostenvorschüssen oder sonst nachträglich etwa für Rechnung der Masse freiwerdenden Beträge in erster Linie der Ersteherin Frau B., die zugleich erstausgefallene Hypothekengläubigerin war, gebühren. Eine Überweisuug und Verteilung dieser Masse wurde einstweilen nicht beantragt. Allseitig wurde bewilligt und beantragt, die Zwangsverwaltung mit „vorstehender" Maßgabe aufzuheben. An demselben Tage beschloß das Vollstreckungsgericht die Aufhebung der Zwangsverwaltung.

In Auslegung der Kaufgelderbelegungsverhandlung stellt der Berufungsrichter fest, daß nach der Absicht der Beteiligten, besonders der erstausgefallenen Gläubigerin, der bisherige Verwalter beauftragt sein sollte, die Liquidation aller zur Masse gehörigen Beträge und Ansprüche zu betreiben und somit auch den gegenwärtigen Rechtsstreit zu führen. Die Revision ist der Ansicht, daß der Verwalter seine Legitimation zur Klage nicht von den Beteiligten, sondern nur vom Vollstreckungsgericht herleiten könne. Es kann die Richtigkeit dieser Ansicht dahingestellt bleiben, da im vorliegenden Falle nach Inhalt des Protokolls über die Kaufgelderbelegung eine unverteilte Verwaltungsmasse vorhanden ist, und daher die Aufhebung der Zwangsverwaltung nur unter dem Vorbehalte der Verteilung oder Zuweisung dieser Masse erfolgt sein kann. Insoweit besteht die Zwangsverwaltung und das Amt des Verwalters fort, woraus sich die Legitimation des Verwalters zur Führung oder Fortführung von Prozessen über die unverteilte Masse ergibt.

Vgl. Entsch. des R.G.'s in Zivils. Bd. 24 S. 306, Bd. 28 S. 68, Bd. 32 S. 72, Bd. 53 S. 263.

Auch folgendes — von der Revision nicht geltend gemachte — Bedenken führt nicht zu einer anderen rechtlichen Beurteilung. Die Mieten sind beschlagnahmt und hinterlegt im ersten Zwangsverwaltungsverfahren. Sie gehören daher nicht zu der Masse der zweiten, für Rechnung der Ersteherin (Frau B.) auf Grund des § 94 Zw.V.G. geführten Verwaltung.

Vgl. Jaeckel, Zw.V.G. 2. Aufl. S. 353 Anm. 4.

Betreibende Gläubigerin der ersten, auf Grund der §§ 146 flg. Zw.V.G. eingeleiteten Verwaltung war nicht die Ersteherin, sondern die Hypothekenbank. Es ist aus dem Tatbestande des Berufungsurteils auch nicht ersichtlich, daß die Ersteherin, die zugleich erstausgefallene Hypothekengläubigerin ist, der Zwangsverwaltung beigetreten wäre. Nach § 155 Abs. 2 in Verbindung mit § 10 Ziff. 1—5 Zw.V.G. konnte sie aus der Verwaltungsmasse nur die laufenden Zinsen ihrer Hypothek fordern, falls sie nicht beigetreten war. Nach § 161 das. ist das Verfahren aufzuheben, wenn der betreibende Gläubiger befriedigt ist. In diesem hier vorliegenden Falle wird der Überschuß der Verwaltung nicht (wie früher nach § 150 des preußischen Gesetzes vom 13. Juli 1883) zur Zwangsversteigerungsmasse abgeführt, sondern an den Schuldner (den Subhastaten) gezahlt.

Vgl. Jaeckel, a. a. O. S. 384 Anm. 5, S. 522, S. 552 Anm. 3a.

Daß der Schuldner bei der Kaufgelderbelegung zugegen und damit einverstanden gewesen wäre, daß die hinterlegten Mieten der Ersteherin zugewiesen würden, ergibt sich aus dem Tatbestande des Berufungsurteils nicht. Demnach liegt kein Anhalt für die Richtigkeit der Annahme der bei der Kaufgelderbelegung nach dem Berufungsurteil anwesend gewesenen Beteiligten vor, daß die aus den Mieten bestehende Masse in erster Linie der Frau B. gebühre. Aber wenn selbst die hinterlegte Masse dem Schuldner gebühren und ihm daher zu überweisen gewesen sein sollte, so würde damit die Legitimation des Verwalters zu der vorliegenden Klage nicht zerstört sein; denn die Masse ist eben nicht verteilt oder überwiesen, und solange dies nicht geschehen ist, dauert die Zwangsverwaltung und damit die Befugnis des Verwalters fort, die Auszahlung der hinterlegten Beträge zur Verwaltungsmasse zu betreiben, den Widerspruch der Beklagten, der die Beendigung der Verwaltung hindert, zu brechen.

Die Ausführungen des Berufungsrichters, daß den Beklagten

keine wirksame Pfändung der Mieten zur Seite stehe, sind richtig. Die Mieten gehören nach § 1123 B.G.B. zu den Gegenständen, auf die sich die Hypothek erstreckt. Sie unterliegen nach § 865 Abs. 2 Z.P.O. der Fahrnispfändung nur, solange sie nicht im Wege der Zwangsvollstreckung in das unbewegliche Vermögen in Beschlag genommen sind. Nach § 148 Zw.V.G. umfaßt die Zwangsverwaltungsbeschlagnahme des Grundstücks die Mietzinsforderungen, und diese Beschlagnahme wird — abgesehen von dem hier nicht in Betracht kommenden Drittschuldner — mit dem Zeitpunkte wirksam, wo das Ersuchen um Eintragung des Zwangsverwaltungsvermerkes dem Grundbuchamt zugeht, sofern auf das Ersuchen die Eintragung demnächst erfolgt. Nach der ohne Rechtsnormenverletzung getroffenen Feststellung des Berufungsrichters ist das Ersuchen im vorliegenden Falle beim Grundbuchamt eingegangen, bevor die Pfändung auf Antrag der Beklagten zugestellt war, und dem Ersuchen ist die Eintragung gefolgt. Ja selbst die Eintragung ist vor jener Pfändung bewirkt. Danach war die Pfändung der Beklagten unzulässig und wirkungslos. Die Revision meint zwar, daß die Wirkung nur relativ, nämlich nur zugunsten des die Zwangsverwaltung betreibenden Gläubigers, ausgeschlossen sei, indem sie sich auf den § 20 Zw.V.G. beruft. Allein der klare Wortlaut des § 865 Abs. 2 Z.P.O. ergibt die absolute Unzulässigkeit der Fahrnispfändung nach erfolgter Beschlagnahme im Wege der Zwangsvollstreckung in das unbewegliche Vermögen. Es liegt hierin auch kein Widerspruch mit dem Grundsatze des § 20 Zw.V.G., wonach die Immobiliarbeschlagnahme nur zugunsten des betreibenden Gläubigers wirkt; denn im § 865 Abs. 2 Z.P.O. wird „nicht die Ausschließung der pfändungsberechtigten Gläubiger überhaupt, sondern nur eine ausschließliche, für jeden Gläubiger zugängliche Form der Zwangsvollstreckung vorgeschrieben“ (Mot. z. 1. Entw. eines Zw.V.G. S. 80). Demnach kann die Anwendung der §§ 135. 136 B.G.B., auf die die Revision sich beruft, nicht in Frage kommen.

Endlich meint die Revision noch die Wirksamkeit der von den Beklagten bewirkten Pfändung aus § 845 Abs. 2 Z.P.O. herleiten zu können. Die Beklagten hatten nämlich nach ihrer Behauptung schon vor der Grundstücksbeschlagnahme dem Schuldner und den Mietern die Benachrichtigung von dem Bevorstehen der Pfändung der Mieten zustellen lassen. Nach der bezogenen Gesetzesvorschrift hat eine solche Benachrichtigung die Wirkung eines Arrestes, sofern die Pfändung der Forderung innerhalb drei Wochen bewirkt wird, was nach der Behauptung der Beklagten hier zutreffen würde. Der Pfändung wird im § 845 Abs. 2 rückwirkende Kraft vom Gesetze beigelegt. Die Revision hält den für bedingte Rechtsgeschäfte im § 161 B.G.B. aufgestellten Grundsatz für maßgebend, wonach bei einer aufschiebend bedingten Verfügung über einen Gegenstand jede weitere vom Verfügenden freiwillig getroffene oder gegen ihn im Wege der Zwangsvollstreckung oder der Arrestvollziehung erzwungene Verfügung im Falle des Eintritts der Bedingung insoweit unwirksam wird, als sie die von der Bedingung abhängige Wirkung vereiteln oder beeinträchtigen würde. Danach sei die während des Schwebens der gesetzlichen Bedingung, also zwischen der Benachrichtigung und der Pfändung, bewirkte Immobiliarbeschlagnahme den Beklagten gegenüber unwirksam. Die Anwendung jenes materiellen zivilrechtlichen Grundsatzes auf öffentlichrechtliche Bestimmungen ist nicht unbedenklich. Wenn man sie aber auch für zulässig erachten wollte, so würde damit für die Beklagten nichts gewonnen sein; denn § 161 setzt den Eintritt der Bedingung, und damit die Möglichkeit des Eintritts voraus. Daran fehlt es aber im vorliegenden Falle. Mit dem Eingange des Ersuchens um Eintragung des Zwangsverwaltungsvermerkes wurde jede Fahrnispfändung unzulässig, also rechtlich unmöglich. Eine unzulässige Pfändung kann aber keine rückwirkende Kraft ausüben; sie ist nichtig und hat überhaupt keine Wirkung.

Vgl. Entsch. des R.G.'s in Zivils. Bd. 26 S. 425, Bd. 42 S. 366."

27. Rücktritt von einem Tauschvertrage wegen Betrugs, wenn die Tauschsache nicht zurückgegeben werden kann.

V. Zivilsenat. Urt. v. 15. Oktober 1904 i. S. Sch. (Kl.) w. B. u. Gen. (Bekl.). Rep. V. 104/04.

I. Landgericht Freiburg i. B.
II. Oberlandesgericht Karlsruhe.

Die Beklagten wollten von einem Grundstückstauschvertrage, der durch beiderseitige Auflassung und Eintragung vollzogen war, zurücktreten, weil sie von den Klägern zu dessen Abschluß durch arglistige Täuschung bestimmt worden seien; sie erhoben deshalb Widerklage dahin, die Kläger zur Rückübertragung der ihnen tauschweise überlassenen Grundstücke zu verurteilen. Der erste Richter erkannte dementsprechend für den Fall der Leistung eines den Widerklägern auferlegten Eides. Die Berufung der Kläger wurde zurückgewiesen, obwohl diese in zweiter Instanz geltend machten, daß inzwischen das den Beklagten in Tausch gegebene Grundstück zur Zwangsversteigerung gekommen, die Beklagten also nicht in der Lage seien, ihnen dieses Grundstück zurückzugeben. Auch die Revision der Kläger (Widerbekl.) wurde zurückgewiesen.

Aus den Gründen:

„Es kann davon keine Rede sein, daß das auf Betrug begründete Rücktrittsrecht der Beklagten dadurch weggefallen wäre, daß in ihrem Besitze das Grundstück zur Zwangsversteigerung gekommen ist. Dieser Umstand schließt, wie der erkennende Senat in wiederholten Entscheidungen (z. B. Entsch. des R.G.'s in Zivils. Bd. 50 S. 188, Bd. 54 S. 219, Bd. 56 S. 258 u. 267) ausgesprochen hat, ohne weiteres selbst die Geltendmachung eines vertragsmäßig vorbehaltenen Rücktritts und die Wandlungsklage (§§ 346. 351. 467 B.G.B.) nicht aus; vielmehr kommt es darauf an, ob denjenigen, der nun nicht mehr in der Lage ist, das Grundstück zurückzugeben, ein Verschulden oder wenigstens ein überwiegendes Verschulden an der Zwangsversteigerung trifft. Ist dies schon bei vertragsmäßig vorbehaltenem Rücktritt und bei der Wandlung der Fall, so muß es erst recht gelten, wenn die Partei deshalb, weil sie beim Abschluß des Vertrages betrogen worden ist, von ihm zurücktreten will. Aber zwischen diesen beiden Fällen (Rücktritt und Wandlung auf der einen und Betrug auf der anderen Seite) besteht doch ein Unterschied, der im Gesetz dadurch zum Ausdruck gelangt ist, daß dieses die Pflicht zur Rückgabe zwar beim vertragsmäßigen Rücktritt (§§ 350—353 B.G.B.) und bei der Wandlung (§ 467 das.) erwähnt, nicht aber bei der Anfechtung wegen Betrugs (vgl. §§ 123. 124. 142. 143 B.G.B.). Der Unterschied liegt darin, daß die Rückgabepflicht in den beiden ersten Fällen eine selbstverständliche Folge des Rücktritts ist, also eine Folge, die sofort, und ohne daß sie der Gegner geltend zu machen brauchte, eintritt, während dies beim Betruge nicht der Fall ist, dem

Betrüger vielmehr überlassen bleibt, die Rückgabe zu verlangen und — wofern sie nicht mehr geleistet werden kann — etwaige an ihre Stelle getretene Entschädigungsansprüche geltend zu machen. Dieser Unterschied hat zur weiteren Folge, daß der Richter über den vertragsmäßigen Rücktritt und die Wandlung nicht anders entscheiden kann, als indem er zugleich Stellung zu der Frage nimmt, wie es mit der Rückgabepflicht gehalten werden soll, daß er aber in den Fällen des Betrugs dieser Stellungnahme überhoben ist, wenn derjenige, der den Betrug verübt hat, und gegen den deshalb der Vertrag angefochten wird, seinen Anspruch auf Rückgabe oder, wofern diese unmöglich geworden, seinen Anspruch auf Entschädigung nicht geltend macht. Hält man dies fest, so kann im vorliegenden Falle dem Berufungsrichter auch eine Verletzung des § 139 Z.P.O. mit Recht nicht vorgeworfen werden. Denn die Widerbeklagten haben sich damit begnügt, darauf hinzuweisen, daß das Grundstück versteigert worden sei, und daß es daher von den Widerklägern ihnen nicht zurückgegeben werden könne. Daß die Schuld an der Zwangsversteigerung die Widerkläger treffe, daß diese daher entschädigungsverpflichtet seien, und welche Entschädigungsansprüche geltend gemacht würden, darüber haben ausweislich des Tatbestandes des Berufungsurteils die Widerbeklagten Behauptungen nicht aufgestellt. Soweit aber geht bei richtigem Verständnis des § 139 Z.P.O. die Pflicht des Richters nicht, den Prozeßstoff nach einer völlig neuen Richtung hin ergänzen zu lassen. Dem Berufungsrichter fällt daher eine Gesetzesverletzung nicht zur Last, wenn er es bei den vom ersten Richter festgestellten Folgen der Eidesleistung belassen hat, obwohl in zweiter Instanz die inzwischen erfolgte Zwangsversteigerung des Freiburger Grundstücks festgestellt worden ist." . . .

. . . . .

28. Beginnt die Frist für die Anfechtung einer Willenserklärung wegen arglistiger Täuschung schon mit der Kenntnis des Getäuschten von der objektiven Unrichtigkeit der ihm gemachten Mitteilung, oder erst dann, wenn ihm der Charakter dieser als einer wissentlich unwahren bekannt wird?

B.G.B. §§ 123. 124.

VII. Zivilsenat. Urt. v. 18. Oktober 1904 i. S. F. (Kl.) w. S. (Bekl.). Rep. VII. 617/03.

I. Landgericht Magdeburg.
II. Oberlandesgericht Naumburg a. S.

Kläger fordert Schadensersatz wegen Nichterteilung eines ihm zugesagten Lieferungsauftrages. Nachdem der Beklagte Verzicht des Klägers auf dessen Ansprüche geltend gemacht und Kläger, zu diesem durch arglistige Täuschung bestimmt zu sein behauptet hatte, wendete der Beklagte ein, die Frist für die Anfechtung sei verstrichen. Die Klage wurde in beiden Instanzen abgewiesen. Auf Revision des Klägers ist das Urteil aufgehoben.

Aus den Gründen:

. . . „Hinsichtlich der dem Beklagten zur Last gelegten arglistigen Täuschung über den Zeitpunkt der Betriebseröffnung auf K. nimmt der Berufungsrichter den Ablauf der im § 124 B.G.B. bestimmten einjährigen Frist als gegeben an. Er erwägt: da der Kläger in seinem eigenen Schreiben vom 2. November 1900 die Liefertermine für die von ihm selbst nach K. zu liefernden 80 Stück Kristallisierkasten weit über den 1. April 1901 hinaus erstreckt habe, der größere Teil der Kasten sogar nicht vor dem 1. Juli 1901 zu liefern gewesen sei, so habe Kläger bereits im November 1900 gewußt, daß die ihm von den Angestellten des Beklagten bei der Verhandlung vom 24. September 1900 angeblich gemachte Mitteilung, nach welcher K. schon am 1. April 1900 in Betrieb kommen sollte, tatsächlich unrichtig war; die auf diese Mitteilung gestützte Anfechtung sei daher, da sie frühestens gleichfalls erst im Schriftsatz vom 16. Februar 1903 erklärt worden, verspätet und deshalb auch nicht zu beachten.

Die Revision greift diese Erwägungen an, indem sie ausführt, es komme darauf an, wann der Kläger erfahren habe, daß er wissentlich getäuscht worden; denn erst nach der hiervon erlangten Kenntnis habe er einen Anspruch auf dolose Täuschung stützen können, und erst von dieser Zeit an habe die Frist des § 124 B.G.B. zu laufen begonnen.

Dem Angriffe mußte Erfolg zuteil werden.

Die in § 124 B.G.B. vorgeschriebene Frist beginnt nicht mit der Kenntnis der betreffenden Partei von der objektiven Unrichtigkeit der Mitteilung, sondern erst mit der Kenntnis von dem Charakter derselben als einer wider besseres Wissen abgegebenen arglistigen Erklärung. Dies ergibt sich schon daraus, daß die Anfechtungsfrist nicht beginnen kann, solange die Partei mit dem Vorhandensein des vollen die Anfechtung begründenden Tatbestandes nicht bekannt ist und demgemäß nicht weiß, daß ihr ein Anfechtungsrecht aus dem angegebenen Grunde überhaupt zusteht. Die Kenntnis von der objektiven Unrichtigkeit der Äußerung berechtigt nur zur Anfechtung wegen Irrtums, und zwar nur dann, wenn der Irrtum von der im § 119 B.G.B. vorgesehenen Beschaffenheit ist, also wenn die Partei bei Abgabe der Willenserklärung über deren Inhalt im Irrtum war, oder eine Erklärung dieses Inhalts überhaupt nicht abgeben wollte, während bei der Anfechtung nach § 123 B.G.B. schon ein Irrtum in den Beweggründen genügt, dieser aber durch eine wissentlich wahrheitswidrige Äußerung hervorgerufen sein muß. Auch mit dem Wortlaute des § 124 Abs. 2 B.G.B. stehen diese Annahmen über die Voraussetzungen für den Beginn des Fristenlaufs im Einklang. Wenn es dort heißt, daß die Frist im Falle der arglistigen Täuschung mit dem Zeitpunkte beginnt, in welchem der Anfechtungsberechtigte die Täuschung entdeckt, so kann es keinem Zweifel unterliegen, daß das Wort „Täuschung" an der zweiten Stelle, wenn ihm auch der Zusatz „arglistig" nicht nochmals beigefügt ist, doch im Sinne des Gesetzes das Moment der wissentlichen Wahrheitswidrigkeit in sich schließt. Daß aber im vorliegenden Falle der Kläger, als er von der Unrichtigkeit der ihm gemachten Mitteilung sich überzeugte, auch schon die subjektive Wahrheitswidrigkeit, welche er jetzt geltend macht, erkannt hätte, bezeichnet der Berufungsrichter weder ausdrücklich als als erwiesen, noch ergibt der Zusammenhang seiner Gründe eine solche Feststellung als von ihm gewollt. Die Möglichkeit, daß die Kenntnis von dem objektiven und die von dem subjektiven Erfordernis in verschiedene Zeitpunkte fallen, ist im vorliegenden Falle gegeben."...

29. 1. Wird die Wandelung durch einseitige Erklärung des Wandelungsberechtigten gegenüber dem anderen Teile, oder erst durch das Zustandekommen einer Willenseinigung des Verkäufers und des Käufers über die Wandelung vollzogen?

B.G.B. § 465.

2. In welcher Weise finden nach § 467 B.G.B. die für das vertragsmäßige Rücktrittsrecht geltenden Vorschriften des § 351 B.G.B. auf die Wandelung entsprechende Anwendung? Ist in dieser Hinsicht die einseitige Wandelungserklärung des Käufers, oder nicht vielmehr die Vollziehung der Wandelung nach § 465 B.G.B. als diejenige Rechtshandlung anzusehen, bis zu welcher ein Verschulden des Käufers der in § 351 B.G.B. bezeichneten Art den Ausschluß des Wandelungsrechts zur Folge hat?

II. Zivilsenat. Urt. v. 21. Oktober 1904 i. S. Gebr. W. (Kl.) w. B. (Bekl.). Rep. II. 38/04.

I. Landgericht Straßburg.
II. Oberlandesgericht Colmar.

Die Klägerin lieferte dem Beklagten auf Grund eines Kaufs Waren, welche dieser wegen vertragswidriger Beschaffenheit zur Verfügung stellte und später der Klägerin auch zurücksandte. Der von der letzteren erhobenen Klage auf Bezahlung des Kaufpreises dieser Waren setzte der Beklagte die Einrede der Wandelung entgegen. Die Klägerin bestritt diesen Wandelungsanspruch unter anderem deshalb, weil der Beklagte durch eigenes Verschulden bei der Zurücksendung und späteren Aufbewahrung der Ware, die infolgedessen verdorben sei, sich in die Unmöglichkeit versetzt habe, die Ware in ordnungsmäßigem Zustande zurückzugeben. Das Oberlandesgericht verwarf diesen Einwand der Klägerin und wies die Klage ab, indem es den Wandelungsanspruch des Beklagten als begründet erachtete. Auf die Revision der Klägerin wurde dieses Urteil aufgehoben aus folgenden

Gründen:

„Das Berufungsgericht hat den Einwand der Klägerin, daß der Beklagte die Wandelung des fraglichen Kaufs nicht fordern könne, da er nicht mehr in der Lage sei, die Ware in ihrer ursprünglichen Beschaffenheit zurückzugeben, deshalb verworfen, weil für die Anwendung des § 351 B.G.B. vorausgesetzt werde, daß die Verschlechterung der Ware eingetreten sei, ehe die Wandelung erklärt werde, diese Voraussetzung aber im gegebenen Falle nicht zutreffe. Mit Recht hat die Revisionsklägerin diese Ausführungen als rechtsirrtümlich beanstandet. Das Berufungsgericht hat hierbei übersehen, daß nach § 467 B.G.B. die für das vertragsmäßige Rücktrittsrecht geltenden Vorschriften des § 351 B.G.B. auf die Wandelung nur entsprechende Anwendung zu finden haben, daß also diese für den Ausschluß des vertragsmäßigen Rücktrittsrechts gegebenen Bestimmungen für den Ausschluß des Wandelungsrechts in den daselbst bezeichneten Fällen nur insoweit gelten sollen, als nicht aus der verschiedenen rechtlichen Natur des Wandelungsanspruchs und den für das eine und das andere dieser Rechte maßgebenden besonderen Bestimmungen sich etwas anderes ergibt. Die letztere Voraussetzung trifft aber bezüglich der hier zu entscheidenden Frage zu. In dieser Hinsicht kommt zunächst in Betracht, daß die Bestimmung des § 349 B.G.B., wonach der (vertragsmäßige) Rücktritt durch Erklärung gegenüber dem anderen Teile erfolgt, in § 467 B.G.B. unter denjenigen für das vertragsmäßige Rücktrittsrecht geltenden Vorschriften, welche auf die Wandelung entsprechende Anwendung zu finden haben, nicht mit aufgeführt ist. Schon hieraus, überdies aber auch aus der Vorschrift des § 465 B.G.B., wonach die Wandelung vollzogen ist, wenn sich der Verkäufer auf Verlangen des Käufers mit ihr einverstanden erklärt, ist der Wille des Gesetzgebers zu entnehmen, daß die Wandelung nicht schon durch einseitige Erklärung des Wandelungsberechtigten gegenüber dem anderen Teile, sondern erst durch das Zustandekommen einer Willenseinigung des Verkäufers und des Käufers über die Wandelung vollzogen wird (wobei der im Gesetze nicht besonders vorgesehene und jedenfalls zur Zeit nicht vorliegende Fall, daß die Wandelung durch gerichtliches Urteil ausgesprochen wird, ganz außer Betracht bleiben kann). Hiernach wird also durch die einseitige Wandelungserklärung des Käufers in bezug auf die Wandelung und das ursprüngliche Vertragsverhältnis noch nicht ein endgültiger Rechtszustand geschaffen, wie dies allerdings beim Bestehen eines vertragsmäßigen Rücktrittsrechts durch die bloße Rücktrittserklärung des Berechtigten in bezug auf das dabei in Frage kommende Vertragsverhältnis geschieht. Mit Rücksicht auf diese wesentliche Verschiedenheit des einen und des anderen Rechts erscheint der entscheidende Grund, aus welchem, wie allgemein anerkannt ist, bei dem vertragsmäßigen Rücktrittsrechte die Anwendung der Vorschriften des § 351 B.G.B. auf ein in die Zeit nach der Rücktrittserklärung des Berechtigten fallendes Verschulden desselben ausgeschlossen ist, als für solche Fälle nicht zutreffend, in welchen bei einem Kaufe der an sich wandelungsberechtigte Käufer zwar nach erklärter, aber vor vollzogener Wandelung eine wesentliche Verschlechterung ꝛc des empfangenen Gegenstandes verschuldet hat; denn dieses Verschulden fällt in eine Zeit, in welcher der Käufer noch nicht durch den Vollzug der Wandelung ein endgültiges Recht auf dieselbe erlangt hatte. Es sind daher die Vorschriften des § 351 B.G.B. auf die Wandelung in der Weise entsprechend anzuwenden, daß statt der Rücktrittserklärung des Berechtigten die Vollziehung der Wandelung gemäß § 465 B.G.B. als diejenige Rechtshandlung anzusehen ist, bis zu welcher ein Verschulden der im § 351 bezeichneten Art den Ausschluß des Wandelungsrechts zur Folge hat. Solange also die Wandelung nicht vollzogen ist, kann ein solches Verschulden des Berechtigten den Verlust des bis dahin begründeten Wandelungsanspruchs bewirken. Für diese Auslegung der §§ 467 und 351 B.G.B. spricht auch deren Entstehungsgeschichte. Die darin enthaltenen Vorschriften schließen sich nämlich ausweislich der Motive zu §§ 387. 427. 429 des ersten Entwurfs des Bürgerlichen Gesetzbuchs (S. 231. 281. 282) und der Denkschrift S. 53 wesentlich an die Grundsätze des gemeinen Rechts an. Nach den letzteren wurde aber namentlich angenommen, daß, wenn der Käufer nach der Dispositionsstellung einer Ware in einer Weise über dieselbe verfüge, wie sie bei unterstellter Redlichkeit nur dem Willen auf Aufrechterhaltung des Vertrages entsprechen könne, er damit auf das Redhibitionsrecht verzichte.

Vgl. Entsch. des R.G.'s in Zivils. Bd. 39 S. 170.

Hiermit stehen auch die Urteile in den Entsch. des R.G.'s in Zivils. Bd. 22 S. 78 flg. und in Seuffert's Archiv Bd. 42 Nr. 132 und Bd. 48 Nr. 16 in Einklang.

Hiernach beruhen die beanstandeten Ausführungen des Berufungsgerichts und die Verwerfung des fraglichen Einwands der Klägerin auf einer Verletzung der §§ 467. 351. 465 B.G.B. Bei der dargelegten richtigen Auslegung derselben erscheint aber auf Grund des von dem Berufungsgerichte festgestellten Sachverhalts, namentlich bei dem Umstande, daß eine Vollziehung der von dem Beklagten erklärten Wandelung in dem oben erörterten Sinne nicht festgestellt ist, die Möglichkeit nicht als ausgeschlossen, daß der Wandelungsanspruch des Beklagten den angeführten Vorschriften gemäß verwirkt ist." ...

30. Rücktritt von einem Verlöbnisse, welches unter Verabsäumung der Formvorschriften des preußischen Allgemeinen Landrechts eingegangen war. Sind die §§ 1298 flg. B.G.B. anwendbar, wenn der Rücktritt vor dem Inkrafttreten des neuen Rechts stattgefunden hat? Unter welchen Voraussetzungen kommen sie in dem Falle zur Anwendung, wenn der Rücktritt nach diesem Zeitpunkte stattfand?

(IV. Zivilsenat. Urt. v. 24. Oktober 1904 i. S. P. (Kl.) w. K. (Bekl. Rep. IV. 130/04.

I. Landgericht Köslin.
II. Oberlandesgericht Stettin.

Aus den Gründen:

„Nach den Auslassungen des Beklagten kann als unbestritten gelten, daß Beklagter vor dem 1. Januar 1900, und zwar im Geltungsbereiche des preußischen Allgemeinen Landrechts, wiederholt der Klägerin sein Heiratsversprechen gegeben und das ihrige empfangen hat. Wenn Beklagter dabei geltend macht, er habe durch sein Versprechen die Klägerin nur bestimmen wollen, sich ihm geschlechtlich hinzugeben, so ist dies ohne rechtliche Bedeutung. Denn er gibt damit zu, es darauf abgesehen zu haben, daß seine Erklärungen von der Klägerin ernst genommen wurden, zieht aber selbst nicht in Zweifel, daß er diese Absicht erreicht hat. Unter diesen Umständen muß Beklagter sein Wort selbst dann gegen sich gelten lassen, wenn er etwa durch den unausgesprochenen Vorbehalt, sich nicht binden zu wollen, der Verbindlichkeit des Versprechens vorzubeugen suchte.

Gleichwohl entbehrt das Verlöbnis der bürgerlichrechtlichen Wirksamkeit, weil weder die zur Zeit der Eingehung vorgeschriebene gesetzliche Form beobachtet, noch auch der Formmangel durch ein hinzukommendes Aufgebot ausgeglichen worden ist (§§ 82. 91. 92 Anh. § 67 A.L.R. II. 1). Selbst wenn daher die Parteien den Willen, an ihrem Eheversprechen festzuhalten, auch noch zu einer Zeit betätigt haben, als sie beide zu ihrer Verlobung der väterlichen Einwilligung nicht mehr bedurften, haben sich unter der Voraussetzung, daß der Rücktritt des Beklagten vor dem Jahre 1900 stattgefunden hat, Entschädigungsansprüche der Klägerin hieraus nicht ergeben können. Insbesondere sind alsdann die Gesetzesvorschriften des Bürgerlichen Gesetzbuchs §§ 1298 flg. unanwendbar. Was § 1300 anlangt, so läßt sich die gegenteilige Meinung durch eine Verweisung auf das Urteil des Reichsgerichts vom 14. November 1901, Rep. IV. 209/01, (Jurist. Wochenschr. 1902 S. 12 flg.) nicht begründen. Denn in dem Falle der damaligen Entscheidung war das im Geltungsgebiete des gemeinen Rechts, wenngleich mündlich, eingegangene Verlöbnis rechtswirksam. Die Rechtsfolgen, welche sich unter diesen Umständen daraus ergaben, daß seit dem Inkrafttreten des § 1297 Abs. 1 B.G.B. auf Erfüllung des Eheversprechens nicht mehr geklagt werden konnte, daß es daher der verlassenen Braut unmöglich geworden war, eine Voraussetzung zu erfüllen, unter der nach der feststehenden Rechtsprechung des gemeinen Rechts ihr ein Entschädigungsanspruch überhaupt erst entstehen konnte, lassen sich auf den gegenwärtigen Rechtsfall nicht übertragen. In ihm ist die Möglichkeit, auf Erfüllung des Eheversprechens zu klagen (§§ 99. 112 flg. A.L.R. II. 1; Entscheidungen des Obertribunals Bd. 23 S. 173, Bd. 56 S. 195) nicht erst durch die Änderung der Gesetzgebung fortgefallen; sie hat vielmehr wegen des obwaltenden Formmangels von vornherein nicht bestanden. Auch der Umstand, daß Beklagter durch seine anderweitige Verheiratung sich außerstand gesetzt hat, die Klägerin zu heiraten (§ 112 a. a. O.), kann daher zugunsten der Klägerin nicht mehr ins Gewicht fallen. . . .

Der Berufungsrichter ist sodann auf die Frage der Fortdauer des Verlöbnisses in der Zeit nach dem 31. Dezember 1899 und auf die sich aus dem behaupteten späteren Rücktritte ergebenden Rechtsfolgen mit folgenden Erwägungen eingegangen.

Da das Bürgerliche Gesetzbuch eine besondere Form des Verlöbnisses nicht kenne, so würde, wenn das Verhältnis der Parteien sich unter Herrschaft des neuen Rechts fortgesetzt haben sollte, an sich wohl die Möglichkeit bestehen, es als ein bindendes Verlöbnis anzusehen. Durch den über die Behauptungen der Klägerin erhobenen Zeugenbeweis sei jedoch nicht bestätigt worden, daß das Verhältnis noch zu Anfang des Jahres 1900 angedauert habe. Ein Verkehr der Parteien miteinander sei nur bis 1898 oder 1899 nachgewiesen. Die Behauptung, daß noch über den Beginn des Jahres 1900 hinaus ein Geschlechtsverkehr stattgefunden habe, sei durch die Ableistung des dem Beklagten darüber zugeschobenen Eides widerlegt. Aber auch wenn ein Verlöbnis noch im Jahre 1900 bestanden hätte, so lägen die Vorgänge, auf welche die Entschädigungsansprüche gestützt seien, nämlich die Nichtannahme einer Dienststelle und die Gestattung des Beischlafs, in der früheren Zeit. Da den Bestimmungen der §§ 1298 und 1300 B.G.B. keine rückwirkende Kraft beiwohne, so könne die verlangte Entschädigung nur zugebilligt werden, wenn der Anspruch sowohl nach altem wie nach neuem Rechte begründet sei, und dies sei nach altem Rechte nicht der Fall.

In ihrem letzten Teile sind diese Ausführungen rechtlich unzutreffend. Hat das Verlöbnis im Jahre 1900 noch bestanden, so regeln sich die Folgen des Rücktritts nach neuem Rechte, auch wenn die von der Klägerin in Erwartung der Ehe getroffenen Maßnahmen sowie die Beiwohnung zu früherer Zeit stattfanden. Es haben alsdann zwar die Voraussetzungen, unter denen sich der Tatbestand der §§ 1298 und 1300 vollenden konnte, zu gewissem Teile schon vor dem Inkrafttreten dieser Gesetzesvorschriften bestanden; allein zur Verwirklichung dieses Tatbestands ist es erst unter der Herrschaft des neuen Rechts gekommen.

Die Revision konnte trotzdem keinen Erfolg haben, da die den Hilfsgründen des Berufungsrichters vorangeschickten, an erster Stelle entscheidenden Erwägungen keine Gesetzesverletzung enthalten. Richtig ist zunächst, daß die auf Formmangel beruhende Unwirksamkeit eines früheren Verlöbnisses nicht fortwirken und die Abweisung eines aus §§ 1298 flg. B.G.B. hergeleiteten Entschädigungsanspruchs nach sich ziehen kann, wenn das Verlöbnis nach dem 31. Dezember 1899 von den Verlobten a u f r e c h t e r h a l t e n worden ist. Hierzu genügt freilich nicht, daß nach dem Inkrafttreten des neuen Rechts die Verlobten in untätigem Beharren es bei dem bisher unwirksamen Eheversprechen lediglich haben bewenden lassen. Es muß etwas weiteres hinzukommen, nämlich die beiderseitige Betätigung des Willens, an dem früheren Verlöbnisse festzuhalten. Das folgt zwar nicht aus Art. 170 Einf.-Ges. zum B.G.B., dessen Anwendbarkeit auf das Verlöbnisrecht von der überwiegenden Mehrheit der Schriftsteller zutreffend verneint wird, weil im Sinne des Bürgerlichen Gesetzbuchs das Verlöbnis nicht ein Schuldverhältnis darstellt. Wohl aber ergibt sich dieses Erfordernis aus dem Fehlen einer besonderen Übergangsvorschrift, welche ein rechtsunwirksames früheres Eheversprechen für die Geltungszeit des neuen Rechts mit Rechtswirksamkeit versieht, da doch das Verlöbnis aus sich selbst die Kraft zu einer derartigen Umwandlung nicht entnehmen kann. Hieran ändert die Erwägung nichts, daß der Inhalt eines Verlöbnisvertrages sich in dem für die Zukunft gegebenen Eheversprechen nicht erschöpft, der beiderseitige Wille vielmehr, selbst wenn er insoweit unausgesprochen bleibt, zugleich darauf gerichtet ist, schon für die Gegenwart ein familienrechtliches Verhältnis wechselseitiger Angehörigkeit herzustellen. Bei der Begründung der Revision ist erwähnt worden, daß außerhalb des bürgerlichen Rechts der auf einem ernstgemeinten Eheversprechen beruhende Brautstand rechtliche Anerkennung selbst dann gefunden hat, wenn es an der landesgesetzlich vorgeschriebenen Form des Eheversprechens fehlte.

Vgl. Entsch. des R.G.'s in Straff. Bd. 10 S. 117 flg., Bd. 14 S. 8, Bd. 24 S. 156.

Hat sich indessen eine Rückwirkung auf das bürgerliche Recht aus der öffentlichrechtlichen Wirksamkeit des formlosen Verlöbnisses schon früher nicht ergeben, so kann sie sich auch jetzt nicht einstellen. Ein Erstarken derartiger Verlöbnisse zu bürgerlichrechtlicher Wirksamkeit blieb nicht minder in dem Falle aus, wenn die Verlobten in der Zeit vor 1900 zueinander in äußere dem Brautstande entsprechende Beziehungen traten und auf diese Weise dem unwirksamen Eheversprechen durch schlüssiges Verhalten eine wegen ihres Formmangels gleichfalls unwirksame Bestätigung hinzufügten. Haben dagegen die Verlobten in solcher Weise nach der Beseitigung des Formzwanges ihr Verlöbnis bestätigt, so steht dies der Eingehung eines neuen Verlöbnisses gleich.

Geht man hiervon aus, so hat mit Recht der Berufungsrichter

nicht vom Beklagten den Beweis dafür erfordert, daß seine Beziehungen zur Klägerin vor dem Jahre 1900 gelöst worden seien, sondern die Beweislast umgekehrt geregelt. Die Klägerin hatte für die Zeit nach 1899 ein wechselseitiges Verhalten der Parteien zu beweisen, in welchem der beiderseitige auf eine Aufrechterhaltung des früheren Verlöbnisses gerichtete Wille erkennbar wurde. An unmittelbaren Beweisen hat es nach der rechtlich unanfechtbaren Beweiswürdigung des Berufungsrichters gefehlt. Daß der Geschlechtsverkehr der Parteien sich in das Jahr 1900 hinein erstreckt hat, ist durch den vom Beklagten abgeleisteten Eid widerlegt. Aus dem Verhalten vor 1900 hätten zugunsten der Klägerin sich bestenfalls tatsächliche Schlüsse auf ein ferneres Verhalten gleicher Art herleiten lassen. Daß der Berufungsrichter sie nicht gezogen hat, enthält keine Gesetzesverletzung. Die Klägerin unterliegt daher, weil sie den ihr obliegenden Beweis nicht erbracht hat.

Die Entscheidung bleibt dieselbe, wenn man mit Habicht, Einwirkung rc 3. Aufl. S. 522 flg., die einzige einen annähernd rechtsähnlichen Fall behandelnde Übergangsvorschrift des Einführungsgesetzes zur entsprechenden Anwendung heranzieht. Es ist dies die Bestimmung im Art. 198 Abs. 2. Werden nach dieser Vorschrift die der Ehe anhaftenden Rechtsmängel unter Umständen dadurch behoben, daß beim Inkrafttreten des Bürgerlichen Gesetzbuchs die Ehegatten als solche noch miteinander leben, so kann ein ohne Erfüllung landesgesetzlicher Formerfordernisse eingegangenes Verlöbnis ebenfalls nur unter der Voraussetzung wirksam werden, daß ein die Aufrechterhaltung des Verlöbnisses dartuende Pflege äußerer Beziehungen sich für die Zeit des Wechsels der Gesetzgebung nachweisen läßt." . . .

31. Steht dem Käufer eines Grundstücks, der über einen Mangel desselben arglistig getäuscht ist, nach der in Kenntnis des Mangels geschehenen Annahme der Anspruch auf Schadensersatz aus § 826 B.G.B. nur zu, wenn er sich seine Rechte wegen des Mangels bei der Annahme vorbehält?

B.G.B. §§ 826. 464.

V. Zivilsenat. Urt. v. 26. Oktober 1904 i. S. P. (Bekl.) w. R. (Kl.). Rep. V. 156/04.

I. Landgericht Schweidnitz.
II. Oberlandesgericht Breslau.

Die Frage ist bejaht aus folgenden

Gründen:

... „Von der Revision wird die Annahme des Berufungsgerichts gerügt, daß gegenüber der Klage aus einer unerlaubten Handlung die für den Kauf getroffene Vorschrift unanwendbar sei, daß dem Käufer, der eine mangelhafte Sache in Kenntnis des Mangels angenommen hat, der Anspruch auf Schadensersatz nicht zusteht, wenn er sich seine Rechte wegen des Mangels bei der Annahme der Sache nicht vorbehalten hat (§ 464 B.G.B.). Die Rüge ist begründet; die Annahme des Berufungsgerichts beruht auf einem Rechtsirrtum. Zwar hat das Bürgerliche Gesetzbuch, obwohl die Arglist eine unerlaubte Handlung von so allgemeinem Charakter ist, daß sie bei allen Rechtsverhältnissen vorkommen kann, neben der allgemeinen Anordnung der Ersatzpflicht für den durch einen Verstoß gegen die guten Sitten vorsätzlich zugefügten Schaden für einzelne Verträge und unter ihnen insbesondere für den Kauf einer Sache die Haftung des Veräußerers wegen arglistigen Verschweigens eines Fehlers der Sache besonders geregelt (§§ 460 Satz 2. 463 B.G.B.). Aber diese Regelung hat nicht die Bedeutung, daß sie ausschließlich für den Fall gelten soll, daß der Ersatz des durch das arglistige Verschweigen entstandenen Schadens mit der Klage aus dem Kaufvertrage beansprucht wird; ihr soll vielmehr jedwede Geltendmachung des Schadensanspruchs aus dieser Art der Arglist unterstehen. Denn durch die Vorschriften bei dem Kaufe und den anderen Verträgen ist der Sonderfall der Arglist, der in dem arglistigen Verschweigen von Mängeln der Sache sich erschöpft, in Unterordnung unter den Allgemeinbegriff der unerlaubten Handlungen in seinen Wirkungen umfassend und eigenartig gestaltet. Während nämlich bei ihm einerseits der arglistig verschweigende Verkäufer im Interesse tunlichster Sicherung des Verkehrs auf Schadensersatz wegen Nichterfüllung belangt werden kann, ist andererseits mit der in Kenntnis eines Mangels der Sache vorbehaltlos erfolgten Annahme derselben für den Käufer der Verlust seines Anspruchs aus dem Mangel verknüpft, um zur Wahrung von Treu und Glauben im Interesse des Verkehrs dessen nachträgliche Verfolgung auszuschließen (Mot. z. B.G.B. Bd. 2 S. 229). Daraus ergibt sich, daß der Schadensanspruch aus arglistigem Verschweigen eines Fehlers der verkauften Sache durch die vorbehaltlose Annahme der Sache in Kenntnis des Fehlers unter allen Umständen ausgeschlossen wird. Daher kann dieser Ausschluß nicht nur der Geltendmachung des Schadensanspruchs mit der Klage aus dem Kaufe, sondern auch derjenigen mit der Klage aus der unerlaubten Handlung entgegengesetzt werden. Wäre der entgegengesetzten Annahme des Berufungsrichters beizutreten, so wäre der Rechtszustand für die gleiche Sachlage verschieden, je nachdem der Anspruch auf die Gewährleistungspflicht, oder auf die Schadensersatzpflicht aus unerlaubter Handlung gestützt wird, und der Käufer hätte es in der Hand, durch die Wahl der Klage aus unerlaubter Handlung statt der Kaufklage dem Verkäufer den Einwand des § 464 B.G.B. abzuschneiden. Das kann das Bürgerliche Gesetzbuch nicht wollen. Nach ihm findet vielmehr der § 464 auch der Klage aus § 826 gegenüber Anwendung. Der Beklagte hat behauptet, dem Kläger stehe der § 464 entgegen; denn er habe vor dem Tage der Übernahme und Auflassung des Hotelgrundstücks von den Pachtabzügen und ihrer Ursache volle Kenntnis besessen. Den für diese Behauptung angetretenen Beweis hat der Berufungsrichter nicht erhoben. Diese Unterlassung ist nachzuholen." . . .

32. Örtliche Zuständigkeit im Falle des § 23 Satzes 2 Z.P.O., wenn der Drittschuldner eine Aktiengesellschaft ist. Kann die Klage am Orte der Verwaltung erhoben werden, wenn im Gesellschaftsvertrage als Sitz der Aktiengesellschaft Berlin bestimmt ist, die Verwaltung jedoch außerhalb der Gemeindegrenzen an einem Orte geführt wird, den die Bezeichnung „Berlin" im wirtschaftlichen Verkehr umfaßt?

Z.P.O. § 23.

H.G.B. §§ 182 Abs. 2. 195. 198 Abs. 1. 200. 277 Abs. 3.

IV. Zivilsenat. Urt. v. 27. Oktober 1904 i. S. K. (Kl.) w. Sz. (Bekl.). Rep. IV. 242/04.

I. Landgericht II Berlin.
II. Kammergericht daselbst.

Das Reichsgericht hat die Frage verneint aus folgenden

Gründen:

„Der Beklagte hat im Deutschen Reiche keinen Wohnsitz. Gleichwohl durfte er wegen des gegen ihn erhobenen vermögensrechtlichen Anspruchs gemäß § 23 Z.P.O. bei einem inländischen Gericht verklagt werden, wenn im Bezirke dieses Gerichts der Schuldner einer ihm zustehenden Forderung seinen Wohnsitz hatte. Zutreffend geht der Berufungsrichter davon aus, daß die Zuständigkeitsbedingungen dieser Gesetzesvorschrift erfüllt sein können, auch wenn es sich um einen Drittschuldner ohne natürliche Persönlichkeit und darum ohne eigentlichen Wohnsitz handelt. Im vorliegenden Falle kommt als Drittschuldner eine Aktiengesellschaft in Betracht. Es entsteht die Frage, welcher Ort bei ihr im Rechtssinne dem Wohnsitz eines Menschen entspricht. Daß dies der Ort ist, welcher nach den Vorschriften des Handelsgesetzbuchs (Art. 209, jetzt § 182 Abs. 2) durch den Gesellschaftsvertrag als Sitz der Aktiengesellschaft bezeichnet werden muß und bezeichnet ist, zieht die Revision mit Unrecht in Zweifel. Nur dieser Ort hat für die Rechtsverhältnisse der Aktiengesellschaft in bürgerlichrechtlicher und in öffentlichrechtlicher Beziehung die gleiche allgemeine Bedeutung, wie der Wohnsitz für die Rechtsverhältnisse der natürlichen Person. Die Revision beruft sich auf § 17 Abs. 1 Z.P.O. und leitet daraus her, daß für das Gebiet des Prozeßrechts und somit auch im Anwendungsbereich des § 23 als Sitz der Aktiengesellschaft der Ort, wo deren Verwaltung geführt wird, zu gelten habe. Das ist unzutreffend. Der § 17 regelt den allgemeinen Gerichtsstand der Prozeßparteien ohne natürliche Persönlichkeit und verweist zwar in dieser Beziehung auf den Ort der Verwaltung, allein auch dies nur unter der Voraussetzung, daß über den Sitz nicht ein anderes erhelle. Sind daher die handelsgesetzlichen Vorschriften, wonach der Sitz der Aktiengesellschaft aus dem Gesellschaftsvertrage und überdies aus dem Handelsregister (§ 198 Abs. 1) erhellen muß, erfüllt, so schließt das die Anwendbarkeit der im zweiten Satze des § 17 enthaltenen Hilfsvorschrift mit Notwendigkeit aus. Daneben wird gerade durch § 17 außer Zweifel gestellt, daß, wie nach Handelsrecht, so auch nach den Vorschriften des Prozeßrechts der statutarisch bestimmte Sitz der Aktiengesellschaft ein anderer sein darf, als ihr Verwaltungsort. Wenn ferner die Revision unter Berufung auf Dernburg, Preußisches Privatrecht, Bd. 2 § 217 bei Anm. 21, dafür eintritt, daß, sobald der statutarische Sitz einer Aktiengesellschaft von ihrem Verwaltungsorte abweicht, dieser zweite Ort ebenfalls als Sitz der Aktiengesellschaft zu gelten habe, so ist auch das nicht zutreffend. Das Handelsgesetzbuch kennt nur einen einheitlichen Sitz der Aktiengesellschaft. Nach § 17 Z.P.O. aber gelten nicht nebeneinander der im Gesellschaftsvertrage bestimmte Sitz und der davon abweichende Verwaltungsort als Sitz der Gesellschaft, sondern bei der Regelung des allgemeinen Gerichtsstandes schließt der statutarische Sitz die Maßgeblichkeit des Verwaltungsorts aus. Möglich ist nur, daß die Aktiengellschaft außer ihrem durch den statutarischen Sitz bestimmten gesetzlichen allgemeinen Gerichtsstand einen zweiten allgemeinen Gerichtsstand hat, dessen statutarische Regelung durch Abs. 3 des § 17 zugelassen ist.

Vgl. Entsch. des R.G.'s in Zivils. Bd. 32 S. 384 flg.

Hierauf allein bezieht sich die von der Revision herangezogene und anscheinend auch vom Berufungsrichter mißverstandene Bemerkung von Neukamp, Zivilprozeßordnung Bem. 2 zu § 17 a. a. O. Auf den allgemeinen Gerichtsstand des Drittschuldners weist indessen die Vorschrift in § 23 Z.P.O. nicht hin. Im Unterschiede von der Art und Weise, wie die gerichtliche Zuständigkeit in ähnlichen Fällen durch andere Gesetzesvorschriften geregelt ist (§ 2369 Abs. 2 B.G.B.; § 73 Abs. 3 F.G.G.), verordnet § 23 nicht, daß der Schuldner ohne inländischen Wohnsitz als Beklagter Recht zu nehmen hätte vor jedem inländischen Gerichte, bei dem er seinen Schuldner, gleichviel ob in dessen allgemeinem, oder in einem besonderen Gerichtsstande, verklagen darf, unterwirft ihn vielmehr nur dem durch den Wohnsitz seines Schuldners ausgewiesenen besonderen inländischen Gerichtsstande.

Schließlich bemängelt die Revision noch die Auslegung des Gesellschaftsvertrages der Aktiengesellschaft „Berliner Holzkomptoir". Mit der Bestimmung, „Berlin" sei der Sitz der Gesellschaft, habe man diesen Ort in seiner weiteren Bedeutung, einschließlich der nach hergebrachten wirtschaftlichen Anschauungen hinzugerechneten Vororte, gemeint. Die Rüge ist nicht nur deshalb verfehlt, weil kein Verstoß gegen gesetzliche Auslegungsregeln und ebensowenig eine andere der Auslegung zugrunde liegende Gesetzesverletzung geltend gemacht werden kann; sie scheitert vielmehr auch daran, daß in die Bestimmung des Gesellschaftsvertrages ein Sinn hineingetragen wird, durch den der Vertrag gegen die handelsgesetzlichen Vorschriften verstoßen würde. Art. 209 und jetzt § 182 Abs. 2 H.G.B., worauf weitere die handelsgerichtliche Zuständigkeit betreffende Vorschriften zurückverweisen (Artt. 210. 214 Abs. 3 und §§ 195. 200. 277 Abs. 3) erfordern die Bestimmung eines in einer bestimmten Gemeinde belegenen Sitzes. Ein mehrere Ortsgemeinden umfassender, wenngleich im Verkehrsleben üblicher, Sammelname würde dieser Anforderung nicht entsprechen. Der Berufungsrichter mußte, wie offensichtlich geschehen, bei der Auslegung von der Unterstellung einer gehörigen Einhaltung der Gesetzesvorschriften ausgehen. Da nun nach der Bestimmung der Königlichen Verordnung vom 5. Juli 1879 (G.S. S. 393 flg., insbesondere S. 410) der Bezirk des Königlichen Landgerichts II in Berlin die Stadt Berlin in ihrer kommunalen Umgrenzung zu keinem Teile einschließt, so hat der Berufungsrichter die örtliche Zuständigkeit des genannten Gerichts mit Recht verneint."...

33. Verstößt die Eintragung einer ausschließlichen Bierbezugslast als Reallast gegen § 10 Gew.O.?

Gew.O. §§ 7. 8. 10.

III. Zivilsenat. Urt. v. 28. Oktober 1904 i. S. R. Pf.-Brauerei (Bekl.) w. J. (Kl.). Rep. III. 142/04.

I. Landgericht Rottweil.
II. Oberlandesgericht Stuttgart.

Am 1. Juli 1897 verkaufte Schl. das ihm gehörige Wirtschaftsanwesen in S. „Zur Linde" an J. Unter Ziff. 9 des Kaufvertrags verpflichtete sich dieser, auf die Dauer der nächsten 15 Jahre das

Bier für seine Wirtschaft von der Brauerei M. B. zum Pfauen in R., einer offenen Handelsgesellschaft, die in der Folge in die verklagte Aktiengesellschaft umgewandelt wurde, zu beziehen. In einem Nachtrag zum Kaufvertrage von demselben Tage wurde bestimmt: „Auf ausdrückliches Verlangen des M. B. . . . ändern die Kontrahenten heute die Ziffer 9 dahin ab: Käufer verpflichtet sich für sich und seine Rechtsnachfolger auf die Dauer der nächsten 15 Jahre das Bier für die erkaufte Gastwirtschaft . . . von der Brauerei M. B. zu beziehen. Diese Verpflichtung soll als dingliche Belastung im Güterbuch vorgemerkt werden." Auf Grund dieser Bestimmung bewirkte der Güterbuchsbeamte zu S. in dem dortigen Gebäudekataster bei dem erworbenen Gebäude und der Rubrik „Realrechte und Reallasten" folgende Eintragung: „Auf die Dauer von 15 Jahren ist das Bier von M. B. zum Pfauen in R. zu beziehen." Am 23. Mai 1898 verkaufte J. das Anwesen an M., und dieser es am 18. Januar 1902 an R. In diesen Kaufverträgen war bestimmt, daß das Anwesen mit allen dinglichen Rechten und Lasten, „insbesondere der Bierbezugslast", auf den Käufer übergehe. Am 8. Januar 1903 wurde die Zwangsversteigerung in das dem R. gehörige Anwesen angeordnet, und im Versteigerungstermin vom 19. März 1903 erwarb der Kläger das Anwesen. Er bestritt sofort im Versteigerungstermin die bei der Feststellung des geringsten Gebots berücksichtigte Bierbezugslast und erhob nach erfolgter Auflassung die jetzige Klage dahin, daß die im Grundbuch der Gemeinde S. zugunsten der Beklagten eingetragene Last nicht zu Recht bestehe, und die Beklagte die Löschung des Rechts zu bewilligen habe. Er führte aus, daß das Recht der nötigen Bestimmtheit ermangle, weder als Servitut, noch als Reallast oder sonstiges dingliches Recht eintragsfähig sei und jedenfalls als gegen § 10 Gew.O. verstoßend nichtig sei. Das Landgericht wies die Klage ab; das Berufungsgericht gab der Klage statt, indem es sowohl die Eintragsfähigkeit, wie die Rechtsbeständigkeit der Eintragung gegenüber den Bestimmungen der Gewerbeordnung verneinte.

Die gegen dieses Urteil eingelegte Revision wurde zurückgewiesen aus folgenden

Gründen:

. . . „Jedenfalls ist dem Berufungsgericht darin beizutreten, daß die Eintragung gegen § 10 Gew.O. verstößt.

Die Gewerbeordnung hebt in § 7 die ausschließlichen Gewerbeberechtigungen und die damit verbundenen Zwangs- und Bannrechte, ferner die ohne Entschädigung ablösbaren, und endlich bestimmte Zwangs- und Bannrechte, darunter auch das mit dem Besitz einer Brauerei zc verbundene Recht, die Konsumenten zu zwingen, das Getränk ausschließlich von ihr zu beziehen (Brauzwang), insoweit auf, als sie nicht auf Vertrag beruhen. In § 8 werden sodann alle übrigen Zwangs- und Bannrechte, also auch die auf Vertrag beruhenden, für den Fall für ablösbar erklärt, daß die Verpflichtung auf Grundbesitz haftet, die Mitglieder einer Korporation als solche betrifft oder Bewohnern eines Orts oder Distrikts vermöge ihres Wohnsitzes obliegt (Abs. 1 Ziff. 1); auch wird für ablösbar erklärt das Recht, den Inhaber einer Schankwirtschaft zu zwingen, daß er für seinen Wirtschaftsbetrieb das Getränk aus einer bestimmten Fabrikationsstätte entnehme (Abs. 1 Ziff. 2). Daß auch das letztere Recht zu den Zwangs- (und Bann-)rechten gerechnet wird, ergibt sich einmal aus der Fassung der Ziff. 2, „das Recht, zu zwingen" (vgl. die Fassung in § 7 Ziff. 4a), sodann aber auch daraus, daß in den Motiven zu §§ 7 bis 10 stets nur allgemein von den Zwangs- und Bannrechten des § 8, nicht von denjenigen der Ziff. 1 desselben die Rede ist. Wenn das Zwangsrecht der Ziff. 2 neben den übrigen aufgeführt ist, so hat dies seinen Grund darin, daß für dieses einzelne Zwangsrecht die Ablösbarkeit erweitert, insbesondere auf den Fall ausgedehnt wurde, daß die Verpflichteten nicht Personengemeinschaften sind, sondern Kategorien von Einzelpersonen (Inhaber der Schankstätte) angehören. In § 10 Gew.O. ist sodann ausgesprochen, daß die Zwangs- und Bannrechte, welche durch Gesetz aufgehoben oder für ablösbar erklärt worden sind, künftig nicht mehr erworben werden können. Hätte man davon auszugehen, daß hierunter nur die in § 7 und § 8 Ziff. 1 erwähnten Zwangsrechte zu verstehen wären, nicht auch das der Ziff. 2 des § 8, so wäre dies im Gesetze oder doch in den Verhandlungen irgendwie zutage getreten; das ist aber nicht geschehen. Fällt hiernach das eingetragene Recht unter den § 8, so kann die Eintragung nicht zu Recht bestehen. Daß aber mit der Eintragung hat bewirkt werden sollen, den jeweiligen Inhaber der Lindenwirtschaft als solchen zu zwingen, auf die Dauer von 15 Jahren das Bier aus der verklagten Brauerei zu beziehen, bzw. diese Zwangsverpflichtung auf den Grundbesitz zu radizieren, kann einem gegründeten Zweifel nicht unterzogen werden.

Dies hat auch das Gericht erster Instanz, welches die Eintragung für zulässig erklärt hat, nicht verkannt. Es verneint die Anwendbarkeit des § 8 nur aus dem Grunde, weil nach den Motiven zu demselben nur solche Rechte ablösbar sein sollten, die nicht für eine begrenzte Dauer, also auf länger als die durchschnittliche Lebensdauer eines Menschen, begründet worden seien. Das ist aber unrichtig. Allerdings ist in den Motiven (S. 46) ausgeführt, daß ein öffentliches Interesse an der Ablösbarkeit der Zwangs- und Bannrechte nur dann anzuerkennen sei, wenn die Dauer solcher Rechte mit Rücksicht auf die Person des Verpflichteten nicht eine begrenzte sei. Es seien daher auch im § 8 nur diejenigen Zwangs- und Bannrechte genannt, bei welchen der Verpflichtete eine begrenzte Lebensdauer nicht habe. Allein damit hat nur dargelegt werden sollen, warum nicht auch die einer einzelnen physischen Person gegenüber eingeräumten Rechte, sondern nur die dinglich gemachten oder Personengemeinschaften bzw. Kategorien von Einzelpersonen gegenüber eingeräumten für ablösbar erklärt werden sollten. Keinenfalls hat damit zum Ausdruck gebracht werden sollen, daß die im § 8 aufgeführten Rechte dann nicht ablösbar sein sollten, wenn sie für kürzere Zeit, z. B. auf die Zeit der Lebensdauer eines Menschen, eingeräumt werden. Davon ist im Gesetz nichts enthalten. Will man aber auch davon ausgehen, daß bei der Abfassung der Motive eine dahingehende Absicht vorwaltete, so ergibt sich doch aus der Entstehungsgeschichte des § 10, daß bei der Erlassung des Gesetzes eine solche Absicht nicht mehr bestand. In dem Entwurfe von 1869 enthielt der § 10 die Bestimmung, daß der Neuerwerb der aufgehobenen und für ablösbar erklärten Zwangs- und Bannrechte (ganz, also auch auf Zeit) nur insoweit ausgeschlossen sein solle, als er durch Verleihung oder Verjährung begründet werde, daß aber der Erwerb durch Vertrag nur insoweit beschränkt sein solle, als die Rechte für die Dauer von mehr als 10 Jahren eingeräumt werden. Man wollte also allerdings die vertragsmäßige Bestellung bis zu 10 Jahren gestatten, wohl eben deswegen, weil ein öffentliches Interesse am Verbot solcher Rechte auf kürzere Dauer nicht bestehe. Diese Beschränkung des Verbots wurde aber im Reichstage abgelehnt, und

§ 10 in seiner jetzigen, unbeschränkten Fassung beschlossen. Daraus geht hervor, daß die Bestellung selbst auf 10 Jahre, sofern im übrigen die Voraussetzungen der §§ 7 und 8 vorliegen, als dem öffentlichen Interesse widersprechend erachtet wurde.

Hiernach ist vom Berufungsgerichte mit Recht angenommen, daß der Erwerb der angeblichen Reallast trotz ihrer zeitlichen Begrenzung gegen den § 10 Gew.O. verstoßen hat, somit nichtig erscheint. Dabei ist ganz gleichgültig, ob die Eintragung ohne oder gegen ein Entgelt bewilligt wurde." ...

34. Seefrachtvertrag. Tragweite des § 662 Abs. 1 H.G.B.

I. Zivilsenat. Urt. v. 29. Oktober 1904 i. S. Kommanditgesellschaft A. K. (Kl.) w. C. (Bekl.). Rep. I. 264/04.

I. Landgericht Hamburg.
II. Oberlandesgericht daselbst.

Die russische Aktiengesellschaft A. K. zu St. Petersburg, welche mit der Klägerin in engen Beziehungen stand, hatte an eine russische Behörde in Wladiwostok Bleche zu liefern, welche aus England bezogen wurden. Die Klägerin, deren Gesellschafter Deutsche waren, war mit der Besorgung des Transportes beauftragt. Sie bediente sich dazu ihrer Londoner Filiale, deren gesetzliche Vertreter identisch waren mit den Vertretern des Berliner Stammhauses. Zwischen den englischen Maklern der Filiale und den englischen Maklern des Beklagten, der ein in Hamburg ansässiger Deutscher war, kam im Februar 1902 ein Frachtvertrag zustande, inhaltlich dessen die Bleche in zwei Dampfern der Reederei D., C. & Co., „Sutherland" und „Gothland", nach Hamburg gebracht und nach Umladung in den von dem Beklagten gecharterten schwedischen Dampfer „Lisa" nach Wladiwostok befördert werden sollten. Für die gesamte Reise von London nach Wladiwostok wurden zwei Orderkonnossemente in englischer Sprache mit dem Vordruck „Hamburg" nach dem üblichen Formular des Beklagten gezeichnet, welche dadurch zu Durchkonnossementen gemacht wurden, daß oben ein vorgedruckter und handschriftlich ausgefüllter Streifen aufgeklebt wurde, inhaltlich dessen das Gut von der Klägerin (als Abladerin) angenommen worden war für die bezeichneten englischen Dampfer nach Hamburg und daselbst umgeladen werden sollte in die „Lisa" zwecks Weiterbeförderung nach Wladiwostok. Dies geschah auch. Der Kapitän der „Lisa" gab dem Beklagten Konnossemente für die Reise von Hamburg nach Wladiwostok, welche den Durchgangskonnossementen genau entsprachen. Die vom Kapitän der „Lisa" gezeichneten Konnossemente behielt der Beklagte. In Wladiwostok wurde das Gut den die Durchkonnossemente Präsentierenden von der „Lisa" ausgeliefert; die Bleche sollten aber schwer beschädigt angekommen sein, und die Klägerin führte die Beschädigung darauf zurück, daß in nicht sachgemäßer Weise Düngersalz auf die Bleche verstaut worden sei. Sie forderte den Ersatz eines ihr hierdurch entstandenen Schadens von 9554,22 *M* und machte hierfür den Beklagten verantwortlich auf Grund des mit ihm abgeschlossenen Frachtvertrags.

Der Beklagte beantragte die Abweisung der Klage, da alle Ansprüche aus dem Frachtvertrag durch Ausstellung und Übergabe der Konnossemente an A. K. in London erledigt, die Ansprüche aus den Konnossementen aber nicht gegen ihn, sondern gegen den Reeder der „Lisa" zu richten seien, indessen Vollmacht er gemäß § 642 H.G.B. aus praktischen Gründen im vorliegenden Falle die Konnossemente durch seine Vertreter habe zeichnen lassen. Ferner sei jede Klage gegen ihn nach § 662 H.G.B. ausgeschlossen.

Die Klägerin bestritt dies; sie berief sich außerdem darauf, daß der Frachtvertrag nach englischem Recht zu beurteilen sei, während der Beklagte die Bestimmungen des deutschen Rechts für anwendbar erachtete. Das Landgericht Hamburg wies auf Grund des § 662 Abs. 1 H.G.B. die Klage ab; das Oberlandesgericht wies die Berufung der Klägerin zurück, weil nach dem maßgebenden deutschen Rechte der Klage der § 662 Abs. 1 H.G.B. entgegenstehe. Auch die Revision ist zurückgewiesen worden.

Aus den Gründen:

„Die Rüge der Revision, daß auf den in Frage stehenden Seefrachtvertrag von den Vorinstanzen zu Unrecht deutsches Recht zur Anwendung gebracht worden sei, ist nicht begründet. . . .

Steht aber der abgeschlossene Frachtvertrag als solcher unter deutschem Recht, so ist der Beklagte nach Lage der Sache auch befugt, sich seinem Vertragsgegner gegenüber auf § 662 Abs. 1 H.G.B. zu berufen. Hiernach haftet im Falle der Unterverfrachtung für die Erfüllung des Unterfrachtvertrags, soweit dessen Ausführung zu den Dienstobliegenheiten des Schiffers gehört und von diesem übernommen ist, insbesondere durch Annahme der Güter und Ausstellung des Konnossements, nicht der Unterverfrachter, sondern der Reeder mit Schiff und Fracht. Zutreffend hat das Berufungsgericht angenommen, daß die Voraussetzungen dieser Gesetzesstelle hier gegeben sind. Der Beklagte war der Unterverfrachter des Schiffes „Lisa", auf welches die Bleche in Hamburg umgeladen worden sind; die Klägerin hat, wie vom Berufungsgericht festgestellt ist, gewußt, daß sie es mit einem Unterverfrachter zu tun habe. Es ist auch nicht zu bezweifeln, daß die Erfüllung des Unterfrachtvertrags, soweit sie hier in Frage steht — ordnungsmäßige Verstauung der Ladung —, zu den Dienstobliegenheiten des Schiffers gehört, gemäß § 514 H.G.B. auch dann, wenn die Stauung durch besondere Stauer bewirkt wird. Daß der Schiffer der „Lisa" die Güter angenommen, sie nach Wladiwostok transportiert und auch ein auf die Klägerin lautendes Konnossement gezeichnet und dem Unterverfrachter ausgehändigt hat, ist unbestritten. Es liegen somit die sämtlichen Voraussetzungen vor, bei deren Vorhandensein der § 662 Abs. 1 H.G.B. den Unterverfrachter von der Haftung für die Erfüllung des Unterfrachtvertrags befreit und den Reeder für die Erfüllung mit Schiff und Fracht haften läßt.

Die Revision will dies nicht gelten lassen und bestreitet, daß der Fall des § 662 Abs. 1 hier gegeben sei. Sie meint, die Anwendung dieser gesetzlichen Bestimmung sei ausgeschlossen, weil es sich hier um die Übernahme eines Durchtransports zu festen Sätzen für den ganzen Transport handele, und der § 662 H.G.B. voraussetze, daß der Unterbefrachter selbst das Frachtgut in die Hand des Führers des vom Unterverfrachter gecharterten Schiffes ablade, wobei er selbst dem Schiffe gegenüber die Stauung kontrolieren könne. Auch sei anzunehmen, daß die fortdauernde Haftbarkeit des Beklagten für die ganze Reise gewollt war, was in der Aushändigung des Durchkonnossements an die Klägerin Ausdruck gefunden habe. Diese Versuche, die Bedeutung des § 662 Abs. 1 H.G.B. einzuschränken, scheitern jedoch an seinem Wortlaut, wie an seiner Entstehungsgeschichte. Der Wortlaut der Bestimmung berechtigt in keiner Weise zu dem Schluß, daß sie nicht Anwendung finden solle, wenn der Unterbefrachter das Gut nicht selbst in die Hand des Führers des vom Unterverfrachter gecharterten Schiffes abliefert, sondern, wie hier, die Umladung auf ein anderes Schiff vom Unterverfrachter kraft des geschlossenen Vertrages an einem dritten Orte stattfindet. Die Entstehungsgeschichte des ganzen § 662 — Art. 664 A.D.H.G.B. —, wie sie aus den Protokollen der Kommission zur Beratung eines allgemeinen deutschen Handelsgesetzbuchs S. 4290. 4304—4306. 4310 zu entnehmen ist, läßt mit aller Sicherheit erkennen, daß man sich bei der Schaffung des § 662, welcher im Entwurf nicht enthalten war, der Tragweite der getroffenen Bestimmungen vollbewußt war und es (S. 4305) als ein Gebot der Billigkeit erachtete, daß der Unterverfrachter in allen den Fällen, in welchen die Voraussetzungen des § 662 Abs. 1 vorliegen, von der Haftung für die Erfüllung des Unterfrachtvertrags befreit werden sollte, weil in diesen Fällen der Unterbefrachter wisse und damit einverstanden sei, daß der Unterverfrachter nicht selbst, sondern durch den Hauptverfrachter, den Reeder, erfülle.

Der Beklagte hat sich demnach mit Grund auf seine Befreiung von der Haftung gemäß § 662 Abs. 1 H.G.B. berufen, weil der Schiffer der „Lisa" die Erfüllung des Unterfrachtvertrags übernommen, die Güter angenommen und das entsprechende Konnossement für die Klägerin gezeichnet hat. Daß dieses Konnossement auch an die Klägerin sofort aus eigener Intention hätte ausgeliefert werden müssen, wird vom Gesetze nicht erfordert, und kann dem Beklagten jedenfalls insolange nicht zum Nachteil gereichen, als die Aushändigung von ihm nicht verlangt wurde." ...

35. **Wie weit erstreckt sich das Recht des Eigentümers eines Grundstücks auf den Raum über der Oberfläche? Beweislast.**

B.G.B. § 905.

V. Zivilsenat. Urt. v. 29. Oktober 1904 i. S. R. u. Gen. (Bekl. w. H. (Kl.). Rep. V. 165/04.

I. Landgericht Hamburg.
II. Oberlandesgericht daselbst.

Der Kläger klagte als Eigentümer des am Jungfernstieg in Hamburg belegenen Hotels zum Kronprinzen auf Beseitigung der elektrischen Lichtkabel, welche von der verklagten offenen Handelsgesellschaft Gebr. K. von ihrer elektrischen Zentrale aus durch den Luftraum über seinem Hotel ohne seine Erlaubnis im Jahre 1902 gezogen worden waren. Die geringste Entfernung des untersten Kabels von dem flachen Dache des Hotels betrug 3,97 m. Der Kläger fand darin eine Verletzung seines Eigentumsrechts, weil daraus Feuersgefahr entstehe, er auch an der beliebigen Ausnutzung des Luftraums gehindert werde, und der Besuch des Hotels leiden könne.

Die beiden Beklagten, die als Gesellschafter der inzwischen aufgelösten Gesellschaft den Prozeß übernommen hatten, bestritten unter Berufung auf § 905 Satz 2 B.G.B., daß der Kläger ein Interesse an ihrer Benutzung des Luftraums habe; sie warfen dem Kläger Schikane vor und stellten unter Beweis, daß durch die inzwischen von ihnen vorgenommenen Änderungen jegliche Feuersgefahr ausgeschlossen werde.

In erster Instanz wurden die Beklagten nach dem Klagantrage verurteilt; ihre Berufung wurde zurückgewiesen, und ebenso ihre Revision, diese aus folgenden

Gründen:

„Während das Landgericht zu einer Verurteilung auf Grund der Feststellung gelangt war, daß die elektrischen Kabel eine Feuersgefahr für das Hotel des Klägers in sich schlössen, hat das Berufungsgericht den von den Beklagten angebotenen Beweis, daß inzwischen jede Feuersgefährlichkeit beseitigt worden sei, nicht erst erhoben, sondern angenommen, daß unter den Umständen des vorliegenden Falls der Kläger auch abgesehen von einer etwaigen Feuersgefährlichkeit ein Interesse daran habe, die Beklagten von der in Frage stehenden Benutzung des Luftraums über seinem Hotel auszuschließen. Es geht davon aus, daß nach § 905 B.G.B. — anders als nach § 12 des Telegraphenwegegesetzes vom 18. Dezember 1899 — schon irgendwelches, wenn auch geringes, Interesse des Grundeigentümers genüge, um fremden Einwirkungen auf seinen Luftraum entgegenzutreten, und es findet ein solches Interesse des Klägers darin, daß er durch die Anbringung der elektrischen Kabel in der Höhe von nur 3,97 m über seinem Hotel an einer Benutzung des Luftraums, wie sie unter normalen Verhältnissen ordnungsmäßig und üblich sei, z. B. zu einem Aufbau oder zur Errichtung einer Fahnenstange, verhindert werde und überdies mit der Möglichkeit zu rechnen habe, daß etwaige Hotelgäste durch die Befürchtung wenn auch nur eingebildeter Gefahren von dem Besuche des Hotels abgeschreckt werden könnten.

Die Revision hat keinen Erfolg haben können.

Mit Recht versteht der Berufungsrichter den erst von der 2. Kommission hinzugefügten Satz 2 des § 905 B.G.B. (vgl. § 849 des 1. Entwurfs) dahin, daß die damit eingeführte Beschränkung des Eigentumsrechts erst beginnen soll, wo jedes Interesse des Eigentümers an der Ausübung von Eigentumsrechten oberhalb oder unterhalb der Oberfläche seines Grundeigentums aufhört. Wie die Verhandlungen der Kommission ergeben, ist namentlich auf die Schwierigkeiten hingewiesen worden, die durch eine rücksichtslose Ausbeutung des dem Eigentümer an sich zustehenden Verbietungsrechts gegen fremde Einwirkungen für die Entwicklung gewerblicher Interessen entstehen könnten. Wenn zur Lösung solcher Konflikte eine besondere gesetzliche Bestimmung für nötig erachtet worden ist, so zeigt das zwar, daß hierzu die allgemeine Bestimmung in § 226 B.G.B. nicht für ausreichend erachtet wurde, durch welche die Ausübung eines Rechts für unzulässig erklärt wird, die nur den Zweck haben kann, einem anderen Schaden zuzufügen. Andererseits ergibt aber die Fassung des Satzes 2 in § 905 unmittelbar, daß die Scheidelinie zwischen dem abstrakten Rechte des Grundeigentümers und der Befugnis anderer zu Eingriffen nicht durch das Interesse dieser anderen, sondern durch das des Grundeigentümers bestimmt werden soll. Daraus folgt dann aber, daß dabei jedes Interesse des Grundeigentümers zu berücksichtigen ist, das sich als ein solches erkennen läßt. Daß dies auch die Ansicht der Kommission gewesen ist, zeigt das dort (vor Erlaß des schon erwähnten Telegraphenwegegesetzes) angeführte Beispiel, daß ein Gartenbesitzer sich nicht den freien Ausblick zum Himmel durch telegraphische Drähte verkümmern zu lassen brauche (Protokolle S. 3529).

Wenn nun der Berufungsrichter unter Würdigung der vorliegenden tatsächlichen Verhältnisse zu der Überzeugung gelangt ist, daß der Kläger durch das Vorhandensein der elektrischen Kraftleitung in einer Höhe von nur 3,97 m an der beliebigen Benutzung des Luftraums über seinem Hause zu solchen Vorkehrungen gehindert werde, die bei gegebener Sachlage ordnungsmäßig und üblich sein würden, so bewegt sich diese Feststellung auf tatsächlichem Gebiete, das Angriffen mit der Revision verschlossen ist. Vergebens hat die Revision versucht, diese Feststellung durch die Ausführung zu erschüttern, daß damit noch nicht ein gegenwärtiges, sondern nur ein künftiges mögliches Interesse des Klägers an der Beseitigung der Kabel dargetan werde, das ihn vielleicht künftig, wenn er sich zu einer entsprechenden Ausnutzung seines Luftraums entschließen sollte, aber nicht schon jetzt zu dem Verlangen einer Beseitigung der Kabel berechtigen könnte. Wie wenig dem Kläger mit einer solchen Verweisung auf die Zukunft gedient wäre, zeigt die schon fast zweijährige Dauer des gegenwärtigen Prozesses. Daraus ergibt sich auch unmittelbar, daß der Kläger durch die Einwirkung der Beklagten auf seinen Luftraum schon jetzt an der beliebigen ordnungsmäßigen Verfügung über sein Eigentum verhindert und folglich in seinem Interesse verletzt wird.

Vgl. auch Entsch. des R.G.'s in Zivils. Bd. 42 Nr. 48 S. 210.

Zutreffend hat der Berufungsrichter darauf hingewiesen, daß die Gesetzgebung in dem § 12 des nach der Publikation des Bürgerlichen Gesetzbuchs und nach der soeben erwähnten Entscheidung des Reichsgerichts erlassenen Telegraphenwegegesetzes zugunsten der Telegraphenverwaltung eine weitere Beschränkung des Grundeigentümers in der Verfügung über seinen Luftraum dahin eingeführt hat, daß er dessen Benutzung zu Telegraphen- und Fernsprechlinien nur dann widersprechen darf, wenn dadurch seine eigene Benutzung nach den *zur Zeit der Herstellung der Anlage* bestehenden Verhältnissen *wesentlich* beeinträchtigt wird, und daß, wenn später eine solche Beeinträchtigung eintritt, die Telegraphenverwaltung (also erst dann) die Leitung zu beseitigen hat. Zu diesen besonderen Bestimmungen würde vom Standpunkte der Revision aus kein Bedürfnis vorgelegen haben.

Der Berufungsrichter hat auch noch darin eine Verletzung der Interessen des Klägers gefunden, daß der Besuch seines Hotels unter der Furcht etwaiger Gäste vor Gefahren aus der elektrischen Kraftleitung leiden könne. Es mag der Revision zugegeben werden können, daß nicht schon aus törichten Befürchtungen solcher Art ein Interesse des Klägers an der Beseitigung der Leitung abgeleitet werden könnte; so wie hier die Sache aber liegt, handelt es sich um Befürchtungen, die, wenn sie auch sachlich ungerechtfertigt sein mögen, doch von verständigen Leuten geteilt werden können, da sie nicht in der Lage sind, sich ein Urteil darüber zu bilden, ob und inwieweit den an sich mit derartigen Leitungen verbundenen Gefahren durch besondere Vorkehrungen vorgebeugt worden ist. Das Berufungsgericht hat jedenfalls solche Befürchtungen im vorliegenden Falle für möglich und entschuldbar gehalten, und dies kann mit der Revision nicht angefochten werden.

Endlich hat die Revision noch angeregt, ob nicht der Kläger verpflichtet gewesen wäre, sich, wozu er außergerichtlich aufgefordert worden war, darüber zu erklären, in welcher Höhe über seinem Hause er die elektrische Leitung dulden wolle. Darin liegt eine Verkennung der Beweislast. Die Einschränkung des Eigentums in Satz 2 des § 905 enthält eine Ausnahmevorschrift gegenüber der in Satz 1 aufgestellten Regel der unbeschränkten Verfügungsbefugnis des Grundeigentümers auch über den Raum über der Oberfläche und den Erdkörper unter der Oberfläche seines Grundstücks. Wer die Ausnahme für sich in Anspruch nimmt, hat sie zu beweisen: die Beklagten können daher vom Kläger nicht verlangen, daß er selber seinem Verfügungsrechte eine bestimmte Grenze setze."

36. 1. Unter welchen Voraussetzungen gelten Verpackungsmängel als Mängel der Ware im Sinne des § 377 H.G.B.?

2. Für die Rechtzeitigkeit der Untersuchung am überseeischen Bestimmungsorte ist nicht der dort übliche, sondern der aus dem Zwecke des § 377 a. a. O. zu beurteilende ordnungsgemäße Geschäftsgang maßgebend.

II. Zivilsenat. Urt. v. 1. November 1904 i. S. W. & L. (Kl.) w. K. (Bekl.). Rep. II. 59/04.

I. Landgericht Hamburg, Kammer für Handelssachen.
II. Oberlandesgericht daselbst.

Die Kläger kauften von der Beklagten größere Mengen Schinken und Speck, die nach Lourenzo Marques gesendet werden sollten. Nach den Kaufbedingungen sollte die Ware „in Leinen eingenäht und dann in trockenes Salz verpackt werden". Die Kläger erhoben Schadensersatzansprüche, weil die Beklagte die zugesagte Art der Verpackung nicht geliefert habe, und infolge davon die Ware, wie eine in Lourenzo Marques vorgenommene Untersuchung ergeben habe, verdorben sei. Die Beklagte bestritt die Mangelhaftigkeit der Verpackung und machte weiter geltend, daß die Kläger das Präjudiz der Genehmigung aus § 377 Abs. 2 H.G.B. treffe. Denn wenn auch anzunehmen sei, daß, weil die Ware „seemäßig verpackt frei an Bord hier" (Hamburg) zu liefern war, ihre Untersuchung erst in Lourenzo Marques zu erfolgen hatte, so sei die dort vorgenommene Untersuchung jedenfalls verspätet. Die Kläger bestritten die Anwendbarkeit des § 377 a. a. O., da es sich hier um Mängel der Verpackung, nicht um Mängel der Ware handle. Der erste Richter verneinte die Anwendbarkeit des § 377; der zweite Richter bejahte sie und nahm weiter an, daß die Untersuchung in Lourenzo Marques verspätet vorgenommen worden sei. Die Revision der Kläger wurde zurückgewiesen.

Aus den Gründen:

. . . „1. Der erste Richter hat angenommen, die vorgeschriebene Art der Verpackung „in Leinen eingenäht und dann in trockenes Salz verpackt" sei keineswegs etwas so Wesentliches, daß sie, wie gewisse Originalverpackungen, als Teil der Ware gelte, und deshalb Verpackungsmängel als Qualitätsmängel zu behandeln wären; danach könne § 377 H.G.B. . . . nicht in Betracht kommen. Der Berufungsrichter führt dagegen aus: die hier vorliegende vertragswidrige Beschaffenheit der ausbedungenen Verpackung sei als ein dem § 377 H.G.B. unterfallender Mangel im Sinne des Gesetzes zu erachten. Zu diesem Ergebnisse gelangt er auf Grund zweier Erwägungen, von denen jede für sich seine Entscheidung zu tragen geeignet sei. Einmal sei auch die Verpackung mit verkauft gewesen; es liege aber kein Grund vor, auf die Vorschriftswidrigkeit der vereinbarten Verpackung, wenn sie mitverkauft sei, die §§ 377 oder 378 H.G.B. nicht anzuwenden und bei der Moniturpflicht zwischen der Ware und der gleichfalls mitverkauften Verpackung zu unterscheiden. Weiterhin handle es sich um eine für ein heißes Klima bestimmte Sendung, bei der die innere Haltbarkeit, eine längere Konservierung der Ware durch die ausbedungene Art der Verpackung gesichert werden sollte; gerade im Interesse des Weiterverkaufs einer solchen Sendung an den Zwischenhändler am überseeischen Bestimmungsorte sei die Qualität der Verpackung für den Exporteur von wesentlicher Bedeutung; sie sei daher für die Verkäuflichkeit der Ware überaus wesentlich gewesen. Darin unterscheide sich der vorliegende Fall von der Sache H., Sch. & Co. wider O., J. & Co., in der die von den Klägern angerufenen Urteile des Oberlandesgerichts Hamburg vom 16. März 1895 und des Reichsgerichts vom 16. Oktober 1895 (Hans. Gerichtsz. Hbl. 1895 Nr. 64 S. 179 und Bolze, Bd. 21 Nr. 482) ergangen seien.

Die Revisionskläger rügen Verletzung des Gesetzes, da der Berufungsrichter mit Unrecht eine Untersuchungspflicht aus § 377 a. a. O. auch wegen der vertragswidrigen Verpackung angenommen habe. Dieser Angriff ist nicht gerechtfertigt. Die Frage, ob ein Mangel gesetzlicher oder vertragsmäßiger Beschaffenheit der Ware auch in der Beschaffenheit der Verpackung liegen könne, und danach die Untersuchungspflicht nach § 377 — früher Art. 347 — H.G.B. Platz greife, war seit dem Inkrafttreten des Deutschen Handelsgesetzbuchs Gegenstand wiederholter Erörterung in der Rechtslehre und Rechtsprechung.[1] Nach den dabei gewonnenen Ergebnissen kann zwar dem

[1] Vgl. Wolff, Die kaufmännische Dispositionsstellung, in Busch, Archiv für Handels- und Wechselrecht Bd. 15 (1869) S. 306; Gareis, Das Stellen zur Disposition (1870) § 23 S. 69/70; Hanausek, Die Haftung des Verkäufers für die Beschaffenheit der Ware Bd. 1 § 80 Nr. 6 S. 265/266; v. Hahn, H.G.B. 2. Aufl. zu Art. 347 § 14 S. 305; Puchelt-Förtsch, H.G.B. 4. Aufl. Art. 347 Bem. 5d S. 980,981; Staub, H.G.B. 6./7. Aufl. zu § 377 Anm. 9 S. 1348; Makower, H.G.B. 12. Aufl. zu § 377, 4a und b1 S. 1168/1169, 4c6 S. 1175/1176; Lehmann u. Ring, H.G.B. Bd. 2 zu § 377 Nr. 17 S. 154; Düringer u. Hachenburg, H.G.B. Bd. 3 S. 127/128. Urteil des Appellationsgerichts Marienwerder vom 8. Oktober 1864 (vertragswidrige Verpackung von Rüböl in Fässern von 7—10 Zentner, statt, wie vereinbart, von 3—4 Zentner Inhalt), Löhr, Centralorgan für H.R. u. W.R. Bd. 2 S. 210; Entsch. des R.O.H.G.'s Bd. 11 S. 106 (Griffel in Holzkästchen von 100 Stück); Bolze, Praxis Bd. 8 Nr. 500 (ordnungsmäßige Dichtung bei Büchsenhopfen), Bd. 14 Nr. 425 (Zigarren in Erlen- und Zedernholzverpackung); in diesen Fällen wurde

ersten Entscheidungsgrunde des Berufungsrichters nicht beigetreten werden, die Kläger habe eine Untersuchungspflicht aus § 377 schon um deswillen getroffen, weil die Verpackung von ihnen mitgekauft sei. Das traf allerdings in dem vom Berufungsrichter bezogenen Falle (Urteil des Reichsoberhandelsgerichts vom 28. September 1872, Rep. 1872 Nr. 477; Puchelt-Förtsch, H.G.B. 4. Aufl. S. 980 a. E. unter d) zu; dort waren nämlich die Spritfässer als neue zu besonderem Preise mitverkauft, und drehte sich der Streit nur um ihren Preis; die Spritfässer kamen daher neben dem Sprit als Ware in Betracht. Das trifft aber nicht zu für die hier in Betracht kommende Verpackung, die für sich allein wertlos und kein Verkehrsgegenstand ist.

Der zweite Entscheidungsgrund des Berufungsrichters ist dagegen frei von einer Gesetzesverletzung. Denn wenn auch davon auszugehen ist, daß § 377 eine Rügepflicht nur in bezug auf „Mängel der Ware" vorschreibt, so gilt als Mangel im Sinne dieser Vorschrift alles, was die Brauchbarkeit der Ware überhaupt oder zu bestimmten Zwecken, deren Verkäuflichkeit als solche oder in bestimmten Kundenkreisen mindert oder aufhebt, und wird insbesondere der Begriff der zugesicherten Eigenschaft über die natürlichen, der Sache an sich zukommenden Eigenschaften hinaus auch auf solche tatsächlichen Verhältnisse erstreckt, die zufolge ihrer Beschaffenheit und Dauer nach den Verkehrsanschauungen einen Einfluß auf die Brauchbarkeit oder Wertschätzung der Sache zu üben pflegen.

Vgl. Entsch. des R.G.'s in Zivils. Bd. 52 S. 2 flg.

War aber die Verpackung, wie der Berufungsrichter annimmt, nicht bloß ein der Versendung dienendes Mittel, vielmehr ein Mittel zur Konservierung der Ware im tropischen Klima während, aber auch nach der Versendung, so kann, wie das der Berufungsrichter getan, die zugesicherte Art des Konservierungsmittels dem Begriffe der zu-

die Anwendung des § 377 — Art. 347 — H.G.B. angenommen. Sie wurde verneint für mangelhafte Verpackung von Glas in dem oben erwähnten Urteil des Oberlandesgerichts Hamburg, Hans. Gerichtsz. Hbl. 1895 Nr. 64 S. 179, das zugleich älteren Urteilen des Oberlandesgerichts Hamburg, Hans. Gerichtsz. Hbl. 1883 Nr. 24 S. 42, und des Oberlandesgerichts Dresden, Wengler's Archiv für civilr. Entsch. Bd. 8 n. F. S. 571, entgegentritt, und in dem oben erwähnten Urteil des R.G.'s, Bolze, Praxis Bd. 21 Nr. 482. D. E.

gesicherten Eigenschaft unterstellt werden, und begründet daher sein Fehlen einen Mangel der Ware im Sinne des § 377 H.G.B., mit der daran geknüpften Untersuchungs- und Anzeigepflicht des Käufers.

2. Von der Grundlage aus, daß sonach die Rügepflicht nach § 377 Platz greife, führt der Berufungsrichter weiter aus: Da an Bord eines vom Käufer bezeichneten Dampfers geliefert wurde, sei in Hamburg abgeliefert worden. Indessen sei, weil eine Untersuchung der seemäßig verpackten Ware in Hamburg nicht wohl tunlich war, zugunsten der Kläger die Annahme gerechtfertigt, daß die Parteien stillschweigend über eine Untersuchung bis nach Ankunft der Sendung am überseeischen Bestimmungsorte, Lourenzo Marques, einverstanden waren. Dagegen fehle es an jedem Grunde, ein noch weiteres Hinausschieben für gerechtfertigt zu erachten. Die Kläger hätten zur Rechtfertigung der späten Untersuchung nur geltend machen können, bei dem heißen Klima am Bestimmungsplatze sei es eben nicht tunlich, die Ware alsbald nach Ankunft zu untersuchen, weil, wenn sie aus ihrer Verpackung herausgenommen werde, dann die tropische Hitze alsbald einen sofortigen Verderb herbeiführen würde, weshalb man die Ware bis zum Weiterverkaufe liegen zu lassen pflege. Wenn aber letzteres tatsächlich zutreffend sein sollte, so würde daraus nichts weiter folgen, als daß in Fällen wie dem vorliegenden der Hamburger Exporteur eben Anlaß haben könne, die Anwendung des § 377 H.G.B. vertragsmäßig auszuschließen, nicht aber, daß der wesentlich im Interesse des Verkäufers gegebene § 377 bloß deshalb unanwendbar werde, weil das Interesse des Käufers oder seines Abnehmers es ratsam erscheinen lasse, von der gesetzlich gebotenen baldtunlichen Untersuchung so lange Abstand zu nehmen, bis die Ware tatsächlich weiter verwertet werde.

Die Revisionskläger erheben hiergegen den Angriff, der Berufungsrichter lasse in seinen Erwägungen ganz außer Betracht, daß der Verkäufer bei dem Verkaufe nach auswärts, insbesondere nach tropischen Gegenden, für die Frage nach der Rechtzeitigkeit von Mängelrügen damit rechnen müsse, wie sich der ordnungsmäßige Geschäftsgang am Bestimmungsorte gestalte, und ob danach der Rügepflicht genügt sei. Auch dieser Angriff konnte keinen Erfolg haben. Der Berufungsrichter verneint, daß ein stillschweigendes Einverständnis über eine Untersuchung am überseeischen Bestimmungsorte, ein Unterwerfen etwa unter das dort für die Untersuchungspflicht geltende Recht und die dort deshalb geltenden Verkehrssitten mitenthalte. Im übrigen geht er von der rechtlich zutreffenden Auffassung aus, daß der Begriff des ordnungsmäßigen Geschäftsganges sich nur nach objektiven Regeln richte, und deshalb die Geschäftsübung des einzelnen, die nicht auf einem durch die Umstände gebotenen Zwange beruhe, eine Verzögerung der Untersuchung, wie sie hier vorliege, nicht zu rechtfertigen vermöge. Ein solcher durch die Umstände gebotener Zwang kann aber nach der Sachlage nicht darin gefunden werden, daß das untersuchte einzelne Stück der Ware durch den Einfluß des tropischen Klimas dem Verderb unterliegt. Hier greifen die gleichen Grundsätze Platz, die der Senat (Entsch. des R.G.'s in Zivils. Bd. 57 S. 7) für den Handel mit Konserven in verlöteten Dosen aufgestellt hat. Danach konnte den Käufern eine Untersuchung von Stichproben zugemutet werden." ...

37. Muß der dem Handlungsgehilfen das Dienstverhältnis kündigende Prinzipal, wenn er durch Fortzahlung des Gehalts sich seine Ansprüche aus dem vereinbarten Wettbewerbsverbote wahren will, sofort bei der Kündigung dem Handlungsgehilfen die Fortzahlung des Gehalts zusichern?

H.G.B. §§ 74. 75.

II. Zivilsenat. Urt. v. 1. November 1904 i. S. F. (Bekl. u. Widerkl.) w. K. (Kl. u. Widerbekl.). Rep. II. 234/04.

I. Landgericht Köln.
II. Oberlandesgericht daselbst.

Der Kläger war mit einem halbmonatlich zahlbaren Jahresgehalte von 3300 ℳ als Geschäftsführer bei der verklagten Firma angestellt. Nach dem Anstellungsvertrage war ihm im Falle seines Ausscheidens aus dem Geschäfte der Beklagten bei einer Vertragsstrafe von 3000 ℳ für jeden Fall des Zuwiderhandelns verboten, innerhalb eines Jahres nach seinem Ausscheiden an bestimmten Orten ein Abzahlungsgeschäft zu errichten oder sich an einem solchen zu beteiligen. Die Beklagte kündigte durch Schreiben vom 15. Januar dem Kläger zum 1. April 1902 seine Stellung und verzichtete durch Schreiben vom 11. März 1902 mit der Angabe, er habe im Februar 1902 in Köln, einem der von dem Verbote umfaßten Orte, ein Wettbewerbs-(Abzahlungs-)Geschäft erworben und sei in demselben tätig, auf seine weitere Tätigkeit in ihrem Geschäfte.

Mit der Klage forderte der Kläger sein Gehalt für den Monat März 1902 und beantragte Feststellung, daß der Beklagten ein Anspruch auf Vertragsstrafe nicht zustehe, nachdem die Beklagte mit der Behauptung, der Kläger habe durch den Erwerb und Betrieb eines Wettbewerbsgeschäfts die Vertragsstrafe verwirkt, diese in Höhe von 1000 ℳ durch Aufrechnung gegen die Klageforderung und durch Widerklage geltend gemacht hatte. Das Landgericht entsprach den Anträgen der Beklagten, das Oberlandesgericht denen des Klägers. Die Revision der Beklagten ist zurückgewiesen worden aus folgenden

Gründen:

... „Die angefochtene Entscheidung des Berufungsgerichts beruht auf der Annahme desselben, daß der Kläger die mit der Beklagten vereinbarte Vertragsstrafe nicht dadurch verwirkt habe, daß er nach der am 15. Januar zum 1. April 1902 von seiten der Beklagten erfolgten Kündigung, nämlich im Februar 1902, ein Wettbewerbsgeschäft in Köln erworben hat und angeblich in demselben tätig gewesen ist. Diese Annahme ist auf die weiteren Annahmen gestützt, daß für die Kündigung der Beklagten ein erheblicher, von ihr nicht verschuldeter Anlaß nicht vorgelegen habe, und daß die Beklagte die Fortzahlung des Gehalts während der Dauer der Geltung des Wettbewerbsverbots dem Kläger nicht bei der Kündigung zugesichert habe, mithin die Beklagte gemäß § 75 H.G.B. aus der Vereinbarung der Vertragsstrafe Ansprüche gegen den Kläger nicht geltend machen könne. Die hiergegen von der Beklagten erhobenen Bedenken sind nicht begründet. Die von ihr vertretene Meinung, der Kläger habe sowohl während seiner Dienstzeit als auch nach seinem Ausscheiden aus dem Dienstverhältnisse durch Zuwiderhandeln gegen das vereinbarte Wettbewerbsverbot die Vertragsstrafe verwirken können, ist irrig. Durch den im Jahre 1898 mit der Beklagten erneuerten Dienstvertrag, auf den der am 1. Januar 1898 in Kraft getretene 6. Abschnitt des 1. Buchs des Handelsgesetzbuchs n. F. mit Recht vom Berufungsgerichte angewendet worden, ist die Vertragsstrafe ausdrücklich für solche Zuwiderhandlungen des Klägers gegen das vereinbarte Wettbewerbsverbot bestimmt worden, welche sich während eines Jahres nach dem Ausscheiden des Klägers aus dem Dienstverhältnisse ereigneten. Sie konnte daher durch eine schon während der Dienstzeit verübte Wettbewerbshandlung nicht verwirkt werden. ... Aus den Bestimmungen des § 75 H.G.B. erhellt, daß die Kündigung des Dienstverhältnisses durch den Prinzipal in der Regel den Verlust seiner Ansprüche aus dem vereinbarten Wettbewerbsverbote, insbesondere seines Anspruchs auf die Vertragsstrafe, zur Folge hat, und daß diese Folge nur abgewendet werden kann, daß nämlich die Ansprüche nur dann aufrecht erhalten bleiben, wenn eine der im Gesetze zugelassenen Ausnahmen gegeben ist. ... Auch die Annahme des Berufungsgerichts, daß die andere Ausnahme von der Regel deshalb nicht gegeben sei, weil die Beklagte nicht bei der Kündigung die Fortzahlung des Gehalts dem Kläger zugesichert habe, ist zu billigen. Nach dem Wortlaute des § 75 wird die Ausnahme durch Fortzahlung des Gehalts an den Handlungsgehilfen während der Dauer seiner Beschränkung begründet. Diese Bestimmung kann aber nur den Sinn haben, daß zur Zeit der Kündigung die Fortzahlung des Gehalts feststehen muß, und daß anderenfalls die Regel eintritt, nach welcher der Prinzipal seine Ansprüche aus dem vereinbarten Wettbewerbsverbote verliert, wenn er durch Kündigung die Beendigung des Dienstverhältnisses herbeiführt. Das Gesetz bietet keinen Anhalt für die Annahme, daß die Frage nach dem Fortbestande der Ansprüche des Prinzipals nach dem Zeitpunkte der Kündigung in der Schwebe bleiben solle. Eine solche Annahme würde vielmehr dem Zwecke des Gesetzes zuwiderlaufen. Bezweckt wird durch die Bestimmungen der §§ 74. 75 H.G.B. der Schutz des Handlungsgehilfen gegen übermäßige Benutzung des vertragsmäßigen Wettbewerbsverbots durch den Prinzipal. Deshalb soll mit der Kündigung der Wegfall der Ansprüche desselben eintreten. Die dem Prinzipale als Ausnahme gewährte Möglichkeit, diese Folge abzuwenden, muß im Einklange mit dem Interesse des Handlungsgehilfen dahin verstanden werden, daß der Prinzipal sofort bei der Kündigung das für die Fortdauer seiner Ansprüche aus dem vereinbarten Wettbewerbsverbote gesetzlich aufgestellte Erfordernis erfüllt. Dies geschieht aber sachgemäß dadurch, daß er sich dem Handlungsgehilfen gegenüber zur Fortzahlung des Gehalts verpflichtet. Anderenfalls bliebe der Handlungsgehilfe von der Kündigung ab bis zu dem Zeitpunkte der ersten nach der Beendigung des Dienstverhältnisses fälligen Gehaltsrate über die Fortdauer seiner Verpflichtung aus dem Wettbewerbsverbote in Ungewißheit, und wäre er auch über diesen Zeitpunkt hinaus noch in Ungewißheit darüber, ob die späteren Gehaltsraten gezahlt werden, oder nicht. Er wäre also auf eine ungewisse Zeit in der Freiheit beschränkt, sich eine ihm vorteilhafte Stellung zu sichern, und würde dadurch ohne ersichtlichen Grund benachteiligt, während das Gesetz ihn gegen Nachteile schützen will. Andererseits erscheint der Prinzipal in seinem Interesse dadurch nicht beeinträchtigt, daß er sich sogleich bei der Kündigung darüber schlüssig machen muß, ob er durch Fortzahlung des Gehalts die Fortwirkung des vereinbarten Wettbewerbsverbots herbeiführen, oder ob er darauf verzichten will. Mit Unrecht verweist die Revisionsklägerin den Handlungsgehilfen auf die Möglichkeit, durch Befragen des Prinzipals sich Gewißheit über dessen Absicht zu verschaffen. Eine gesetzliche Verpflichtung des Handlungsgehilfen, den Prinzipal zu fragen, besteht ebensowenig, wie eine Verpflichtung des letzteren, eine solche Frage zu beantworten. Vielmehr darf der Handlungsgehilfe, falls der Prinzipal nicht bei der Kündigung die Fortzahlung des Gehalts zusichert, annehmen, daß es bei der Regel verbleibt, nach welcher der Prinzipal durch die Kündigung alle Ansprüche aus dem Wettbewerbsverbote für die Zeit nach Beendigung des Dienstverhältnisses verliert." . . .

38. Kann ein im Urteil erster Instanz übergangener Anspruch (§ 321 Z.P.O.) in der Berufungsinstanz durch Erweiterung des Klagantrags in den durch die §§ 268. 529. 537 a. a. O. gegebenen Grenzen von neuem geltend gemacht werden?

V. Zivilsenat. Urt. v. 2. November 1904 i. S. v. E. u. Gen. (Kl.) w. Fahrzeugfabrik Eisenach (Bekl.). Rep. V. 169/04.

I. Landgericht Eisenach.
II. Oberlandesgericht Jena.

Die Beklagte hatte und betrieb auf einem ihr gehörigen Grundstücke bei Eisenach einen Schießstand zum Zwecke der Erprobung der von ihr fabrizierten Feldgeschütze.

Die Kläger — Eigentümer benachbarter Grundstücke — erhoben wegen Beeinträchtigung des Eigentums Klage mit dem Antrage, daß die Beklagte schuldig, jede weitere Störung ihres Eigentums durch Eindringenlassen von Geschützdonner, durch Erschütterung bei Schießversuchen und Eindringenlassen von Granatteilen zu unterlassen.

Diesem Verlangen wurde in erster Instanz nach erhobenem Beweise nur zum Teil, nämlich dahin stattgegeben, daß die Beklagte verurteilt wurde,

> das Eindringen von Geschossen oder Geschoßstücken und von **übermäßigem, das Maß des Erträglichen übersteigendem** Geschützdonner aus ihrem Schießplatze auf die benachbarten Grundstücke der Kläger zu unterlassen.

Eine Abweisung der Mehrforderung wurde nicht ausgesprochen.

Gegen dieses Urteil legten beide Teile Berufung ein, die Kläger mit dem Antrage,

> das Landgerichtsurteil dahin abzuändern, daß die Worte „übermäßigem, das Maß des Erträglichen übersteigendem" aus dem Urteilstenor gestrichen werden,

die Beklagte mit dem Antrage auf Abweisung der Klage.

Gegenüber der Berufung der Beklagten erklärte der Mitkläger v. E. seine Anschließung, weil die Beklagte nicht auch zur Unterlassung von Erschütterungen verurteilt worden war.

Das Berufungsgericht verwarf die Anschlußberufung des Mitklägers v. E. als unzulässig, weil über den Anspruch auf Unterlassung von Erschütterungen in erster Instanz nicht erkannt worden sei.

Der hiergegen gerichteten Revision des Mitklägers v. E. ist stattgegeben worden aus folgenden

Gründen:

... „Begründet ist die Revision des Mitklägers v. E., die sich gegen die Verwerfung seiner Anschlußberufung (Anschließung) richtet. Die Entscheidung beruht bei diesem Punkte auf Anwendung des § 321 Z.P.O. in Verbindung mit dem Satze, daß die Berufung sich nur auf Ansprüche erstreckt, welche Gegenstand des erstinstanzlichen Urteils waren (§ 537 a. a. O.). Der § 321 Abs. 1 bestimmt, daß, wenn ein nach dem Tatbestande von einer Partei geltend gemachter Haupt- oder Nebenanspruch bei der Entscheidung ganz oder teilweise übergangen ist, auf Antrag das Urteil durch nachträgliche Entscheidung zu ergänzen ist. Nach Abs. 2 muß dieser Antrag binnen einer einwöchigen Frist gestellt werden.

Wie schon die Motive (zu § 282 des Entwurfs) aussprechen, ist das der einzige Weg, eine Ergänzung des unvollständigen Urteils herbeizuführen. Auf dem Wege der Rechtsmittel kann sie nicht verlangt, d. h. es kann ein Rechtsmittel, sei es Berufung, oder Revision, oder Anschließung, nicht allein aus dem Grunde eingelegt werden, daß über einen in der vorigen Instanz geltend gemachten Anspruch nicht erkannt sei. Der Grund hierfür liegt nicht sowohl in dem § 321, der eine Beschränkung der ordentlichen Rechtsmittel nicht ausspricht, als vielmehr in der rechtlichen Natur dieser Rechtsmittel selbst, die sich nur auf Ansprüche erstrecken, welche Gegenstand des vorinstanzlichen Urteils waren (§ 537 a. a. O.; vgl. Gaupp-Stein, Z.P.O. 4. Aufl. Bem. I 3 Abs. 2 zu § 321). Hiermit ist natürlich die Geltendmachung übergangener Ansprüche in der Revisionsinstanz absolut ausgeschlossen (wie in den Fällen der Entsch. des R.G.'s in Zivils. Bd. 11 S. 409, Bd. 23 S. 422), in der Berufungsinstanz aber doch nur insoweit, als nicht das Gesetz selbst die Geltendmachung neuer Ansprüche ausnahmsweise gestattet. In dieser Beziehung geht die Novelle zur Zivilprozeßordnung § 529 Abs. 2 sogar so weit, daß jetzt neue Ansprüche mit Einwilligung des Gegners erhoben werden dürfen (ein Fall, der hier nicht vorliegt); aber schon in der früheren Fassung des Paragraphen war und ist noch jetzt dem Verbote der Geltendmachung neuer Ansprüche die Einschränkung beigefügt: „abgesehen von den Fällen des § 268 (240) Nr. 2 und 3". Nach § 268 Ziff. 2 ist es als eine (ohne Einwilligung des Gegners unzulässige) Klagänderung nicht anzusehen, wenn ohne Änderung des Klagegrundes der Klagantrag erweitert wird. Nach § 529 erstreckt sich die Befugnis zur Erweiterung des Klagantrags auch auf die Berufungsinstanz, und es kann auf diesem Wege auch etwas, worüber der erste Richter nicht erkannt hat, der Entscheidung des Berufungsgerichts unterbreitet werden, vorausgesetzt nur, daß die Erweiterung des Klagantrags nicht zugleich eine Änderung des Klagegrundes enthält. Wenn, wie im vorliegenden Falle, das, was in zweiter

Instanz von neuem verlangt wird, bereits in erster Instanz verlangt war, und vom ersten Richter aus Versehen unberücksichtigt gelassen ist, so kann das die prozeßrechtliche Befugnis der Partei zur Erweiterung des Klagebegehrens in der Berufungsinstanz nicht aufheben oder einschränken. Denn vorausgesetzt, daß es sich wirklich um einen vom ersten Richter übergangenen Anspruch im Sinne des § 321 handelt, so ist, nach Ablauf der für den Antrag auf Ergänzung des Urteils gesetzten Frist, der betreffende Anspruch zunächst aus dem Prozesse ausgeschieden, und die Sache liegt dann nicht anders, als wenn der Anspruch in erster Instanz gar nicht erhoben worden wäre, d. h. es kann die Partei den übergangenen Anspruch in der (sei es durch Berufung der Gegenpartei, sei es durch eigene Berufung bezüglich des im ersten Urteile entschiedenen Anspruchs eröffneten) Berufungsinstanz von neuem zur Entscheidung stellen, soweit das Gesetz (§ 529 Abs. 2 in Verbindung mit § 268 Ziff. 2) die Erhebung neuer Ansprüche in zweiter Instanz überhaupt gestattet. In diesem Sinne haben sich von den Kommentatoren der Zivilprozeßordnung Petersen, 4. Aufl. Bem. 4 zu § 321, Seuffert, Bem. 4 zu § 321, v. Wilmowski u. Levy, 7. Aufl. Bem. 3 zu § 292 (jetzt 321) ausgesprochen, während die anderen, insbesondere der vom Berufungsrichter angeführte Kommentar von Gaupp-Stein, den Fall nicht behandeln und sich auf den Satz beschränken, daß die Ergänzung nicht mittels eines Rechtsmittels herbeigeführt werden kann. Es handelt sich aber in dem hier gesetzten Falle gar nicht um eine „Ergänzung" des unvollständigen Urteils erster Instanz, sondern um eine Neuentscheidung des Rechtsstreits auf in der Berufungsinstanz erweiterter Grundlage (§ 525 a. a. O.). Auch die bisherige Judikatur des Reichsgerichts (Entsch. dess. in Zivils. Bd. 11 S. 409, Bd. 23 S. 422; Gruchot, Bd. 32 S. 1197; Jurist. Wochenschr. 1903 S. 23) steht dem nicht entgegen, da nach Lage der dort entschiedenen Fälle eine Anwendung der §§ 529 (491) und 268 (240) Z.P.O. nicht in Frage kommen konnte.

Was nun den hier vorliegenden Fall betrifft, so könnte vielleicht bezweifelt werden, ob es sich, was die Revision bestreitet, hier überhaupt um einen selbständigen Anspruch oder um einen Teil eines solchen im Sinne des § 321 Z.P.O. handelt. Es kann indessen in dieser Beziehung der Auffassung des Berufungsrichters beigetreten werden, die in der Fassung des Klagantrags, wonach die Beklagte dreierlei unterlassen soll (während der erste Richter nur auf zwei Unterlassungen erkannt hat), eine prozessual genügende Stütze findet. Ist aber in dem in der Berufungsinstanz gestellten Antrage, die Beklagte auch zur Unterlassung der durch das Schießen verursachten Erschütterungen zu verurteilen, die erneute Geltendmachung eines vom ersten Richter übergangenen Anspruchs zu finden, so durfte doch der Berufungsrichter der Entscheidung über diesen Anspruch sich nicht enthalten, sofern derselbe die durch § 529 in Verbindung mit § 268 Z.P.O. für die Geltendmachung neuer Ansprüche in der Berufungsinstanz gegebenen Grenzen nicht überschreitet. Die Frage spitzt sich daher dahin zu, ob die Wiederaufnahme des im ersten Urteile übergangenen Antrags (im Verhältnisse zu dem, worüber erkannt ist) eine Klagänderung enthält, oder nur eine nach § 268 Ziff. 2 zulässige Erweiterung des Klagantrags darstellt. Die Frage war in letzterem Sinne zu beantworten, da der Klagegrund (Beeinträchtigung klägerischen Eigentums durch das Kanonenschießen auf dem Schießstande der Beklagten) unverändert geblieben ist, und auch kein anderer Gegenstand, sondern nur derselbe Gegenstand (Schutz gegen jene Beeinträchtigung) in erweitertem Umfange gefordert wird.

Daß der Mitkläger v. C. den betreffenden Antrag im Wege der Anschließung an die gegnerische Berufung gestellt hat, ist für die Entscheidung ohne Belang. Er hätte ihn auch auf dem Boden seiner eigenen Berufung stellen können.

Hiernach beruht das Berufungsurteil, soweit es die Anschließung des Mitklägers v. C. als unzulässig verwirft, auf Verletzung der §§ 321, 537, 529 und 268 Z.P.O." ...

39. Unterliegt die Vereinbarung eines Vorkaufsrechts an Grundstücken den Vorschriften des § 313 B.G.B.?

B.G.B. §§ 504. 505. 313.

III. Zivilsenat. Urt. v. 4. November 1904 i. S. R. u. Gen. (Kl.) w. L. (Bekl.). Rep. III. 146/04.

I. Landgericht Danzig.
II. Oberlandesgericht Marienwerder.

In dem zwischen den Parteien privatschriftlich abgeschlossenen, d. h. weder gerichtlich noch notariell beurkundeten, Pachtvertrage vom 17. Mai 1901 war im § 9 bestimmt, daß Verpächter im Falle des Verkaufs des Grundstücks dem Pächter das Vorkaufsrecht einräume. Die Vorinstanzen beanstandeten die Rechtswirksamkeit dieser Bestimmung nicht. Im Revisionsurteil wurde anders entschieden.

Aus den Gründen:

„Es ist davon auszugehen, daß das in § 9 des Pachtvertrags vereinbarte Vorkaufsrecht, weil weder gerichtlich, noch notariell beurkundet (§ 313 B.G.B.), nicht zu Recht besteht. Denn der Vorkaufsvertrag (§ 504 B.G.B.) ist auch, soweit er ohne dingliche Wirkung (§ 1094 B.G.B.) abgeschlossen wird, ein Vertrag, durch den sich der Verkäufer verpflichtet, sein Eigentum an dem Grundstück, an welchem das Vorkaufsrecht bestellt wird, zu übertragen, und daher finden auf denselben die Vorschriften des § 313 B.G.B. Anwendung. Dies wurde auch von der Kommission für die zweite Lesung des Bürgerlichen Gesetzbuchs (s. Protokolle Achilles u. Gen. Bd. 2 S. 99) ausdrücklich anerkannt, und eben deshalb in § 505 Abs. 1 die Anwendung des § 313 auf die Erklärung der Ausübung des Vorkaufsrechts für überflüssig erachtet. Es wurde hervorgehoben, daß der den Vertragschließenden durch § 313 gewährte Schutz hinreichend dadurch bewirkt sei, daß die Einräumung des Vorkaufsrechts schon den Formvorschriften unterliege, somit dessen Ausübung dem § 313 nicht notwendig unterstellt zu werden brauche, zumal da durch die doppelte Beurkundung doppelte Kosten und Stempel entstehen würden. Ist sonach die Vereinbarung in § 9 nichtig, so kann sich auch ferner die Frage erheben, ob nicht gemäß § 139 B.G.B. der ganze Pachtvertrag als nichtig anzusehen ist, und die Vorinstanzen haben diese Frage nicht geprüft.“ ...

40. Umfang der Rechtskraft der im Patentnichtigkeitsverfahren ergangenen Entscheidung, insbesondere wenn der Antrag auf Nichtigerklärung des Patents abgewiesen ist.

I. Zivilsenat. Urt. v. 5. November 1904 i. S. G. (Kl.) w. Allgem. Elektrizitäts-Gesellsch. (Bekl.). Rep. I. 277/04.

I. Patentamt.

Dem Professor N. in Göttingen war auf seine Anmeldung vom 5. Juli 1897 das Patent Nr. 104872 auf ein Verfahren zur Erzeugung von elektrischem Glühlicht erteilt. Das Patent wurde demnächst auf die Allgemeine Elektrizitäts-Gesellschaft übertragen. Der Chemiker B. hatte im Juni 1901 die Nichtigerklärung des Patents nach § 10 Nr. 1 des Patentgesetzes beantragt, war mit dieser Klage aber im Berufungsverfahren durch Urteil des Reichsgerichts vom 17. November 1902 abgewiesen worden. Im August 1903 erhob der Ingenieur G. eine zweite Nichtigkeitsklage. Diese wurde auf Grund der von der Beklagten vorgebrachten Einrede der Rechtskraft vom Patentamte abgewiesen. Das Reichsgericht hat diese Entscheidung bestätigt.

Gründe:

„Umfang und Grenzen der Rechtskraft des Urteils, das im Patentnichtigkeitsverfahren ergeht (§§ 29. 30. 33 des Patentgesetzes), sind in den Gesetzen durch ausdrückliche Bestimmungen nicht geregelt. Nur so viel läßt sich aus dem Patentgesetze ableiten, daß das Urteil, wenn es auf vollständige oder Teilvernichtung des Patents lautet, für und gegen jedermann wirkt und also absolute Bedeutung hat. Denn das Gesetz (§§ 10. 13. 14. 19. 28) spricht von „Erklärung der Nichtigkeit", die Gegenstand des Verfahrens sein und in die Patentrolle eingetragen werden soll. Für die Tragweite des abweisenden Urteils aber ergibt sich aus dem Gesetze nichts. Von der Rechtsprechung und der Literatur wird übereinstimmend angenommen, daß ein solches Urteil den allgemeinen prozessualen Regeln, wie sie jetzt in den §§ 325—327 Z.P.O. enthalten sind, unterstehe und also nur zwischen den Parteien und ihren Rechtsnachfolgern wirke. Von dieser Ansicht abzugehen, liegt kein Anlaß vor. Sie führt zu dem Ergebnisse, daß die Wiederholung einer abgewiesenen Nichtigkeitsklage auch bei Identität des geltend gemachten Nichtigkeitsgrundes dann nicht zu beanstanden ist, wenn die neue Klage von jemand angestellt wird, der nicht der alte Kläger und auch nicht dessen Rechtsnachfolger ist.

Erwägt man aber, daß die Nichtigkeitsklage in den Fällen des § 10 Abs. 1 Nr. 1 und 2 des Patentgesetzes von jedermann angestellt werden kann, ohne daß ihm die Aufdeckung seines persönlichen Interesses an der Vernichtung des Patents angesonnen werden darf, so läßt sich nicht verkennen, daß eine schrankenlose Durchführung dieses Satzes zu Ergebnissen führen würde, die mit einer geordneten Rechtspflege kaum noch verträglich wären. Die Erfahrung lehrt, daß von der Einleitung des Nichtigkeitsverfahrens regelmäßig nur zum Zwecke der Wahrung individueller gewerblicher Interessen Gebrauch gemacht wird. Wenn das Gesetz von deren Darlegung und Aufdeckung Abstand nimmt, so geht es dabei nicht davon aus, daß sie nicht vorhanden seien, sondern davon, daß sie sich mit dem öffentlichen Interesse an möglichster Freiheit des Gewerbes decken. Darin liegt die Gefahr eines Mißbrauchs des Klagerechts, indem der Versuch ermöglicht wird, auch nach rechtskräftiger Entscheidung zur Wahrung desselben individuellen Interesses im Widerspruch mit den Grundsätzen einer geordneten Rechtspflege den Klageweg noch einmal zu beschreiten.

Derartigen Versuchen ist der Senat in seiner bisherigen Rechtsprechung schon wiederholt entgegengetreten. Insbesondere ist ausgesprochen, daß, wenn der neue Kläger bloß eine vorgeschobene Person ist, hinter der als eigentliche Prozeßpartei der frühere Kläger steht, die Einrede der Rechtskraft durchgreife, wobei der Gesichtspunkt verwertet wurde, daß auch einem Inkassomandatar Einreden aus der Person seines Auftraggebers entgegenstehen. So ist in der Sache Rep. I. 306/89 (Bolze, Bd. 9 Nr. 838, Pat.-Bl. 1890 S. 249) angenommen, daß, nachdem eine offene Handelsgesellschaft mit der Nichtigkeitsklage abgewiesen war, ein Dritter, der die Klage im Auftrage und für Rechnung eines der Gesellschafter nach Auflösung der Gesellschaft aufs neue anstellte, hiermit nicht zu hören sei. In der Sache Rep. I. 344/98 (Jurist. Wochenschr. 1899 S. 11, Blatt für Patent-, Muster- und Zeichenwesen 1899 S. 9) lag der Fall vor, daß der Prozeßbevollmächtigte des ersten Klägers, der die Frist zur Einlegung der Berufung gegen die abweisende Entscheidung des Patentamts versäumt hatte, zur Vermeidung des ihm drohenden Regresses die Klage aufs neue im eigenen Namen anstellte. Auch dies wurde nicht zugelassen, weil, wenn auch kein Auftrag des ersten Klägers vorläge, die Klage doch in Wirklichkeit für diesen als auftragslose Geschäftsführung erhoben sei, hierin aber ein das öffentliche Interesse nicht fördernder, sondern störender Mißbrauch des Klagerechts liege.

Auch der vorliegende Fall aber fällt unter jene Kategorie.

Zunächst ist festzustellen, daß die jetzige Klage mit der rechtskräftig abgewiesenen Klage des Chemikers B. in bezug auf den Klagegrund übereinstimmt. Klagegrund war und ist die Nicht-Neuheit der durch das angefochtene Patent geschützten N.'schen Erfindung. Auch in der Anführung des entgegengehaltenen Materials liegt, was nicht einmal erforderlich wäre, Übereinstimmung vor, indem in beiden Prozessen die Erfindung Jablochkoffs von 1877 als patenthindernd geltend gemacht wird. Die Klageschrift enthält denn auch lediglich eine Kritik des Berufungsurteils im Vorprozesse, indem sie dessen technische und rechtliche Annahmen anficht. Daß dabei zu weiterer Klarstellung zum Teil auch neues, im Vorprozesse nicht beigebrachtes Material herangezogen wird, ist ohne Bedeutung.

Was sodann die persönliche Stellung des früheren und des jetzigen Klägers und ihr Interesse an der Vernichtung des N.'schen Patents anlangt, so ergibt sich aus den Vorträgen der Parteien folgendes.

B. hatte nach der Ausgabe des angefochtenen Patents (8. Juli 1899) im September und Dezember 1899 mehrere Erfindungen zum Patent angemeldet, die sich auf eine verbesserte Herstellung oder eine nutzbringende Verwendung von Leitern zweiter Klasse für elektrisches Licht bezogen. Das Feld der Verwendung dieser Leiter zweiter Klasse war aber, wenn man von der zeitlich weit zurückliegenden Erfindung Jablochkoffs absieht, zuerst wieder von N. durch das angefochtene Patent beschritten worden. Es ist daher ohne weiteres einleuchtend, daß sich B. durch den Bestand dieses Patents in der Ausbeutung seiner eigenen Erfindungen behindert sehen mußte. Der Senat hegt keinen Zweifel, daß die Wahrung des damit für B. gegebenen egoistischen gewerblichen Interesses Anlaß und Zweck der ersten im Juni 1901 von ihm erhobenen Klage war.

Während des Vorprozesses und zur Zeit der Erhebung der gegenwärtigen zweiten Nichtigkeitsklage (August 1903) war der jetzige Kläger gegen ein Monatsgehalt von 175 ℳ in B.'s Diensten angestellt. Er war, wie weiter feststeht, derjenige, der den Vorprozeß für B. instruierte: er hat seinerzeit das Material zum Angriff gegen das Patent gesammelt, die Schriftsätze ausgearbeitet und die Prozeßbevollmächtigten im Namen B.'s mit den nötigen Anweisungen versehen. Daß der Kläger im Laufe des gegenwärtigen Verfahrens seine Stellung bei B. aufgegeben und in die Dienste der von diesem gegründeten B.-Lichtgesellschaft m. b. H. eingetreten ist, kann die für den Zeitpunkt der Rechtshängigkeit, d. h. der Einleitung des Verfahrens, zu ermittelnde Sachlage nicht beeinflussen. Unerörtert kann daher bleiben, ob hierdurch die Stellung des Klägers zur Streitsache überhaupt eine Veränderung erfahren hat, was mit Rücksicht darauf in Zweifel gezogen werden könnte, daß B. seine vorerwähnten Patente in jene Gesellschaft eingebracht hat und bei ihr mit der Hälfte des Stammkapitals beteiligt ist.

Das Anstellungsverhältnis und die Instruktion des Vorprozesses ergeben eine Sachlage, aus der ohne weiteres geschlossen werden darf, daß die gegenwärtige Klage nur für den abgewiesenen Kläger B. und dessen gewerbliches Interesse angestellt ist. Diese Feststellung ergibt sich aus der objektiven Sachlage. Meinungen und Erklärungen des jetzigen oder des früheren Klägers können den Senat hierin um so weniger irre machen, als der Kläger selbst zugibt, ein eigenes gewerbliches Interesse an der Bekämpfung des Patents nicht zu haben. Er macht geltend, daß er die Klage zur Wahrung seines wissenschaftlichen Ansehens eingeleitet habe. Da seine persönliche Ansicht über die für die Streitfrage in Betracht kommenden technischen und rechtlichen Gesichtspunkte durch das Urteil des Reichsgerichts im Vorprozesse mißbilligt worden sei, will er mittels des gegenwärtigen Verfahrens aufs neue deren Richtigkeit dartun. Ob der Kläger, der im Jahre 1901 noch Student war, eine Persönlichkeit ist, die einen wissenschaftlichen Ruf für sich in Anspruch nehmen kann, mag unerörtert bleiben. Es genügt, daß das angegebene Interesse als ein legitimes nicht erachtet werden kann. Zur Erledigung einer leeren Rechthaberei ist weder das ordentliche Prozeßverfahren, noch das Nichtigkeitsverfahren bestimmt. Die Angabe ist daher nur geeignet, die Tatsache zu bestätigen, daß auch im vorliegenden Falle ein das öffentliche Interesse nicht fördernder, sondern störender Mißbrauch des Klagerechts vorliegt.

Demnach war mit der Nichtigkeitsabteilung des Patentamts

die Einrede der rechtskräftig entschiedenen Sache für durchgreifend zu erachten, und demgemäß die mit der Berufung angefochtene Entscheidung zu bestätigen."

41. Über die Bedeutung und Bestimmung der Gräben und Kanäle nach § 100 preuß. A.L.R. I. 8.

V. Zivilsenat. Urt. v. 5. November 1904 i. S. preuß. Eisenbahnfiskus (Bekl.) w. S. (Kl.). Rep. V. 178/04.

I. Landgericht Hagen.
II. Oberlandesgericht Hamm.

Bei Anlegung des Bahnhofs Schw. an der Ruhr-Sieg-Eisenbahn in den Jahren 1863—1865 war von der Bahnverwaltung neben dem Bahndamme herlaufend ein Kulturweg, und längs diesem Wege, auf ihrem eigenen Grund und Boden, ein Graben hergestellt worden, der seitdem die Vorflut von den nördlich benachbarten Ländereien aufgenommen hatte. Zu diesen Ländereien gehörte das Grundstück des Klägers Flur 9 Nr. 552/186 von Schw., am Senningwege, das damals Ackerland war, später aber vom Kläger mit zwei Häusern besetzt wurde. Das Grundstück ist sehr wasserreich, und um sich des bei Aushebung der Keller hervortretenden Grundwassers zu entledigen, hatte er von den Kellersohlen aus zwei Rohrleitungen angelegt, die unter dem Senningwege durch in den erwähnten Graben mündeten. In Ausführung des landespolizeilich genehmigten Plans zur Erweiterung des Bahnhofs Schw., wobei die Bahnanlagen weiter nach Norden hinausgerückt werden sollten, auch der erwähnte Graben, ließ die Bahnverwaltung im Jahre 1902 den alten Graben unterhalb der Einmündungen der erwähnten Rohrleitungen zuschütten. Infolgedessen wurde das Grundwasser durch die Rohrleitungen in die Keller des Klägers zurückgestaut.

Der Kläger verlangte nun die Beseitigung oder eine entsprechende Änderung der neuen Anlage und Schadensersatz. Der erstgedachte Antrag wurde schon in erster Instanz wegen Unzulässigkeit des Rechtsweges rechtskräftig abgewiesen, während der Anspruch auf Schadensersatz in beiden Instanzen dem Grunde nach als gerechtfertigt anerkannt wurde. Das Reichsgericht wies die Klage ab, und zwar, soweit die Klage auf § 100 A.L.R. I. 8 gestützt und vom Berufungsgericht für begründet erachtet worden war, aus folgenden

Gründen:

... „Was den § 100 A.L.R. I. 8 anlangt, so nimmt der Berufungsrichter allerdings mit Recht an, daß der in Frage stehende Graben, der schon bei Erbauung der Ruhr-Sieg-Eisenbahn in den Jahren 1863—1865 von der Eisenbahnverwaltung auf ihrem Grund und Boden zur Aufnahme des Tages- und Niederschlagswassers von den nördlich benachbarten Ländereien, wie der Beklagte selbst angibt, angelegt worden ist und seitdem der Vorflut von diesen Ländereien gedient hatte, zu den Gräben und Kanälen gehörte, durch welche — wie § 100 sich ausdrückt — das Wasser „seinen ordentlichen und gewöhnlichen Ablauf" hat, und für deren unversehrte Erhaltung dort der Grundeigentümer haftbar gemacht wird. Es ist dem Berufungsrichter ferner darin beizutreten, daß durch diese Vorschrift auch der ordentliche und gewöhnliche Ablauf des Grundwassers und Quellwassers, nicht bloß des Niederschlagswassers, geschützt werden soll, wie schon wiederholt vom Reichsgericht ausgesprochen ist.

Vgl. z. B. Gruchot, Beitr. Bd. 24 S. 430 (II. Hilfssen.), Bd. 35 S. 404 (V. Zivilsen., Rep. V. 60/90); Jurist. Wochenschr. 1900 S. 673 Nr. 41 (V. Zivilsen., Rep. V. 116/00).

Verkannt ist aber vom Berufungsrichter, daß die Vorschrift nur den natürlichen Ablauf des in und auf den durch das natürliche Gefälle auf den Graben oder Kanal angewiesenen Grundstücken sich bildenden Wassers zu schützen bestimmt ist, wie sich wortdeutlich daraus ergibt, daß der „ordentliche und gewöhnliche" Ablauf des Wassers erhalten werden soll. In dieser Beziehung ist es schon mißverständlich, wenn es an einer Stelle in den Entscheidungsgründen des Berufungsurteils heißt, daß die Abzugsgräben des § 100 der Entwässerung des auf sie angewiesenen Geländes zu dienen hätten; denn die Entwässerung umfaßt auch und bezeichnet recht eigentlich das Eingreifen menschlicher Tätigkeit. Wenn dann in Anknüpfung hieran ausgeführt wird, daß solche Gräben nicht einmal auf die Aufnahme des anfangs dorthin geflossenen Wassers beschränkt seien, sondern auch einem durch die ordnungsmäßige Benutzung der bezüglichen Grundstücke, z. B. wie hier durch Bebauung, entsprungenen Bedürfnisse nach vermehrter Wasserableitung dienen müßten, so ist auch dies nur mit Einschränkungen richtig. **Erstens** ist dabei festzuhalten, daß es sich nur um solche Wässer handeln darf, die in der natürlichen Beschaffenheit der Grundstücke ihren Ursprung haben. Dies ist erst kürzlich von dem jetzt erkennenden Senat in dem im Bd. 57 der Entsch. des R.G.'s in Zivils. Nr. 43 S. 190 abgedruckten Urteile als ein nach der bisherigen Rechtsprechung feststehender Satz anerkannt worden. In diesem Urteile wurde dann freilich die Frage aufgeworfen, jedoch unentschieden gelassen, ob nicht auch auf die Gräben und Kanäle des § 100 A.L.R. I. 8 der für Privatflüsse (§ 99 das.) anerkannte Grundsatz anzuwenden sei, daß sie innerhalb ihres Zuflußgebiets die von der Natur gegebenen Rezipienten sowohl des ablaufenden natürlichen, als auch solchen Wassers bildeten, das aus wirtschaftlichen Gründen künstlich fortgeschafft werden müsse. Diese Frage muß indessen verneint werden. Gräben und Kanäle sind von Menschenhand gemacht, also nicht von der Natur gegeben, und eben darum trifft auf sie die in der grundlegenden Entscheidung des Reichsgerichts (Entsch. dess. in Zivils. Bd. 16 Nr. 41 S. 180, Rep. V. 334/85) aus der Natur der Sache entnommene Begründung nicht zu, daß die Verpflichtung des Eigentümers eines **Privatflusses** zur Gestattung der aus dem Zusammenleben von Menschen unvermeidlich und unentbehrlich gewordenen Ableitung auch der wirtschaftlichen Abwässer eine **durch die Natur bestimmte** Einschränkung des Eigentums an dem Flußlaufe darstelle, der sich jeder unterwerfen müsse (§ 25 A.L.R. I. 8). Wenn nun auch zuzugeben ist, daß die Bebauung eines Grundstücks mit Wohnhäusern eine ordnungsmäßige Benutzung desselben sein kann, und wenn weiter unterstellt wird, daß der Berufungsrichter dies mit Recht auch für die Grundstücke des Klägers angenommen habe, so würde zwar eine dadurch herbeigeführte Vermehrung des ordentlichen und gewöhnlichen Ablaufs des Grundwassers dem Beklagten kein Recht gegeben haben, die Aufnahme des Wassers in den streitigen Graben zu verhindern; aber nun ist der oben erwähnten Ausführung des Berufungsrichters, die einen Anspruch des Klägers auf Aufnahme der durch die Bebauung seiner Grundstücke vermehrten Wasserzuleitung grundsätzlich anerkennt, **zweitens** die weitere Einschränkung hinzuzufügen, daß der Ablauf des Wassers auf natürlichem Wege geschehen muß und nicht künstlich herbeigeführt sein darf. Dies ist in zahlreichen Entscheidungen in feststehender Rechtsprechung vom Reichsgerichte hervorgehoben.

Vgl. z. B. die Urteile des V. Zivilsen. Rep. V. 856/81 (Daubenspeck, Bergrechtl. Entsch. Bd. 1 S. 265 und Brassert, Ztschr. für Bergr. Bd. 24 S. 239 flg.), Rep. V. 354/85 (Gruchot, Beitr. Bd. 30 S. 935), Rep. V. 9/89 (Entsch. des R.G.'s in Zivils. Bd. 24 Nr. 45 S. 213), Rep. V. 60/90 (Gruchot, a. a. O. Bd. 35 S. 404), Rep. V. 160/95 (Jurist. Wochenschr. 1896 S. 85 Nr. 81), Rep. V. 116/00 (Jurist. Wochenschr. 1900 S. 673 Nr. 41), Rep. V. 36/04 (Entsch. des R.G.'s in Zivils. Bd. 57 Nr. 43 S. 190), auch Rep. V. 524/03 und andere.

Damit steht auch nicht etwa das vom Vertreter des Klägers und Revisionsbeklagten angezogene Urteil Rep. V. 359/88 (Jurist. Wochenschr. 1889 S. 212 Nr. 30) in Widerspruch, worin die Vermehrung des Wasserablaufs durch Anlegung einer Drainage für statthaft erklärt worden ist. Ob dies für alle Fälle einer Drainierung zu gelten habe, kann hier dahingestellt bleiben; damals wurde in der Begründung ausdrücklich hervorgehoben, daß bei der Drainage doch noch ein nach Naturgesetzen sich vollziehender Wasserablauf stattfinde.

Im vorliegenden Falle handelt es sich nun aber um eine künstliche Zuleitung; denn das in den Kellern der vom Kläger erbauten Häuser sich sammelnde Grundwasser findet nach dem natürlichen Gefälle keinen Abfluß, sondern würde ohne die vom Kläger geschaffene unterirdische Ableitung mittels einer Rohrleitung, soweit es nicht wieder versickert, in den Kellern stehen bleiben.

Dem Berufungsrichter ist auch nicht entgangen, daß künstliche Zuleitungen nicht durch den § 100 A.L.R. I. 8 geschützt werden; aber er will diesen Satz in solcher Allgemeinheit nicht gelten lassen, sondern ihn auf den Fall beschränken, daß durch die künstliche Zuleitung eine Vermehrung oder Beschleunigung des Wasserablaufs herbeigeführt wird. Dafür glaubt er sich auf mehrere Urteile des Reichsgerichts berufen zu können,

nämlich die schon erwähnten Urteile Rep. V. 354/85, 359/88 und 160/95,

in denen entscheidendes Gewicht darauf gelegt worden ist, ob die durch besondere Vorkehrungen beförderte Zuleitung des Wassers eine

Vermehrung oder Beschleunigung des Wasserabflusses in den Graben bewirkt habe. Aber der Berufungsrichter hat diese Entscheidungen mißverstanden. Es handelte sich dabei um Fälle, in denen der Wasserablauf sich auch ohne künstliches Zutun nach dem natürlichen Gefälle vollzogen haben würde; vermehrt oder beschleunigt kann ein Wasserabfluß eben nur werden, wenn er schon ohnehin vorhanden ist. Das Reichsgericht hat damals also nur ausgesprochen, daß die Anwendung des § 100 nicht immer schon dann ausgeschlossen sei, wenn der ordentliche und gewöhnliche Ablauf des Wassers durch künstliche Vorrichtungen unterstützt wird, daß vielmehr der zur Erhaltung des Grabens Verpflichtete erst dann ein berechtigtes Interesse daran habe, dies zu verwehren, wenn daraus für ihn eine Belästigung entsteht. Anders liegt aber die Sache, wenn erst die künstliche Vorrichtung den Ablauf des Wassers ermöglicht, und so ist es im vorliegenden Falle, wo es sich nicht um den Ablauf von Grundwasser nach dem natürlichen Gefälle handelt, von Grundwasser also, das aus der Oberfläche der Grundstücke hervorgequollen wäre, sondern um die künstliche Ableitung von Grundwasser, daß der Kläger durch Aushebung seiner Keller erst aufgegraben hatte, und das ohne die unterirdische Rohrleitung nicht in den Graben des Beklagten gelangt sein würde. Mit der weiteren Erwägung des Berufungsrichters, daß die Rohrleitung nur ein geringes Gefälle habe und den Abfluß nicht beschleunigen könne, ist also für den vorliegenden Fall nichts gewonnen, da ohne die Rohrleitung überhaupt kein Wasser aus den Kellern abgeflossen wäre. Ebensowenig verschlägt die Bemerkung des Berufungsrichters, daß durch die Rohrleitung nicht mehr Wasser in den Graben gelangt sei, als wenn der Kläger die Keller ausgepumpt und dann das Wasser hätte frei ablaufen lassen; denn dann wäre auch wieder nur durch eine künstliche Vorrichtung, die Pumpe, dem Graben Wasser zugeführt worden, das sonst nicht dorthin gelangt sein würde.

Auf den § 100 A.L.R. I. 8 kann demnach der Kläger den erhobenen Klaganspruch nicht stützen." ...

42. Erleidet der in Art. 112 (jetzt § 128) H.G.B. aufgestellte Grundsatz, daß die Gesellschafter für die Verbindlichkeiten der Gesellschaft den Gläubigern als Gesamtschuldner persönlich haften, eine Ausnahme, soweit es sich um die Forderung eines Gesellschafters gegen die Gesellschaft aus Art. 93 (jetzt § 110) H.G.B. handelt?[1]

II. Zivilsenat. Urt. v. 8. November 1904 i. S. H. (Kl.) w. T. Konkursm. (Bekl.). Rep. II. 68/04.

I. Landgericht Karlsruhe.
II. Oberlandesgericht daselbst.

Die Frage wurde bejaht aus den folgenden

Gründen:

... „Was ... die Frage anlangt, ob die Mitgesellschafter aus Art. 112 H.G.B. kraft Gesetzes für die hier in Frage stehende Gesellschaftsschuld hafteten, so stellt der Berufungsrichter rechtlich einwandsfrei fest, daß die erwähnten 23904,13 *M* sich ausschließlich aus Aufwendungen zusammensetzen, die der klagende Gesellschafter in Gesellschaftsangelegenheiten gemacht hat, und für die ihm die Gesellschaft aus Art. 93 H.G.B. haftet. Die ältere Rechtsprechung des Reichsoberhandelsgerichts und des Reichsgerichts hatte die auch in der Literatur überwiegend gebilligte Auffassung vertreten, daß der in Art. 112 allgemein aufgestellte Grundsatz, die Gesellschafter haften

[1] In der neueren Literatur zum H.G.B. vertritt Staub, H.G.B. 6./7. Aufl. zu § 128 Anm. 24/26 S. 416/417, ebenso Förtsch, in Holdheim's Monatsschrift für Handelsrecht Bd. 7 S. 277 flg., die Ansicht, § 128 H.G.B. finde schlechthin keine Anwendung, soweit es sich um die Forderung eines Gesellschafters gegen die Gesellschaft handle, es komme daher auf den Rechtsgrund der Forderung nicht an. Lehmann u. Ring, H.G.B. Bd. 1 § 128 Nr. 12 S. 278, Goldmann, H.G.B. § 128 Bem. 28 S. 569/570 und § 110 Bem. 13 S. 493, verneinen eine solche Haftung in den Fällen des § 110 (früher Art. 93) H.G.B., nehmen dagegen in den übrigen Fällen einer Forderung des Gesellschafters gegen die Gesellschaft, die ohne jede Beziehung zum Gesellschaftsvertrag entstanden ist, die Haftung der Mitgesellschafter aus § 128 H.G.B. an. Makower, H.G.B. zu § 128 II. a. 3 und 4 S. 246/247, nimmt endlich in allen Fällen, wenn ein Gesellschafter gegen die Gesellschaft eine Forderung hat, also insbesondere auch, wenn er eine solche Forderung (nach) § 110 H.G.B. hat, die Haftung der Mitgesellschafter aus § 128 a. a. O. an. D. E.

für alle Verbindlichkeiten der Gesellschaft solidarisch, eine Ausnahme erleiden müsse, soweit es sich um die Forderung eines Gesellschafters gegen die Gesellschaft handle. Der 1895 einer Sachverständigenkommission vorgelegte Vorentwurf eines Handelsgesetzbuchs enthielt in § 102, dessen Abs. 1 den Inhalt des Art. 112 wiedergab, die weitere Bestimmung, daß die Solidarhaft der Gesellschafter auf Verbindlichkeiten der Gesellschaft gegenüber einem Gesellschafter keine Anwendung finde. In zwei Urteilen vom 24. September 1895 (Entsch. des R.G.'s in Zivils. Bd. 36 S. 60) und vom 13. Dezember 1895 (Bolze, Praxis des R.G.'s Bd. 21 Nr. 558) hatte indessen der erkennende Senat für die dort entschiedenen Fälle von Forderungen eines Gesellschafters gegen die Gesellschaft — in dem ersten handelte es sich um ein Darlehn, das ein Gesellschafter der Gesellschaft gegeben hatte, in dem zweiten um ein Darlehn, das ein Dritter der Gesellschaft gegeben, und ein Gesellschafter durch Zession erworben hatte — eine Solidarhaft der Gesellschafter aus Art. 112 angenommen. Um dieser Rechtsprechung nicht entgegenzutreten — vgl. Denkschrift zu dem Entwurfe eines Handelsgesetzbuchs in der Fassung der dem Reichstage gemachten Vorlage S. 94, und zur ganzen Frage Förtsch, in Holdheim's Monatsschrift für Handelsrecht und Bankwesen Bd. 7 (1898) S. 277/281 —, wurde in § 125 des dem Reichstage vorgelegten Entwurfs der Grundsatz des bisherigen Art. 112 unverändert aufgenommen, und die Enscheidung der hier streitigen Frage auch für das nach dem 1. Januar 1900 geltende Recht der Rechtslehre und der Rechtsprechung überlassen. Der Revisionskläger macht geltend, eine folgerichtige Durchführung der in den erwähnten Entscheidungen ausgesprochenen Rechtsgrundsätze müsse für den gegebenen Fall, der unstreitig nach dem vor dem 1. Januar geltenden Rechte zu beurteilen ist, zu dem Ergebnisse führen, daß auf Forderungen des Gesellschafters gegen die Gesellschaft aus Art. 93, weil sie eine reine Gesellschaftsschuld begründen, Art. 112 gleichfalls anzuwenden sei. Dies müsse im vorliegenden Falle um so mehr gelten, als der Kläger nach dem Gesellschaftsvertrage zu Einlagen und Aufwendungen für die Gesellschaft nicht verpflichtet war und deshalb durch Aufwendung der eingeklagten Beträge als negotiorum gestor für die Gesellschaft gehandelt habe, es aber nicht ersichtlich sei, warum diese Verbindlichkeit der Gesellschaft gegen den Gesellschafter aus Geschäftsführung anders als eine solche aus Kauf, Darlehn oder Miete behandelt werden müsse.

Diesen Ausführungen konnte nicht beigetreten werden. Der Revisionskläger verkennt nicht, daß die von ihm angerufenen beiden Entscheidungen des erkennenden Senats nur solche Fälle betrafen, in denen die Forderungen des Gesellschafters gegen die Gesellschaft ohne jede Beziehung zu dem Gesellschaftsvertrage entstanden waren. Für solche Fälle liegt die Annahme immerhin nahe, daß der Gesellschafter als Dritter der Gesellschaft gegenüber gestanden habe und deshalb nach Art. 112 die Mitgesellschafter als Samtschuldner in Anspruch nehmen könne. Völlig verschieden davon sind die im Art. 93 geregelten Fälle, wenn die Forderung des Gesellschafters' in Anlaß des Gesellschaftsverhältnisses, allerdings nur durch das Hinzutreten eines anderen, nicht unmittelbar auf dem Gesellschaftsvertrage beruhenden Tatbestandes, entstanden ist. Solche Forderungen des Gesellschafters sind zwar für die Gesellschaft reine Gesellschaftsschulden; dies spricht Art. 93 ausdrücklich aus. Sie sind aber entstanden in Gesellschaftsangelegenheiten aus Anlaß des Gesellschaftsverhältnisses und entnehmen, was in Art. 93 ebenfalls ausgesprochen ist, gegenüber der Gesellschaft und den Mitgesellschaftern ihren Rechtsgrund aus dem Gesellschaftsverhältnisse. Danach hat die Vorschrift in Art. 93 eine doppelte Bedeutung. Gegenüber der Gesellschaft bestimmt sie, daß solche Forderungen des Gesellschafters aus dem Besorgen von Gesellschaftsangelegenheiten, wenn auch ihr Rechtsgrund auf das Gesellschaftsverhältnis zurückführt, reine Gesellschaftsschulden seien und deshalb unbeschränkt gegen die Gesellschaft geltend gemacht werden können. Gegenüber den Mitgesellschaftern bestimmt sie, daß jene Forderungen des Gesellschafters nur gegenüber der Gesellschaft reine Gesellschaftsschulden seien, und Art. 112 auf sie keine Anwendung finden könne, weil nach der im Art. 93 selbst zum Ausdrucke gelangten rechtlichen Auffassung solche Forderungen in dem Gesellschaftsverhältnisse ihren Rechtsgrund haben. An dem gewonnenen Ergebnisse, daß auf Forderungen, die ein Gesellschafter gegen die Gesellschaft aus Art. 93 hat, sich die Samthaftung nach Art. 112 nicht erstrecke, vermag auch für den gegebenen Fall der vom Revisionskläger in den Vordergrund gestellte Gesichtspunkt, daß der Kläger als Geschäftsführer ohne Auftrag (negotiorum gestor) in Gesellschaftsangelegenheiten tätig gewesen sei, nichts zu ändern. Zweck und Bedeutung des Art. 93 liegt gerade darin, daß der Gesellschafter anstatt der nach bürgerlichem Rechte etwa aus Auftrag, Geschäftsführung ohne Auftrag ꝛc gegebenen Ansprüche die dort geregelte Forderung gegen die Gesellschaft hat." ...

43. Ist die Übertragung des Eigentums von Sachen zum Zwecke der Sicherung des Erwerbers wegen einer ihm gegen den Veräußerer zustehenden Forderung als Umgehung des § 1205 B.G.B. unzulässig?

VII. Zivilsenat. Urt. v. 8. November 1904 i. S. W. Konkursverw. (Bekl.) w. Ehefrau M. (Kl.). Rep. VII. 173/04.

I. Landgericht Kiel.
II. Oberlandesgericht daselbst.

Am 23. Oktober 1901 schloß der Gemeinschuldner mit der Klägerin, seiner Schwester, einen schriftlichen Vertrag, inhalts dessen er ihr zur Sicherheit wegen eines gewährten Darlehns von 5000 ℳ die in seiner Wohnung befindlichen, in einer Anlage einzeln aufgeführten Sachen (im wesentlichen Haushaltungsgegenstände) zum Eigentume überließ, sich gleichzeitig aber deren vorläufig leihweise Benutzung vorbehielt. Er verpflichtete sich, wie es in dem Vertrage weiter hieß, die Benutzung schonend auszuüben, für jeden Schaden aufzukommen, nötige Reparaturen auf seine Kosten ausführen zu lassen, unbrauchbar oder abgängig gewordene Sachen durch gleichwertige zu ersetzen und die Sachen für seine Rechnung gegen Feuersgefahr zu versichern. Damit verband er die Erklärung, daß er die Sachen für die Klägerin im Besitze habe und sie als Eigentümerin anerkenne, was diese mit dem Beifügen annahm, daß sie den Besitz durch ihren Bruder ausübe. Schließlich war der Klägerin das Recht eingeräumt, für den Fall der Nichterfüllung der von ihrem Bruder übernommenen Pflichten die Sachen an sich zu nehmen, sie in öffentlicher Versteigerung oder unter der Hand zu verkaufen und sich aus dem Erlöse für ihre Forderung bezahlt zu machen, den etwaigen

Überschuß aber an den Veräußerer auszuzahlen. Die Klägerin machte in Ansehung der ihr überlassenen Sachen der Konkursmasse ihres Bruders gegenüber ein Aussonderungsrecht geltend und forderte deren Herausgabe vom Verwalter. Dieser widersprach dem Verlangen der Klägerin und wendete u. a. ein, daß der Vertrag eine verschleierte und mangels körperlicher Übergabe unwirksame Verpfändung enthalte. Der Einwand wurde vom Oberlandesgericht unter Billigung des Reichsgerichts verworfen.

Aus den Gründen:

„Der Berufungsrichter erachtet den Vertrag vom 23. Oktober 1901 als Sicherungsübereignung für rechtswirksam und tauglich, das Eigentum der darin bezeichneten Sachen auf die Klägerin zu übertragen. Die gegen diese Annahme von der Revision erhobenen Bedenken sind nicht begründet. Das Reichsgericht hat in ständiger Rechtsprechung auch für das neue Recht anerkannt, daß die Sicherstellung einer Forderung durch Übertragung des Eigentums an Sachen rechtlich möglich ist.

Vgl. die Urteile des erkennenden Senats vom 22. April 1904, Rep. VII. 564/03, vom 24. Juni 1904, Rep. VII. 50/04, und vom 16. September 1904, Rep. VII. 86/04; ferner Entsch. des R.G.'s in Zivils. Bd. 57 S. 175.

Das Entscheidende ist, daß der Wille der Vertragschließenden auf den Übergang des Eigentums an den Sachen gerichtet war, und dieser Wille ist in der Urkunde vom 23. Oktober 1901 unzweideutig ausgedrückt, indem es heißt, daß Herr W. die in der Anlage verzeichneten Sachen der Frau M. zu freiem Eigentume übergebe, und daß sie dies bestätige und akzeptiere. Die Einigung beider Teile darüber, daß das Eigentum übergehen solle, konnte nicht klarer ausgesprochen werden, und die ferner nach § 929 B.G.B. erforderliche Übergabe ist durch den sich anschließenden Leihvertrag ersetzt (§ 930 B.G.B.). Die Beteiligten haben im gegenwärtigen Falle die Übereignung zum Zwecke der Sicherung des Erwerbers wegen einer ihm zustehenden Forderung nicht, wie dies häufig geschieht, in die Form eines Kaufgeschäfts gekleidet, sondern schlechthin erklärt, daß durch die Übertragung des Eigentums von W. für das von seiner Schwester gewährte Darlehn von 5000 ℳ Sicherheit bestellt werden solle. Dadurch tritt das Geschäft als reine Sicherungsübereignung in die Erscheinung. Fraglich kann nur sein, ob der pfandrechtliche Zweck, welcher der ernstlich gemeinten Eigentumsübertragung zugrunde liegt und sich in den Abreden über die Verwertung der veräußerten Sachen zu erkennen gibt, der Gültigkeit des Geschäfts entgegensteht. Dies würde nur dann zutreffen, wenn dem § 1205 B.G.B. die Tragweite beizumessen wäre, daß die Sicherung einer Forderung durch bewegliche Sachen des Schuldners nur im Wege der Verpfändung nach Maßgabe jener Vorschrift sollte erfolgen dürfen, und daß nach dem Willen des Gesetzes jede andere Form pfandrechtlicher Sicherung habe ausgeschlossen sein sollen. Nur bei dieser Auslegung des Gesetzes würde man sagen können, daß die Sicherungsübereignung eine Umgehung desselben darstelle und als solche nichtig sei. Sie ist aber weder nach dem Wortlaute noch nach der Entstehungsgeschichte des Gesetzes geboten, und solange nicht ein abweichender Wille des Gesetzgebers klar erhellt, muß es gestattet sein, daß die Beteiligten für die Erlangung von Kredit durch Realsicherheit auch einen anderen Weg einschlagen, als den der Verpfändung. Wenn dieser Weg zu der Anwendbarkeit des sog. Besitzkonstituts anstatt der körperlichen Übergabe führt, so ist auch darin kein Verstoß gegen den nur auf die Belastung einer Sache mit einem Pfandrechte bezüglichen § 1205 B.G.B. zu finden. Der II. Zivilsenat des Reichsgerichts hat in dem von der Revision angezogenen Urteile vom 17. Juni 1902 (Rep. II. 101/02, teilweise abgedruckt in der Deutschen Juristen-Zeitung von 1902 Nr. 20) die Zulässigkeit des fiduziarischen Pfandgeschäfts ausdrücklich anerkannt; der Berufungsrichter hatte aber in dem zur Entscheidung stehenden Falle den Vertrag dahin ausgelegt, daß die Kontrahenten überhaupt keine Eigentumsübertragung, sondern nur eine Pfandbestellung gewollt hätten, und diese Auslegung erwies sich als nicht anfechtbar. Gegenwärtig stellt der Berufungsrichter die auf den Eigentumswechsel gerichtete Einigung ohne rechtlichen Verstoß und im Einklange mit dem Vertrage vom 23. Oktober 1901 fest. Damit entfällt die Möglichkeit für den Beklagten, das Urteil des II. Senats zu seinen Gunsten zu verwerten. Wäre es freilich richtig, daß, wie der Beklagte behauptet, die Klägerin ihrem Bruder überhaupt kein Darlehn gegeben hätte, so würde die Ernstlichkeit auch des dinglichen Vertrags bezweifelt werden können. Die Bedenken, die sich gegen die widersprechenden Ausführungen des Berufungsrichters ergeben, erledigen sich aber dadurch, daß der Berufungsrichter die Frage der Darlehnshingabe bei der Erörterung der Anfechtungseinrede geprüft und auf den Eid für die Klägerin erkannt hat, dessen Weigerung ohnehin die Abweisung der Klage nach sich zieht." ...

44. Steht die Entscheidung über den Betrag der Kosten des schiedsrichterlichen Verfahrens, wenn sie nicht schon im Schiedsspruch getroffen ist, dem Schiedsgerichte, oder dem ordentlichen Gerichte zu?

VII. Zivilsenat. Urt. v. 8. November 1904 i. S. Syndikat Dtsch. Z., G. m. b. H. (Kl.) w. H. Zuckerfabrik (Bekl.). Rep. VII. 172/04.

I. Landgericht Liegnitz.
II. Oberlandesgericht Breslau.

Der Kläger, welcher in einem zwischen den Parteien stattgehabten schiedsrichterlichen Verfahren eine obsiegliche Entscheidung erstritten hatte, durch die zugleich der Beklagte mit den Kosten des Verfahrens belastet war, beantragte mit der Klage (abgesehen von dem Verlangen, daß der Schiedsspruch bezüglich der Kostenentscheidung für vollstreckbar erklärt werde), die Beklagte zur Zahlung der fraglichen Kosten in näher angegebenem Betrage zu verurteilen. Letzterer Antrag wurde von dem Berufungsgerichte für unzulässig erachtet, und die dagegen eingelegte Revision ist zurückgewiesen worden aus folgenden

Gründen:

... „Anlangend ... das Rechtsmittel des Klägers, so handelt es sich um den zurückgewiesenen Antrag desselben, welcher die Verurteilung der Beklagten zur Zahlung der Kosten des schiedsgerichtlichen Verfahrens in dem angegebenen Betrage bezielt. Das angefochtene Urteil hat in dieser Beziehung gesagt, die Kostenfestsetzung erfolge nur im Wege eines schiedsgerichtlichen oder, wenn es sich um den Betrag der Kosten eines durch Urteil eines ordentlichen Gerichts beendeten Prozeßverfahrens handle, eines gerichtlichen Kostenfestsetzungsverfahrens. Es fehle sonach an einem Rechtsschutzbedürfnis nach einem Urteile. Mit der Vorinstanz muß der in

Frage stehende Antrag für hinfällig erachtet werden. Zutreffend ist angenommen, daß bezüglich der Festsetzung der fraglichen Kosten die Tätigkeit des Schiedsgerichts in Anspruch zu nehmen ist, dessen Spruch sich sodann als vollstreckbar darstellt, wenn die Zulässigkeit der Vollstreckung im Wege des § 1042 Z.P.O. ausgesprochen worden ist.

Vgl. Petersen u. Anger, Z.P.O. 4. Aufl. Bem. 4 zu § 104.

Der Ansicht, daß das Schiedsgericht nicht in der Lage sei, die Kosten festzusetzen, weil dessen Funktion beendet erscheine (Gaupp-Stein, Z.P.O. 5. Aufl. Bem. I zu § 1042), ist nicht beizutreten. Falls nämlich nach Lage der Umstände die Festsetzung nicht schon in dem bezüglich der Hauptsache ergehenden Spruche erfolgen kann, oder die gleichzeitige Festsetzung aus sonstigem Grunde unterblieben ist, wird ein ergänzender Spruch zu erwirken sein. Das ordentliche Gericht kann in der fraglichen Richtung nur angerufen werden, falls ein Vorgehen des Schiedsgerichts nicht mehr zu erlangen ist, weil z. B. dasselbe seine Tätigkeit verweigert oder beim Tode eines der Schiedsrichter nicht mehr in Funktion treten kann." ...

---

45. 1. Wird das Recht des Käufers zur dauernden Verweigerung der Zahlung des Kaufpreises durch die innerhalb der Verjährungsfrist wegen eines bestimmten Mangels erfolgte Erhebung der Wandelungsklage gewahrt?

2. Ist in der Klagezurücknahme eine Zurücknahme der Mängelanzeige zu finden?

3. Beruht die infolge der Nichtzahlung des Kaufpreises bewirkte Zwangsversteigerung eines Grundstücks auf einem Verschulden des Käufers, wenn dieser die Entgegennahme der Auflassung wegen eines Mangels des Grundstücks zu verweigern berechtigt war?

B.G.B. §§ 478. 212. 324.

Z.P.O. § 271.

V. Zivilsenat. Urt. v. 9. November 1904 i. S. F. (Kl.) w. S. (Bekl.). Rep. V. 183/04.

I. Landgericht Insterburg.
II. Oberlandesgericht Königsberg.

Der Beklagte kaufte von der Klägerin ihr Grundstück gegen die Verpflichtung, in Anrechnung auf den Kaufpreis 9080 ℳ Hypotheken zu übernehmen und von dem Reste 2000 ℳ vor, 5920 ℳ nebst 4½ Prozent Zinsen seit dem 27. Juni 1901 bei der Auflassung zu zahlen, die am 1. November 1901 geschehen sollte. Er verweigerte nach Zahlung der 2000 ℳ die Entgegennahme der Auflassung. Das Grundstück wurde am 20. Juni 1902 wegen einer Hypothekenforderung von 2080 ℳ zwangsweise versteigert und in der Zwangsversteigerung vom Beklagten erworben. Dieser hatte schon vorher am 17. Mai 1902 gegen die Klägerin auf Wandelung des Kaufgeschäfts geklagt, die Klage aber zurückgenommen. Bei der Zwangsversteigerung war ein Hypothekengläubiger mit 4000 ℳ ausgefallen, so daß die Klägerin für diesen Betrag als persönliche Schuldnerin haftete. Von ihr wurde mit der Behauptung, daß, falls der Beklagte die ihm nach dem Kaufvertrage obliegenden Zahlungen geleistet hätte, sie die Zwangsversteigerung abgewendet haben würde, auf Verurteilung des Beklagten zur Zahlung von 5920 ℳ nebst Zinsen und auf Befreiung von ihrer persönlichen Schuld von 4000 ℳ nebst Zinsen geklagt. Der Beklagte bestritt seine Verpflichtung zur Entgegennahme der Auflassung aus verschiedenen Gründen, darunter auch wegen Behaftung des Kruggebäudes mit Hausschwamm. Vom ersten Richter wurde wegen dieses Gewährsmangels die Klage abgewiesen. Das Berufungsgericht machte die Klagabweisung von der Ableistung des dem Beklagten zugeschobenen Eides abhängig, daß er bei Abschluß des Kaufvertrags mit der Klägerin nicht gewußt habe, daß das Kruggebäude mit Hausschwamm behaftet war.

Die Revision der Klägerin ist zurückgewiesen worden aus folgenden

Gründen:

... „Obgleich das verkaufte Grundstück dem Beklagten im Herbst 1901 von der Klägerin übergeben, die Einrede wegen des Mangels des Hausschwamms aber im gegenwärtigen Prozesse erst in einem Schriftsatze vom 1. Januar 1903, also nach Vollendung der mit der Grundstücksübergabe in Lauf gesetzten einjährigen Verjährung des Wandelungsanspruchs, geltend gemacht worden ist, so hat dennoch der Berufungsrichter die auf den Mangel des Hausschwamms gestützte Zahlungsweigerung des Beklagten für berechtigt erklärt, weil der Mangel in der im Mai 1902 erhobenen Wandelungsklage zur

Kenntnis der Klägerin gebracht worden war. Der hiergegen gerichtete Revisionsangriff ist nicht begründet. Die Anzeige eines bestimmten Mangels einer verkauften Sache erhält dem Käufer das Recht, auch nach der Vollendung der Verjährung die Zahlung des Kaufpreises insoweit zu verweigern, als er auf Grund der Wandelung dazu berechtigt sein würde (§ 478 B.G.B.). Mit Unrecht bestreitet die Revision, daß in der Erhebung der Wandelungsklage von seiten des Beklagten eine Anzeige des Mangels zu finden sei. Unter Anzeige im Sinne des § 478 ist jede Erklärung zu verstehen, welche geeignet ist, den Mangel zur Kenntnis des Verkäufers zu bringen, wie sich sowohl aus dem Wortbegriffe wie auch aus der Gleichstellung der Absendung der Anzeige mit ihr im § 478 ergibt, durch die doch nur die Möglichkeit der Kenntnisnahme von dem Mangel für den Verkäufer eröffnet wird. Demgemäß muß die Zustellung einer Klage, welche auf den bestimmten Mangel der verkauften Sache gestützt ist, der Anzeige des Mangels gleichstehen, auch wenn nicht die Anzeige durch die Klagerhebung bezweckt worden ist; denn sie bringt den Mangel zur Kenntnis des Verkäufers. Dieser Auslegung des § 478 steht nicht entgegen, daß abweichend von seiner Wortfassung im § 485 B.G.B. neben der Anzeige und ihrer Absendung an den Verkäufer auch die Klagerhebung wegen des Mangels erwähnt ist. Der Entw. I e. B.G.B. hatte im § 402, um dem Verkäufer eines Tieres dem aus einem Hauptmangel hergeleiteten Anspruche gegenüber den Gegenbeweis gegen seine Vertretungspflicht zu sichern, angeordnet, daß der Käufer fristzeitig entweder dem Verkäufer von dem Mangel Kenntnis zu geben, oder die gerichtliche Beweisaufnahme zur Sicherung des Beweises zu beantragen habe. Der ersteren Pflicht konnte der Käufer durch die Anzeige des Mangels genügen. Dasselbe sollte gelten, wenn der Erwerber Klage wegen des Mangels gegen den Veräußerer erhebt. Daß der Entw. I die Klagerhebung als einen Fall der Anzeige, ihrer besonderen Erwähnung ungeachtet, angesehen hat, ergeben die Motive Bd. 2 S. 255, welche gleichstellen, „wenn der Erwerber den Mangel mit oder ohne Erhebung der Klage anzeigt". Dem § 402 des Entw. I entspricht formell der § 485 B.G.B., während eine dem § 478 B.G.B. entsprechende Vorschrift in dem Entw. I nicht enthalten war. Daraus erklärt sich die Beibehaltung der Erwähnung der Klagerhebung im § 485. Ob dieselbe geboten war, kann dahingestellt bleiben; sie rechtfertigt sich deshalb, weil bei den Viehmängeln der Ablauf der Ausschlußfrist zur Folge hat, daß der Käufer sein Recht zur Rüge des Mangels im Wege der Klage und abweichend von der Regelung der Mängel anderer Sachen auch im Wege der Einrede verliert (Protokolle Bd. 1 S. 681 med.). Ungerechtfertigt ist deshalb der aus der Erwähnung der Klagerhebung in § 485 gezogene Schluß, daß diese hier zu den nach § 478 Abs. 1 vom Käufer vorzunehmenden Handlungen als selbständige Handlung hinzutrete und nicht auch unter den dort aufgeführten Handlungen zu verstehen sei. Allerdings wird diese Ansicht von Planck in seinem Kommentar 3. Aufl. Bd. 2 S. 396 Bem. 1b vertreten, anscheinend aus dem Grunde, weil durch den § 485 für den Tierhandel die Wahl zwischen sofortiger Klagerhebung und vorheriger Anzeige des Mangels gegeben werden sollte, während für die Wandelung anderer Sachen der Klagerhebung das Verlangen der Wandelung vorauszugehen habe (Kuhlenbeck, Jurist. Wochenschr. 1901 S. 110). Ist diese Auffassung richtig, so ist der mit der von Planck vertretenen Vertragstheorie der Wandelung zusammenhängende Grund nicht zwingend, weil die Wandelung nicht allein durch außergerichtliche Erklärung, sondern auch ohne solche im Klagewege vollzogen werden kann, wie Planck selbst auf S. 374 a. a. O. eingehend darlegt. Denn wenn durch Klagerhebung gewandelt werden kann, so ist nicht abzusehen, warum nicht durch die einen bestimmten Mangel als ihren Grund bezeichnende Wandelungsklage der Mangel dem Verkäufer angezeigt wird. Ein Gegengrund gegen die Planck'sche Ansicht ist übrigens der Gleichstellung der Streitverkündigung an den Verkäufer in dem zwischen dem Käufer und einem späteren Erwerber der Sache wegen des Mangels geführten Rechtsstreite mit der Anzeige sowohl im § 478, als auch im § 485 B.G.B. zu entnehmen. Denn die Streitverkündigung ist dort der Anzeige gleichgestellt, obwohl der Käufer die Wandelung nicht verlangt. Ihre Gleichstellung ist aber der in ihr enthaltenen Anzeige ungeachtet nur deshalb angeordnet worden, weil sie nicht die Anzeige wahrgenommener Mängel, sondern nur die Anzeige enthält, daß in dem Prozesse des Käufers mit dem späteren Erwerber der Sache von diesem Mängel behauptet würden, die den Verkäufer regreßpflichtig machen könnten, wenn nicht der Gegenbeweis gegen seine Haftung erbracht würde (Protokolle Bd. 1 S. 703 flg.). Aus dieser Anordnung der Gleichstellung und ihrer Begründung folgt nun notwendig, daß für die Klagerhebung dasselbe gelten muß, wie für die Streitverkündung weil beide in gleicher Weise den gerügten Mangel zur Kenntnis des Verkäufers bringen, so daß jene, wie im § 485, so im § 478 die Anzeige ersetzt. Mit der in der Erhebung der Wandelungsklage enthaltenen Anzeige des Mangels des Hausschwamms hatte mithin der Beklagte dem § 478 genügt, dessen Zweck dahin geht, den Käufer in den Stand zu setzen, „nunmehr abzuwarten, ob und mit welchen Forderungen der Verkäufer, dem der Mangel rechtzeitig angezeigt war, gegen ihn vorgehen werde" (Protokolle Bd. 1 S. 703). Er kann allen die Zahlungsweigerung entgegensetzen.

Der Zustand des Abwartens, den der § 478 bezweckt, ist durch die Zurücknahme der Wandelungsklage für den Beklagten eingetreten. Mit Unrecht rügt die Revision, daß der Berufungsrichter in dieser Zurücknahme nicht auch eine Zurücknahme der Mängelanzeige gefunden habe. Denn ihm ist darin beizutreten, daß die Tatsache der Anzeige durch die Zurücknahme der Klage, welche sie bewirkt hat, an sich nicht beseitigt wird. Die Wirkungen der Klagezurücknahme sind in der Zivilprozeßordnung (§ 271) und in dem Bürgerlichen Gesetzbuche (§ 212) geregelt; diese Regelung umfaßt die Anzeige nicht mit. Allerdings kann eine Klagezurücknahme so gemeint sein, daß auch die Mängelanzeige zurückgenommen ist; da sie aber nicht so verstanden werden muß, so ist aus den Gründen der Zurücknahme der Wille des Zurücknehmenden zu ermitteln. Erfolgt beispielsweise die Zurücknahme der Klage mit der Angabe, daß sich herausgestellt habe, daß die in ihr angezogenen Mängel nicht vorlägen, so liegt in ihr eine Anzeigezurücknahme. Der Berufungsrichter hat nicht verkannt, daß eine Frage der Auslegung des Willens des Zurücknehmenden vorliegt. Er hat diesen Willen im vorliegenden Falle geprüft und ist ohne erkennbaren Rechtsirrtum zu der Überzeugung gelangt, daß der Beklagte mit der Zurücknahme der Wandelungsklage nicht zugleich die Anzeige zurückgenommen hat.

Übrigens ist das Berufungsurteil auch aus einem anderen Grunde aufrechtzuerhalten. Die Klägerin hat dem Beklagten das ihm verkaufte Grundstück nicht aufgelassen und kann es ihm auch nicht auflassen, nachdem dieser es in der Zwangsversteigerung erworben hat. Ohne eigene Vertragserfüllung kann sie aber von dem Beklagten die diesem obliegende Gegenleistung nur verlangen, wenn ihre Leistung infolge eines Umstandes unmöglich geworden ist, den der Beklagte zu vertreten hat (§ 324 Abs. 1 B.G.B.). Der Beklagte hat seine Vertretungspflicht bestritten und seinen Widerspruch gegen die Klageforderungen nach dem Berufungsurteile in erster Linie darauf gestützt, daß die Klägerin ihrerseits den Vertrag nicht erfüllen könne. Dieser Grund ist zu Unrecht verworfen. Denn nach der Feststellung des Berufungsrichters war der Beklagte, wenn durch die Leistung des ihm auferlegten Eides seine Unkenntnis von dem Mangel des Hausschwamms beim Kaufabschlusse bewiesen wird, wegen dieses Mangels nicht verpflichtet, der Klägerin das Kruggrundstück abzunehmen. Hatte er dieses aber nicht abzunehmen, war er vielmehr berechtigt, vom Kaufvertrage zurückzutreten, so hatte er auch die von ihm übernommenen weiteren Anzahlungen auf den Kaufpreis nicht zu leisten. Wenn aber der Beklagte nicht verpflichtet war, durch seine Zahlungen der Klägerin zu ermöglichen, ihre Verbindlichkeiten zu berichtigen und dadurch die Zwangsversteigerung ihres Grundstücks abzuwenden, so hat er diese Zwangsversteigerung auch nicht verschuldet, gleichgültig, ob sie durch seine Vertragsleistung hätte abgewendet werden können, oder nicht. Daher läßt sich nicht sagen, daß die Klägerin ihren Anspruch auf die Gegenleistung gegen den Beklagten behalten habe, weil durch einen von diesem zu vertretenden Umstand die der Klägerin obliegende Auflassung des verkauften Grundstücks unmöglich geworden sei. Sie kann daher den Kaufpreis nicht verlangen."

46. Kann der durch arglistige Täuschung beim Vertragsschlusse Geschädigte nur das negative, oder auch statt dessen das positive Vertragsinteresse ersetzt verlangen?

B.G.B. §§ 124. 826. 249. 252.

V. Zivilsenat. Urt. v. 12. November 1904 i. S. W. (Kl.) w. M. (Bekl.). Rep. V. 227/04.

I. Landgericht Kiel.
II. Oberlandesgericht daselbst.

Der Beklagte hatte dem Kläger den Kies aus dem zu seinem Grundstücke gehörigen Kiesberge für 18000 ℳ verkauft. Im Besitze des Kiesbergs war der Unternehmer H., der den Kies für sich ausschachtete, auf Grund eines von einem Zedenten des H. mit einem Bruder des Beklagten geschlossenen Vertrags. Nach Behauptung des Klägers hatte auch der Beklagte selbst den Kies an H. verkauft und demnächst sein Grundstück an einen Verein veräußert. Beide Parteien mahnten sich gegenseitig an Erfüllung, der Beklagte unter Setzung einer Nachfrist. Der Kläger behauptete, daß der Beklagte die Erfüllung verweigert habe und infolge der Veräußerung des Grundstücks und der fortgesetzten Kiesentnahme durch H. auch nicht erfüllen könne. Er verlangte Schadensersatz wegen Nichterfüllung zum Betrage von 60000 ℳ und Zinsen. In der Berufungsinstanz gründete der Kläger seinen Anspruch auch darauf, daß der Beklagte ihm unter arglistiger Verschweigung des mit H. geschlossenen Vertrags versichert habe, der H. sitze ohne Recht in dem Kiesberge. Der Beklagte verlangte Abweisung der Klage, weil H. kein Recht auf den Kies habe, und weil der Kläger vertraglich übernommen habe, den H. zum Aufgeben des Besitzes und der Kiesausbeutung zu veranlassen.

Die Klage wurde in erster Instanz abgewiesen; die Berufung des Klägers hatte keinen Erfolg. Auf die Revision des Klägers wurde das Berufungsurteil aufgehoben, und die Sache an das Berufungsgericht zurückverwiesen aus folgenden

Gründen:

... „Die Annahme des Berufungsrichters, daß der durch arglistige Täuschung zum Schließen eines Vertrags Verleitete den Vertrag nur nach § 124 B.G.B. anfechten und Ersatz des Schadens verlangen könne, der ihm durch das Abschließen des Vertrags entstanden ist, findet im Gesetze keine Grundlage. Das arglistige Täuschen verstößt gegen die guten Sitten. Wird dadurch einem anderen vorsätzlich Schaden zugefügt, so hat der Täuschende den Schaden zu ersetzen (§ 826 B.G.B.). Der zu ersetzende Schaden umfaßt auch den entgangenen Gewinn (§ 252 Satz 1 B.G.B.). Wer zum Schadensersatze verpflichtet ist, hat den Zustand herzustellen, der bestehen würde, wenn der zum Ersatze verpflichtende Umstand nicht eingetreten wäre (§ 249 Satz 1 B.G.B.). Diese Rechtssätze sind der Beurteilung des vorliegenden Falls zugrunde zu legen.

Der arglistig Getäuschte kann den Vertrag anfechten. Dringt er mit der Anfechtung durch, dann muß ein Zustand hergestellt werden, als wenn der Vertrag nicht geschlossen wäre, d. h. jeder Beteiligte hat das vom anderen Empfangene zurückzugewähren. Wählt der Getäuschte diesen Weg, dann kann er, da der Vertrag nach seinem Willen als nicht geschlossen gilt, nicht das Vertragserfüllungsinteresse verlangen, sondern nur das sog. negative Vertragsinteresse, also den Schaden, den er durch das Abschließen des Vertrags erlitten hat (z. B. Ersatz der unnütz aufgewendeten Kosten und Stempel des Vertrags). Er braucht aber den Vertrag nicht anzufechten, sondern kann, was der Berufungsrichter übersieht, dabei stehen bleiben und den ihm durch die arglistige Täuschung zugefügten Schaden ersetzt verlangen.

Vgl. das in der Jurist. Wochenschr. 1904 S. 140 Nr. 6 abgedruckte Urteil des erkennenden Senats.

Der Schadensersatz besteht dann in der Herstellung des Zustandes, der bestehen würde, wenn das schädigende Ereignis, nämlich die Täuschung, nicht eingetreten wäre. Handelt es sich um eine arglistige Zusicherung, so muß der Getäuschte so gestellt werden, wie er stehen würde, wenn die zugesicherte Tatsache wahr wäre. Hat also der Beklagte, wie der Kläger behauptet, wider besseres Wissen zugesichert, daß H. kein Recht auf den Besitz des Kiesbergs und auf die Kiesgewinnung habe, so muß er das der Erfüllung des Vertrags entgegenstehende Recht des H., sei es durch Ablösung, sei es auf irgendeine andere Weise, beseitigen. Denn unter dem Zustande, der nach § 249 Satz 1 B.G.B. herzustellen ist, muß der Zustand verstanden werden, der durch den Vertrag bezweckt ist, und dessen Folge gewesen sein würde, wenn die Erklärungen der Vertragsteile auf Wahrheit beruht hätten.

Vgl. Planck, Bem. 2 zu § 179, Bem. 2d zu § 249 B.G.B.; Schollmeyer, Bem. 2 zu § 249 B.G.B.

Demnach besteht der Schadensersatz hier in der Erfüllung des Vertrags, in der Herstellung der zugesicherten Tatsache oder des zugesicherten Rechtszustandes. Kann der Vertrag so nicht erfüllt werden, so tritt an die Stelle der Erfüllung die Geldentschädigung (§ 251).[1] Für den Schaden, den der Kläger in der Zeit bis zur Herstellung des Zustandes dadurch erlitten hat, und den Gewinn, der ihm dadurch entgangen ist, daß der Zustand nicht bestand, ist zweifellos Entschädigung in Geld zu leisten, da insoweit die Vertragserfüllung nicht mehr möglich ist. Ob aber der Kläger die Herstellung auch im übrigen ablehnen und statt dessen Entschädigung in Geld verlangen kann, richtet sich, wenn mit dem Berufungsrichter angenommen wird, daß nicht Unmöglichkeit der Herstellung (§ 251 B.G.B.) vorliege, nach dem § 250 B.G.B. Ob dessen tatsächliche Voraussetzungen vorhanden sind, ist bisher nicht geprüft worden." ...

47. Gehört bei einer Binnenschiffahrtsversicherung, die gegen Haftpflicht versichert, zu dem übernommenen Risiko auch die Gefahr der Haftpflicht aus eigenem Verschulden des Versicherten?

I. Zivilsenat. Urt. v. 14. November 1904 i. S. L. & L. (Kl.) w. Versicherungsgesellsch. „Rh." u. Gen. (Bekl.). Rep. I. 299. 301/04.

---

[1] In gleichem Sinne hat der Senat erkannt am 19. November 1904 in der Sache T. (Bekl.) w. W. (Kl.), Rep. V. 194/04, und am 7. Dezember 1904 in der Sache G. (Kl.) w. N. (Bekl.), Rep. V. 515/04. Im letzterwähnten Urteil ist noch ausgeführt: „Die Annahme des Berufungsrichters (nämlich, daß der Betrogene nur Aufhebung des Vertrags und Rückleistung des Gegebenen verlangen könne) würde zu einer Bevorzugung des widerrechtlich Handelnden führen; denn danach würde z. B. der Verkäufer, der das Vorhandensein einer Eigenschaft in gutem Glauben versichert hat, beim Fehlen dieser Eigenschaft sich nach § 462 B.G.B. die Minderung des Kaufpreises gefallen lassen müssen, während der arglistig täuschende Verkäufer sich nur auf Aufhebung des Vertrags einzulassen brauchte. Dem Bürgerlichen Gesetzbuche ist diese Absonderlichkeit fremd." Weiter heißt es dann: „Der Einwurf des Berufungsrichters, daß nicht feststehe, ob der Beklagte dem Kläger das Grundstück billiger überlassen haben würde, wenn der Kläger den verschwiegenen Fehler gekannt hätte, ist verfehlt." (Es wird auf die vorhergehende Begründung Bezug genommen und dann fortgefahren:) „Es kommt auch hier die Erwägung hinzu, daß der Betrüger nicht besser gestellt sein kann, als der redliche Verkäufer, der eine zugesagte oder vorausgesetzte Eigenschaft nicht gewähren kann, und nicht einwenden darf, daß er bei Kenntnis des Mangels nicht billiger verkauft haben würde, sondern nach § 462 B.G.B. die Minderung des Kaufpreises zu dulden hat." D. E.

I. Landgericht Hamburg, Kammer für Handelssachen.
II. Oberlandesgericht daselbst.

Aus den Gründen:

„Für die Feststellung des Inhalts des Versicherungsvertrages ist das Formular einer „Police für den Gütertransport auf Flüssen und Binnengewässern" benutzt worden; den gedruckten „allgemeinen Versicherungsbedingungen" ist ein schriftlicher „Anhang" hinzugefügt. Hervorzuheben ist aus den allgemeinen Versicherungsbedingungen der § 17, der, wie folgt, lautet:

„Wird mit Vorwissen des Versicherten die Ladungsfähigkeit des Fahrzeugs überschritten, oder sind, wenn der Versicherte selbst Transportunternehmer oder Führer des versicherten Gutes ist, die gesetzlichen und polizeilichen Verordnungen in Rücksicht auf Fahrt, Ladung und sonstige Verhältnisse nicht in allen Punkten beobachtet worden, so geht im Falle eines Unglücks jeder Anspruch an die Gesellschaften verloren."

Von den Bestimmungen des Anhangs kommen die nachstehenden in Betracht:

„Auf Waren und Kaufmannsgüter aller Art, exkl. Kohlen, in eigenen oder gemieteten Schuten, ... geschleppt, fahrend oder liegend, mit oder ohne Bewachung, während des Transports von und nach allen Stadtteilen Hamburg/Altona inkl. Entenwärder und Steinwärder, sowie von und an Bord im Hamburg/Altonaer Hafen liegender Schiffe ...

Der Risiko des Stilliegens der Schuten unter alleiniger Aufsicht des Wachtschiffes resp. Hafenrunde in Hamburg/Altona, sowie der Risiko des Transports von und nach der Altona-Kieler-Eisenbahn und dem Neumühlener Kai ist eingeschlossen.

Diese Versicherung deckt alle Schäden, für welche der Absender oder Empfänger der Waren die Herren Versicherten in ihrer Eigenschaft als Frachtführer auf Grund reichs- oder landesgesetzlicher Bestimmungen verantwortlich zu machen berechtigt ist, speziell diejenigen Schäden, welche durch Nachlässigkeit oder Versehen der im Dienste der Herren Versicherten stehenden Leute entstanden sind, und zwar inkl. Gerichtskosten und Anwaltsgebühren, soweit sie zur Feststellung des Schadens erforderlich sind ... bis zum Betrage von 10000 *M.*"

Bei der Auslegung der mitgeteilten Vertragsbestimmungen kann kein Gewicht darauf gelegt werden, daß gesetzlich bei der Seeversicherung dem Versicherer der auf ein Verschulden des Versicherten sich gründende Schaden nicht zur Last fällt (§ 821 H.G.B.), und daß die Seeversicherung des Reeders zum Teil eine Haftpflichtversicherung ist. Hier handelt es sich um eine Binnenschiffahrtsversicherung und um eine Versicherung, die unstreitig nur eine Haftpflichtversicherung war. Bei einer Haftpflichtversicherung ist aber — darin kann dem Berufungsgerichte nur beigetreten werden — regelmäßig die Absicht des Versicherungsnehmers auf eine möglichst vollständige Sicherung gegen die Gefahr der Haftpflicht gerichtet, und es muß daher von einer wegen solcher Versicherung angegangenen Versicherungsgesellschaft erwartet werden, daß sie, wenn sie ihre Risikoübernahme begrenzen will, dies durch unzweideutige Policebestimmungen zum Ausdrucke bringt. Im vorliegenden Falle haben es daran die Beklagten fehlen lassen. Die Bestimmungen der von ihnen ausgestellten Police gestatten nur die Auffassung, daß die Haftpflicht aus eigenem Verschulden von der Versicherung nicht ausgeschlossen werden sollte. Auf den § 17 der allgemeinen Versicherungsbedingungen können sich die Beklagten nicht berufen, obschon es richtig ist, daß durch die Nichtbewachung der Schute eine Vorschrift des Hamburger Hafengesetzes übertreten wurde. Den gedruckten allgemeinen Bedingungen gehen die schriftlichen besonderen vor, und in diesen heißt es allgemein, daß die Versicherung alle Schäden decke, für welche der Absender oder Empfänger der Waren die Versicherten in ihrer Eigenschaft als Frachtführer auf Grund reichs- oder landesgesetzlicher Bestimmungen verantwortlich zu machen berechtigt sei. Von den Fällen der Frachtführerverantwortlichkeit waren die des § 431 H.G.B. für die Klägerin die praktisch bedeutsamsten, und wenn sich daraus erklärt, daß sie als solche angeführt wurden, die „speziell“, also auch von der Versicherung gedeckt werden sollten, so geht es nicht an, aus dieser Hervorhebung vermittelst Schlusses vom Gegenteile eine Einschränkung der in den vorhergehenden Worten enthaltenen Risikofeststellung herzuleiten.

Daß die Gefahr der Haftpflicht aus einem eigenen Verschulden der Klägerin, wie es im gegebenen Falle vorgelegen hat, dem übernommenen Risiko zuzuweisen ist, ergibt sich, wie das Berufungsgericht mit Recht angenommen hat, überdies schon aus den Bestimmungen im ersten Absatze des Policeanhangs. Die Ausführung der Beklagten, der erste Absatz des Anhangs behandle lediglich das Risiko des Transports, und erst der zweite das Risiko des Stilliegens, steht im Widerspruche mit den im ersten Absatze sich findenden Worten „fahrend oder liegend, mit oder ohne Bewachung". Allerdings heißt es dann weiter: „während des Transports von und nach allen Stadtteilen ꝛc". Allein nach dem feststehenden Sachverhalte war die in der Nacht vom 25. zum 26. Juli 1899 gesunkene Schute am 25. Juli beladen worden; um 3 Uhr nachmittags war die Beladung beendet, und am folgenden Tage sollte die Schute nach dem Dampfer „P." geschleppt werden. Mit der Empfangnahme der Ladung hatte die Erfüllung der von der Klägerin übernommenen Transportverpflichtung begonnen, und hatte nach § 58 des Binnenschiffahrtsgesetzes begonnen die Verantwortlichkeit der Klägerin für die Bewahrung der Ladung vor Verlust oder Beschädigung; unbedenklich ist also zu sagen, daß in der Nacht vom 25./26. Juli 1899 ein „Liegen der Schute während des Transports" im Sinne des Versicherungsvertrages stattfand, und mithin ein Liegen, bei welchem es nicht darauf ankommen sollte, ob das Fahrzeug bewacht wurde, oder nicht. Im zweiten Absatze des Anhangs enthalten die Worte „der Risiko des Transports von und nach der Altona-Kieler Eisenbahn und dem Neumühlener Kai ist eingeschlossen" unzweifelhaft eine Erweiterung des im ersten Absatze bestimmten Risikos; unmöglich kann daher das unmittelbar vorher in diesem zweiten Absatze über das Risiko des Stilliegens Bemerkte im Sinne einer Einschränkung verstanden werden; am nächsten liegt vielmehr die auch vom Berufungsgerichte angedeutete Annahme, daß hier an ein ungewöhnliches längeres Stilliegen gedacht worden ist." . . .

---

48. Wieweit erstreckt sich die Anzeigepflicht des Mieters aus § 545 B.G.B.?

III. Zivilsenat. Urt. v. 15. November 1904 i. S. B. (Bekl.) w. G. (Kl.). Rep. III. 177/04.

I. Landgericht II Berlin.
II. Kammergericht daselbst.

Aus den Gründen:

... „Dagegen kann dem Berufungsgerichte nicht darin beigestimmt werden, wenn dasselbe den § 545 B.G.B. ... aus dem Grunde als unanwendbar erachtet, weil die dem Mieter auferlegte Anzeigepflicht nicht auf Räume, die der Prüfung des Vermieters stets ohne weiteres offen liegen, also auf Treppen und Vorflure der vermieteten Wohnung, ausgedehnt werden könne. Dies ist aber nicht das Entscheidende. Denn die Anzeigepflicht des Mieters ist ein Ausfluß der demselben im Interesse des Vermieters obliegenden Obhut in Ansehung der gemieteten Sache. Hieraus ergibt sich, daß es einesteils darauf, ob die betreffenden Räume lediglich für den Gebrauch eines Mieters, oder für den Mitgebrauch mehrerer Mieter bestimmt sind, nicht ankommen kann, da auch im letzteren Falle der Begriff der Obhut nicht beseitigt wird. Ebensowenig kann angenommen werden, daß jene der gemeinsamen Benutzung dienenden Räume, wovon das Gericht erster Instanz ebenfalls ausgeht, nicht mitvermietet seien. Mit Recht hat vielmehr das Berufungsgericht die Pflichten des Vermieters auch auf diese Räume erstreckt, woraus aber weiter hervorgeht, daß diesen Pflichten des Vermieters und Rechten des Mieters auch Rechte des Vermieters und Pflichten des Mieters entsprechen. Daher beseitigt die bloße Tatsache, daß die bezüglichen Räume von dem Vermieter jederzeit betreten werden können, die Anzeigepflicht des Mieters nicht, da einerseits hierdurch die aus der Obhut der Sache von seiten des Mieters fließenden Pflichten nicht beseitigt werden, und andererseits aus jener Möglichkeit des Offenstehens der Räume für den Vermieter noch nicht immer notwendig folgt, daß er auch bei Anwendung der im Verkehre erforderlichen Sorgfalt (§ 276 B.G.B.) den Mangel oder die Gefahr, gegen die eine Vorkehrung erforderlich wird, tatsächlich erkennt. Noch mehr wird dieser letztere Umstand zutreffen, wenn sich ein Dritter ein Recht an der Sache anmaßt.“ ...

49. 1. Sind die vermögensrechtlichen Ansprüche der Kommunalbeamten, über die nach § 7 des preußischen Gesetzes vom 30. Juli 1899, betreffend die Anstellung und Versorgung der Kommunalbeamten, zu-

nächst der Bezirksausschuß mit Vorbehalt des ordentlichen Rechtsweges entscheidet, nur in der Gestalt des Leistungs-, oder auch in der des Feststellungsverlangens statthaft?

2. Findet die Vorschrift des § 12 des Gesetzes vom 30. Juli 1899, wonach die städtischen Beamten bei eintretender Dienstunfähigkeit, sofern nicht mit Genehmigung des Bezirksausschusses etwas anderes festgesetzt ist, Ruhegehalt nach den für die Pensionierung der unmittelbaren Staatsbeamten geltenden Grundsätze erhalten, auch auf diejenigen Beamten Anwendung, deren Anstellung schon in der Zeit vor der Geltung dieses Gesetzes erfolgt war, und zwar auch dann, wenn das Recht auf Bezug von Ruhegehalt entsprechend dem damals geltenden Gesetze durch Vertrag ausdrücklich ausgeschlossen war?

Preuß. Gesetz vom 30. Juli 1899 §§ 7. 12. 24.

III. Zivilsenat. Urt. v. 15. November 1904 i. S. Stadtgemeinde H. (Bekl.) w. P. (Kl.). Rep. III. 173/04.

I. Landgericht Kiel.
II. Oberlandesgericht daselbst.

Der im Jahre 1829 geborene Kläger wurde am 23. März 1875 zum Stadtkassierer der Beklagten gewählt, und zwar auf Grund eines Ausschreibens, worin die Berechtigung des Anzustellenden zum Bezuge von Ruhegehalt ausgeschlossen war. Er wurde am 31. Januar 1876 vereidigt und in sein Amt eingeführt. Nach dem Inkrafttreten des preußischen Gesetzes vom 30. Juli 1899 wurde ihm eine Anstellungsurkunde vom 12. Oktober 1900 ausgefertigt, worin die Bemerkung enthalten war: „Die Ruhegehaltsberechtigung ist gemäß der Stellenausschreibung vom 21. Januar 1875 ausgeschlossen." Infolge rechtskräftiger Entscheidung in einem darauf eingeleiteten Verwaltungsstreitverfahren wurde auf der Anstellungsurkunde vermerkt, daß jener Satz wegfalle, daß aber noch kein Beschluß der städtischen Kollegien über die Ruhegehaltsberechtigung erfolgt sei. Auf den Antrag des Klägers, diese durch Beschluß anzuerkennen, beschlossen die städtischen Kollegien, über die Berechtigung des Klägers zum Bezuge von Ruhegehalt während seines Verbleibens im Amte keinen Beschluß zu fassen. Dieser beantragte darauf bei dem Bezirksausschusse die Feststellung seines Anspruchs auf Ruhegehalt. Durch Bescheid des Vorsitzenden vom 5. März 1903 und auf erneuten Antrag des Klägers durch Beschluß des Bezirksausschusses selbst vom 20. Mai 1903 wurde die Entscheidung über den Anspruch wegen Mangels der Voraussetzungen des § 7 des Gesetzes vom 30. Juli 1899 abgelehnt, und der zuletzt erwähnte Beschluß wurde dem Kläger am 23. Mai 1903 zugestellt.

Dieser erhob im Juni 1903 Klage und behauptete, wegen seines hohen Alters ein rechtliches Interesse daran zu haben, zu wissen, ob ihm ein Ruhegehaltsanspruch zustehe. Er beantragte,

festzustellen, daß er, wenn er in den Ruhestand versetzt werde, von der Beklagten ein Ruhegehalt gemäß dem Gesetze vom 30. Juli 1899 und dem Ortsstatute vom 14. Februar 1900 zu beanspruchen habe.

Die Beklagte erachtete den Rechtsweg für unzulässig, auch den Anspruch selbst für unbegründet und beantragte die Klagabweisung.

Diesem Antrage gemäß erkannte das Landgericht.

Auf die Berufung des Klägers änderte das Oberlandesgericht dieses Urteil dahin ab, daß es eine Feststellung nach Maßgabe des Klagantrages traf.

Die hiergegen von der Beklagten eingelegte Revision ist zurückgewiesen.

Aus den Gründen:

... „Die Zulässigkeit des Rechtsweges bestreitet die Revision mit Unrecht. Allerdings könnte man diese schon deshalb zu verneinen geneigt sein, weil der § 7 des Gesetzes über die Anstellung und Versorgung der Kommunalbeamten vom 30. Juli 1899 nur streitige „vermögensrechtliche Ansprüche der Kommunalbeamten ... aus ihrem Dienstverhältnisse, insbesondere ... Ansprüche auf Besoldung, Reisekostenentschädigung, Pension," der Beschlußfassung des Bezirksausschusses zuweise und demnächst nur für sie den Rechtsweg gegen dessen oder den auf Beschwerde ergangenen Beschluß eröffne, mit der Feststellungsklage aber überhaupt noch kein „Anspruch" erhoben werde. In der Tat versteht das Gesetz unter den „vermögensrechtlichen Ansprüchen" zunächst die im Wege des Leistungsverlangens geltend gemachten Ansprüche. Dies ist um so mehr anzunehmen, als sich die Vorschrift des § 7, wie die Begründung zu dem Entwurfe des Gesetzes ausdrücklich bemerkt, „an die § 20 Abs. 4. § 36 Abs. 3 des Zuständigkeitsgesetzes vom 1. August

1883 anschließt" (vgl. Sammlung der Drucksachen des Herrenhauses 1899 Nr. 27 S. 16), für die wieder ersichtlich der § 65 Abs. 3 der Städte-Ordnung vom 30. Mai 1853 und die §§ 1 flg. des Gesetzes über die Erweiterung des Rechtsweges vom 24. Mai 1861 vorbildlich gewesen sind. Zur Zeit der Erlassung der beiden letztgenannten Gesetze aber waren Feststellungsklagen als eine allgemeine Form der Geltendmachung streitiger Rechte noch nicht anerkannt. Daraus folgt jedoch nicht, daß der Gesetzgeber, indem er gegen die Entscheidung der Verwaltungsbehörden auf dem Gebiete der Vermögensrechte der Staats- und der Kommunalbeamten aus ihrem Dienstverhältnisse den Rechtsweg eröffnete oder beibehielt, den Rechtsschutz vor den ordentlichen Gerichten, den er mit jenen Bestimmungen den Beamten gewähren wollte, gerade auf die Form beschränkt wissen wollte, die zur Zeit der Erlassung des betreffenden Gesetzes vom Zivilprozeßrechte allein anerkannt war. Vielmehr muß davon ausgegangen werden, daß das Gesetz den Rechtsschutz vor den ordentlichen Gerichten in dem Umfange hat gewähren wollen, wie ihn das jeweilig geltende Zivilprozeßrecht zulasse. Demgemäß muß, seitdem durch die deutsche Zivilprozeßordnung Feststellungsklagen allgemein, nicht bloß in den wenigen von dem früheren Zivilprozeßrechte anerkannten Sonderfällen, für statthaft erklärt sind, sofern nur der Kläger ein rechtliches Interesse an der alsbaldigen Feststellung des streitigen Rechtsverhältnisses darlegt, auch die Erhebung einer Feststellungsklage als eine Form der Anrufung des Rechtsschutzes angesehen werden, die der Absicht des Gesetzes bei Eröffnung oder Erhaltung des Rechtsweges entspricht. Daraus folgt aber wieder, daß auch der Verwaltungsbehörde gegenüber die Geltendmachung des Rechts des Beamten auch in der Gestalt des Verlangens der Feststellung eines Rechtsverhältnisses zulässig ist, sofern nur jene allgemeine Voraussetzung für einen solchen Antrag erfüllt ist, weil die Entscheidung der Verwaltungsbehörde, deren Erlassung die Vorbedingung für die Eröffnung des Rechtsweges bildet, eben deshalb über dasselbe Verlangen ergangen sein muß, das demnächst im Rechtswege verfolgbar sein soll. Für den § 7 des Gesetzes vom 30. Juli 1899 muß dies, ebenso wie für die früheren entsprechenden Bestimmungen des Zuständigkeitsgesetzes, um so mehr angenommen werden, als beide Gesetze zu einer Zeit ergangen sind, in der die deutsche Zivilprozeßordnung bereits in Geltung war, und als beide auch an den einschlägigen Stellen ausdrücklich eine Gestaltung des Verfahrens anerkennen, wonach die Beschlußfassung über die Feststellung eines bloßen Rechtsverhältnisses, nämlich darüber, welcher Teil des Diensteinkommens bei Feststellung der Ruhegehaltsansprüche als Gehalt anzusehen ist, der getrennten Anfechtung durch Klage im Verwaltungsstreitverfahren unterworfen ist, während im übrigen gegen den Beschluß des Bezirksausschusses oder den auf Beschwerde ergangenen Beschluß die Klage im ordentlichen Rechtswege stattfindet.

Das Urteil des Oberverwaltungsgerichts vom 31. März 1902 (Minist.-Bl. für die innere Verwaltung S. 114), das der Bezirksausschuß und der Oberpräsident in ihren Entscheidungen angezogen haben, spricht nur aus, daß das Beschluß- und das Verwaltungsstreitverfahren zur Feststellung streitiger vermögensrechtlicher Ansprüche von Kommunalbeamten aus ihrem Dienstverhältnisse, soweit eine Ruhegehaltsberechnung streitig sei, davon abhängig sei, daß der Ruhegehaltsanspruch entstanden, d. h. die Versetzung in den Ruhestand erfolgt sei, trifft also gar nicht Fälle der vorliegenden Art.

Daß ferner der Umstand der Beschreitung des Rechtsweges nicht entgegensteht, daß der Bezirksausschuß eine sachliche Entscheidung über das Feststellungsverlangen des Klägers abzugeben abgelehnt hat, hat das Berufungsgericht mit Recht im Anschlusse an das Urteil des IV. Zivilsenats des Reichsgerichts vom 3. November 1898 (Entsch. des R.G.'s in Zivils. Bd. 42 S. 281) angenommen. Die Beschreitung des den Beamten gewährleisteten Rechtsweges wäre ja auch ein sehr mangelhafter Rechtsbehelf, wenn sie davon abhinge, daß die Verwaltungsbehörde, die eine sachliche Entscheidung im gegebenen Falle wegen Mangels der gesetzlichen Voraussetzungen hierfür als unstatthaft betrachtet, gleichwohl eine solche abzugeben hätte, eine Voraussetzung, deren Erfüllung zu erzwingen dem Beamten kein Mittel gegeben ist.

Ist hiernach der Rechtsweg für zulässig zu erachten, so muß auch das besondere Erfordernis für die Erhebung der Feststellungsklage, daß der Kläger ein rechtliches Interesse an der alsbaldigen Feststellung des streitigen Rechtsverhältnisses habe, als gegeben angesehen werden." (Dies wird näher ausgeführt. Dann wird fortgefahren:)

„Auch dieser Anspruch selbst" — nämlich der Anspruch des Klägers auf Ruhegehalt nach Eintritt seiner Dienstunfähigkeit — „ist, in Übereinstimmung mit dem Berufungsgerichte, für begründet zu erachten. Nach § 7 Abs. 3 des Gesetzes, betreffend die Verfassung und Verwaltung der Städte und Flecken in der Provinz Schleswig-Holstein, vom 14. April 1869, insbesondere den Worten: „in Ermangelung besonderer Vereinbarung", war es bei der Anstellung städtischer Beamten, im Gegensatze zu den Mitgliedern des Magistrats, zulässig, daß zwischen der Anstellungsbehörde — dies waren nach § 75 Abs. 2 für den Stadtkassierer beide Stadtkollegien — und dem anzustellenden Beamten ein Abkommen darüber getroffen wurde, ob und welches Ruhegehalt diesem bei eintretender Dienstunfähigkeit gewährt würde, also insbesondere auch dahin, daß ein Anspruch darauf überhaupt ausgeschlossen sei. Die Gültigkeit einer solchen Vereinbarung war nach dem Wortlaute des Gesetzes in Verbindung mit der entsprechenden im Abs. 1 des § 78 über die Ruhegehälter der Bürgermeister und der besoldeten Mitglieder des Magistrats getroffenen besonderen Bestimmung, wonach für die Wirksamkeit abweichender Vereinbarungen die Genehmigung der Regierung für erforderlich erklärt war, von deren Genehmigung oder der einer anderen Aufsichtsbehörde unabhängig. Bis zum Inkrafttreten des Gesetzes vom 30. Juli 1899 stand demnach dem Kläger gegen die Beklagte kein Anspruch auf Ruhegehalt zu. Mit Recht hat aber das Berufungsgericht angenommen, daß dieser Rechtszustand eben durch das neue Gesetz geändert ist. Zutreffend hat es aus den §§ 1 und 24 abgeleitet, daß dieses sich auch auf die zur Zeit des Eintritts seiner Geltung schon angestellten Kommunalbeamten beziehe. Insbesondere ergibt die letztere Vorschrift, wonach, wenn ein nach Maßgabe des neuen Gesetzes zu bemessendes Ruhegehalt geringer ist, als dasjenige, das dem Beamten hätte gewährt werden müssen, wenn er am 31. März 1900, dem letzten Tage vor dem Inkrafttreten des Gesetzes, pensioniert worden wäre, die letztere Pension an Stelle der ersteren bewilligt wird, daß die Vorschriften des Gesetzes an sich auch auf die bereits angestellten Beamten Anwendung finden. Dann kommt aber auch der § 12 in Ansehung ihrer in Anwendung, wonach die Regel, daß die städtischen Beamten bei eintretender Dienstunfähigkeit Ruhegehalt nach den für die Pensionierung der unmittelbaren Staatsbeamten geltenden Grundsätzen erhalten, nur dann eine Ausnahme erleidet, „sofern nicht mit Genehmigung des Bezirksausschusses ein anderes festgesetzt ist". Daß in dieser Gestalt die Ausnahme hier nicht vorliegt, hat das Berufungsgericht ohne Rechtsirrtum angenommen. Es ist eben eine Genehmigung zu jener Anstellungsklausel weder von dem Bezirksausschusse noch von der Regierung oder deren Präsidenten erteilt. Daraus folgt, daß dem Kläger mit dem Eintritte der Geltung des Gesetzes vom 30. Juli 1899 ein Anspruch auf Ruhegehalt erwachsen ist.

Daß dies auch der Absicht des Gesetzes entspricht, folgt aus der Begründung zu den §§ 12 und 14 des Gesetzentwurfs mit Deutlichkeit. Der § 12 des letzteren ist im wesentlichen unverändert als Abs. 1 des § 12 des Gesetzes in dieses aufgenommen worden. Die Begründung der Regierungsvorlage kann deshalb insoweit für die Auffassung des Gesetzgebers verwertet werden. Sie besagt aber, nachdem die verschiedenen Fassungen der einzelnen Städteordnungen in der hier fraglichen Beziehung wiedergegeben sind (S. 20 a. a. O.):

„Die Prüfung der das Pensionsrecht regelnden Bestimmungen, unter welchen hier nur die landesgesetzlichen in Betracht kommen können, wird zu der Auffassung führen müssen, daß die Zulassung einer Vereinbarung ohne das Erfordernis der Genehmigung geeignet ist, den Wert der Pensionsberechtigung erheblich in Frage zu stellen. Es wird einem Widerspruche nicht begegnen, daß die städtischen Verwaltungen bei der großen Zahl von Bewerbern um Stellen in den städtischen Verwaltungen es leicht in der Hand haben, zum mindesten die Mehrzahl der Anstellungen von einem Verzichte auf die Pensionsberechtigung abhängig zu machen. . . . Erkennt die Gesetzgebung die Pensionsberechtigung der Gemeindebeamten als eine Forderung des öffentlichen Interesses an . . . und entschließt man sich nicht zu der Auffassung der hannoverschen Städteordnung, nach welcher abweichende, den Beamten ungünstige Vereinbarungen überhaupt nicht vorzubehalten sind, so wird das Erfordernis der Genehmigung nicht zu entbehren sein."

(A. a. O. S. 21).

Weiter aber heißt es ebenda von den besonderen Verhältnissen der städtischen Standesbeamten in bezeichnender Weise:

„Durch die Formulierung des Entwurfs werden auch die von dem Gemeindevorstande gegen Besoldung angestellten besonderen städtischen Standesbeamten, welche gemäß § 4 Abs. 4 des Personenstandsgesetzes Gemeindebeamte sind, Pensionsberechtigung erhalten“ ...

und ferner:

„Hierdurch wird ein wohltätiger Umschwung in den Verhältnissen dieser Beamten herbeigeführt werden, welche bei der bisherigen Beschränkung der Pensionsberechtigung auf lebenslänglich angestellte Beamte deshalb von einer solchen ausgeschlossen waren, weil der reichsgesetzliche Vorbehalt des Widerrufs mit einer lebenslänglichen Anstellung nicht vereinbar schien.“

Hier ist demnach die Anwendung des Gesetzes auf bereits angestellte Beamte, die früher keine Pensionsberechtigung besaßen, ausdrücklich hervorgehoben.“ ...

50. Können sachverständige Zeugen nach den Bestimmungen der Zivilprozeßordnung über die Ablehnung von Sachverständigen abgelehnt werden?

Z.P.O. §§ 414. 406.

II. Zivilsenat. Beschl. v. 15. November 1904 i. S. T. (Kl.) w. B. (Bekl.). Beschw.-Rep. II. 163/04.

I. Oberlandesgericht Jena.

Die Frage wurde verneint.

Aus den Gründen:

„Die sofortige Beschwerde des Klägers gegen den angefochtenen Beschluß, durch welchen das Gesuch desselben um Ablehnung eines sachverständigen Zeugen um deswillen zurückgewiesen worden ist, weil solche Zeugen nach den einschlagenden Bestimmungen der Zivilprozeßordnung überhaupt nicht wie Sachverständige abgelehnt werden können, ist zwar nach § 406 Abs. 4 Z.P.O. zulässig, aber sachlich nicht begründet.

Nach dem Beweisbeschlusse des Oberlandesgerichts vom 5. Oktober 1904 sollte der als sachverständiger Zeuge bezeichnete L. darüber vernommen werden, daß die vom Kläger dem Beklagten verkauften Äpfel nach ihrer Ankunft am Wohnsitze des Beklagten untersucht und als erfroren befunden worden seien, und daß ihr Aussehen darauf habe schließen lassen, daß sie bei ihrer Absendung erfroren gewesen seien. Danach ist die Voraussetzung des § 414 Z.P.O. — Vernehmung einer sachkundigen Person über vergangene Tatsachen und Zustände, zu deren Wahrnehmung eine besondere Sachkunde erforderlich war — gegeben, und es kommen nach der ausdrücklichen Bestimmung dieses Paragraphen die Vorschriften über den Zeugenbeweis — also nicht diejenigen über den Sachverständigenbeweis — zur Anwendung. Danach findet auch eine Ablehnung eines derartigen Zeugen als Sachverständigen gemäß § 406 Z.P.O. nicht statt, und es rechtfertigt sich somit die Entscheidung des angefochtenen Beschlusses."

51. Rechtsweg in Beziehung auf polizeiliche Verfügungen.

III. Zivilsenat. Urt. v. 15. November 1904 i. S. L. (Bekl.) w. K. (Kl.). Rep. III. 314/04.

I. Landgericht Posen.
II. Oberlandesgericht daselbst.

Gründe:

„Der Beklagte hat als zuständiger Distriktskommissar am 26. Mai 1903 dem Kläger die schriftliche polizeiliche Genehmigung erteilt, in der Gemarkung Rattaj bei Posen während des Pfingstschießens in der Zeit vom 31. Mai bis zum 7. Juni 1903 eine Radbude zur Verlosung von Schinken und anderen Gegenständen nach einem vorgelegten Spielplane aufzustellen. Nachdem daraufhin der Kläger eine Reihe von Aufwendungen gemacht hatte, hat der Beklagte durch Verfügung vom 30. Mai 1903 diese Genehmigung zurückgezogen, und eine von dem Kläger hiergegen erhobene Beschwerde ist durch Bescheid des Landratsamts zurückgewiesen, weil bei Erlassung der genehmigenden Verfügung vom 26. Mai 1903 die Regierungspolizeiverordnung vom 6. April 1877 übersehen sei. Wegen des durch die vergeblichen Aufwendungen ihm erwachsenen Schadens hat nunmehr der Kläger den Beklagten auf Grund des § 839 B.G.B. in Anspruch genommen.

Der Beklagte hat auf Grund des Gesetzes vom 11. Mai 1842 die Einrede der Unzulässigkeit des Rechtsweges erhoben.

Das Landgericht hat diese Einrede zurückgewiesen, weil, soweit die Verfolgung eines öffentlichen Beamten wegen einer in Ausübung seines Amts vorgenommenen Handlung in Frage stehe, die Bestimmungen des genannten Gesetzes durch § 11 Abs. 1 Einf.-Ges. zum G.V.G. beseitigt seien. Das Berufungsgericht hat dies im Anschlusse an die ständige Rechtsprechung des Reichsgerichts mißbilligt; es hat aber die Einrede gleichfalls verworfen, und zwar aus folgenden Gründen: Nach dem Gesetze vom 11. Mai 1842 sei die Prüfung der Gesetzmäßigkeit polizeilicher Verfügungen dem Zivil- und Strafrichter entzogen. Er habe, solange sie nicht aufgehoben seien, mit ihnen und den von ihnen geschaffenen Zuständen als feststehenden Tatsachen zu rechnen. Erst wenn sie aufgehoben seien, dürfe er in eine Prüfung der Gesetzmäßigkeit derselben eintreten, mit der Einschränkung, daß er an die Auffassung der Verwaltungsbehörden, wenn die Aufhebung durch deren Entscheidung erfolge, gebunden sei. Da nun im vorliegenden Falle der Beklagte die fragliche Verfügung vom 26. Mai 1903 selbst wieder aufgehoben habe, die eben erwähnte Beschränkung somit nicht zutreffe, so sei die Prüfung der Gesetzmäßigkeit der Verfügung vom 26. Mai 1903 im vollen Umfange im Rechtswege zulässig, die Zulässigkeit des Rechtsweges also gegeben.

Mit Recht werden diese Ausführungen von der Revision als rechtsirrig angefochten. Nach der klaren Bestimmung des § 1 des Gesetzes vom 11. Mai 1842 ist der Rechtsweg in Beziehung auf polizeiliche Verfügungen nur zulässig unter den Voraussetzungen der §§ 2—6 des Gesetzes. Der § 6 verlangt aber, daß die polizeiliche Verfügung im Wege der Beschwerde aufgehoben sei. Das ist vorliegend nicht der Fall, und die Voraussetzung der Zulässigkeit des Rechtsweges somit nicht gegeben. Die Annahme des Berufungsgerichts, es genüge, daß die polizeiliche Verfügung überhaupt aufgehoben sei, steht aber nicht nur mit dem Wortlaute des Gesetzes im Widerspruche, sondern entbehrt auch jedes inneren Grundes und widerspricht der ganzen Tendenz des Gesetzes, die Polizei von den Gerichten unabhängig zu stellen. Denn wenn in jedem Falle, in welchem eine Polizeiverfügung wieder aufgehoben wird, also auch wenn sie als unzweckmäßig aufgehoben wird, oder weil wirksamere Maßregeln ergriffen werden sollen, den Gerichten die freie Nachprüfung der polizeilichen Verfügung offenstände, dann wäre damit diese Unabhängigkeit der Verwaltungsbehörden hinsichtlich der Polizeiverfügungen im wesentlichen beseitigt. Es ist auch kein Grund erfindlich, weshalb, wenn einmal die Gerichte an die Auffassung der Verwaltungsbehörden gebunden sein sollen, dies nicht der Fall sein soll, wenn eine Verfügung später wieder aufgehoben wird.

Dennoch kann die Revision keinen Erfolg haben, weil sachlich die Entscheidung der Vorinstanzen gerechtfertigt ist. Denn auf den vorliegenden Fall trifft das Gesetz vom 11. Mai 1842 überhaupt nicht zu. Im vorliegenden Falle handelt es sich nicht um den Versuch, den Bestand jener polizeilichen Verfügung vom 26. Mai 1903 der richterlichen Nachprüfung zu unterziehen; nicht gegen diese Verfügung, die vom Kläger selbst beantragt und ihm erwünscht war, richtet sich der Angriff des Klägers, sondern er nimmt den Beklagten in Anspruch, weil er in Ausübung seines Amts fahrlässig gehandelt und dadurch ihn geschädigt habe. Das, was ihn geschädigt hat, und worauf seine Klage gestützt ist, ist, daß der Beklagte ihn fahrlässigerweise in den Glauben versetzt habe, er werde die Glücksbude eröffnen können, und daß er im Vertrauen hierauf Aufwendungen gemacht habe. Daß diese Fahrlässigkeit in Ausübung des Amts begangen sein soll, schließt nach § 11 Einf.-Ges. zum G.V.G. den Rechtsweg nicht aus. Es hätte nur nach § 11 Abs. 2 das. und dem preußischen Gesetze vom 13. Februar 1854 Konflikt erhoben werden können; das ist aber nicht geschehen. Gegen den Inhalt der Verfügung vom 26. Mai 1903 ist die Beschwerde des Klägers in keiner Weise gerichtet, auf ihn die Klage nicht gestützt, und das Gesetz vom 11. Mai 1842 kommt daher gar nicht in Frage. In ähnlichem Sinne hat sich das Reichsgericht auch bereits öfter ausgesprochen.

Vgl. die Entscheidungen vom 12. Januar 1884, 4. Januar 1890, 28. März 1890 in Gruchot's Beiträgen Bd. 28 S. 979, Bd. 33 S. 1029, Bd. 34 S. 1117."

52. Sind die Kosten eines vom Nebenintervenienten eingelegten und als unbegründet zurückgewiesenen Rechtsmittels, wenn die vom Nebenintervenienten unterstützte Prozeßpartei am Rechtsmittelverfahren teilnahm, der Prozeßpartei, oder dem Nebenintervenienten aufzuerlegen?

II. Zivilsenat. Urt. v. 18. November 1904 i. S. J. (Bekl.) u. B. (Nebenint.) w. N. (Kl.). Rep. II. 90/04.

I. Landgericht Mannheim.
II. Oberlandesgericht Karlsruhe.

Die Frage wurde dahin entschieden, daß der Prozeßpartei die Kosten des unbegründeten Rechtsmittels aufzuerlegen seien.

Aus den Gründen:

... „Die als unbegründet zurückzuweisende Revision ist zwar von dem Nebenintervenienten eingelegt; der Beklagte ist indessen nicht untätig geblieben; er hat seinerseits Revisionsanträge gestellt und Angriffe erhoben. Dadurch unterscheidet sich die gegebene Sachlage wesentlich von dem in dem Urteile des I. Zivilsenats vom 18. April 1900, Rep. I. 50/00 (Jurist. Wochenschr. 1900 S. 438 Nr. 4), entschiedenen Falle, wenn ohne Zutun und Teilnahme der Partei vom Nebenintervenienten das erfolglose Rechtsmittel eingelegt und durchgeführt wird; sie steht übrigens auch nicht gleich der vom VI. Zivilsenat im Urteile vom 11. Mai 1896, Rep. VI. 13/96 (Jurist. Wochenschr. 1896 S. 333 Nr. 3), erörterten Prozeßlage. Bei einer Sachlage wie hier ist daher die vom Nebenintervenienten unterstützte Partei nicht etwa bloß formell als Revisionsklägerin anzusehen, und sind ihr, nicht dem Nebenintervenienten, nach § 97 Z.P.O. die Kosten des erfolglosen Rechtsmittels aufzuerlegen; dagegen bleiben die durch die Nebenintervention verursachten Kosten dem Nebenintervenienten zur Last."

53. Ist ein von beiden Eheleuten mit einem Dritten geschlossener Kaufvertrag wegen Geschäftsunfähigkeit des Ehemannes für die Ehefrau nichtig, wenn diese den Vertrag auch ohne Beteiligung ihres Ehemannes geschlossen haben würde?

B.G.B. §§ 139. 421 flg.

V. Zivilsenat. Urt. v. 23. November 1904 i. S. H. Wwe. (Kl.) w. J. (Bekl.). Rep. V. 225/04.

I. Landgericht Leipzig.
II. Oberlandesgericht Dresden.

Durch notariellen Vertrag vom 29. Juli 1901 kauften die Eheleute H. vom Beklagten ein Grundstück. Der Ehemann H. wurde im November 1901 wegen Geisteskrankheit entmündigt. Sein Vormund erhob mit der Behauptung, sein Mündel sei bereits beim Abschlusse des Kaufvertrags geisteskrank gewesen, Klage mit dem Antrage, festzustellen, daß der Kaufvertrag im Verhältnisse des Beklagten zu beiden Eheleuten H. nichtig sei. Als der Ehemann H. am 14. Januar 1903 gestorben, und seine Ehefrau seine alleinige Testamentserbin geworden war, erhob diese sowohl als Erbin wie als Mitkäuferin Klage mit dem Antrage, festzustellen, daß der vom Beklagten mit den Eheleuten H. abgeschlossene Kaufvertrag nichtig sei. Der erste Richter erkannte nach diesem Antrage. Auf die Berufung des Beklagten wurde die Klage abgewiesen. Das Berufungsgericht hielt für erwiesen, daß der Ehemann der Klägerin sich am 29. Juli 1901 in einem seiner Natur nach nicht vorübergehenden Zustande krankhafter Störung seiner Geistestätigkeit befunden habe, durch welche die freie Willensbestimmung ausgeschlossen worden sei. Es erachtete deshalb die Willenserklärung, durch die der Ehemann der Klägerin am Kaufvertrage teilgenommen hatte, als die einer geschäftsunfähigen Person für nichtig. Und zwar müsse das Rechtsgeschäft in seiner Gesamtheit als nichtig gelten, wenn nicht anzunehmen sei, daß es auch ohne den nichtigen Teil vorgenommen sein würde. Das Berufungsgericht nahm jedoch aus tatsächlichen Gründen an, daß die Klägerin das Rechtsgeschäft vom 29. Juli 1901 auch ohne den infolge der Geschäftsunfähigkeit ihres Ehemannes nichtigen Teil vorgenommen haben würde, und daß hiervon auch beim Beklagten auszugehen sei. Die Revision der Klägerin ist zurückgewiesen aus folgenden

Gründen:

„1. Das Berufungsurteil wird durch die darin enthaltene Begründung getragen.

Der § 139 B.G.B. findet nicht nur Anwendung, wenn das Rechtsgeschäft objektiv aus mehreren Teilen besteht, sondern auch in den Fällen, wo bei dem Rechtsgeschäfte auf der einen oder der anderen Seite mehrere Personen als Vertragschließende beteiligt sind. Denn Teile eines Rechtsgeschäfts im Sinne des § 139 bilden alle seine Bestimmungen (vgl. Motive Bd. 1 S. 222), insbesondere also auch die Bestimmungen darüber, welche Personen bei dem Rechtsgeschäfte als Beteiligte mitwirken. Ist der Vertrag in bezug auf einen der Vertragschließenden nichtig, so ist nach § 139 der ganze Vertrag nichtig, wenn nicht anzunehmen ist, daß die übrigen Vertragschließenden ihn auch ohne Beteiligung desjenigen, dessen Willenserklärung nichtig ist, geschlossen haben würden.

Vgl. Planck, Bd. 1 Bem. zu § 139; Neumann, Bd. 1 Bem. 2 zu § 139; v. Staudinger, Kommentar Bd. 1 Bem. 3 Abs. 3 zu § 139.

Hiervon geht das Berufungsgericht bei der Begründung seiner Entscheidung aus, indem es aus seinen Feststellungen zu dem Ergebnisse gelangt, es sei anzunehmen, daß die Klägerin den Kaufvertrag vom 29. Juli 1901 auch ohne den infolge der Geschäftsunfähigkeit ihres Ehemanns nichtigen Teil, also ohne die Beteiligung ihres Ehemanns, geschlossen haben würde, und von der gleichen Annahme sei rücksichtlich des Beklagten ohne weiteres auszugehen. Es hält die Klägerin sowohl wie den Beklagten an den ganzen Vertrag für gebunden, weil beide den Vertrag auch ohne Beteiligung des Ehemanns der Klägerin geschlossen haben würden. Gegen diese Folgerung läßt sich der Vorwurf rechtsirrtümlicher Anwendung des § 139 mit Grund nicht erheben. Es kommt in Betracht, daß die Klägerin und ihr Ehemann das Grundstück als Ganzes für einen einheitlichen Preis gekauft haben, wodurch ausgeschlossen erscheint, daß jeder von ihnen einen Teil des Grundstücks oder einen Miteigentumsanteil daran habe erwerben wollen. Die tatsächlichen Feststellungen, auf welchen die Annahme des Berufungsgerichts beruht, daß nämlich die Klägerin beim Abschlusse des Vertrags damit gerechnet habe, ihr Ehemann sei wegen Geisteskrankheit unfähig, einen Vertrag für seine Person zu schließen, und daß die Klägerin sich für fähig erachtet haben könne, den Kaufvertrag ohne Beteiligung ihres Ehemanns abzuschließen und zu erfüllen, sind mit der Revision nicht angegriffen und auch bedenkenfrei getroffen.

Die Angriffe der Klägerin gehen von der irrigen Auffassung aus, der Kaufvertrag sei infolge der Geschäftsunfähigkeit ihres Ehemanns nur bezüglich der von diesem zu erwerbenden Hälfte des Grundstücks nichtig. Die Nichtigkeit ergreift lediglich die Mitwirkung des Ehemanns bei dem Vertrage, nicht den Gegenstand des Vertrags. Scheidet der Ehemann als Vertragschließender aus, so fragt sich nur, ob die übrigen Kontrahenten, die Klägerin und der Beklagte, dessenungeachtet den Vertrag in seinem ganzen Bestande geschlossen haben würden. Das Berufungsgericht hat gerade diese Frage gestellt und beantwortet. Es hat nicht den nichtigen Teil des Vertrags, bestehend in der Mitwirkung des Ehemanns, für wirksam erklärt, sondern erkennt die Nichtigkeit des Vertrags in diesem Teile ausdrücklich an, verneint aber die Annahme, daß dieser nichtige Teil Einfluß auf den Abschluß des Vertrags durch die übrigen Kontrahenten gehabt habe.

2. Nach Lage der Sache bedurfte es zur Abweisung der Klage nicht einmal der Anwendung des § 139 B.G.B.

Das Wesentliche beim Abschlusse des Kaufvertrags beruhte nach der maßgebenden Auffassung des Berufungsgerichts darin, daß jeder der beiden Eheleute das ganze Grundstück kaufen wollte und gekauft hat, und daß die Klägerin nicht nur mit Rücksicht auf die Mitbeteiligung ihres Ehemanns den Kauf abgeschlossen hat, sondern daß sie das Grundstück auch allein gekauft haben würde. Es wurde dadurch auf seiten der Klägerin und ihres Ehemanns ein Gesamtschuldverhältnis im Sinne der §§ 421 flg. B.G.B. begründet, vermöge dessen der Beklagte die Erfüllung des Vertrags von einem jeden der beiden Eheleute fordern konnte. Wenn nun auch der Ehemann der Klägerin infolge seiner Geschäftsunfähigkeit als Vertragschließender wegfiel, so blieb doch die Klägerin als Vertragschließende übrig und als solche selbständig zur Erfüllung des Vertrags verpflichtet. Dieser Verpflichtung kann sich die Klägerin nicht, wie sie mit der Klage versucht, dadurch entziehen, daß sie den Kaufvertrag aus eigenem Rechte als Mitkäuferin und als Rechtsnachfolgerin ihres

Ehemanns ansicht. Denn aus der Anfechtung aus dem Rechte ihres Mannes würde nur folgen, daß dessen, nicht aber, daß ihre eigene Erfüllungspflicht nicht bestehe, und die Anfechtung aus eigenem Rechte ist ausgeschlossen, weil ihre Erfüllungspflicht nicht davon abhängt, daß zugleich ihr Ehemann zur Erfüllung verpflichtet sei.

Vgl. Rehbein, Das Bürgerliche Gesetzbuch Bd. 1 S. 193, und Planck, sowie v. Staudinger, a. a. O."

54. Steht für die Anwendung des § 573 B.G.B. eine im Wege der Zwangsvollstreckung erfolgte Pfändung und Überweisung der auf die Zeit der Berechtigung des neuen Erwerbers eines vermieteten Grundstücks fallenden Mietzinsen einer von dem Vermieter und Veräußerer selbst ausgegangenen Verfügung über den Mietzins gleich?
B.G.B. §§ 571. 573. 1124.

III. Zivilsenat. Urt. v. 20. September 1904 i. S. M. (Bekl.) w. B. u. S. (Kl.). Rep. III. 67/04.

I. Landgericht Hamburg.
II. Oberlandesgericht daselbst.

Durch den Pfändungs- und Überweisungsbeschluß des Amtsgerichts in H. vom 4. Dezember 1902 wurden wegen der vollstreckbaren Forderungen der Kläger von 2600 und 2000 ℳ nebst Zinsen und Kosten aus dem rechtskräftigen Urteile des Landgerichts dort vom 8. November 1902 und den Kostenfestsetzungsbeschlüssen vom 8. und 15. desselben Monats die dem Schuldner K. als Eigentümer der Grundstücke N.'straße 3, 6 und 7 in H. angeblich zustehenden Mietzinsforderungen, und zwar die schon fälligen wie auch die erst später fällig werdenden, bei dreizehn namentlich bezeichneten Mietern jener Grundstücke, darunter auch bei dem Beklagten, bis zur Gesamthöhe von 4842,62 ℳ gepfändet und den Klägern zur Einziehung überwiesen. Durch Beschluß desselben Gerichts vom 20. Dezember 1902 wurden auf Grund des Kostenfestsetzungsbeschlusses vom 6. desselben Monats für den Kläger B. die am 1. Juli 1903, eintretendenfalls die später fällig werdenden Mietzinsen des Mieters L. B.

bis zur Höhe von 68,65 *M* gepfändet und ihm zur Einziehung überwiesen. Die Pfändungen wurden am 26. und 27. Dezember 1902 bewirkt. Am 10. Dezember 1902 teilte K. den Klägern mit, daß die am 1. Januar und 1. April 1903 fälligen Mietzinsen schon im Oktober 1902 an den Beklagten abgetreten gewesen seien. Die Kläger erkannten diese Abtretungen an; wegen der später fälligen Mietzinsen hielten sie dagegen ihre Ansprüche aufrecht. Anfang Januar 1903 wurde das Eigentum der Grundstücke von K. auf den Beklagten übertragen, wobei dieser die ergangenen Pfändungsbeschlüsse kannte. Da er gleichwohl die Pfändungen nicht gegen sich gelten lassen wollte, vielmehr Freigebung der Mietzinsen verlangte, so beantragten die Kläger, festzustellen, daß ihre Rechte aus den Pfändungs- und Überweisungsbeschlüssen dem Beklagten gegenüber wirksam, und dieser verpflichtet sei, ihr Recht auf Einziehung der in den Beschlüssen bezeichneten Mietzinsforderungen, die nach dem 1. April 1903 fällig würden, bis zur Deckung ihrer insgesamt 4910,77 *M* betragenden Forderung anzuerkennen.

Der Beklagte machte zu seiner Verteidigung u. a. geltend, daß der Erwerber eines Grundstücks Pfändungen von Mietzinsen aus der Zeit seines Rechtsvorgängers nicht gegen sich gelten zu lassen brauche, weil solche Pfändungen nicht den im § 573 B.G.B. erwähnten Verfügungen des Eigentümers gleichständen.

Das Landgericht wies die Klage ab, indem es annahm, daß den freiwilligen Verfügungen des Vermieters über den Mietzins, der auf die Zeit der Berechtigung des neuen Erwerbers des Grundstücks falle, Handlungen der Zwangsvollstreckung gegen ihn nicht gleichzustellen seien.

Auf die Berufung der Kläger erkannte das Oberlandesgericht, dem modifizierten Klagantrage entsprechend, dahin, es werde festgestellt, daß der im Januar 1903 erfolgte Übergang des Eigentums an den früher K.'schen Grundstücken N.'straße Nr. 3, 6 und 7 auf den Beklagten der Wirksamkeit der amtsgerichtlichen Pfändungsbeschlüsse vom 4. und 20. Dezember 1902 nicht entgegenstehe.

Die Revision des Beklagten ist zurückgewiesen.

Aus den Gründen:

... „Die Entscheidung über die erhobene Feststellungsklage hat demnach das Berufungsgericht mit Recht von der Beantwortung der

Frage abhängig gemacht, ob für die Anwendung des § 573 B.G.B. eine im Wege der Zwangsvollstreckung erfolgte Pfändung und Überweisung der auf die Zeit der Berechtigung des neuen Erwerbers eines vermieteten Grundstücks fallenden Mietzinsen einer von dem Vermieter und Veräußerer selbst ausgegangenen Verfügung über den Mietzins gleichsteht, oder nicht. Dem Berufungsgerichte ist aber auch in der Bejahung der Frage, die allerdings in Wissenschaft und Rechtsprechung gleichmäßig streitig ist[1], beizutreten.

Der § 573 B.G.B. lautet:

„Eine Verfügung, die der Vermieter vor dem Übergange des Eigentums über den auf die Zeit der Berechtigung des Erwerbers entfallenden Mietzins getroffen hat, ist insoweit wirksam, als sie sich auf den Mietzins für das zur Zeit des Überganges des Eigentums laufende und das folgende Kalendervierteljahr bezieht. Eine Verfügung über den Mietzins für eine spätere Zeit muß der Erwerber gegen sich gelten lassen, wenn er sie zur Zeit des Überganges des Eigentums kennt."

Daß letztere Voraussetzung im vorliegenden Falle zutrifft, hat das Berufungsgericht bedenkenfrei festgestellt.

Einzuräumen ist zuvörderst, daß der Wortlaut des Gesetzes, namentlich die Wahl der tätigen Form: „Eine Verfügung, die der Vermieter" ... „getroffen hat", für die Beschränkung der Vorschrift auf rechtsgeschäftliche Verfügungen spricht. Dabei kommt jedoch in Betracht, daß auch an anderen Stellen des Bürgerlichen Gesetzbuchs sich eine gleiche Ausdrucksweise findet, daß aber an diesen kein Zweifel darüber besteht, daß der eigenen Verfügung des Berechtigten die aus seinem Rechte abgeleitete im Wege der Zwangsvollstreckung erfolgende Verfügung gleichsteht. Hierher gehört der § 588 Abs. 1 Satz 2, wonach der Pächter eines Grundstücks, wenn er das Inventar zum Schätzungswerte mit der Verpflichtung übernommen hat, es bei Beendigung der Pacht zu diesem Werte zurückzugewähren, „über die einzelnen Stücke innerhalb der Grenzen einer ordnungsmäßigen Wirtschaft verfügen" kann; ferner der

[1] Eine Übersicht der Literatur und Rechtsprechung gibt Wolff bei Gruchot, Bd. 48 S. 256 und 257. Inzwischen ist noch hinzugetreten Bendix, in einem weiteren Aufsatze in der Deutschen Juristen-Zeitung von 1904 S. 856—858. D. E.

§ 747, wonach „jeder Teilhaber einer Gemeinschaft über seinen Anteil verfügen“ kann (vgl. hierzu Planck, 2. Aufl. Bem. 1 zu § 747). Endlich ist hierher zu zählen der § 2033 Abs. 1 Satz 1:

„Jeder Miterbe kann über seinen Anteil an dem Nachlasse verfügen.“

Daß hiermit eine Verfügung über den Anteil gegen den Miterben im Wege der Zwangsvollstreckung nicht ausgeschlossen ist, ergibt der § 859 Abs. 2 Z.P.O., wodurch ausdrücklich ausgesprochen ist, daß ein solcher Anteil der Pfändung unterworfen sei. Hieraus erhellt jedenfalls soviel, daß aus dem Umstande allein, daß die maßgebenden Vorschriften des Bürgerlichen Gesetzbuchs die Zwangsvollstreckung oder Arrestvollziehung gegen den Verfügungsberechtigten nicht der rechtsgeschäftlichen Verfügung über ein bestimmtes Vermögensstück ausdrücklich gleichstellen, nicht gefolgert werden darf, daß das Gesetz eine solche Gleichstellung nicht zulasse. Es muß vielmehr in denjenigen Fällen, in denen eine solche nicht ausdrücklich ausgesprochen ist, wie dies ausdrücklich geschehen ist in den §§ 135, 161, 184 Abs. 2, 353 Abs. 2, 499, 883 Abs. 2 und 2115 (vgl. Planck, a. a. O. Vorbemerkung IX 4 Abs. 2 zum 3. Abschnitte des 1. Buchs des Bürgerlichen Gesetzbuchs), nach dem sonstigen Inhalte, dem Grunde und Zwecke der Vorschrift geprüft werden, ob das Gesetz unter dem Verfügen nur eine rechtsgeschäftliche Verfügung des Berechtigten verstanden wissen will, oder ob trotz der Wahl der tätigen Form, als der für den regelmäßigen Fall zutreffenden, darunter doch auch Verfügungen fallen sollen, die gegen den Berechtigten im Wege der Zwangsvollstreckung oder der Arrestvollziehung, aber aus seinem Rechte getroffen werden. Jedenfalls ist die Frage mit dem Hinweise darauf, daß nach § 851 Z.P.O. und den §§ 398 und 400 B.G.B. im allgemeinen Forderungen, die abgetreten werden können, auch der Pfändung unterworfen sind, allein nicht zu entscheiden, weil eben behauptet wird, daß gerade in dem eigentümlich gefaßten § 573 eine besondere Vorschrift gegeben sei, die für die von ihr betroffenen Fälle eine Abweichung von jener Regel festsetze.

In den vorher erwähnten Beziehungen kommt nun zunächst der Inhalt des § 573 im allgemeinen und namentlich sein angeblicher Charakter als Ausnahmebestimmung im Verhältnisse zu dem Grundsatze des § 571 in Frage. Allerdings schreibt der § 571, ähnlich wie das preußische Allgemeine Landrecht, vor, daß, wenn das vermietete Grundstück nach der Überlassung an den Mieter von dem Vermieter an einen Dritten veräußert werde, der Erwerber an Stelle des Vermieters in die sich während der Dauer seines Eigentums aus dem Mietverhältnisse ergebenden Rechte und Verpflichtungen eintrete. Daraus folgt aber grundsätzlich noch nicht, daß der Vermieter wegen der doch an sich nur von seinem freien Willen abhängigen möglichen späteren Veräußerung des Grundstücks nicht berechtigt wäre, im voraus über die künftig fällig werdenden Mietzinsen (vgl. § 823 Z.P.O.) zu verfügen. Grundsätzlich ist er vielmehr hierzu, soweit es sich um Forderungen aus einem bestimmten, bereits begründeten Mietverhältnisse handelt (vgl. § 844 Z.P.O.), für befugt zu erachten, und es fragt sich vielmehr umgekehrt nur, ob und inwieweit das Gesetz, weil es andererseits den Nachfolger im Eigentume des vermieteten Grundstücks in die Rechte und Pflichten aus dem Mietverhältnisse für die Dauer seines Eigentums eintreten läßt, auch die Vorausverfügungen des früheren Eigentümers und Vermieters über die Mietzinsen rückwärts für unwirksam erklären wollte. Diese Regelung ist im § 573 lediglich nach Gesichtspunkten der Zweckmäßigkeit erfolgt. Immerhin aber enthält diese Vorschrift, soweit sie die Verfügungen des Vermieters über den Mietzins, von denen sich demnächst ergibt, daß sie in die Zeit der Berechtigung des neuen Erwerbers des Grundstücks fallen, auch diesem gegenüber für wirksam erklärt, insbesondere aber die Bestimmung, daß solche Verfügungen der Erwerber zeitlich unbeschränkt gegen sich gelten lassen muß, wenn er sie zur Zeit des Übergangs des Eigentums gekannt hat, nur eine Rückkehr zu dem allgemeinen Grundsatze der Freiheit des Vermieters eines Grundstücks, über die Mietzinsforderungen aus den von ihm abgeschlossenen Mietverträgen auch schon im voraus zu verfügen.

Gleichwohl braucht dieser Bedeutung des § 573, wonach der ausdehnenden Auslegung der Vorschrift jedenfalls nicht ihr behaupteter Charakter als Ausnahmebestimmung entgegensteht, kein entscheidendes Gewicht beigelegt zu werden. Denn in jedem Falle sprechen Grund und Zweck des Gesetzes mit Deutlichkeit dafür, daß unter den Verfügungen des Vermieters über den auf die Zeit der Berechtigung des Erwerbers fallenden Mietzins, auf die sich der § 573 bezieht, auch diejenigen Verfügungen verstanden werden sollen, die darüber im Wege der Zwangsvollstreckung aus dem Rechte des Vermieters getroffen werden. Ersichtlich beruhen die Bestimmungen auf dem Gedanken, daß, ganz abgesehen von der rechtlichen Gestaltung der Befugnis des Vermieters einerseits und des neuen Erwerbers des vermieteten Grundstücks andererseits zur Verfügung über die in die Zeit nach dem Eigentumswechsel fallenden Mietzinsen, ein wirtschaftliches Bedürfnis dafür besteht, daß mindestens bis zu einer gewissen festen zeitlichen Grenze der Vermieter auch für den Fall einer späteren Veräußerung des vermieteten Grundstücks über die künftig fällig werdenden Mietzinsen mit unbeschränkter Rechtswirksamkeit, ohne Rücksicht auf die Kenntnis oder Nichtkenntnis des Erwerbers von einem solchen Vorgange, müsse verfügen können, und zwar ebensowohl im Interesse seines Kredits, wie in dem der tunlichsten Sicherung oder Befriedigung seiner Gläubiger. Diesem wirtschaftlichen Bedürfnisse des Vermieters bezweckt zunächst der Satz 1 des § 573 entgegenzukommen, indem er die Verfügungen, die der Vermieter über den Mietzins schon im voraus über den Zeitpunkt des Eigentumsübergangs hinaus getroffen hat, auch wenn sie dem Erwerber zur Zeit des Eigentumsübergangs unbekannt sind, insoweit für wirksam erklärt, als sie sich auf den Mietzins für das laufende und das folgende Kalendervierteljahr beziehen. Aus dem gleichen Grunde wird aber sogar noch darüber hinaus der Erwerber an die Verfügungen des Vermieters über den Mietzins für die spätere Zeit gebunden, wenn er sie zur Zeit des Eigentumsübergangs kennt, offenbar in der Erwägung, daß er dann noch der Regel nach in der Lage sei, durch entsprechende Maßnahmen dem Veräußerer gegenüber seine Schadloshaltung durchzusetzen. Was aber hiernach für die rechtsgeschäftlichen Vorausverfügungen des Vermieters über den Mietzins gilt, das beansprucht auch für die Verfügungen Geltung, die aus seinem Rechte heraus im Wege der Zwangsvollstreckung oder Arrestvollziehung gegen ihn getroffen werden. Denn wenn der Grund und Zweck für die ausgedehnte Wirksamkeit der ersteren das wirtschaftliche Bedürfnis des Vermieters zu solchen Verfügungen bildet, so besteht das gleiche auch für die Maßnahmen der Vollstreckung. Ob der Vermieter selbst durch die Vorausverfügung über den Mietzins eine bestehende Schuld tilgt oder sich die Mittel zum Erwerbe eines

Gebrauchsgegenstands beschafft, oder ob durch Zwangsvollstreckung in den Mietzins einer seiner Gläubiger befriedigt wird, begründet in dieser Hinsicht keinen Unterschied: immer kommt im letzten Grunde die Wirksamkeit solcher Verfügungen dem Vermögen des Vermieters zugute. Mit Recht ist schon in der Literatur[1] darauf hingewiesen, daß gerade die Rücksicht auf den Vermieter die gleiche Behandlung der Pfändung des Mietzinses und seiner eigenen rechtsgeschäftlichen Verfügungen über sie erheischt, daß die Unstatthaftigkeit der Pfändung der Mietzinsforderungen in dem im § 573 bestimmten Umfange lediglich zur Folge haben würde, daß statt ihrer sofort die Zwangsversteigerung oder die Zwangsverwaltung von dem Gläubiger beantragt würde, die doch in vielen Fällen dann alsbald zum wirtschaftlichen Zusammenbruche des Schuldners führe.

Aber auch die Regelung, die der ähnliche Fall der Haftung der Miet- oder Pachtzinsen für die Hypothekenforderung im § 1124 B.G.B. gefunden hat, spricht für die Auslegung des § 573 in dem hier vertretenen Sinne. Auch hier stellt, ähnlich wie bei der Ordnung der Rechte des Erwerbers eines Grundstücks auf den Mietzins der § 571, der § 1123 Abs. 1 zunächst einen leitenden Satz auf:

„Ist das Grundstück vermietet oder verpachtet, so erstreckt sich die Hypothek auf die Miet- oder Pachtzinsforderung“,

und knüpft daran in Abs. 2 eine Ausnahme wegen der schon fälligen Forderungen, die mit dem Ablaufe eines Jahres nach dem Eintritte der Fälligkeit von der Haftung frei werden, wenn nicht vorher die Beschlagnahme zugunsten des Hypothekengläubigers erfolgt. Darauf folgt in § 1124 Abs. 1 Satz 1 die Bestimmung:

„Wird der Miet- oder Pachtzins eingezogen, bevor er zugunsten des Hypothekengläubigers in Beschlag genommen worden ist, oder wird vor der Beschlagnahme in anderer Weise über ihn verfügt, so ist die Verfügung dem Hypothekengläubiger gegenüber wirksam“...,

und weiter in Abs. 2 die Vorschrift:

„Die Verfügung ist dem Hypothekengläubiger gegenüber unwirksam, soweit sie sich auf den Miet- oder Pachtzins für eine spätere Zeit als das zur Zeit der Beschlagnahme laufende und das folgende Kalendervierteljahr bezieht.“

[1] Von Lafrenz in der Jurist. Wochenschrift 1902 S. 353; dagegen jetzt Bendix in der Deutschen Juristen-Zeitung 1904 S. 857. D. E.

Hier erkennen auch diejenigen, die für die Fälle des § 573 die Gleichstellung der im Wege der Zwangsvollstreckung gegen den Vermieter erfolgenden Verfügungen mit dessen rechtsgeschäftlichen Verfügungen leugnen, an, daß alle Verfügungen, die über den Miet- oder Pachtzins vor der Beschlagnahme des Grundstücks getroffen sind, dem Hypothekengläubiger gegenüber völlig gleich zu behandeln sind, mögen sie in einem Rechtsgeschäfte des Grundstückseigentümers, oder in einer Handlung der Zwangsvollstreckung gegen ihn enthalten sein, und zwar wird dies hier schon aus der Wahl der leidenden Form „wird" . . . „verfügt", welche die Person des Verfügenden ununterschieden lasse, abgeleitet. In Wirklichkeit aber bietet der Fall des § 1124 keinen sachlichen Grund zu einer von der des Falles des § 573 verschiedenen Behandlung. Wie in jenen die Rücksicht auf die tunlichste Sicherung des Hypothekengläubigers gegen eine Gefährdung der für seine Forderung bestehenden Pfandhaft dazu geführt hat, den aus dem Rechte des Grundstückseigentümers fließenden Vorausverfügungen über den Miet- und Pachtzins für eine spätere Zeit als das zur Zeit der Beschlagnahme laufende und das folgende Kalendervierteljahr die Rechtswirksamkeit zu versagen, so hat auch in den Fällen des § 573 die Rücksicht auf die Wahrung der Rechte des neuen Grundstückserwerbers zu einer entsprechenden Einschränkung der Wirksamkeit der aus dem Rechte des bisherigen Eigentümers abgeleiteten Vorausverfügungen über den Miet- und Pachtzins geführt. Dann kann aber auch andererseits für die hiernach rechtswirksam bleibenden Verfügungen über den Miet- oder Pachtzins kein Unterschied zwischen den Fällen des § 573 und denjenigen des § 1124 in Ansehung der Person bestehen, von der sie getroffen werden, ob unmittelbar von dem Vermieter, oder aus dessen Rechte von dem die Zwangsvollstreckung gegen ihn betreibenden Gläubiger.

Bestätigt wird dieses Ergebnis der Auslegung des Gesetzes durch seine Entstehungsgeschichte. Der § 573 B.G.B. verdankt, wie bekanntlich schon die Aufnahme des Grundsatzes „Kauf bricht nicht Miete", als dessen Folgesatz sich jener darstellt, in das Gesetzbuch, einem Beschlusse der Komission für die zweite Lesung seine Entstehung.

Vgl. Protokolle dieser Kommission Bd. 2 S. 136 flg. 139 flg.

Ist nun auch in den hierüber geführten Verhandlungen, wenigstens soweit die Protokolle darüber Aufschluß geben, nirgends **ausdrücklich** erwähnt, daß die Verfügung über den Mietzins im Wege der Zwangsvollstreckung der rechtsgeschäftlichen Verfügung des Vermieters gleichstehe, so wird doch dort für die Aufnahme der Bestimmung u. a. gerade auch auf den § 1069 Abs. 2 des ersten Entwurfs, der „auf dem gleichen Gedanken beruhe", hingewiesen. Diese Vorschrift des ersten Entwurfs aber entspricht sachlich, wenn auch mit gewissen hier nicht in Betracht kommenden Änderungen, dem § 1124 B.G.B. Wird also von diesem, wie erwähnt, allgemein anerkannt, daß er sich gleichmäßig auf rechtsgeschäftliche Verfügungen des Vermieters über den Mietzins und auf solche, die darüber im Wege der Zwangsvollstreckung gegen ihn getroffen werden, beziehe, so muß das gleiche nach der Absicht der Kommission für die zweite Lesung auch von dem jetzigen § 573 B.G.B. gelten." (Es wird dann ausgeführt, daß auch abgesehen hiervon der Hinweis der Kommission auf den § 1069 des ersten Entwurfs als auf dem gleichen Gedanken wie der § 573 beruhend deshalb besonders bezeichnend sei, weil jener eine noch charakteristischere Form, als sie demnächst für den § 1124 gewählt worden, für die allgemeine Natur der darin vorgesehenen Verfügungen über die Miet- und Pachtzinsen enthalten habe. Es wird fortgefahren:)

„Nicht ohne Belang ist aber auch eine Bemerkung, die sich in der Begründung zu dem ersten Entwurfe des Bürgerlichen Gesetzbuchs in der allgemeinen Lehre von den Rechtsgeschäften über den Begriff des „Verfügens" findet.

„Den Verfügungen . . ., welche der Beteiligte selbst vornimmt, stehen diejenigen gleich, welche, wie bei der Zwangsvollstreckung und Arrestvollziehung, aus seinem Rechte erfolgen. Wenn dies in einzelnen Fällen (§ 107 Abs. 1. § 127 Abs. 4. §§ 135. 837 Abs. 1. § 957 Abs. 4) im Interesse der Deutlichkeit besonders hervorgehoben ist, so darf daraus für andere Fälle (vgl. § 430 Nr. 1. § 544 Abs. 3. § 763 zc.) kein gegenteiliger Schluß gezogen werden."

Motive Bd. 1 S. 128.

Wenn demgegenüber darauf hingewiesen ist, daß in dem hier erwähnten § 430 Nr. 1 des ersten Entwurfs die Kommission für die zweite Lesung gleichwohl noch den Zusatz beschlossen habe, der jetzt als Abs. 2 des entsprechenden § 353 B.G.B. erscheine:

„Einer Verfügung des Berechtigten steht eine Verfügung gleich, die im Wege der Zwangsvollstreckung oder der Arrestvollziehung oder durch den Konkursverwalter erfolgt,"

so beweist dies um so weniger etwas gegen die Schlüssigkeit jener Bemerkung der Begründung des ersten Entwurfs, als an den beiden anderen von dieser besonders hervorgehobenen Stellen, in denen die Gleichstellung der im Wege der Zwangsvollstreckung erfolgenden Verfügungen mit den rechtsgeschäftlichen des Berechtigten selbst nicht ausdrücklich ausgesprochen ist, § 544 Abs. 3 — jetzt § 588 — und § 763 — jetzt § 747 —, auch die Kommission für die zweite Lesung keine Ergänzung für erforderlich erachtet hat, ohne daß ersichtlich wäre, daß sie hier die Gleichstellung beider Fälle nicht beabsichtigt hätte, so daß sie sich jene Auffassung der ersten Kommission ersichtlich angeeignet hat."

(Im weiteren wird noch darauf hingewiesen, daß die Übereinstimmung der dem § 573 B.G.B. entsprechenden Bestimmungen des § 566 des dem Reichstage vorgelegten Entwurfs mit den Vorschriften des § 1107 dieses Entwurfs — § 1124 B.G.B. — auch noch die Denkschrift S. 117 hervorhebe, von der jener Entwurf begleitet war, und es wird fortgefahren:)

„Nach alledem muß angenommen werden, daß die Fassung des § 573 B.G.B.: „Eine Verfügung, die der Vermieter ... getroffen hat", nur deshalb, weil die rechtsgeschäftliche Verfügung des Vermieters über den Mietzins den regelmäßigen Fall einer Vorausverfügung über diesen bildet, gewählt ist, ohne daß deshalb die im Wege der Zwangsvollstreckung aus seinem Rechte heraus erfolgende Verfügung von der Anwendung der aufgestellten Vorschrift hätte ausgeschlossen werden sollen.

Dieses Ergebnis der Gesetzesauslegung wird aber endlich auch noch durch die geschichtlichen Grundlagen der in Betracht kommenden Vorschriften erhärtet. Mit Annahme des Grundsatzes „Kauf bricht nicht Miete" hat für weite Rechtsgebiete des Reichs, insbesondere außer dem Bezirke des rheinisch-französischen Rechts (vgl. Code civil Art. 1743) für den Geltungsbereich des preußischen

Allgemeinen Landrechts, das bestehende Recht aufrecht erhalten werden sollen.

Vgl. Protokolle der Kommission für die zweite Lesung Bd. 2 S. 138.

Ebenso hat sich die Gesetzgebung bei der Regelung der Wirksamkeit oder Unwirksamkeit von Vorausverfügungen über den Miet- oder Pachtzins in bezug auf die Rechte der Hypothekengläubiger, wie schon die Begründung zu dem ersten Entwurfe des Bürgerlichen Gesetzbuchs Bd. 3 S. 667 bemerkt, dem preußischen Rechte angeschlossen. Zwar hat das Bürgerliche Gesetzbuch in Ansehung des Eintritts des Erwerbers eines vermieteten Grundstücks in die aus dem Mietverhältnisse sich ergebenden Rechte eine andere rechtliche Gestaltung für die Durchführung des angenommenen Grundsatzes gewählt, als es das preußische Allgemeine Landrecht getan hatte. Dieses hatte den Übergang der Rechte und Pflichten aus dem Mietsverhältnisse auf den neuen Erwerber des Grundstücks gemäß § 358 A.L.R. I. 21 als einen mit der Eigentumsübertragung sich vollziehenden Übergang der Rechte und Pflichten aus dem Mietsverhältnisse angesehen, also als einen im Wege der Einzelrechtsnachfolge bewirkten Eintritt in ein ganzes bestehendes Rechtsverhältnis, in Forderung und Schuld, bei dem auch für den Übergang der Rechte eine besondere Abtretung nicht für erforderlich erachtet wurde.

Vgl. Förster-Eccius, 6. Aufl. Bd. 2 § 136 S. 180 und die dort in Anm. 76 bezeichnete Rechtsprechung des Obertribunals.

Demgemäß mußte der Käufer nicht nur die Vorauszahlung des Mietzinses, sondern auch dessen Abtretung zeitlich unbeschränkt gegen sich gelten lassen, und er konnte sich deswegen nur an den Vermieter und Verkäufer als seinen Rechtsvorgänger halten.

Vgl. Striethorst, Archiv für Rechtsfälle Bd. 3 S. 167., Bd. 41 S. 253, Bd. 57 S. 187.

Eben weil man diese aus dem Wesen der Rechtsnachfolge sich ergebenden unbeschränkten Wirkungen etwaiger Vorausverfügungen des Vermieters über den Mietzins in das neue deutsche Bürgerliche Recht nicht übernehmen, weil man zum Vorteile des

Erwerbers solche Vorausverfügungen für einen längeren Zeitraum, sofern sie ihm unbekannt geblieben, nicht gelten lassen wollte, hat die Kommission für die zweite Lesung, indem sie den jetzigen § 571 B.G.B. annahm, sich für eine Gestaltung des Eintritts des neuen Erwerbers des vermieteten Grundstücks in die aus dem Mietverhältnisse sich ergebenden Rechte und Pflichten entschieden, die eine Nachfolge seiner in die Rechte und die Pflichten des Veräußerers ausschloß, die vielmehr die gleichen Rechte und Pflichten in seiner Person „unmittelbar kraft Gesetzes", also selbständig, unabhängig von den Rechten und Pflichten des Veräußerers, lediglich aus seinem Eigentume an dem vermieteten Grundstücke, entstehen ließ. Hierüber lassen die Verhandlungen jener Kommission keinen Zweifel (vgl. Protokolle Bd. 2 S. 139). Aber trotz dieser verschiedenen rechtlichen Gestaltung des Eintritts des Erwerbers in die aus dem Mietverhältnisse sich ergebenden Rechte und Pflichten bleibt wegen des allgemeinen geschichtlichen Zusammenhangs zwischen den beiden Rechten gerade in dieser Materie doch für die Entscheidung der vorliegenden Frage immer bedeutungsvoll der Umstand, daß die Verfügungsfreiheit, die hiernach das preußische Allgemeine Landrecht dem Vermieter in bezug auf künftig zur Entstehung kommende Miet- und Pachtzinsen gewährte, stets in dem weiteren Sinne verstanden wurde, wonach sie sich auch auf die im Wege der Zwangsvollstreckung aus dem Rechte des Vermieters getroffenen Verfügungen mitbezog. Dies ist in der Rechtsprechung des Obertribunals ausdrücklich anerkannt.

Vgl. Erkenntnis vom 15. September 1868, Striethorst, Archiv für Rechtsfälle Bd. 72 S. 181; Koch, 4. Aufl. Anm. 79 Abs. 4 zu § 358 A.L.R. I. 21.

War aber hiernach die im Wege der Zwangsvollstreckung erfolgende Vorausverfügung über den Mietzins in der hier in Frage stehenden Beziehung der rechtsgeschäftlichen nach preußischem Rechte lediglich deshalb gleichgestellt, weil auch sie aus dem Rechte des Vermieters bewirkt wurde, so muß angenommen werden, daß sie auch das Bürgerliche Gesetzbuch in diesem Umfange hat anerkennen wollen, soweit die von ihm gezogene zeitliche Grenze solchen Vorausverfügungen überhaupt noch Raum gelassen hat.

Ähnlich hatte der § 480 A.L.R. I. 20 Verfügungen des Vermieters oder Verpächters über den Miet- oder Pachtzins für ein Vierteljahr im voraus gegenüber schon eingetragenen Hypothekengläubigern gestattet, während eine solche, insbesondere auch der Empfang einer Vorauszahlung des Zinses auch nur für ein Vierteljahr nach § 481 erst später einzutragenden gegenüber nur dann gelten sollte, wenn die Verfügung in das Hypothekenbuch eingetragen wäre. Die in dieser Verschiedenheit liegende Kasuistik hatte demnächst der § 31 des Grunderwerbsgesetzes vom 5. Mai 1872 dadurch beseitigt, daß er allgemein

„die Vorauserhebung, Abtretung und Verpfändung von Pacht- und Mietzinsen auf mehr als ein Vierteljahr“

für unwirksam, diese Verfügungen auf ein Vierteljahr also gegenüber jedem Hypothekengläubiger für wirksam erklärte.

Vgl. Werner, Materialien zu den preußischen Grundbuch- und Hypothekengesetzen Bd. 2 S. 32.

Aber obgleich auch hier ausdrücklich immer nur von jenen Verfügungen des Berechtigten selbst über die Miet- und Pachtzinsen die Rede war, hat weder in der Wissenschaft noch in der Rechtsprechung des preußischen Rechts je ein Zweifel darüber bestanden, daß den eigenen Verfügungen des Eigentümers auch hier die im Wege der Zwangsvollstreckung gegen ihn erwirkten gleichstanden.

Vgl. Förster-Eccius, a. a. O. Bd. 3 § 199 S. 564.

Es ist daher, da nicht nur die Begründung des ersten Entwurfs des Bürgerlichen Gesetzbuchs zu dessen § 1069 betont, daß der Entwurf „sich im wesentlichen der Vorschrift des preußischen Gesetzes“ — nämlich eben des Grunderwerbsgesetzes — „anschließe“, sondern auch die Kommission für die zweite Lesung des Entwurfs hervorhebt, daß „auf dem gleichen Gedanken“, wie die jetzt die §§ 571 und 573 bildenden Bestimmungen, „die Vorschriften des preußischen Gesetzes über den Eigentumserwerb ꝛc vom 5. Mai 1872 § 31 und des Entwurfs § 1069 Abs. 2 beruhten“, um so mehr anzunehmen, daß in beiden Abschnitten des Gesetzgebungswerkes die maßgebenden Faktoren den jetzigen § 573, ebenso wie den jetzigen § 1124, auch auf Verfügungen im Wege der Zwangsvollstreckung haben bezogen wissen wollen.

Die zur Entscheidung stehende Frage ist daher in Übereinstimmung mit dem Urteil des V. Zivilsenats des Reichsgerichts vom 28. Mai 1904 in Sachen Mu. wider Me., Rep. V. 524/03,[1] zu bejahen. Daraus ergibt sich nach dem oben Ausgeführten die Zurückweisung der Revision." ...

55. Pflichten des Sicherheitszessionars gegenüber dem Zedenten.
B.G.B. §§ 662 flg.

V. Zivilsenat. Urt. v. 23. November 1904 i. S. Vereinsbank in Sch. (Bekl.) w. S. (Kl.). Rep. V. 215/04.

I. Landgericht Meiningen.
II. Oberlandesgericht Jena.

Der Kaufmann L. schuldete der Beklagten größere Beträge und hatte ihr Depotwechsel von 5000, 5000 und 15000 *M* gegeben. Den einen Wechsel über 5000 *M* hatte die Klägerin, die anderen ihre Schwester (Schwiegermutter des L.) als Bürgin unterschrieben. Nachdem L. den einen Wechsel über 5000 *M*, den seine Schwiegermutter mitunterschrieben hatte, gedeckt hatte, mahnte die Beklagte die beiden Bürginnen an Deckung des Restbetrags. Im Auftrage der Klägerin übergab L. der Beklagten den Brief über eine auf seinem Grundstücke nach 10000 *M* für die Klägerin eingetragene Hypothek von 11200 *M*. Die Beklagte setzte auf den Brief eine Erklärung, daß die Klägerin ihr diese Hypothek abtrete, und die Klägerin unterschrieb diese Erklärung. Ihre Unterschrift wurde beglaubigt, und die Hypothek im Grundbuche auf den Namen der Beklagten umgeschrieben. Auf Antrag des ersten Hypothekengläubigers wurde das Grundstück zwangsversteigert. Die Beklagte erstand es (für 11000 *M*). Die Hypothek von 11200 *M* fiel, abgesehen von einem Zinsenbetrage, aus. Von der Beklagten wurde das Grundstück alsbald für 20500 *M* weiterverkauft. Die Klägerin verlangte mit der Klage Zahlung von 6200 *M* nebst Zinsen, weil die Abtretung irrtümlich erfolgt, und die

[1] S. Bd. 58 dieser Sammlung Nr. 46 S. 181. D. R.

Beklagte in Höhe von 6200 *M* ungerechtfertigt bereichert sei. Die Beklagte verlangte Abweisung der Klage, indem sie behauptete, daß die Hypothek ihr zur Deckung der Gesamtschuld des L. abgetreten worden sei.

Der erste Richter verurteilte die Beklagte zur Zahlung von 3700 *M* und Zinsen und wies die Mehrforderung der Klägerin ab. Beide Teile legten Berufung ein. Die Berufung der Beklagten wurde durch Teilurteil zurückgewiesen. Die Revision der Beklagten gegen dieses Urteil ist zurückgewiesen worden aus folgenden

Gründen:

... „Der Berufungsrichter stellt in rein tatsächlicher Auslegung der Willenserklärungen der Parteien fest, daß die Abtretung der Hypothek nur zur Sicherung der Beklagten wegen der Bürgschaftsschuld der Klägerin von 5000 *M* erfolgt sei. Daran knüpft er die zutreffende Ausführung, daß die Beklagte verpflichtet sei, den aus der Verwertung der abgetretenen Hypothek erzielten Überschuß an die Klägerin herauszuzahlen. Diesen Überschuß berechnet der Berufungsrichter auf mindestens 3700 *M*, da die Beklagte einerseits bei Zugrundelegung des Weiterverkaufspreises von 20500 *M* und andererseits bei Berücksichtigung der von ihr auf 1800 *M* angegebenen Kosten- und Zinsenzahlungen im Subhastationsverfahren mindestens 8700 *M* durch Verwertung der Hypothek erhalten habe. Auf den Scheinausfall der Hypothek bei der Zwangsversteigerung könne die Beklagte sich nicht berufen; denn der erstehende Hypothekengläubiger, der die Hypothek gar nicht oder nur zu einem kleinen Teile ausbiete, müsse sich so behandeln lassen, als hätte er bis zum wahren Werte des Grundstücks geboten. Als wahrer Wert sei aber der von der Beklagten bei der Weiterveräußerung erzielte Preis anzunehmen.

Nun kann freilich der vorletzte Satz dieser Begründung in dieser Allgemeinheit nicht als richtig anerkannt werden; aber in ihrem Endergebnisse stellt sich die vom Berufungsgerichte getroffene Entscheidung als richtig dar. Es steht fest, daß die Zession der Hypothek nur zur Sicherung der Beklagten wegen der Bürgschaftsschuld von 5000 *M* dienen sollte. Die Zession zur Sicherheit enthält begrifflich einen Auftrag und begründet ein Treuverhältnis zwischen dem Zedenten und dem Zessionar. Nach den Grundsätzen von Treu und Glauben in Verbindung mit den §§ 662 flg. B.G.B. ist ein solcher Zessionar einer Forderung verpflichtet, das Interesse des Zedenten wahrzunehmen, also z. B. die Forderung ordnungsmäßig beizutreiben oder so gut wie möglich zu verwerten und den Erlös, insoweit er die gesicherte Forderung überschreitet, an den Zedenten herauszugeben (§ 667 B.G.B.). Ist, wie im vorliegenden Falle, eine Hypothekenforderung Gegenstand der Sicherungszession, und kommt das verhaftete Grundstück zur Zwangsversteigerung, so hat der Zessionar die Rechte des Zedenten bei der Zwangsversteigerung wahrzunehmen, zumal da der Zedent von dem Versteigerungsverfahren keine Nachricht erhält, wenn, wie im vorliegenden Falle, die Hypothek auf den Namen des Zessionars im Grundbuche umgeschrieben ist. Er muß dafür sorgen, daß das Grundstück zu einem angemessenen Preise zugeschlagen wird, und darf die durch die Zession erlangte formale Rechtsstellung nicht dazu benutzen, das Grundstück weit unter seinem Werte an sich zu bringen und dadurch seinen Machtgeber zu schädigen. Tut er es dennoch, so handelt er wider Treu und Glauben; der von ihm herbeigeführte Ausfall der Hypothek ist nur ein scheinbarer, da er in dem höheren Werte des Grundstücks Deckung für die Hypothek erhält. Diese Deckung erlangt er aus der Geschäftsbesorgung, und daher muß er den seine gesicherte Forderung übersteigenden Wertbetrag an den Zedenten herausgeben (§ 667 B.G.B.). Im vorliegenden Falle hat die Beklagte unstreitig ihre formale Stellung als eingetragene Gläubigerin der ihr von der Klägerin zur Sicherheit abgetretenen Hypothek dazu benutzt, das Pfandgrundstück zu erwerben. Nach der Feststellung des Berufungsrichters war der Wert dieses Grundstücks um mindestens 8700 *M* höher, als der Betrag des Meistgebots, für das die Beklagte den Zuschlag erhalten hat. Die Beklagte will diesen bei der Weiterveräußerung des Grundstücks erlangten Mehrwert behalten. Damit verstößt sie gegen den Grundsatz von Treu und Glauben und gegen den § 667 B.G.B., nach dem sie den ihre Forderung von 5000 *M* übersteigenden Betrag an die Klägerin herausgeben muß." ...

56. In welcher Weise ist, wenn ein Kontokorrentsaldo anerkannt worden ist, und die die Aktivseite übersteigenden Passivposten zum Teil aus klaglosen Börsentermingeschäften herrührten, zu ermitteln,

zu welchem Betrage der anerkannte Saldo eine Schuld aus den klaglosen Börsentermingeschäften enthält?

I. Zivilsenat. Urt. v. 26. November 1904 i. S. K. & Co. Konkursverw. (Kl.) w. D. L. & Co. (Bekl.). Rep. I. 302/04.

I. Landgericht I Berlin.
II. Kammergericht daselbst.

Aus den Gründen:

„Nach dem Revisionsurteile vom 11. Mai 1903 bedurfte es noch der Feststellung, zu welchem Betrage der Saldo von 4621,40 ℳ, den der Rechnungsauszug für das zweite Halbjahr 1898 zuungunsten der Firma K. & Co. ergeben, und den die Firma anerkannt hatte, eine Schuld aus Börsentermingeschäften enthielt.

Wie der erkennende Senat bereits wiederholt, zuletzt in einem Urteile vom 14. November 1903 (Entsch. des R.G.'s in Zivils. Bd. 56 Nr. 5), erkannt hat, sind, wenn ein Kontokorrentsaldo anerkannt ist, und die die Aktivseite übersteigenden Passivposten zum Teil aus klaglosen Differenz- oder Börsentermingeschäften herrühren, durch die der Saldofeststellung zugrunde liegende Verrechnung — selbstverständlich nur, sofern nicht etwas anderes verabredet ist — die aus solchen Geschäften stammenden Passivposten verhältnismäßig als getilgt anzusehen; was danach als ungetilgt von diesen Posten übrig bleibt, ergibt den Betrag, zu welchem der anerkannte Saldo eine unverbindliche Schuld aus klaglosen Geschäften enthält, und deshalb auch das Saldoanerkenntnis selbst unverbindlich ist. Davon scheint auch das Berufungsgericht auszugehen; in Wahrheit ist es nicht der Fall.

Das Berufungsgericht streicht, indem es erwägt, daß ja der klagende Konkursverwalter die geschlossenen Börsentermingeschäfte als gültig nicht anerkenne, sowohl auf der Passiv- wie auf der Aktivseite des Rechnungsauszugs alle aus Börsentermingeschäften herrührenden Posten, stellt in das Debet den Betrag ein, um welchen die Summe der gestrichenen Passivposten aus Börsentermingeschäften die Summe der gestrichenen Aktivposten aus Börsentermingeschäften übersteigt, und verrechnet nun den Gesamtbetrag der stehengebliebenen Aktivposten verhältnismäßig auf die stehengebliebenen Passivposten und den neu eingestellten, den Verlust der Firma K. & Co. aus Börsentermingeschäften während des zweiten Halbjahres 1898 darstellenden Debetposten.

Hiernach ist aber dem Berufungsgerichte der Vorwurf zu machen, daß es selbständig eine (nach seiner Meinung zu einem angemessenen Ergebnisse führende) Verrechnung vorgenommen hat, während es nur die Aufgabe hatte, das Ergebnis einer von den Kontokorrentparteien vorgenommenen Verrechnung zu ermitteln. Wie vielfach vom erkennenden Senat ausgesprochen worden ist, kann die Schuld aus einem nach § 66 des Börsengesetzes unverbindlichen Börsentermingeschäfte, weil sie zwar nicht klagbar, aber erfüllbar ist, zum Gegenstande eines Aufrechnungsvertrages gemacht, kann gegen eine Forderung aus einem Börsentermingeschäfte und mit einer solchen Forderung vertragsweise aufgerechnet werden. Ein derartiger Aufrechnungsvertrag kam hier dadurch zustande, daß die Firma K. & Co. den Saldo des ihr von der Beklagten zugesandten Rechnungsauszugs anerkannte, und die Rechtsbeständigkeit dieses in der Vergangenheit liegenden Vertrages kann nicht dadurch berührt werden, daß der Konkursverwalter der Firma K. & Co. im gegenwärtigen Prozesse Ansprüche darauf stützt, daß die geschlossenen Börsentermingeschäfte ungültig seien. Der Aufrechnungsvertrag hatte dann aber, da etwas Abweichendes nicht vereinbart wurde, keinen anderen Inhalt, als den, daß die Gesamtheit der auf der Aktivseite des Rechnungsauszugs stehenden Posten mit Einschluß derjenigen aus Börsentermingeschäften gegen die Gesamtheit der auf der Passivseite stehenden Posten wiederum mit Einschluß derjenigen aus Börsentermingeschäften aufgerechnet wurde, wovon die Wirkung sein mußte, daß jeder Passivposten, und somit auch jeder Passivposten aus einem Börsentermingeschäfte zu einem Bruchteile getilgt wurde, dessen Nenner der Gesamtbetrag der Passivposten, und dessen Zähler der Gesamtbetrag der Aktivposten war.

Vgl. Greber, Das Kontokorrentverhältnis S. 103. 104; Trumpler, in der Zeitschrift für das ges. Handelsrecht Bd. 50 S. 488. 489.

Da alle Passivposten zusammen 863245,91 ℳ, alle Aktivposten zusammen 858624,51 ℳ, und endlich die Passivposten aus Börsentermingeschäften zusammen 797501,50 ℳ betrugen, so ergibt sich, daß die Gesamtschuld aus Börsentermingeschäften zu $\frac{85862451}{86324591}$ durch Aufrechnung erlosch, und demnach in dem Saldo von 4621,40 ℳ eine ungetilgt gebliebene Schuld aus Börsentermingeschäften in Höhe von 4269,44 *M* enthalten war.

Es ist richtig, daß bei einer Aufrechnung, wie sie hier als vorliegend angenommen wird, selbst in dem Falle, wenn die Passivseite die Aktivseite übersteigt, jedoch der Gesamtbetrag der aus Börsentermingeschäften stammenden Passivposten nicht höher oder gar niedriger ist, als der Gesamtbetrag der aus Börsentermingeschäften abzuleitenden Aktivposten, der Saldo zum Teil eine Schuld aus Börsentermingeschäften, und daher das Saldoanerkenntnis zu diesem Teile unverbindlich sein würde. Aber darauf kann es nicht ankommen. Wer im Vertrauen darauf, daß die Gegenseite sich auf das Börsengesetz nicht berufen werde, sich auf unverbindliche Termingeschäfte einläßt, ein diese mitumfassendes Kontokorrentverhältnis eingeht und dann einen Aufrechnungsvertrag abschließt, bei welchem alle Posten als gleichwertig behandelt werden, muß die Folgen davon auf sich nehmen." ...

---

57. Unterliegen der Anfechtung Rechtshandlungen des Schuldners, durch die er gegen Aufwendung von Bestandteilen seines Vermögens das Entgelt dafür in das Vermögen des Dritten fließen läßt, ohne daß er äußerlich mit diesem in unmittelbare rechtliche Beziehungen tritt?

Anfechtungsgesetz vom $\frac{\text{21. Juli 1879}}{\text{17. Mai 1898}}$ § 3.

VII. Zivilsenat. Urt. v. 29. November 1904 i. S. B. (Bekl.) w. A. (Kl.). Rep. VII. 254/04.

I. Landgericht Münster.
II. Oberlandesgericht Hamm.

Der Kläger hatte gegen den Kaufmann K. den rechtskräftigen Vollstreckungsbefehl vom 7. November 1897 über 3000 *M* nebst Zinsen erlangt. Die Zwangsvollstreckung in das Vermögen des Schuldners führte zu einer Befriedigung des Klägers nicht. Dem Schuldner stand als letztes Vermögensobjekt gegen die Firma W. & Ko. eine Kaufgeldrestforderung von 6000 *M* zu, die von dieser Firma in der Weise getilgt wurde, daß ihr Mitinhaber Ko. am 12. November

1897 eine für ihn eingetragene Hypothek von 6000 *M* auf Anweisung des K. an dessen Schwiegervater, den Landwirt B. V., abtrat. Diese Abtretung focht der Kläger gegen den Beklagten als den Erben des B. V. auf Grund des Anfechtungsgesetzes vom $\frac{\text{21. Juli 1879}}{\text{17. Mai 1898}}$ an.

Beide Vorinstanzen gaben der Anfechtung statt. Die Revision des Beklagten wurde zurückgewiesen.

Aus den Gründen:

„Der Berufungsrichter stellt fest, daß der Kaufmann K., als er die Übertragung der Hypothek von 6000 *M* durch Ko. an B. V. veranlaßte, die Absicht gehabt hat, seine Gläubiger zu benachteiligen, und daß diese Absicht dem B. V. bekannt gewesen ist. Diese Feststellung ist nicht zu beanstanden, auch nicht angefochten. Deshalb, und da im übrigen unstreitig die Voraussetzungen der §§ 1 und 2 des Anfechtungsgesetzes gegeben sind, ist nach § 3 Ziff. 1 daselbst die vom Kläger erhobene Anfechtung gegen B. V. und nach § 11 Abs. 1 auch gegen dessen Erben begründet. Die Revision rügt, die Berufungsentscheidung verletze den § 7 das., wonach der anfechtende Gläubiger nur dasjenige beanspruchen könne, was durch die anfechtbare Handlung aus dem Vermögen des Schuldners veräußert, weggegeben oder aufgegeben sei; denn die von B. V. erworbene Hypothek habe niemals zu dem Vermögen des K. gehört. Letzteres ist zwar nicht zu bestreiten, da K. nur einen Anspruch auf Bezahlung seiner Kaufgeldforderung von 6000 *M*, nicht aber auf Übertragung der gleich hohen Hypothek hatte; die Rüge ist aber unbegründet.

Das Reichsgericht hat schon im Urteile vom 3. Februar 1899 (Entsch. des R.G.'s in Zivils. Bd. 43 S. 83. 85) ausgesprochen, der § 7 a. a. O. treffe auch diejenigen Fälle, in denen es der Schuldner verstanden hat, die rechtlichen Formen des wirtschaftlich Gewollten, d. h. der beabsichtigten Übertragung von Vermögenswerten aus seinem Vermögen in dasjenige des Dritten, so zu gestalten, daß der Schuldner und der dritte Erwerber äußerlich in keine unmittelbare Beziehungen zueinander treten, materiell aber das Vermögen des Schuldners zugunsten des Erwerbers vermindert wird, und demzufolge der letztere, wenn er zur Duldung der Zwangsvollstreckung in den Gegenstand des Erwerbs gezwungen wird, nur das zurückgewährt, was dem Schuldner entzogen ist. An diesem Grundsatze ist festzuhalten. Danach unterliegen der Anfechtung insbesondere Rechtshandlungen des

Schuldners, durch die er gegen Aufwendung von Bestandteilen seines Vermögens das Entgelt dafür in das Vermögen des Dritten fließen läßt. Eine derartige Rechtshandlung hat hier K. vorgenommen. Sein Vermögen ist um die Kaufgeldforderung von 6000 *M*, ohne daß dafür ein Gegenwert aus dem Vermögen der Firma W. & Ko. in das seinige gelangt wäre, vermindert, und das Vermögen des B. V. um den gleich hohen Betrag durch den Erwerb der Hypothek vermehrt worden, ohne daß dieser bis dahin einen Anspruch auf Übertragung der Hypothek gegen W. & Ko. gehabt oder einen Gegenwert für den Erwerb hergegeben hätte. Für die Anfechtbarkeit der Rechtshandlung ist es dabei ohne Bedeutung, wie man deren Rechtswirkungen im einzelnen juristisch konstruiert, ob also K. nach Vereinbarung mit der Firma W. & Ko., daß diese ihm an Erfüllungsstatt für das geschuldete Kaufgeld die Hypothek gewähren solle, diesen Anspruch unter entsprechender Anweisung an W. & Ko. dem B. V. übertragen hat, oder ob K. unmittelbar mit W. & Ko. zugunsten eines Dritten, des B. V., übereingekommen ist, diese Firma solle gegen Erlassung seiner Kaufgeldforderung die Hypothek an B. V. abtreten. Entscheidend ist allein, daß zur Benachteiligung seiner Gläubiger K. Werte aus seinem Vermögen beseitigt hat, die, wenn auch in anderer Gestalt, in das Vermögen des mit der Benachteiligungsabsicht des K. bekannten Dritten gelangt sind." . . .

58. Unterbringung einer nach dem Invalidenversicherungsgesetze vom 19. Juli 1899 (R.G.Bl. S. 463) versicherten Person in einem Krankenhause der Versicherungsanstalt. Wird durch sie ein Vertragsverhältnis begründet, bei dem die Anstalt dem Versicherten nach § 278 B.G.B. haftet?

VI. Zivilsenat. Urt. v. 3. Oktober 1904 i. S. M. (Kl.) w. Landesversicherungsanstalt B. (Bekl.). Rep. VI. 45/04.

I. Landgericht I Berlin.
II. Kammergericht daselbst.

Der Kläger war am 30. April 1902 in dem von der Beklagten verwalteten Sanatorium G. in Pflege und erlitt nach der Feststellung des Berufungsgerichts einen Unfall, weil der Hausdiener B. entgegen der von der Hausleitung ihm erteilten Anweisung die Lampe auf dem Hausgange zehn Minuten früher ausgelöscht hatte, als er durfte. Das übrige ergibt sich aus den

Gründen:

... „Das Versehen ihres Angestellten verpflichtet die Beklagte zur Entschädigung, sofern sie nicht den im § 831 B.G.B. offen gelassenen Entlastungsbeweis führt. Das Berufungsgericht hat indessen diesen Beweis als geführt angesehen, und gegen diese, prozessual unbedenkliche, Beweiswürdigung sind von der Revision Einwendungen nicht erhoben. Letztere rügt aber, daß das Berufungsgericht zu Unrecht jenen Beweis für rechtlich erheblich erachtet habe; dadurch sei § 278 B.G.B. verletzt. Die Unterbringung des Klägers in der Heilanstalt der Beklagten beruhe auf einem Vertrage, der durch das vom Kläger angenommene Anerbieten der Beklagten, ihm in dieser Form die Kosten des Heilverfahrens zu gewähren, zum Abschluß gekommen sei. Die näheren Einzelheiten des Vertrages lägen freilich tatbestandsmäßig nicht vor. Aber das Berufungsgericht sei verpflichtet gewesen, das näher aufzuklären, und habe, indem es das zu tun unterlassen habe, § 139 Z.P.O. verletzt. Dieser Angriff geht fehl.

Der Tatbestand enthält über den Anlaß, aus dem der Kläger sich in der Heilanstalt der Beklagten befunden hat, nichts weiter, als daß er in krankem Zustande dieser Anstalt zur Pflege überwiesen sei. Damit war jedoch dem Gericht eine ausreichende Unterlage für die rechtliche Beurteilung der Sache gegeben; denn alles weitere ergibt sich, da der Kläger selbst anderweitige tatsächliche Behauptungen nicht aufgestellt hat, aus dem Invalidenversicherungsgesetz vom 19. Juli 1899, worin die Einrichtung der Versicherungsanstalten und die Unterbringung eines erkrankten Versicherten in einer Heilanstalt geregelt ist. Das Berufungsgericht hat daher zu einer weiteren Aufklärung des gesetzlich bestimmten Verhältnisses der Parteien nicht Anlaß gehabt, und von einem Verstoß gegen die Vorschrift des § 139 Z.P.O. kann nicht die Rede sein.

Der Revisionsbeklagte hält die Beschwerde über die Verletzung des § 278 B.G.B für unzulässig, weil in den Vorinstanzen gar nicht behauptet sei, daß die Parteien in einem Vertragsverhältnis zueinander gestanden hätten, die Behauptung, daß ein Vertrag geschlossen sei, somit eine in dieser Instanz nicht zu berücksichtigende neue tatsächliche Behauptung sei. Dem war jedoch nicht beizutreten; denn die Revision macht nur geltend, daß das Berufungsgericht unterlassen habe, den seiner Entscheidung unterbreiteten Tatbestand unter den richtigen rechtlichen Gesichtspunkt zu bringen. Zulässig ist deswegen die Beschwerde; aber sie ist unbegründet.

Die Versicherung nach Maßgabe des Gesetzes vom 19. Juli 1899 erfolgt nicht auf Grund eines Vertrages, dessen Inhalt die wechselseitigen Verpflichtungen des Versicherers und Versicherten bestimmt, sondern ist eine im Interesse des Gemeinwohls angeordnete, öffentlichrechtliche Einrichtung. Das Gesetz schreibt vor, was dem Versicherten zu gewähren ist, und von wem die Kosten aufzubringen sind; es überträgt auch die Entscheidung über das Maß dieser Verpflichtungen den besonders dafür geschaffenen Behörden. Dem Vertragswillen der Beteiligten ist nirgends Raum gelassen, und die Möglichkeit, daß der Versicherte eintretendenfalls auf die ihm zu gewährenden Leistungen verzichten kann, ist nicht ausreichend, dem im übrigen der Verfügungsmacht der Beteiligten entzogenen Verhältnisse die rechtliche Bedeutung eines Vertrages zu geben, den die Versicherungsanstalt durch Gewährung der im Gesetz bestimmten Leistungen zu erfüllen habe. Wenn daher die Revision gemeint hat, hier von einem Zwangsvertrage sprechen zu können, so ist das abzulehnen.

Die Gewährung der dem Versicherten zu widmenden Fürsorge kann nach § 18 des Gesetzes unter gewissen Voraussetzungen in der Form erfolgen, daß der Versicherte in einem Krankenhause oder einer Anstalt für Genesende untergebracht wird. Der Versicherungsanstalt ist die Befugnis beigelegt, über diese Unterbringung zu entscheiden; sie muß indessen, wenn der Versicherte verheiratet ist oder eine eigene Haushaltung hat oder Mitglied der Haushaltung seiner Familie ist, nach § 18 Abs. 2 seine Zustimmung dazu einholen. Diese Vorschrift des Abs. 2 enthält lediglich eine Einschränkung der im Abs. 1 der Versicherungsanstalt gegebenen Befugnis, über die Form der Gewährung des Heilverfahrens zu bestimmen. Sie wandelt aber nicht das dem öffentlichen Recht angehörige Verhältnis der Versicherungsanstalt zum Versicherten in einen privatrechtlichen Vertrag um. Deswegen liegt weder in der Annahme der Unterbringung in der Heilanstalt durch den Kläger, noch auch in dessen, übrigens bisher nicht behaupteter, ausdrücklicher Zustimmung dazu die Annahme eines privatrechtlichen Angebots des Beklagten und damit der Abschluß eines Vertrages. Die Verpflegung des Klägers in der Anstalt der Beklagten stellt sich in jedem Falle lediglich als die Gewährung der der Beklagten öffentlichrechtlich auferlegten Leistung dar, nicht aber als die Erfüllung einer Schuldverbindlichkeit im Sinne des Bürgerlichen Gesetzbuchs. Der § 278 ist daher in den Vorinstanzen mit Recht nicht angewendet worden." ...

59. 1. **Wann kann der Nacherbe vom Vorerben Sicherheitsleistung, und wann Entziehung der Verwaltung verlangen?**
2. **Ist das Zurückbehaltungsrecht des Bürgerlichen Gesetzbuchs auf Schuldverhältnisse im engeren Sinne beschränkt?**

B.G.B. §§ 2128. 2129. 273.

IV. Zivilsenat. Urt. v. 6. Oktober 1904 i. S. P. (Bekl.) w. S. (Kl.). Rep. IV. 96/04.

I. Landgericht I Berlin.
II. Kammergericht daselbst.

Der Kläger war Vorerbe, die Beklagten, seine minderjährigen Kinder, waren Nacherben ihrer Mutter, der am 13. Juli 1902 verstorbenen Mathilde P. Kurz vor ihrem Tode hatte die P. ihrer Schwester vier Einlagebücher der Berliner städtischen Sparkasse übergeben, mit dem Auftrage, die Guthaben abzuheben und auf den Namen der Beklagten bei der Reichsbank einzuzahlen. Kläger verlangte im Prozesse die Einwilligung der Beklagten dazu, daß ihm das Amtsgericht die Sparkassenbücher, die es als Vormundschaftsgericht in Verwahrung hatte, herausgebe. Als Vorerbe sei er jedenfalls auf deren Besitz berechtigt. Die Beklagten erachteten die Sparkassenguthaben als zum Nachlaß ihrer verstorbenen Mutter gehörig; sie behaupteten aber, daß sich der Kläger in ungünstiger Vermögenslage befinde, forderten deshalb Sicherheitsleistnng und verweigerten bis dahin die verlangte Einwilligung. Das Landgericht wies die Klage ab. Auf

Berufung des Klägers verurteilte das Kammergericht die Beklagten nach dem Klagantrage. Die Revision der Beklagten ist für begründet erachtet worden aus folgenden

Gründen:

„Der Berufungsrichter verkennt die Bedeutung der §§ 2128. 1052. 2129 B.G.B., wenn er in dem von den Nacherben gestellten Verlangen nach Sicherheitsleistung einen „Eingriff in das Verwaltungs- und Nießbrauchsrecht des Vorerben" erblickt und zur Rechtfertigung solchen Verlangens für erforderlich erachtet, daß der Vorerbe zur Sicherheitsleistung zuvor rechtskräftig verurteilt, und daß ihm durch gerichtliche Anordnung die Verwaltung entzogen sei. Der § 2128 Abs. 1 B.G.B. gewährt — übrigens in fast wörtlicher Übereinstimmung mit § 1051 — dem Nacherben den klagbaren und deshalb auch mit Einrede verfolgbaren Anspruch auf Sicherheitsleistung schon dann, wenn durch das Verhalten des Vorerben oder durch seine ungünstige Vermögenslage die Besorgnis einer erheblichen Verletzung der Rechte des Nacherben begründet ist. Dieser Anspruch steigert sich nur gemäß § 1052 bis zur Entziehung der Verwaltung und zur Bestellung eines Sequesters, wenn es der Vorerbe zur rechtskräftigen Verurteilung hat kommen lassen. Ein derartiges Sequestrationsverlangen haben jedoch die Beklagten im Streitfalle gar nicht gestellt. Sie beschränken sich vielmehr auf das Verlangen der Sicherheitsleistung und halten bis dahin mit der gegen sie eingeklagten Leistung zurück. Es ist aber auch rechtsirrig, wenn ihnen der Berufungsrichter dieses Zurückbehaltungsrecht abspricht, weil sie an den Sparkassenbüchern keinen Besitz hätten, und weil ein Schuldverhältnis zwischen ihnen und dem Kläger nicht in Frage stände. Einmal drängt die ganze Sachlage zu der Annahme, daß das Vormundschaftsgericht die Bücher für niemand anders, als für die beklagten Minderjährigen verwahre (§ 868 B.G.B.). Zum anderen ist übersehen, daß die Klage nicht auf Herausgabe der Bücher, sondern auf Einwilligung zur Herausgabe durch einen Dritten gerichtet ist.

Die Leistung, mit welcher die Beklagten zurückhalten, ist deshalb nicht Herausgabe eines in ihrem Besitze befindlichen Gegenstandes, sondern Abgabe einer Erklärung, eine Handlung. Darüber aber, daß nicht bloß Sachen, sondern auch Rechte und Handlungen zur Ausübung des Zurückbehaltungsrechts benutzt werden dürfen, besteht kein Streit. Dem Berufungsrichter kann ferner zwar zugegeben werden, daß das unter den Parteien bestehende Rechtsverhältnis nicht ein obligatorisches oder ein Schuldverhältnis im engeren, technischen Sinne ist. Allein nicht ohne Absicht hat der Gesetzgeber im § 273 B.G.B. sich des allgemein gehaltenen Ausdrucks „rechtliches Verhältnis" bedient. Damit ist zum Ausdruck gebracht, daß das Zurückbehaltungsrecht nicht auf das Gebiet des eigentlichen Obligationenrechts beschränkt sein solle, sondern auch auf Ansprüche Anwendung finde, die aus anderen vom Rechte geordneten Verhältnissen hervorgehen. Darüber, daß die Stellung des § 273 im System des Bürgerlichen Gesetzbuchs nicht zur Einschränkung der Zurückhaltungsbefugnisse nötigen sollte, hat schon bei den Vorberatungen des Gesetzes Einverständnis geherrscht (Prot. der II. Kommission Bd. 1 S. 312). Auch bezüglich der Identität des Rechtsverhältnisses („aus demselben rechtlichen Verhältnis"), auf dem die Leistungsverpflichtung des Schuldners und zugleich sein fälliger Gegenanspruch an den Gläubiger beruhen müssen, dürfen nicht allzu strenge Anforderungen gestellt werden. Dies hat bereits der II. Zivilsenat des Reichsgerichts (Entsch. Bd. 57 S. 6) überzeugend ausgeführt. Im Streitfall kann weder an dem Bestehen eines rechtlichen Verhältnisses unter den Parteien, noch daran gezweifelt werden, daß die eingeklagte wie die einredeweise verlangte Leistung auf dem gleichen Rechtsgrunde beruhen. Denn die §§ 2112flg. B.G.B. ergeben, daß zwischen Vor- und Nacherben ein dauerndes gegenseitiges, Rechte und Pflichten begründendes Verhältnis besteht, und der Kläger fordert die Überlassung der Sparkassenbücher auf Grund desselben Erbrechts an dem Nachlaß seiner Ehefrau, aus welchem auch die Beklagten gemäß § 2128 B.G.B. den Anspruch auf Sicherheitsleistung herleiten. Daß der Kläger zum Vorerben, die Beklagten zu Nacherben derselben Erblasserin berufen sind, kann die Einheitlichkeit der beiderseitigen Rechte nicht in Frage stellen. Endlich ist dafür, daß nach der besonderen Natur des streitigen Rechtsverhältnisses etwa das Zurückbehaltungsrecht ausgeschlossen sein sollte, vom Kläger nichts beigebracht." . . .

60. 1. Wie ist, wenn jemand einen anderen zu einer Verrichtung bestellt, und dieser einem Dritten Schaden zugefügt hat, vom Geschäftsherrn die Einrede zu begründen, daß er bei Auswahl der bestellten Person die im Verkehr erforderliche Sorgfalt beobachtet habe?

B.G.B. § 831.

2. Aufstellung eines Gegenstandes an einer öffentlichen Straße, durch dessen Umfallen den Vorübergehenden Gefahr erwachsen kann; Notwendigkeit regelmäßiger Kontrole der Standfestigkeit des Gegenstandes.

B.G.B. § 823.

VI. Zivilsenat. Urt. v. 13. Oktober 1904 i. S. B. (Kl.) w. S. (Bekl.). Rep. VI. 119/04.

I. Landgericht Stade.
II. Oberlandesgericht Celle.

Der Kaufmann D. ließ im Jahre 1901 an der Kreuzung zweier Straßen der Stadt H. einen Neubau durch den Beklagten, einen Bauunternehmer, ausführen. Als ein hierbei benutzter Kalkkasten für den weiteren Gebrauch auf diesem Bau entbehrlich geworden war, wurde er von Arbeitern des Beklagten auf dem Bürgersteige vor dem Grundstücke des D. so aufgestellt, daß er gegen die das Grundstück umgebende Holzplanke, die Hohlseite nach dieser zu gewendet, gelehnt, und unter den der Straße zugewendeten Teil des Kastens Ziegelsteine und Holzkeile gelegt wurden, die ein Umkippen nach der Straße verhindern sollten. Am 4. Dezember 1901 fiel der Kasten um und beschädigte einen in der Nähe auf dem Bürgersteig spielenden fünfjährigen Knaben. Die von diesem durch seinen gesetzlichen Vertreter erhobene Klage wurde in erster und zweiter Instanz abgewiesen; das Reichsgericht hob auf und verwies die Sache an das Berufungsgericht zurück.

Aus den Gründen:

„Das Berufungsgericht hat zur Begründung der Klagabweisung ausgeführt: der Kalkkasten sei, wie durch die Beweisaufnahme dargetan sei, nicht zufolge einer Anordnung des Beklagten oder mit dessen Vorwissen auf dem Bürgersteig aufgestellt worden; der Beklagte habe vielmehr angeordnet gehabt, daß die bei dem D.'schen

Bau benutzten Gerätschaften sofort nach Beendigung des Baues auf seinen Lagerplatz geschafft werden sollten. Der im Dienste des Beklagten stehende Polier A., der diese ihm speziell für den D.'schen Bau erteilte Weisung unbefolgt gelassen habe, sei, wie gleichfalls erwiesen sei, an sich ein zuverlässiger Mann gewesen, auf den der Beklagte sich bei einer so einfachen Maßnahme, wie sie in Frage gestanden habe, durchaus habe verlassen dürfen. Dem Beklagten sei auch nicht anzusinnen gewesen, die Ausführung seines Befehls noch besonders zu überwachen. Eine Haftung desselben für den durch den Unfall erwachsenen Schaden sei hiernach schon gemäß § 831 B.G.B. ausgeschlossen.

Es sei aber auch, so führt das Berufungsgericht weiter aus, in der Aufstellung des Kastens auf dem Bürgersteig und in der Art, wie sie erfolgt sei, eine Außerachtlassung der im Verkehr erforderlichen Sorgfalt nicht zu befinden. Nach der von der Polizeibehörde in H. dem Bauherrn D. erteilt gewesenen Erlaubnis habe der Bürgersteig zu der in Frage stehenden Zeit zur Lagerung von Baumaterialien, zu denen der Kasten zu rechnen sei, verwendet werden dürfen; auch der Umfang, in dem dies gestattet gewesen, sei nicht überschritten worden. Die Aufstellung sei endlich so erfolgt, daß gegen ein Umfallen des Kastens eine nach dem gewöhnlichen Laufe der Dinge genügende Sicherheit geboten gewesen sei. Der Kasten sei gegen eine feste, in gutem Zustande befindliche Holzplanke mit der Hohlseite nach innen so gelehnt worden, daß er mit dieser einen Winkel von ca. 30° gebildet habe; zu seiner Befestigung seien unter jede Ecke des Kastens zwei Klinkersteine gelegt, und dazwischen je ein Holzkeil eingetrieben worden.

Das Oberlandesgericht stützt hiernach seine Entscheidung auf zwei selbständige Erwägungen; es liegen jedoch gegen jede derselben Bedenken vor, welche die Aufhebung des angefochtenen Urteils nötig machen.

Was die an erster Stelle dargelegte Erwägung betrifft, so ist es, entgegen der Meinung der Revision, an sich nicht zu beanstanden, wenn das Berufungsgericht angenommen hat, der Beklagte habe die Ausführung des von ihm erteilten Befehls, die zu dem D.'schen Bau verwendeten Gerätschaften, sobald sie dort nicht mehr gebraucht würden, nach seinem Lagerplatze zurück zu schaffen, unbedenklich einem Polier übertragen und auch davon absehen dürfen, sich in den nächstfolgenden Tagen von der Ausführung seiner Anordnung zu überzeugen. Indes trifft dies, wie auch das Berufungsgericht nicht verkennt, nur dann zu, wenn der Polier A., dem der Befehl erteilt wurde, eine Persönlichkeit war, die der Beklagte mit Grund als für den erteilten Auftrag befähigt und als zuverlässig ansehen durfte. Die Beweislast hierfür trifft ihn nach § 831 B.G.B. Die Vorinstanz hat diesen Beweis durch die Aussage des Zeugen W. als erbracht angesehen; dies ist aber zu beanstanden. Die Frage, ob derjenige, der einen anderen zu einer Verrichtung bestellt hat, bei der Auswahl der bestellten Person die im Verkehr erforderliche Sorgfalt beobachtet hat, ist durch das Gericht zu beantworten; es müssen ihm also diejenigen Tatsachen unterbreitet werden, die ihm ein Urteil darüber ermöglichen, ob die bestellte Person zu der ihr übertragenen Verrichtung nach ihrer Befähigung und Verläßlichkeit geeignet war, oder ob sie nach Lage der Sache derjenige, welcher sie zu der Verrichtung bestellt hat, wenigstens ohne Verschulden als geeignet ansehen durfte. Der Beklagte hat aber tatsächliche Behauptungen, die ein Urteil des Gerichts über diese Fragen möglich machten, überhaupt nicht aufgestellt; er hat nach dem erstinstanzlichen Tatbestande nur vorgebracht, er habe die Aufsichtsführung über die in Rede stehende Arbeit dem Maurerpolier A., „einem zuverlässigen Menschen", übertragen, und nach dem Beweisbeschluß vom . . . dafür, „daß er bei der Auswahl des A. die im Verkehr erforderliche Sorgfalt angewendet habe", einen Fabrikarbeiter W. „als Zeugen" benannt, und das Landgericht hat in der Tat dessen Abhörung hierüber angeordnet und vornehmen lassen. Dementsprechend hat W. auch unter dem Bemerken, daß er im Auftrage des D. an dessen Bau mitgearbeitet und dabei den A. kennen gelernt habe, lediglich seine Meinung über diesen ausgesprochen, und zwar dahin, er habe den Eindruck gewonnen, daß A. ein zuverlässiger Polier sei, auf den sich der Beklagte in jeder Beziehung habe verlassen können. Irgendwelche Tatsachen, auf die er sein Urteil stützt, hat W. nicht bekundet.

Bei dieser Sachlage muß es als auf einer Verkennung des Inhalts des dem Beklagten nach § 831 B.G.B. obliegenden Entlastungsbeweises beruhend angesehen werden, wenn die Vorinstanz ausschließlich auf Grund der Auslassungen des W. als festgestellt ansieht, daß der Beklagte bei Auswahl der Person, welcher er die Wegschaffung der auf dem D.'schen Bau entbehrlich gewordenen Geräte übertrug, die im Verkehr erforderliche Sorgfalt beobachtet habe; mindestens aber ist diese Feststellung als prozessual unzureichend zu beanstanden, insofern sie lediglich auf der Ansicht eines Mannes beruht, der zwar angeblich als Zeuge benannt war, in Wahrheit aber keine tatsächlichen Umstände bekunden, sondern nach dem Beweisbeschlusse nur ein — allein dem Gerichte zustehendes — juristisches Urteil abgeben oder höchstens sich gutachtlich über die Qualifikation eines Maurerpoliers aussprechen sollte, etwas weiteres auch nicht getan hat, und von dem nicht ersichtlich oder auch nur behauptet ist, daß er die erforderliche Befähigung zur Abgabe eines solchen Gutachtens habe, und daß ihm ausreichende Gelegenheit geboten gewesen sei, die für ein solches erforderlichen Beobachtungen während eines längeren Zeitraums, wie er namentlich zur Beurteilung der Zuverlässigkeit eines Menschen nötig ist, zu machen.

Aber auch der zweite vom Berufungsgericht dargelegte Entscheidungsgrund gibt zu Bedenken Anlaß. Es kann zugegeben werden, daß die Maßnahmen, die nach den Feststellungen der Vorinstanz zur Sicherung des Kalkkastens getroffen waren, an sich zureichend waren. In Betracht zu ziehen ist aber, daß der Kasten auf dem Bürgersteig einer Stadt stand, und bei der Art seiner Befestigung mit der Gefahr gerechnet werden mußte, daß die zur Stützung verwendeten Steine von unbefugter Hand absichtlich weggenommen oder von Straßenpassanten unabsichtlich durch Anstoßen mit dem Fuße gelockert und allmählich aus ihrer Lage gebracht werden könnten. Es bedurfte also, wenn der Kasten, wie anscheinend der Fall gewesen ist, mehrere Tage auf dem Bürgersteige stehen blieb, zur Ausschließung von Gefahr für die auf dem Bürgersteige gehenden Personen und auch für dort etwa spielende Kinder einer fortgesetzten Kontrole darüber, daß die zur Feststellung des Kastens hergestellte Unterlage auch dauernd erhalten blieb. Das Berufungsgericht hat nicht festgestellt, daß A. insoweit die erforderlichen Beobachtungen angestellt habe. Hierauf einzugehen war aber um so gewisser geboten, als ein Zeuge . . . die Vorgänge bei dem Unfalle in einer Weise geschildert hat, aus der sich zu ergeben scheint, daß damals die zur Befestigung des Kastens verwendeten Steine und Holzkeile sich nicht mehr in der ihnen von A.

gegebenen Lage befunden haben können, und ein weiterer Zeuge ... bekundet, daß mindestens schon am Tage vor dem Unfalle die zur Festlegung des Kastens geschaffene Unterlage nicht mehr intakt gewesen sei. Es kann hiernach die Annahme des Berufungsgerichts, daß A. alles, was nach der im Verkehr erforderlichen Sorgfalt zur Abwendung der durch die Aufstellung des Kalkkastens geschaffenen Gefahr geboten gewesen sei, getan habe, nicht als zureichend begründet angesehen werden; der Umstand aber, daß, wenn dies nicht geschehen sein sollte, die Schuld hieran nicht den Beklagten persönlich, sondern den Polier A. treffen würde, kann die Abweisung der Klage nicht rechtfertigen, da, wie oben dargelegt worden ist, die Feststellung, daß der Beklagte bei der Bestellung des A. die im Verkehre gebotene Sorgfalt betätigt habe, nicht einwandsfrei ist." ...

61. 1. Kann der Hauptschuldner dem Regreßanspruche des Bürgen oder dritten Verpfänders gegenüber mit einer ihm gegen den befriedigten Gläubiger zustehenden Gegenforderung aufrechnen?

2. Inwieweit kann der Hauptschuldner gegen den Regreßanspruch des Bürgen oder dritten Verpfänders eine Einwendung daraus hernehmen, daß der Bürge oder dritte Verpfänder wegen einer dem Gläubiger gegenüber begründeten Einwendung die Befriedigung des letzteren hätte unterlassen sollen?

3. Kann der Bürge dem Gläubiger gegenüber mit einer dem Hauptschuldner gegen den letzteren zustehenden Gegenforderung aufrechnen?

4. Form der Aufrechnungserklärung.

5. Schadensersatz durch Nichtbenutzung eines dem Ersatzpflichtigen an sich erwachsenen Anspruchs.

VI. Zivilsenat. Urt. v. 17. Oktober 1904 i. S. L. (Bekl.) w. Kn. (Kl.) u. Allg. D. Kredit-Anstalt (Nebenintervenientin). Rep. VI. 587/03.

I. Landgericht Leipzig.
II. Oberlandesgericht Dresden.

Gründe:

„Der Kläger hatte im Januar 1900 auf Ersuchen des Beklagten der Nebenintervenientin gegenüber für einen von dieser dem Beklagten eröffneten Kredit die Bürgschaft bis zur Höhe von 14000 ℳ übernommen und zur weiteren Sicherung der Nebenintervenientin für jenen Kredit ihr gewisse Wertpapiere zu Pfand gegeben. Am 26. Juni 1901 hat er dann in Erfüllung der Bürgschaft 14000 ℳ an die Nebenintervenientin bezahlt, und später, da hiermit die sich aus der laufenden Rechnung ergebende Schuld des Beklagten noch nicht getilgt war, auch in den Verkauf der Pfänder gewilligt, der sodann am 25. Oktober 1901 stattfand, und aus dessen Ertrag noch 7625,15 ℳ zur Befriedigung der Nebenintervenientin erforderlich waren. Nunmehr hat der Kläger auf Erstattung dieser 21625,15 ℳ nebst Zinsen Klage erhoben und ist mit ihr in beiden vorigen Instanzen durchgedrungen, obgleich der Beklagte eingewandt hat, daß der Kläger nicht hätte zahlen sollen, weil, wie diesem bekannt gewesen sei, er, der Beklagte, gegen die Nebenintervenientin eine höhere Gegenforderung auf Schadensersatz gehabt habe, mit welcher er dieser gegenüber aufgerechnet gehabt habe oder doch jedenfalls habe aufrechnen können und wollen, und daß eventuell er, der Beklagte, jetzt noch dem Kläger gegenüber damit aufrechnen könne.

Mit Recht hat der Beklagte bei Begründung seiner Revision bemerkt, daß die Beurteilung dieser Fragen jedenfalls in Ansehung der Bürgschaft einerseits und der Pfandbestellung andererseits denselben Grundsätzen unterliegt. Denn das innere Verhältnis der Parteien regelt sich in beiden Beziehungen, da der Kläger Verbürgung wie Verpfändung auf Bitten des Beklagten unentgeltlich übernommen hat, nach den Rechtsnormen vom Auftrage (§ 662 B.G.B.), und was die Bestimmungen des § 774 Abs. 1 B.G.B. über den Übergang der Forderung des Gläubigers auf den den letzteren befriedigenden Bürgen anlangt, so ergibt sich aus § 1247 verglichen mit § 1225 daselbst die entsprechende Anwendung derselben auf den Fall, wo der Gläubiger aus dem Erlöse des von einem Dritten bestellten Pfandes befriedigt wird.

Es ist nun aber den vorigen Richtern darin allerdings beizustimmen, daß von einem Rechte des Beklagten, jetzt noch mit einer ihm gegen die frühere Gläubigerin, die Nebeninvenientin, zustehenden

Gegenforderung dem Kläger gegenüber aufzurechnen, nicht die Rede sein könnte. Er würde freilich nach § 412 verglichen mit § 406 B.G.B. aufrechnen können, insoweit der Anspruch des Klägers als der nach § 774 Abs. 1 B.G.B. auf diesen übergegangene der Nebenintervenientin gedacht würde; aber da der Kläger seinen Anspruch auch als einen selbständigen auf § 670 B.G.B. gründen kann, so ist selbstverständlich die Aufrechnung mit einem dem Beklagten gegen einen anderen als den Kläger zustehenden Anspruche ausgeschlossen; denn der Kläger hat die Wahl, welche Art der Begründung er benutzen will.

Dagegen hat das Oberlandesgericht rechtlich verstoßen durch seine Auffassung der Voraussetzungen des Regreßrechts des zahlenden beauftragten Bürgen. In dieser Beziehung nimmt es an, daß der Bürge in seinem Verhältnisse zum Hauptschuldner diesem gegenüber berechtigt sei, dem Gläubiger zu zahlen, wenn nur die Schuld an sich bestehe und fällig sei; das läßt sich aber so schlechtweg nicht sagen. Vielmehr ist es Sache der konkreten Beurteilung, wie weit man dem Bürgen zumuten kann, Einwendungen, bei denen ihn die Beweislast treffen würde, im Interesse des Hauptschuldners dem Gläubiger gegenüber zur Geltung zu bringen; der Bürge, als Beauftragter, ist keineswegs berechtigt, in dieser Hinsicht nur sein eigenes Interesse und seine eigene Bequemlichkeit walten zu lassen, sondern es gilt, hier einen billigen Ausgleich zwischen den beiderseitigen Interessen zu finden. Es handelt sich dabei, da das Bürgerliche Gesetzbuch in dem die Bürgschaft betreffenden 18. Titel des 7. Abschnittes des 2. Buchs besondere Vorschriften über diesen Punkt nicht enthält, und da, abgesehen etwa von einer Andeutung in § 670, auch der vom Auftrage handelnde 10. Titel desselben Abschnittes hier keinen Anhalt gewährt, nur um die Anwendung der allgemeinen Grundsätze über Treue und Glauben und über Haftung für Verschulden in Vertragsverhältnissen (§§ 157. 242. 276 Abs. 1 B.G.B.). Das römische Recht, dessen Grundsätze in diesen Beziehungen auch die des Bürgerlichen Gesetzbuchs sind, kann als Vorbild für die Anwendung derselben auf das hier fragliche Verhältnis dienen, in l. 10 § 12. l. 29 pr. Dig. mand. 17, 1 und l. 10 Cod. eod. 4, 35. Zum Teil scheinen diese Stellen sogar schlechtweg auf dem Standpunkte zu stehen, daß derjenige Bürge, der einen begründeten Einwand gegen den Anspruch des Gläubigers kenne, die Zahlung unterlassen müsse;

doch ist dies ohne Zweifel nicht als ausnahmslose Regel gemeint, und könnte jedenfalls auf dem Boden des Bürgerlichen Gesetzbuchs nicht als solche gelten. Immerhin ist aber nach Lage der Umstände des einzelnen Falls zu ermessen, wie sich der Bürge zu verhalten hat, von dem der Hauptschuldner unter Berufung auf ihm gegen den Gläubiger angeblich zustehende Einwendungen verlangt, daß er sich der Befriedigung des letzteren bis auf weiteres enthalte. Grundsätzlich steht der § 670 B.G.B. auf dem gleichen Standpunkte, wenn er dem Beauftragten einen Anspruch auf Ersatz von Aufwendungen nur so weit beilegt, als dieser sie den Umständen nach für erforderlich halten durfte. Von diesem Standpunkte aus hat nun aber das Berufungsgericht die vorliegende Sache nicht geprüft.

Allerdings dürfte aus diesem Grunde das angefochtene Urteil dann doch nicht aufgehoben werden, wenn gar keine Einrede denkbar wäre, welche einer Klage der Nebenintervenientin gegen den jetzigen Kläger mit Erfolg hätte entgegengesetzt werden können. In dieser Beziehung ist es richtig, daß der Kläger, als Bürge, die Aufrechnung mit einer dem Beklagten, als Hauptschuldner, zustehenden Gegenforderung nicht würde haben vornehmen können. Im gemeinen Rechte war das freilich nach l. 4. 5 Dig. de compens. 16, 2 anders; aber nach dem Bürgerlichen Gesetzbuch ist eine solche Aufrechnung dadurch völlig ausgeschlossen, daß nach § 388 die Aufrechnung durch Erklärung gegenüber dem anderen Teile erfolgt, und daß hierunter nur eine Erklärung des Schuldners selbst verstanden sein kann, weil in § 387 nur gesagt ist, daß jeder Teil seine Forderung gegen die Forderung des anderen Teils aufrechnen könne, während sich eine besondere Bestimmung, wonach der Bürge auch eine Gegenforderung des Hauptschuldners zur Aufrechnung bringen könnte, im Bürgerlichen Gesetzbuch nicht findet. Also ist der, in der Literatur ganz vereinzelt dastehenden, Ansicht von Oertmann, welcher (Schuldverhältnisse Bem. 3 zu § 770 B.G.B. S. 497) dem Bürgen in analoger Anwendung von § 768 Abs. 1 B.G.B. das fragliche Aufrechnungsrecht zuschreibt — während er doch in der Bem. 1 zur § 768 (S. 495) selbst sagt, die Anfechtungseinrede sei nach § 770 dem Bürgen entzogen —, nicht zuzustimmen. Aber die Entscheidung des Berufungsgerichts, daß der Beklagte zur Zeit der Zahlung der 14000 *M* und des Verkaufes der verpfändeten Wertpapiere der

Nebenintervenientin gegenüber noch nicht die Aufrechnung erklärt gehabt habe, und daher die Forderung der Nebenintervenientin keinesfalls schon getilgt gewesen sei, kann nicht gebilligt werden und setzt mit Unrecht die Unanwendbarkeit des Satzes 1 des § 388 B.G.B. auf den gegebenen Fall voraus. Der Beklagte hat der Nebenintervenientin am 23. März 1901 geschrieben: „Ich beanspruche ... eine Entschädigung von 3000 ℳ in bar, die Aushändigung der hinterlegten Papiere und seines Bürgschaftscheines an Herrn Kn." (den Kläger) „und die Übernahme der ... mir erwachsenen Schuld ... à fonds perdu der Leipziger Kredit-Anstalt." Damit war so klar wie möglich gesagt, daß der Schreiber nun der Kredit-Anstalt nichts mehr schuldig sein wolle und sogar noch Geld dazu verlange, und damit war die Aufrechnung im Sinne des § 388 B.G.B. erklärt. Wenn das Oberlandesgericht meint, dies sei nur ein Vergleichsvorschlag gewesen, so fehlt es dafür, soviel die Aufhebung der ganzen Forderung der Nebenintervenientin an den Beklagten anlangt, an jeder Begründung. ... Übrigens würde die Sache nicht einmal wesentlich anders liegen, wenn der Beklagte zu der Zeit, als die Nebenintervenientin für ihre Forderung an ihn Befriedigung aus den Mitteln des Klägers erhielt, noch nicht die Aufrechnung vorgenommen gehabt hätte; denn das hätte er dann ja, soweit es zur Sicherung des Klägers als Bürgen und Pfandgebers gegen die Ansprüche der Nebenintervenientin hierauf ankam, jederzeit noch tun können, und wäre hierzu gewiß auch gern bereit gewesen.

Es wird Sache des Berufungsgerichts sein, zu prüfen, ob die behauptete Gegenforderung des Beklagten an die Nebenintervenientin in der Tat begründet war, und ob billigerweise vom Kläger verlangt werden konnte, daß er deshalb die Befriedigung der Nebenintervenientin unterlasse. Dabei wird zu erwägen sein, ob die Gegenforderung des Beklagten nur als aus unerlaubter Handlung der Nebenintervenientin entspringend würde haben begründet werden können — in welchem Falle die Voraussetzungen des § 826 B.G.B. gegeben sein müßten —, oder ob zwischen dem Beklagten, als dem Verpfänder von Wertpapieren, und der Nebenintervenientin nicht auch ein Vertragsverhältnis bestand, aus welchem der letzteren nach § 276 Abs. 1 B.G.B. gewisse Verpflichtungen zur Anwendung von Sorgfalt erwuchsen (vgl. Motive zum Entwurfe des Bürgerlichen Gesetzbuchs

Bd. 3 S. 810 flg. und Planck, B.G.B. Bd. 3 Bem. 1 zu § 1215 S. 666), die nach den Behauptungen des Beklagten verletzt sein würden.

Der Beklagte hat noch einen weiteren rechtlichen Verstoß im angefochtenen Urteil mit Grund gerügt. Er hatte nämlich in der Berufungsinstanz die Behauptung aufgestellt, der Kläger habe ihm kurze Zeit vor dem 26. Juni 1901 (also dem Tage, an welchem jener die 14000 ℳ zahlte) zugesichert gehabt, er werde an die Kredit-Anstalt nicht zahlen, sondern die Klage erwarten und die Einwendungen des Beklagten vorbringen, und hatte dem Kläger hierüber den Eid zugeschoben, welchen sodann dieser eventuell zurückzuschieben erklärt hatte, und das Berufungsgericht hat dieses Vorbringen des Beklagten deshalb für unerheblich erachtet, weil hieraus sich höchstens ein Anspruch auf Schadensersatz in Geld ergeben würde, ein solcher aber vom Beklagten nicht geltend gemacht sei. Dabei ist verkannt, daß, wenn der Kläger die Abweisung der Kredit-Anstalt mittels einer dem jetzigen Beklagten zustehenden Einrede erreicht hätte, er nichts zu zahlen gehabt und mithin keinen Erstattungsanspruch gegen den letzteren erworben haben würde, und daß dieser Zustand dann jetzt auf Grund des § 249 B.G.B. dadurch herzustellen sein würde, daß der Kläger seinen Anspruch fallen ließe.

Vgl. einen ähnlichen Fall der Realisierung eines Schadensersatzanspruches durch exceptio doli nach gemeinem Recht in den Entsch. des R.G.'s in Zivils. Bd. 14 S. 110 flg.

Auch hierbei kommen die vorigen Ausführungen in Betracht, wonach gewisse Einwendungen des Beklagten als der Nebenintervenientin gegenüber in thesi begründet gewesen erscheinen. Übrigens ist mit Recht vom Beklagten darauf hingewiesen worden, daß die Einrede aus jenem vom Beklagten behaupteten Versprechen des Klägers eventuell nicht nur der Klage aus dem Auftrage gegenüber, sondern nach § 774 Abs. 1 B.G.B. auch der auf das übergegangene Recht des Gläubigers begründeten Klage gegenüber durchgreifen würde. Auch aus diesem Grunde mußte also das angefochtene Urteil aufgehoben werden. Nach § 565 Abs. 1 Z.P.O. war die Sache an das Berufungsgericht zurückzuverweisen."

62. 1. Genügt zur Widerlegung der Rechtsvermutung des Art. 274 Abs. 2 des alten, bzw. des § 344 Abs. 2 des neuen Handelsgesetzbuchs der Umstand, daß der kaufmännische Aussteller des Schuldscheins denselben nicht mit seiner Firma, sondern mit seinem von dieser verschiedenen bürgerlichen Namen gezeichnet hat?

2. Ist der Art. 274, bzw. § 344 H.G.B. auch auf den Übergang eines ganzen Handelsgeschäfts mit allen Passiven auf einen neuen Erwerber anwendbar?

3. Welche Bedeutung kommt bei einem solchen Übergange der in Art. 274, bzw. § 344 Abs. 2 H.G.B. aufgestellten Rechtsnorm zu?

VI. Zivilsenat. Urt. v. 24. Oktober 1904 i. S. Volksbank, e. G. m. u. H. (Kl.) w. Hanseat. Tauwerkfabrik, G. m. b. H. (Bekl.). Rep. VI. 179/04.

I. Landgericht Hamburg.
II. Oberlandesgericht daselbst.

Aus den Gründen:

„Der Klaganspruch ... ist darauf gestützt, daß, wie unbestritten ist, der Kaufmann E. F. Wilhelm Köpcke zu N.-L. am 20. Juni 1899 von der Klägerin ein mit 6 Prozent jährlich verzinsliches Darlehn von 3000 *M* erhalten hat. Gestritten wird darüber, ob diese Schuld im September 1899 dadurch von der Beklagten ... übernommen worden ist, daß, wie wiederum unstreitig ist, diese das ganze Handelsgeschäft des K. mit allen Aktiven und Passiven erworben und fortgeführt hat, und diese Geschäftsübernahme zum Zwecke der Veröffentlichung zum Handelsregister angemeldet worden ist. Die Entscheidung hängt davon ab, ob diese Darlehnsschuld des K. zu den Passiven seines Handelsgeschäfts gehörte; denn daß nach einem allgemeinen deutschen Handelsgewohnheitsrechte auch schon vor 1900, wie jetzt nach § 25 Abs. 3 H.G.B., in einem Falle dieser Art der Geschäftsübernehmer für die Geschäftsschulden den Gläubigern haftete, steht nach der Rechtsprechung des Reichsoberhandelsgerichts und des Reichsgerichts fest.

Vgl. Entsch. des R.G.'s in Zivils. Bd. 38 S. 176 flg.

Da K. wegen des in Rede stehenden Darlehns am 20. Juni 1899 der Klägerin einen Schuldschein ausgestellt hatte, auf den die Klage auch gegründet ist, so ist hier ein Fall für die Anwendung des Abs. 2 des Art. 274 des älteren Handelsgesetzbuchs gegeben, nach welchem, wie auch nach dem nur unerheblich anders lautenden § 344 Abs. 2 des neuen Handelsgesetzbuchs, die von einem Kaufmanne gezeichneten Schuldscheine als im Betriebe des Handelsgewerbes gezeichnet gelten, sofern sich nicht aus denselben das Gegenteil ergibt. Aus diesem Grunde ist auch das Landgericht zur Verurteilung der Beklagten ... gelangt, obgleich diese geleugnet hatte, daß das fragliche Darlehnsgeschäft zum Gewerbebetriebe des K. gehört habe. Irrig war jedoch dabei die Annahme, daß der Schuldschein, wie übrigens auch die Klägerin behauptet hatte, mit der Firma des K. unterzeichnet sei. Es ist sogar nicht zu verstehen, wie das Landgericht zu dieser Annahme gelangen konnte, da der Schuldschein „C. F. Wilhelm Köpcke" unterschrieben ist, während nach der eigenen Unterstellung des Landgerichts die Firma „C. F. Wilh. Köpcke" lautete. In Wirklichkeit ging aus den herangezogenen Firmenakten ... sogar hervor, daß die Firma vielmehr „C. F. W. Köpcke" lautete. In der Berufungsinstanz ist dies denn auch von der Beklagten ... behauptet und von der Klägerin als richtig zugestanden worden. Indessen kommt auf diesen Umstand nichts an. Denn daraus, daß der kaufmännische Aussteller eines Schuldscheins denselben nicht mit seiner Firma, sondern mit seinem von dieser verschiedenen bürgerlichen Namen unterschrieben hat, ergibt sich noch nicht, daß der Schuldschein nicht im Betriebe seines Handelsgewerbes gezeichnet wäre. So ist vom Reichsoberhandelsgericht häufig erkannt worden;

vgl. Entsch. dess. Bd. 2 S. 430 flg., Bd. 3 S. 367, Bd. 9 S. 174 und Bd. 14 S. 12. S. 209 flg. S. 284 flg. S. 286;

und dem hat sich die große Mehrzahl der Schriftsteller angeschlossen.

Vgl. Thöl, Handelsrecht Bd. 1 (Aufl. 6) § 40 Anm. 9 S. 148; v. Hahn, Commentar zum H.G.B. Bd. 2 (Aufl. 2) § 6 zu Art. 274 S. 51; Anschütz u. v. Völderndorff, Kommentar zum H.G.B. Bd. 3 Bem. II zu Art. 274 S. 54; Makower, H.G.B. (Aufl. 12) Bd. 1 Tl. 2 Bem. III, f, 3 zu § 344 S. 909; Goldschmidt, Handelsrecht Bd. 1 (Aufl. 2) § 58 S. 676, insbesondere Anm. 17; Behrend, Handelsrecht Bd. 1 § 29 S. 140; Staub, Kommentar zum H.G.B. Aufl. 2 § 6 zu Art. 274 S. 659 und Aufl. 6 und 7 Bd. 2 Anm. 12 zu § 344 S. 1050; Lehmann u. Ring, H.G.B. Bd. 2 Nr. 11 zu § 344 S. 15; Düringer u. Hachenburg,

H.G.B. Bd. 2 Note III zu § 344 S. 201 und Note IV zu demselben S. 202.

Auch das Reichsgericht hat sich schon in diesem Sinne ausgesprochen, in der Sache Rep. II. 211/92 (Jurist. Wochenschr. 1893 S. 24 Nr. 42), und auch jetzt ist daran festzuhalten, ungeachtet der abweichenden Meinung einzelner Schriftsteller, wie v. Krävel's (H.G.B. Anm. 3 zu Art. 274 S. 338), Cosack's (Handelsrecht [Aufl. 6] § 9, III, 2 S. 31) und Wolff's (Zeitschr. f. Handelsrecht Bd. 47 S. 249 flg.), auch des vormaligen preußischen Obertribunals (Zeitschr. f. Handelsrecht Bd. 20 S. 585 flg.).

Das Berufungsgericht hat nun aber den Art. 274 H.G.B. hier deshalb überhaupt für unanwendbar erklärt, weil die Frage, ob eine Schuldverbindlichkeit eines Kaufmanns zu den Passiven eines bestimmten Handelsgeschäfts gehöre, von ihr gar nicht berührt werde, hat daher anderweitigen Beweis für die Zugehörigkeit der fraglichen Verbindlichkeit zu dem von der Beklagten ... erworbenen Handelsgeschäfte für erforderlich gehalten und hat solchen Beweis für nicht erbracht erachtet, wobei es die Nichtbenutzung der Firma bei der Ausstellung des Schuldscheins von seiten des K. immerhin als ein Indizium für das Gegenteil verwertet hat. Diese Auffassung ist jedoch rechtsirrig. Die Ansicht, daß der Art. 274 H.G.B. bei dem Übergange eines ganzen Handelsgeschäfts mit allen Passiven auf einen neuen Erwerber außer Betracht zu bleiben habe, findet sich zwar ganz vereinzelt auch in der Literatur;

vgl. Adler im Archiv für Bürgerl. Recht Bd. 3 S. 20 flg.;

aber ein innerer Grund hierfür ist nicht zu entdecken. Was die in Abs. 1 des Art. 274 aufgestellte Rechtsvermutung anlangt, so wird ihre Anwendbarkeit auch bei der hier in Rede stehenden Frage fast allgemein angenommen;

vgl. Staub, Kommentar zum H.G.B. (Aufl. 6 und 7) Bd. 2 Anm. 7 zu § 344 S. 1049, vgl. mit Bd. 1 Anm. 11 („14" auf S. 1049 ist offenbar ein Versehen oder ein Druckfehler) zu § 25 S. 141 und Anm. 21 zu § 22 S. 133, und Düringer u. Hachenburg, H.G.B. Bd. 1 Note III, 1 zu § 25 S. 117;

und schon wenn dies richtig ist, erscheint die Entscheidung des Oberlandesgerichts als unhaltbar, weil dann mindestens die Beweislast hätte anders gelegt werden müssen. Aber man muß weiter gehen und darf auch an der Anwendbarkeit des Abs. 2 in Fällen dieser Art nicht zweifeln. Nach dieser Vorschrift hat nämlich der Gläubiger gegebenenfalls nun einmal ein Recht darauf, daß ihm gegenüber der Schuldschein seines kaufmännischen Schuldners als im Betriebe von dessen Handelsgewerbe ausgestellt gelte, und daraus folgt mit logischer Notwendigkeit, daß, wenn der Schuldner nur ein Handelsgeschäft betreibt, im Verhältnisse zum Gläubiger eine solche Schuld als ein Passivum dieses Geschäfts, der Gläubiger also als Geschäftsgläubiger gelten, folglich die bekannt gemachte Übernahme der Passiven von seiten des Erwerbers auch ihm zugute kommen muß. Wenn Staub, a. a. O. Bd. 2 Anm. 13 zu § 344 S. 1050, ebenso wie in Bd. 1 Anm. 11 zu § 25 S. 141, durch Verweisung auf Anm. 21 zu § 22 S. 133 sich im entgegengesetzten Sinne ausspricht, so ist dabei übersehen, daß die Unanwendbarkeit jenes Abs. 2 bei § 22, wo es sich um das innere Verhältnis zwischen Veräußerer und Erwerber des Geschäfts handelt, ja vielleicht ihren guten Grund haben mag, daß aber die Frage bei § 25, wo es auf die Rechtswirkung Dritten gegenüber ankommt, ganz anders liegt. Die richtige Ansicht findet sich vertreten bei Makower, a. a. O. Bem. I, b zu § 344 S. 905, und bei Wolff, in der Zeitschr. für Handelsrecht Bd. 47 S. 255 flg. 259 flg.

Geht man nun von dieser Ansicht aus, so gelangt man nicht nur zur Aufhebung des Berufungsurteils, soweit es angefochten ist, sondern auch in der Sache selbst nach § 565 Abs. 3 Nr. 1 Z.P.O. ... zur Zurückweisung der Berufung der Beklagten ... Denn es darf ohne weiteres davon ausgegangen werden, daß K. zu der Zeit, als er sein unter der Firma E. F. W. Köpcke betriebenes Handelsgeschäft an die ... Beklagte veräußerte, nicht etwa daneben noch ein anderes Handelsgeschäft hatte, in dessen Betriebe der fragliche Schuldschein ebenso gut ausgestellt sein könnte. Daß jeder Kaufmann nur ein Handelsgeschäft betreibt, bildet so sehr die Regel, daß man von demjenigen, der das Eingreifen des Art. 274 Abs. 2 H.G.B. bestreiten will, die Aufstellung der Behauptung und den Nachweis einer anderen Sachlage erwarten darf. Hier aber hat die Beklagte ... nichts dergleichen behauptet. Auch im übrigen sind alle erheblichen Tatsachen unstreitig." ...

63. Bezeichnung der von der Bürgschaft betroffenen Schuld in der schriftlichen Bürgschaftserklärung; Anwendbarkeit der allgemeinen Auslegungsregeln.

VI. Zivilsenat. Urt. v. 27. Oktober 1904 i. S. Wiesenthäler Bankverein (Kl.) w. H. (Bekl.). Rep. VI. 601/03.

I. Landgericht Konstanz.
II. Oberlandesgericht Karlsruhe.

Der Schwiegersohn des Beklagten, der Bauunternehmer L., war in Zahlungsschwierigkeiten geraten und unternahm es unter Beistand des klagenden Bankvereins, einen außergerichtlichen Akkord mit seinen Gläubigern herbeizuführen. In der Tat kam ein solcher in einer am 4. Juli 1900 abgehaltenen Gläubigerversammlung zustande. Das Geld zur Zahlung der Akkordrate gab der Kläger her. Zu der Versammlung war auch der Beklagte zugezogen worden, weil der Kläger zur Sicherstellung seiner Ansprüche an L. verlangte, daß der Beklagte in Höhe von 6000 ℳ Bürgschaft leiste. In der Versammlung stellte L. eine Urkunde aus, in der er bekannte, an diesem Tage 6000 ℳ von dem Kläger als ein Darlehn ausgezahlt erhalten zu haben, und sich verpflichtete, diese Summe nebst Zinsen und Provision dem Kläger auf dessen Verlangen zurückzuzahlen. Der Beklagte aber unterschrieb eine auf demselben Blatte unmittelbar hinter diesem Schuldbekenntnisse stehende Erklärung, nach welcher er sich für die „Darlehnsschuld" des L. als „samtverbindlicher Selbstschuldner" verbürgte.

In der Verhandlung und auch vorher war zwischen den Parteien selbst nicht besprochen worden, welche Bewandtnis es mit der Darlehnsschuld des L., für die der Beklagte bürge, haben solle. Der Kläger behauptete in dieser Richtung folgendes: Der Schuldner L. habe dem klagenden Vereine für die sehr bedeutenden Forderungen, die diesem bereits zugestanden hätten und infolge des Akkords weiter erwachsen würden, durch Abtretung von Forderungen und Bestellung von Hypotheken Sicherheit gegeben; eine der letzteren sei auf einem Grundstück in K. eingetragen gewesen, das L. mit einem Hause zu bebauen unternommen gehabt habe. Das Haus sei aber noch nicht fertig gestellt gewesen, und seine Vollendung habe mindestens noch 6000 ℳ erfordert. Es sei deshalb zwischen dem Kläger und L. vor der Versammlung vom 4. Juli 1900 vereinbart worden, daß der Kläger, damit die für ihn an dem Grundstücke bestellte Hypothek an Wert gewinne und eine wirkliche Sicherheit biete, zur Vollendung des Hausbaues noch 6000 *M* hergeben und je nach Bedarf an L. oder auf dessen Anweisung an Bauhandwerker rc auszahlen solle. Zugleich sei bedungen worden, daß für diese 6000 *M* der Beklagte Bürgschaft leisten solle. Der Schuldner L. habe den Beklagten von dieser Vereinbarung vor der Verhandlung vom 4. Juli 1900 eingehend unterrichtet, und in Ausführung derselben sei das Schuldbekenntnis und die Bürgschaftserklärung ausgestellt worden. Es sei dann auch das Haus in K. fertiggestellt worden, und der Kläger habe dazu noch mehr als 6000 *M* vorgestreckt.

Der Beklagte bestritt dieses Anführen; er wollte die Bürgschaft im allgemeinen für das, was L. dem Kläger vor dem Akkorde schuldig gewesen und durch diesen schuldig geworden sei, geleistet haben und behauptete, daß der Kläger für diese Forderungen aus den ihm von L. gegebenen Sicherheiten Befriedigung erlangt habe.

Die Klage wurde in erster und zweiter Instanz abgewiesen; das Reichsgericht hob auf und verwies die Sache an das Berufungsgericht zurück.

Aus den Gründen:

... „Das Oberlandesgericht ... stützt seine ... Entscheidung auf die Annahme, daß es für den Klaganspruch schon an der formalen Voraussetzung, nämlich einer genügenden schriftlichen Beurkundung der Bürgschaftserklärung des Beklagten, mangele. Zur Erfüllung der Form im Sinne von § 766 B.G.B. müsse erfordert werden, daß in dem von dem Bürgen unterschriebenen Schriftstücke die Hauptschuld, auf welche sich die Bürgschaft beziehen solle, so bezeichnet sei, daß darüber, für welche Hauptschuld er haften solle, kein Zweifel obwalten könne. Das treffe hier nicht zu, und es müsse als gesetzlich ausgeschlossen gelten, im gegebenen Falle die nach der bezeichneten Richtung sich darbietenden Zweifel durch außerhalb der Bürgschaftsurkunde geschöpfte Ermittelungen des Willens der Kontrahenten zu lösen.

Dieser Auffassung war nicht beizutreten.

Allerdings muß zur Erfüllung der Formvorschrift des § 766 erfordert werden, daß dasjenige, was den Inhalt der Bürgschaftserklärung bildet (§ 765), wenigstens in seinen wesentlichen Teilen in der Bürgschaftsurkunde selbst enthalten ist, und dazu gehört auch die Angabe der Schuld, für welche gebürgt werden soll.

Vgl. Entsch. des R.G.'s in Zivils. Bd. 57 S. 259 flg.

Insoweit gelten für die Bürgschaft keine anderen Grundsätze, als für andere an die Schriftform oder an gerichtliche oder notarielle Beurkundung gebundene Willenserklärungen (§§ 126. 127. 128 B.G.B.). Auch für diese greift aber die allgemeine Vorschrift in § 133 B.G.B. Platz, wonach bei der Auslegung von Willenserklärungen der wirkliche Wille zu erforschen, und nicht an dem buchstäblichen Sinne des Ausdrucks zu haften ist, und es ist dabei auch keineswegs ausgeschlossen, daß zur Ermittelung dieses Willens außerhalb der auszulegenden urkundlichen Erklärungen liegende Umstände herangezogen und berücksichtigt werden.

Vgl. die Entscheidungen des Kammergerichts Berlin im Sächs. Archiv Bd. 11 S. 257, des Oberlandesgerichts Dresden in dessen Annalen Bd. 22 S. 439, des Oberlandesgerichts Hamburg in Seuffert's Archiv Bd. 57 Nr. 148; Cosack, Lehrb. des Deutschen bürgerl. Rechts Aufl. 3 Bd. 1 S. 200 unter c; Neumann, B.G.B. Aufl. 3 Anm. 1 zu § 126.

Erfordert werden muß hier nur, ebenso wie bei mündlichen Erklärungen, daß in den gebrauchten Worten der Ausdruck dessen, was als der Wille des Erklärenden ermittelt wird, überhaupt gefunden werden kann.

Im vorliegenden Falle ist in der vom Beklagten unterschriebenen Urkunde die Schuld, für die er selbstschuldnerischer Bürge sein wollte, angegeben, und zwar an sich ganz klar, indem die Bürgschaftsurkunde insoweit auf den auf demselben Blatte unmittelbar voranstehenden Schuldschein des Gustav L. verweist. Indem der Beklagte erklärt, er „verbürge die obige Darlehnsschuld" des L., spricht er aus, er leiste bis zur Höhe von 6000 ℳ Bürgschaft für diejenige Schuld, über welche L. den Schuldschein ausgestellt habe. Damit ist die Hauptschuld objektiv bezeichnet, und zwar durchaus zureichend, sofern das Schuldverhältnis, vermöge dessen L. den Schuldschein ausgestellt hat, mit Sicherheit festgestellt werden kann. Ob dies durch den Inhalt des Schuldscheins allein geschehen kann, oder dazu auf anderen Unterlagen beruhende Feststellungen erforderlich sind, ist für die

Wirksamkeit der Bürgschaft ohne jede Bedeutung; für die Hauptschuld, auf welche die Bürgschaft sich bezieht, bedarf es überhaupt keiner Schriftform.

Zuzugeben ist nun allerdings, daß der Schuldschein des L., auf den die Bürgschaftsurkunde verweist, dem wirklichen Sachverhalt insofern nicht entspricht, als L. darin den Empfang eines ihm am 4. Juli 1900 bar gewährten Darlehns von 6000 ℳ bekennt, während ihm in Wahrheit ein solches nicht ausgezahlt worden ist, nach der eigenen Darstellung des Klägers auch an diesem Tage nicht gegeben werden sollte. Allein nach dieser Darstellung sollte der Kläger nach dem mit L. getroffenen Abkommen zu der Vollendung des diesem gehörigen Hauses in K. Geld bis zur Höhe von 6000 ℳ vorschießen, und ihm der dazu hergegebene Betrag von L. zurückgezahlt werden. Das Rechtsverhältnis, das die beiden hiernach begründen wollten, konnte daher sehr wohl als ein Darlehnsvertrag bezeichnet werden; unrichtig war nur die Angabe, daß das Darlehn bereits gewährt sei, während das Geld erst in Zukunft je nach dem Fortschreiten des Ausbaues jenes Hauses zur Auszahlung gelangen sollte. Dieser Umstand rechtfertigt jedoch nicht die Annahme, daß die in dem Schuldschein und damit zugleich mittelbar auch die in der Bürgschaftsurkunde enthaltenen Erklärungen überhaupt nicht als ein möglicher Ausdruck dessen angesehen werden könnten, was die Beteiligten nach der Sachdarstellung des Klägers wirklich beabsichtigten. Im Verkehrsleben wird sehr oft, wenn Darlehne gegen Sicherheit (Hypothek, Bürgschaft) gegeben werden, in der Weise verfahren, daß zunächst der Schuldner den Empfang der Darlehnssumme bekennt, für dieselbe Hypothek bestellt, bzw. Bürgschaft geleistet wird, und dann erst die Auszahlung des Geldes erfolgt; viele Kreditinstitute verfahren grundsätzlich stets in dieser Weise. Wie nun die Bürgschaftserklärung des Beklagten nicht wegen Formmangels als unwirksam angesehen werden könnte, wenn vereinbarungsgemäß der Kläger nach Ausstellung des Schuldscheins und der Bürgschaftserklärung noch am 4. Juli 1900 oder an einem der nächsten Tage 6000 ℳ bar an L. ausgezahlt hätte, so kann es der Wirksamkeit der Bürgschaftserklärung auch nicht entgegenstehen, daß zufolge der zwischen L. und dem Kläger getroffenen Vereinbarung die Auszahlung jener Summe erst später, je nach dem beim Ausbau des . . . Hauses sich ergebenden Bedarfe, vom Kläger gezahlt werden sollte und nach seiner Behauptung an L. oder für dessen Rechnung an Gläubiger desselben gezahlt worden ist.

Das von der Vorinstanz gegen die Berechtigung des Klaganspruchs erhobene Bedenken erscheint hiernach nicht begründet." ...

64. 1. Ist in § 254 B.G.B. unter „Verschulden" in betreff eines Minderjährigen etwas anderes zu verstehen, als Vorsatz und Fahrlässigkeit?
2. Ist § 828 B.G.B. auf dieses Verschulden anwendbar?

B.G.B. §§ 254. 276. 828.

VI. Zivilsenat. Urt. v. 1. November 1904 i. S. B. (Bekl.) w. B. (Kl.). Rep. VI. 599/03.

I. Landgericht Prenzlau.
II. Kammergericht Berlin.

Über die obigen Fragen hat sich das Reichsgericht zu dieser Sache folgendermaßen ausgesprochen in den

Gründen:

... „Gegen die Begründung des angefochtenen Urteils liegt ... noch ein weiteres Bedenken vor. Es ist darin die Frage übergangen, ob nicht bei der Entstehung des Schadens ein eigenes Verschulden des Beschädigten mitgewirkt hat. Behauptet hat der Beklagte solches Verschulden; denn er hat geltend gemacht, der Kläger habe dem öfteren Verbote, sich mit der Maschine zu befassen, zuwidergehandelt. Der Kläger ist zur Zeit des Unfalls über sieben Jahre, aber noch nicht achtzehn Jahre alt gewesen; deswegen wird nach § 828 B.G.G. vom Berufungsgerichte festzustellen sein, ob er bei der Begehung der ihm als Verschulden anzurechnenden Handlung die zur Erkenntnis der Verantwortlichkeit erforderliche Einsicht besessen hat.

Gegen die Anwendung des § 828 auf Fälle, wo der Minderjährige nicht einen anderen, sondern sich selbst beschädigt hat, ist verschiedentlich Widerspruch erhoben worden, und ebenso ist streitig, ob für den Begriff des Verschuldens im Sinne des § 254 B.G.B. die Vorschriften des § 276 Abs. 1 B.G.B. maßgebend seien. Allein es ist an der bereits in mehrfachen Urteilen (Entsch. des R.G.'s in

Zivils. Bd. 51 S. 275, Bd. 54 S. 404. 407) ausgesprochenen Rechtsauffassung festzuhalten.

Der § 254 spricht von einem mitwirkenden Verschulden des Beschädigten, ohne näher anzugeben, wie dessen Begriff zu bestimmen sei. Aber in demselben, die allgemeinen Bestimmungen über die Verpflichtung zur Leistung enthaltenden Titel des Bürgerlichen Gesetzbuchs sagt § 276: „Der Schuldner hat, sofern nicht ein anderes bestimmt ist, Vorsatz und Fahrlässigkeit zu vertreten," und daran schließen sich die Bestimmung des Begriffs der Fahrlässigkeit und die Vorschrift über die Anwendung des § 828 B.G.B. Nach seinem Wortlaute („der Schuldner") enthält § 276 im ersten Satze allerdings lediglich eine Vorschrift über die Leistungspflicht eines Schuldners, und Schuldner ist der nicht, der sich selbst beschädigt. Aber schon der zweite Satz enthält nach seiner Fassung eine Vorschrift, die für alle Fälle anwendbar sein soll, wo das Bürgerliche Gesetzbuch von Fahrlässigkeit spricht. Der untrennbare Zusammenhang zwischen beiden Sätzen nötigt nun dazu, den ersten ebenfalls in dem Sinne auszulegen, daß er eine für alle Schuldverhältnisse gültige Regel geben soll. Die Erwähnung des „Schuldners" soll also nicht der Anwendbarkeit der aufgestellten Rechtsregel eine Grenze ziehen, sondern erklärt sich aus der Stelle, wo die allgemein geltenden Sätze zuerst ausgesprochen werden. Die letzteren haben daher auch auf § 254 Anwendung zu finden. Also wo dieser von Verschulden des Beschädigten spricht, ist nicht ein dem Bürgerlichen Gesetzbuch sonst fremder Begriff zu unterstellen, sondern das, was für Schuldverhältnisse allgemein gilt, hat auch für das Schuldverhältnis von Beschädiger und Beschädigtem zu gelten. Der letztere hat hiernach nur Vorsatz und Fahrlässigkeit zu vertreten. Bei Minderjährigen grenzt sich die Verantwortlichkeit für beides nach den Vorschriften des § 828 B.G.B. ab. Dawider läßt sich nicht einwenden, daß er lediglich den Fall berühre, wo jemand einen anderen, nicht sich selbst schädige. Denn wenn bei Gelegenheit der Regelung der allgemeinen Verantwortlichkeit in Schuldverhältnissen seine Anwendbarkeit vorgeschrieben wird, so folgt daraus mit Notwendigkeit, daß die für unerlaubte Handlungen gegebenen Vorschriften eben nicht auf den im § 828 vorausgesetzten Tatbestand beschränkt bleiben sollen. Der hier angenommenen Rechtsauffassung läßt sich ein Bedenken aus § 829 B.G.B. nicht entgegenstellen, weil dessen Vorschrift eine für einen besonderen Tatbestand gegebene Ausnahmevorschrift ist, die die Auslegung der §§ 254 und 276 nicht beeinflussen kann." ...

65. Über die rechtlichen Wirkungen eines zwischen dem Gläubiger und dem Hauptschuldner geschlossenen Vertrages, durch den die Erfüllung der Schuld hinausgeschoben wird, auf die Verpflichtungen des Bürgen.

VI. Zivilsenat. Urt. v. 10. November 1904 i. S. Deutsche Erdölwerke, G. m. b. H. (Kl.) w. T. (Bekl.). Rep. VI. 6/04.

I. Landgericht I Berlin.
II. Kammergericht daselbst.

Die Klägerin hatte im März 1902 mit dem Kaufmann L. in Berlin einen Vertrag abgeschlossen, durch den sie diesem zum Export von Benzin aus Rumänien eine Anzahl Zisternenwagen gegen einen Zins von monatlich 75 M für jeden Wagen vermietete; bei einer Überschreitung der Zeit, für welche die Wagen dem L. überlassen waren, sollte er 2,50 M täglich für jeden Wagen bezahlen. Die Rückgabe der Wagen sollte „frei jeder Frachtauslage, einschließlich etwaiger Pönalien für Leertouren" in Wilhelmsburg a. E. erfolgen. Der Beklagte hatte für die Erfüllung dieser Verpflichtungen des L. Bürgschaft geleistet.

Die Klägerin nahm, nachdem sie vergeblich von L. Zahlung zu erlangen versucht hatte, den Beklagten in Anspruch, und zwar forderte sie von ihm unter anderem für vier Wagen, die L. vertragswidrig erst im September 1902 zurückgegeben habe, 2,50 M täglich für jeden Wagen auf die Zeit vom 15. Juni bis zum 31. August 1902, sowie 1528,68 M, die sie für Nachnahme, Zollabfertigung, sowie an Vergütung für Leerlauf und an Fracht von Harburg bis Wilhelmsburg habe bezahlen müssen, um in den Besitz der erwähnten vier Wagen zu kommen, weil L. die Verpflichtung, die Wagen auslagenfrei in Wilhelmsburg zur Rückgabe bereit zu stellen, nicht erfüllt habe.

Das Berufungsgericht wies die Klage wegen der 1528,68 *M* ganz und wegen der Vergütung für verspätete Rückgabe insoweit ab, als sie auf die Zeit vom 6. bis zum 31. August 1902 gefordert war. Die Klägerin hatte nämlich selbst angeführt: sie habe, nachdem sie den L. im Juni und Juli wiederholt zur Rückgabe der Wagen vergeblich aufgefordert gehabt, ihm schließlich am 1. August eine letzte Frist bis zum 7. August gesetzt; darauf habe er sich am 5. August telephonisch an sie gewendet mit der Bitte, die Frist für die Rückgabe bis zum 31. August zu verlängern, und nach der ganzen Sachlage sei ihr nichts anderes übrig geblieben, als die verlangte Stundung zu bewilligen. Das Berufungsgericht nahm an, daß sich L. seit dem 30. Juni 1902 in Verzug befunden habe, und dieser auch durch die Vorkommnisse bis zum 5. August nicht beseitigt worden sei. Wohl aber habe er am 5. August aufgehört, weil in dem an diesem Tage zwischen der Klägerin und L. telephonisch getroffenen Abkommen der Abschluß eines neuen Mietvertrags auf die Zeit bis zum 31. August zu finden sei. Der Beklagte sei nun zwar nach § 767 B.G.B. verpflichtet, für die in dem Vertrage bestimmte Vergütung von 2,50 *M* täglich für jeden Wagen nicht bloß bis zum Ablauf der Längstdauer der Rückgabefrist (30. Juni), sondern auch für die Zeit, in der sich L. in Verzug befunden habe, als Bürge aufzukommen; dagegen habe der Klägerin nicht das Recht zugestanden, durch eine dem L. gewährte vertragliche Stundung den Umfang der Verpflichtungen des Beklagten zu erweitern. Sie habe sich gegenüber dem Verzug des Mieters passiv verhalten dürfen; sie habe aber dem Bürgen nicht die Möglichkeit abschneiden können, seiner Haftung durch Erfüllung ein Ziel zu setzen. Das habe sie durch das Abkommen vom 5. August, auf das sich L. auch dem Beklagten gegenüber hätte berufen können, getan. Daß aber etwa dieser der Stundungsgewährung zugestimmt habe, sei nicht dargetan. Das Vorbringen der Klägerin, sie würde, dafern sie das erwähnte Abkommen nicht getroffen hätte, die Wagen auch nicht vor dem 31. August zurückerhalten haben, sei schon an sich rechtlich ohne Bedeutung; übrigens könne das nach dem, was die Klägerin selbst angeführt habe, auch nicht angenommen werden. Danach sei der Anspruch der Klägerin auf Wagenmiete für die Zeit nach dem 5. August 1902 dem Beklagten gegenüber unbegründet.

Das gleiche gelte aber auch bezüglich der Summe, die von der Klägerin nach ihrer Angabe bei Eingang der Wagen an die Bahnverwaltung habe gezahlt werden müssen. Zwar sei der Beklagte, der für anstandslose Rückgabe der Wagen einzustehen versprochen habe, an sich auch für den Schaden haftbar, welcher der Klägerin dadurch erwachsen sei, daß L. die Wagen nicht frei von Nachnahme und Fracht nach Wilhelmsburg zurückgeliefert habe. Der Anspruch sei aber dadurch hinfällig geworden, daß die Klägerin das Abkommen vom 5. August 1902 mit L. geschlossen habe. Der Beklagte habe sich für die Rückgabe der vermieteten Wagen bei Ablauf des im März 1902 geschlossenen Kontraktes verbürgt, nicht für die Rückgabe aus dem Vertrage vom 5. August. Nach diesem Tage aber habe der Klägerin ein Anspruch auf Rückgabe nur aus dem neuen Vertrage zugestanden; es sei auch gar nicht behauptet, daß die von der Klägerin angeblich bestrittenen Auslagen schon vor dem 5. August 1902 entstanden seien.

Das Reichsgericht verwies die Sache, soweit die Klage in dem vorstehend bezeichneten Umfange abgewiesen worden war, an das Berufungsgericht zurück. Nach den hier in Betracht kommenden Richtungen ist folgendes ausgeführt in den

Gründen:

... „Was zunächst den Anspruch auf Ersatz der 1528,68 ℳ anlangt, so war in dem zwischen der Klägerin und L. abgeschlossenen, dem Beklagten mitgeteilten Mietvertrage bestimmt: die vermieteten Wagen sollten frachtfrei in Station Wilhelmsburg zurückgegeben werden, dergestalt daß die Klägerin keinerlei Frachtausgabe oder Pönale für ungedeckte Leertouren treffe; alle die Wagen betreffenden Gebühren sollten bis zur Rückgabe an die Klägerin in Wilhelmsburg ausschließlich zu Lasten des L. gehen. Die aus dieser Abrede für den letzteren entsprungenen Verpflichtungen, für deren Erfüllung der Beklagte Bürgschaft geleistet hat, blieben bestehen, bis sie durch ein neues Abkommen zwischen der Klägerin und L. aufgehoben oder erfüllt wurden.

Beide Vorinstanzen nehmen an, daß der ersterwähnte Fall vorliege, indem die auf dem ursprünglichen Mietvertrage beruhenden Verpflichtungen des L. durch das von ihm am 5. August 1902 mit der Klägerin getroffene Abkommen erloschen seien. Dem kann jedoch nicht beigetreten werden. Die Klägerin hat bezüglich dieses Abkommens nach den Tatbeständen erster und zweiter Instanz folgendes angegeben: am 4. August sei ihr von der rumänischen Bahnverwaltung telegraphisch die Aufforderung, über die Wagen zu verfügen, zugegangen; sie habe hiervon sofort dem L. Mitteilung gemacht, mit der Aufforderung, unverzüglich das Erforderliche zu verfügen. Dieser habe versprochen, dies zu tun, und zugleich gebeten, die Frist für die Rückgabe der Wagen bis zum 31. August zu verlängern, da er, wenn diese leer nach Deutschland zurücklaufen müßten, einen großen Schaden erleiden würde, bei der Länge der Laufzeit auch eine frühere Rückstellung unmöglich sei. Unter diesen Umständen sei ihr nichts anderes übrig geblieben, als die verlangte Stundung zu bewilligen. Von dem Beklagten sind hiervon abweichende Behauptungen nicht aufgestellt worden.

Legt man, wie hiernach geschehen muß, die Darstellung der Klägerin zugrunde, so kann die getroffene Vereinbarung nach ihrem Wortlaut, nach der Natur der Sache und nach demjenigen, was bei gleichen oder ähnlichen Verhältnissen von Geschäftsleuten regelmäßig beabsichtigt wird, nur dahin verstanden werden, daß es dem L. gestattet sein sollte, seine durch den Mietvertrag vom März 1902 begründete Verpflichtung zur Rückgabe der Wagen in der Weise zu erfüllen, daß diese auslagenfrei spätestens im Laufe des 31. August in Wilhelmsburg einträfen und der Klägerin zur Verfügung bereit gestellt würden. Die Annahme, es habe nach der Absicht der Beteiligten die dem L. aus jenem Vertrage obliegende Verpflichtung zur Rückgabe der Wagen aufgehoben sein oder als erfüllt gelten sollen, und sie hätten beabsichtigt, durch ihr Abkommen anstatt der früher entstandenen eine neue Verpflichtung zur Rückgabe der Wagen zu begründen, könnte nur dann als statthaft erachtet werden, wenn dafür besondere Umstände sprächen; solche sind aber weder von dem Beklagten behauptet, noch von den Vorinstanzen dargelegt worden. Die Vereinbarung vom 5. August kann danach, was die Rückgabe der Wagen betrifft, nur als eine Hinausschiebung der Erfüllungszeit, also als eine Stundung angesehen werden.

Nun hat das Berufungsgericht allerdings noch — unter Bekämpfung einschlagender Bemerkungen in den Kommentaren von Planck (Bem. 1 zu § 776 B.G.B.) und von Staub (Anm. 31 zu § 349 H.G.B.) — ausgeführt, daß der Gläubiger ohne Beeinträchtigung seiner Rechte gegenüber dem Bürgen sich zwar nach Eintritt der Fälligkeit seiner Forderung gegenüber dem Hauptschuldner passiv verhalten, diesem also tatsächlich Stundung gewähren dürfe, dagegen im Verhältnis zum Bürgen nicht befugt sei, dem Hauptschuldner vertragsmäßig Stundung zu erteilen. Gemeint ist dies aber jedenfalls nicht in dem Sinne, daß durch eine Stundung der letzteren Art die Haftung des Bürgen ohne weiteres erlösche, sondern nur dahin, daß dadurch die Verpflichtungen des Bürgen nicht erweitert werden könnten. Diese letztere Erwägung ist jedoch nicht geeignet, ohne weiteres die Abweisung der jetzt in Rede stehenden Klagepost zu rechtfertigen, da an sich, ohne nähere Begründung, nicht abzusehen ist, inwiefern die Verpflichtung des L., die Wagen auslagenfrei in Wilhelmsburg zurückzugeben, nach Inhalt oder Umfang dadurch, daß sie einige Wochen später, als es nach dem Vertrage vom März 1902 zu geschehen gehabt hätte, erfüllt wurde, eine Erweiterung erfahren haben sollte; auch von dem Beklagten ist gar nicht dargelegt worden, daß dies geschehen sei.

Die Rechtslage gestaltet sich hiernach bezüglich dieses Teils der Klageforderung folgendermaßen. An sich hätte es dem Beklagten, der auf Erfüllung einer von der Bürgschaft umfaßten Verbindlichkeit des Hauptschuldners in Anspruch genommen wird, obgelegen, zu begründen und nachzuweisen, daß sie von diesem erfüllt sei. Da indes die in Rede stehenden Wagen, wie unstreitig ist, an die Klägerin zurückgelangt und von ihr angenommen worden sind, so muß sie zunächst dartun, daß die Vertragserfüllung eine unvollständige, dem Vertrage nicht entsprechende gewesen sei. Hierzu genügt aber der Nachweis, daß sie, um in den Besitz der Wagen zu gelangen, die von ihr angegebene Summe habe bezahlen müssen, da hierdurch festgestellt würde, daß L. der Pflicht, die Wagen auslagenfrei in Wilhelmsburg zurückzugeben, nicht genügt habe. Der Beklagte könnte sich dann der Bezahlung dessen, was die Klägerin zur Erlangung der Wagen hat aufwenden müssen, nur entziehen, wenn er darzutun vermöchte, daß die Klägerin diesen Betrag ganz oder teilweise nicht zu bezahlen gehabt hätte, sofern sie das Abkommen vom 5. August 1902 mit L. nicht getroffen hätte. Bisher hat, wie schon bemerkt wurde, der Beklagte eine nähere Darlegung nach dieser Richtung nicht gegeben. Bedeutungslos ist es, wie gegenüber den Ausführungen des Berufungsgerichts nicht unerwähnt bleiben mag, ob die Vorgänge, welche dazu geführt haben, daß die Klägerin die nach Wilhelmsburg gelangten Wagen durch Zahlung einer Geldsumme einlösen mußte, vor, oder nach dem 5. August liegen. Entscheidend ist allein, ob der betreffende Aufwand auch ohne das Abkommen vom 5. August entstanden wäre, oder nicht; nur wenn und soweit das letztere der Fall sein sollte, ließe sich sagen, daß die Verpflichtung des Hauptschuldners, seinerseits den betreffenden Aufwand zu tragen, auf einer von ihm mit der Klägerin getroffenen Vereinbarung beruhe, für deren Erfüllung der Beklagte nicht Bürgschaft geleistet habe.

Aber auch bezüglich der von der Klägerin für die Zeit vom 6. bis zum 31. August 1901 — beide Tage eingeschlossen — geforderten Vergütung für die vier Wagen konnte der Auffassung der Vorinstanz nicht beigepflichtet werden.

Wie oben dargelegt worden, ist nach dem, was bisher vorliegt, anzunehmen, daß der Wille der Klägerin und des L. nicht auf den Abschluß eines neuen selbständigen Vertrages, sondern nur darauf gerichtet gewesen ist, die Frist für die Rückgabe der Wagen zu verlängern, dem Mieter insoweit Stundung zu verschaffen. Nun erfuhr allerdings auch durch ein solches Abkommen das Rechtsverhältnis der Kontrahenten eine Änderung, insofern durch die Stundung der Erfüllungsverzug, in dem L. sich bezüglich der Wagen befand, beseitigt wurde, und er das vertragsmäßige Recht erlangte, die Wagen auch ferner, so lange es mit einer Erfüllung der Rückgabepflicht bis zu dem neubestimmten Termin vereinbar war, zu benutzen; dadurch erfuhr seine Verbindlichkeit, für jeden Wagen täglich 2,50 ℳ an die Klägerin zu bezahlen, eine Änderung bezüglich ihres Rechtsgrundes. Indes rechtfertigen diese Umstände für sich allein nicht die von der Vorinstanz daraus abgeleitete Rechtsfolge.

Allerdings ist die Bestimmung in § 767 Abs. 1 B.G.B., wonach durch ein Rechtsgeschäft, das der Hauptschuldner nach der Übernahme der Bürgschaft vornimmt, die Verpflichtung des Bürgen nicht erweitert wird, auch auf einen nachträglich zwischen dem Gläubiger und dem Hauptschuldner abgeschlossenen Stundungsvertrag zu beziehen; dieser kommt zwar von selbst dem Bürgen zustatten (vgl. Entsch. des R.G.'s in Zivils. Bd. 56 S. 310), ist aber, wenn der Bürge mit der Stundung nicht einverstanden ist, nicht ohne weiteres gegen diesen rechtswirksam. Indes gilt dies nach der angezogenen Gesetzesvorschrift nur insoweit, als durch die Stundung die Verpflichtungen des Schuldners gegenüber demjenigen Vertrag, für dessen Erfüllung die Bürgschaft geleistet wurde, erweitert werden, also die Lage des Bürgen verschlechtert, oder der Inhalt der ihm nach dem Bürgschaftsvertrage obliegenden Pflichten zu seinem Nachteil geändert werden würde, wenn ihm die Erfüllung des Vertrages, wie dieser sich durch die Stundung gestaltet hat, angesonnen würde. Dagegen liegt kein zureichender Grund für die Annahme vor, daß der Bürge die Haftung für Leistungen, zu denen der Hauptschuldner auch nach dem von der Bürgschaft umfaßten Vertrage oder infolge von Verzug oder Verschuldung verpflichtet gewesen wäre, allein deshalb ablehnen dürfe, weil diese Verpflichtungen zum Gegenstande eines nachträglich zwischen dem Gläubiger und dem Hauptschuldner geschlossenen Vertrages gemacht worden sind, und infolgedessen die Leistungen nunmehr vom Hauptschuldner aus diesem späteren Vertrage geschuldet werden. Der Wortlaut der Bestimmungen in § 767 Abs. 1 B.G.B. spricht nicht für, sondern gegen eine solche Auffassung; auch die Entstehungsgeschichte jener Bestimmungen bietet dafür keinen Anhalt, und ebensowenig lassen sich für eine solche Annahme Gründe der Billigkeit oder Zweckmäßigkeit geltend machen.

Die Beantwortung der Frage, ob der Beklagte für die Wagenmiete auf die Zeit vom 6. bis zum 31. August 1902 einzustehen habe, hängt hiernach davon ab, ob und inwieweit durch das Abkommen vom 5. August die Ansprüche der Klägerin an L. gegenüber dem ursprünglichen Vertrage eine Steigerung erfahren haben, und ob sich sonst aus jenem Abkommen eine Verschlechterung der Lage des Beklagten ergeben würde. Hierbei kommt es nach beiden Richtungen darauf an, festzustellen, wie sich die Sachlage ohne die Stundung vom 5. August tatsächlich gestaltet haben würde, und es ist mit ihr der wirklich eingetretene Sachstand zu vergleichen.

Nach dem Vertrage vom März 1902 hatte nun L. für jeden Wagen, den er nicht bis zum 15. Juni zurückgab, eine Vergütung von täglich 2,50 ℳ zu entrichten; da die Klägerin einen höheren Betrag auch für die Zeit vom 6. August ab nicht fordert, liegt somit eine Steigerung der Verpflichtungen des L. durch die Stundungsvereinbarung nur dann vor, wenn infolge derselben die Rückgabe später erfolgt ist, als es ohne die Stundung der Fall gewesen wäre. Die Klägerin bestreitet dies, indem sie geltend macht, daß die Wagen am 5. August in Rumänien gestanden hätten, und bei der großen Entfernung ein Wiedereingang in Wilhelmsburg vor dem 31. August unmöglich gewesen wäre. Das Berufungsgericht nimmt zwar an, daß die in Frage stehenden Wagen am 5. August auf einer rumänischen Bahnstation gestanden hätten, erachtet aber für ausgeschlossen, daß sie, wenn der Rücktransport sofort ins Werk gesetzt worden wäre, erst am 31. August in Wilhelmsburg eingetroffen sein würden. Diese tatsächliche Feststellung rechtfertigt aber keinesfalls die Abweisung der Klage wegen der Vergütung auf die ganze Zeit vom 6. bis zum 31. August, da außer jedem Zweifel steht, daß ein erheblicher Teil dieses Zeitraums für die Rückfahrt der Wagen von Rumänien nach Wilhelmsburg erforderlich war, die Klägerin also auch ohne die Stundung auf Grund des ursprünglichen Vertrages und des Verzuges, in den L. geraten war, von diesem die vereinbarte Wagenvergütung auch für einen Teil der Zeit nach dem 5. August zu fordern berechtigt war, und der Beklagte für den hierauf entfallenden Betrag jedenfalls zu haften hat.

Hiernächst kommt aber noch folgendes in Betracht. Entscheidend für die Frage, wie sich die Verpflichtungen des L. aus dem alten Vertrage gestaltet hätten, ist nicht, zu welcher Zeit die vier Wagen ohne die Stundung vom 5. August in Wilhelmsburg eintreffen konnten; es kommt vielmehr darauf an, wann sie ohne diese Stundung zur Verfügung der Klägerin in Wilhelmsburg bereit gestanden haben würden; die Feststellung, daß die Wagen, wenn ihr Rücktransport nach Deutschland sofort am 5. August 1902 begonnen worden wäre, noch vor dem 31. August in Wilhelmsburg eingetroffen sein würden, ist deshalb nur dann von Bedeutung, wenn unterstellt werden darf, daß L. ohne das Abkommen vom 5. August die zum Rücklauf der Wagen erforderlichen Maßnahmen sofort getroffen haben würde. Von dem Berufungsgericht ist nicht festgestellt, daß dies geschehen wäre, und der Beklagte selbst hat eine dahin gehende Behauptung bisher nicht aufgestellt; die ganze Sachlage aber, wie sie bisher vorliegt, spricht durchaus dagegen. . . .

Das Berufungsgericht hat . . . noch ausgeführt: der Bürge sei berechtigt, seiner Haftung ein Ziel zu setzen. Dieses Recht werde ihm durch eine dem Hauptschuldner vom Gläubiger erteilte Stundung geschmälert, und damit werde seine Verbindlichkeit erweitert. Wenn er den Gläubiger befriedige, so gehe dessen Forderung auf den Bürgen über; nach einer Stundung von seiten des Gläubigers könne aber die Forderung nicht so, wie der Bürge es zu beanspruchen berechtigt sei, auf diesen übergehen, da der Schuldner die ihm vom Gläubiger erteilte Stundung auch dem Bürgen entgegensetzen könne (§ 404 B.G.B.). Auch diese Erwägung kann indes die jetzt in Rede stehende Klagabweisung nicht rechtfertigen. Es kann dahingestellt bleiben, ob die ihr zugrunde liegende Auffassung, für welche auf die auszugsweise in der Jurist. Wochenschr. 1902 S. 151 Nr. 101 veröffentlichte, auf dem preußischen Landrechte beruhende reichsgerichtliche Entscheidung Bezug genommen worden ist, an sich für das jetzt geltende Recht als zutreffend anzuerkennen ist. Ebenso kann unerörtert bleiben, ob nicht, wenn diese Frage zu bejahen ist, eine Erwägung der bezeichneten Art nur in Rücksicht gezogen werden darf, wenn der aus der Bürgschaft Belangte einredeweise behauptet und begründet, daß er, sofern der Gläubiger dem Hauptschuldner nicht Stundung erteilt hätte, den ersteren bei Eintritt der Fälligkeit der Forderung oder doch vor Ablauf der Stundungsfrist befriedigt haben würde. Denn jedenfalls kann jene Erwägung von dem Gerichte gegen die vom Gläubiger wider den Bürgen erhobene Klage dann nicht verwertet werden, wenn nach Lage der Sache nicht ersichtlich ist, daß der Bürge auch nur in der Lage gewesen wäre, statt des Hauptschuldners zu erfüllen. So aber liegt die Sache hier. Der Anspruch der Klägerin auf Vergütung von 2,50 *M* täglich für jeden Wagen entstand nach dem ursprünglichen Vertrage ohne weiteres durch den Ablauf jeden Tages, um den sich die Rückgabe verzögerte; es konnte das Anwachsen des Anspruchs nur durch diese Rückgabe verhindert werden. Da nun die Wagen sich in Rumänien befanden, und nicht das mindeste dafür vorliegt, daß der Beklagte rechtlich und tatsächlich über sie zu verfügen in der Lage gewesen wäre, so ist nicht abzusehen, wie er die Klägerin bezüglich der Rückgabe der Wagen zu befriedigen und dadurch das Anwachsen des Anspruchs aus der verzögerten Rückgabe zu verhüten imstande gewesen sein sollte." . . .

66. 1. Voraussetzungen der Schuldübernahme im Sinne des § 414 B.G.B.

2. Gibt es nach dem Rechte des Bürgerlichen Gesetzbuchs eine von der Bürgschaft verschiedene sog. kumulative Schuldübernahme? Wann wäre eventuell eine solche anzunehmen, und würde sie dann der Schriftform bedürfen?

VI. Zivilsenat. Urt. v. 14. November 1904 i. S. Paderborner Bank (Kl.) w. D. Wwe. (Bekl.). Rep. VI. 12/04.

I. Landgericht Paderborn.
II. Oberlandesgericht Hamm.

Gründe:

„Die Klägerin hat die Beklagte aus einer Schuld des verstorbenen Ehemannes der letzteren in Anspruch genommen, indem sie behauptet, daß kurz nach dem am 15. Juni 1901 erfolgten Tode des Ehemannes D. die Beklagte diese Schuld im Sinne des § 414 B.G.B. übernommen habe, was die Beklagte bestreitet. Das Berufungsgericht scheint als durch Zeugen bewiesen anzusehen, daß die Beklagte mündlich versprochen habe, das Konto des verstorbenen D. nach und nach zu begleichen, spricht sich übrigens nicht bestimmt darüber aus, ob es auch nur dies als feststehend annimmt; jedenfalls findet es aber auch hierin noch keine Schuldübernahme im Sinne jenes § 414, sondern höchstens eine sog. kumulative Schuldübernahme, die, wie es in Übereinstimmung mit dem Urteile dieses Senats in den Entsch. Bd. 51 S. 121 flg. annimmt, zu ihrer Gültigkeit der im § 766 B.G.B. für die Bürgschaft vorgeschriebenen Schriftform bedurft haben würde. Aus diesem Grunde hat es nicht anders zur Verurteilung der Beklagten gelangen zu können gemeint, als wenn die Beklagte den ihr auferlegten richterlichen Eid, daß sie nicht erklärt habe, „an Stelle" ihres verstorbenen Ehemannes in das Schuldverhältnis einzutreten, nicht leisten sollte.

Der rechtlichen Auffassung des Oberlandesgerichts ist im wesentlichen beizutreten. Solange weiter nichts vorliegt, als ein Versprechen, für die Verbindlichkeit eines anderen einzustehen, sie zu begleichen, ist nicht der mindeste Grund gegeben, hierin eine Schuldübernahme im Sinne des § 414 B.G.B. zu erblicken, zu deren Wesen es gehört, daß der Gläubiger dagegen zugleich seinen Anspruch gegen den bisherigen Schuldner aufgebe. Ein Versprechen der bezeichneten Art kann schon den gebrauchten Worten nach kaum etwas anderes sein, als eine Bürgschaft im Sinne des § 765 B.G.B. Der erkennende Senat entscheidet übrigens jetzt die in dem angeführten Urteil offen gelassene Frage, ob überhaupt eine von der selbstschuldnerischen Bürgschaft verschiedene sog. kumulative Schuldübernahme denkbar ist, dahin, daß sie allerdings insofern zu bejahen ist, als ausnahmsweise einem Schuldner auf Grund einer eigenartigen Sachlage nachträglich noch ein zweiter als gewöhnlicher Gesamtschuldner im Sinne des § 421 B.G.B. hinzutreten kann,

vgl. als Analogie aus dem römischen Recht einerseits pr. Inst. de duob. reis 3, 16 und l. 4 Dig. eod. 45, 2, andererseits l. 3 pr. Dig. eod.,

daß aber der Regel nach und im Zweifel die sog. kumulative Schuldübernahme nichts anderes als eine Bürgschaft ist. Damit ist ohne weiteres für alle Fälle solcher „Schuldübernahme" im Zweifel die Anwendbarkeit des § 766 B.G.B. gegeben, soweit nicht der § 350 H.G.B. entgegensteht, während andererseits in jenen Ausnahmefällen zur entsprechenden Anwendung des § 766 allerdings kein Anlaß gegeben sein möchte. Im vorliegenden Falle aber ist sicher kein Umstand ersichtlich, der dahin führen könnte, ihn als einen solchen Ausnahmefall zu betrachten.

Wenn nun aber die Revisionsklägerin geltend gemacht hat, daß nach § 414 B.G.B. für die (privative) Schuldübernahme doch nicht gerade der Gebrauch der Worte „an Stelle des X." oder dgl. erforderlich sei, sondern daß man den entsprechenden Willen auch stillschweigend erklären könne, so ist das freilich ohne Zweifel an sich richtig; aber die Formel des richterlichen Eides ist auch nicht dahin zu verstehen, daß die Beklagte nur schwören soll, nicht genau diese Worte gesprochen zu haben, sondern daß sie schwören soll, dem Sinne nach keine solche Erklärung abgegeben zu haben; daß aber überhaupt ohne eine solche Erklärung der Beklagten hier keine Schuldübernahme im Sinne des § 414 B.G.B. angenommen wird, selbst wenn die von den Zeugen ... bekundeten allgemeineren Äußerungen der Beklagten als getan unterstellt werden, das beruht auf einer unanfechtbaren, übrigens auch völlig sachgemäßen tatsächlichen Würdigung, wonach begleitende Umstände, welche zu der Annahme bewegen könnten, daß die Vertreter der Klägerin dagegen deren Ansprüche gegen den verstorbenen D., bzw. gegen dessen Nachlaß hätten aufgeben wollen, nicht ersichtlich sind." ...

67. Liegt notwendige Streitgenossenschaft vor, wenn gegen eine Ehefrau auf Leistung und zugleich gegen den Ehemann gemäß § 739 Z.P.O. auf Duldung der Zwangsvollstreckung in das eingebrachte Gut geklagt ist?

VI. Zivilsenat. Urt. v. 21. November 1904 i. S. Schä. (Kl.) w. Scho. u. Gen. (Bekl.). Rep. VI. 23/04.

I. Landgericht Ratibor.
II. Oberlandesgericht Breslau.

Aus den Gründen:

... „Die Frage, ob, wenn die Klage gegen eine Frau auf Leistung und zugleich gegen ihren Mann gemäß § 739 Z.P.O. auf Duldung der Zwangsvollstreckung in das eingebrachte Gut gerichtet ist, notwendige Streitgenossenschaft vorliege, ist in der Literatur bestritten. Bejaht wird die Frage u. a. von Petersen u. Anger, Z.P.O. 4. Aufl. zu § 739 Bem. 2 (vgl. aber 5. Aufl. zu § 62 Anm. 11), von Struckmann u. Koch, Z.P.O. 8. Aufl. zu § 739 Bem. 2, von Seuffert, Z.P.O. 9. Aufl. zu § 62 S. 95, 8. Aufl. zu § 739 S. 350, und in Gruchot's Beiträgen Bd. 43 S. 136. Verneint wird sie u. a. von Gaupp-Stein, Z.P.O. 6. u. 7. Aufl. zu § 52 S. 159. 160 und zu § 62 S. 186 unter c, von Planck, B.G.B. 3. Aufl. zu § 1400 Bem. 7, von Hellwig, Anspruch und Klagerecht S. 326, von v. Staudinger, Komm. zum B.G.B. 2. Aufl. zu § 1400 Bem. 5, von Schmidt-Habicht, Familienrecht § 1400 Bem. 3 S. 278. Der erkennende Senat schließt sich der letzteren Ansicht an. Daß das streitige Rechtsverhältnis beiden Eheleuten gegenüber nur einheitlich festgestellt werden könnte, liegt ebensowenig vor, wie ein sonstiger Grund, aus dem die Streitgenossenschaft eine notwendige wäre. Die Leistungspflicht der Frau kann bestehen, die Duldungspflicht des Mannes fehlen. Der Gläubiger der Frau ist nicht gezwungen, beide

Eheleute zusammen zu verklagen; die Prozesse können getrennt geführt werden.

Vgl. auch das Urteil des erkennenden Senats in den Entsch. Bd. 39 S. 306 flg.

Ist die Frau zunächst allein verklagt und verurteilt worden, so schafft das Urteil keine Rechtskraft gegen den Mann; dieser kann in dem gemäß § 739 Z.P.O. wider ihn anhängig gemachten Rechtsstreite Einwendungen gegen die Leistungspflicht der Frau erheben, und nur wenn er der Prozeßführung gegen die Frau zugestimmt hatte, wirkt das gegen die Frau ergangene Urteil gegen ihn, soweit es sich um die Leistungspflicht der Frau handelt (§ 1400 Abs. 1 B.G.B.). Ist zunächst der Mann gemäß § 739 Z.P.O. verklagt und verurteilt worden, so erzeugt dieses Urteil ebensowenig Rechtskraft gegen die Frau, die in dem wider sie anhängig gemachten Rechtsstreit ihre — dem Manne gegenüber festgestellte — Leistungspflicht zu bestreiten berechtigt ist. In einem in der Zeitschrift „Das Recht" Jahrg. 1902 S. 590 abgedruckten Urteile des Oberlandesgerichts Jena wird zur Begründung der Annahme einer notwendigen Streitgenossenschaft ausgeführt: mit der gegen beide Eheleute gerichteten Klage werde nicht nur die Verurteilung der Frau zur Bezahlung der Schuld, sondern auch die Feststellung der Haftung des eingebrachten Gutes der Frau bezweckt und herbeigeführt; diese letztere Feststelluug könne naturgemäß, sobald einmal beide Eheleute gemeinschaftlich ihretwegen belangt seien, beiden Ehegatten gegenüber nur einheitlich erfolgen; man würde dem Richter einen logischen Widerspruch aufnötigen, wenn man ihm zumuten wollte, mittels desselben Urteils die Haftung des eingebrachten Gutes für die Schuld der Frau dieser gegenüber zu bejahen, dem Manne gegenüber zu verneinen, oder umgekehrt. Diese Ausführungen gehen schon deswegen fehl, weil der Frau gegenüber keineswegs die Feststellung der Haftung des eingebrachten Gutes bezweckt wird und herbeigeführt werden soll, auch nicht herbeigeführt wird, sondern allein die Feststellung der Leistungsverpflichtung, die sich ohne weiteres, und ohne daß es einer bezüglichen Feststellung der Frau gegenüber bedarf, auf ihr gesamtes Vermögen, also auch auf ihr eingebrachtes Gut, bezieht. Der Klagantrag gegen die Frau ist inhaltlich völlig verschieden von dem gegen den Mann gerichteten, und nur insofern besteht zwischen beiden Anträgen ein Zusammenhang, als dem Antrage gegen den Mann nur stattgegeben werden kann, wenn ihm gegenüber zugleich feststeht, daß der Klagantrag gegen die Frau begründet ist. Deswegen ist aber die Streitgenossenschaft zwischen den Eheleuten noch nicht eine notwendige. Dasselbe ist der Fall, wenn der Hauptschuldner und der Bürge gemeinsam verklagt sind, und hier hat das Reichsgericht in ständiger Rechtsprechung die Annahme einer notwendigen Streitgenossenschaft abgelehnt.

Vgl. die Urteile in Seuffert's Archiv Bd. 46 Nr. 286, in Gruchot's Beiträgen Bd. 47 S. 847 und in der Jurist. Wochenschr. 1903 S. 149." ...

68. 1. Zum Begriffe des den Schutz eines anderen bezweckenden Gesetzes im Sinne des § 823 Abs. 2 B.G.B.
2. Ist der den fahrlässigen Falscheid mit Strafe bedrohende § 163 Abs. 1 St.G.B. ein solches Schutzgesetz?

VI. Zivilsenat. Urt. v. 1. Dezember 1904 i. S. Fr. (Kl.) w. L. (Bekl.). Rep. VI. 48/04.

I. Landgericht I Berlin.
II. Kammergericht daselbst.

Aus den Gründen:

„Der Kläger begehrt in diesem Prozesse den Ersatz eines Vermögensschadens, den ihm der Beklagte nach seiner Behauptung dadurch verursacht haben soll, daß dieser als Zeuge in einem früher vom Kläger gegen den Grafen v. P. angestellten Prozesse unter Eid Unwahres ausgesagt habe. Nach seiner Darstellung hat der Kläger damals hierdurch sich genötigt gesehen, sich, während er 68660 ℳ eingeklagt hatte, auf einen Vergleich einzulassen, nach welchem er sich gegen Zahlung von 20000 ℳ für befriedigt erklärte. Er hat seinen Klagantrag auf Zahlung von 3000 ℳ, als einem Teile des von ihm viel höher bemessenen Gesamtschadens, gerichtet. Das Berufungsgericht hat in tatsächlicher Beziehung angenommen, daß in der Tat in jenem Vorprozesse der jetzige Beklagte ein objektiv falsches Zeugnis erstattet habe, daß auch ein Kausalzusammenhang zwischen diesem Vorgange und dem dem Kläger entstandenen Schaden bestehe, und hat auch, während es als nicht erwiesen ansah, daß der Beklagte wissentlich falsch ausgesagt habe, ihm mindestens Fahrlässigkeit zur Last gelegt; es hat aber trotzdem die Klage abgewiesen, weil nach § 823 Abs. 1 B.G.B. nur die fahrlässige Verletzung eines bestimmten Rechts zum Schadensersatze verpflichte, eine solche hier aber nicht vorliege.

Die vom Kläger in erster Reihe gegen diese Gründe des Kammergerichts gerichteten Angriffe trafen nicht zu. Ohne Erfolg hat der Kläger darzulegen sich bemüht, daß der Begriff des wissentlichen Meineides vom Berufungsgerichte zu eng aufgefaßt sei, und dieses infolgedessen den § 826 B.G.B. anzuwenden unterlassen habe." (Dies wird weiter ausgeführt.) „Wenn der Kläger sodann, was den § 823 Abs. 1 B.G.B. betrifft, gerügt hat, daß das Berufungsgericht mit Unrecht das dem Kläger gegen den Grafen v. P. zustehende Forderungsrecht nicht als ein bestimmtes Recht im Sinne jener Gesetzesvorschrift habe gelten lassen, so ist dagegen vor allem darauf hinzuweisen, daß auch nach der Rechtsprechung des Reichsgerichts Forderungsrechte nicht von einem Dritten im Sinne jenes § 823 Abs. 1 verletzt werden können.

Vgl. Entsch. des R.G.'s in Zivils. Bd. 57 S. 354 flg.

Dazu kommt noch, daß im vorliegenden Falle in keinem Sinne von einer Verletzung des Forderungsrechts des Klägers durch den Beklagten die Rede sein könnte, da dieser vielmehr durch sein Verhalten nur mittelbar den Kläger an der vollen Ausnutzung des Rechts verhindert haben würde.

Vgl. einen ähnlichen Fall in den Entsch. a. a. O. S. 140 flg.

Dagegen unterliegt das angefochtene Urteil deshalb der Aufhebung, weil die Anwendbarkeit des Abs. 2 des § 823 B.G.B. auf den vorliegenden Fall übersehen worden ist. Wenn der Beklagte nach der Feststellung des Berufungsgerichts im Vorprozesse einen fahrlässigen Falscheid geleistet hat, so hat er damit gegen ein den Schutz eines anderen bezweckendes Gesetz, nämlich gegen § 163 Abs. 1 St.G.B., verstoßen. Zu den Schutzgesetzen im Sinne des § 823 Abs. 2 gehören von den Strafgesetzen nicht bloß diejenigen, die den Schutz eines größeren oder engeren Kreises von Privatinteressen sich zu ihrer nächsten Aufgabe gestellt haben, sondern auch solche, die in erster Reihe höheren Interessen der Allgemeinheit zu dienen bestimmt sind, wenn sie nur nebenher auch den einzelnen zum Schutze gereichen. Auf eine durchgreifende Abgrenzung des Begriffs kommt es hier nicht an; die Grenzen zu eng zu ziehen verbietet sich schon deshalb, weil dann das Fehlen eines allgemeinen Ersatzanspruchs für fahrlässige Vermögensbeschädigung im Bürgerlichen Gesetzbuche um so drückender empfunden werden würde. Daß jedenfalls der § 163 St.G.B. hierher gehört, ergibt sich schon aus dem Abs. 2 desselben, der dem Täter in gewissen Fällen Straflosigkeit gewährt, wenn er seine falsche Aussage gehörigen Orts widerruft, bevor aus ihr für einen anderen ein Rechtsnachteil entstanden ist." ...

69. Wirkung einer Abtretung, wodurch der Käufer von Aktien, nachdem er diese ohne Schaden weiter veräußert hat, die Ersatzansprüche gegen seinen Verkäufer nachträglich auf seinen Abnehmer überträgt.

I. Zivilsenat. Urt. v. 5. November 1904 i. S. Fr. (Kl.) w. E. M. & Sohn (Bekl.). Rep. I. 220/04.

I. Landgericht Hannover.
II. Oberlandesgericht Celle.

Die Br. D.-Bank hatte im Jahre 1899 von der Beklagten, einem Bankgeschäft, 300 Stück Stammaktien einer Bergwerksgesellschaft gekauft und davon in demselben Jahre 25 Stück an den Kläger zu dem von ihr bezahlten Kaufpreise weiter veräußert. Nach längerer Zeit stellte es sich heraus, daß das Bergwerksunternehmen verfehlt, die Aktien fast wertlos waren. Die Br. D.-Bank erhob wegen der von ihr behaltenen Aktien Entschädigungsklage gegen die Beklagte. Die Klage war darauf gestützt, daß sich die Beklagte bei dem Verkaufe der Aktien an die Br. D.-Bank eines arglistigen oder doch grob fahrlässigen Verhaltens schuldig gemacht habe. Auch der Kläger nahm mit besonderer Klage wegen der von ihm erworbenen 25 Stück Aktien die Beklagte auf Schadensersatz in Anspruch. Den Entschädigungsanspruch gründete der Kläger sowohl auf eigenes Recht, indem er eine unmittelbare Haftung der Beklagten ihm selbst gegenüber darzulegen versuchte, wie auch auf das der Br. D.-Bank entstandene, von dieser ihm übertragene Recht. Die vorgelegte Zession vom 5. Dezember 1902 enthielt die Erklärung der Br. D.-Bank, daß sie sämtliche Rechte, welche ihr gegen die Beklagte, insbesondere auf Rücknahme der Aktien, bzw. Schadensersatz, zustehen sollten, an den Kläger hinsichtlich der von ihm erworbenen 2500 *M* Aktien abtrete.

Die beiden Vorinstanzen wiesen die Klage ab.

Auf die Revision des Klägers ist die Entscheidung des Berufungsgerichts aufgehoben, und die Sache in die Vorinstanz zurückverwiesen worden. Über die Frage, ob die Klage auf das von der Br. D.-Bank zedierte Recht gestützt werden könne, besagen die

Gründe:

„Das Berufungsgericht geht von der unbedenklichen Ansicht aus, daß nur die ausdrückliche Zession in Frage komme, und daß nicht davon die Rede sein könne, es habe sich bei der oder durch die Weiterveräußerung der Aktien von der Br. D.-Bank an den Kläger schon eine stillschweigende Abtretung aller Ansprüche vollzogen, die der Br. D.-Bank aus dem mit den Beklagten abgeschlossenen Vertrage demnächst etwa noch erwachsen könnten. Nicht beigetreten werden kann aber dem Berufungsgerichte darin, daß auch die ausdrückliche Abtretung vom 5. Dezember 1902 wirkungslos gewesen sei und dem Kläger keinen Schadensersatzanspruch habe verschaffen können, weil ein solcher der abtretenden Bank selber nicht zugestanden. Für die Br. D.-Bank ist der Vermögensschaden schon dadurch eingetreten, daß sie infolge des Aktienkaufs für ihr gutes Geld nur Aktien erhalten hat, die wegen der Mangelhaftigkeit des Unternehmens keinen entsprechenden inneren Wert hatten und nur dem äußeren Scheine nach vollwertig waren. Der einmal eingetretene Vermögensschaden ist grundsätzlich nicht dadurch aufgehoben worden, daß es der Bank gelang, die Aktien zu dem eigenen Einkaufspreise weiter zu veräußern. Wenn auch die Br. D.-Bank, da ihr selbst bei dem Weiterverkaufe weder Arglist noch Fahrlässigkeit vorgeworfen wird, dem Kläger gegenüber zur Rücknahme der Aktien rechtlich nicht verbunden war, so hätte doch, falls sie die Aktien freiwillig zurücknahm und nun selbst einen Schadensersatzanspruch gegen die Beklagte geltend machte, dieser der Einwand nicht gestattet werden dürfen, daß die Bank sich den eingeklagten Schaden durch eigenes Verschulden zugezogen habe. Die freiwillige Zurücknahme der Aktien hätte vielmehr als eine durch Treu und Glauben gerechtfertigte Maßnahme anerkannt werden müssen. Die Br. D.-Bank hat nun freilich die Aktien nicht zurückgenommen und den Kaufpreis nicht an den Kläger erstattet. Sie ist aber dem Kläger, den sie ohne Verschulden in Schaden gebracht, insoweit entgegengekommen, daß sie ihm ihre Rechte gegen die Beklagte, welche formell nicht untergegangen waren, abtrat, um ihm dadurch nach Möglichkeit zum Ersatze seines Schadens zu verhelfen. Demgegenüber wäre es dolos von der Beklagten und darf ihr nicht zugelassen werden, sich darauf zu berufen, daß die Zedentin nicht aus ihrem, der Beklagten, Vermögen, sondern aus dem Vermögen des klagenden Zessionars ein Äquivalent für ihren durch die Beklagte verschuldeten Schaden gefunden hat." . . .

---

70. Kann der Käufer von Aktien eines Bergwerksunternehmens den Wandelungsanspruch darauf stützen, daß die Grubenfelder mangelhaft seien?

I. Zivilsenat. Urt. v. 5. November 1904 i. S. Br. D.-Bank (Kl.) w. E. M. & Sohn u. Gen. (Bekl.). Rep. I. 221/04.

I. Landgericht Hannover.
II. Oberlandesgericht Celle.

Die vorstehende Frage ist in einer nach gemeinem Rechte zu beurteilenden Sache verneint worden.

Aus den Gründen:

. . . „Den Anspruch auf Wandelung haben beide Vorinstanzen wegen eingetretener Verjährung abgewiesen. Dieses würde nicht zu beanstanden sein, wenn es sich in Wirklichkeit um den Wandelungsanspruch handelte. Die Aktien sind am 7. Juli 1899 geliefert. Nach Art. 169 Einf.-Ges. zum B.G.B. in Verbindung mit § 477 B.G.B. und Art. 349 Abs. 2 A.D.H.G.B. würde daher der Anspruch auf Wandelung bei der Erhebung der Klage im Dezember 1901, wie die

Vorinstanzen mit Recht annehmen, längst verjährt gewesen sein. Allein es ist nicht zuzugeben, daß hier überhaupt von einem Wandelungsanspruche die Rede sein könne. Die Klägerin hat die Wandelung darauf gestützt, daß die von ihr gekauften und ihr gelieferten Aktien minderwertig oder ganz wertlos seien, weil die Unterlagen des Aktienunternehmens, die vom Senator W. herstammenden Bergwerke, nicht das in dem Exposé und bei der Verhandlung vom April 1899 mündlich angepriesene vortreffliche Erz enthielten, sondern das Erz und die Grubenfelder mit (näher dargelegten) Mängeln behaftet seien, wodurch die Baufähigkeit ausgeschlossen werde. Auf diese Weise läßt sich der redhibitorische Anspruch nicht begründen, weder nach den Grundsätzen des gemeinen Rechts, die hier in erster Linie zur Anwendung kommen, noch nach den Bestimmungen des Bürgerlichen Gesetzbuchs, die, im Falle der Bejahung der Frage nach dem früheren Rechte, mit Rücksicht auf den Endpunkt der Verjährungsfrist zu beachten sein würden. Auf Wandelung kann nach gemeinem Rechte der Käufer klagen wegen Mängel der Kaufsache, wenn der Verkäufer deren Abwesenheit zugesagt hat, oder wenn sie heimlich sind und den Gebrauch beeinträchtigen. Es sind immer Mängel der Kaufsache, Sachmängel. Um solche Mängel handelt es sich hier nicht. Gegenstand des Kaufgeschäfts waren Wertpapiere, Inhaberaktien der Aktiengesellschaft Hannover-Braunschweigische Bergwerksgesellschaft. Bei Kauf und Verkauf von Wertpapieren ist ein doppeltes zu unterscheiden: das Papier als Sache, welches den Erwerb des darin verbrieften Rechts vermittelt, und das im Papier verbriefte Recht, welches den materiellen Inhalt des Erwerbsgeschäfts darstellt. Haftungen des Verkäufers können gegebenenfalls eintreten, weil das dem Käufer an dem verkauften Papiere verschaffte Recht mangelhaft ist, oder weil das Papier selbst, als Sache, mit Mängeln behaftet ist; aber ebenso auch, weil das im Papiere verbriefte Recht ganz oder zum Teil nicht zu Recht besteht, oder weil es zwar rechtlich ohne Mangel, aber in seinem tatsächlichen Bestande mangelhaft ist. Eine Gewährleistungspflicht des Verkäufers nach den Grundsätzen des ädilizischen Edikts kommt nur in Frage, wenn das Papier selbst, als Sache, an sachlichen Mängeln leidet. Von den Mängeln, welche die Klägerin behauptet hat, muß nun zunächst jedenfalls so viel gelten, daß sie sich nicht unmittelbar auf die Aktien, als Sachen, beziehen; sie lassen die körperliche Integrität der verkauften und gelieferten Aktien vollkommen unberührt. Diese Mängel betreffen andererseits auch nicht den rechtlichen Bestand der Aktiengesellschaft und der in den Aktien verbrieften Aktionärrechte. Es sind nur Mängel tatsächlicher Art in dem Gegenstande des Aktienunternehmens, schlechte Beschaffenheit der Erze, geringe Ergiebigkeit der Grubenfelder, welche für den ökonomischen Erfolg allerdings entscheidend sind. Es läßt sich nun nicht bestreiten, daß solche tatsächliche Verhältnisse, von denen der Ertrag des verbrieften Rechts abhängt, insbesondere also, wie hier, die tatsächlichen Grundlagen der Prosperität einer Aktiengesellschaft, wesentliche Faktoren für die Bewertung des Papiers, hier der Aktien, sind, da niemals das Papier als solches, sondern stets nur als Vermittler des verbrieften Rechts gehandelt wird. Es fragt sich, ob dies genüge, um solche tatsächliche Mängel des Unternehmens im Sinne der Gewährleistungspflicht des Verkäufers den Sachmängeln des Papiers, seien es positive Fehler, sei es Abwesenheit zugesagter Eigenschaften, gleichzustellen. Dies muß verneint werden. Allerdings hat man gemeinrechtlich den Kreis der ädilizischen Mängel nicht so eng gezogen, daß es unbedingt nur körperliche, physische Mängel der Kaufsache sein können, und nicht durchaus daran festgehalten, daß sich die Mängel schon allein aus oder an der Sache selbst müßten erkennen lassen. Insbesondere gerade in betreff der den Wert der Kaufsache bestimmenden Verhältnisse ist die Praxis über diesen Standpunkt hinausgegangen. Während der Wert selbst nicht als eine Eigenschaft der Kaufsache im Sinne der ädilizischen Gewährleistungspflicht anzusehen ist (Entsch. des R.O.H.G.'s Bd. 22 S. 392), sind die Faktoren, welche für die Wertbildung maßgebend sind, in gewissem Umfange für solche Eigenschaften erklärt worden. So hat das Oberappellationsgericht Rostock in einem Urteile vom 27. Oktober 1856 (Seuffert's Archiv Bd. 17 Nr. 129) die Angaben über den Durchschnittsbetrag der Jahreseinnahmen aus der verkauften Apotheke als eine Zusicherung behandelt, für welche nach dem ädilizischen Edikte gehaftet werde. Dieselbe Auffassung kehrt in vielen Entscheidungen anderer Gerichtshöfe, namentlich auch des Reichsgerichts, wieder, z. B. in einem Urteile des III. Zivilsenats vom 5. Dezember 1884 (Seuffert's Archiv Bd. 40 Nr. 102): Angaben über die Höhe der vom Kaufobjekte bisher entrichteten Steuern und Abgaben. Den gleichen Standpunkt vertreten, auch für das neue Recht, die Urteile des V. Zivilsenats vom 7. Juni 1902 und des III. Zivilsenats vom 19. September 1902 (Jurist. Wochenschr. Beil. S. 270). Das Urteil des V. Zivilsenats — abgedruckt in den Entsch. Bd. 52 S. 1 flg. — wiederholt es als einen vom Reichsgerichte in feststehender Rechtsprechung festgehaltenen und von der Rechtslehre nicht angezweifelten Rechtssatz, der auch für § 459 B.G.B. maßgebend sei, „daß unter den Begriff der Eigenschaften nicht nur die natürlichen, der Sache an sich zukommenden Eigenschaften, sondern auch solche tatsächlichen oder rechtlichen Verhältnisse fallen, welche zufolge ihrer Beschaffenheit und vorausgesetzten Dauer nach den Verkehrsanschauungen einen Einfluß auf die Wertschätzung der Sache zu üben pflegen".

Von dieser Auffassung abzuweichen, hat der Senat keine Veranlassung. Aber auch wenn man hiernach den Begriff der Eigenschaft und dementsprechend der Mängel, wofür nach dem ädilizischen Edikte Gewähr zu leisten ist, in diesem weiteren Sinne faßt, so weist doch im vorliegenden Falle das Verhältnis der gerügten Mängel zu der Kaufsache, den Aktien, eine so wesentliche Verschiedenheit auf, daß es nicht angängig ist, sie noch unter den Sachmängeln, wenn auch in der weiteren Bedeutung, zu begreifen. Vom Verkaufe von Wertpapieren sprechen die früheren Entscheidungen nicht. Sie behandeln nicht das Verhältnis des Papiers zu dem rechtlichen und tatsächlichen Bestande des darin verbrieften Rechts. Gegenstand ihrer Beurteilung sind Kaufsachen, die an sich einen Wert haben, und es werden den Sacheigenschaften gleichgestellt, als diesen eigenen Wert bedingende Faktoren, Verhältnisse tatsächlicher oder rechtlicher Art, die sich unmittelbar auf die Kaufsachen beziehen, in denen die Kaufsachen stehen oder stehen sollten: die im Betriebe der verkauften Apotheke erzielten Einnahmen, die von dem verkauften Grundstücke bisher entrichteten Steuern und Abgaben, die von dem verkauften Hause bisher gebrachten Mieterträgnisse, die Höhe des Bierumsatzes in der verkauften Wirtschaft u. dgl. Von solcher unmittelbaren Beziehung zur Kaufsache kann im vorliegenden Falle nicht die Rede sein. Die mangelhafte Beschaffenheit der Grubenfelder und der Erze ist auch in dem Sinne niemals ein Sachmangel der Aktien, wie es in den angeführten Beispielen die geringeren Erträgnisse, die höheren Abgaben usw. der

Kaufsache sein können. Eine Beziehung zwischen jenen Mängeln und den Aktien wird erst in zweiter Linie, erst dadurch hergestellt, daß mit dem Papiere auch das Recht gekauft wird, also erst durch die Bedeutung, welche das Recht für das Papier hat. Hier gibt den Ausschlag, daß der Kauf eines Wertpapiers zugleich Rechtskauf ist, und daß es sich in erster Linie um Mängel in dem tatsächlichen Bestande des Rechts handelt. Wollte man trotzdem einen Sachmangel der Aktien annehmen, weil die tatsächlichen Verhältnisse des Aktienunternehmens den Wert der Aktien bedingen, so würde die Konsequenz dahin führen, auch rechtliche Mängel in gleicher Weise zu beurteilen. Denn auch die Mängel im rechtlichen Bestande der Aktien oder der Aktiengesellschaft werden regelmäßig, und nicht anders als jene tatsächlichen Verhältnisse, auf den Wert der Aktien Einfluß üben. Davon kann aber keine Rede sein. Die Haftung des Verkäufers eines Wertpapiers für das Recht, dessen Träger das Wertpapier ist, bestimmt sich nicht nach den Regeln über die Gewährleistung für Sachmängel.

Im Gegensatze hierzu hat das Reichsoberhandelsgericht in dem Urteile vom 7. Oktober 1875 (Entsch. dess. Bd. 18 S. 180 flg.) die Pflicht zur Gewährleistung in einem Falle angenommen, wo der Prospekt, auf Grund dessen die Aktien gekauft waren, die unrichtige Angabe enthielt, daß sich unter dem Areale der Fabrik umfängliche Ton- und Lehmlager befänden. Die Entscheidung ist zwar auf Bestimmungen des sächsischen Bürgerlichen Gesetzbuchs gestützt; allein insoweit läßt das sächsische Recht eine Abweichung vom gemeinen Rechte nicht erkennen. Der Senat kann diese Auffassung nicht für richtig halten, ist vielmehr aus den angegebenen Gründen der Ansicht, daß in solchen Fällen die Rechtsbehelfe aus dem ädilizischen Edikte versagen.

Da hiernach der Anspruch auf Wandelung des Aktienkaufs in dem damals geltenden gemeinen Rechte keine Stütze findet, also gar nicht entstanden ist, so kommt es gar nicht darauf an, ob er nach dem Rechte des Bürgerlichen Gesetzbuchs erhoben werden könnte, was übrigens gleichfalls zu verneinen wäre." ...

71. 1. Genügen einseitige Bestätigungen eines Vertragsverhältnisses, welche ein Teil dem anderen ausstellt und aushändigt, zur Wahrung der im § 126 B.G.B. vorgeschriebenen Schriftform?
2. Bleibt die verabredete Kündigungsfrist maßgebend, wenn der Mietvertrag wegen Nichtbeachtung der schriftlichen Form gemäß § 566 B.G.G. als für unbestimmte Zeit geschlossen gilt?

III. Zivilsenat. Urt. v. 29. November 1904 i. S. R. & Co. (Kl.) w. P. u. Gen. (Bekl.). Rep. III. 235/04.

I. Landgericht Stettin.
II. Oberlandesgericht daselbst.

Im Mai 1901 ward von Parteien, und zwar für Beklagte von deren Bevollmächtigtem F. C. P., mündlich vereinbart, daß der zwischen ihnen bzw. ihren Rechtsvorgängern nach den Bestimmungen des Allgemeinen Landrechts durch Briefwechsel für die Zeit vom 1. Januar 1899 bis zum 31. Dezember 1901 geschlossene Mietvertrag zu den bisherigen Bedingungen noch bis zum 31. Dezember 1903 weiterlaufen, eine Aufkündigung desselben überdies auch nur am 1. Januar zum 1. Januar des nächsten Jahres statthaft sein solle. Die Klägerin übersandte darauf dem Bevollmächtigten F. C. P. ein vom 22. genannten Monats datiertes, an ihn gerichtetes Schreiben des Inhalts: „Wir bestätigen nach der gestern mit unserem Herrn R. gehabten Rücksprache, daß das Pachtverhältnis, betreffend den Lagerplatz in der Holzstraße 27 f u. g, zwischen uns zu den bisherigen Bedingungen noch bis ultimo Dezember 1903 weiterläuft. R. & Co.", und erhielt von letzterem ein vom gleichen Tage datiertes, an sie adressiertes Schreiben, in dem er mit den Worten: „Ich bestätige nach der gestern mit Ihrem M. R. gehabten Rücksprache" beginnend die Bestätigung in wörtlicher Übereinstimmung mit dem Schreiben der Klägerin seinerseits bekundete. Am 29. Juni 1903 wurde der Vertrag von der Klägerin zum 31. Dezember 1903 gekündigt; von seiten der Beklagten wurde die Kündigung unter Hinweis auf die vereinbarte Kündigungsfrist als verspätet zurückgewiesen. Erstere erhob darauf Klage auf Feststellung, daß der Mietvertrag mit Ablauf des 31. Dezember 1903 sein Ende erreiche. Der erste Richter erkannte nach dem Klagantrag; der zweite Richter wies die Klage ab. Auf die von Klägerin eingelegte Revision ist das Urteil des Berufungsgerichts aufgehoben, und das erste Urteil wiederhergestellt aus folgenden

Gründen:

„Der im Mai 1901 zwischen Parteien für längere Zeit als ein Jahr geschlossene Vertrag bedarf zu seiner vollen Wirksamkeit nach § 566 B.G.B. der gesetzlichen Schriftform. Diese Form ist durch die beiden Schreiben vom 22. Mai 1901 und ihre Auswechselung, wie auch vom Berufungsgericht nicht verkannt wird, nicht gewahrt. Beide Schreiben enthalten in ihrem textlichen Inhalt nur die einseitige Erklärung des Absenders an den Empfänger; zur Beobachtung der gesetzlichen Schriftform ist jedoch gemäß der in § 126 B.G.B. getroffenen Anordnung bei einem Vertrage die Beurkundung einer Erklärung erforderlich, in welcher der Vertragswille zum Ausdruck gekommen ist, der Wille aller Vertragschließenden sich ausspricht. Der zwischen den Parteien vereinbarte Vertrag gilt daher nach oberwähnter Vorschrift als für unbestimmte Zeit geschlossen. Die Folge davon ist, daß das Mietverhältnis auf Grund der von seiten der Klägerin nach Ablauf des ersten Mietjahres am 29. Juni 1903 beschafften Aufkündigung zum 31. Dezember 1903 sein Ende mit Ablauf dieses Tages gefunden hat. Die von den Parteien bezüglich der Kündigung des Vertrages getroffenen Bestimmungen schließen solche Beendigung nicht aus. Der Annahme des Berufungsgerichts, daß die in dem Vertrage hinsichtlich der Kündigung getroffenen Vereinbarungen auch bei seiner beschränkten Wirksamkeit zu erfüllen seien, insofern durch sie ein die Dauer eines Jahres überschreitendes Mietverhältnis nicht begründet werde, ist nicht beizutreten. Ganz abgesehen davon, daß die von den Parteien bedungenen Kündigungsfristen unter Umständen ein Gebundensein der Vertragsteile an den Mietvertrag auf die nur um einen Tag gekürzte Dauer von zwei Jahren bewirken und schon deshalb bei mangelnder Schriftform nicht maßgebend sein können, schließt die im § 566 Satz 2 a. a. O. gegebene Vorschrift zugleich die bindende Kraft vereinbarter Kündigungsfrist, wenn nicht überall, so jedenfalls da aus, wo sie eine längere, als die gesetzliche ist. Zwecks Abschwächung der durch die Vertragsbestimmung bedingten Bindung der Vertragsteile in der Zeit setzt § 566 a. a. O. an die Stelle des tatsächlich getroffenen ein fingiertes Abkommen. Das an die Stelle gesetzte Abkommen enthält in seinem Wortlaut keine Bestimmung über die

Kündigungsfrist: die Annahme, daß der Gesetzgeber neben der Bestimmung über die Mietzeit auch die etwa getroffene Bestimmung über die Kündigungsfrist beseitigt hat, der gesetzlichen Kündigungsfrist Raum verschaffend, ist daher mindestens da, wo die vereinbarte Frist die längere ist, als nächstliegende geboten. Damit ist die vom Berufungsgericht verneinte Rechtzeitigkeit der klägerischen Kündigung des Mietverhältnisses gegeben." . . .

72. 1. Kann gegen den nicht im Schiedsvertrag ernannten Schiedsrichter, der das ihm angetragene Amt übernommen hat, auf Erfüllung des Vertrages (des sog. Rezeptums) geklagt werden?
2. Wie kommt das Rezeptum zustande?

VII. Zivilsenat. Urt. v. 29. November 1904 i. S. N. u. Gen. (Kl.) w. C. (Bekl.). Rep. VII. 192/04.

I. Landgericht Kassel.
II. Oberlandesgericht daselbst.

Die Kläger verpachteten durch Vertrag vom 20. November 1883 ihr Gut N. an den Ökonomen Hermann H. auf die Zeit vom 22. Februar 1884 bis dahin 1902. Im Vertrage wurde bestimmt, daß über einen durch ordnungswidrige Bewirtschaftung des Gutes von seiten des Pächters entstehenden Schaden ein Schiedsgericht zu entscheiden habe, welches in der Weise zu bilden sei, daß das Amtsgericht zu F. sowie die Verpächter und der Pächter je einen Schiedsrichter zu ernennen haben sollten. Die Kläger behaupteten, daß ihnen durch die Art der Wirtschaftsführung ihres Pächters Schaden zugefügt worden sei, und betrieben die Berufung des Schiedsgerichts. Auf ihren Antrag ernannte das Amtsgericht zu F. den Oberamtmann B. zum Schiedsrichter, sie selbst den Rittergutspächter L., und der Pächter den Beklagten. Dies geschah im Jahre 1901. Nach dem Tatbestande des landgerichtlichen Urteils, der in dem angefochtenen Urteil in bezug genommen war, übernahm der Beklagte das Amt des Schiedsrichters und traf mit den übrigen Schiedsrichtern am 3. September 1901 in N. zusammen. Er weigerte sich indessen, den von den beiden anderen Schiedsrichtern unter dem 13. September 1901 gefällten Schiedsspruch, durch den der Pächter zur Zahlung von 8332,50 *M* verurteilt wurde, zu unterzeichnen, klagte trotzdem aber die ihm angeblich für die Wahrnehmung des Termins vom 3. September 1901 zustehende Vergütung ein. Die Kläger begehrten nunmehr die Verurteilung des Beklagten zur Erfüllung der ihm obliegenden Pflichten, insbesondere zur Unterzeichnung des Schiedsspruchs, und zum Ersatze des durch die Zögerung in Ausübung seiner Tätigkeit erwachsenen und erwachsenden Schadens, Berechnung vorbehaltlich. Der Beklagte beantragte Abweisung der Klage. Er machte insbesondere geltend, daß ein klagbarer Anspruch auf Erfüllung der schiedsrichterlichen Pflichten überhaupt nicht bestehe. Das Landgericht wies die Klage ab, und das Oberlandesgericht wies die Berufung der Kläger zurück. Der Revision ist stattgegeben.

Gründe:

„Es handelt sich um die Frage, ob nach dem Rechte des Bürgerlichen Gesetzbuchs der Schiedsrichter, der nicht im Schiedsvertrage, sondern später ernannt ist und das ihm angetragene Amt übernommen hat, einseitig und ohne besonderen Grund vom Vertrage sich lösen und die Fällung des Spruchs dergestalt vereiteln darf, daß höchstens ein Schadensersatzanspruch, aber keine Klage auf Erfüllung des sog. Rezeptums gegeben ist. Die Frage ist vom Berufungsrichter zunächst unter Hinweis auf die entsprechend anzuwendende, für den Auftrag erlassene Vorschrift des § 671 B.G.B. bejaht worden. Aber dem steht schon entgegen, daß nach der Sachlage der Beklagte das Schiedsrichteramt nicht unentgeltlich übernommen hat (§ 662 B.G.B.); er hat für die in der Angelegenheit entwickelte Tätigkeit Vergütung gefordert und eingeklagt, und es erhellt nicht, daß ihm die Ausübung seines Amtes ohne Gegenleistung angesonnen worden sei. Will man also das Rezeptum, das im Bürgerlichen Gesetzbuche eine besondere Regelung nicht erfahren hat, im vorliegenden Fall zu einer vom Bürgerlichen Gesetzbuch aufgestellten eigenen Art der Schuldverhältnisse in Beziehung setzen, so würden nur der Dienstvertrag und der Werkvertrag in Betracht kommen. Es erscheint aber überhaupt nicht angängig, den Schiedsrichter entsprechend einem Beauftragten oder einem Dienstverpflichteten oder einem Unternehmer zu behandeln. Sein Amt trägt, wie das Reichsgericht bereits ausgeführt hat (Entsch.

des R.G.'s in Zivils. Bd. 41 S. 251 flg.), ein durchaus eigenartiges Gepräge, das ihn von anderen fremde Geschäfte besorgenden Personen unterscheidet. Er soll gleich dem Staatsrichter und an dessen Stelle einen Rechtsstreit entscheiden, also das Recht durch Unterordnung des Tatbestandes unter die Rechtssätze finden. Die von ihm beanspruchte Leistung ist das Urteil, welches das Ziel und Ergebnis seiner Wirksamkeit bildet. Freilich ruht das Maß seiner Befugnisse auf dem Schiedsvertrage, der ihm den Weg zu jenem Ziele mehr oder weniger umgrenzt vorschreiben kann. Aber seine Stellung ist, von dieser Schranke abgesehen, durchaus frei, freier als die des ordentlichen Richters. Von einer Rechenschafts- oder Auskunftspflicht im Sinne des § 666 B.G.B. (vgl. § 675 B.G.B.) ist keine Rede. Das Kompromiß räumt dem Schiedsrichter eine Stellung über den Parteien ein, wie sie so weder beim Auftrage noch beim Dienst- oder Werkvertrage zu finden ist. Andererseits sagt der Schiedsrichter durch die Übernahme des Amtes zu, daß er mit seinem Spruche den Streit der Kompromittenten aus der Welt schaffen und endgültig unter ihnen festsetzen wolle, was Rechtens ist. Mit solcher Zusage ist unvereinbar, daß er sich vor Erledigung der Sache und ohne sie zu dem erstrebten Ende gebracht zu haben, willkürlich zurückziehen dürfe. Den Parteien des Kompromisses ist nicht damit gedient, daß der Schiedsrichter das Verfahren bis nahe dem Abschlusse führe, diesen selbst aber, wie es vorgekommen ist, durch Verweigerung der Vollziehung des bereits beschlossenen Spruchs oder gar der Mitwirkung zur Zustellung oder Hinterlegung des schon vollzogenen Spruchs vereitele

Vgl. Entsch. des R.G.'s in Zivils. Bd. 18 S. 369, Bd. 37 S. 412. Besteht kein gesetzlicher Zwang, den § 671 B.G.B. unmittelbar auf das Rezeptum, sofern es unentgeltlich geschlossen ist, anzuwenden, und gilt das gleiche für den § 627 B.G.B., so ist kein Grund ersichtlich, weshalb es dem Schiedsrichter gestattet sein sollte, sich willkürlich der von ihm versprochenen Leistung zu entziehen und die Parteien auf den immerhin nicht zweifellosen Weg des Schadensersatzes zu verweisen. Die Regel ist, daß aus einem Schuldverhältnis der Anspruch auf die zugesagte Leistung erwächst (§§ 241. 242 B.G.B.), und dabei muß es, wo nicht besondere Vorschriften entgegenstehen, bewenden. Im gemeinen Rechte trug man kein Bedenken, die Klage auf Fällung des Schiedsspruchs zuzulassen, trotzdem man dem Rezeptum hier und da die Mandatseigenschaft zuerkannte,

vgl. Weizsäcker, Das römische Schiedsrichteramt S. 63 flg.; Kohler bei Gruchot, Beitr. Bd. 31 S. 324 Anm. 87; Windscheid-Kipp, Pandekten Bd. 2 § 417; Urteil des III. Zivilsenats des Reichsgerichts vom 20. Januar 1899 bei Seuffert, Archiv Bd. 55 Nr. 55 und bei Gruchot, Beitr. Bd. 44 S. 191,

und ebenso war es im preußischen Rechte wenigstens für den Fall, daß für den Schiedsspruch eine Vergütung zugesagt war.

Vgl. Gruchot, Beitr. Bd. 1 S. 481; Striethorst, Archiv Bd. 27 S. 158; Dernburg, Preußisches Privatrecht Bd. 1 5. Aufl. § 143 Ziff. 5; Förster-Eccius, 7. Aufl. Bd. 1 § 49a Anm. 16; vgl. auch Entsch. des Obertribunals Bd. 19 S. 96 flg.

Die Zivilprozeßordnung hat die Klage auf Erfüllung des Rezeptums nicht beseitigt, sondern nur Bestimmungen getroffen, welche es den Kompromittenten ermöglichen, auch ohne Prozeß mit dem Schiedsrichter zum Ende, d. i. zur Erledigung des Streites, zu kommen. Nach § 1033 Nr. 1 Z.P.O. (früher § 859) tritt der Schiedsvertrag außer Kraft, wenn der im Schiedsvertrag ernannte Schiedsrichter stirbt oder aus einem anderen Grunde wegfällt oder die Übernahme des Schiedsrichteramts verweigert oder von dem mit ihm geschlossenen Vertrage zurücktritt oder die Erfüllung seiner Pflichten ungebührlich verzögert, und wenn nicht für den betreffenden Fall durch eine Vereinbarung der Parteien Vorsorge getroffen ist. Die Motive rechtfertigen die Bestimmung damit, daß, wenn der von den Parteien im Schiedsvertrag ernannte Schiedsrichter wegfalle, es der Parteiabsicht entspreche, wenn der Schiedsvertrag selbst außer Kraft trete.

Vgl. Motive S. 492 bei Hahn, Materialien zur Z.P.O. Bd. 1.

Ein zwingender Schluß auf die Absicht des Gesetzes, die Klage auf Erfüllung des Rezeptums zu beseitigen, ist aus dieser das Rechtsverhältnis des Schiedsrichters zu den Parteien nicht weiter erörternden Bemerkung nicht zu ziehen (vgl. Windscheid-Kipp, a. a. O. Anm. 5; abw. Dernburg, a. a. O. § 143 Anm. 24, der sich aber für seine Ansicht zu Unrecht auf die Entsch. des R.G.'s in Zivils. Bd. 18 S. 371 beruft). Zuzugeben ist nur so viel, daß mit dem Außerkrafttreten des Schiedsvertrages auch dem Rezeptum der Boden entzogen ist, mag dieser Umstand auf das Gesetz oder die Parteiabrede zurückzuführen sein. Aber der Fall des § 1033 Nr. 1 Z.P.O. liegt nicht vor. Der Beklagte ist nicht in dem Schiedsvertrage zum Schiedsrichter ernannt, und es kommt daher der § 1031 Z.P.O. zur Anwendung. Er eröffnet einen Weg, im Falle der Weigerung eines nicht im Kompromiß ernannten Schiedsrichters, sein Amt auszuführen, zu einem neuen Schiedsrichter zu gelangen, ohne daß die Verpflichtung bestände, gegen den vertragsbrüchigen Schiedsrichter zu klagen. Aber es ist doch damit das Recht zu solcher Klage auf Abgabe des Schiedsspruchs nicht verneint, und es kann ihr mithin der Erfolg nicht etwa deshalb versagt werden, weil der Kläger einfacher, nämlich durch die Herbeiführung der Bestellung eines anderen Schiedsrichters, zum Ziele hätte gelangen können. Es liegt ihm daran, daß der Beklagte das Verfahren zum Abschluß bringe, und wenn ihm die Gesetze mehrere Mittel zur Verwirklichung seines Rechts an die Hand geben, so hat er unter ihnen die Wahl. Auch der Umstand, daß das der Klage stattgebende Urteil vielleicht nicht vollstreckungsfähig ist (§ 888 Abs. 2 Z.P.O.), worüber im gegenwärtigen Prozesse nicht entschieden zu werden braucht, hindert die Zulässigkeit der Klage nicht, wie gerade der § 888 Abs. 2 Z.P.O. ergibt, der ein Urteil auf Leistung von Diensten aus einem Dienstvertrag als möglich voraussetzt, ihm aber die Vollziehbarkeit abspricht. Man kann auch nicht sagen, daß es an einem Interesse fehle, ein nicht vollzugsfähiges Urteil zu erstreiten. Es kann für den Schadensersatzanspruch von Bedeutung sein; es kann auch die Folge haben, daß nunmehr der Schiedsrichter sich fügt und seines Amtes waltet. Die Zivilprozeßordnung bietet daher keine Handhabe, für den vorliegenden Fall die Klagbarkeit des Rezeptums in dem angegebenen Sinne zu verneinen (für die Klagbarkeit auch Gaupp-Stein, Z.P.O. Vorbemerkung Ziff. III zu §§ 1025 flg., ebenso Seuffert, Z.P.O. 8. Aufl. Vorbemerkung Ziff. 5 zu §§ 1025 flg.). Ob wichtige Gründe den Rücktritt des Schiedsrichters zu rechtfertigen vermögen, ist nicht zu erörtern; sie sind nicht vorgebracht.

Der Berufungsrichter meint indessen weiter, daß die Klage deshalb unbegründet sei, weil die Sache durch den Spruch des Beklagten nicht erledigt werde; dieser sei im Einverständnis mit dem Kompromißgegner (dem Pächter H.) zurückgetreten. Hierbei ist nicht berücksichtigt, daß durch die Annahme des Schiedsrichteramts ein

Vertragsverhältnis des Schiedsrichters nicht bloß gegenüber der ernennenden Partei, sondern auch gegenüber dem anderen Teile begründet wird, daß also die Verpflichtung zur Ausführung des Rezeptums gegen beide Parteien besteht. Daraus folgt, daß jede von ihnen den Schiedsrichter zur Erfüllung seiner Verbindlichkeiten klagend anhalten, und keine von ihnen ihn einseitig ohne Zustimmung der anderen von seinen Pflichten lösen kann. Es ist demnach gleichgültig, was der Beklagte mit dem Pächter verabredet hat." ... (Es wird die Zurückverweisung der Sache in die Vorinstanz ausgesprochen, und dann fortgefahren:)

„Auch über den Punkt wird das künftige Urteil sich auszusprechen haben, ob das Rezeptum wirklich zustande gekommen ist. Im Tatbestande des ersten Urteils ist zwar als unstreitig bezeichnet, daß der Beklagte das Amt des Schiedsrichters übernommen habe; aber der Berufungsrichter läßt es zweifelhaft, ob auch er dieser Feststellung sich anschließt. Es würde für die Bejahung der Frage genügen, wenn der Beklagte der ihn zum Schiedsrichter ernennenden Partei gegenüber sich irgendwie zustimmend geäußert hätte; diese Partei hat ihm auch namens und in Vertretung des anderen Teils das Angebot gemacht, an Stelle des Staatsgerichts den Spruch zu fällen und so den Streit beider zu entscheiden, und die Annahme des Angebots vollendet den Vertragsschluß zwischen beiden Kompromittenten und dem Schiedsrichter. Zu erwägen ist ferner, ob die Sachlage die Verurteilung des Beklagten zur sofortigen Vollziehung des von den übrigen Schiedsrichtern entworfenen und unterzeichneten Schiedsspruchs rechtfertigen würde. Dies wäre nur dann der Fall, wenn der Beklagte an der Beratung und Abstimmung des Schiedsgerichts teilgenommen und sich dann lediglich geweigert hätte, seinerseits den beschlossenen Spruch zu unterschreiben." ...

73. Wird das Recht des Gewerken, sich durch Hingabe des Kuxes von seiner Zubußepflicht zu befreien, dadurch ausgeschlossen, daß über das Vermögen der Gewerkschaft der Konkurs eröffnet ist, der Konkursverwalter das Bergwerk an einen Dritten veräußert hat, und infolgedessen der Kux unverwertbar ist?

Preuß. Allg. Berggeſ. vom 24. Juni 1865 §§ 130. 131.

V. Zivilsenat. Urt. v. 30. November 1904 i. S. Konkursmasse der Gewerkschaft „Der Berggeist" (Bekl.) w. Eheleute v. G. (Kl.). Rep. V. 224/04.

I. Landgericht Guben.
II. Kammergericht Berlin.

Die klagende Ehefrau war als Gewerkin und Inhaberin von 10 Kuxen der in Konkurs geratenen Gewerkschaft „Der Berggeist" in einem Vorprozesse zur Zahlung von 6500 ℳ Zubuße rechtskräftig verurteilt worden. Als der Konkursverwalter die Zwangsvollstreckung betrieb, stellte sie ihm die Kuxe nach § 130 Allg. Bergges. zur Verfügung. Der Konkursverwalter lehnte jedoch die Annahme ab, weil die Gewerkschaft durch die Konkurseröffnung und den demnächst bewirkten Verkauf des Bergwerks an einen Dritten aufgelöst, eine Verwertung der Kuxe durch die Gewerkschaft daher nicht mehr möglich sei. Nunmehr erhoben die Kläger Klage aus § 767 Z.P.O. mit dem Antrage, das Urteil des Vorprozesses dadurch, daß die Kuxe zur Verfügung gestellt seien, für erledigt zu erklären. Der erste Richter wies die Klage ab, der zweite Richter verurteilte nach dem Klagantrage. Die Revision der beklagten Konkursmasse ist zurückgewiesen worden aus folgenden

Gründen:

„Der Berufungsrichter führt zunächst aus, daß das Recht der Kläger, ihre Kuxe der Gewerkschaft zur Verfügung zu stellen, durch die Konkurseröffnung und den demnächstigen Verkauf des Bergwerks nicht berührt worden sei, da es so lange und insoweit bestehe, als der Anspruch auf Zubußezahlung gegen den Kuxinhaber geltend gemacht werden könne. Gehöre also dieser Anspruch zur Konkursmasse, und sei demzufolge der Konkursverwalter zur Einziehung der Zubuße trotz der im Konkursverfahren erfolgten Versilberung des Bergwerkseigentums legitimiert, so dürfe der Gewerke auch ihm gegenüber von dem Rechte der Zurverfügungstellung Gebrauch machen. Weiterhin verwirft der Berufungsrichter die Auffassung der Beklagten, daß die Möglichkeit der Verwertbarkeit des zur Verfügung gestellten Kuxes und einer wenigstens teilweisen Befriedigung daraus die gesetzliche Voraussetzung für die Ausübung der in Rede stehenden Befugnis des Gewerken bilde. Für das Gegenteil spreche, abgesehen von der

Entstehungsgeschichte der §§ 130. 131 Allg. Bergges., der Wortlaut dieser Paragraphen, der für eine solche Beschränkung der Befugnis keinen Anhalt gewähre; ferner die Erwägung, daß die Möglichkeit teilweiser Befriedigung ein zu unbestimmtes Merkmal bilde, um gesetzgeberisch zur Bestimmung der Voraussetzungen einer Rechtsausübung verwertet zu werden; endlich der Inhalt des § 131 Abs. 3, der für den Fall der Unverkäuflichkeit des zur Verfügung gestellten Kuxes sogar ausdrücklich Vorschriften treffe. Möge auch hierbei in erster Linie an schlechte Betriebsverhältnisse oder an übermäßige Belastung mit Hypotheken gedacht sein, so liege doch keine Veranlassung vor, den Fall der Konkurseröffnung anders zu behandeln.

Die Revision bekämpft diese Ausführungen in erster Linie als rechtsirrtümlich. Außerdem macht sie ihnen gegenüber geltend, die Zurverfügungstellung der Kuxe setze doch jedenfalls ein rechtliches Bestehen der Kuxe voraus. An dieser Voraussetzung fehle es im vorliegenden Falle. Denn infolge des stattgehabten Verkaufs des Bergwerks sei irgendein Vermögensstück, das den Gewerken als Objekt für die in ihren Kuxen enthaltenen Berechtigungen dienen könnte, nicht mehr vorhanden. Die Kuxe seien also nicht nur unverkäuflich im Sinne des § 131 Abs. 3 Allg. Berggeſ., sondern rechtlich untergegangen.

Die Revisionsangriffe sind nicht begründet.

Wie die §§ 102 Abs. 2. 129. 130 Allg. Berggeſ. ergeben, ist die Haftung des Gewerken für ausgeschriebene Zubußen von vornherein dahin beschränkt, daß er sich von ihr durch Zurverfügungstellung seines Kuxes zu befreien vermag. Es kann sich also nur fragen, ob nach dem Willen des Gesetzgebers dem Umstande, daß über das Vermögen der Gewerkschaft der Konkurs eröffnet wird, daß der Konkursverwalter kraft seines Verwaltungsrechts das Bergwerk an einen Dritten veräußert, oder daß infolge des Konkurses sich der zur Verfügung gestellte Kux als unverwertbar erweist, die rechtliche Bedeutung zukommt, das ursprünglich beschränkte Haftungsverhältnis des Gewerken nachträglich in ein unbeschränktes umzuwandeln. Dies ist zu verneinen. Darüber, ob durch die Eröffnung des Konkurses über das Vermögen einer Gewerkschaft diese aufgelöst wird, und wie sich nach der Auflösung die Beziehungen der einzelnen Gewerken zum Gewerkschaftsvermögen gestalten, fehlt es an ausdrücklichen Bestimmungen. Im Wege der Analogie hat jedoch die höchstrichterliche Rechtsprechung, unter Heranziehung der für Handelsgesellschaften geltenden gesetzlichen Vorschriften (§§ 156. 161 Abs. 2. 294 Abs. 2. 320 Abs. 2. 3 H.G.B.; § 87 des Genossenschaftsgesetzes; § 69 des Gesetzes, betreffend die Gesellschaften mit beschränkter Haftung), bereits wiederholt den Grundsatz aufgestellt, daß unbeschadet der durch die Konkurseröffnung oder durch sonstige Umstände herbeigeführten Auflösung die Gewerkschaft für die Dauer des Konkurses oder eines an die Auflösung sich anschließenden außergerichtlichen Liquidationsverfahrens so lange und insoweit als fortbestehend gilt, als dies der Zweck des Konkurses oder der Liquidation erfordert.

Vgl. Entsch. des R.O.H.G.'s Bd. 19 S. 190; Urteile des Reichsgerichts vom 3. April 1889, in Gruchot's Beitr. Bd. 33 S. 1058, und vom 9. Jannar 1892, Entsch. des R.G.'s in Zivils. Bd. 28 S. 362.

An dieser Auffassung war festzuhalten. Daß von ihr auch der verklagte Konkursverwalter ausgegangen ist, zeigt sein Verhalten im Vorprozesse, für dessen Anstellung ihm bei gegenteiliger Annahme die aktive Sachlegitimation gefehlt haben würde. Danach kann von einem mit der Konkurseröffnung verbundenen Untergange der Kuxberechtigung, der allerdings den Verlust des Zurverfügungstellungsrechts nach sich ziehen müßte, nicht die Rede sein. Vielmehr bildet nach ausgebrochenem Konkurse für die Kuxberechtigung das Substrat die Konkursmasse, und an dieser Rechtslage wird auch dadurch nichts geändert, daß zum Zwecke der Gewinnung einer Verteilungsmasse der Konkursverwalter im Laufe des Konkurses das Bergwerk freihändig oder im Wege der Zwangsversteigerung an einen Dritten veräußert. Dadurch wird das Substrat der Kuxberechtigung nicht vernichtet, sondern ihm nur insofern ein anderer Inhalt gegeben, als vermöge des Surrogationsprinzips an die Stelle des Bergwerks für alle Rechtsbeziehungen, die bis dahin an ihm bestanden haben, nunmehr der erzielte Verkaufs- oder Versteigerungserlös tritt. Die Unmöglichkeit einer abweichenden Auffassung ergibt sich schon aus der Erwägung, daß anderenfalls der Konkursverwalter es in der Hand hätte, durch einseitiges Vorgehen das Recht des Schuldners auf Geltendmachung seiner beschränkten Haftung zu vernichten.

Besteht aber das Recht des Gewerken, durch Hingabe des Kuxes sich von seiner Zubußeverbindlichkeit zu befreien, auch der gewerkschaftlichen Konkursmasse gegenüber fort, so wird, wie der Berufungsrichter zutreffend annimmt, seine Ausübung auch nicht dadurch ausgeschlossen, daß im vorliegenden Falle sich eine Verwertung der von den Klägern zur Verfügung gestellten 10 Kuxe mit Rücksicht auf den ungünstigen Stand der verklagten Konkursmasse nicht erwarten läßt. Nach der Rechtsprechung des vormaligen preußischen Obertribunals (vgl. die Zitate bei Brassert, Kommentar zum Allg. Bergges. Bem. 4e zu § 130) wurde dem Gewerken das Recht der Zurverfügungstellung des Kuxes selbst für diejenigen Fälle nicht schlechthin abgesprochen, in denen der Kux (alten oder neuen Rechts) mit Pfand- oder Hypothekenrechten belastet war, der Gewerke also die hieraus sich ergebende Schwierigkeit oder Unmöglichkeit der Verwertung durch sein eigenes Handeln herbeigeführt hatte. Ob dieser Auffassung beizutreten ist, kann für den vorliegenden Fall dahingestellt bleiben. Denn hier handelt es sich um eine Ursache der Unverwertbarkeit — Überschuldung der gewerkschaftlichen Konkursmasse —, an der die Kläger gänzlich unbeteiligt sind. Ebensowenig wie ein Gewerke das Recht aus § 130 Allg. Bergges. dadurch einbüßt, daß sein Kux infolge von Naturereignissen, die das Bergwerk betreffen, z. B. infolge eines die Betriebsfähigkeit dauernd vernichtenden Wasserdurchbruchs, wertlos wird, kann ihm jenes Recht durch Ereignisse rechtlichen Charakters, wie Konkurseröffnung und Unzulänglichkeit des Gewerkschaftsvermögens, genommen werden." . . .

74. Kann ein Ehegatte verlangen, daß der von ihm getrennt lebende Ehegatte sich in eine Heilanstalt begebe zur Heilung der Krankheit, die die Herstellung der häuslichen Gemeinschaft hindert?

B.G.B. §§ 1353. 1354.

IV. Zivilsenat. Urt. v. 1. Dezember 1904 i. S. L. Ehefr. (Kl.) w. L. (Bekl.). Rep. IV. 214/04.

I. Landgericht II Berlin.
II. Kammergericht daselbst.

Die Parteien lebten getrennt. Das Landgericht hatte die Scheidungsklage der Frau abgewiesen und auf die Widerklage des Mannes die Klägerin verurteilt, die häusliche Gemeinschaft mit dem Beklagten herzustellen. In der Berufungsinstanz beantragte der Ehemann, für den Fall, daß der prinzipale Antrag der Widerklage nicht für begründet erachtet werde, die Klägerin zu verurteilen, sich zur Herstellung ihres Nervensystems in eine von dem Beklagten zu bezeichnende Nervenheilanstalt zu begeben und darin so lange zu verbleiben, bis sie ohne Gefährdung ihrer Gesundheit die häusliche Gemeinschaft mit dem Beklagten wieder aufnehmen könne.

Das Kammergericht erkannte zur Klage auf Zurückweisung der Berufung der Klägerin; zur Widerklage wurde die Klägerin nach dem Unterantrage des Beklagten verurteilt, jedoch wurde bestimmt, daß die Nervenheilanstalt von dem Professor Dr. M. in B. zu bezeichnen sei.

Die Revision des Ehemannes wurde zurückgewiesen.

Aus den Gründen:

... „Der Beklagte beantragt ferner Abänderung des Berufungsurteils insoweit, als nicht nach dem Unterantrage zur Widerklage erkannt worden ist, d. h. insoweit, als die Bezeichnung der Nervenheilanstalt dem Professor Dr. M., nicht aber dem Beklagten, anheimgestellt worden ist. Auch diesem Antrage ist nicht stattzugeben.

Prozessual ist es nicht bedenklich, daß die Bezeichnung der Heilanstalt einem Arzte überlassen wurde; denn eine Vollstreckung des Urteils ist ausgeschlossen (§ 888 Abs. 2 Z.P.O.). Die Entscheidung des Berufungsgerichts kann nur einen moralischen Einfluß äußern insofern, als die Klägerin aus dem Urteile zu entnehmen hat, daß der Richter der Ansicht ist, es sei ihre Pflicht als Ehefrau, in der durch die Urteilsformel bestimmten Weise ein Zusammenleben mit ihrem Ehemanne zu ermöglichen. Auch sind nicht etwa Schwierigkeiten wegen Berechnung der Frist des § 1567 Abs. 2 Ziff. 1 B.G.B. zu befürchten; denn diese Vorschrift hat außer Betracht zu bleiben, da eine Verurteilung zur Herstellung der häuslichen Gemeinschaft in der Entscheidung des Berufungsgerichts nicht enthalten ist.

Ebensowenig ist materiellrechtlich die Entscheidung des Berufungsgerichts zu beanstanden. Es handelt sich um die Anwendung des § 1353, nicht um die Anwendung des § 1354 B.G.B. Nach § 1354 steht dem Manne die Entscheidung in den das gemeinschaftliche eheliche Leben betreffenden Angelegenheiten zu, d. i. in den tausendfältigen Fragen des täglichen Lebens, die entschieden werden müssen, wenn die Ehegatten eine wirtschaftliche Gemeinschaft haben wollen (Stenographische Berichte des Reichstags 1895/96 S. 2916). Die Frage aber, ob ein kranker Ehegatte eine Heilanstalt aufzusuchen hat, betrifft eine Sonderangelegenheit des kranken Ehegatten. In Sonderangelegenheiten der Frau ist dem Manne keine Entscheidung eingeräumt. Dagegen ergibt sich die Verpflichtung der Beklagten, zur Herstellung ihrer Gesundheit eine Heilanstalt aufzusuchen, aus der Vorschrift des § 1353. Schon das Urteil des erkennenden Senats vom 14. April 1902 (Entsch. Bd. 51 S. 185) hat auf einen gleichen Fall die Bestimmung des § 1353 — allerdings neben § 1354 — zur Anwendung gebracht, indem ausgeführt wurde: „Da die Beklagte nach den getroffenen Feststellungen die Heilung ihres schweren Nervenleidens nur in einer geschlossenen Anstalt finden kann, während durch den Aufenthalt im Elternhause ihre Genesung und damit die Möglichkeit eines ehelichen Zusammenlebens auch für die Zukunft vereitelt werden würde, so erweist sich das Verlangen des Ehemannes, daß die Beklagte sich auf seine Kosten in eine Heilanstalt begeben möge, als durchaus berechtigt." An dieser Begründung ist festzuhalten. Nach § 1353 sind die Ehegatten einander zur ehelichen Lebensgemeinschaft verpflichtet, also zur gegenseitigen Treue, zum gegenseitigen Beistand, zum Zusammenleben (Motive zum ersten Entwurfe Bd. 4 S. 104). Wäre diese Verpflichtung in einem Schuldverhältnisse begründet, so würde Treu und Glaube auch erfordern, daß der Verpflichtete, soweit es in seinen Kräften steht, etwaige Hindernisse beseitige, die der Erfüllung der ihm obliegenden Verpflichtung entgegenstehen. Ganz ebenso ist an den Ehegatten — sei es der Mann, sei es die Frau — die Anforderung zu stellen, daß er die Hindernisse beseitige, die der Erfüllung der Verpflichtung zur ehelichen Lebensgemeinschaft entgegenstehen. Es ist daher zu billigen, wenn das Berufungsgericht ausgeführt hat:

„Da Klägerin hysterisch und ihr Zustand ein derartiger ist, daß sie ohne Gefahr für ihre Gesundheit die häusliche Gemeinschaft mit dem Beklagten zur Zeit nicht fortsetzen kann, so erscheint auch das Verlangen des Beklagten, der nach § 1353 ein Recht auf die eheliche

Gemeinschaft hat, begründet, daß Klägerin die erforderlichen Schritte tue, um diesen Zustand, soweit es auf sie ankommt, sobald als möglich zu beseitigen, daß sie also sich in eine Nervenheilanstalt begibt und dort so lange verbleibt, bis sie ohne Gefährdung ihrer Gesundheit die häusliche Gemeinschaft mit dem Beklagten wieder aufzunehmen vermag."

Klägerin soll sonach sich in die Heilanstalt begeben, nicht weil sie verpflichtet wäre, der Anordnung des Mannes Folge zu leisten, sondern weil die ihr — in gleicher Weise wie dem Manne — obliegende Verpflichtung zur ehelichen Lebensgemeinschaft ein solches Verhalten von ihr erfordert.

Hatte demzufolge § 1354 überhaupt nicht zur Anwendung zu kommen, so ist die Rüge der Revision, der Berufungsrichter habe gefehlt, indem er dem Ehemanne die Bestimmung der Heilanstalt aus den Händen genommen und einem Dritten überlassen habe, unzutreffend." . . .

---

75. Kann die Rechtsgültigkeit einer gemäß den §§ 203, 204 und 208 Z.P.O. bewilligten oder angeordneten und ordnungsgemäß ausgeführten öffentlichen Zustellung eines Urteils noch nach Ablauf der danach in Lauf gesetzten Frist zur Einlegung des gegen das Urteil zulässig gewesenen Rechtsmittels von der Partei, deren Aufenthalt als unbekannt angenommen war, im Instanzenzuge mit dem Nachweise angefochten werden, daß in Wirklichkeit ihr Aufenthalt nicht unbekannt, daß er insbesondere dem Gegner selbst bekannt gewesen sei?

III. Zivilsenat. Urt. v. 2. Dezember 1904 i. S. L. (Bekl.) w. L. Ehefr. (Kl.). Rep. III. 211/04.

I. Landgericht Oldenburg.
II. Oberlandesgericht daselbst.

Die Parteien schlossen am 15. April 1887 miteinander die Ehe. Im Sommer 1889 entfernte sich der Beklagte aus B., seinem damaligen Wohnorte. Im Juni 1890 reichte die Klägerin bei dem Landgerichte in Oldenburg eine Klage gegen ihn auf Wiederherstellung des ehelichen

Lebens ein und beantragte zugleich, die öffentliche Zustellung der Klage an den Beklagten zu bewilligen, indem sie behauptete, der Beklagte habe sie und die Kinder böswillig verlassen, wie er dies schon früher einmal getan habe; sein zeitiger Aufenthaltsort sei ihr unbekannt; vermutlich werde er wieder, wie das erstemal, nach Amerika gereist sein, und später sei über sein Vermögen der Konkurs eröffnet worden. Sie überreichte zum Nachweise, daß sein Aufenthalt unbekannt sei, eine Bescheinigung des Gemeindevorstehers in B. vom 11. Juni 1890, daß der Beklagte sich am 1. Juli 1889 heimlich von dort entfernt und bisher keine Nachricht über seinen Verbleib gegeben habe. Daraufhin bewilligte das Landgericht die öffentliche Zustellung der Klageschrift, und diese wurde durch Anheftung an der Gerichtstafel und durch Einrückung eines Auszugs in den Deutschen Reichsanzeiger bewirkt. In dem Termin zur mündlichen Verhandlung vom 7. November 1890 erschien von seiten des Beklagten niemand, und der Beklagte wurde deshalb verurteilt, binnen zwei Monaten zur Klägerin zurückzukehren und die Ehe mit ihr fortzusetzen, widrigenfalls die Ehe auf deren Antrag geschieden, und er für den schuldigen Teil erklärt werden solle. Auf Antrag des Anwalts der Klägerin erfolgte die öffentliche Zustellung dieses Urteils durch Anheftung einer Ausfertigung an der Gerichtstafel am 12. Dezember 1890. Im April 1891 reichte darauf der Anwalt der Klägerin bei dem Landgerichte eine neue Ladung ein, in der er unter der Behauptung, daß der Beklagte bis jetzt nicht zu der Klägerin zurückgekehrt, und sein Aufenthaltsort nach wie vor unbekannt sei, die Stellung des Antrages, die Ehe zu scheiden und den Beklagten für den schuldigen Teil zu erklären, ankündigte. Er überreichte zugleich eine den Unterschriften nach von dem Gemeindevorsteher in N. beglaubigte Bescheinigung zweier Nachbaren der Klägerin vom 2. April 1891, daß ihr Mann sich bisher zur Fortsetzung des ehelichen Lebens nicht wieder eingefunden habe, und beantragte mit bezug hierauf die öffentliche Zustellung der Ladung. Diese erfolgte wiederum durch Anheftung an der Gerichtstafel und durch Einrückung eines Auszugs der Ladungsschrift in den Deutschen Reichsanzeiger. In dem Termine zur mündlichen Verhandlung vom 19. Juni 1891 erschien für den Beklagten niemand, und es erging deshalb ein Urteil dahin, daß die Ehe der Parteien geschieden, und der Beklagte für den schuldigen Teil erklärt werde. Nachdem noch in dem Termine der Anwalt der Klägerin die öffentliche Zustellung des Urteils an den Beklagten beantragt hatte, ordnete das Prozeßgericht am 22. desselben Monats die Zustellung des Urteils von Amts wegen an beide Teile, an den Beklagten im Wege der öffentlichen Bekanntmachung, an. Die Gerichtsschreiberei bewirkte darauf die Anheftung einer Ausfertigung des Urteils an die Gerichtstafel, und zwar am 14. Juli 1891.

Am 11. November 1903 ging bei dem Oberlandesgerichte in Oldenburg eine Berufungsschrift des Beklagten ein. Dieser ließ sie am 16. desselben Monats dem Anwalte der Klägerin für den ersten Rechtszug zustellen und verband damit eine nochmalige Zustellung der ergangenen beiden Urteile. In dem Termine zur mündlichen Verhandlung trug der Beklagte vor: die öffentliche Zustellung beider Urteile sei zwar formell richtig erfolgt, aber unwirksam gewesen, weil die Voraussetzungen für eine öffentliche Zustellung nicht vorgelegen hätten. Sein Aufenthalt sei nämlich zur Zeit beider Zustellungen wie auch zur Zeit der öffentlichen Zustellung der Klage und der späteren Ladung nicht unbekannt gewesen. Insbesondere habe die Klägerin seinen Aufenthalt gekannt und deshalb die öffentliche Zustellung in allen Fällen erschlichen. Infolge von Zwistigkeiten, die namentlich durch geschäftliche Schwierigkeiten veranlaßt worden seien, seien sie übereingekommen, daß er, Beklagter, wieder, wie früher für kurze Zeit, nach Amerika auswanderte, und daß, sobald es ihm gelungen wäre, einen sicheren Erwerb zu finden, die Klägerin mit den Kindern nachkäme. Er habe zunächst von Amsterdam, dann von New-York an die Klägerin Briefe geschrieben und von ihr Antworten erhalten, und so hätten sie bis 1902 in regelmäßigem Briefwechsel miteinander gestanden. Er überreichte zwei seiner Briefe an die Klägerin in Abschrift und eine Anzahl Briefe dieser an ihn in Urschrift und schob der Klägerin über die Echtheit den Eid zu. Er behauptete auch, ihr regelmäßig Geld gesandt zu haben, und zwar unter anderem in den von ihm angegebenen Beträgen in der Zeit vom 9. Dezember 1891 bis zum 10. Dezember 1901. Die Klägerin habe das Geld angenommen und den Empfang bestätigt, aber niemals erwähnt, daß die Ehe geschieden sei. Der Beklagte schob auch der Klägerin den Eid darüber zu, daß sie zur Zeit der öffentlichen Zustellung der Klage, der späteren Ladung und der beiden Urteile seinen Aufenthalt gekannt habe.

Er beantragte:

Aufhebung der angefochtenen Urteile und Abweisung der Klage.

Die Klägerin erkannte die Echtheit der in Urschrift überreichten Briefe und die Richtigkeit der Abschrift der in dieser Gestalt vorgelegten Briefe an, erklärte, die ihr zugeschobenen Eide nicht leisten zu können, und fügte hinzu, im Dezember 1890 habe sie gewußt, daß der Beklagte in New-York sei, sie habe aber seine Adresse nicht gekannt. Nach Fällung des ersten Urteils sei sie nie wieder gefragt worden, ob sie den Aufenthalt ihres Mannes kenne; von dem zweiten habe sie erst durch die Zustellung Kenntnis erhalten. Die von dem Beklagten angegebenen Geldbeträge habe sie nicht alle bekommen.

Das Berufungsgericht verwarf dem Antrage der Klägerin entsprechend die Berufung als unzulässig. Die Revision des Beklagten ist zurückgewiesen.

Aus den Gründen:

... „Sachlich ist die Entscheidung nicht zu beanstanden, wiewohl die Revision meint, daß der § 186 Abs. 1 Z.P.O. ä. F. (§ 203 Abs. 1 Z.P.O. n. F.) auf solche Fälle keine Anwendung finden könne, in denen sich später zeige, daß der Aufenthalt der betreffenden Partei in Wirklichkeit nicht unbekannt gewesen, oder, wie hier, von dem Gegner die öffentliche Zustellung sogar erschlichen worden sei. Da das Urteil in dem Verfahren wegen Wiederherstellung des ehelichen Lebens nur vorbereitender Natur im Verhältnisse zu dem späteren Scheidungsurteile ist, kann es nur darauf ankommen, ob dieses Urteil dem Beklagten ordnungsmäßig zugestellt, somit die einmonatige Notfrist zur Einlegung der Berufung gemäß § 516 für ihn in Lauf gesetzt, und ob deshalb die Berufung, die nach den Feststellungen im Tatbestande gemäß § 207 Abs. 2 Z.P.O. als am 11. November 1903 eingelegt zu gelten hat, noch innerhalb der Notfrist eingelegt ist, oder nicht. Die Ausführung der öffentlichen Zustellung des Scheidungsurteils an den Beklagten, die nach § 187 Abs. 2 Satz 1 der damals noch in Geltung gewesenen Zivilprozeßordnung ä. F. durch Anheftung einer Ausfertigung des Urteils an die Gerichtstafel zu geschehen hatte, ist gesetzmäßig erfolgt, indem eine Ausfertigung am 14. Juli 1891 an die Gerichtstafel angeheftet und am 17. September 1891 wieder abgenommen worden ist. Es fragt sich daher nur, ob die Voraussetzung für die Ausführung der Zustellung im

Wege der öffentlichen Bekanntmachung erfüllt war, oder nicht. Nach § 186 Abs. 1 Z.P.O. ä. F. (§ 203 Abs. 1 n. F.) besteht diese darin, daß „der Aufenthalt" der Partei, an welche die Zustellung erfolgen soll, „unbekannt ist". Nähere Anweisungen darüber, unter welchen Umständen der Aufenthalt einer Partei als unbekannt zu gelten habe, hat das Gesetz nicht gegeben. Nach seinem Wortlaute und seinem erkennbaren Sinne ist daher zunächst für die auf Parteibetrieb erfolgenden Zustellungen davon auszugehen, daß die Partei, die nach § 204 Abs. 1 Z.P.O. die öffentliche Zustellung eines Schriftstücks bei dem Prozeßgerichte nachsucht, diesem den Nachweis zu liefern hat, daß der Aufenthalt der Partei, der das Schriftstück zugestellt werden soll, unbekannt ist, d. h. nicht bloß ihr selbst, sondern überhaupt. Der Nachweis wird der Regel nach durch obrigkeitliche Bescheinigungen, unter Umständen auch durch Versicherungen unverdächtiger Privatpersonen, deren Unterschriften obrigkeitlich beglaubigt sind, zu erbringen sein. Geeignetenfalls wird auch, wenn Bedenken dagegen auftauchen, ob der Gesuchsteller überhaupt die Mittel, die sich etwa dargeboten hätten, den Aufenthalt der anderen Partei zu erforschen, unbenutzt gelassen habe, seine persönliche Vernehmung anzuordnen sein. Immer aber kann es nur darauf ankommen, daß durch die geführten Nachweise das Gericht die Überzeugung gewinnt, daß der Aufenthalt der Partei, an welche die Zustellung im Wege der öffentlichen Bekanntmachung geschehen soll, unbekannt in dem vorher bezeichneten Sinne sei. Daraus ergibt sich, daß allerdings die Möglichkeit besteht, daß im einzelnen Falle gleichwohl dieser oder jener Person, ja sogar dem Gesuchsteller selbst der Aufenthalt der anderen Partei in Wirklichkeit bekannt ist. Hiermit kann indessen das Gesetz, das eine allgemein anwendbare Vorschrift aufstellen muß, nicht rechnen. Denn zuvörderst gibt es kein Mittel, gewissermaßen absolut das Unbekanntsein des Aufenthalts einer Person festzustellen. Sodann aber verlangt die Rechtssicherheit, insbesondere die Rücksicht auf die notwendige Unanfechtbarkeit der Urteile, die sich nach den vom Gesetze dafür aufgestellten, verhältnismäßig leicht übersehbaren Erfordernissen als rechtskräftig darstellen, und damit endgültig zwischen den Parteien Recht schaffen sollen, daß, wenn diesen Erfordernissen genügt ist, die Rechtskraft des Urteils nicht noch nach Ablauf der Frist zur Einlegung des dagegen zulässig gewesenen Rechtsmittels, vielleicht sogar nach Jahren, mit dem Versuche des Nachweises in Frage gestellt werden könne, daß in Wirklichkeit die Voraussetzung für die Zulässigkeit der öffentlichen Zustellung, daß der Aufenthalt der Partei, an die sie erfolgen sollte, nicht, insbesondere nicht dem Gesuchsteller, bekannt gewesen, unerfüllt gewesen sei. Das freie Ermessen des Gerichts muß demnach darüber entscheiden, welche Nachweise es für erforderlich, aber auch für ausreichend erachten will, um annehmen zu können, daß der Aufenthalt der betreffenden Person unbekannt sei.

Zu demselben Ergebnisse führt aber auch die Auslegung des Gesetzes aus seiner Entstehungsgeschichte. Die Begründung zu dem Entwurfe der Zivilprozeßordnung skizzierte das Verfahren bei der Erwirkung der öffentlichen Zustellung dahin: „Die öffentliche Zustellung ist nach dem Entwurfe von der Partei nachzusuchen und nach vorgängiger causae cognitio mit oder ohne Anhörung des Petenten vom Prozeßgerichte zu bewilligen (gegen die Ablehnung des Gesuchs findet Beschwerde statt —)."

Vgl. Hahn, Materialien zur Zivilprozeßordnung 2. Aufl. Bd. 1 S. 233. Auch hier wird somit nur eine Prüfung der von dem Gesuchsteller zu erbringenden Nachweise durch das Gericht verlangt, das Maß der zu erfordernden Aufklärungen aber dessen pflichtmäßigem Ermessen überlassen. Bei der ersten Lesung des Entwurfs in der Kommission des Reichstags aber bemerkte der Direktor im Reichskanzleramte, v. Amsberg, auf das Bedenken des Abgeordneten Klotz, daß im Gesetze nicht bestimmt sei, unter welchen Voraussetzungen der Aufenthalt einer Person als unbekannt gelten solle, und auf die einfache Behauptung des Extrahenten hin doch Unbekanntsein des Aufenthalts nicht angenommen werden könne: man werde gut tun, dem richterlichen Ermessen hier freien Spielraum zu lassen, zumal da generelle Bestimmungen darüber, wann der Aufenthalt einer Person unbekannt sei und wann nicht, kaum möglich seien. Durch diese Äußerung erklärte der Abgeordnete Klotz sich für befriedigt; vgl. Hahn, a. a. O. Bd. 1 S. 580.

Auf Zustellungen von Amts wegen sodann, die als öffentliche zu bewirken sind, — und um eine solche handelt es sich im vorliegenden Falle nach § 625 Z.P.O. (früher § 582) — müssen die Bestimmungen der §§ 203 flg. (früher §§ 186 flg.) zur entsprechenden

Anwendung kommen. Diese jetzt in § 208 Z.P.O. ausdrücklich gegebene Vorschrift muß auch schon für die Zeit der Herrschaft der früheren Fassung des Gesetzes nach allgemeinen Grundsätzen als in Geltung gewesen angesehen werden. Hiernach ist es zunächst Sache des Prozeßgerichts, das die öffentliche Zustellung anordnet, das Vorhandensein der Voraussetzungen dafür von Amts wegen festzustellen. Der Natur der Sache nach können aber die Nachweise, die vorher bereits die Partei für eine auf Parteibetrieb zu bewirkende öffentliche Zustellung dafür beigebracht hat, daß der Aufenthalt der Person, der zugestellt werden soll, unbekannt sei, nach Lage der Umstände für ausreichend zu der Annahme erachtet werden, daß auch zur Zeit der späteren von Amts wegen vorzunehmenden öffentlichen Zustellung der Aufenthalt jener Person unbekannt sei.

Wendet man diese Sätze auf den hier vorliegenden Fall an, so ergibt sich folgendes. Die von der Klägerin mit der Klageschrift überreichte Bescheinigung des Gemeindevorstehers in B. vom 11. Juni 1890 konnte an sich als ausreichender Nachweis betrachtet werden, daß der Aufenthalt des Beklagten unbekannt sei. In Verbindung mit der späteren Bescheinigung des Arbeiters L. und des Zimmermanns A., Nachbarn der Klägerin, vom 2. April 1891, daß der Beklagte sich bisher zur Fortsetzung des ehelichen Lebens bei der Klägerin nicht wieder eingefunden habe, und der Bitte des Sachwalters der letzteren in dem Termine vom 19. Juni 1891, die Zustellung des Urteils an den Beklagten öffentlich zu bewirken, konnte sodann das Prozeßgericht in jener ersten Bescheinigung vom 11. Juni 1890 auch eine genügende Grundlage für die Annahme finden, daß auch zur Zeit des Erlasses des Scheidungsurteils der Aufenthalt des Beklagten noch unbekannt wäre. Ob es, objektiv betrachtet, sachgemäß war, einen solchen Nachweis ohne persönliche Anhörung der Klägerin als gegeben anzusehen, war in den höheren Rechtszügen nicht zu untersuchen, da nach den obigen Ausführungen das Gericht lediglich nach seinem freien Ermessen darüber zu entscheiden hatte, ob es jenen Nachweis als vorliegend ansehen konnte oder nicht.

Vgl. Petersen u. Anger, Z.P.O. 4. Aufl., Bem. 4 zu § 204; Gaupp, Z.P.O. Bem. IV zu § 187.

War aber hiernach die Annahme des Prozeßgerichts nicht zu beanstanden, daß die Voraussetzung für die Bewirkung der Zustellung des Scheidungsurteils an den Beklagten im Wege der öffentlichen Bekanntmachung erfüllt sei, so wurde mit dieser Zustellung auch die Frist zur Einlegung der Berufung in Lauf gesetzt. Daraus folgt dann aber nach den aus dem Tatbestande sich ergebenden Feststellungen, daß die erst im November 1903 erfolgte Einlegung der Berufung verspätet war. Das Berufungsgericht hat deshalb mit Recht die Berufung als unzulässig verworfen. Ob der Beklagte etwa eine Restitutionsklage oder einen Schadensersatzanspruch gegen die Klägerin wegen arglistigen Verhaltens erheben könnte, ist im gegenwärtigen Rechtsstreite nicht zu erörtern." ...

76. Welche Ansprüche kann ein Hypothekengläubiger, dessen Recht bei Feststellung des geringsten Gebots versehentlich übergangen worden ist, gegen die ihm in der Rangordnung nachstehenden, bei der Feststellung des geringsten Gebots berücksichtigten Ansprüche erheben?

V. Zivilsenat. Urt. v. 3. Dezember 1904 i. S. Aktienbrauerei D. (Bekl.) w. Ehel. G. (Kl.) u. H. (Nebeninterv.). Rep. V. 153/04.

I. Landgericht Mülhausen.
II. Oberlandesgericht Colmar.

Für die Klägerin, Ehefrau G., haftete auf einem Grundstück in Mülhausen eine hypothekarisch sichergestellte Forderung von 10400 ℳ nebst $4\frac{1}{2}$ Prozent Zinsen. Dieser stand der Vorrang vor einer für die Beklagte auf demselben Grundstück eingetragenen, zu 4 Prozent verzinslichen Hypothek von 8000 ℳ zu. Das Grundstück kam im Jahre 1901 auf Antrag eines der Beklagten in der Rangordnung nachstehenden Hypothekengläubigers B. zur Zwangsversteigerung, die vom Notar H. (dem Nebenintervenienten) als Versteigerungsbeamten geleitet wurde. Obwohl die Klägerin ihre Forderung zum Zwangsversteigerungsverfahren auch noch angemeldet hatte, übersah der Notar, daß dieser Forderung der Vorrang vor der Hypothek der Beklagten zustand und nahm unrichtigerweise an, daß nur eine hier nicht weiter in Betracht kommende Hypothek der Gebrüder G. von 8000 M und die Hypothek der Beklagten von 8000 M dem betreibenden Gläubiger vorgingen. Infolge dessen stellte er das geringste Gebot dahin fest, daß es insgesamt 17892,43 M betrage, nämlich daß der Ersteher zu übernehmen habe die G.'sche Hypothek mit 8000 M und die Hypothek der Beklagten mit 8000 M, und bar zu zahlen habe einen von der Steuerkasse in Mülhausen angemeldeten Betrag von 29,60 M, sowie an Zinsen aus der G.'schen Hypothek 900,7 M und aus der Hypothek der Beklagten 962,76 M. Die Forderung der Klägerin blieb also bei der Feststellung des geringsten Gebots unberücksichtigt. Ein Widerspruch gegen diese Feststellung wurde, obwohl im Versteigerungstermin sowohl die Beklagte wie auch die Klägerin, diese durch ihren Ehemann, vertreten waren, nicht erhoben, sondern auf Grund des so festgestellten geringsten Gebots das Grundstück ausgeboten, und der Zuschlag für ein Meistgebot von 20900 M von dem Versteigerungsbeamten erteilt. Er wurde rechtskräftig, da ein Rechtsmittel gegen ihn nicht eingelegt wurde. Bei der Verteilung des Erlöses wollte der Versteigerungsbeamte den Bedingungen, unter denen der Zuschlag erteilt worden war, entsprechend feststellen, daß die G.'sche Hypothek von 8000 M und die Hypothek der Beklagten von 8000 M bestehen bleiben, und er wollte ferner den bar zu zahlenden Erlös von 4900 M zuzüglich der von ihm bis zum Verteilungstermin aufgelaufenen Zinsen von 54,28 M, zusammen also den Betrag von 4954,28 M, der bar gezahlt worden war, anweisen: vorweg auf Kosten, Steuern und Zinsen der G.'schen Hypothek mit 1134,15 M, sodann an die Beklagte auf die von ihr liquidierten Hypothekenzinsen mit 1214,89 M und den Rest von 2505,24 M der Klägerin. Die Klägerin, deren Forderung nebst Zinsen sich auf 11917,20 M belief, würde hierdurch einen Ausfall von 9311,96 M erlitten haben. Sie widersprach nun aber dieser Verteilung des Erlöses, indem sie jetzt geltend machte, daß ihrer Forderung der Vorrang vor der Hypothek der Beklagten zustehe. Sie verlangte, daß ihre Forderung an Stelle der der Beklagten in Höhe von 8000 M vom Ersteher übernommen, und daß ihr der ganze nach Abzug der vorweg verteilten 1134,15 M verbleibende Rest des bar gezahlten Erlöses mit 3820,13 M zugeteilt werde. Nachdem infolge dieses Widerspruchs der streitige Teil des Barerlöses hinterlegt worden war, erhoben sie und ihr Ehemann die gegenwärtige Klage und verkündeten zugleich dem Notar den Streit.

Die Beklagte verlangte Abweisung der Klage, verkündete aber auch ihrerseits dem Notar den Streit; der Notar erkannte keine Regreßansprüche an, trat aber der klagenden Seite im Rechtsstreite bei.

Der erste Richter ordnete eine Berichtigung des Teilungsplanes dahin an, daß der Rest des bargezahlten Steigpreises mit 3820,13 *M* der Klägerin zugewiesen werde; im übrigen wies er die Klage ab. Gegen dieses Urteil legten beide Teile und der Nebenintervenient Berufung ein. Der zweite Richter wies die Berufung der Beklagten zurück, hob dagegen auf die Berufung der Gegenseite das Urteil des Landgerichts, soweit es die Klage abwies, auf und ordnete eine noch weitere Berichtigung des Teilungsplanes dahin an, daß die in ihm als bestehen bleibend aufgeführte Hypothek der Beklagten mit Zinsen seit dem 24. Dezember 1901 den Klägern übertragen werde zur Befriedigung ihrer Restforderung in Höhe von 8097,7 *M* und Zinsen vom 26. März 1902 an. Dieses Urteil wurde auf die Revision der Beklagten insoweit aufgehoben, als es der Berufung der Kläger stattgegeben hatte, und insoweit wurde die Berufung der Kläger und des Nebenintervenienten gegen das Urteil erster Instanz zurückgewiesen; im übrigen wurde die Revision zurückgewiesen aus folgenden

Gründen:

„Bei richtiger Feststellung des geringsten Gebots hätte nach § 45 Zw.V.G. nicht bloß die G.'sche Hypothek und die Hypothek der Beklagten, sondern auch die Hypothek der Klägerin als bestehen bleibend (§ 52 das.) berücksichtigt werden müssen, da alle drei Hypotheken in der Rangordnung dem betreibenden Gläubiger vorgingen. Dies ist nun aber nicht geschehen. Die Hypothek der Klägerin ist bei Feststellung des geringsten Gebots, auf Grund dessen das Ausgebot erfolgt, und der Zuschlag erteilt ist, unberücksichtigt geblieben, und nur die Hypothek der Beklagten, die in der Rangordnung der der Klägerin nachsteht, und die Hypothek der Gebrüder G. haben Berücksichtigung gefunden. Nun fragt es sich, welche Folgen dies für die Verteilung des Erlöses hat. Die Vorinstanzen sind richtig davon ausgegangen, daß der Hypothek der Klägerin trotz ihrer Nichtberücksichtigung der ihr zustehende Rang, also auch der Vorrang vor der Hypothek der Beklagten, verblieben ist. Denn das heute geltende Recht kennt in der Zwangsversteigerung eine Zurücksetzung im Range nur als Folge nicht rechtzeitiger Anmeldung oder Glaubhaftmachung (§ 110 Zw.V.G.), und von dieser Folge kann die Klägerin nicht betroffen sein, da ihre Hypothek als eingetragen der Anmeldung nicht bedurfte und von ihr überdies angemeldet worden ist. Hat aber die Klägerin ihren Rang behalten, so geht sie auch bei der Verteilung des Erlöses, soweit nicht die festgestellten Versteigerungsbedingungen etwas anderes festsetzen, der Beklagten vor, und daraus folgt, daß der bar zu zahlende Erlös, den im vorliegenden Falle der Ersteher auch bar berichtigt hat, der Klägerin gebührt. Es sind dies die der Klägerin in erster und zweiter Instanz zugesprochenen 3820,13 ℳ, die nach Abzug der vorweg verteilten 1134,15 ℳ von den bargezahlten 4954,28 ℳ übrig bleiben. Darin ist zwar auch ein Teil des geringsten Gebots enthalten, nämlich derjenige Teil, der nach § 49 Abs. 1 Zw.V.G. bar zu zahlen ist; aber soweit das geringste Gebot einen Betrag als bar zu zahlenden festsetzt, trifft es keine Bestimmung darüber, wem dieser Betrag bei der Verteilung zufallen soll. Es bestimmt nur die Höhe der Barzahlung, unter der Gebote nicht zugelassen werden dürfen, während sich erst bei der Verteilung des Erlöses ergibt, welche Gläubiger aus dieser Barzahlung zu befriedigen sind. Daß die Höhe des vom geringsten Gebot bar zu zahlenden Teils, wie aus § 49 Abs. 1 a. a. O. hervorgeht, sich nach bestimmten, entweder aus dem Grundbuch ersichtlichen oder angemeldeten Ansprüchen richtet, darf daran nicht irre machen; denn das Gesetz schreibt nirgends vor, daß nur diejenigen Ansprüche, nach denen die Höhe der Barzahlung bestimmt worden ist, bei ihrer Verteilung berücksichtigt werden dürfen; es läßt im Gegenteil durch die Vorschrift im § 109 Abs. 2, daß der nach Deckung der Kosten verbleibende Überschuß „auf die Rechte, welche durch Zahlung zu decken sind, verteilt" werden soll, und durch die darauf folgende Bestimmung im § 110, daß die dort erwähnten Rechte den übrigen bei der Verteilung nachstehen sollen, erkennen, daß für die Verteilung des Barerlöses die grundbuchmäßige Rangordnung maßgebend ist, und daß hierbei nur diejenigen Gläubiger, auf die der § 110 zutrifft, eine Zurücksetzung im Range erfahren dürfen. So wird auch das Gesetz — wenn auch nicht ohne Widerspruch, vgl. Kretzschmar, Das Reichsgesetz über die Zwangsversteigerung 2c S. 185 — überwiegend in der bisher zu ihm erschienenen Kommentarliteratur verstanden,

vgl. Fischer-Schäfer, Bem. 4 zu § 45; Jaeckel, Bem. 8 zu § 45; Reinhard, Bem. II unter 2 zu § 45,

und es spricht wesentlich für dieses Verständnis, daß auch das hierin vorbildlich gewesene preußische Gesetz vom 13. Juli 1883 fast einstimmig und unter Zustimmung des Reichsgerichts (Jurist. Wochenschr. 1893 S. 71 Nr. 47) die gleiche Auslegung gefunden hat.

Vgl. Kurlbaum, Neue Grundsätze der Zwangsversteigerung S. 53 flg., und die Kommentare zu diesem Gesetz von Krech-Fischer, 3. Aufl. S. 218, und von Jaeckel, 3. Aufl. S. 250. 252. 289.

Der Berufungsrichter hat nun aber der Klägerin nicht bloß den nach Abzug der vorweg zu berichtigenden Posten vorhandenen Barerlös („Bargebot" im Sinne des § 49 Abs. 1 Zw.V.G.) zugesprochen, sondern den Teilungsplan noch weiter dahin abgeändert, daß auch die Hypothek der Beklagten von 8000 ℳ, die bei Feststellung des geringsten Gebots berücksichtigt worden ist und daher nach § 52 Zw.V.G. bestehen bleibt, nebst Zinsen seit dem 24. Dezember 1901 auf die Klägerin übertragen werden soll. Darin kann ihm nicht beigetreten werden. Vorweg ist dabei zu bemerken, daß auch in dieser Beziehung die Feststellung des geringsten Gebots nicht ganz korrekt erfolgt ist. Denn sie geht dahin, daß der Ersteher die G.'sche Hypothek und die Hypothek der Beklagten zu übernehmen habe, während das Gesetz eine Übernahme durch den Ersteher, soweit das dingliche Recht in Betracht kommt, überhaupt nicht vorschreibt und die Übernahme der etwa bestehenden persönlichen Haftung des Schuldners besonders regelt (§ 53 Zw.V.G.). Richtiger wäre es daher gewesen, wenn der Versteigerungsbeamte zur Feststellung des geringsten Gebots nur ausgesprochen und im Protokoll festgestellt hätte (§§ 66. 78 Zw.V.G.), welche Hypotheken berücksichtigt worden sind; denn hieraus würde sich nach § 52 Abs. 1 das. von selbst ergeben haben, daß diese Hypotheken gegen den Ersteher bestehen bleiben. Aber sachlich kommt die getroffene Feststellung des geringsten Gebots auf dasselbe hinaus, und ihre inkorrekte Fassung hat daher keine Bedeutung. Die Frage ist also die, ob ein Hypothekengläubiger, dessen Hypothek bei der Feststellung des geringsten Gebots berücksichtigt worden ist und daher bestehen bleiben soll, bei der Verteilung des Erlöses dulden muß, daß sie nicht bestehen bleibt, weil eine ihm in der Rangordnung vorgehende Hypothek, die bei der Feststellung des geringsten Gebots hätte berücksichtigt werden sollen, nicht berücksichtigt worden ist. Diese Frage ist — im Gegensatze zum Berufungsgericht — zu verneinen.

Zunächst mag hervorgehoben werden, wenn auch ein entscheidendes Gewicht darauf nicht zu legen ist, daß die Annahme des Berufungsgerichts zu Konsequenzen führt, die befremdlich erscheinen müssen. Denn die Folge wäre, daß jeder Hypothekengläubiger befugt sein müßte, obwohl seine Hypothek bei der Feststellung des geringsten Gebots berücksichtigt worden ist, den Zuschlag anzufechten, wenn eine ihm vorgehende Hypothek bei der Feststellung des geringsten Gebots keine Berücksichtigung gefunden hat. Will man annehmen, daß einer solchen Beschwerde gegen den Zuschlag der § 100 Abs. 2 Zw.V.G. nicht entgegensteht, so würde der übergangene Hypothekengläubiger, von dem man meinen sollte, daß es in erster Reihe seine Sache sei, den Zuschlag, durch den er in seinem Rechte verletzt wird, anzufechten, dies unterlassen und abwarten dürfen, ob der bei der Feststellung des geringsten Gebots berücksichtigte Nachhypothekar die Beschwerde erhebt. Denn erhebt er sie, und dringt er mit ihr durch, so kommt der Erfolg, nämlich die Aufhebung des Zuschlags, auch dem übergangenen Anspruche zugute; und erhebt er sie nicht, so würde der übergangene Anspruch den berücksichtigten Hypothekengläubiger immer noch aus dem geringsten Gebot herausdrängen. Aber noch mehr! Von Erfolg könnte die Beschwerde natürlich nur dann sein, wenn die nicht berücksichtigte Hypothek zu Unrecht übergangen worden ist. Zu Unrecht ist sie aber nur dann übergangen, wenn und soweit sie noch besteht. Ob dies der Fall ist, müßte der nachstehende Hypothekengläubiger doch erst feststellen können, bevor er die Beschwerde erhebt. Zu dieser Feststellung über ein ihm fremdes Rechtsverhältnis wird er aber in vielen Fällen gar nicht in der Lage sein, namentlich dann nicht, wenn der Vorhypothekar im Versteigerungstermin nicht erschienen ist, oder wenn der Nachhypothekar selbst den Versteigerungstermin nicht wahrgenommen hat, weil er als ein dem betreibenden Gläubiger vorgehender Berechtigter hierzu keine Veranlassung hatte. Gerade der letzterwähnte Fall zeigt, zu welcher Konsequenz man käme: der Hypothekengläubiger, der im Versteigerungstermin ausgeblieben ist, und der nun aus dem ihm nach § 88 Zw.V.G. zugestellten Beschlusse über die Erteilung des Zuschlags, da dieser nach § 82 das. auch die Versteigerungsbedingungen enthalten muß, ersieht, daß zwar seine eigene Hypothek bei der Feststellung des geringsten Gebots berücksichtigt worden ist, daß aber eine der ihm vorgehenden Hypotheken nicht berücksichtigt worden ist, müßte festzustellen suchen, wie dies gekommen ist, um darüber ins klare zu gelangen, ob hier eine Übergehung zu Unrecht stattgefunden hat; denn wenn dies der Fall sein sollte, müßte er selbst die Beschwerde einlegen, um nicht hinterher, nachdem der Zuschlag rechtskräftig geworden, von dem übergangenen Anspruch aus der Berücksichtigung beim geringsten Gebot herausgedrängt zu werden und auf den bar zu zahlenden Erlös angewiesen, also, soweit dieser nicht zureicht, der Gefahr des Ausfalls ausgesetzt zu sein. Vor welche Schwierigkeiten damit der Nachhypothekar gestellt würde, namentlich wenn ihm, wie dies wohl oft der Fall sein wird, die Rechtsverhältnisse der Vorhypotheken unbekannt sind, und wenn man weiter beachtet, daß ihm zu seinen Ermittelungen nach § 96 Zw.V.G. nur eine vierzehntägige Frist zu Gebote stände, braucht nicht weiter ausgeführt zu werden.

Derartige Erwägungen sind nun zwar, wie bereits bemerkt, nicht ausschlaggebend; aber sie erregen doch von vornherein Bedenken gegen eine Auslegung des Gesetzes, die zu so unbefriedigenden Ergebnissen führt. Ob sich letztere nach dem preußischen Zwangsversteigerungsgesetze vom 13. Juli 1883 ergeben hätten, kann unerörtert bleiben; denn das Reichsgesetz über die Zwangsversteigerung und Zwangsverwaltung vom 24. März 1897 weicht in einer hier maßgebenden Beziehung bei seinen Vorschriften über die Feststellung des geringsten Gebots und über die Verteilung des Erlöses von dem preußischen Gesetze ab. Es schreibt nicht vor, daß das geringste Gebot auf einen Betrag festgesetzt werden soll, der ausreichend ist, um die dem betreibenden Gläubiger vorgehenden Rechte und die aus dem Erlöse zu entnehmenden Kosten des Verfahrens zu decken, und der daher nur gefunden werden kann, wenn man jene Rechte, also namentlich die Kapitalbeträge der dem betreibenden Gläubiger vorgehenden Hypotheken- und Grundschulden, ziffermäßig zusammen rechnet; das Reichsgesetz läßt vielmehr die dem betreibenden Gläubiger vorgehenden Rechte bei der Feststellung des geringsten Gebots nur berücksichtigen

(§ 45 Zw.V.G.) und schreibt dann vor (§ 52), daß sie, soweit sie nicht durch Zahlung zu decken sind (§ 49 Abs. 1), insoweit bestehen bleiben, als sie bei der Feststellung des geringsten Gebots berücksichtigt worden sind. Das Reichsgesetz kennt auch keine Zuteilung des Erlöses auf Rechte, die bei der Feststellung des geringsten Gebots berücksichtigt und nicht durch Zahlung zu decken sind; es kann eine solche Zuteilung nicht kennen, weil diese Rechte eben bestehen bleiben, also auf sie nichts zuzuteilen ist. Daraus erklärt es sich, daß das Reichsgesetz bezüglich dieser Rechte bei der Verteilung des Erlöses nur vorschreibt, sie seien „in dem Plane auch anzugeben" (§ 113 Abs. 2). Eine Erklärung des Richters, durch welche nun erst — bei der Verteilung des Erlöses — bestimmt würde, welche Rechte der Ersteher in Anrechnung auf das Meistgebot und auf das in ihm steckende geringste Gebot zu übernehmen habe, findet nicht mehr statt. Sie kann auch nicht stattfinden oder wäre wenigstens völlig überflüssig; denn die Rechte, welche bestehen bleiben, stehen bereits dadurch fest, daß sie bei der Feststellung des geringsten Gebots berücksichtigt worden sind, und die Übernahme der persönlichen Haftung des Schuldners, wofern eine solche besteht, folgt für den Ersteher bei bestehen bleibenden Hypotheken aus dem Gesetz selbst (§ 53). Den Weg, den das preußische Gesetz einschlug, daß nämlich das geringste Gebot für alle bei ihm in Betracht kommenden Rechte, also auch für diejenigen, die der Ersteher übernehmen sollte, nur einen Betrag festsetzte, und daß erst bei der Verteilung des Erlöses durch den Richter bestimmt wurde, welche Rechte in Anrechnung auf jenen Betrag der Ersteher übernahm (§§ 57. 107. 115 des preußischen Gesetzes von 13. Juli 1883), hat das Reichsgesetz verlassen. Nach ihm sind die bestehenbleibenden Rechte schon bestimmt, wenn das Ausgebot erfolgt; sie sind dadurch bestimmt, daß sie bei der Feststellung des geringsten Gebots berücksichtigt worden sind, und zugleich ist bestimmt (§ 52 Abs. 1 Satz 2), daß die übrigen Rechte (die nicht berücksichtigten) erlöschen. Damit sind die Versteigerungsbedingungen festgesetzt, und für die Verteilung des Erlöses das Ergebnis gewonnen, daß nur das bar zu zahlende Meistgebot zu verteilen ist, so daß es in der Tat, wie auch § 113 Abs. 2 Zw.V.G. vorschreibt, für die bestehen bleibenden Rechte nur der Angabe bedarf, welche Rechte nach den Versteigerungsbedingungen bestehen bleiben.

Aus dieser Konstruktion des Verfahrens folgt dann aber auch weiter, daß Rechte, die nach den Versteigerungsbedingungen bestehen bleiben sollen, bei der Verteilung des Erlöses nicht als solche behandelt werden dürfen, die erlöschen. Wenn das geringste Gebot und die Versteigerungsbedingungen unrichtig sind, wenn z. B., wie im vorliegenden Falle, eine dem betreibenden Gläubiger vorgehende Hypothek bei der Feststellung des geringsten Gebots nicht berücksichtigt worden ist und daher nach § 52 Abs. 1 Satz 2 erlischt, so ist es Sache des übergangenen Gläubigers, den Zuschlag wegen unrichtiger Feststellung des geringsten Gebots, durch die er in seinem Rechte verletzt wird, anzufechten (§ 83 Nr. 1. § 100 Abs. 1. § 97 Abs. 1 Zw.V.G.). Zu diesem Zwecke schreibt das Gesetz vor, daß der Beschluß, durch den der Zuschlag erteilt wird, den Beteiligten, soweit sie weder im Versteigerungstermin noch im Verkündigungstermin erschienen sind, zugestellt werden muß (§ 88), und daß in ihm auch die Versteigerungsbedingungen zu bezeichnen sind (§ 82). Läßt der übergangene Gläubiger den Zuschlag rechtskräftig werden, so kann er auch die Versteigerungsbedingungen, die für andere Gläubiger das Bestehenbleiben ihrer Forderungen festsetzen, nicht mehr anfechten. Sie sind mit der Rechtskraft des Zuschlags auch für die Verteilung des Erlöses maßgebend geworden. Das Gegenteil folgt keineswegs aus den §§ 50. 51 Zw.V.G. Diese Vorschriften beziehen sich auf den Fall, daß das geringste Gebot, wenn es richtig festgestellt worden wäre, anders hätte festgestellt werden müssen, überhaupt nicht. Sie setzen im Gegenteil voraus, daß das geringste Gebot so, wie es festgestellt worden ist, richtig, d. h. dem Grundbuch und den vorliegenden Anmeldungen entsprechend, aufgestellt worden ist, daß aber ein Recht, das hiernach Berücksichtigung finden mußte und berücksichtigt worden ist, in Wahrheit nicht besteht. Sie geben also nicht den Weg, auf welchem ein Fehler, der bei der Feststellung des geringsten Gebots vorgekommen ist, beseitigt werden kann, sondern sie geben den Weg, wie das materielle Recht einem richtig festgestellten geringsten Gebot gegenüber aufrecht erhalten werden kann. Der Gläubiger, der unter Berufung auf die §§ 50. 51 eine Erhöhung der Barzahlung des Erstehers verlangt, weil ein bei der Feststellung des geringsten Gebots berücksichtigtes Recht nicht besteht, behauptet gar nicht, daß das geringste Gebot nach den hierüber bestehenden Vorschriften unrichtig festgestellt worden sei, sondern stützt sich auf einen Tatbestand, der mit diesen Vorschriften nichts zu tun hat und dem materiellen Recht angehört. Er kann diesen Tatbestand nicht anders, als erst bei der Verteilung des Erlöses geltend machen, namentlich nicht durch eine Beschwerde gegen den Zuschlag. Darin zeigt sich der Gegensatz zu demjenigen Gläubiger, der geltend machen kann, daß er durch eine unrichtige Feststellung des geringsten Gebots in seinem Rechte verletzt sei. Diesem hat das Gesetz die Beschwerde gegen den Zuschlag gegeben, jenem nicht. Daraus folgt dann aber auch weiter, daß der Gläubiger, der es versäumt hat, die Beschwerde einzulegen, obwohl er durch unrichtige Feststellung des geringsten Gebots in seinem Rechte verletzt ist, sich auf die §§ 50. 51 überhaupt nicht berufen kann. Dies ist wichtig für die im Entwurfe zum Zwangsversteigerungsgesetze vorgesehene Erweiterung der jetzt im § 50 Abs. 1 des Gesetzes enthaltenen Vorschrift. Der Entwurf nämlich wollte in § 69 Abs. 2 eine Erhöhung der Barzahlung für den Ersteher auch dann eintreten lassen, wenn die bei Feststellung des geringsten Gebots berücksichtigte Hypothek

> „den nicht berücksichtigten Rechten eines anderen Beteiligten nachsteht oder gleichsteht oder gegenüber einem solchen Beteiligten unwirksam ist, zugunsten dieses Beteiligten, sofern derselbe von seinem Rechte Gebrauch macht".

In das geltende Gesetz ist diese Vorschrift nicht übergegangen, aber nur deshalb nicht, weil man annahm, daß es sich nur um singuläre Fälle handeln könne, die der Entscheidung durch die Jurisprudenz überlassen bleiben könnten (vgl. Jaeckel, Zwangsversteigerungsgesetz, 2. Aufl. S. 194 Note 6). Der Berufungsrichter führt nun aus, daß diese Erweiterung des § 50 Abs. 1, obwohl sie in das Gesetz nicht ausdrücklich aufgenommen worden sei, gleichwohl gelten müsse. Dies mag sein, wird auch jetzt überwiegend in der Literatur als richtig angenommen. Aber wenn die Erweiterung gilt, so gilt sie doch eben nur da, wo der Grundsatz des § 50 Abs. 1 selbst zur Anwendung kommen könnte; sie gilt also nicht, wenn es sich um eine unrichtige Feststellung des geringsten Gebots handelt, die der durch sie betroffene Gläubiger durch Anfechtung des Zuschlags hätte beseitigen müssen. Dies hat der Berufungsrichter verkannt, und auf dieser unrichtigen Anwendung des Gesetzes beruht es, daß er in weiterer Abänderung des Teilungsplanes die Hypothek der Beklagten, die bei der Feststellung des geringsten Gebots berücksichtigt worden ist, nicht für die Beklagte fortbestehen lassen, sondern sie der Klägerin zuweisen will.

In den Vorinstanzen ist endlich auch der Gesichtspunkt der Bereicherung zur Sprache gekommen. Es ist behauptet worden, die Beklagte würde sich auf Kosten der Klägerin bereichern, wenn ihre Hypothek bestehen bliebe, während die Klägerin, soweit das bar gezahlte Kaufgeld zu ihrer Befriedigung nicht ausreiche, leer ausginge, und die Beklagte sei auch aus diesem Grunde nach § 812 B.G.B. verpflichtet, den Vorteil, den sie ohne rechtlichen Grund erlange, an die Klägerin herauszugeben. Aber auch mit dieser Begründung läßt sich die vom Berufungsrichter angeordnete weitere Abänderung des Teilungsplanes nicht rechtfertigen. Zunächst deshalb nicht, weil es sich hier um einen Verteilungsstreit handelt, für dessen Entscheidung es nur darauf ankommen kann, ob der vom Versteigerungsbeamten aufgestellte Teilungsplan den über die Verteilung des Erlöses im Zwangsversteigerungsgesetze enthaltenen Vorschriften entspricht. Ist dies der Fall, und behauptet ein Beteiligter, daß ein anderer Beteiligter nach den Vorschriften des materiellen Rechts verpflichtet sei, dasjenige an ihn herauszugeben, was er nach dem Teilungsplan erhalte, so ist dies kein Verteilungsstreit, sondern ein Rechtsanspruch, der sich völlig außerhalb des Verteilungsverfahrens bewegt, und mit dem eine Abänderung des Teilungsplans nicht verlangt werden kann. Dies allein würde ausreichen, um den Bereicherungsanspruch hier auszuscheiden. Aber die Beklagte hat auch zutreffend entgegnet, daß sie weder einen Vorteil habe, noch daß sie einen solchen ohne rechtlichen Grund erlangt haben würde. Einen Vorteil habe sie nicht, weil auch ihre Hypothek dem betreibenden Gläubiger vorging, sie also ebenso wie die Klägerin einen Anspruch darauf hatte, bei der Feststellung des geringsten Gebots berücksichtigt zu werden; hätte sie aber einen Vorteil, so beruhe der rechtliche Grund für ihn in dem Verhalten der Klägerin, nämlich darin, daß diese den Zuschlag mit den sie in ihrem Rechte verletzenden Versteigerungsbedingungen habe rechtskräftig werden lassen. Daß diese Entgegnung zutrifft, ergibt sich auch daraus, daß umgekehrt, nämlich wenn man die Klägerin mit einer Hypothek von 8000 *M* an die Stelle der Beklagten rücken läßt, die Beklagte die Benachteiligte sein würde. Die Beklagte hatte darauf, daß ihre Hypothek, weil sie ebenfalls dem betreibenden Gläubiger vorging, in diesem Subhastationsverfahren unberührt blieb, oder — wie es jetzt in Zwangsversteigerungsgesetze heißt — bestehen blieb, das gleiche Recht wie die Klägerin. Stehen in dieser Beziehung die Parteien einander gleich, und muß eine von ihnen den Nachteil tragen, so entspricht es auch dem materiellen Recht, daß dies diejenige Partei sei, die es verabsäumt hat, ihre Rechte während des Zwangsversteigerungsverfahrens gehörig wahrzunehmen." . . .

77. Genügt zur Genehmigung eines vom Vormunde für sein Mündel über Grundstücke geschlossenen Vergleichs durch das Vormundschaftsgericht, daß dieses die Ausfertigung des Vergleichs zu den Grundakten mit dem Ersuchen um Eintragung überreicht, ohne dem Vormunde die Genehmigung in irgendeiner Weise kundzutun?

B.G.B. § 1828.

V. Zivilsenat. Urt. v. 7. Dezember 1904 i. S. S. (Kl.) w. S. (Bekl.). Rep. V. 239/04.

I. Landgericht Ratibor.
II. Oberlandesgericht Breslau.

Der am 22. März 1900 verstorbene Bauer Joh. S., dessen Kinder zweiter Ehe die Kläger waren, verkaufte durch gerichtlichen Vertrag vom 1. März 1900 dem Beklagten, einem Sohne aus seiner ersten Ehe, das Bauergut Bl. 68 K., zu dessen grundbuchmäßigem Bestande auch die beiden Häuslerstellen Nr. 262. 263 gehörten. Gleichzeitig erfolgte die Auflassung. Die Kläger behaupteten, es sei von den Beteiligten nicht beabsichtigt, diese Stellen dem Beklagten zu übereignen, sondern der Vater sei mit dem Beklagten darüber einig gewesen, daß sie nebst einem Wiesenteil ihnen, den Klägern, zufallen sollten. In dem vor dem Vormundschaftsgerichte zwecks Erbauseinandersetzung über den Nachlaß des Joh. S. angesetzten Termin am 12. Juni 1900 erhob die Witwe des Erblassers und Mutter der

Kläger Anspruch auf die beiden Häuslerstellen. Der anwesende Pfleger der Kläger erkannte diesen Anspruch an. Darauf schloß der Beklagte mit der Mutter der Kläger einen Vergleich dahin, daß er ihr bis zu ihrem Tode und den Klägern bis zu ihrer Großjährigkeit den Nießbrauch an einem Hause nebst Gärtchen, Stall und Scheune einräumte. Die Eintragung dieser Rechte wurde auf Ersuchen des Vormundschaftsgerichts auf Bl. 68 K. bewirkt. Die Kläger erachteten sich durch diesen Vergleich wegen ihrer Ansprüche auf die Häuslerstellen und den Wiesenteil nicht für abgefunden und erhoben Klage mit dem Antrage, den Beklagten zu verurteilen, ihnen die beiden Häuslerstellen Nr. 262 und 263 und den Wiesenteil aufzulassen. Die Klage wurde ab-, die Berufung der Kläger zurückgewiesen. Auf die Revision der Kläger wurde das Berufungsurteil aufgehoben aus folgenden

Gründen:

„Das Berufungsgericht nimmt an, in der behaupteten Abrede des Erblassers mit dem Beklagten, daß die streitigen Parzellen den Klägern zufallen sollten, würde ein mündlicher Vertrag zugunsten Dritter vorliegen, der durch die nachgefolgte Auflassung und Eintragung des Beklagten gültig geworden sei. Es meint aber, der daraus den Klägern etwa erwachsene Anspruch sei durch den vor dem Vormundschaftsgerichte geschlossenen und von diesem tatsächlich genehmigten Vergleich vom 12. Juni 1900 aufgehoben. . . .

Daß es zur Wirksamkeit des Vergleichs für und gegen die Kläger nach § 1821 Ziff. 1. 3 B.G.B. der Genehmigung des Vormundschaftsgerichts bedarf, bezweifelt auch der Beklagte nicht.

Indem das Berufungsgericht aber diese Genehmigung darin findet, daß der Vormundschaftsrichter den Vergleich durch das Ersuchen um Eintragung der der Mutter und den Klägern durch den Vergleich eingeräumten Nießbrauchsrechte genehmigt habe, übersieht es, daß nach § 1828 B.G.B. das Vormundschaftsgericht die Genehmigung zu einem Rechtsgeschäfte nur dem Vormunde gegenüber erklären kann, daß also die in anderer Weise erklärte Genehmigung des Vormundschaftsgerichts das Rechtsgeschäft nicht wirksam macht. Wenn auch die Genehmigung des Vormundschaftsgerichts an keine Form gebunden ist, also auch stillschweigend durch schlüssige Handlungen erklärt werden kann, so müssen die Handlungen doch gegenüber dem Vormunde so vorgenommen werden, daß dieser erkennen kann, sie sollen die Genehmigung enthalten. Zweifellos trifft dies nicht zu, wenn, wie hier, das Vormundschaftsgericht lediglich das Grundbuchamt um Eintragung ersucht, dem Pfleger der Kläger gegenüber aber in keiner Weise seine Genehmigung kundgibt. Der Versuch des Beklagten, die Sache so darzustellen, als ob das Vormundschaftsgericht seine Genehmigung des Vergleichs dem Pfleger der Kläger durch das von ihm ersuchte Grundbuchamt habe mitteilen lassen, erscheint verfehlt. Es liegt zunächst nichts dafür vor, daß das Vormundschaftsgericht solches beabsichtigt habe; denn es hat sich darauf beschränkt, eine Ausfertigung des Vergleichs zu den Grundakten über K. Nr. 68 zur weiteren Veranlassung mit dem Ersuchen zu geben, die Eintragung aus § 1 des Vergleichs zu bewirken. Wenn nun auch vermutet werden muß, daß das Grundbuchamt nach § 55 G.B.O. die Bekanntmachung der Eintragung vorschriftsmäßig ausgeführt hat, so kann diese Bekanntmachung einer Erklärung des Vormundschaftsgerichts gegenüber dem Pfleger der Kläger, daß es den Vergleich genehmigt habe, um so weniger gleichgeachtet werden, als nicht einmal behauptet ist, an wen die Bekanntmachung erlassen ist, ob an die Mutter, oder an den Pfleger der Kläger. Daß mit der Vorschrift des § 1828 B.G.B. nicht etwas unwesentliches bestimmt werden soll, ergibt deutlich ihr Zweck: Der Vormund soll dadurch, daß das Vormundschaftsgericht gerade ihm gegenüber die Genehmigung erklären muß, instand gesetzt werden, eine seiner Meinung widerstreitende Entscheidung des Vormundschaftsgerichts im Beschwerdeweg anzufechten (vgl. Motive Bd. 4 S. 1154). Solange das Vormundschaftsgericht seine Genehmigung nicht gegenüber dem Vormunde erklärt hat, kann es darüber anderweitig beschließen, und die Genehmigung gilt, wenn auch beschlossen, so lange nicht als erteilt.

Hiernach ist der Vergleich vom 12. Juni 1900 für die Kläger nicht bindend; sie haben dadurch ihren Anspruch auf die Häuslerstellen nicht verloren." ...

78. In welchem Umfange muß und darf zufolge der Bestimmungen in §§ 712. 713 A.L.R. II. 11 das Kirchenvermögen zum Bau und zur Unterhaltung der Kirchengebäude verwendet werden?

IV. Zivilsenat. Urt. v. 8. Dezember 1904 i. S. Stadtgem. Nordhausen (Bekl.) w. ev. Kirchengem. St. Petri das. (Kl.). Rep. IV. 238/04.

I. Landgericht Nordhausen.
II. Oberlandesgericht Naumburg a. S.

Im Jahre 1898 wurde von dem Gemeindekirchenrat und der Gemeindevertretung zu St. Petri in Nordhausen eine umfassende Reparatur des Kirchengebäudes beschlossen, und gleichzeitig der Beschluß gefaßt, zur Bestreitung der Baukosten ein Amortisationsdarlehn in Höhe von 15000 ℳ aufzunehmen, das später noch um 6000 ℳ vergrößert wurde. Diese Beschlüsse fanden die Bestätigung des Konsistoriums, sowie der Königlichen Regierung. Auch der Magistrat zu Nordhausen erteilte dem Gemeindekirchenrat auf dessen Ansuchen die patronatliche Genehmigung zu der geplanten Ausbesserung des Kirchengebäudes, bemerkte indes daneben, daß er einen Patronatsbeitrag nicht in Aussicht stellen könne. Der Bau wurde sodann ausgeführt und verursachte einen Kostenaufwand von 23018,19 ℳ. Bei Ausführung der Reparatur waren einige nicht unbedingt nötige Verschönerungsbauten vorgenommen worden, deren Kosten sich auf 4456,18 ℳ beliefen und in jener Schlußsumme enthalten waren; die Kosten für die eigentliche Reparatur bezifferten sich daher auf 18562,01 ℳ. Die Notwendigkeit der für diesen Betrag ausgeführten Bauten wurde von dem Konsistorium unter dem 4. Juni 1901, von der Regierung unter dem 13. September 1902 bestätigt. Der Gemeindekirchenrat war der Ansicht, daß der Magistrat als Patron hiervon ein Drittel zu tragen habe, und hatte inzwischen durch Schreiben vom 24. Juni 1901 um Gewährung des entsprechenden Betrags mit 6187,33 ℳ ersucht. Der Magistrat hatte jedoch diese Forderung durch Schreiben vom 4. Dezember 1901 als unbegründet abgelehnt und nach weiterem Schriftwechsel durch Schreiben vom 7. Januar 1902 erklärt, daß er eine Verpflichtung zur Leistung eines Beitrags nicht anerkenne. Die Kirchengemeinde schritt nunmehr zur Klage, verlangte indes zunächst nur einen Teilbetrag von 3100 ℳ.

In zweiter Instanz wurde die Stadtgemeinde verurteilt, den geforderten Betrag zu bezahlen. Die Revision der Beklagten führte zur Aufhebung des angefochtenen Urteils und zur Zurückverweisung der Sache an das Berufungsgericht.

Aus den Gründen:

... „Gegenstand der richterlichen Entscheidung sind nur die Fragen, ob die Voraussetzungen für die Beitragspflicht des Patrons vorhanden sind, und auf welchen Betrag sich die tatsächlich erwachsenen Kosten belaufen. In letzterer Beziehung herrscht unter den Parteien kein Streit. Bestritten ist dagegen, ob die Stadt, auch wenn sie Patron sei, in Anspruch genommen werden dürfe. Von seiten der Stadt war behauptet worden und von der Revision wird geltend gemacht, daß die klagende Gemeinde die Kosten des in Rede stehenden Baus aus eigenen Mitteln habe bestreiten können, da sie ein Kapitalvermögen von 42000 ℳ besitze. Dieser Behauptung gegenüber ist die Beitragspflicht der Stadt von dem Berufungsgericht aus Gründen angenommen, die nicht für ausreichend zu erachten sind.

Zufolge §§ 584. 720 A.L.R. II. 11 darf der Patron zur Bestreitung von Kosten nur herangezogen werden, wenn und soweit das Kirchenvermögen nicht hinreichend ist. In Ansehung der Baukosten aber bestimmen §§ 712. 713 ebendaselbst, daß die Kosten hauptsächlich aus dem Kirchenvermögen genommen werden sollen, von diesem aber nicht mehr verwendet werden darf, als ohne Nachteil der aus der Kirchenkasse zu bestreitenden jährlichen Ausgaben geschehen kann. Behufs Auslegung dieser Bestimmungen wird auf das gemeine Kirchenrecht zurückgegangen werden müssen. In Ansehung der Pfarrkirchen traf das Tridentiner Konzil (sess. 21 cap. 7, vgl. den Text unter anderem bei v. Reinhardt, „Über die kirchliche Baulast" S. 15) Bestimmungen über die Kosten größerer Bauten zur Instandhaltung und Erneuerung. Danach sollen für den bezeichneten Zweck zunächst die Einkünfte der Kirche selbst verwendet, und in zweiter Linie diejenigen Personen, die Einkünfte aus dem Kirchengut beziehen, in Anspruch genommen werden. Von einem Angreifen des Grundvermögens wird nichts gesagt. In der Literatur besteht indes Einigkeit darüber, daß das Tridentinum etwas neues nicht bestimmen wollte, daß bereits in früheren Zeiten die Verwendung des Grundvermögens gestattet war, und daß es hierbei geblieben ist. Nach gemeinem katholischen Kirchenrecht kann danach zu größeren Reparaturen, falls die laufenden Einnahmen nicht hinreichen, auch der Grundstock des kirchlichen Vermögens angegriffen werden, wenn es ohne Nachteil für die Befriedigung der anderen Bedürfnisse geschehen kann.

Vgl. die Lehrbücher des Kirchenrechts von Walter, 14. Aufl. § 272 S. 606; Frantz, 3. Aufl. S. 334; Brendel, 3. Aufl. Bd. 2 § 432 S. 1300; Richter, 8. Aufl. § 319 S. 1350; Friedberg, 5. Aufl. S. 569 § 181; v. Schulte, 4./1. Aufl. § 219 S. 502; v. Reinhardt, a. a. O. S. 20, und die dort wiedergegebene Ansicht von Gregel, de onere ref. ecclesias; Permaneder, Die kirchliche Baulast 3. Aufl. S. 8 und 9; Kaim, Das Kirchenpatronat S. 344.

Die nämlichen Grundsätze werden auch als gemeines evangelisches Kirchenrecht bezeichnet,

vgl. Permaneder, a. a. O. S. 6; v. Reinhardt, a. a. O. S. 81,

und sollen offenbar durch die hier maßgebenden Bestimmungen in §§ 712, 713 A.L.R. II. 11 wiedergegeben werden. Über ihre Tragweite finden sich in der Literatur freilich unmittelbar verwendbare Angaben nicht; es wird meist nur gesagt, das Kirchenvermögen hafte, soweit es nicht zu den laufenden Ausgaben nötig sei. Müßte dies dahin verstanden werden, daß das Kirchenvermögen nur so weit angegriffen werden dürfe, als es nicht nötig sei, um Zinsen oder andere Einkünfte zur Bestreitung der laufenden Ausgaben zu gewähren, so würde der Grundstock nur dann in Anspruch genommen werden können, wenn er so groß wäre, daß er mehr Zinsen trüge, als für den gesamten ordentlichen Ausgabenetat erforderlich wäre, und das kann die Absicht des Gesetzes nicht sein. Andererseits wird man nicht den Grundsatz aufstellen dürfen, daß jede Kirchengemeinde zum Bau und zur Unterhaltung ihrer Gebäude zunächst ein etwa vorhandenes Vermögen ganz verwenden müsse; denn das würde dem Grundsatze einer verständigen Verwaltung widerstreiten und mit dem Wortlaut der §§ 712, 713 nicht vereinbar sein. Um zu einer befriedigenden Anwendung zu gelangen, wird man diese Bestimmungen vielmehr dahin zu verstehen haben, daß der Grundstock des Kirchenvermögens für Bauten insofern angegriffen werden darf, als zu verwenden sind: 1. ein Kapital oder ein sonstiger Vermögensbestandteil, der von vornherein gerade für den in Rede stehenden Bau oder doch für Bauzwecke im allgemeinen bestimmt war; 2. eine Einnahme, die in Anlaß des Baus, etwa durch Verkauf entbehrlich gewordenen Grundes und Bodens, erzielt wurde; 3. in Ermangelung solcher Fonds der Grundstock des Vermögens zwar dann, aber auch nur dann, wenn solches nach Billigkeit und den Grundsätzen einer ordnungsmäßigen Vermögensverwaltung geschehen dürfte und müßte. Danach würde es sich zugleich entscheiden, ob und wieweit der Patron beizutragen hätte. Hierüber zu entscheiden aber ist im Streitfalle das Gericht berufen. Denn die Verbindlichkeit des Patrons steht in zweiter Linie; sie tritt, wie die schon erwähnten §§ 584. 720 A.L.R. II. 11 ergeben, erst ein, wenn das Kirchenvermögen unzulänglich ist. Und die Frage, ob diese Bedingung eingetreten sei, muß vom Gericht beantwortet werden.

Im vorliegenden Fall haben sich die Instanzgerichte solcher Entscheidung auch keineswegs entzogen, haben aber die Unzulänglichkeit des Kirchenvermögens schon deshalb für dargetan erachtet, weil ein Amortisationsdarlehn aufgenommen sei, und eine Kirchensteuer erhoben werde. Man wird dies, obwohl nähere Angaben in dem angefochtenen Urteil nicht vorhanden sind, dahin verstehen dürfen, daß die bisher schon erhobene Kirchensteuer erhöht worden sei, um Mittel zur Tilgung der Anleihe zu beschaffen. Endlich wird aus den Parteivorträgen hinzugenommen werden dürfen, daß die Aufnahme der Anleihe von der Staatsbehörde genehmigt, ihre Notwendigkeit mithin geprüft worden ist. Letzteres kann indes nicht entscheidend sein. Die staatliche Genehmigung war erforderlich zufolge Art. 24 Ziff. 3 des preußischen Staatsgesetzes, betreffend die evangelische Kirchenverfassung in den acht älteren Provinzen der Monarchie, vom 3. Juni 1876 (G.S. S. 125) und hat lediglich ermöglicht, daß die Mittel zum Bau einstweilen im Wege einer Anleihe herstellig gemacht wurden, hat jedoch für die Frage, ob das Kirchenvermögen für die Baukosten hingereicht hätte, keine Bedeutung. Die Tatsache, daß man zur Aufnahme einer Anleihe schritt, beweist aber auch noch nichts, da behauptet war, daß die Kirche schon zur Zeit des Baus ein Kapital von 42000 ℳ besessen habe. Denn so und nicht anders kann und muß die Behauptung, daß ein Kirchenvermögen von 42000 ℳ vorhanden sei, verstanden werden. Ob diese Behauptung der Wirklichkeit entspricht, ist zwar nicht festgestellt und würde noch zu erörtern sein, da es für die Beantwortung der Frage, ob das eigene Vermögen der Kirche hinreichend sei, allerdings, wie der erkennende Senat in dem Urteil zur Sache Rep. IV. 108/85 vom 9. Juli 1885 (vgl. Kirchl. Gesetz- und Verordnungsbl. 1886 S. 15) ausgesprochen hat, auf den Stand des Vermögens zu demjenigen Zeitpunkte ankommt, an dem die in Rede stehenden Ausgaben zu leisten sind. Sollte sich aber herausstellen, daß die Kirchengemeinde zur Zeit des in Rede stehenden Baus wirklich ein Kapitalvermögen von 42000 ℳ besessen hat, so kann sehr wohl in Frage kommen, ob nicht die Kosten hieraus hätten bestritten werden können. Es darf hierbei in Betracht gezogen werden, daß in § 50 Abs. 2 der Verwaltungsordnung für das kirchliche Vermögen in den östlichen Provinzen der preußischen Landeskirche vom 15. Dezember 1886/17. Juni 1893 vorgeschrieben ist, es solle zur Deckung von Bedürfnissen, die längere Zeit vorauszusehen seien, z. B. für Bauten, von den Gemeindekörperschaften für die allmähliche Ansammlung des nötigen Geldbetrags Sorge getragen werden, und daß im Hinblick hierauf nicht einmal die Möglichkeit ausgeschlossen erscheint, es sei das erwähnte Kapital für den Bau ganz oder zum Teil angesammelt worden. Danach kann auch der Tatsache, daß behufs Tilgung der für den Bau gemachten Anleihen eine eigene Steuer erhoben wird, eine entscheidende Bedeutung nicht beigelegt werden; vielmehr bedarf es noch der anderweitigen Erörterung, welche Bewandtnis es mit dem Kapitalvermögen der Kirchengemeinde hat, und ob sie nicht die fraglichen Baukosten nach den oben ausgesprochenen Grundsätzen aus dem eigenen Vermögen ohne Zuziehung des Patrons decken kann. Das hierfür dienliche tatsächliche Material muß von der Klägerin beschafft werden, da von ihr der Beweis zu führen ist, daß das Kirchenvermögen nicht hinreicht." ...

---

79. Kann sich der Inhaber einer kaufmännischen Firma, der persönlich einen anderen Namen als den in der Firma vorkommenden führt, gegen eine Beeinträchtigung seines Firmenrechts durch Füh-

rung dieses letzteren Namens von seiten eines anderen auf § 12 B.G.B., oder nur auf § 37 Abs. 2 H.G.B. (Art. 27 Abs. 1 a. F.) berufen?

II. Zivilsenat. Urt. v. 9. Dezember 1904 i. S. W. (Kl.) w. M. (Bekl.). Rep. II. 61/04.

I. Landgericht Elberfeld, Kammer für Handelssachen.
II. Oberlandesgericht Köln.

Der Fabrikant W. zu Solingen, Inhaber der Firma „Friedrich Herder, Abraham Sohn" erhob gegen den Fabrikanten M. daselbst, der die Firma „H. Herder" führte, Klage auf Unterlassung dieser Firmenführung und Löschung im Firmenregister. Die Klage wurde in den Vorinstanzen abgewiesen, und die Revision gegen das Urteil des Oberlandesgerichts ist vom Reichsgericht zurückgewiesen worden, soweit es hier interessiert, aus folgenden

Gründen:

... „Der Kläger hat sich zur Begründung der Revision und seiner Klagansprüche noch auf die Vorschriften des § 12 B.G.B. über das Namensrecht berufen, und es ist anzuerkennen, daß, wenn derselbe anwendbar wäre, jedenfalls der Klagantrag auf Unterlassung der Firmenführung, soweit dadurch nach den bezüglichen Feststellungen des Oberlandesgerichts über die Konkurrenz der Parteien in den Kundenkreisen Hollands und der holländischen Kolonien die Interessen des Klägers beeinträchtigt werden, begründet sein würde.

Es ist indessen, mit dem Oberlandesgericht, anzunehmen, daß der Kläger sich auf den bezogenen § 12 überhaupt nicht berufen kann, weil er persönlich nicht den Namen „Herder" führt, sondern nur Inhaber einer kaufmännischen Firma ist, in welcher der Name „Herder" vorkommt.

In der Denkschrift zum Bürgerlichen Gesetzbuche (S. 7) wird die in dem Entwurf vorgesehene Neueinführung eines Namensrechts damit begründet, daß nach der Rechtsentwicklung sowie den Bedürfnissen des Lebens und des Verkehrs außer dem bereits bestehenden gewerblichen Namensschutz (Firmenrecht, Warenzeichenrecht) ein allgemeiner Anspruch auf Schutz der bürgerlichen Namens anzuerkennen sei. Die weiteren Ausführungen betonen dieses Privatrecht am bürgerlichen Namen und die Notwendigkeit eines Schutzes gegen die mögliche Verwechselung einer Person; sie ergeben unzweideutig die Auffassung, daß nur die Person, die selbst den Namen trägt, als Berechtigter im Sinne der vorgeschlagenen Bestimmung gegenüber dem Verletzer des Namensrechts gelten soll. Derselbe Standpunkt ergibt sich aus den Verhandlungen sowohl der II. Kommission (Protokolle S. 44. 45) als auch des Plenums des Reichstags (Stenographischer Bericht 1895/96 S. 2734). In der Kommission wurde anstatt des Wortes „Familienname“ der im Entwurf stand, das Wort „Name“ gesetzt, und zwar hauptsächlich um deswillen, weil nicht nur die Familiennamen, sondern auch die Vornamen geschützt werden sollten. Weiterhin wurde durchgängig bei den Beratungen und ebenso bei den Verhandlungen des Reichstags hervorgehoben, § 12 betreffe nur den Fall und gewähre Schutz dagegen, daß ein Dritter unbefugt einen Namen sich beilege, den ein anderer führt, und es handele sich um den Schutz des persönlichen Namens. Dem entspricht denn auch die Stellung des § 12 in dem Abschnitt „Natürliche Personen“. Das hieraus sich ergebende Argument kann nicht dadurch beseitigt werden, daß verschiedentlich — jedoch nicht unbestritten — das Namensrecht auch juristischen Personen zuerkannt wird, da diese immerhin selbst die Träger des zu schützenden Namens sind. Dagegen ist zur Unterstützung der hier vertretenen Auffassung noch darauf zu verweisen, daß im § 37 des gleichzeitig mit dem Bürgerlichen Gesetzbuch in Kraft getretenen neuen Handelsgesetzbuchs die Bestimmungen des Artikels 27 des früheren Handelsgesetzbuchs über den Firmenschutz beibehalten worden sind, woraus sich ergibt, daß diese Bestimmungen für den Schutz der Firma, des kaufmännischen Namens, als zweckentsprechend und vor allem auch als genügend erachtet wurden. Danach ist es nicht zulässig, die teilweise weitergehenden Bestimmungen über das Namensrecht allgemein auf das Firmenrecht zu übertragen. Insbesondere kann nach dieser Lage der Gesetzgebung der Inhaber einer Firma den Schutz des § 12 für einen Namen, den er selbst nicht trägt, der vielmehr nur in der von ihm geführten Firma vorkommt, nicht beanspruchen.

Für die Beschränkung des § 12 auf das persönliche Namensrecht und dafür, daß für das Firmenrecht — das kaufmännische

Namensrecht — lediglich der § 37 a. a. O. maßgebend ist, haben sich denn auch mit wenigen Ausnahmen die Kommentatoren und die Spezialabhandlungen über das Namensrecht ausgesprochen."[1] ...

80. Verliert der Grundbesitzer, der sein Grundstück unter schuldhafter Außerachtlassung der aus dem Bergbau drohenden Gefahr bebaut hat, dadurch den Anspruch auf Ersatz des Baustellenwerts, den das Grundstück vor seiner Bebauung hatte?

Allg. Berggeſ. §§ 148. 150 Abs. 1.

V. Zivilsenat. Urt. v. 10. Dezember 1904 i. S. preuß. Bergfiskus (Bekl.) u. Oberschl. Eisenbahnbedarfs-Aktienges. (Nebeninterv.) w. G. (Kl.). Rep. V. 244/04.

I. Landgericht Gleiwitz.
II. Oberlandesgericht Breslau.

Die obige Frage ist vom Reichsgericht verneint aus folgenden Gründen:

„Der Berufungsrichter stellt fest, daß die mit Gebäuden besetzte Grundfläche Bauplatzeigenschaft besaß und in dieser Hinsicht durch den Bergbau der Nebenintervenientin des Beklagten eine Beeinträchtigung erfahren hat. Zum Ersatz des insoweit entstandenen Schadens erachtet der Berufungsrichter den Beklagten für verpflichtet, obwohl er eine Schadensersatzpflicht des letzteren bezüglich der Gebäude auf Grund des § 150 Abs. 1 Allg. Berggeſ. verneint. Er führt aus: Es könne nicht angenommen werden, daß der Grundeigentümer

[1] Es ist in dieser Hinsicht zu verweisen unter anderen auf Rehbein, B.G.B. Bd. 1 S. 26 Nr. 4; Planck, B.G.B. zu § 12 Bem. 1 und 2e; v. Staudinger, a. A. zu § 12 Bem. 3; Düringer u. Hachenburg, Handelsgesetzbuch bei § 37 VIa S. 143; Opet, im zivilrechtlichen Archiv Bd. 87 S. 313 flg. S. 321 flg.; Götte, im Archiv für bürgerliches Recht Bd. 15 S. 920 flg.; Olshausen, Namensrecht, Dissertation S. 81. 89. 106; Finger, Unlauterer Wettbewerb S. 186. 198. Anderer Meinung sind Ramdohr, bei Gruchot, Beiträge Bd. 43 S. 67, und Isaac, Schutz des Namens, Dissertation S. 34. 35. Dagegen ist Staub, Kommentar zum H.G.B. zu § 37 Anm. 12 a. E., richtig verstanden, nicht anderer Meinung. D. E.

durch die in jener Gesetzesvorschrift vorgesehene unvorsichtige Bebauung alle Schadensersatzansprüche verwirke; sondern er habe auch in einem solchen Falle so viel zu beanspruchen, wie er ohne Ausführung des ungehörigen Baues hätte verlangen können. Denn die erwähnte gesetzliche Bestimmung bezwecke nur, den Bergwerksbesitzer gegen unbegründete Ansprüche zu schützen, nicht aber, dem Grundstückseigentümer gewissermaßen zur Strafe für ungehörige Anlagen einen begründeten Anspruch zu entziehen und dem Bergwerksbesitzer einen in der Natur der Sache nicht liegenden Vorteil zuzuwenden. Dies ergebe sich auch aus dem Wortlaute der einschlägigen Gesetzesvorschriften. Denn nach § 148 Allg. Berggef., der die Regel aufstelle, daß der dem Grundeigentum und seinen Zubehörungen zugefügte Schaden zu ersetzen sei, bildeten die Zubehörungen einen gegenüber dem Grundeigentum selbständigen Gegenstand der Schadensersatzpflicht, und dementsprechend beziehe sich § 150 nur auf ungehörige Anlagen, nicht auf das sonstige Grundeigentum.

Die Revision greift diese Ausführungen als rechtsirrtümlich an, indem sie sich dabei auf ein in entgegengesetztem Sinne ergangenes Urteil des Oberlandesgerichts in Köln aus dem Jahre 1888, abgedruckt in Brassert's Zeitschr. f. Bergrecht Bd. 30 S. 266, sowie auf gegenteilige literarisch geäußerte Meinungen beruft. Der Auffassung des Berufungsrichters war indessen beizupflichten. Es kann auch von dem abweichenden Standpunkt aus, den die Revision vertritt, keinem Zweifel unterliegen, daß der Grundstückseigentümer die durch die Unsicherheit des Baugrundes herbeigeführte Wertverminderung dann ersetzt verlangen kann, wenn das von ihm errichtete Gebäude infolge der Einwirkungen des Bergbaues einstürzt oder sonst unbewohnbar wird, oder wenn er es, um dem Einsturz zuvorzukommen, freiwillig abbricht. Ist aber in solchen Fällen sein bezüglich des Grundstücks als Baustelle gesetzlich gegebener Entschädigungsanspruch dadurch unberührt geblieben, daß zeitweilig auf dem Grundstück ein Gebäude gestanden hat, so ist nicht abzusehen, inwiefern die Tatsache des gegenwärtigen Bebautseins eine andere rechtliche Beurteilung zu begründen geeignet sein soll. Der Gesetzgeber will, wie der vom Berufungsrichter richtig gewürdigte Zusammenhang der in Betracht kommenden Vorschriften ergibt, im Falle des § 150 das unvorsichtig errichtete Gebäude weggedacht wissen und die Schadensersatzpflicht so regeln, als wenn das Grundstück nach wie vor eine unbebaute Grundfläche wäre. Daß dieser Standpunkt ein innerlich wohlbegründeter ist, liegt auf der Hand. Der Bergwerksbesitzer würde ohne Grund seine Rechtsstellung verbessern und einen unberechtigten Vermögensvorteil auf Kosten des Grundstückseigentümers erlangen, wenn er auf eine Handlung des letzteren — Bebauung des Grundstücks —, der das Gesetz lediglich die Wirkung abspricht, einen Schadensersatzanspruch zur Entstehung zu bringen, sich in der Weise berufen dürfte, daß es ihm gestattet wäre, daraus das Erlöschen einer bereits anderweit entstandenen Schadensersatzpflicht herzuleiten." ...

81. 1. Konnte nach früherem gemeinen Rechte das Recht auf Gewinnung nicht regaler Bodenbestandteile als dingliches, veräußerliches und vererbliches Recht begründet werden?

2. Wie wird ein solches Recht unter der Herrschaft des Bürgerlichen Gesetzbuchs auf rechtsgeschäftlichem Wege übertragen?

3. Ist der Anspruch auf Berichtigung des Grundbuchs durch Eintragung eines solchen Ausbeuterechts dergestalt abtretungsfähig, daß der Zessionar die Buchung des Rechts zu seinen eigenen Gunsten betreiben darf?

B.G.B. §§ 873. 894.

VII. Zivilsenat. Urt. v. 13. Dezember 1904 i. S. der Aktiengesellschaft C. W. (Kl.) w. H. (Bekl.). Rep. VII. 413/04.

I. Landgericht Lüneburg.
II. Oberlandesgericht Celle.

Dem Bergwerksunternehmer K. zu H. war durch den schriftlichen Vertrag vom 18. Mai 1898 von verschiedenen Grundbesitzern, u. a. von dem Beklagten als Eigentümer des im Grundbuche von F. Bd. 1 Bl. 12 verzeichneten Grundbesitzes das „ausschließliche, dingliche, auf Verlangen eines der Kontrahenten in das Grundbuch einzutragende Recht" eingeräumt, auf ihren Grundstücken zu bohren oder zu schürfen und die hierbei aufgeschlossenen Lager an Petroleum, bituminösen Stoffen, Kali-, Stein- und beibrechenden Salzen und sonstigen dem Verfügungsrechte des Grundeigentümers unterliegenden und zur bergmännischen Ausbeute geeigneten Stoffen zu gewinnen und sich anzueignen und in seinem Interesse beliebig auszunutzen und zu verwerten. Das Ausbeuterecht war nach Inhalt des Vertrages vererblich und veräußerlich, und es forderte die Klägerin als Zessionarin des Erwerbers K., indem sie sich auf die Zessionsurkunde vom 29. April 1899 stützte, vom Beklagten, daß er die Eintragung des Rechts auf dem Blatte seines Grundbesitzes bewillige. Das Landgericht erkannte auf Abweisung der Klage, das Oberlandesgericht dagegen, entsprechend dem in der Berufungsinstanz gestellten beschränkten Antrage der Klägerin, daß das Recht zu deren Gunsten als nicht vererblich und veräußerlich gebucht werden solle. Dieses Urteil hob der erkennende Senat auf und verwies die Sache zur anderweiten Verhandlung und Entscheidung an das Berufungsgericht zurück. Bei der erneuten Verhandlung nahm die Klägerin ihren ursprünglichen Antrag wieder auf. Der Beklagte bemängelte jetzt die Aktivlegitimation der Klägerin. Er wies auf den unstreitigen Umstand hin, daß die klagende Aktiengesellschaft erst gegen Ende des Jahres 1900 gegründet worden sei, und daß sie daher nicht schon durch die Urkunde vom 29. April 1899 Rechte erworben haben könne. Die Klägerin legte das Protokoll vom 28. Februar 1901 vor, nach welchem der Rentier Ke. das Ausbeuterecht des K. im Wege der Versteigerung erworben hatte, und behauptete, daß Ke. seinerseits das so erworbene Recht durch Ausfüllung der ihm am 28. Februar 1901 von K. übergebenen Blankozession vom 29. April 1899 ihr abgetreten habe. Das Oberlandesgericht erachtete den Einwand der mangelnden Aktivlegitimation der Klägerin für durchgreifend und wies die Berufung gegen das landgerichtliche Urteil zurück. Die Revision ist zurückgewiesen.

Gründe:

„1. Dem Berufungsrichter ist zunächst darin beizustimmen, daß das dem Bergwerksunternehmer K. durch den Vertrag vom 18. Mai 1898 vom Beklagten eingeräumte vererbliche und veräußerliche Recht auf die Gewinnung und den Abbau der im Vertrage näher bezeichneten Mineralien einschließlich des Petroleums aus dem Grundbesitze des Bestellers unter der Herrschaft des gemeinen Rechts in zulässiger Weise als sogenannte irreguläre Personalservitut entstanden ist. Der Satz des römischen Rechts, daß die persönlichen Dienstbarkeiten nicht übertragbar seien, hat sich unbedingte Geltung für die mannigfachen auf deutschem Boden erwachsenen Gerechtsame zugunsten einzelner physischer oder juristischer Personen in Ansehung der Entnahme dem Bergwerksregale nicht unterworfener Bodenbestandteile nicht zu verschaffen gewußt. Derartige Gerechtsame, welche die Ausbeutung der an sich dem sog. Grundeigentümerbergbau dienenden Bodenschätze bezwecken und an die Bedürfnisse weder eines bestimmten Grundstücks noch einer bestimmten Person gebunden sind, würden mit dem Grundsatze der Unvererblichkeit und Unveräußerlichkeit kaum bestehen können. Sie sind auf lange Dauer und auf den Übergang von Hand zu Hand berechnet, darum aber der römischrechtlichen Beschränkung nicht unterworfen worden, wie denn das deutsche Recht die Möglichkeit der Bestellung von Servituten über den Rahmen des römischen Rechts hinaus anerkannt hat (vgl. die auch vom Berufungsrichter angeführten Urteile bei Seuffert, Archiv Bd. 36 Nr. 108 und Bd. 42 Nr. 18, die sich auf Weiderechte und auf Rechte, sog. Fleischbänke zu halten, beziehen, ferner Entsch. des R.G.'s in Zivils. Bd. 7 S. 164 Nr. 53, wo die Bestellung einer immerwährenden Personalservitut zugunsten einer Sozietät mit wechselnder Mitgliederzahl zugelassen ist; Dernburg sagt in seinem Lehrbuche des Bürgerlichen Rechts [Sachenrecht 3. Aufl. § 196 Ziff. II], daß in Deutschland persönliche Servituten häufig vererblich und veräußerlich gewesen seien). Für die Provinz Hannover bezeugt der Berufungsrichter insbesondere, daß sich übertragbare Rechte auf die Gewinnung von Stein- und Kalisalzen herausgebildet hätten, und auf demselben Standpunkte steht das Gesetz vom 4. August 1904 über die Bestellung von Salzabbaugerechtigkeiten in der Provinz Hannover (preuß. Ges. S. 235), dessen § 10 die Überleitung bisher bestandener vererblicher und veräußerlicher Rechte auf Gewinnung von Stein- und Kalisalzen in selbständige Salzabbaugerechtigkeiten vorsieht. Das preuß. Allgemeine Landrecht, das im wesentlichen auf dem zur Zeit seiner Abfassung wirklich geltenden gemeinen Rechte beruhte, hat kein Bedenken getragen, die Übertragbarkeit persönlicher Nutzungsrechte an fremden Grundstücken zuzulassen (§§ 22. 23 A.L.R. I. 19).

Vgl. über ältere Kohlenabbaurechte Entsch. des Ob.Trib. Bd. 76 S. 180, und über Eisenerzförderungsrechte Entsch. Bd. 47 S. 170.

Darum kann auch dem hier streitigen Abbaurechte die rechtliche Anerkennung nicht deshalb versagt werden, weil es sich mit dem erwähnten Grundsatze des römischen Rechts in Widerspruch setze. Für eine unumstößliche Wahrheit haben ihn die römischen Juristen nicht gehalten, indem sie die Erstreckung einer persönlichen Dienstbarkeit auf die Erben des Berechtigten nicht ausschlossen (Windscheid-Kipp, Pandekten Bd. 1 § 215 Anm. 7), und es darf als sicher betrachtet werden, daß sie Ausnahmen für die jetzt in Frage kommenden Abbaurechte zugelassen haben würden, wenn ihnen solche bekannt gewesen wären, und das wirtschaftliche Bedürfnis die Durchbrechung des Grundsatzes gefordert hätte. Daß vorliegend das Ausbeuterecht sich auf alle dem Verfügungsrechte des Grundeigentümers unterstehenden und zur bergmännischen Ausbeute geeigneten Stoffe erstreckt und sich nicht auf Salze beschränkt, begründet, wie der Berufungsrichter mit Recht ausführt, keinen Unterschied.

2. Der erste Angriff der Revision richtet sich gegen die Annahme des Berufungsrichters, daß die Übertragung des für den Unternehmer K. bestellten dinglichen Abbaurechts nach dem Inkrafttreten des Bürgerlichen Gesetzbuches nur in den Formen des § 873 B.G.B., nämlich durch Einigung zwischen dem Berechtigten und dem Erwerber sowie durch Eintragung, hätte erfolgen können. Der Angriff ist unbegründet. Für den in Betracht kommenden Bezirk gilt das Grundbuch bereits seit dem 1. Januar 1900 als angelegt (Anlage IX E zu der Verordnung, betreffend das Grundbuchwesen, vom 13. November 1899, G.S. S. 519). Das Liegenschaftsrecht des Bürgerlichen Gesetzbuchs ist daher mit diesem Zeitpunkt in Kraft getreten (Art. 189 Einf.-Ges. zum B.G.B.). Hiernach ist die Übertragung eines nach früherem Rechte gültig begründeten dinglichen Rechts an einem Grundstücke gemäß § 873 B.G.B. an die Einigung und Eintragung gebunden. Für die nicht eingetragenen Rechte ist nur insofern eine Ausnahme gemacht, als ihre Aufhebung auch nach Anlegung des Grundbuchs sich nach den Vorschriften des bisherigen Rechts richtet; sie brauchen nicht zum Zwecke der Löschung, wie sie sonst im Hinblick auf § 875 B.G.B. erforderlich wäre, eingetragen zu werden (Art. 189 Abs. 3). Im übrigen folgt aus Art. 189, daß die dinglichen Rechte, die zur Zeit des Inkrafttretens des Bürgerlichen Gesetzbuchs bestanden, einzutragen sind, wenn sie unter der Herrschaft

des neuen Rechts veräußert werden sollen, weil sonst dem Erfordernisse des § 873 B.G.B. nicht genügt werden kann. Wenn daher der Berufungsrichter feststellt, daß der Unternehmer K., zu dessen Gunsten das Ausbeuterecht begründet ist, erst am 28. Februar 1901 (in Verfolg der Versteigerung) seine Rechte an den Rentner Ke. abgetreten hat, so war diese Abtretung, ebenso wie die spätere von Ke. an die Klägerin, sachenrechtlich ohne Wirkung; K. ist Inhaber des dinglichen Rechts geblieben.

3. Die Revisionsklägerin macht geltend, daß K. alle seine Rechte, dingliche wie obligatorische, aus dem Vertrage vom 18. Mai 1898 abgetreten habe, und daß daraus ihre Befugnis folge, die Eintragung des Abbaurechts im Grundbuche vom Beklagten zu verlangen. Auch dieser Angriff versagt. Es ist richtig, daß, wie dies bereits in dem früheren Revisionsurteil ausgeführt ist, K. kraft des ihm eingeräumten dinglichen Rechts vom Beklagten als Konstituenten die Eintragung fordern konnte, damit das Recht seine volle Wirksamkeit auch gegen Dritte entfalte, und daß daran durch das neue Recht nichts geändert worden ist. Mit dem Anspruche wird die Berichtigung des Grundbuchs insofern erstrebt, als der Beklagte, dessen Recht durch die Berichtigung betroffen wird, zu der Eintragung des bestehenden, aber nicht gebuchten Rechts seine Zustimmung geben, sie bewilligen soll (§ 894 B.G.B.). Es fragt sich also, ob dieser Anspruch in dem Sinne übertragbar ist, daß die Klägerin ihn zu eigenen Gunsten geltend machen kann; denn sie will nicht — wenigstens ist dies in den Vorinstanzen niemals hervorgetreten —, daß der Unternehmer K. als Berichtigungsberechtigter eingetragen werde, sondern sie begehrt die Eintragung auf ihren Namen; das Abbaurecht soll als ihr zustehend grundbuchmäßiges Dasein gewinnen, obwohl es für K. begründet und ihr bisher rechtsgültig nicht übertragen ist. Die Frage stellt sich daher näher dahin, ob die Zession des Berichtigungsanspruchs die Übertragung zu ersetzen vermag, und diese Frage ist zu verneinen.[1] Der V. Zivilsenat des Reichsgerichts hat allerdings für das — freilich in diesem Punkte kaum abweichende — preußische Eigentums-

[1] Vgl. über die Zession des Berichtigungsanspruchs Planck, 3. Aufl. Bem. III 3 zu § 894 B.G.B., mit Literaturangaben, und ferner mit noch umfassenderen Literaturangaben Oberneck, Das Reichsgrundbuchrecht 3. Aufl. Bd. 1 § 47 Ziff. 7 S. 336 flg. D. E.

erwerbsgesetz vom 5. Mai 1872 anerkannt, daß der wahre Eigentümer eines Grundstücks seinen Anspruch auf Berichtigung des Grundbuchs gegen den Bucheigentümer mit der Wirkung abtreten könne, daß der Zessionar seine eigene Eintragung als Eigentümer zu betreiben befähigt sei.

Vgl. Entsch. des R.G.'s in Zivils. Bd. 46 S. 225 und Gruchot, Beiträge Bd. 45 S. 942.

Ob diese Annahme, welche dem Verkehr in weitem Maße entgegenkommt und gewiß Zweckmäßigkeitsgründe für sich hat, durch die Erwägung zu rechtfertigen ist, daß, wenn das Gesetz für die rechtsgeschäftliche Übertragung von Grundeigentum als ausschließliche Rechtsform die Auflassung hinstelle, dabei nur an den Normalfall der Übereinstimmung des Bucheigentums mit dem wirklichen Eigentum gedacht sei, kann für das alte Recht dahingestellt bleiben. Für das neue Recht hat der V. Senat jedenfalls eine andere Auffassung über die Zession des Berichtigungsanspruchs zur Geltung gebracht. In dem Urteile vom 7. Februar 1903 (Entsch. des R.G.'s in Zivils. Bd. 53 S. 408), bei welchem es sich um die Löschung des bei einer Hypothek angeblich zu Unrecht eingetragenen Verpfändungs- und Umschreibungsvermerks handelte, ist ausgeführt, daß nicht jeder, der an der Berichtigung des Grundbuchs ein Interesse habe, berechtigt sei, auch die Berichtigung zu verlangen, sondern nur der dinglich Berechtigte, also derjenige, welchem außerhalb des Grundbuchs ein Recht an dem Grundstück 2c zustehe, welches nicht oder nicht richtig gebucht sei. Hieran werde auch durch die Einwilligung des dinglich Berechtigten in die Erhebung der Klage von seiten eines dritten Interessenten nichts geändert, weil damit der Kläger nicht ein solcher geworden sei, dessen außerhalb des Grundbuchs bestehendes dingliches Recht durch die falsche Eintragung beeinträchtigt werde. Zu einer dem Kläger günstigen Entscheidung gelangt das Reichsgericht nur durch die Annahme, daß jener als Vertreter des Eigentümers kraft der ihm erteilten Ermächtigung dessen Rechte verfolge. Damit ist aber von selbst gegeben, daß die Zession des Berichtigungsanspruchs nicht ein Recht in der Person des Zessionars begründet, und dieser Auffassung ist beizutreten. Eine Bestimmung, wie sie für das Fahrnisrecht im § 931 B.G.B. rücksichtlich der Abtretung des Herausgabeanspruchs (der Vindikation) erlassen ist, fehlt im Liegenschaftsrecht. Hier vollzieht sich der rechtsgeschäftliche Erwerb dinglicher Rechte durch Einigung — beim Eigentum (Erbbaurecht und gleichstehenden Gerechtsamen) durch die „Auflassung“ genannte formalisierte Einigung — und Eintragung (§§ 873. 925 B.G.B.). Daran können Parteivereinbarungen nichts ändern. Insbesondere ist nirgends dem Abkommen der Beteiligten, daß der Erwerber des dinglichen Rechts den Berichtigungsanspruch des Veräußerers geltend machen solle, eine die Eintragung ersetzende Bedeutung beigemessen. Wenn der Berechtigte (Eigentümer, Servitutberechtigter, Hypothekengläubiger) den ihm auf Grund seines dinglichen Rechts zustehenden Anspruch auf Herstellung des der wahren Rechtslage entsprechenden Buchstandes auf einen Dritten überträgt, so erwirbt dieser dadurch nicht das dingliche Recht; der Zedent bleibt Eigentümer ꝛc, und der Zessionar kann nicht verlangen, daß er als Berechtigter eingetragen werde, weil dies den Übergang des Rechts selbst voraussetzen würde, und das Grundbuch in Beziehung auf den Zessionar nicht unrichtig ist. Hiernach ist die Klägerin nicht in der Lage, auf Grund der alle Rechte umfassenden Zession des K. vom Beklagten als dem Eigentümer des mit dem Abbaurechte belasteten Grundstücks die Zustimmung zu ihrer Eintragung durchzusetzen. Ein persönlicher Anspruch des K., durch dessen Abtretung die Klägerin hätte in den Stand gesetzt werden können, die Buchung aus eigenem Rechte zu betreiben, ist nicht ersichtlich. Anders würde es sich verhalten, wenn K. das dingliche Recht selbst noch nicht erworben hätte, sondern nur den Anspruch auf den Erwerb, und diesen abgetreten hätte. Das Recht auf Auflassung, auf Einräumung einer Dienstbarkeit, Hypothek ꝛc ist naturgemäß in dem Sinne zessibel, daß der Verpflichtete es zugunsten des Zessionars als des nunmehrigen Gläubigers zu bestellen hat. Das bereits erworbene Recht kann der Erwerber lediglich in den sachenrechtlichen Formen übertragen, wenn es auch verletzt ist, und aus dieser Verletzung dem Berechtigten Ansprüche erwachsen sind. Der Zession solcher Ansprüche — wohin auch der Berichtigungsanspruch gehört — eine den Erwerb vermittelnde Kraft beizumessen, würde es einer ausdrücklichen Vorschrift, entsprechend dem § 931 B.G.B., bedurft haben, ohne welche ein derartiger Bruch mit den sonstigen Normen des Liegenschaftsrechts nicht zuzulassen ist. Ob die Klägerin auf Grund der Zession die Buchung des Abbaurechts auf den Namen des K. gegen den Beklagten herbeizuführen vermöchte, ist nicht zu entscheiden. Erst in der Revisionsinstanz ist auf diese Möglichkeit hingewiesen. Der Berufungsrichter hatte keinen Anlaß, sich mit der Frage zu beschäftigen und etwa eine anderweite Formulierung des Klagantrages anzuregen. Der Gesichtspunkt, daß die Klägerin kein eigenes, sondern nur ein Recht des K. verfolge, ist, wie schon oben erwähnt, im ganzen Verlaufe des Prozesses bis zur letzten Verhandlung vor dem Revisionsgerichte nicht hervorgetreten." ...

82. Angebot eines Lotterieloses in einem Zeitpunkte, wo damit gerechnet werden mußte, daß die Ziehung vor der Annahme beginnen werde. — Bedeutung des Vorbehalts, daß das Los bis zur Bezahlung Eigentum des Kollekteurs bleibe. — Nachnahmesendung mit dem Vermerk „Nach einmaliger Präsentation zurück!" Bedeutung. — Rechtzeitigkeit der Annahme eines Vertragsantrags unter Abwesenden. Was sind „regelmäßige Umstände" im Sinne von § 147 Abs. 2 B.G.B.?

B.G.B. §§ 146. 147.

Postordnung vom 20. März 1900 §§ 19. 39. 44.

I. Zivilsenat. Urt. v. 14. März 1904 i. S. K. (Bekl.) w. O. B. & Co. (Kl.). Rep. I. 340/04.

I. Landgericht I Berlin.
II. Kammergericht daselbst.

Die Klägerin, die sich gewerbsmäßig mit dem Vertriebe von Losen beschäftigte, übersandte dem Beklagten am 8. Juli 1903 ein Los zur 135. Braunschweiger Lotterie unter Beifügung eines Ziehungsplanes und eines Offertschreibens, durch das der Beklagte zum Spielen des Loses eingeladen und zur Bezahlung des Einsatzes von 3 M aufgefordert wurde. Nach einigen Tagen folgte ein zweites Schreiben gleichen Inhalts. Beide Schreiben waren Druckformulare, enthielten die Bitte um Rücksendung des Loses, falls der Beklagte es nicht spielen wolle, und die Bemerkung: „In jedem Falle bleiben die Lose bis zur Bezahlung unser Eigentum.“ Der Beklagte ließ beide Briefe unbeantwortet, ohne das Los zurückzusenden.

Am 19. Juli expedierte die Klägerin darauf von ihrem Wohnorte Neu-Brandenburg aus an den Beklagten mit der Aufschrift: „Nach einmaliger Präsentation sofort zurück!“ eine Postkarte (Drucksache) mit Nachnahme von 3,30 *M*. Der Text lautete: „Unter höflicher Bezugnahme auf unsere letzte Offerte erlauben wir uns, Ihr Einverständnis voraussetzend, den avisierten Betrag durch Nachnahme zu erheben, und wollen Sie gefälligst diese Karte als Quittung benutzen.“ Die Karte traf am 20. in Berlin ein, konnte aber in der Wohnung des Beklagten nicht bestellt werden, da dieser im Ostseebade Niendorf weilte. Hierhin wurde sie ihm durch die Post nachgesandt und alsdann am 22. Juli bei der ersten Vorzeigung durch Zahlung des Nachnahmebetrags von ihm eingelöst.

Inzwischen hatte planmäßig am 20., 21. und 22. Juli die Ziehung der ersten Klasse stattgefunden, wobei am 21. Juli auf das Los ein Gewinn entfiel.

Die Parteien stritten darüber, wem von ihnen dieser Gewinn zustehe. Die Klägerin betrachtete die Einzahlung und Annahme der Offerte als verspätet, der Beklagte als rechtzeitig. Daß der Beklagte zur Zeit der Einzahlung Kenntnis davon gehabt habe, daß das Los gezogen sei, war nicht behauptet.

Die Vorinstanzen erkannten zugunsten der Klägerin, und die Revision des Beklagten wurde zurückgewiesen.

Gründe:

„Daß die beiden ersten Anerbietungen der Klägerin durch das Stillschweigen des Beklagten als abgelehnt zu gelten haben, ist zwischen den Parteien nicht streitig. In Frage steht nur, ob auf Grund des dritten Anerbietens ein Vertrag zustande gekommen ist, auf Grund dessen der Beklagte den auf das Los gefallenen Gewinn beanspruchen kann. Die Frage ist zu verneinen, sowohl wenn das Anerbieten der Klägerin den Vorbehalt enthielt, daß ein etwa vor der Bezahlung des Loses gezogener Gewinn ihr zustehen sollte, als auch wenn überhaupt ein Vertrag nicht zum Abschlusse gelangt ist. Das Berufungsgericht hat beides angenommen. Als stichhaltig aber erweist sich nur die zweite Annahme.

Den Vorbehalt, daß ein etwa vor der Bezahlung des Loses gezogener Gewinn der Klägerin zustehen solle, haben beide Vorinstanzen in der Klausel der Anerbietungsschreiben gefunden: „In jedem Falle bleiben die Lose bis zur Bezahlung unser Eigentum." Daß auch die dritte Offerte, obwohl sie diese Klausel nicht ausdrücklich wiederholte, wegen der im Eingange enthaltenen Bezugnahme auf das letzte Schreiben so verstanden werden muß, daß sie die Klausel mit umfaßt, ist unbedenklich. In dem Vorbehalt des Eigentums an dem überschickten Lose aber liegt keine Erklärung des Inhalts, daß ein vor der Bezahlung gezogener Gewinn der Klägerin zustehen solle. Eine andere Frage ist, ob das Vertragsanerbieten der Klägerin, wenn es so ausgelegt wird, wie Treu und Glauben mit Rücksicht auf die Verkehrssitte es erfordern (§ 157 B.G.B.), in diesem Sinne verstanden werden muß. Das Reichsgericht hat bereits in früheren Fällen in Übereinstimmung mit der Literatur angenommen, daß im allgemeinen bei Losofferten davon auszugehen ist, daß das Angebot hinfällig wird, wenn das Los gezogen wird, bevor das Angebot angenommen ist.

Vgl. Entsch. des R.G.'s in Zivils. Bd. 50 S. 193.

Ebendort ist aber auch ausgesprochen, daß stets zu prüfen bleibt, ob das einzelne Anerbieten nicht einen anders gestalteten Willen des Anbietenden erkennen läßt. Dies aber muß auch in dem jetzt vorliegenden Falle anerkannt werden. Die Klägerin hat die das dritte Angebot enthaltende Nachnahmesendung am Nachmittag des 19. Juli in Neu-Brandenburg zur Post gegeben. Da die erste Ziehung bereits am 20. Juli stattfand, so mußte sie damit rechnen und hat auch — wie das Kammergericht feststellt — damit gerechnet, daß das Los eher gezogen sein konnte, als das Angebot durch Bestellung der Nachnahmekarte in der Berliner Wohnung des Beklagten diesem zuging. Durch den Zeitpunkt, in dem sie das dritte Anerbieten abgehen ließ, hat die Klägerin somit an den Tag gelegt, daß der Beginn der Ziehung und deren Ergebnis kein Hindernis für die Annahme sein sollte. Ein ausdrücklicher Vorbehalt aber ist für den Fall, daß das Los gezogen werden würde, nicht gemacht.

Seine Annahme, daß ein Vertrag über den Kauf des Loses zwischen den Parteien überhaupt nicht zustande gekommen sei, stützt das Berufungsgericht auf folgende Erwägung. Die Klägerin habe die Nachnahmekarte, die die dritte Offerte enthielt, mit dem Vermerke versehen: „Nach einmaliger Präsentation sofort zurück!“ Damit habe sie zum Ausdruck gebracht, daß sie an ihr Angebot nur gebunden sein wolle, wenn der Beklagte sofort bei der ersten Präsentation der Karte in seiner Wohnung zu Berlin den Nachnahmebetrag bezahle. Da dies nicht geschehen sei, sei die Klägerin nicht gehalten, die erst zwei Tage später in Niendorf erfolgte Einlösung der Nachnahmekarte als Annahme ihres Angebots gelten zu lassen.

Diese Begründung erscheint rechtlich bedenklich, weil dem Anscheine nach die Bedeutung verkannt ist, die dem Vermerke: „Nach einmaliger Präsentation sofort zurück!“ nach dem Postrechte zukommt. Nach § 19 der Postordnung vom 20. März 1900 kann der Empfänger einer Nachnahmesendung eine Einlösungsfrist von 7 Tagen nach dem Eingange der Sendung in Anspruch nehmen. Diese sog. Lagerfrist aber ist ausgeschlossen bei Nachnahmesendungen, die vom Absender mit dem Vermerke: „Sofort zurück“, oder mit einer ähnlichen, das Verlangen schleuniger Rücksendung ausdrückenden Angabe versehen sind. Eine andere Bedeutung als die Ausschließung der Lagerfrist aber kann dem von der Klägerin gewählten Vermerke nicht beigelegt werden. Insbesondere hat der Vermerk nichts damit zu tun, ob die Karte dem Beklagten, weil er vorübergehend in einem Badeorte weilte, nachzusenden war, oder nicht. Hierüber trifft § 44 der Postordnung Bestimmung. Danach mußte die Nachsendung erfolgen, wenn der veränderte Aufenthaltsort des Empfängers bekannt war, es sei denn, daß der Empfänger oder der Absender eine andere Bestimmung getroffen hätte. Bekanntermaßen pflegt eine derartige Bestimmung des Absenders durch den Vermerk: „Nicht Nachsenden“ getroffen zu werden. In dem hier gewählten Vermerke aber kann eine Bestimmung dieses Inhalts um so weniger erblickt werden, als der Vermerk eine einmalige Präsentation ausdrücklich vorsah und erst nach dieser die Rücksendung anordnete. Die Präsentation aber hatte an den Empfänger oder dessen Bevollmächtigten (§ 39 der Postordnung) zu geschehen und war nicht dadurch beschafft, daß der Postbote in der Berliner Wohnung bloß feststellte, daß der Beklagte seinen Aufenthaltsort verändert hatte.

Wenn hiernach die Annahme der Vorinstanz, daß die Klägerin selbst ihre Gebundenheit für den eingetretenen Fall ausgeschlossen habe, auch in dieser Hinsicht versagt, so ergibt sich doch unmittelbar aus den gesetzlichen Bestimmungen (§§ 145 flg. B.G.B.), daß ein Vertrag zwischen den Parteien über den Verkauf des Loses nicht zustande gekommen ist. Nach § 145 ist, wer einem anderen die Schließung eines Vertrages anträgt, an den Antrag gebunden, es sei denn, daß er die Gebundenheit ausgeschlossen hätte. Das letztere ist, wie gezeigt, nicht der Fall. Nach § 146 aber erlischt der Antrag, wenn er nicht dem Antragenden gegenüber nach den §§ 147—149 rechtzeitig angenommen wird. Über die Rechtzeitigkeit bestimmt für den vorliegenden Fall § 147 Abs. 2: „Der einem Abwesenden gemachte Antrag kann nur bis zu dem Zeitpunkt angenommen werden, in welchem der Antragende den Eingang der Antwort unter regelmäßigen Umständen erwarten darf." Aus dem feststehenden Sachverhalte ergibt sich, daß die Klägerin den Eingang der Antwort auf ihre am 19. abgesandte Karte unter regelmäßigen Umständen am 21. erwarten durfte. Die regelmäßigen Umstände sind, daß der Empfänger in seiner dauernden Wohnung angetroffen wird, oder daß doch in der Wohnung eine Person anwesend ist, an die die Sendung nach § 39 der Postordnung bestellt werden kann. Eine, wenn auch nur vorübergehende, Veränderung des Aufenthaltsortes des Empfängers liegt außerhalb der Grenze der regelmäßigen Umstände. Der Antragende braucht damit, als mit etwas anomalem, nicht zu rechnen; er darf den Eingang der Antwort ohne Rücksicht auf derartige besondere Umstände, die eine Verzögerung herbeiführen, erwarten. Hierbei ist nicht übersehen, daß der Beklagte Oberlehrer ist, und daß die Offerte in die Schulferien fiel. Daß zu gewissen Zeiten und bei gewissen Personen die regelmäßigen Umstände häufiger und leichter durchbrochen werden, als zu anderen Zeiten und bei anderen Personen, macht die Ausnahme noch nicht zur Regel.

Hieraus folgt, daß der Antrag der Klägerin bereits erloschen war, als der Beklagte ihn am 22. Juli durch Einlösung der Nachnahme annahm. Die unmittelbar darauf von der Klägerin erklärte Zurückweisung der Annahme des Angebots als verspäteter erscheint daher berechtigt. Damit ergibt sich zugleich, daß die Vorinstanzen mit Recht nach dem Klagantrage erkannt haben." . . .

83. Kann der als Erbe des Schuldners verurteilte Beklagte die Beschränkung seiner Haftung, wenn ihm diese nicht in dem Urteile vorbehalten worden ist, noch vermittels der im § 767 Z.P.O. vorgesehenen Klage geltend machen?

B.G.B. § 1975.
Z.P.O. § 780.

IV. Zivilsenat. Urt. v. 15. Dezember 1904 i. S. M. (Bekl.) w. H. (Kl.). Rep. IV. 311/04.

I. Landgericht Halle a. S.
II. Oberlandesgericht Naumburg a. S.

Mittels eines am 4. Juli 1902 zugestellten Schriftsatzes erhob die jetzige Beklagte, die Firma C. M., Klage gegen den Mühlenbesitzer F. H. mit dem Antrag auf dessen Verurteilung zur Zahlung von 1794,80 ℳ nebst Zinsen nach 5 v. H. seit dem 1. Juli 1902 wegen gelieferten Getreides. H. starb am 5. Juli 1902, und die Firma C. M. ließ die Sache ruhen, bis sie die Erben des H., nämlich dessen Witwe und vier noch unmündige, von ihrer Mutter vertretene Kinder, vor das Prozeßgericht zur Wiederaufnahme des Verfahrens, sowie zur Verhandlung der Hauptsache lud, und zwar jetzt mit dem Antrag auf Verurteilung der Genannten zur Zahlung von 1818,90 ℳ nebst Zinsen nach 5 v. H. von 1692,10 ℳ seit dem 17. April 1903 und von 126,80 ℳ seit dem 18. April 1903. Diese Forderung erklärte sich daraus, daß die Firma nach H.'s Tod die Verbindung mit seinen Erben noch fortgesetzt und einige Zahlungen erhalten, aber auch etwas Getreide geliefert hatte, so daß ihre ursprüngliche Forderung am 16. April 1903 noch 1692,10 ℳ betrug, und zu dieser eine neu erwachsene Forderung von 126,80 ℳ hinzutrat. In dem auf den 3. Juli 1903 anberaumten Termine blieben die damaligen Beklagten aus, und sie wurden durch Versäumnisurteil dem Antrage gemäß verurteilt. Dieses Versäumnisurteil wurde am 27. Juli 1903 rechtskräftig. Zuvor, am 25. Juli 1903, war über H.'s Nachlaß auf Antrag eines anderen Gläubigers der Konkurs eröffnet worden. Die Firma C. M. ließ alsdann mehrere Forderungen der Witwe H. auf Grund des Versäumnisurteils pfänden und sich zur Einziehung überweisen. Die Witwe H. erwirkte Einstellung der Zwangsvollstreckung, schritt darauf zur Klage gegen die Firma C. M. und beantragte bei dem Prozeßgericht:

1. festzustellen, daß sie aus dem Versäumnisurteil vom 3. Juli 1903 in Höhe von 1692,10 ℳ nebst Zinsen nur beschränkt, d. h. nur als Erbin und nach Kräften des Nachlasses ihres am 5. Juli 1902 verstorbenen Ehemannes, hafte,
2. demgemäß die erwähnten Pfändungen aufzuheben.

Von dem Landgericht wurde die Klage abgewiesen. Klägerin legte Berufung ein, wiederholte ihren Klagantrag und beantragte daneben noch

3. Verurteilung der Beklagten, darein zu willigen, daß der für eine der gepfändeten Forderungen zahlbar gewordene Betrag, der inzwischen hinterlegt worden war, an sie ausgezahlt werde.

Von dem Berufungsgericht wurde der Berufung stattgegeben, abändernd erkannt, und sämtlichen Anträgen der Klägerin entsprochen. Die Revision der Beklagten führte zur Wiederherstellung des ersten Urteils aus folgenden

Gründen:

„Das Berufungsgericht geht davon aus, daß sich die Haftung der Klägerin für die Schulden des Erblassers mit der Eröffnung des Konkurses über seinen Nachlaß auf die Haftung mit dem Bestand des Nachlasses beschränkte, und daß die Klägerin dadurch auch das Recht erhielt, die Aufhebung der in ihr eigenes Vermögen bewirkten Maßregeln der Zwangsvollstreckung gemäß § 784 Z.P.O. verlangen zu dürfen. Es untersucht deshalb, wie dieses Recht prozessual geltend zu machen sei, und ob die Klägerin es vielleicht verwirkt habe. Dies anlangend nimmt das Berufungsgericht an, die Form für die Verfolgung jenes Rechts sei die Vollstreckungsgegenklage des § 767 Z.P.O.; eine solche Klage aber stehe der Klägerin noch offen. Es erwägt dabei, daß freilich die Eröffnung des Konkurses am 25. Juli 1903 stattgefunden habe, die Beschränkung der die Klägerin treffenden Haftpflicht mithin an dem genannten Tage eingetreten, damals aber das Versäumnisurteil vom 3. Juli 1903 noch nicht rechtskräftig gewesen sei, und noch der Einspruch offen gestanden habe, um die Einwendung der Konkurseröffnung über den Nachlaß geltend zu machen. Im Anschluß an die in den Entsch. des R.G.'s in Zivils. Bd. 40 S. 352 und Bd. 55 S. 187 veröffentlichten Urteile ist das Berufungsgericht der Ansicht, daß Einwendungen aus § 767 Z.P.O., die noch durch Einspruch geltend gemacht werden konnten, verloren gehen, wenn sie nicht auf diesem Wege geltend gemacht werden; es nimmt jedoch im Hinblick auf die im vorliegenden Fall obwaltenden tatsächlichen Verhältnisse und in Berücksichtigung der Lage der Klägerin an, daß diese nicht imstande gewesen sei, den Einspruch noch einzulegen. Infolgedessen gelangt das Berufungsgericht zu dem Schluß, daß die Klägerin berechtigt sei, die Beschränkung ihrer Haftung und die im § 784 Z.P.O. bezeichnete Befugnis noch jetzt zur Geltung zu bringen.

Ob die Erwägungen, aus denen das Berufungsgericht die Einlegung des Einspruchs für untunlich erachtet hat, beanstandet werden könnten, darf dahingestellt bleiben; denn es muß der Revision bereits aus einem anderen Grunde stattgegeben werden.

In der Literatur ist es streitig, wie das Bürgerliche Gesetzbuch die Haftung der Erben geordnet hat: ob der Erbe grundsätzlich unbeschränkt, oder grundsätzlich beschränkt haftet.

Vgl. Strohal, Das deutsche Erbrecht 3. Aufl. Bd. 3 § 72, und die Nachweisungen in Anm. 2.

Auf den Unterschied der Auffassungen kommt indes im vorliegenden Fall nichts an. Denn zweifellos ist, daß dem Erben das Recht, die Beschränkung seiner Haftung geltend zu machen, gemäß § 1975 B.G.B. der Regel nach nur dann zusteht, wenn eine Nachlaßverwaltung angeordnet, oder der Nachlaßkonkurs eröffnet ist. Nur hierdurch erklärt sich auch die in solchem Fall dem Erben — wenn dieser nicht unbeschränkt haftet — eingeräumte Befugnis, die Aufhebung aller sein nicht zum Nachlaß gehöriges Vermögen betreffenden etwa verhängten Maßregeln der Zwangsvollstreckung gemäß § 784 Z.P.O. zu verlangen.

Vgl. die Begründung bei Hahn, Materialien zu den Reichsjustizgesetzen Bd. 8 S. 147.

Durch die Einleitung einer Nachlaßverwaltung oder die Eröffnung des Nachlaßkonkurses tritt also allerdings die Beschränkung der Erbenhaftung in Wirksamkeit, und insofern ist dem Berufungsgericht beizupflichten.

Eine andere Frage ist es indes, ob sowie unter welchen Voraussetzungen diese Beschränkung und die Befugnis aus § 784 Z.P.O.

von dem Erben geltend gemacht werden kann. In dieser Beziehung ist dem Berufungsgericht nicht zuzustimmen. Nach dem früheren Recht konnte der Erbe, sofern er als solcher verurteilt worden war, die Rechtswohltat des Inventars gemäß § 695 Z.P.O. a. F. nur geltend machen, wenn ihm jener Rechtsbehelf im Urteil vorbehalten war. Ob ihm tatsächlich die Rechtswohltat zustand, oder nicht, war nicht entscheidend. Wurde er als Erbe verklagt, so mußte er den Vorbehalt beantragen und hatte dem obsiegenden Gläubiger gegenüber nicht mehr das Recht, eine Beschränkung seiner Haftung geltend zu machen, wenn das Urteil den Vorbehalt nicht enthielt. Diese Bestimmung war aus Gründen der Zweckmäßigkeit in die Zivilprozeßordnung aufgenommen, um die Zwangsvollstreckung vor grundlosen Berufungen auf das Inventarrecht zu sichern (vgl. Motive zu § 644 des Entwurfs). Das ist unstreitig gewesen, und Meinungsverschiedenheit hat nur darüber geherrscht, ob das Prozeßgericht einem Antrag auf Erklärung des Vorbehalts stets entsprechen müsse, oder ob es solchen Antrag, falls schon sicher sei, daß dem Erben das Inventarrecht nicht zustehe, ablehnen könne.

Vgl. einerseits Dernburg, Preuß. Privatrecht 4. Aufl. Bd. 3 § 224 Anm. 7; andererseits Eccius, Preuß. Privatrecht 6. Aufl. Bd. 4 § 270 Anm. 85; Wilmowski u. Levy, Z.P.O. 3. Aufl. § 695 Bem. 1.

Hieran ist durch die jetzt geltende Fassung der Zivilprozeßordnung nichts geändert. Es sind zwar die Bestimmungen in §§ 695 flg. der bisherigen Fassung mit dem Bürgerlichen Gesetzbuch in Einklang gebracht; aber die Notwendigkeit des Vorbehalts für den Fall, daß der Beklagte als Erbe des Schuldners verurteilt wird, ist in § 780 beibehalten. Dies ist dann noch in § 785 zum Ausdruck gelangt: für die Erledigung der in den §§ 781 bis 785 genannten Einwendungen ist der in den §§ 767. 769. 770 geordnete Weg vorgeschrieben; in Ansehung des in § 780 bezeichneten Vorbehalts ist jedoch dessen nachträgliche Geltendmachung gemäß § 767 nicht zugelassen, weil die in Abs. 2 des § 767 bestimmten Voraussetzungen auf diesen Vorbehalt nicht zutreffen können. Infolgedessen ist in § 785 der § 780 nicht genannt.

Vgl. Gaupp-Stein, Z.P.O. 4. Aufl. Bem. zu § 785.

Im vorliegenden Fall ist die Klägerin im Vorprozeß als Erbin ihres verstorbenen Mannes verklagt worden, soweit noch die von letzterem geschuldeten Beträge in Frage kommen. Sie hätte deshalb gemäß § 780 Z.P.O. den Vorbehalt ihrer beschränkten Haftung insoweit vor dem Erlaß des Urteils beantragen müssen und hat, da der Vorbehalt in das Versäumnisurteil vom 3. Juli 1903 nicht aufgenommen, letzteres aber rechtskräftig geworden ist, den Einwand verloren. Daß der Ausdruck „als Erbe“ nicht in dem Urteil vorkommt, ist, wie das Berufungsgericht bereits zutreffend bemerkt hat, ohne Bedeutung. Die Klägerin kann deshalb die Konkurseröffnung nicht mehr geltend machen.

Vgl. Planck, in der D. J. Z. 1899 S. 368.

Endlich ist die Berufung auf die Konkurseröffnung auch nicht aus dem Grunde für statthaft zu erachten, weil Klägerin nicht bloß die Aufhebung der bereits verfügten einzelnen Maßnahmen der Zwangsvollstreckung beantragt hat, sondern daneben die Feststellung, daß sie in Ansehung der in Rede stehenden Nachlaßschuld überhaupt nur beschränkt, d. h. als Erbin und nach Kräften des Nachlasses, hafte. Allerdings ist vom Reichsgericht (vgl. Jurist. Wochenschr. 1884 S. 299 Nr. 18, 1903 S. 398 Nr. 6) anerkannt, daß neben oder außer der Vollstreckungsgegenklage die Feststellungsklage, daß der Anspruch nicht mehr bestehe, erhoben, und daß letztere auf einen durch das voraufgegangene rechtskräftige Urteil nicht betroffenen Rechtsgrund gestützt werden könne. Allein die Voraussetzungen einer solchen Feststellungsklage treffen im vorliegenden Falle nicht zu. Es steht lediglich zur Frage, ob die Klägerin die Beschränkung ihrer Haftung als Erbin geltend machen darf, und zur Entscheidung hierüber ist in Ansehung der hier in Rede stehenden Forderung kein Raum, da gegenüber Forderungen, zu deren Bezahlung der Erbe als solcher verurteilt ist, gemäß § 780 Abs. 1 Z.P.O. der dort bezeichnete Vorbehalt die unerläßliche Voraussetzung für die Geltendmachung der Beschränkung bildet.“ . . .

84. Ist der Schleppvertrag Werkvertrag, oder Dienstvertrag? Wem liegt die nautische Leitung des Schleppzuges ob?

Rechtsfolgen, wenn das geschleppte Schiff durch Schuld der Be-

satzung des Schleppers einen Schiffsunfall erleidet, und wenn dabei der Besatzung des geschleppten Schiffes ein mitwirkendes Verschulden zur Last fällt.

Hat der Schlepper einen Hilfslohn zu beanspruchen, wenn er in einem solchen Falle das geschleppte Schiff aus der durch den Unfall herbeigeführten Seenot rettet?

I. Zivilsenat. Urt. v. 17. Dezember 1904 i. S. Kn. & B. (Kl.) w. Schleppschiff.-Gesellsch. U. (Bekl.). Rep. I. 353/04.

I. Landgericht Hamburg, Kammer für Handelssachen.
II. Oberlandesgericht daselbst.

Die der Klägerin gehörige Bark „Steinbeck", mit einer Ladung von 2600 Tonnen Salpeter von Caleta Buene nach Hamburg unterwegs, war am 27. Februar 1902 in die Nähe von Norderney gekommen und nahm hier den der Beklagten gehörigen Schlepper „Unterweser X" an, um sie für einen Lohn von £ 55 in den Hamburger Hafen zu schleppen. Mit einem Seelotsen an Bord der Bark erreichte der Schleppzug am Nachmittage des folgenden Tages Brunsbüttel, wo an Stelle des Seelotsen der Elblotse W. an Bord kam. Gegen 6 1/2 Uhr wurde Brunshausen passiert. Das Wetter war klar, wenn auch am Horizont etwas dunstig; auf der Elbe ging Treibeis. Etwa 1/4 Stunde später lief die Bark dicht vor der Spierentonne F. K. auf den hier steil abfallenden Julssand, wobei die Schlepptrosse brach. Es war eine Stunde vor Hochwasser. Der Schlepper versuchte vergeblich unter Benutzung einer anderen Trosse die Bark wieder ins Fahrwasser zu bringen. Auch in der nächsten Tide am anderen Morgen gelang dies nicht. Am 1. März traf ein Angestellter der Klägerin mit dem Schleppdampfer „Fairplay V" und zwei Leichtern an der Unfallstelle ein, und es wurden von der Ladung 70 Tonnen geleichtert. Am Nachmittage gelang es alsdann den erneuten Anstrengungen beider Schlepper, die Bark von der Sandbank frei zu bekommen. Das Abschleppen erfolgte bei dichtem Nebel, so daß die Bark zunächst bei Brunshausen vor Anker ging. Am Morgen des 3. März erreichte die Bark alsdann im Tau beider Schlepper den Hafen von Hamburg.

Die Beklagte wollte es als Hilfeleistung in Seenot angesehen wissen, daß die „Unterweser X" die „Steinbeck" aus ihrer gefährlichen Lage auf Julssand in Sicherheit gebracht habe, und hatte beim Strandamte zu Hamburg die Festsetzung eines Hilfslohns beantragt. Durch Bescheid der Aufsichtsbehörde vom 12. Juni 1902 wurde der Hilfslohn auf 3200 *M* festgesetzt. Die Klägerin hatte darauf den Rechtsweg beschritten und den Antrag gestellt, festzustellen, daß der Beklagten ein Anspruch auf Hilfslohn nicht zustehe, während die Beklagte Widerklage auf Zahlung des festgesetzten Betrages nebst Zinsen erhoben hatte.

Die Klägerin machte geltend, die Bark habe sich überall nicht in Seenot befunden, da sie in der Lage gewesen sei, sich durch Ableichterung wieder flott zu machen. Eventuell sei die Gefahr darauf zurückzuführen, daß der Führer der „Unterweser X", Kapitän B., das An-Grund-Geraten der Bark schuldhaft verursacht habe, indem er zu dicht an dem rechtsliegenden Tonnenstriche entlang gefahren sei. Für Befreiung aus einer durch den Hilfeleistenden selbst schuldhaft herbeigeführten Seenot aber könne eine Vergütung nicht gefordert werden. Mindestens aber liege eine bedeutende Übersetzung des zuzubilligenden Betrages vor.

Die Beklagte war dem entgegengetreten und hatte dargelegt, daß die Schuld an dem Auflaufen der Bark lediglich den Lotsen W. treffe, der den richtigen Kurs nicht rechtzeitig angegeben habe.

Mit dieser den Hilfslohn betreffenden Klage und Widerklage hatten beide Teile noch andere Ansprüche verbunden, von denen hier nur der folgende interessiert.

Die Klägerin forderte, gestützt auf die erwähnte Behauptung, daß Kapitän B. das Festgeraten verschuldet habe, Verurteilung der Beklagten zur Zahlung von 3825,60 *M* nebst Zinsen als Ersatz des ihr dadurch zugefügten Schadens (Zeitverlust, Entlohnung des Schleppers „Fairplay V", Leichterkosten 2c).

Das Oberlandesgericht erkannte, indem es das Urteil der ersten Instanz zum Teil abänderte, dahin, daß der Beklagten ein Hilfslohnanspruch von 500 *M* zustehe, und daß der Klaganspruch auf Ersatz des durch das Auflaufen der Steinbeck verursachten Schadens zur Hälfte dem Grunde nach berechtigt sei.

Die Revisionen beider Parteien gegen dieses Urteil sind vom Reichsgericht zurückgewiesen worden.

Gründe:

„1. Das Oberlandesgericht nimmt an, daß die nautische Leitung des Schleppzuges in erster Linie dem Führer des Schleppers, Kapitän B., obgelegen habe, daß es daneben aber auch Pflicht des an Bord der Bark befindlichen Lotsen W. gewesen sei, die Kurshaltung des Schleppers ständig zu beaufsichtigen und bei Fehlern einzugreifen. Abgeleitet wird das aus der Art und Natur der vereinbarten Schleppreise, aus den Anschauungen, die in den beteiligten Schiffahrtskreisen herrschen, und aus einer Unterhaltung, die einige Zeit vor dem Unfalle zwischen dem Lotsen W. und dem Kapitän B. stattgefunden hat.

Die Revision der Beklagten greift diesen Ausgangspunkt des Berufungsgerichts an. Sie sucht darzulegen, daß der Schleppvertrag, weil er sich auf die Bugsierung eines großen Seeschiffes durch einen kleinen Dampfer bezogen habe, nur auf die Leistung von Vorspanndiensten gerichtet gewesen und daher nicht als Werkvertrag im Sinne von §§ 631 flg. B.G.B., sondern als Dienstvertrag im Sinne von §§ 611 flg. aufzufassen sei. Daraus folge, daß die nautische Leitung des Schleppzuges nicht dem Schlepper, sondern dem geschleppten Schiffe obgelegen habe, an dessen Bord sich auch der mit dem Fahrwasser am besten vertraute Lotse befunden habe.

Der Angriff ist nicht berechtigt. Unrichtig ist zunächst, wenn die Revision schon aus dem Umstande, daß es sich um die Bugsierung eines großen, zur Seefahrt bestimmten Segelschiffes durch einen Schlepper, der im Vergleich zu den Größenverhältnissen des Seglers klein genannt werden kann, gehandelt hat, ohne weiteres schließen will, der Schleppvertrag sei als ein auf die Leistung von sog. Vorspanndiensten gerichteter Dienstvertrag aufzufassen. Die Vereinbarung, die der Führer der Bark, Kapitän R., mit B. getroffen hatte, ging dahin, daß die „Unterweser X" die Bark gegen einen Lohn von £ 55 nach Hamburg schleppen solle. Es wurden demnach nicht Dienste schlechthin zugesagt (§ 611), sondern ein durch Dienstleistung herbeizuführender Erfolg (§ 631 Abs. 2). Es lag also im vorliegenden Falle unzweifelhaft Werkvertrag vor. Hieraus allein kann allerdings noch nicht gefolgert werden, daß die nautische Leitung des Schleppzuges, insbesondere, worauf es hier ankommt, die genauere Bestimmung des bei der Flußfahrt einzuschlagenden Kurses, dem Schlepper, als dem „Unternehmer des Werkes" obgelegen habe. Es ist sehr wohl möglich und mit dem Begriffe des Werkvertrages keineswegs unvereinbar, daß in dieser Hinsicht dem „Besteller" oder dessen Leuten, in vorliegendem Falle also der Besatzung der Bark, die Pflicht oblag, die Kurshaltung derart zu leiten, daß auf dem Schlepper im einzelnen nur nach Weisung gesteuert werden sollte. Dies wäre dann im Sinne des Gesetzes eine Handlung des Bestellers gewesen, die bei der Herstellung des Werkes erforderlich war (§ 642).

Allgemeine Regeln darüber aber, wem die nautische Führung des Schleppzuges in bezug auf den einzuschlagenden Kurs obliegt, lassen sich nicht aufstellen. In einem Falle wird dies ausschließlich Sache des Schleppers sein, und das geschleppte Schiff nichts zu tun haben, als dem Schlepper aufmerksam nachzusteuern; in einem anderen Falle wird die Leitung ausschließlich dem geschleppten Schiffe obliegen, und der Schlepper nichts zu tun haben, als die ihm von diesem anbefohlenen Bewegungen auszuführen. Ein Beispiel für den ersteren Fall ist der aus einer größeren Zahl von Anhangsfahrzeugen bestehende Binnenschleppzug, ein Beispiel der zweiten Art das große Seeschiff im Hafen, das zu seiner Fortbewegung zwei oder drei kleine, an verschiedene Stellen dicht bei ihm vertaute Schlepper angenommen hat, die gewissermaßen nach außen verlegte Maschinen des Seeschiffes darstellen und nur einheitlich von dessen Bord aus geleitet werden können und sollen. Zwischen diesen beiden äußersten Grenzfällen aber sind mannigfache Abstufungen denkbar, wo eine verschieden geartete Teilung der Navigierung vorkommen kann. Es ist Auslegung des Einzelvertrages, was nach Lage der Umstände als gewollt anzunehmen ist.

Von diesem rechtlich zutreffenden Standpunkte aus hat das Berufungsgericht die Besonderheiten des vorliegenden Vertrages geprüft und das vorhin erwähnte Ergebnis gewonnen. Im einzelnen bewegen sich die Ausführungen auf dem der Revision verschlossenen tatsächlichen Gebiete. Prozessuale Verstöße liegen nicht vor. Daß „Unterweser X" nicht ein im eigentlichen Sinne auf der Elbe beheimateter Schlepper war, hat das Berufungsgericht nicht übersehen. Wenn es ihn trotzdem einem solchen gleichstellt, weil er bereits sehr häufig Seeschiffe nach Hamburg gebracht, und Kapitän B. als Zeuge ausgesagt hatte, er glaube das Fahrwasser der Elbe genügend zu kennen, um Schiffe von nicht allzu großem Tiefgange sicher aufschleppen zu können, so ist das eine rein tatsächliche Betrachtung, deren Richtigkeit das Revisionsgericht nicht nachzuprüfen hat. Unzutreffend ist es auch, wenn die Revision gegenüber der Verwertung des Gesprächs zwischen W. und B. dem Berufungsgericht den Vorwurf macht, übersehen zu haben, daß der Lotse für die Bark keine verbindlichen Verträge habe schließen können. Es handelt sich bei dem Gespräche nicht um die Abschließung eines Vertrages. Der Schleppvertrag war längst geschlossen, ehe der Lotse W. an Bord kam. Verwertet wird die Unterredung nur als eine Bestätigung des ohnehin gewonnenen Ergebnisses aus der eigenen Erklärung des Kapitäns B. heraus, die seine persönliche Auffassung von den Pflichten, die er übernommen hatte, klarstelle.

2. In Übereinstimmung mit der Vorinstanz und den beiden nautischen Sachverständigen mißt das Oberlandesgericht die Schuld an der Strandung der Bark dem Führer des Schleppers und dem Lotsen W. gleichmäßig zu. Kapitän B. habe versäumt, auf die Tonnen genügend Obacht zu geben. Daß er die Tonne J. K., die auf 1400 m sichtbar gewesen sei, erst unmittelbar vor der Strandung wahrgenommen habe, gereiche ihm zur Schuld. Hätte er sie rechtzeitig gesehen, so würde er über die Unrichtigkeit des eingeschlagenen Weges — selbst ohne nähere Kenntnis des Elbreviers — nicht im Zweifel gewesen sein können. Der Lotse W. aber habe dadurch gefehlt, daß er nach der Durchkreuzung des dunkeln Sektors von Brunshausen-Feuer geduldet habe, daß der Schleppzug einen Kurs verfolgte, der viel zu dicht bei den Steuerbord-Tonnen lag, und der mit der Gefahr der Strandung verknüpft war. Er habe viel früher, als es tatsächlich geschah, eingreifen müssen, um zu erreichen, daß der Schlepper mehr nach Backbord hinüber hielte.

Diese Beurteilung der Schuldfrage ist im wesentlichen tatsächlicher Natur und gibt zu rechtlichen Bedenken keinen Anlaß." . . . (Folgt die Zurückweisung der hiergegen gerichteten Angriffe der Beklagten.)

„Auch die weitere Annahme des Oberlandesgerichts, daß das Verschulden des Kapitäns B. und das des Lotsen W. sowohl nach dem Grade der Schuld, als auch nach dem Gesichtspunkte der Verursachung des Schadens gleich zu bewerten seien, gibt zu rechtlichen Bedenken keinen Anlaß.

3. Ist hiernach die Schuldfrage einwandsfrei beantwortet, so ergibt sich bezüglich des Schadensersatzanspruchs der Klägerin von 3825,60 ℳ die von den Vorinstanzen gezogene Folgerung, daß dieser Anspruch zur Hälfte abzuweisen, zur Hälfte aber dem Grunde nach berechtigt ist, aus § 254 B.G.B. Mit Unrecht sucht die Revision der Klägerin die Abweisung des Schadensanspruchs zur Hälfte als rechtlich unbegründet in Zweifel zu ziehen.

Die Klägerin als Reeder der „Steinbeck" hat an und für sich allerdings zwei Schuldner, die ihr solidarisch für den ganzen Schaden haften: den Lotsen W. wegen der mangelhaften Erfüllung der ihm vertragsmäßig obliegenden Lotsenpflichten, und die Beklagte, die als Reeder des Schleppers „Unterweser X" für das Verschulden des Kapitäns B. in der Ausführung des Schleppvertrages nach §§ 485. 486 H.G.B. mit Schiff und Fracht einzustehen hat. Die Beklagte aber kann sich, wie jeder Schuldner, des Einwandes aus § 254 B.G.B. bedienen, daß bei der Entstehung des Schadens, den er ersetzen soll, ein Verschulden des Beschädigten mitgewirkt habe. Nun steht hier freilich nicht ein Mitverschulden der Klägerin selbst in Frage, sondern ein Mitverschulden der Besatzung ihrer Bark, zu der nach § 481 H.G.B. auch der Lotse gehört (Entsch. des R.G.'s in Zivils. Bd. 13 S. 117). Für die Schuld der Besatzung ihres Schiffes aber hat die Klägerin nach §§ 485. 486 H.G.B. einzustehen, und der Senat hat bereits früher ausgesprochen (Entsch. a. a. O. Bd. 55 S. 321), daß diese dem Seerechte eigentümliche Haftung des Reeders für die Schiffsbesatzung auch im Rahmen des § 254 B.G.B. Anwendung finden muß, daß, mit anderen Worten, der Reeder, der wegen eines seinem Schiffsvermögen zugefügten Schadens gegen einen anderen Reeder Ersatzansprüche erhebt, sich den Einwand gefallen lassen muß, seine eigene Schiffsbesatzung habe durch ein Verschulden in der Ausführung ihrer Dienstverrichtungen den Schaden mitverursacht. Damals handelte es sich um einen aus einer unerlaubten Handlung hergeleiteten Schadensersatzanspruch. Im vorliegenden Falle, wo der Anspruch aus der mangelhaften Erfüllung eines Vertrages hergeleitet wird, muß der Grundsatz erst recht zur Anwendung kommen. Die Besatzung der Bark, insbesondere der Lotse, hatte die Pflicht, zur ordnungsmäßigen Vollführung der Schleppreise mitzuwirken, und der Schlepper hatte auf diese Mitarbeit ein vertragsmäßiges Recht.

4. Was sodann den Anspruch der Beklagten auf einen Hilfslohn nach § 740 H.G.B. anlangt, so sind die gesetzlichen Voraussetzungen dieses Anspruchs an und für sich vom Oberlandesgericht in bedenkenfreier Weise festgestellt. Die Bark befand sich, als sie auf dem Strande festsaß, zumal mit Rücksicht auf den Eisgang und den bald einsetzenden Nebel, in einer gefährlichen Lage, aus der sie sich, nachdem die ersten beiden Versuche des Kapitäns B., sie mit der „Unterweser X" flott zu machen, gescheitert waren, ohne fremde Hilfe nicht befreien konnte. „Unterweser X" hat diese Hilfe gemeinsam mit dem Schlepper „Fairplay" geleistet und die Bark in der Nähe von Brunshausen auf einen sicheren Ankerplatz gebracht.

Das Reichsgericht hat bereits früher (Entsch. a. a. O. Bd. 46 S. 205) ausgesprochen, daß der Schlepplohn nur Gegenleistung für den eigentlichen normalen Schleppdienst, nicht Vergütung für außerordentliche Hilfsleistungen ist, und daß der Schlepper, wenn er auch verpflichtet ist, bei einem Unfall, der die Fortsetzung der Reise unmöglich macht, das geschleppte Schiff nicht einfach seinem Schicksale zu überlassen, doch für eine Hilfsleistung, die andere Dienste als die ausbedungenen umfaßt, den gesetzlichen Lohn beanspruchen kann.

In jenem Urteile ist aber auch ausgesprochen, daß ein Schiff, das nach einem Unfalle einem anderen Beistand leistet, dann einen Hilfs- oder Bergelohn nicht fordern kann, wenn es dessen Hilfsbedürftigkeit durch eigene Verschuldung herbeigeführt hat. Daran ist auch jetzt festzuhalten. Wer zum Schadensersatze verpflichtet ist, hat nach § 249 B.G.B. den Zustand herzustellen, der bestehen würde, wenn der zum Ersatze verpflichtende Umstand nicht eingetreten wäre. Hat der Schlepper durch eigene Schuld das geschleppte Schiff in den Zustand der Hilfsbedürftigkeit versetzt, so ist er kraft seiner Schadensersatzpflicht gehalten, es aus diesem Zustande wieder zu befreien. Wäre die Hilfe in einem solchen Falle von einem dritten Schiffe geleistet, so würde der diesem zu gewährende Hilfslohn den vom Schlepper zu ersetzenden Schaden bilden oder vermehren.

Im vorliegenden Falle ist indes die Hilfsbedürftigkeit des geschleppten Schiffes nicht ausschließlich auf ein Verschulden des Schleppers, sondern auf die gleichmäßige schuldhafte Verursachung beider Teile zurückzuführen, sowohl auf ein Verschulden der Besatzung des Schleppers, als auch auf ein Verschulden der Besatzung des geschleppten Schiffes in bezug auf die ordnungsmäßige Mitarbeit bei der Schleppreise. Die Revision der Klägerin macht geltend, daß auch für diesen Fall immerhin der obige Grundsatz Platz greifen müsse, und dem Schlepper ein Anspruch auf Hilfslohn zu versagen sei, weil er selbst die Hilfsbedürftigkeit des anderen Schiffes mindestens mitverursacht habe. Dem kann indes nicht beigetreten werden. Der Grundsatz der Schadensteilung, der in der Vorschrift des § 254 B.G.B. seinen Ausdruck gefunden hat, muß zu einem anderen, der Billigkeit allein entsprechenden Ergebnisse führen. Es ist demnach als richtig anzuerkennen, wenn das Oberlandesgericht in sinngemäßer Anwendung des § 254 angenommen hat, daß der Hilfslohn in einem solchen Falle nach dem Maßstabe als zu Recht bestehend anzuerkennen sei, der für die Verteilung des Schadens entscheidet, hier also, bei gleichwiegendem Verschulden, zur Hälfte. Wäre in einem solchen Falle die Hilfe von einem dritten Schiffe geleistet worden, so würde das gerettete Schiff nach dem vorhin unter 3 Ausgeführten den Lohn, den es dem Dritten bezahlt hat, von dem Schlepper auch nur zur Hälfte ersetzt erhalten, zur Hälfte aber selbst tragen müssen.

5. Den Betrag des der Beklagten zuzubilligenden Hilfslohnes hat das Oberlandesgericht im ganzen auf 1000 ℳ bemessen und hiervon der Beklagten nach dem soeben erörterten Grundsatze die Hälfte mit 500 ℳ zugesprochen. Die Festsetzung des Lohnes ist unter Beobachtung der in den §§ 742 bis 747 H.G.B. aufgestellten Regeln erfolgt." ... (Es folgt die Zurückweisung der hiergegen gerichteten Angriffe der Beklagten.)

85. 1. Steht dem Gläubiger, für den eine Eigentümerhypothek gepfändet ist, das dafür unbeschränkt eingetragene Vorrecht auch dann zu, wenn es nach der getroffenen Einigung nur so weit eingeräumt ist, als die Forderung zur Entstehung gelangt?

2. Wird die Pfändung einer Eigentümer-Briefgrundschuld schon durch die Zustellung des Pfändungsbeschlusses an den Eigentümer,

oder erst unter Hinzutritt der Übergabe oder Wegnahme des Briefes vollzogen?[1]

B.G.B. §§ 873. 880. 892.
Z.P.O. §§ 830. 857.

V. Zivilsenat. Urt. v. 17. Dezember 1904 i. S. S. u. D. (Bekl.) w. H. (Kl.). Rep. V. 260/04.

I. Landgericht I Berlin.
II. Kammergericht daselbst.

Auf dem Grundstücke des G. war in Abt. 1 des Grundbuchs unter Nr. 1 eine Hypothek für den Kläger, unter Nr. 2 eine Briefhypothek für eine Bank eingetragen. Der Kläger hatte der Hypothek Nr. 2 den Vorrang vor seiner Hypothek eingeräumt, und der Vorrang war unbedingt und unbeschränkt im Grundbuch eingetragen. Bei der Zwangsversteigerung wurde von der Hypothek Nr. 2 nur ein Teilbetrag liquidiert, weil die Forderung im übrigen nicht entstanden war. Für die Beklagten, Gläubiger des Eigentümers G., war der nicht valutierte und daher dem G. zustehende Teil der Hypothek in Höhe ihrer Forderungen gepfändet und ihnen überwiesen, ohne daß die Übergabe oder Wegnahme des Hypothekenbriefs im Sinne des § 830 Abs. 1 Z.P.O erfolgt war. Unter den Parteien wurde streitig, ob dem für die Beklagten gepfändeten Teil der Hypothek Nr. 2 der Vorrang vor der Hypothek Nr. 1 gebühre. Der Kläger beanspruchte den Vorrang für seine Hypothek mit der Behauptung, er habe den Vorrang der Hypothek Nr. 2 lediglich für den zur Auszahlung kommenden Teil davon (einer Baugelderhypothek) bewilligt, sodaß seiner Hypothek Nr. 1 der Vorrang vor dem nicht belegten Teil der Hypothek Nr. 2 verblieben sei, und beantragte, die Beklagten zu verurteilen, anzuerkennen, daß seiner Hypothek Nr. 1 dieser Vorrang zustehe, und die Auszahlung des von der Bank nicht liquidierten Teils des auf die Hypothek Nr. 2 entfallenen und hinterlegten Kaufgeldes zu bewilligen. Der erste Richter verurteilte die Beklagten nach diesem Antrage. Die Berufung der Beklagten wurde zurückgewiesen. Auch ihre Revision ist zurückgewiesen worden aus folgenden

[1] Vgl. Bd. 56 dieser Sammlung S. 184.

Gründen:

... „Das Berufungsgericht hält aus zwei Gründen den Anspruch des Klägers für berechtigt: 1. weil die der Vorrechtseinräumung zugrunde liegende Einigung der Beteiligten, nämlich des Klägers als des mit seiner Hypothek Nr. 1 zurücktretenden Berechtigten, der Genossenschaftsbank als der mit ihrer Hypothek Nr. 2 vortretenden Berechtigten, und des Eigentümers G., dahin getroffen sei, daß die Vorrechtseinräumung nur für den valutierten Teil der Hypothek gelten solle, und weil darüber hinaus ein Vorrecht für die Hypothek Nr. 2 auch durch seine unbeschränkte Eintragung in das Grundbuch nicht entstanden sei; 2. weil die Beklagten durch die ohne Übergabe des Hypothekenbriefs an dem zur Eigentümerhypothek gewordenen Teile der Hypothek Nr. 2 erfolgte Pfändung ein Recht an dieser Hypothek nicht erworben hätten. ...

Jeder dieser Gründe ist geeignet, die Entscheidung des Berufungsgerichts zu rechtfertigen.

Das Berufungsgericht geht zu 1 davon aus, daß der Erwerb des Pfandrechts an einer Hypothek durch Pfändung (also nicht durch Rechtsgeschäft, sondern im Wege der Zwangsvollstreckung) nicht nach § 892 B.G.B. durch den öffentlichen Glauben des Grundbuchs geschützt werde; daß demgemäß die Beklagten, ohne Rücksicht auf ihr Wissen oder Nichtwissen von der Nichtübereinstimmung des Grundbuchs in Ansehung des Vorrechtsvermerks mit der vorausgegangenen Einigung, sich auf das im Grundbuch eingetragene Vorrecht der Hypothek Nr. 2 nur so weit berufen könnten, als dieses der zugrunde liegenden Einigung der Beteiligten entspreche, weil zur Rangänderung die Eintragung allein nicht ausreiche, sondern dazu neben der Eintragung die Einigung erforderlich sei. Das Berufungsgericht hält nun für erwiesen, daß vom Kläger mit der Bank schon vor der Bestellung der Hypothek Nr. 2 Verhandlungen gepflogen seien, wonach das Vorrecht für die von der Bank zu gewährenden Baugelder immer nur so weit reichen und entstehen solle, als die Baugelderhypothek selbst zur Entstehung gelange, daß aber, soweit sie infolge Nichtvalutierung nicht zur Entstehung gelange, das Vorrecht dem Kläger für seine Hypothek Nr. 1 verbleibe; daß die wirkliche Absicht der Beteiligten nach der zwischen ihnen allen herrschenden Willensübereinstimmung dahin gegangen sei, die Vorrechtseinräumung solle nur für den valutierten Teil der Hypothek Nr. 2 gelten, darüber hinaus solle ein Vorrecht für diese Hypothek gar nicht zur Entstehung kommen; nicht etwa habe das Vorrecht bedingungslos eingeräumt werden, und G. nur obligatorisch zu dessen Zurückgewährung bezüglich des nicht valutierten Betrags verpflichtet sein sollen. Hiernach habe die Eigentümergrundschuld des G. auch dinglich niemals das Vorrecht vor der Hypothek Nr. 1 des Klägers erlangt. Diese Beschränkung müßten auch die Beklagten gegen sich gelten lassen, wiewohl sie im Grundbuche dem Vorrechtsvermerk nicht beigefügt sei, weil die Beteiligten nur so ihre Vereinbarung getroffen hätten.

Die rechtlichen Ausführungen des Berufungsgerichts beruhen auf Rechtssätzen, die sich unmittelbar aus dem Gesetze ergeben (§§ 873. 880 Abs. 1. 892 Abs. 1 B.G.B.), und über die, soweit sie hier in Betracht kommen, Meinungsverschiedenheit nicht besteht.

Die tatsächliche, den Inhalt der Einigung betreffende Feststellung ist zwar angegriffen, aber mit Unrecht. . . .

Zum Grunde 2 beruft sich das Berufungsgericht auf die Rechtsprechung des Reichsgerichts (vgl. Entsch. in Zivils. Bd. 56 S. 184).

Die Beklagten wollen diese Rechtsprechung nicht als richtig gelten lassen. Dies ist aber verfehlt.

Das Bürgerliche Gesetzbuch läßt den Erwerb eines Rechts an einer Briefhypothek durch Abtretung und Verpfändung grundsätzlich nur dann zu, wenn dem Erwerber der Hypothekenbrief übergeben wird (§§ 1154. 1274. 1291). Hiermit im Einklang bestimmt § 830 Z.P.O., daß ein Recht an einer Briefhypothek durch Pfändung nur dann erworben wird, wenn die Übergabe des Hypothekenbriefs an den Gläubiger erfolgt, oder der Gerichtsvollzieher den Brief zum Zwecke der Ablieferung an den Gläubiger wegnimmt. Diesen Grundsatz möchten die Beklagten für den Fall durchbrochen sehen, wenn eine infolge Nichtentstehens der Forderung dem Eigentümer als Grundschuld zustehende Hypothek (§§ 1163. 1177 B.G.B.) in Frage steht, an der ein Gläubiger des Eigentümers ein Pfandrecht durch Pfändung erwerben will. Da soll es zum Erwerbe des Pfändungspfandrechts genügen, wenn dem Eigentümer der Pfändungsbeschluß zugestellt wird. Damit würde eine besondere Erwerbsart für diesen Fall eingeführt: der Erwerb eines Pfandrechts an einer Briefpost ohne Übergabe des Briefes. Die Sicherheit im Verkehre mit Briefhypotheken, die im Bürgerlichen Gesetzbuch gerade dadurch herbeigeführt ist, daß der Erwerb eines Rechts an einer Briefhypothek mittels Rechtsgeschäfts durchweg von dem Besitze des Briefes abhängig gemacht ist, würde jedoch zu einem erheblichen Teile aufgehoben werden, und es würden die Unzuträglichkeiten, die unter der Herrschaft des bisherigen preußischen Rechts dadurch entstanden, daß zum Erwerbe der Hypothek durch Abtretung die Aushändigung des Hypothekenbriefs nicht notwendig war, und die der Praxis Schwierigkeiten bereiteten (vgl. Turnau, G.B.O. Bd. 1 S. 436 flg. Nr. 2a, und Motive z. B.G.B. Bd. 3 S. 748), wieder für den hier fraglichen Fall hervortreten. Nach Ansicht der Beklagten würde der, welcher im besten Glauben vom Eigentümer eine diesem angefallene Briefhypothek unter Aushändigung des Briefes und der Legitimationsurkunden des Eigentümers (§ 1155) durch Abtretung erwirbt, gegen einen Gläubiger des Eigentümers zurückstehen, der vorher dieselbe Hypothek lediglich unter Zustellung des Pfändungsbeschlusses an den Eigentümer, also durch einen Akt, der für Dritte nicht erkennbar in die Erscheinung tritt, hat pfänden lassen. Liegt schon hiernach genügende Veranlassung vor, daß das Reichsgericht an seiner Rechtsprechung festhält, so kann auch der Hauptgrund, den die Beklagten dagegen anführen, nicht als richtig anerkannt werden.[1] Sie meinen nämlich, die Pfändung einer Eigentümergrundschuld sei überhaupt unmöglich, wenn sie von der Übergabe des Briefes abhängig gemacht werde, weil eine dem § 1145 B.G.B. entsprechende Vorschrift für den Fall des § 1163 Abs. 1 Satzes 1 nicht gegeben, der Gläubiger des Eigentümers demnach nicht in der Lage sei, auf Grund der Überweisung eines Anspruchs des Eigentümers von dem den Hypothekenbrief besitzenden Gläubiger dessen Vorlegung zum Zwecke der Bildung eines Teilhypothekenbriefs zu verlangen. Richtig hieran ist nur, daß eine dem § 1145 entsprechende ausdrückliche Vorschrift für den hier vorliegenden Fall im Bürgerlichen Gesetzbuch nicht besteht. Aber es bedarf einer solchen auch nicht, da das gleiche Ergebnis aus anderweiten Bestimmungen unzweifelhaft folgt. Anschließend an den hier zu entscheidenden Rechtsfall stellte sich die Sache so. Die Bankhypothek stand zu dem Betrage, in dem die Forderung, für die sie bestellt war, nicht zur Entstehung gelangte, kraft Gesetzes dem Eigen-

[1] Vgl. Freudenthal, in der Jurist. Wochenschr. 1904 S. 602 flg. D. E.

tümer G. zu (§ 1163 Abs. 1 Satz 1). Der Übergang des Hypothekenteils auf G. vollzog sich auch ohne Übergabe des Briefes. Als Gläubiger des betreffenden Hypothekenteils stand ihm das Miteigentum am Hypothekenbriefe zu dem sich aus dem Hypothekenteile ergebenden Bruchteile zu (§ 952). G. hatte das Recht, die Aufhebung dieser Gemeinschaft zu verlangen (§ 749). Da eine Teilung der Hypothekenforderung vorlag, konnte für jeden Teil ein Teilhypothekenbrief hergestellt (§ 1152), und dann die Teilung in Natur vollzogen werden (§ 752). Dem G. war der über seinen Betrag an der Hypothek gebildete Brief auszuhändigen, der vorhandene Brief im Besitze der Bank zu belassen. Die zur Berichtigung des Grundbuchs erforderliche Zustimmung der Bank zur Umschreibung des dem G. zustehenden Hypothekenteils auf seinen Namen mußte die Bank dem G. nach § 894 auf sein Verlangen erteilen. Die Verpflichtung der Bank zur Vorlegung des Hypothekenbriefes beim Grundbuchamt ist durch § 896 bestimmt. Hiernach standen dem G. dieselben Rechte gegen die Bank zu, die durch ausdrückliche besondere Vorschriften dem Eigentümer, dem Schuldner, dem Dritten, die den Gläubiger befriedigt haben (§§ 1145. 1150. 1167), und für den Fall des Verzichts des Gläubigers auf einen Teil der Forderung dem Eigentümer (§ 1168 Abs. 3) gegeben sind. Die Beklagten konnten diese Ansprüche des G. gegen die Bank pfänden und sich überweisen lassen und sich dadurch in den Stand setzen, von der Bank die Vorlegung des Briefes an das Grundbuchamt und die zur Legitimation des G. als Teilgläubigers der Hypothek erforderliche Urkunde zu verlangen. Allerdings konnte dies, wie das Reichsgericht sich auch in seinen früheren Entscheidungen nicht verhehlt hat, auf Schwierigkeiten stoßen; aber unmöglich war es nicht. Und wenn es sich auch im einzelnen Falle einmal als unmöglich erweisen sollte, so wäre dies weniger bedauerlich, als wenn die Sicherheit des Verkehrs mit Briefhypotheken überhaupt gefährdet würde. . . .

Die Ansicht der Beklagten, ihre Pfändungen seien dadurch hinterher wirksam geworden, daß die Bank den Brief bei der Verteilung im Zwangsversteigerungsverfahren dem Vollstreckungsgerichte vorgelegt habe, ist verfehlt. Denn in dieser Vorlegung ist weder eine Übergabe des Briefes an die Beklagten, noch eine Wegnahme des Briefes zum Zwecke der Ablieferung an die Beklagten (§ 830 Abs. 1 Z.P.O.)

zu erblicken. Es ist wenigstens nicht behauptet, daß die Bank den Brief zu einem anderen Zwecke als zu ihrer Legitimation vorgelegt habe." . . .

86. Ist es wechselrechtlich möglich, daß durch Vertrag zwischen dem Wechselregreßberechtigten und dem Akzeptanten dieser und ein Vormann des Berechtigten befreit, der Aussteller des Wechsels aber nicht befreit wird?

W.O. Artt. 37. 39. 54. 81. 82.
B.G.B. §§ 423. 426.

I. Zivilsenat. Urt. v. 21. Dezember 1904 i. S. G. u. K. (Kl.) w. J. (Bekl.). Rep. V. 354/04.

I. Landgericht Düsseldorf.
II. Oberlandesgericht Köln.

Die Kläger klagten aus einem Wechsel über 1950 *M*, den der Beklagte an eigene Order auf Z. gezogen, Z. akzeptiert, der Beklagte, Jn., die Kläger und die Witwe F. in blanco indossiert, und die Kläger im Regreßwege eingelöst und gegen den Akzeptanten nach Verfall protestiert hatten. Vor Verfall stellten sie dem Akzeptanten Z. einen Revers vom 29. August 1903 aus, in welchem sie über 2000 *M* quittierten, die sie von diesem für Bauarbeiten erhalten hatten, und erklärten, daß Z. und Jn. von der Verbindlichkeit aus dem Wechsel befreit sein sollten. Der Beklagte berief sich auf diesen Revers, wurde aber in erster Instanz zur Zahlung verurteilt. In der Berufungsinstanz behauptete der Beklagte, daß er nach der Abrede zwischen dem Kläger und dem Z. ebenso wie dieser und der Indossant Jn. von der Wechselverbindlichkeit habe befreit sein sollen. Ohne auf diese Behauptung einzugehen, wurde die Klage durch das Berufungsurteil abgewiesen. Auf die Revision der Kläger ist das Berufungsurteil aufgehoben, und die Sache an das Berufungsgericht zurückverwiesen worden aus folgenden

Gründen:

„Die Kläger haben unstreitig den Wechsel im Regreßwege eingelöst. Sie sind durch den Besitz des Wechsels und des Protestes wechselmäßig zur Klage legitimiert. Der Beklagte beruft sich zu seiner Verteidigung gegen den Wechselanspruch lediglich auf den Revers vom 29. August 1903, mit der Behauptung, daß nach der Abrede zwischen dem Akzeptanten Z. und den Klägern diese nach Bezahlung der 2000 *M* keinerlei Rechte aus dem Wechsel hätten geltend machen sollen, auch gegen ihn nicht; die Ausdrucksweise des Reverses, nach welcher nur Z. und In. befreit sein sollen, sei nicht genau.

Der Berufungsrichter weist die Klage ab, weil sich aus dem Reverse ergebe, daß die Kläger mit den gezahlten 2000 *M* den Wechsel einzulösen sich verpflichtet, die dann erfolgte Einlösung die rechtliche Bedeutung der Zahlung des Wechsels durch den Akzeptanten Z. habe, die Zahlung durch den Akzeptanten aber alle Wechselverpflichteten befreie.

Dadurch ist, wie die Revision mit Recht rügt, die Natur des Rechtsgeschäfts, wie es der Wortlaut des Reverses beurkundet, verkannt, nicht eine tatsächliche Feststellung getroffen, gegen welche in der Revisionsinstanz nicht anzukämpfen ist.

Zahlung des Wechsels oder Einlösung des Wechsels mit den Mitteln des Akzeptanten behauptet der Beklagte selbst nicht; davon ergibt auch der Revers nichts. Der Revers besagt in seinem ersten Teil nichts weiter, als daß der Akzeptant Z. für Arbeiten der Kläger an seinem Neubau eine Abschlagszahlung von 2000 *M* geleistet hat, und in seinem zweiten Teil nichts weiter, als daß Z. und der Indossant In. von der Wechselverpflichtung befreit sein sollen. Das ist Erlaß oder pactum de non petendo zugunsten dieser beiden Solidarschuldner aus dem Wechsel (Art. 81 W.O.). Aus der Solidarverpflichtung der Vormänner und des Akzeptanten dem Regreßberechtigten gegenüber folgt an sich, daß der Erlaß oder das pactum de non petendo zugunsten des einen Regreßpflichtigen dem anderen nichts nützt, da jeder selbständig aus seiner Wechselschrift haftet. Daß der beklagte Aussteller nicht hat entlassen werden sollen, dafür spricht direkt der Wortlaut des Reverses. Die Natur des Wechsels und der solidarischen Verbindlichkeit der mehreren Wechselzeichner steht sowenig wie der § 423 B.G.B. dem entgegen, daß der Akzeptant befreit wird, der Aussteller nicht. Nach dem dem Wechsel zugrunde liegenden Rechtsverhältnis kann, wie nach § 426 B.G.B.

im Verhältnis der Solidarschuldner untereinander, der eigentliche Schuldner der Aussteller sein, nicht der Akzeptant. Hat der Aussteller des Wechsels einen Regreßanspruch gegen den Akzeptanten, so wird er ihm dadurch allein, daß der Regreßberechtigte den Akzeptanten entläßt, nicht genommen. Die Kläger, die im Besitz des Wechsels und des Protestes und nach Art. 54 W.O. zur Aushändigung dieser Urkunden an den Aussteller gegen Zahlung verpflichtet sind, verschaffen damit dem Beklagten den Regreß gegen den Akzeptanten, wenn ihm ein solcher materiell zusteht.

Die Einrede, die der Beklagte erhebt, ist eine Einrede aus der zweiten Alternative des Art. 82 W.O. Sie steht ihm gegen die Kläger unmittelbar nur zu, wenn er mit ihnen paktiert hat, oder der Akzeptant zugleich für ihn. Ein pactum in rem, zugunsten aller Wechselverpflichteten, anzunehmen, wird hier durch die Fassung des Reverses ausgeschlossen. Der in den Entsch. des R.G.'s in Zivils. Bd. 45 S. 70 behandelte Fall lag anders als hier. Die Beschränkung des Reverses fällt natürlich fort, wenn die Behauptung des Beklagten richtig ist, daß der Revers sich nur im Ausdruck vergriffen habe, in Wahrheit die Befreiung aller Wechselverpflichteten gewollt sei. Zur Erhebung des darüber angetretenen Beweises und zur anderweiten Verhandlung und Entscheidung hat das angefochtene Urteil aufgehoben, und die Sache an das Berufungsgericht zurückverwiesen werden müssen." ...

87. Kassageschäfte, oder Börsenterminhandel? Wesen der sog. Kontogeschäfte.

I. Zivilsenat. Urt. v. 21. Dezember 1904 i. S. H. (Kl.) w. R. & Co. (Bekl.). Rep. I. 356/04.

I. Landgericht Hagen, Kammer für Handelssachen.
II. Oberlandesgericht Hamm.

Die Beklagte hatte im Jahre 1900 als Kommissionärin eine Reihe von Einkaufs- und Verkaufsaufträgen des Klägers über Bergwerks- und Industriepapiere ausgeführt. Aus diesen Geschäften hatte sich ein Saldo zu Lasten des Klägers ergeben, und die Parteien stritten nun darüber, ob es sich um Kassageschäfte gehandelt habe, oder um einen Börsenterminhandel. Das Oberlandesgericht nahm das erstere an. Vom Reichsgericht wurde im entgegengesetzten Sinne entschieden.

Aus den Gründen:

... „Aus den beigebrachten Urkunden ergibt sich zunächst folgender Sachverhalt. Die vom Kläger der Beklagten erteilten Ankaufs- und Verkaufsaufträge, die Bergwerks- und Industriepapiere zu Nominalbeträgen von je 15000 ℳ oder 30000 ℳ zum Gegenstande hatten, wurden von der Beklagten weiter gegeben teils an die Berliner Handelsgesellschaft, teils an den Bankier St. in Berlin. Beide führten die von der Beklagten erhaltenen Aufträge durch Selbsteintritt aus, wogegen die Beklagte dem Kläger immer nur anzeigte, daß sie dem Auftrage gemäß für seine Rechnung gekauft oder verkauft habe. Es wurden jedesmal Schlußnoten ausgestellt über das Geschäft der Beklagten mit dem Berliner Bankhause und über das Abwicklungsgeschäft zwischen der Beklagten und dem Kläger. Jedesmal ferner erhielt sofort nach dem Geschäftsabschluß eine Abrechnung zunächst die Beklagte von dem Berliner Bankhause, und sodann der Kläger von der Beklagten. In sämtlichen Abrechnungen der Beklagten für den Kläger, die sich ausdrücklich durch einen Schlußvermerk, wie „val. 28. Februar", „val. 30. April" ꝛc, als für den letzten des Monats geltend kennzeichneten, waren die Stückzinsen nur bis zum Tage des Geschäftsabschlusses berechnet, und für die Zeit vom Tage des Geschäftsabschlusses bis zum letzten des Monats dem Kläger bei **Ankäufen** Zinsen von dem Erwerbspreise zuzüglich Provision, Courtage und Stempel **zur Last** geschrieben, bei **Verkäufen** Zinsen von dem Verkaufspreise abzüglich Provision ꝛc **gutgeschrieben**. So waren auch sämtliche Abrechnungen von St. für die Beklagte, und in den Monaten Januar und Februar 1900 auch die Abrechnungen der Berliner Handelsgesellschaft für die Beklagte aufgestellt. In den späteren Abrechnungen dieses Bankhauses fehlt die Zinsberechnung für die Zeit vom Tage des Geschäftsabschlusses bis zum letzten des Monats, und bei ihnen lautet denn auch der Schlußvermerk: „val. dato".

Der in der Berufungsinstanz gehörte Sachverständige hat zunächst bekundet, für Geschäfte in einer Reihe von Bergwerkspapieren fänden an der Berliner Börse außer den sog. einheitlichen Notierungen, die zwischen 1½ und 2 Uhr festgesetzt würden, auch während der ganzen Börsenzeit Notierungen für Kassaumsätze statt; es habe sich (nach Erlassung des Börsengesetzes) die Usance gebildet, daß Aufträge von 15000 ℳ oder von durch 15000 teilbaren Mark-Beträgen in diesem freien Verkehr, dagegen Aufträge von weniger als 15000 ℳ um 1½ Uhr zu den einheitlichen Notierungen ausgeführt würden.

Vgl. Saling, Börsenpapiere 8. Auflage Teil 1 S. 161 flg.

Die Geschäfte, welche gemäß dieser Usance über Beträge von 15000 ℳ oder einem Mehrfachen von 15000 ℳ abgeschlossen werden, scheinen dazu bestimmt zu sein, einen Ersatz zu bieten für die nicht mehr zulässigen Termingeschäfte; immerhin sind sie Kassageschäfte. Anders verhält es sich aber mit denjenigen Geschäften, die sich nach dem Gutachten des Sachverständigen unter dem Namen „Kontogeschäfte" im Verkehr zwischen kleineren Bankiers und Börsenbesuchern und den Maklerbanken herausgebildet haben, und deren Wesen aus solchen Abrechnungen, wie sie hier von St., von der Beklagten und anfangs auch von der Berliner Handelsgesellschaft erteilt worden sind, offenbar wird. Gewiß kann die Realisierung eines Kassageschäfts aus dem einen oder anderen Grunde bis zum letzten Tage des Monats, in welchem der Abschluß erfolgte, hinausgeschoben werden, ohne daß dadurch das Kassageschäft aufhört, ein ernstliches Kassageschäft zu sein. Ein solcher Fall würde z. B. vorliegen, wenn der Kunde, der durch Kassageschäft kauft, indes mit Rücksicht darauf, daß er erst am letzten des Monats über die zur Bezahlung erforderlichen Mittel verfügen kann, mit der Bank verabredet, daß die gekauften Papiere erst an jenem Tage abgenommen werden und bis dahin in der Verwahrung der Bank bleiben sollen. Wird aber zwischen dem Kunden und der Bank allgemein für die zwischen ihnen abzuschließenden „Kassageschäfte", sei es ausdrücklich, sei es stillschweigend, vereinbart, daß immer nur für den letzten des Monats validierende Abrechnungen gegeben werden sollen, so wird in der Regel darin die Abmachung zu erblicken sein, daß die gekauften oder verkauften Papiere stets nur am letzten des Monats geliefert, die Geschäfte also zwar der Form nach Kassageschäfte, in Wahrheit aber Termingeschäfte sein sollen.

Im gegebenen Fall lassen nun zunächst bezüglich folgender vier Geschäfte:

29. Januar Ankauf von 15000 ℳ Harpener, 2. Februar Verkauf von 15000 ℳ Harpener, 5. Februar Ankauf von 15000 ℳ Dortmunder, 20. Februar Ankauf von 15000 ℳ Harpener,

bei welchen die Beklagte ihre Aufträge der Berliner Handelsgesellschaft erteilt hatte, die vorliegenden Urkunden ersehen, daß sowohl der Kläger die Beklagte, wie die Beklagte die Berliner Handelsgesellschaft beauftragt hatte, „per ultimo" zu kaufen oder zu verkaufen, daß in den Schlußnoten als Lieferungstermin der letzte des Monats bezeichnet ist, und daß hier auch von der Berliner Handelsgesellschaft die Abrechnungen so aufgestellt wurden, wie man sie bei den sog. Kontogeschäften erteilt. Dem gegenüber kann nicht wohl in Zweifel gezogen werden, daß es sich bei den vier erwähnten Geschäften den Aufträgen wie der Ausführung nach um Termingeschäfte gehandelt hat.

In betreff aller übrigen Geschäfte mit Ausnahme der drei folgenden:

20. April Verkauf von 15000 ℳ Harpener, 23. April Verkauf von 30000 ℳ Harpener, 27. April Verkauf div. Effekten,

ist den Urkunden zu entnehmen, daß die vom Kläger erteilten Aufträge stets dahin gegangen waren, „per ultimo" zu kaufen oder zu verkaufen. Ob bei den bezeichneten drei Verkäufen seine Aufträge nicht auch so gelautet haben, kann dahingestellt bleiben, weil auf diese Geschäfte keiner der Passivposten des Klägers zurückzuführen war, und auf letztere allein es für die Frage ankommt, ob die Saldoschuld des Klägers aus Börsentermingeschäften herrührte. Bei allen vom Kläger erteilten Aufträgen nun, „per ultimo" zu kaufen oder zu verkaufen, fehlt es an einem genügenden Anhalt dafür, daß der Kläger ihnen einen anderen als den ihnen dem Wortlaute nach zukommenden Sinn beigelegt hat, oder dafür, daß ihm in den Fällen, wo etwa die Beklagte infolge des erhaltenen Auftrags ihrerseits kein Termingeschäft, sondern ein wirkliches Kassageschäft geschlossen hat, dies zum Bewußtsein gekommen und somit von ihm stillschweigend genehmigt worden ist. Das einzige, was sich dafür anführen ließe, ist der Umstand, daß bei der Mehrzahl der hier in Betracht kommenden Geschäfte diese in den Schlußnoten als Kassageschäfte bezeichnet sind. Dieser Umstand verliert aber alle Bedeutung, wenn man berücksichtigt, daß die Beklagte von Anfang bis zu Ende, mochten die Schlußnoten über Termin-, oder über Kassageschäfte lauten, alle vom Kläger erhaltenen Aufträge ihm gegenüber durch Zusendung der für den letzten des Monats validierenden Abrechnungen vollkommen gleich behandelt und in zwei Fällen sogar bei Übersendung der ein Kassageschäft beurkundenden Schlußnote in ihrem Begleitbriefe an den Kläger geschrieben hat, sie berechne nachstehend „per ultimo gekaufte" ꝛc. Für den Kläger trat daraus aufs deutlichste die Auffassung der Beklagten hervor, daß die einem Kassageschäft entsprechende Form der Schlußnote bloße Form sei.

Hat somit der Kläger nur Aufträge zu Termingeschäften erteilt und aufrecht erhalten, und war, wie nicht zu bezweifeln, der bezweckte Terminhandel Börsenterminhandel, dann ist es von keiner Erheblichkeit für die Entscheidung, ob alle von der Beklagten geschlossenen Geschäfte Termingeschäfte gewesen sind. Denn sind gegen den § 50 Abs. 2 des Börsengesetzes verstoßende Termingeschäfte nichtig, so gilt dasselbe von Aufträgen zu solchen Geschäften. Die Aufträge des Klägers konnten also keine Verbindlichkeiten, auch keine im Sinne des § 66 Abs. 4 Börsengesetzes erfüllbaren Verbindlichkeiten erzeugen." ...

88. Ist eine Gesellschaft m. b. H., die dem Gesetze gemäß für nichtig erklärt werden könnte, für von ihr gegen die Gesellschafter erhobene Ansprüche parteifähig?

I. Zivilsenat. Urt. v. 21. Dezember 1904 i. S. H. & Th. D. (Bekl.) w. Vereinigte Ziegelwerke von M.-Gladbach, Rheydt und Umgegend, Ges. m. b. H., in Liquid. (Kl.). Rep. I. 373/04.

I. Amtsgericht M.-Gladbach, Kammer für Handelssachen.
II. Oberlandesgericht Köln.

Aus den Gründen:

... „Nach § 77 des Gesetzes, betreffend die Gesellschaften m. b. H., wird die Rechtsfähigkeit einer ins Handelsregister eingetragenen Gesellschaft m. b. H. durch die Nichtigerklärung und deren Eintragung ins Handelsregister nicht berührt. Sie gilt nur als aufgelöste Gesellschaft und tritt in Liquidation (§§ 66 flg.), wobei aber die selbständige Rechtspersönlichkeit bestehen bleibt (§§ 69. 13). Bleibt sie aber rechtsfähig, so bleibt sie gemäß § 50 Abs. 1 Z.P.O. auch parteifähig, und zwar für Rechtsverhältnisse nach außen wie nach innen, da das Gesetz in dieser Hinsicht einen Unterschied, wie etwa bei der Prozeßfähigkeit (§ 52 Abs. 1 Z.P.O.), nicht kennt. Übrigens ist es, wie § 77 Abs. 3 des Gesetzes zeigt, auch nicht ausgeschlossen, daß für die für nichtig erklärte Gesellschaft Ansprüche nach innen begründet sein und von ihr verfolgt werden können. Allgemein könnte ihr daher insoweit die Parteifähigkeit unter keinen Umständen versagt werden. Es kommt aber nach § 50 Z.P.O. nur darauf an, ob die Gesellschaft überhaupt rechtsfähig ist. Was von einer für nichtig erklärten Gesellschaft gilt, gilt um so mehr von einer solchen, bei der die Nichtigkeit noch nicht erklärt ist, sondern die Nichtigerklärung nur beantragt werden könnte." ...

89. Kann der im Besitze befindliche Mieter aus widerrechtlichen Eingriffen eines Dritten in sein Mietrecht Schadensersatzansprüche herleiten?

B.G.B. § 823.

V. Zivilsenat. Urt. v. 28. Dezember 1904 i. S. K. (Bekl.) w. L. (Kl.). Rep. V. 272/04.

I. Landgericht I Berlin.
II. Kammergericht daselbst.

Der Beklagte betrieb seit dem 14. Oktober 1902 in einem gemieteten Lokale die Gastwirtschaft. Im Nebenhause betrieb der Kläger den Großhandel mit Petroleum. Der Beklagte behauptete schon im Oktober 1902, daß Petroleum durch die Zwischenmauer gedrungen sei, seine Räume mit Petroleumgeruch erfüllt habe, und dadurch Feuersgefahr entstanden sei. Er verlangte vom Kläger Ersatz des Schadens, den er vorläufig auf 2000 *M* bezifferte. Der Kläger lehnte dies nicht nur ab, sondern stellte Klage an mit dem Antrage, festzustellen, daß dem Beklagten kein Anspruch auf Schadensersatz, insbesondere nicht in Höhe von 2000 *M.* zustehe. Der Beklagte, der auf polizeiliche Anordnung die gemieteten Räume hatte verlassen müssen, weil die Brandmauer von der Seite des Klägers her mit Petroleum durchtränkt, und die Wohnung wegen des Geruchs und der Feuersgefahr zum dauernden Aufenthalte von Menschen nicht geeignet war, beantragte die Abweisung der Klage, und nach diesem Antrage erkannte auch der erste Richter. Der Berufungsrichter erkannte dagegen nach dem Klagantrage. Die Revision des Beklagten wurde zurückgewiesen aus folgenden

Gründen:

„Die Revision erweist sich als unbegründet, wenn auch den Ausführungen des Berufungsrichters nicht überall beigetreten werden kann.

Richtig ist die Ausführung, daß die Eigentumsfreiheitsklage, mit der die Unterlassung schädlicher Immissionen (§ 906 B.G.B.) oder die Beseitigung schädigender Anlagen (das. § 907) verlangt wird, dem Mieter nicht zusteht. Das Recht des Mieters ist obligatorischer Natur (Entsch. des R.G.'s in Zivils. Bd. 54 S. 233). Die Eigentumsklagen aber stehen begrifflich nur dem Eigentümer zu; andere Personen können von ihnen nur dann Gebrauch machen, wenn das Gesetz ausdrücklich die Befugnis dazu erteilt. Das ist aber im Bürgerlichen Gesetzbuche nur geschehen hinsichtlich des Erbbauberechtigten (§ 1017), des Nießbrauchers (§ 1065) und des Berechtigten einer Grunddienstbarkeit (§ 1027) oder einer beschränkten persönlichen Dienstbarkeit (§ 1090). Zweifellos können die zur Eigentumsfreiheitsklage Berechtigten neben den ihnen in den §§ 906. 907 gewährten Rechten im Falle des Verschuldens des Nachbars auf Grund des § 823 Abs. 1 B.G.B. Schadensersatzansprüche geltend machen, da zu den „sonstigen Rechten", deren widerrechtliche Verletzung nach dieser Vorschrift zum Schadensersatze verpflichtet, unstreitig dingliche und andere absolute Rechte gehören. Streitig ist, ob widerrechtliche Eingriffe in obligatorische Rechte, die zwischen dritten Personen bestehen, eine Entschädigungspflicht begründen, wenn nicht die Voraussetzungen des § 826 vorliegen. Das Reichsgericht hat sich (in den Entsch. in Zivils. Bd. 57 S. 353) der verneinenden Ansicht angeschlossen, und die nochmalige Prüfung dieser Frage hat keine Veranlassung geboten, diese Ansicht aufzugeben. Mit Unrecht aber verneint der Berufungsrichter die Anwendbarkeit des § 823 auf schuldhafte Beeinträchtigungen des durch die Einräumung des unmittelbaren Besitzes vollzogenen Rechts des Mieters. Mit der Übergabe der Mietsache entwächst das Recht des Mieters dem reinen Obligationenrechte. Es bestehen nicht mehr bloß zwischen den obligatorisch Verbundenen Rechte und Pflichten, sondern jedermann hat das durch den Besitz erkennbare Mietrecht zu achten. Ist dies aber der Fall, dann kann es nicht zweifelhaft sein, daß schädigende widerrechtliche Eingriffe von Personen, die nicht im obligatorischen Mietverbande stehen, Schadensersatzansprüche erzeugen können. Die Schadensersatzpflicht kann sowohl aus Abs. 1, als auch aus Abs. 2 des § 823 hergeleitet werden. Es läßt sich die Ansicht rechtfertigen, daß das infolge der Besitzeinräumung von jedermann zu achtende Recht des Mieters auf ungestörte Benutzung der Mietsache zu den mit dem Mietvertrage verfolgten Zwecken, eben weil es von jedermann geachtet werden muß, zu den absoluten Rechten gehört, von denen § 823 Abs. 1 handelt. Nicht minder läßt sich aber auch die Anwendung des § 823 Abs. 2 rechtfertigen, wonach die Schadensersatzpflicht durch Verstoß gegen ein den Schutz eines anderen bezweckendes Gesetz begründet wird. Den Schutz des Besitzers bezweckt der § 858, der es als widerrechtlich bezeichnet und mithin verbietet, dem Besitzer ohne seinen Willen den Besitz zu entziehen, oder ihn im Besitze zu stören. Eine Besitzstörung kann aber in schädigenden Immissionen in den Mietgegenstand gefunden werden. Einer Entscheidung darüber, ob einer dieser Konstruktionen der Vorzug zu geben sei, oder ob beide nebeneinander bestehen können, bedarf es nicht, weil der Streit darüber lediglich theoretische Bedeutung hat.

Kann sonach insoweit dem Berufungsrichter nicht gefolgt werden, so enthält doch sein Urteil einen weiteren selbständigen Entscheidungsgrund, der zur Zurückweisung der Revision führen muß. Der Berufungsrichter hält nämlich nicht für erwiesen, daß der Kläger in das durch den Besitz geschützte Mietrecht des Beklagten rechtswidrig eingegriffen hat, sondern für erwiesen, daß das Durchtränken der Wand mit Petroleum bereits stattgefunden hatte, als der Beklagte die Wohnung mietete. Nicht eine Besitzstörungsklage hat der Beklagte dem Kläger in Aussicht gestellt, sondern eine Schadensersatzklage. Es kann daher unerörtert bleiben, ob und inwieweit der in einen gestörten Besitz Eintretende auf die fortwirkende Störung eine Besitzklage zu gründen vermag. Die Schadensersatzklage setzt jedenfalls voraus, daß die widerrechtliche schädigende Handlung ein Recht des Klagenden verletzt hat. Daran fehlt es, wenn der Klagende das Recht bereits in verletztem Zustand erworben hat. Die Revision brachte zur Widerlegung dieser Ansicht ein Beispiel, in dem der Keim zur Verletzung bereits gelegt war, als das geschädigte Recht erworben wurde, und knüpfte daran die Behauptung, daß, wenn die wirkliche Schädigung erst nach dem Erwerbe des Rechts eingetreten sei, dem Erwerber die Schadensersatzklage zustehe. Es kann die Richtigkeit dieser Ansicht jedoch dahingestellt bleiben; denn im vorliegenden Falle war die Mietsache bereits voll beschädigt, als der Beklagte sie mietete. Die Handlung des Klägers hat mithin sich gegen das Recht des Hauseigentümers und der etwaigen früheren Mieter gerichtet und diese geschädigt; das Recht des Beklagten ist nicht weiter verletzt worden. Ebensowenig, wie der Käufer einer beschädigten Sache Ansprüche gegen den erheben kann, der sie beim Verkäufer vor dem Kaufe beschädigt hat, kann der Mieter einer beschädigten Wohnung Schadensersatzansprüche gegen den erheben, der die Wohnung vor dem Mietvertrage beschädigt hat."

90. Sind die Mitglieder des evangelischen Gemeindekirchenrats im Sinne des § 39 preuß. Ausf.-Ges. zum G.V.G. öffentliche Beamte? Unterliegt die gemäß § 659 A.L.R. II. 11 durch das Konsistorium erfolgte Bestellung eines Prozeßbevollmächtigten der Nachprüfung im Rechtswege?

IV. Zivilsenat. Urt. v. 30. Dezember 1904 i. S. D. u. Gen. (Bekl.) w. Kirchengemeinde H.-Z. (Kl.). Rep. IV. 287/04.

I. Landgericht Stettin.
II. Oberlandesgericht daselbst.

Aus den Gründen:

„Der klagenden Kirchengemeinde ist zur Verfolgung der gegenwärtig geltend gemachten Schadensersatzansprüche auf Grund des § 659 A.L.R. II. 11 vom Königlichen Konsistorium der Provinz Pommern der Justizrat W. zum Bevollmächtigten bestellt worden. Namens der

Kirchengemeinde wurde von dem bestellten Vertreter behauptet, daß die Beklagten zu 1 bis 5 und 7 und der Erblasser der Beklagten zu 6 a u. b, als damalige Mitglieder des Gemeindekirchenrats der Klägerin, Kirchenvermögen gesetzwidrig in nicht mündelsicheren Wertpapieren angelegt und die Klägerin dadurch in Höhe von 475,78 *M* geschädigt hätten, welchen Betrag nebst Zinsen die Klage erstattet verlangt. Die Beklagten setzten vorab die Einrede entgegen, daß die Klägerin durch den Justizrat W. nicht gesetzlich vertreten sei, weil der Fall des § 659, eine beharrliche Weigerung der Kirchenvorsteher, die Rechte der Kirche durchzuführen, nicht vorgelegen habe. Unter Beschränkung der Verhandlung auf diese Einrede erkannte die erste Instanz auf Verwerfung derselben. Die hiergegen von den Beklagten eingelegte Berufung wurde zurückgewiesen. Das Berufungsgericht führt zur Begründung seiner Entscheidung aus: Ob eine beharrliche Weigerung der Kirchenvorsteher vorliege, und deshalb Grund vorhanden sei, von der Bestimmung des § 659 Gebrauch zu machen, sei eine Frage, die die kirchliche Aufsichtsbehörde, das Königliche Konsistorium, kraft des Rechts der Aufsicht zu entscheiden habe, und die der Nachprüfung durch die Gerichte entzogen sei. Allerdings sei es nicht undenkbar, daß die Tatsachen die Annahme einer noch fortbestehenden beharrlichen Weigerung der Kirchenvorsteher geradezu widerlegen. Einer Entscheidung dieser Frage bedürfe es aber nicht; denn ein solcher Fall liege nicht vor, und wenn die gesetzlichen Vertreter der Klägerin wegen des hier streitigen Anspruchs gegen dieselben Beklagten jetzt noch eine zweite Klage erhoben haben sollten, so würde dadurch allein die Vertretungsbefugnis des Justizrats W. für den gegenwärtigen Prozeß nicht beseitigt sein. Die von den Beklagten eingelegte Revision bekämpft diese Ausführung als rechtsirrig.

Die Revision ist zulässig, obgleich eine revisible Summe nicht vorhanden ist. Denn es handelt sich um einen Anspruch, für welchen die Landgerichte ohne Rücksicht auf den Wert des Streitgegenstandes zuständig sind, in welchem Falle nach § 547 Z.P.O. die Revision schlechthin stattfindet. In § 70 Abs. 3 des deutschen Gerichtsverfassungsgesetzes ist, nachdem in Abs. 2 für gewisse Ansprüche der Reichsbeamten gegen den Reichsfiskus und für Ansprüche gegen Reichsbeamte wegen schuldhaften Verhaltens im Amte die Landgerichte ohne Rücksicht auf den Wert des Streitgegenstandes ausschließlich für zuständig erklärt sind, bestimmt: „Der Landesgesetzgebung bleibt überlassen, Ansprüche der Staatsbeamten gegen den Staat aus ihrem Dienstverhältnisse, Ansprüche gegen den Staat ... wegen Verschuldung von Staatsbeamten ..., Ansprüche gegen Beamte wegen Überschreitung ihrer amtlichen Befugnisse oder wegen pflichtwidriger Unterlassung von Amtshandlungen ... den Landgerichten ausschließlich zuzuweisen." Auf Grund dieses Vorbehalts bezeichnet § 39 des preußischen Ausführungsgesetzes zum Gerichtsverfassungsgesetze u. a. als zur ausschließlichen Zuständigkeit des Landgerichts gehörig: 1. Ansprüche der Staatsbeamten gegen den Landesfiskus aus ihrem Dienstverhältnisse, 2. Ansprüche gegen den Landesfiskus wegen Verschuldung von Staatsbeamten, 3. Ansprüche gegen öffentliche Beamte wegen Überschreitung ihrer amtlichen Befugnisse oder wegen pflichtwidriger Unterlassung von Amtshandlungen. In beiden Gesetzen wird eine Unterscheidung zwischen Staatsbeamten und Beamten (öffentlichen Beamten) festgehalten, und es muß angenommen werden, daß sich mit diesen verschiedenen Bezeichnungen ein verschiedener Sinn verbindet. Als solcher ergibt sich nach dem natürlichen Wortverstande, daß der Ausdruck „öffentliche Beamte" im Gegensatze zum Staatsbeamten alle im öffentlichen Dienste, nicht bloß die im Staatsdienste angestellten Personen begreift. In diesem Sinne sind unter den öffentlichen Beamten in § 39 Ziff. 3 des Ausführungsgesetzes die Mitglieder des evangelischen Gemeindekirchenrats unbedenklich mitumfaßt. Mag man auch davon ausgehen, daß die evangelische Kirche nach ihrer neueren Verfassung nicht überall einen Teil des staatlichen Organismus selbst bildet, so ist sie doch innerhalb des Staates vermöge ihrer engen historischen Beziehungen zu demselben eine Korporation von eminent öffentlichem Charakter geblieben. Deren Beamte kommen nicht bloß als kirchliche, sondern auch als öffentliche in Betracht. Auch der Gemeindekirchenrat ist in den Organismus der öffentlichen Kirchenämter eingegliedert. Innerhalb der Einzelgemeinde hat er nach Maßgabe der Kirchengemeinde- und Synodalordnung vom 10. September 1873 als ständige Selbstverwaltungsbehörde den Beruf, in Unterstützung der pfarramtlichen Tätigkeit zum religiösen und sittlichen Aufbau der Gemeinde zu helfen; er vertritt die Gemeinde in vermögensrechtlicher Beziehung und verwaltet deren Vermögen. Demgegenüber kann nicht entscheidend in Betracht kommen, daß das Kirchengesetz, betreffend die Dienstvergehen der Kirchenbeamten, vom 16. Juli 1886 auf die Ältesten in gleicher Weise wie auf die Gemeindevertreter und Mitglieder synodaler Körperschaften als solche keine Anwendung findet, daß vielmehr nach §§ 44 der Kirchengemeinde- und Synodalordnung die Entlassung eines Ältesten ebenso wie die eines Gemeindevertreters durch den Vorstand der Kreissynode erfolgt, wogegen die Berufung an das Konsistorium stattfindet. Die hiernach begründete Anwendbarkeit des § 70 Abs. 3 des Gerichtsverfassungsgesetzes und des § 39 Ziff. 3 des preußischen Ausführungsgesetzes zum Gerichtsverfassungsgesetze bleibt bestehen, wenn auch die Beklagten aus ihrer Stellung als Mitglieder des Kirchenrats nachträglich ausgeschieden sind. Nach der Entstehungsgeschichte der Gesetze ist bei den fraglichen Bestimmungen nicht an die Schaffung eines persönlichen Privilegs für Beamte gedacht worden; vielmehr war die Erwägung leitend, daß es sich bei Prozessen der in Rede stehenden Art oft um wichtige staatsrechtliche Fragen handelt. Diese Erwägung trifft zu, mag der Beamte aktiv, oder inaktiv sein.

Vgl. Entsch. des R.G.'s in Zivils. Bd. 33 S. 244 flg.

In der Sache selbst ist die Revision unbegründet. Wie der erkennende Senat bereits in seinem Urteile vom 6. Juni 1904 (Entsch. Bd. 58 S. 245) ausgesprochen hat, liegt die Prüfung und Entscheidung darüber, ob die in § 659 A.L.R. II. 11 enthaltenen Voraussetzungen für die Bestellung eines Prozeßbevollmächtigten als Vertreters der Kirchengemeinde im Einzelfalle gegeben sind, lediglich dem pflichtmäßigen Ermessen der kirchlichen Aufsichtsbehörde ob. Eine Nachprüfung im Rechtswege findet nicht statt.

Vgl. Entsch. des preußischen Oberverwaltungsgerichts Bd. 9 S. 118 flg." ...

91. Kommt § 99 Abs. 2 Z.P.O. auch dann zur Anwendung, wenn über einen Teil der Hauptsache durch Anerkenntnisurteil, demnächst über den Rest nach Beweisaufnahme kontradiktorisch entschieden, und in diesem letzteren Urteil einheitlich über die gesamten Prozeßkosten erkannt ist?

VII. Zivilsenat. Urt. v. 30. Dezember 1904 i. S. Schweizerische Unfallvers.-Aktienges. (Bekl.) w. Sch. (Kl.). Rep. VII. 246/04.

I. Landgericht I Berlin.
II. Kammergericht daselbst.

Der Kläger erhob gegen die Beklagte einen Anspruch aus der Versicherung gegen Unfall in Höhe von 674,33 ℳ nebst Zinsen. Die Beklagte erkannte in dem Termine zur mündlichen Verhandlung vom 15. April 1903 den geltend gemachten Anspruch zum Betrage von 549 ℳ an und wurde ihrem Anerkenntnis entsprechend verurteilt. Wegen der Mehrforderung erfolgte Beweisaufnahme, und das Landgericht erkannte demnächst unter dem 11. November 1903 dahin, daß der Kläger mit seinem Mehranspruch abzuweisen sei; von den Kosten des Rechtsstreits wurden die der Beweisaufnahme dem Kläger, die sonstigen Kosten den Parteien je zur Hälfte auferlegt. Die Beklagte legte unter Hinweis auf den § 99 Abs. 2 Z.P.O. wegen der Kostenentscheidung Berufung ein, die jedoch vom Kammergericht als unzulässig verworfen wurde. Die Revision ist zurückgewiesen worden aus folgenden

Gründen:

„Nach § 99 Abs. 1 Z.P.O. ist die Regel, daß die Anfechtung der Entscheidung über den Kostenpunkt unzulässig ist, wenn nicht gegen die Entscheidung in der Hauptsache ein Rechtsmittel eingelegt wird. Daß danach die Kostenentscheidung der selbständigen Anfechtung auch im Falle der Unzulässigkeit eines Rechtsmittels in der Hauptsache entzogen ist, hat das Reichsgericht wiederholt ausgesprochen.

Vgl. Entsch. des R.G.'s in Zivils. Bd. 31 S. 44 und die dort angeführten Urteile; vgl. auch Entsch. Bd. 27 S. 365 Nr. 95.

Die Regel galt vor dem Inkrafttreten des Gesetzes, betreffend Änderungen der Zivilprozeßordnung, vom 17. Mai 1898 (R.G.Bl. S. 256) ausnahmslos. Durch dieses Gesetz sind zwei Ausnahmen zugelassen, von denen hier die erste in Betracht kommt. Sie findet sich in Abs. 2 des § 99 Z.P.O. in der neuen Fassung, wie sie auf Grund des Gesetzes vom 17. Mai 1898 (R.G.Bl. S. 342) vom Reichskanzler bekannt gemacht worden ist. Der Abs. 2, der seine Entstehung einem Beschlusse der Reichstagskommission verdankt, bestimmt: „Ist die Hauptsache durch eine auf Grund eines Anerkenntnisses ausgesprochene Verurteilung erledigt, so kann die Entscheidung über den Kostenpunkt selbständig angefochten werden." Es sollte damit die Härte beseitigt werden, die in der Versagung von Rechtsmitteln gegen Anerkenntnisurteile nur im Kostenpunkt erblickt wurde. Im übrigen ergibt die Entstehungsgeschichte des Gesetzes nur, daß man — statt der in dem neuen Abs. 3 zugelassenen sofortigen Beschwerde — das in der Hauptsache gegebene Rechtsmittel in der Beschränkung auf den Kostenpunkt aus Zweckmäßigkeitsgründen eingeführt hat, weil sich die hauptsächlich in Betracht kommende Frage, ob der Beklagte durch sein Verhalten zur Erhebung der Klage Anlaß gegeben habe (§ 93 Z.P.O.), zur Erörterung im Beschwerdeverfahren nicht eigne (S. 506. 507 der Materialien in der Heymann'schen Ausgabe). Die Neuerung gegenüber dem früheren Rechtszustande besteht hiernach darin, daß, um bei einem Anerkenntnisurteile die Entscheidung über die Kosten anzugreifen, es nicht der Einlegung des Rechtsmittels wegen der Hauptsache bedarf; die Kostenfrage kann zum selbständigen Gegenstande der Beschwerde in der Rechtsmittelinstanz gemacht werden. Daraus folgt, daß dies nur insoweit geschehen darf, als in dem Anerkenntnisurteil über die Kosten entschieden ist, womit vielleicht nicht ausgeschlossen sein möchte, daß diese Entscheidung nachträglich auf Grund eines Vorbehalts oder auch ohne einen solchen erfolgt, wofern es sich nur um eine Ergänzung des Anerkenntnisurteils handelt, und sich sagen läßt, daß über die Kosten in dem Umfange des durch dieses Urteil erledigten Streitstoffs erkannt sei. Die Anfechtung darf aber unter keinen Umständen über den Rahmen der durch das Anerkenntnisurteil bedingten Kostenentscheidung hinausgehen. Der Berufungsrichter geht deshalb darin zu weit, daß er den Abs. 2 des § 99 Z.P.O. nur im Falle der gänzlichen Erledigung der Hauptsache durch Anerkenntnis für anwendbar erachtet. Die Anwendung der Ausnahmebestimmung ist nicht ausgeschlossen, wenn ein den Kostenpunkt umfassendes Teilurteil auf Anerkenntnis vorliegt, womit darüber nicht entschieden werden soll, ob eine solche Kostenseparation zulässig ist. Wenn aber, wie im vorliegenden Falle, zunächst ein Anerkenntnis-Teilurteil ohne Erledigung des Kostenpunktes, und hierauf nach kontradiktorischer Verhandlung über den Rest des erhobenen Anspruchs ein diesen Rest und die Prozeßkosten im ganzen erledigendes ferneres Teilurteil ergangen ist, so fehlt es an der Möglichkeit, dem Abs. 2 des § 99 Z.P.O. Geltung zu verschaffen. In dem letzteren Urteil ist über die Kosten einheitlich entschieden; der Beklagten ist nicht etwa ein bestimmter Bruchteil oder Betrag in Vervollständigung des früheren Urteils auf Anerkenntnis auferlegt worden. Für eine selbständige Anfechtung des Anerkenntnisurteils im Kostenpunkt ist daher mangels einer entsprechenden Entscheidung kein Raum. Würde die Berufung zugelassen, so müßte der Berufungsrichter befugt sein, die Entscheidung über die gesamten Prozeßkosten zu ändern. Eine solche Befugnis ist ihm aber im Gesetze nicht eingeräumt; nur über die Kosten in der Beschränkung auf das Anerkenntnisurteil darf er erkennen. Es kann zugegeben werden, daß diese Beschränkung unter Umständen zu Härten führt. Aber das Gesetz bietet auch in seiner neuen Fassung keine Handhabe, entgegen der Regel des Abs. 1 des § 99 Z.P.O. die Anfechtung der Kostenentscheidung deshalb zuzulassen, weil sie auch im Hinblick auf ein vorangegangenes Teilurteil auf Anerkenntnis ergangen ist, ohne daß diesem mehr als die Bedeutung eines Motivs für die getroffene Entscheidung zukommt (so auch Petersen, 5. Aufl., bearbeitet von Remelé und Anger Bem. 7 b zu § 99 Z.P.O., wo fernere Angaben über die Judikatur der Oberlandesgerichte und die Literatur; das von der Beklagten angezogene Urteil des Reichsgerichts vom 20. Oktober 1903 im Recht Bd. 7 S. 553 trifft den vorliegenden Fall nicht und spricht sich im übrigen gleichfalls gegen die Zulässigkeit der Beschwerde nach § 99 Abs. 3 Z.P.O. im Fall einer einheitlichen Kostenentscheidung aus)." . . .

92. Abgrenzung der „im Inlande" und der „durch briefliche oder telegraphische Korrespondenz zwischen einem Orte des Inlandes und einem Orte des Auslandes zustande gekommenen Geschäfte" im Sinne von § 6 Abss. 1 u. 3 des Reichsstempelgesetzes vom 14. Juli 1900.

VII. Zivilsenat. Urt. v. 3. Januar 1905 i. S. Brem. Staat (Bekl.) w. F. & W. (Kl.). Rep. VII. 252/04.

I. Landgericht Bremen.
II. Oberlandesgericht Hamburg.

Der Sachverhalt ergiebt sich aus den

Gründen:

„Die klagende, in Bremen domizilierte Firma hat als Kommittentin zwei Firmen in New-York bzw. Liverpool als Kommissionären Aufträge zum börsenmäßigen Ankauf oder Verkauf von Baumwolle gegeben. Die Erteilung der Aufträge ist ohne Vermittlung eines Dritten erfolgt. Die ausländischen Firmen haben in Veranlassung davon mit Dritten die Geschäfte abgeschlossen und telegraphische Mitteilung hierüber an ihren Agenten in Bremen, die Firma H. & Co., gelangen lassen. Nach der von dem Beklagten bestrittenen Behauptung der Klägerin ist jedoch die Mitteilung in einzelnen Fällen ihr direkt gemacht. Die Firma H. & Co. hat die an sie gerichteten Depeschen ihrem Wortlaut nach an die Klägerin weitergegeben. Der Beklagte hält dafür, daß es sich bezüglich der fraglichen Mitteilungen um Abwicklungsgeschäfte (§ 7 Abs. 3 des Reichsstempelgesetzes vom 14. Juni 1900) handle, und daß solche, da für das Zustandekommen derselben die Mitteilung, welche von seiten der Firma H. & Co. der Klägerin gemacht worden, erheblich sei, als im Inlande abgeschlossen zu gelten hätten. Danach ist dafür der volle Stempelbetrag verlangt (§ 6 Abss. 2 und 3 a. a. O.). Die Klägerin hält sich jedoch, und zwar auch in den Fällen, in denen die Mitteilung an sie durch Vermittlung von H. & Co. gelangt ist, deshalb, weil nur im Auslande abgeschlossene Geschäfte in Frage ständen, nur zur Zahlung des halben Stempelbetrages verpflichtet. Sie hat deshalb mit der Klage von dem ihrerseits eingezahlten vollen Stempelbetrage die Hälfte zurückverlangt. Der Klage ist in den beiden Vorinstanzen stattgegeben. Das Landgericht hat dabei angenommen, daß das Abwicklungsgeschäft schon in der Annahme des Auftrags von seiten der ausländischen Firmen zu befinden sei. Vom Berufungsgericht ist dagegen unter Zurückweisung dieses Standpunktes folgendes ausgeführt: Es sei die von H. & Co. bewirkte Weitergabe der Mitteilungen über die von den erwähnten beiden Firmen abgeschlossenen Geschäfte gewissermaßen eine rein mechanische gewesen. Die fragliche Tätigkeit stelle sich nur als die eines Boten dar. Danach erschienen die in Rede stehenden Fälle vollständig gleichartig denen, in welchen die Anzeigen direkt an die Klägerin gerichtet gewesen seien.

Die gegen diese Entscheidung eingelegte Revision muß für begründet erachtet werden. Es kann dahingestellt bleiben, ob, wie vom Beklagten zur Begründung des Rechtsmittels geltend gemacht ist, die Firma H. & Co. als völlig verfügungsberechtigter Vertreter der ausländischen Kommissionäre erscheint. Jedenfalls ist sie als ein frei handelndes Organ der Willensäußerung der Kommissionäre dem Kommittenten gegenüber aufgetreten, indem sie die an sie gerichtete Anzeige der ersteren durch eine von ihr ausgehende, besondere Mitteilung an die Kommittentin weiter gegeben hat. Es muß bei dieser Sachlage von der Annahme einer rein mechanischen Tätigkeit der als Agentin der ausländischen Kommissionäre fungierenden Firma H. & Co. abgesehen werden. Danach ergibt sich aber, daß die fraglichen Abwicklungsgeschäfte, soweit jene Tätigkeit dabei mitgewirkt hat, als im Inlande abgeschlossen zu gelten haben. Es ist auf die Entscheidung des erkennenden Senats vom 2. Juli 1901 (Jurist. Wochenschr. S. 657 Nr. 20) zu verweisen, indem nicht darauf eingegangen zu werden braucht, ob dem an diesem Orte angezogenen Urteile des Reichsgerichts in Bd. 18 der Entsch. in Zivils. S. 25, wonach auch dann, wenn die Handlung der vermittelnden Person sich nur als die eines Boten darstellt, die Inlandsqualität des Geschäfts vorliegt, im vollen Umfange beizutreten ist." ...

93. Teilt die Ehefrau den Wohnsitz des Ehemannes, wenn er im Inlande belegen ist, auch in dem Falle, daß sie von dem Manne getrennt lebt und hierzu berechtigt ist?

B.G.B. § 10.

IV. Zivilsenat. Urt. v. 5. Januar 1905 i. S. Sch. Ehefr. (Bekl.) w. Sch. (Kl.). Rep. IV. 312/04.

I. Landgericht I Berlin.
II. Kammergericht daselbst.

Die Parteien hatten im März 1901 die Ehe miteinander geschlossen; die Beklagte hatte indes den Kläger bereits im September des nämlichen Jahres verlassen und seitdem von ihm getrennt gelebt. Nach ihrer Entfernung vom Kläger erhob sie bei dem Landgericht I in Berlin, seinem Wohnorte, Klage, und sie erwirkte ein rechtskräftig gewordenes Urteil dieses Gerichts vom 25. November 1901, durch das der jetzige Kläger schuldig erkannt wurde,

1. anzuerkennen, daß sie berechtigt sei, die Wiederherstellung des ehelichen Lebens zu verweigern,
2. ihr eine Unterhaltsrente von 1300 ℳ im Jahre zu zahlen.

Der Kläger behauptete in einer nunmehr von ihm auf Grund des § 323 Z.P.O. erhobenen Klage, daß seine Vermögensverhältnisse sich inzwischen verschlechtert hätten, und die Rente, zu deren Entrichtung er schuldig erkannt worden sei, herabgesetzt werden müsse, und beantragte, jenes Urteil dahin abzuändern, daß er vom Tage der Klagezustellung ab jährlich eine Unterhaltsrente von nur 300 ℳ in vierteljährlichen, zum voraus fälligen Teilbeträgen zu zahlen habe. Anhängig gemacht wurde von ihm der Rechtsstreit auch bei dem Landgericht I zu Berlin, in dessen Bezirk er noch seinen Wohnsitz hatte, während als Wohnort der Beklagten in der Klageschrift Charlottenburg angegeben war, und sie damals in Neu-Weißensee wohnte. Die Beklagte erhob im Hinblick hierauf die Einrede der örtlichen Unzuständigkeit des Gerichts. Vom Prozeßgericht wurde die Verhandlung hierauf beschränkt, die Einrede für begründet erachtet, und demgemäß die Klage abgewiesen. Auf die Berufung des Klägers wurde dagegen die Einrede der Unzuständigkeit verworfen, und die Sache zur weiteren Verhandlung und Entscheidung an das Landgericht zurückverwiesen. Die Revision der Beklagten blieb ohne Erfolg.

Aus den Gründen:

... „Im vorliegenden Fall ist, wie auch beide Instanzgerichte annehmen, für die Zuständigkeit der allgemeine Gerichtsstand der Beklagten maßgebend, und es steht deshalb zur Frage, wo dieser begründet ist. Das Landgericht ist der Ansicht, daß hierfür der Wohnsitz des Klägers, als des Ehemannes, nicht in Betracht komme, weil der Beklagten rechtskräftig die Befugnis zuerkannt sei, die Wiederherstellung des ehelichen Lebens zu verweigern, und sie tatsächlich von ihm getrennt lebe, zur Zeit der Klagezustellung aber in Charlottenburg ihren Wohnsitz gehabt habe, und deshalb das angerufene Landgericht I in Berlin nicht zuständig sei. Das Berufungsgericht hält dagegen letzteres Gericht für zuständig, weil der Kläger in dessen Bezirk wohne, und die Beklagte zufolge § 10 B.G.B. seinen Wohnsitz teile.

Die Entscheidung hängt davon ab, wie der § 10 B.G.B. auszulegen ist. Die von dem Landgericht befolgte Auslegung ist nicht ohne Vorgang in der Literatur, da die Ansicht vertreten wird, daß die Frau gemäß § 10 B.G.B. den Wohnsitz des Mannes nicht teile und sich einen Wohnsitz selbständig begründen könne, wenn in der Wahl des Wohnsitzes von seiten des Mannes ein Mißbrauch seines Rechts liege, und sie ihm zufolge § 1354 Abs. 2 B.G.B. nicht zu folgen brauche.

Vgl. **Dernburg**, Bürgerl. Recht Bd. 1 § 57 Ziff. V S. 145; **Eck**, Vorträge Bd. 1 S. 41; anscheinend auch **Crome**, System Bd. 1 § 46 Anm. 11, S. 223.

Diese Auslegung ist indes nicht haltbar. Nach § 10 B.G.B. hat die Ehefrau einen gesetzlichen Wohnsitz, nämlich den des Ehemannes. Eine Ausnahme hiervon gilt einzig in dem Fall, daß der Ehemann nach Schließung der Ehe einen Wohnsitz im Auslande neu an einem Ort begründet, an den sie ihm nicht zu folgen braucht und nicht folgt. Dann kann sie selbständig einen Wohnsitz begründen. Ferner kann sie letzteres, wenn der Mann keinen Wohnsitz hat. Wenn dagegen der Mann einen Wohnsitz im Auslande hat, an den sie ihm folgen muß und stets, wenn er einen Wohnsitz im Inlande hat, bleibt es bei der Regel des § 10 Abs. 1 Satzes 1 B.G.B. Die Frau hat den abgeleiteten gesetzlichen Wohnsitz am Wohnsitz des Mannes, auch wenn sie tatsächlich von ihm getrennt lebt, und falls der Wohnsitz im Inlande liegt, selbst dann, wenn sie ihm nicht zu folgen braucht. Daß diese Regel beabsichtigt war, ergeben die Vorarbeiten zum Bürgerlichen Gesetzbuche, nämlich die Motive zu § 39 des 1. Entwurfs (Bd. 1 S. 74. 75), von dem das Bürgerliche Gesetzbuch im § 10 lediglich darin abweicht, daß es für den Fall der Verlegung des Wohnsitzes ins Ausland die gesetzliche Regel nur dann außer Kraft treten läßt, wenn die Frau tatsächlich nicht folgt.

Vgl. Protok. der 2. Kommission Bd. 1 S. 41. 42.

Der Wortlaut des § 10 B.G.B. steht hiermit durchaus im Einklang, und es wird denn auch die dem entsprechende, oben wiedergegebene Auslegung überwiegend für die richtige erachtet.

Vgl. **Cosack**, Lehrbuch 3. Aufl. Bd. 1 § 27 Ziff. I. und die Kommentare von **Planck**, § 10 Bem. 5, **Rehbein**, §§ 7—11 Bem. 4, **Gareis**, § 10 Bem. 4, v. **Staudinger**, § 10 Bem. 5.

Bemerkt werden mag, daß hierdurch den Bedürfnissen des Rechtsverkehrs weit besser gedient wird, da die Voraussetzungen, unter denen nach der hier befolgten Auslegung die Ehefrau einen selbständigen Wohnsitz haben kann, leicht festzustellen sind, während die Ansicht, daß sie einen Wohnsitz selbständig auch dann zu begründen vermag, wenn sie dem Mann gemäß § 1354 Abs. 2 B.G.B. nicht zu folgen braucht, eine Entscheidung erfordert, die möglicherweise mit der größten Schwierigkeit verbunden ist.

Das vorstehend erörterte gilt nicht, wenn unter Anwendung des § 1575 B.G.B. auf Aufhebung der ehelichen Gemeinschaft erkannt ist. Denn dann treten zufolge § 1586 B.G.B. die mit der Scheidung verbundenen Wirkungen, abgesehen von der Zulässigkeit einer neuen Eheschließung, im übrigen ein, und der abgeleitete Wohnsitz des § 10 hört auf.

Vgl. Planck, a. a. O. § 10 Bem. 4.

Es ist das die nämliche Folge, die im früheren Recht (§ 17 Abs. 1 Z.P.O. a. F.) mit der immerwährenden Trennung von Tisch und Bett verbunden war und nach der bei den Vorarbeiten zum Bürgerlichen Gesetzbuch gehegten Absicht für diesen Fall, soweit ein solcher noch vorkommen könnte, im Einführungsgesetz besonders ausgesprochen werden sollte.

Vgl. Mot. zum 1. Entw. Bd. 1 S. 75; Entw. des Einf.-Ges. Art. 6 und dessen Begründung; Protok. der 2. Kommission Bd. 1 S. 42.

Im Falle des § 1586 B.G.B. ist mithin die Frage, wo die Ehefrau ihren Wohnsitz hat, ebenfalls ohne Rücksicht auf den Wohnsitz des Mannes zu beantworten. Auch hieraus sind Schwierigkeiten nicht zu besorgen, da die Aufhebung der ehelichen Gemeinschaft ebenso wie deren etwaige Wiederherstellung zufolge § 55 des Gesetzes über die Beurkundung des Personenstandes (Art. 46 Einf.-Ges. zum B.G.B.) in das Heiratsregister eingetragen werden soll, also das eine wie das andere sehr leicht festzustellen ist.

Im vorliegenden Fall kommt ein selbständiger Wohnsitz der Beklagten nicht in Frage. Wie die Akten des Vorprozesses ergeben, hat die jetzige Beklagte damals nicht auf Aufhebung der ehelichen Gemeinschaft geklagt, sondern, abgesehen von der Aufhebung der ehemännlichen Verwaltung ihres Vermögens, auf Anerkennung, daß sie die Herstellung des ehelichen Lebens verweigern dürfe, und auf Gewährung von Unterhalt. Demgemäß ist durch das Urteil des Landgerichts vom 25. November 1901, dessen Abänderung jetzt vom Kläger begehrt wird, erkannt worden unter Anwendung der §§ 1353 Abs. 2. 1361 B.G.B. Danach ist in dem Vorprozeß nicht ein Urteil auf Aufhebung der ehelichen Gemeinschaft ergangen; vielmehr ist ein Urteil erlassen, das einer Eintragung in das Standesregister nicht fähig war und keinen dauernden Zustand geschaffen, sondern dem damaligen Beklagten, jetzigen Kläger, die Möglichkeit belassen hat, gemäß § 1353 B.G.B. die Wiederherstellung des ehelichen Lebens für den Fall zu verlangen, daß er die Beseitigung der gegenwärtig vorhandenen, die jetzige Beklagte zur Weigerung berechtigenden Gründe dartun könnte. Abgesehen davon, daß dieselbe dem Kläger jetzt nicht zu folgen braucht, ist mithin die Ehe der Parteien in voller Geltung geblieben, und deshalb hat die Beklagte ihren gesetzlichen Wohnsitz immer noch an dem Wohnsitz des Klägers, so daß sie auch hier ihren allgemeinen Gerichtsstand hat, und die vorliegende Klage bei dem zuständigen Gericht erhoben worden ist." ...

94. Wann beginnt für den Pflichtteilsberechtigten, der als Nacherbe eingesetzt ist, und dessen Erbteil die Hälfte des gesetzlichen Erbteils übersteigt, die Ausschlagungsfrist?

IV. Zivilsenat. Urt. v. 5. Januar 1905 i. S. K. (Bekl.) w. Z. (Kl.). Rep. IV. 320/04.

I. Landgericht Frankenthal.
II. Oberlandesgericht Zweibrücken.

Im Februar 1903 starb die Frau E. K., geborene Z., in N., die Mutter der Klägerin. Frau E. K. hatte mit ihrem Ehemanne, dem Rentner H. K. in N., am 4. Juli 1901 einen notariellen Erbvertrag abgeschlossen, in dem sich die Eheleute gegenseitig zu Alleinerben eingesetzt und ferner bestimmt hatten, daß nach dem Tode des Überlebenden der beiderseitige Nachlaß zu gleichen Teilen an die gemeinschaftlichen Kinder fallen sollte, und daß der überlebende Ehegatte Vorerbe, und die gemeinschaftlichen Kinder Nacherben sein sollten.

Am 28. Februar 1903 wurde der Erbvertrag in Gegenwart des Ehemannes und Bevollmächtigten der Klägerin eröffnet und verkündet. Am 7. Mai 1903 übergaben die Klägerin und ihr Ehemann dem Amtsgericht in N. eine schriftliche, beglaubigte Erklärung des Inhalts, daß Ehefrau Z. als gesetzliche Erbin der verstorbenen Ehefrau K. die Erbeinsetzung vom 4. Juli 1901 ausschlage und ihren gesetzlichen Pflichtteil begehre, sowie daß sie, falls die Ausschlagungsfrist als versäumt erachtet werden sollte, die durch Unterlassung rechtzeitiger Ausschlagung bewirkte Annahme der Erbschaft wegen Irrtums und arglistiger Täuschung anfechte. Da H. K. die Auszahlung des Pflichtteils verweigerte, erhob die Klägerin Klage. Ihr schließlicher Antrag ging dahin,

> festzustellen, daß der Beklagte verpflichtet sei, an sie ihren Pflichtteil an dem Nachlasse ihrer Mutter zu bezahlen, zu diesem Zwecke ein Verzeichnis dieses Nachlasses unter Zuziehung der Klägerin durch einen Notar errichten zu lassen und zur Feststellung des Pflichtteils mit ihr zu schreiten.

Der Beklagte bekämpfte die Klage mit der Ausführung, daß Klägerin die durch § 2306 B.G.B. bestimmte Frist zur Ausschlagung unbenutzt habe verstreichen lassen und daher jetzt den Pflichtteilsanspruch nicht mehr erheben könne. Beide Vorinstanzen erachteten die Ausschlagungsfrist als nicht versäumt und sprachen die Klage zu. Die Revision des Beklagten ist zurückgewiesen worden aus folgenden

Gründen:

„In Übereinstimmung mit den beiden Vorinstanzen ist anzunehmen, daß die Klägerin als pflichtteilsberechtigte Nacherbin die Erbschaft nach ihrer Mutter rechtzeitig ausgeschlagen hat; denn für den als Nacherben eingesetzten Pflichtteilsberechtigten beginnt die Ausschlagungsfrist nicht vor dem Eintritte der Nacherbfolge, und die Klägerin hat die Erbschaft vor dem Eintritte der Nacherbfolge ausgeschlagen.

Ist ein als Erbe berufener Pflichtteilsberechtigter durch die Einsetzung eines Nacherben, die Ernennung eines Testamentsvollstreckers oder eine Teilungsanordnung beschränkt, so gilt die Beschränkung als nicht angeordnet, wenn der ihm hinterlassene Erbteil die Hälfte des gesetzlichen Erbteils nicht übersteigt. Ist dagegen der hinterlassene Erbteil größer, so kann der Pflichtteilsberechtigte den Pflichtteil verlangen, wenn er den Erbteil ausschlägt. Dies bestimmt der § 2306 Abs. 1 B.G.B. Die Klägerin ist zwar nicht als Erbin, sondern als Nacherbin berufen; aber einer Beschränkung der Erbeinsetzung steht es, wie § 2306 Abs. 2 B.G.B. bestimmt, gleich, wenn der Pflichtteilsberechtigte als Nacherbe eingesetzt ist.

Der erste Entwurf des Bürgerlichen Gesetzbuchs (§ 1981) hatte die Einsetzung als Nacherbe in einem und demselben Satze neben der Einsetzung als Vorerbe unter dem Gesichtspunkte einer Beschränkung der Erbeinsetzung behandelt, wie aus der Fassung des § 1981 Abs. 1:

„Ist der Pflichtteilsberechtigte als Erbe durch Einsetzung eines Vorerben oder Nacherben ... beschränkt ... so kann er" 2c,

hervorgeht. An dieser Fassung nahm man bei der zweiten Lesung des Entwurfs Anstoß, weil es unrichtig sei, zu sagen, daß jemand als Erbe beschränkt sei, wenn er jetzt überhaupt noch nicht Erbe sei, sondern vielleicht erst nach dreißig Jahren Erbe werde. Dem hervorgehobenen Bedenken wurde Rechnung getragen, und die Gesetzesstelle schon bei der zweiten Lesung so gefaßt, wie der § 2306 B.G.B. lautet.

Protokolle der 2. Lesung Bd. 5 S. 515 und § 2172 des zweiten Entwurfs.

Steht hiernach die Einsetzung eines Pflichtteilsberechtigten als Nacherben einer Beschränkung der Erbeinsetzung im Sinne des § 2306 Abs. 1 B.G.B. gleich, so gilt für den pflichtteilsberechtigten Nacherben auch der Satz, daß er, falls der hinterlassene Erbteil die Hälfte des gesetzlichen Erbteils übersteigt, den Pflichtteil verlangen kann, wenn er den Erbteil ausschlägt. Der § 2306 Abs. 1 B.G.B. bestimmt aber ferner, daß die Ausschlagungsfrist erst beginnt, wenn der Beschränkte von der Beschränkung Kenntnis erlangt.

Es fragt sich nun, welche Bedeutung dieser Bestimmung über den Beginn der Ausschlagungsfrist zukommt. Der Wortlaut ist klar. Bevor der Beschränkte von der Beschränkung Kenntnis erlangt, soll die Frist nicht beginnen. Erst mit dem Zeitpunkt, in dem er die Kenntnis erlangt, ist der Beginn der Frist möglich. Schon der Gebrauch des Wörtchens „erst" deutet an, daß es sich hier um eine Hinausschiebung eines sonst früher eintretenden Anfangspunktes handelt, und nicht um eine Bestimmung in dem Sinne, daß als Anfang der Frist stets und unter allen Umständen der Zeitpunkt der Erlangung der Kenntnis von der Beschränkung gelten solle. Wäre letzteres, wie Beklagter meint, beabsichtigt, so hätte es viel näher gelegen, die Bestimmung unter Weglassung des Wörtchens „erst“ einfach dahin zu fassen: „Die Ausschlagungsfrist beginnt, wenn er von der Beschränkung Kenntnis erlangt.“ In der Tat bedeutet die Bestimmung eine zugunsten der in Rede stehenden Beschränkten angeordnete Hinausschiebung des Fristbeginns gegenüber den allgemeinen Bestimmungen über den Beginn der Ausschlagungsfrist. Die Bestimmung gibt lediglich dem ganz selbstverständlichen Schutzbedürfnisse gesetzgeberischen Ausdruck, daß ein so beschränkter Erbe, der von der Beschränkung der Erbeinsetzung nichts erfährt und darum die Ausschlagungsfrist versäumt, doch nicht, was sonst nach der Regel des § 1943 B.G.B. unausbleiblich wäre, wie ein Erbe angesehen werden kann, der die ihm angefallene Erbschaft angenommen hat. Vor dieser Folge soll der Erbe geschützt werden. Darum hat die genannte Bestimmung die Eigenschaft einer Ausnahmebestimmung, und dies darf bei Ermittelung ihrer Tragweite nicht außer acht gelassen werden.

Was die allgemeinen Vorschriften betrifft, denen gegenüber die hier fragliche Bestimmung eine Ausnahme darstellt, so beginnt nach § 1944 Abs. 2 B.G.B. für den Erben die Ausschlagungsfrist mit dem Zeitpunkt, in welchem er von dem Anfall der Erbschaft und dem Grunde der Berufung Kenntnis erlangt, jedoch, wenn er durch Verfügung von Todes wegen berufen ist, nicht vor der Verkündung der Verfügung. Dem Nacherben fällt nach § 2139 B.G.B. die Erbschaft erst an, wenn der Vorerbe aufhört, Erbe zu sein, und der Vorerbe hört auf, Erbe zu sein, wenn der Fall der Nacherbfolge eingetreten ist. Die Kenntnis von dem Anfall der Erbschaft an den Nacherben kann natürlich nicht früher entstehen, als die Tatsache des Erbanfalls selbst. Mithin kann für den Nacherben die Ausschlagungsfrist nicht früher beginnen, als der Fall der Nacherbfolge eingetreten ist. An dieser Fristberechnung wird dadurch nichts geändert, daß der § 2142 Abs. 1 B.G.B. dem Nacherben das Recht einräumt, die Erbschaft auszuschlagen, sobald der Erbfall, d. h. der Anfall der Erbschaft an den Vorerben, eingetreten ist. Während es in seinem, des Nacherben, Belieben steht, von diesem Rechte Gebrauch zu machen, ist er gezwungen, die Ausschlagungsfrist zu wahren, widrigenfalls er die aus der Fristversäumung sich ergebenden Nachteile auf sich nehmen muß.

Nach diesen allgemeinen Vorschriften beginnt also für den als Nacherben eingesetzten Pflichtteilsberechtigten die Ausschlagungsfrist frühestens mit dem Eintritte des Falls der Nacherbfolge. Dem gegenüber bezweckt die Bestimmung im § 2306, daß die Frist erst mit Erlangung der Kenntnis von der Beschränkung beginnen soll, nicht eine Schmälerung, sondern eine Erweiterung der Rechte des Nacherben. Für den Nacherben bleibt es bei der Regel, daß die Frist mit dem Zeitpunkte beginnt, in dem er von dem Anfall der Erbschaft an ihn Kenntnis erlangt. Dies kann, wie gesagt, erst nach dem Eintritte des Falls der Nacherbfolge geschehen. Fällt aber die Erlangung der Kenntnis von der Beschränkung der Erbeinsetzung in einen späteren Zeitpunkt, als die Erlangung der Kenntnis von dem Erbschaftsanfall, so beginnt ausnahmsweise die Ausschlagungsfrist erst in dem späteren Zeitpunkte. Der Nacherbe erfährt also, ebenso wie der Erbe, gegenüber den allgemeinen Vorschriften über die Ausschlagungsfrist eine Besserung seiner rechtlichen Stellung hinsichtlich des Beginnes der Ausschlagungsfrist.

Eine Nötigung des pflichtteilsberechtigten Nacherben, sich über die Ausschlagung der Nacherbschaft früher, als dies nach den allgemeinen Bestimmungen erforderlich, schlüssig zu machen, würde dahin führen, daß der pflichtteilsberechtigte Nacherbe ungünstiger gestellt wäre, als der nicht pflichtteilsberechtigte Nacherbe, was der Gesetzgeber nicht gewollt haben kann. Allerdings erheischt die Rücksicht auf den Vorerben, daß die Frage, ob der Nacherbe den Pflichtteilsanspruch erheben werde, nicht zu lange in der Schwebe bleibe; allein dieser Rücksicht tragen die Vorschriften über die Verjährung des Pflichtteilsanspruchs Rechnung, insbesondere die Bestimmung im § 2332 Abs. 3 B.G.B., wonach die Verjährung nicht dadurch gehemmt wird, daß der Pflichtteilsanspruch erst nach der Ausschlagung der Erbschaft geltend gemacht werden kann.

Endlich spricht auch, wie das Berufungsgericht mit Recht hervorhebt, die Entstehungsgeschichte des § 2306 B.G.B. für die dargelegte Auffassung. Bei der zweiten Lesung des Entwurfs war zu § 1981 der Antrag gestellt worden, eine Vorschrift dahin aufzunehmen, der Vorerbe sei berechtigt, dem Pflichtteilsberechtigten zur Ausschlagung eine Frist zu bestimmen; erfolge die Ausschlagung nicht innerhalb der Frist, so sei der Pflichtteilsanspruch ausgeschlossen, auch wenn der Pflichtteilsberechtigte die Erbschaft später ausschlage. Dieser Antrag war mit dem Hinweis darauf begründet worden, es sei mißlich, daß dem Nacherben keine zeitliche Schranke für die Ausschlagung gesetzt sei, der Vorerbe mithin niemals wissen könne, ob es zur Nacherbschaft kommen, oder der Berufene die Nacherbschaft ausschlagen und den Pflichtteil verlangen werde. Allein der Antrag wurde abgelehnt. Die Mehrheit erachtete es für nicht ratsam — namentlich im Hinblick auf den häufig vorkommenden Fall, daß die Kinder als Nacherben nach dem überlebenden Ehegatten berufen würden —, durch Befristung des Ausschlagungsrechts die Nacherben geradezu zu drängen, von ihrem Ausschlagungsrechte Gebrauch zu machen.

Vgl. Protokolle der 2. Lesung Bd. 5 S. 514 bis 516.

Die im § 2332 Abss. 1 und 3 B.G.B. enthaltenen Bestimmungen über die Verjährung des Pflichtteilsanspruchs sind freilich auch geeignet, die Nacherben zu drängen, vor Vollendung der dreijährigen Verjährung die Nacherbschaft auszuschlagen; allein diese Bestimmungen waren bereits im ersten Entwurfe (§ 1999 Abss. 1 u. 3) enthalten, mithin der zweiten Kommission bekannt. Dennoch lehnte sie eine besondere Befristung des Ausschlagungsrechts ab." ...

95. Kann in Ehesachen der Prozeßbevollmächtigte einer Partei namens dieser auch ohne besonderen Auftrag wirksam auf das Rechtsmittel der Berufung verzichten?

Z.P.O. §§ 81. 85.

IV. Zivilsenat. Urt. v. 9. Januar 1905 i. S. Gr. (Bekl.) w. Gr. Ehefr. (Kl.). Rep. IV. 539/04.

I. Landgericht Halle a. S.
II. Oberlandesgericht Naumburg a. S.

Die Parteien hatten am 10. November 1894 die Ehe geschlossen, lebten aber seit Mitte September 1903 voneinander getrennt. Beide erhoben Klage und beantragten die Scheidung. Das Landgericht verband die Klagen und erkannte durch Urteil vom 14. April 1904, durch das auf die Klage die Ehe der Parteien geschieden, und der Beklagte für den schuldigen Teil erklärt, die Widerklage dagegen abgewiesen wurde. Das Urteil wurde von Amts wegen zugestellt, und zwar der Klägerin wie dem Beklagten am 3. Mai 1904. Zwischen den Parteien war wegen einer von der Klägerin beantragten einstweiligen Verfügung noch ein anderer Rechtsstreit anhängig, in welchem am 28. April 1904 vor dem Landgericht Termin anstand. In diesem Termin erschienen die Anwälte beider Parteien und gaben die Erklärung ab, daß sie auf ein Rechtsmittel in der Ehesache verzichteten. Es waren dies die nämlichen Anwälte, welche die Parteien auch in der Ehesache vertreten und Vollmacht zu den Akten überreicht hatten. Der Beklagte legte gleichwohl Berufung ein und machte geltend, daß er seinen Prozeßbevollmächtigten erster Instanz zur Abgabe eines Verzichts auf die Berufung nicht ermächtigt gehabt habe, und derselbe zu dem Verzicht nicht befugt gewesen sei. Das Berufungsgericht erachtete den erwähnten Verzicht für wirksam und verwarf die Berufung als unzulässig.

Die Revision des Angeklagten wurde zurückgewiesen aus folgenden

Gründen:

„Es handelt sich gegenwärtig nur darum, ob die Berufung zulässig war, und das hängt davon ab, ob der für den Beklagten abgegebene Verzicht auf die Berufung wirksam gewesen ist. Diese Frage muß, mit dem Berufungsgericht, bejaht werden.

In Ehesachen gelten die allgemeinen prozessualen Regeln, wenn und soweit nicht Ausnahmen besonders getroffen sind oder sich aus der Natur des Streitgegenstandes mit Sicherheit ergeben. So ist die Zulässigkeit eines Rechtsmittels auch in Ehesachen grundsätzlich von dem Vorhandensein einer Beschwerung abhängig, und daran ist in dem in den Entsch. des R.G.'s in Zivils. Bd. 45 S. 321 veröffentlichten Urteil festgehalten. Es ist dort für unzulässig erklärt, daß der Beklagte gegen ein Urteil, welches die gegen ihn erhobene Scheidungsklage abgewiesen hatte, Berufung einlege, um in zweiter Instanz eine Widerklage zu erheben. Dagegen ist von dem erkennenden Senat in dem im 27. Bande der Entsch. S. 370 veröffentlichten Urteil die Berufung gegen ein Urteil, welches die Ehe auf Grund beiderseitiger Einwilligung geschieden hatte, für zulässig erklärt, und ist ebenso durch das Bd. 36 S. 351 abgedruckte Urteil die Berufung der Klägerin gegen ein Urteil, das die Ehe auf ihren Antrag wegen Ehebruchs des Beklagten vom Bande geschieden hatte, und das von ihr angefochten war, um statt der Scheidung vom Bande die Scheidung von Tisch und Bett bis zur Wiedervereinigung der Gemüter herbeizuführen. Die in diesen drei Urteilen befolgten Grundsätze sind indes in dem vorliegenden Fall zur Begründung der Revision nicht geeignet. Zunächst ist nicht zu bezweifeln, daß die Erklärung eines Anwalts, wenn und soweit dieselbe in den Grenzen seiner Vollmacht abgegeben wurde, auch in Ehesachen für die Partei nach Maßgabe des § 85 Z.P.O. verpflichtend ist. Sodann ist mit dem Berufungsgericht anzunehmen, daß die Vollmacht zufolge § 81 Z.P.O. auch zum Verzicht auf ein Rechtsmittel ermächtigt, und endlich ist der Verzicht im vorliegenden Falle mit der nach § 514 Z.P.O. an und für sich verbundenen Folge, also wirksam, erklärt, weil er zwar nicht in dem Scheidungsprozeß, mithin außergerichtlich, aber der Gegenpartei gegenüber abgegeben worden und unzweideutig, sowie ausdrücklich erfolgt ist.

Vgl. Gaupp-Stein, 4. Aufl. Bd. 2 § 514 II.

Von der Revision wird die Wirksamkeit des Verzichts bestritten, und geltend gemacht, daß in Ehesachen zufolge § 617 Abs. 1 Z.P.O. nicht einmal das Anerkenntnis einer einzelnen Tatsache maßgebende Bedeutung habe, dann aber noch viel weniger der Verzicht auf ein Rechtsmittel bindend sein, also die Kraft haben könne, den ganzen Rechtsstreit zu beenden. Die Revision ist der Ansicht, daß sie hierfür sich auf beide zuletzt erwähnten Urteile des Reichsgerichts berufen könne. Hierin kann indes der Revision nicht zugestimmt werden. Eine ausdrückliche Bestimmung, daß ein Verzicht auf ein Rechtsmittel in Ehesachen wirkungslos sei, findet sich in der Zivilprozeßordnung nicht. Die in § 617 gegebenen Vorschriften sollen den im öffentlichen Interesse am Bestande der Ehe begründeten Ausschluß der Verhandlungsmaxime begrenzen. Sie gehen dahin, daß die Vorschrift über die Wirkung eines Anerkenntnisses in allen Ehesachen ausgeschlossen ist, und daß, was die Scheidungsklage betrifft, die in Abs. 2 bezeichneten Vorschriften insoweit keine Anwendung finden, als es sich um Tatsachen handelt, welche die Scheidung begründen sollen. Der Verzicht ist in § 617 nicht erwähnt, und daraus folgt, daß er nicht grundsätzlich ausgeschlossen ist. Wie weit die Wirkung eines Verzichts, der den

Anspruch selbst zum Gegenstand hat (§ 306 Z.P.O.), in Ehesachen reicht, ist dadurch freilich noch nicht entschieden, vielmehr ist das nach Lage der Sache zu bestimmen.

Vgl. Gaupp-Stein, Z.P.O. § 617 II Abs. 2, § 306 bei Anm. 13. Kein Grund ist dagegen vorhanden, dem hiervon verschiedenen Verzicht, der sich lediglich auf den Fortgang des Verfahrens bezieht, die regelmäßige Wirkung in Ehesachen zu versagen und insbesondere bei dem Verzicht auf ein Rechtsmittel die gewöhnliche Folge auszuschließen. Zweifellos würde in solchen Sachen der Verzicht auf ein Rechtsmittel gegen ein Urteil, das nur die Klage des Verzichtenden abwies, bindend sein; das nämliche aber muß gelten gegenüber einem Urteil, das nicht bloß die Klage des Verzichtenden abgewiesen, sondern auch daneben der Klage des anderen Teils entsprochen hat. Die in den vorerwähnten reichsgerichtlichen Urteilen ausgesprochenen Grundsätze, daß über die Trennung der Ehe ein bindender Vertrag von den Ehegatten nicht geschlossen werden kann, und daß es bei ihren zur Sache selbst abgegebenen Erklärungen nicht nur auf ihren wirklichen Willen, sondern auch auf die Ermittelung der Wahrheit ankommt, stehen nicht entgegen. Die Beanstandung des angefochtenen Urteils, daß dem in Rede stehenden Verzicht wegen der Eigenart des Verfahrens in Ehesachen keine Wirkung beigelegt werden dürfe, ist deshalb nicht begründet.

Die Revision macht dann noch geltend, daß der Verzicht jedenfalls wegen Irrtums auf Grund des § 119 B.G.B. angefochten werden könne, und rügt, daß das Berufungsgericht hierauf nicht eingegangen sei. Auch diesem Angriff muß indes der Erfolg versagt werden. Ob die Erklärung eines Bevollmächtigten wegen Irrtums angefochten werden kann, richtet sich zufolge § 166 B.G.B. nach dessen Person, und deshalb fehlen im vorliegenden Fall nach dem vorgetragenen Sachverhalt die Voraussetzungen des § 119. Denn die eigenen Behauptungen des Beklagten lassen keinen Zweifel darüber, daß sein Prozeßbevollmächtigter, als dieser den Verzicht erklärte, mit Absicht und in vollem Bewußtsein von der Tragweite seiner Erklärung handelte, so daß allenfalls nur in Frage kommen kann, ob er hierzu durch eine irrige Annahme, nämlich dadurch veranlaßt wurde, daß er glaubte, es entspreche dies dem Willen des Beklagten, und daß er hierin irrte. Das würde indes ein im vorliegenden Falle unerheblicher Irrtum im Beweggrunde gewesen sein, der (vgl. § 85 Z.P.O.) nicht in Betracht gezogen werden dürfte. Sich hierüber auszusprechen, hatte das Berufungsgericht keinen Anlaß, da der Beklagte keine Anregung dazu gegeben hatte." ...

96. Kann aus dem widerspruchslosen Empfange der Schlußnote eines Handelsmäklers die Genehmigung ihres Inhalts gefolgert werden?

II. Zivilsenat. Urt. v. 10. Januar 1905 i. S. B. (Bekl.) w. E. (Kl.). Rep. II. 294/04.

I. Landgericht Hamburg, Kammer für Handelssachen.
II. Oberlandesgericht daselbst.

Die Frage wurde bejaht aus folgenden

Gründen:

... „Das Berufungsgericht hat auf Grund der Beweiswürdigung tatsächlich festgestellt, daß B., der für die Beklagte das fragliche Geschäft in Hamburg abgeschlossen hatte, von dem Handelsmäkler Bj. die Schlußnote erhalten und gegen deren Inhalt Widerspruch nicht erhoben hat. Aus dem Umstande, daß B. die Schlußnote ohne Widerrede empfangen hat, hat das Berufungsgericht nach Lage des Falls gefolgert, daß er mit dem gesamten Inhalte derselben stillschweigend sich einverstanden erklärt und somit auch der darin enthaltenen Klausel sich unterworfen habe, daß Hamburg der „Ablieferungs- und Erfüllungsort" sein solle. Diese Klausel hat es mangels einseitiger Beschränkung auf die beiderseitigen Verpflichtungen der Parteien bezogen, so daß dadurch für beide Teile gemäß § 29 Z.P.O. ein Gerichtsstand in Hamburg begründet worden sei. Im Anschlusse hieran ist erwogen, es komme nicht in Frage, ... ob der Inhaber und Vertreter der Beklagten die Schlußnote gelesen habe. Denn es sei seine Sache gewesen, über deren Inhalt sich Klarheit zu verschaffen, bevor er sie genehmigt habe. Schon durch diese Erwägungen, welche weder einen Rechtsirrtum noch einen prozessualen Verstoß erkennen lassen und in tatsächlicher Hinsicht der Nachprüfung des Revisionsgerichts nicht unterliegen, wird das Berufungsurteil getragen. ... Verfehlt ist ... die Rüge, die bloß von dem Handelsmäkler unterschriebene Schlußnote könne in dem vorliegenden Falle, indem das Geschäft nicht sofort habe erfüllt werden sollen und von der Beklagten auch nicht sofort erfüllt worden sei, um deswillen keine Bedeutung beanspruchen, weil sie der Vorschrift des § 94 Abs. 2 H.G.B. zuwider von den Parteien nicht unterschrieben worden sei. Es kann dahingestellt bleiben, ob die Schlußnote der Mitunterschrift seitens der Parteien bedurft hätte. Denn auch wenn dies der Fall gewesen wäre, konnte das Berufungsgericht gleichwohl aus der Tatsache, daß B. gegen den Inhalt der Schlußnote Widerspruch nicht erhob, ein stillschweigendes Einverständnis mit deren Inhalt folgern (§ 346 H.G.B.). Nach § 94 H.G.B. soll die Schlußnote die Bedingungen des Geschäfts enthalten und den Parteien zugestellt werden, offenbar zu dem Zwecke, um Klarheit über die Vertragsbedingungen zu schaffen und den Parteien den Beweis zu erleichtern. Zufolge dieser Zweckbestimmung der Schlußnoten dürfen die Parteien ihren Inhalt nicht ohne jedweden Nachteil unbeachtet lassen; vielmehr kommt dem Inhalte der Schlußnoten eine andere Bedeutung zu, als dem Vermerke bezüglich des Erfüllungsortes auf den Fakturen, und zwar aus dem Grunde, weil die Fakturen gemäß feststehender Rechtsprechung des erkennenden Senats an und für sich nicht dazu bestimmt sind, zur Feststellung einer Vereinbarung über den Erfüllungsort zu dienen, und deshalb der hierauf sich beziehende Vermerk auf den Fakturen von dem Empfänger ohne Nachteil unbeachtet bleiben darf." ...

97. 1. Zur Bestimmung der Voraussetzungen der Anfechtung wegen widerrechtlicher Drohung nach § 123 Abs. 1 B.G.B.

2. Genügt zur Ausschließung der Rückforderung des zum Zwecke der Erfüllung einer in Wirklichkeit nicht bestehenden Verbindlichkeit Geleisteten nach § 814 B.G.B. schon ein bloßer Zweifel des Leistenden an dem Bestehen der Verpflichtung?

3. Findet die Rückforderung des zum Zwecke der Erfüllung einer in Wirklichkeit nicht bestehenden Verbindlichkeit Geleisteten

auch dann statt, wenn der Leistende zwar wußte, daß der Anspruch des Empfängers unbegründet sei, aber bezweifelte, ob er selbst einen ihm dabei obliegenden Beweis würde erbringen können?

VI. Zivilsenat. Urt. v. 8. Dezember 1904 i. S. K. (Bekl. u. Widerkl.) w. L. (Kl. u. Widerbekl.). Rep. VI. 58/04.

I. Landgericht Flensburg.
II. Oberlandesgericht Kiel.

Der Beklagte, ehemaliger Handlungsgehilfe der Firma A. L., deren Inhaberin die Ehefrau L., und deren Prokurist der Ehemann der letzteren war, war wegen ihm zur Last gelegter Unterschlagungen aus jener Stellung entlassen worden und wurde von der Firma A. L. aus einem Schuldschein auf Zahlung von 2000 ℳ nebst Zinsen belangt; er erhob Widerklage auf Herausgabe des Schuldscheins. In beiden vorderen Instanzen wurde unter der Bedingung eines von der Ehefrau L. zu leistenden Eides, auf dessen Inhalt es hier nicht weiter ankommt, zugunsten der Klägerin erkannt. Die Revision des Beklagten ist vom Reichsgerichte zurückgewiesen worden. Das Tatsächliche ergibt sich, so weit hier erheblich, des näheren aus den folgenden

Gründen:

„Der Beklagte hat am 22. August 1902 zu Br. dem Ehemann L. als Prokuristen der Klägerin einen Schuldschein ausgestellt, worin er der Klägerin 2000 ℳ zu schulden bekennt und sich verpflichtet, diese Summe am 7. September 1902 zurückzuzahlen. Daß hieraus die Klage, sei es nach § 780, oder nach § 781 B.G.B., ... an sich begründet ist, unterliegt keinem Bedenken und ist auch vom Beklagten nicht in Zweifel gezogen. Es handelt sich daher jetzt nur um die vom Beklagten vorgeschützten Einwendungen und um die auf dieselben Behauptungen gestützte Widerklage.

Die eine dieser Einwendungen ... gibt jetzt zu weiteren Bemerkungen keinen Anlaß. ... Dagegen hat der Beklagte vor allem geltend gemacht, daß die Verwerfung der von ihm erhobenen Einwendung der widerrechtlichen Drohung im Sinne des § 123 Abs. 1 B.G.B., bzw. der deswegen rechtzeitig erfolgten Anfechtung (vgl. § 142 Abs. 1 B.G.B.) auf Verletzung revisibler Rechtsnormen beruhe. Das ist jedoch nicht der Fall." (Es folgt zunächst die Zurückweisung eines prozessualen Angriffs; dann heißt es weiter:) „In materieller Beziehung hat der Beklagte die angeblich rechtsirrige Auffassung des § 123 Abs. 1 B.G.B., soweit er die widerrechtliche Bestimmung zur Abgabe einer Willenserklärung durch Drohung betrifft, gerügt. Zur tatsächlichen Grundlage hatte das Berufungsgericht hier die Vorgänge genommen, wie sie sich nach der Darstellung des Zeugen L. zugetragen haben sollen, weil es . . . nichts dem Beklagten Günstigeres als bewiesen ansah. Danach hat L., als er erhebliche Unterschlagungen des Beklagten festgestellt zu haben meinte, dieser aber dieselben leugnete, ihm gesagt, er werde jetzt mit den Handelsbüchern zu einem Rechtsanwalte gehen und diesen beauftragen, die Sache zu untersuchen und wo möglich einen Haftbefehl gegen den Beklagten zu erwirken, und ist damit hinausgegangen, alsbald aber vom Beklagten zurückgerufen worden, worauf dieser, ohne daß L. ihn irgendwie weiter bedroht hätte, die Unterschlagung von 2000 ℳ eingestanden und den Schuldschein über diesen Betrag unterschrieben hat. Das Oberlandesgericht sieht nun rechtlich die Sache so an, daß die Drohung, eine Strafanzeige gegen den Beklagten zu bewirken, an sich nicht widerrechtlich gewesen sei, es aber gewesen sein würde, wenn sie zu dem Zwecke, den Beklagten zur Ausstellung des Schuldscheins zu bewegen, erfolgt wäre. Es stellt aber tatsächlich fest, daß der Beweis einer solchen Absicht des L. nicht erbracht sei, und nimmt ferner an, daß dieser auch nicht etwa nachträglich, als er diesen Erfolg seiner Drohung sah, eine solche Zweckrichtung derselben in seinen Willen aufgenommen habe. Hiergegen hat der Beklagte jetzt eingewandt, es müsse genügen, daß L. den durch sein Vorgehen hervorgerufenen seelischen Zustand des Beklagten erkannt habe und sich die weiteren Ergebnisse desselben habe gefallen lassen. Aber von einem widerrechtlichen Bestimmen eines anderen durch Drohung kann man nicht sprechen, wenn nur etwas an sich völlig Erlaubtes ohne den Willen, damit eine gewisse Leistung zu erzwingen, angedroht wird. Wenn der andere dann durch eigene Überlegung dahin kommt, zur Vermeidung größeren Übels eine Leistung anzubieten, so gilt von ihm, was im römischen Recht für einen Fall dieser Art die l. 21 pr. Dig. quod met. c. 4,2 ausspricht: „hunc sibi metum ipse" (dort: „ipsa") „infert".

So auch, gegen die abweichende Meinung von v. Blume, in den

Jahrbüchern für die Dogmatik des bürgerlichen Rechts Bd. 38 S. 231 flg., und Hölder, Kommentar zum Allg. Tl., Bem. 1c zu § 123, S. 272, mit Recht Enneccerus u. Lehmann, Bürgerl. Recht, Bd. 1 (2. Aufl.) § 79 S. 204 flg.; vgl. auch Kohler, in den Jahrbüchern für die Dogmatik des Privatrechts Bd. 25 S. 18.

Außerdem kommt noch die Einrede der ungerechtfertigten Bereicherung nach § 812, bzw. § 821 B.G.B. in Betracht; auch deren Verwerfung ist vom Beklagten als Revisionskläger angegriffen worden. Die Einrede war, wie die entsprechende Rückforderung des Schuldscheins, auf die unzweifelhafte Tatsache gestützt, daß dieser zur „Erfüllung", d. h. hier: zur Bestärkung, der unterstellten Verbindlichkeit des Beklagten aus der von ihm begangenen Unterschlagung ausgestellt worden ist, in Verbindung mit der Behauptung, daß dem Beklagten in Wirklichkeit gar keine Unterschlagung zur Last falle, und er daher nichts schuldig gewesen sei. Das Berufungsgericht hat die Einrede deshalb verworfen, weil der Beklagte nach seiner eigenen Erklärung bei Ausstellung der Urkunde gewußt habe, daß er nichts schuldig sei, und weil in einem solchen Falle nach § 814 B.G.B. der Anspruch aus ungerechtfertigter Bereicherung ausgeschlossen sei. Der Beklagte hat nun hiergegen eingewandt, dabei sei verkannt, daß auch schon ein Irrtum oder ein Zweifel in Ansehung der Beweisbarkeit seiner Unschuld solchen Anspruch, bzw. die entsprechende Einrede begründen würde. Richtig ist allerdings, daß hier ein bloßer Zweifel dem entschiedenen Irrtum gleichstehen würde;

so auch Planck, B.G.B., Bd. 2, Bem. 2c zu § 814 S. 585; vgl. auch l. 11 Cod. de cond. ind. 4, 5;

aber im übrigen trifft der Angriff nicht zu. Freilich hat der III. Zivilsenat des Reichsgerichts auf dem Boden des gemeinen Rechts laut der Entsch. Bd. 21 S. 197 flg. ausgesprochen, daß ein Zweifel über die Beweisbarkeit einer Einrede zur Begründung einer condictio indebiti benutzt werden könne; allein abgesehen davon, daß hier nicht eine Einrede, sondern ein Bestreiten des Klagegrundes, nämlich der Unterschlagung, dem gegenüber die Beweislast der Klägerin zugefallen wäre, in Frage gekommen sein würde, und ferner abgesehen davon, ob nicht die Richtigkeit jener Entscheidung auch für das gemeine Recht mit Grund bezweifelt werden könnte, ist jedenfalls für das Recht des Bürgerlichen Gesetzbuchs der entsprechende

Rechtssatz nicht anzuerkennen, da hier die präzisen Bestimmungen in den §§ 812 bis 814 direkt entgegenstehen.

So auch Planck, a. a. O." ...

---

98. Ist der Schadensersatzanspruch, der in § 945 Z.P.O. daran geknüpft wird, daß „sich die Anordnung eines Arrestes oder einer einstweiligen Verfügung als von Anfang an ungerechtfertigt erweist", lediglich davon abhängig, daß der Arrest, bzw. die einstweilige Verfügung, sei es wegen Mangels des Arrestgrundes, bzw. des Grundes der einstweiligen Verfügung, oder wegen Unglaubhaftigkeit des Hauptanspruchs, in dem den Arrest oder die einstweilige Verfügung betreffenden Verfahren, bzw. wegen Unbegründetheit des Hauptanspruchs in dem Prozeß über die Hauptsache wieder aufgehoben worden ist, oder hat das Gericht, bei dem der Schadensersatzanspruch verfolgt wird, über die Rechtmäßigkeit der Anordnung des Arrestes, bzw. der einstweiligen Verfügung selbständig zu befinden?

VI. Zivilsenat. Urt. v. 19. Dezember 1904 i. S. D. Ehefr. (Kl.) w. R. Ehefr. (Bekl.). Rep. VI. 36/04.

I. Landgericht Frankfurt a. M.
II. Oberlandesgericht daselbst.

Aus den Gründen:

„In dieser Sache fordert die Klägerin aus zwei in tatsächlicher und rechtlicher Beziehung verschiedenen Gründen Schadensersatz von der Beklagten, und zwar in erster Reihe Wiederverschaffung des Eigentums an einem gewissen, H.'straße Nr. 55 in Fr. belegenen Hause, eventuell Zahlung von 25500 *M* nebst Prozeßzinsen. Der Anspruch ist teils darauf gestützt, daß am 9. November 1901 auf Antrag der Beklagten vom Amtsgerichte zu Fr. eine einstweilige Verfügung erlassen worden war, wodurch der jetzigen Klägerin untersagt wurde, ihre Mietzinsansprüche gegen fünf benannte Mieter von Teilen jenes, ihr gehörenden, Hauses ... einzuziehen oder darüber zu verfügen, und zugleich „behufs Vollstreckung der einstweiligen Verfügung" diese Mietzinsansprüche für gepfändet erklärt, und den betreffenden

Mietern als Drittschuldnern verboten worden war, an die jetzige Klägerin zu zahlen, und daß durch ein im Justifikationsverfahren am 7. Januar 1902 ergangenes, für vorläufig vollstreckbar erklärtes und später rechtskräftig gewordenes Urteil ... des Landgerichts zu Fr. jene einstweilige Verfügung als von Anfang an ungerechtfertigt wieder aufgehoben worden ist, teils darauf, daß am 11. Januar 1902 die Beklagte durch ihren Anwalt an die Mieter brieflich die Aufforderung hat richten lassen, die Mieten nicht an die Klägerin oder deren Ehemann zu zahlen, sondern bei jenem Anwalte, der nachweisen werde, daß die jetzige Beklagte allein zur Einkassierung der Mieten berechtigt sei, zu hinterlegen, daß infolge dessen die Mieter ungeachtet einer am 21. Januar 1902 von seiten der Klägerin an sie ergangenen entgegengesetzten Aufforderung die Zahlung der Miete an die Klägerin verweigert haben, daß daher die Klägerin, der, wie die Beklagte gewußt habe, andere Mittel zur Bezahlung der Hypothekenzinsen nicht zu Gebote gestanden hätten, nicht imstande gewesen sei, diese Zinsen zu bezahlen und dadurch die am 26. November 1901 vom Hypothekengläubiger Fl. beantragte Zwangsversteigerung abzuwenden, daß die Zwangsversteigerung auch stattgefunden habe, und der Ersteher eingewiesen worden sei, und daß sie, die Klägerin, an dem Hause bei dieser Gelegenheit 25500 *M* verloren habe.

Was nun die Abweisung des Klaganspruchs, soweit er sich auf diesen zweiten Grund stützt, anlangt, so sind gegen die hierauf bezüglichen Entscheidungsgründe des Berufungsgerichts Revisionsangriffe nicht erhoben worden; auch würde, wenn es sich allein um diesen Punkt handelte, zu einer Aufhebung des Berufungsurteils nicht zu gelangen gewesen sein. Freilich reicht die im vorigen Urteile selbst gegebene Begründung nicht aus, die Entscheidung insoweit zu tragen. Die Klägerin hatte die Haftung der Beklagten insoweit aus § 823 Abs. 1 B.G.B. ableiten wollen. Das Oberlandesgericht meint nun, die Beklagte habe dadurch, daß sie die Mieter veranlaßt habe, die Zahlungen an die Klägerin zu unterlassen, kein Recht der letzteren verletzt, weil die fraglichen Mieteforderungen damals wirklich nicht der Klägerin, sondern der Beklagten und ihrem Ehemanne zugestanden hätten. Damit hat es folgende Bewandtnis. Am 7. Dezember 1900 hatte die Klägerin durch eine schriftliche „Zession“ „die in dem Hause H.'straße Nr. 55 ... eingehenden Mieten“ an die Eheleute R.

abgetreten; dabei waren unter sechs Nummern verschiedene Ehepaare als die damaligen Mieter des Hauses aufgeführt, und hatte sich die Klägerin für den Fall, daß an die Stelle dieser Mieter andere treten sollten, verpflichtet, dann auch die von den letzteren zu entrichtenden Mieten an die Eheleute R. abzutreten. Jenen sechs Ehepaaren war die Abtretung am 29. Dezember 1900 mittels Zustellung durch einen Gerichtsvollzieher mitgeteilt worden. Am 2. Januar 1901 fanden dann zwischen den Parteien, bzw. ihren Ehemännern gewisse Vorgänge statt, in welchen von der Klägerin eine Rückzession der abgetretenen Mieteforderungen von seiten der Beklagten und deren Ehemannes an sie gefunden wird, und die auch von den Gerichten in dem erwähnten Vorprozesse der Parteien so aufgefaßt worden sind, welche aber nach den Entscheidungsgründen des angefochtenen Urteils keine solche Rückzession, sondern nur ein dem Ehemanne der Klägerin erteiltes Inkassomandat in sich schlossen. Diese Auffassung der Vorgänge vom 2. Januar 1901 gibt an sich zu rechtlichen Bedenken keinen Anlaß. ... Dennoch kann, wie schon angedeutet, der vom Berufungsgericht angeführte Grund die Entscheidung nur zum Teil halten. Es ist nämlich dabei übersehen, daß am 7. Dezember 1900 den Eheleuten R. nur die Ansprüche gegen sechs bestimmte Mietparteien abgetreten waren, während die Abtretung der Ansprüche gegen etwaige neue Mieter nur erst versprochen war, und es ist jede Erörterung darüber unterlassen, ob und inwieweit die Mieter, die durch die Einwirkung der Beklagten im Jahre 1902 veranlaßt worden sein sollen, nicht an die Klägerin zu zahlen, identisch waren mit den in der Urkunde vom 7. Dezember 1900 genannten Mietparteien. ... Die Entscheidung selbst ist nun aber insoweit trotzdem aus einem anderen Grunde aufrecht zu halten, nämlich deshalb, weil die Verletzung eines bloßen persönlichen Rechts überhaupt nicht die Anwendung des § 823 Abs. 1 B.G.B. begründet, wie vom Reichsgericht schon dargelegt ist laut der Entsch. in Zivils. Bd. 57 S. 354 flg.; so daß selbst das noch dahingestellt bleiben kann, ob sich eine Handlungsweise wie die der Beklagten zur Last gelegte überhaupt als Verletzung des einem anderen zustehenden Forderungsrechtes auffassen läßt (vgl. hierzu a. a. O. S. 140 flg.)."

(Es wird dann ausgeführt, daß der Klaganspruch insoweit sich auch nicht etwa auf § 826 B.G.B. stützen lasse. Darauf heißt es weiter:)

„Anders steht es aber in Ansehung der Abweisung des Klaganspruchs, soweit er darauf gestützt ist, daß die Beklagte gegen die Klägerin eine einstweilige Verfügung erwirkt habe, die sich nachher als von Anfang an ungerechtfertigt erwiesen habe (§ 945 Z.P.O.). In dieser Beziehung steht das Oberlandesgericht auf dem Standpunkte, daß diese Frage in dem nachträglichen Schadensersatzprozesse ganz unabhängig von der in dem früheren Verfahren erfolgten nachträglichen Aufhebung der einstweiligen Verfügung materiell zu prüfen sei, und ist daher auf Grund einer schon vom Landgericht bewirkten Beweiserhebung zu einer Feststellung über die Begründetheit des Hauptanspruchs verschritten, welche darauf hinausläuft, daß die Mieteforderungen, welche in der Urkunde vom 7. Dezember 1900 der Beklagten und ihrem Ehemanne abgetreten worden seien, und deren Geltendmachung, wie das Oberlandesgericht unterstellt, dieser durch die einstweilige Verfügung gesichert werden sollte, ungeachtet der Vorgänge vom 2. Januar 1901 nicht durch einen Verzicht der Zessionare auf die Rechtsfolgen der Abtretung auf die Klägerin zurück übertragen worden seien, während im Vorprozesse die Gerichte gerade das Gegenteil als glaubhaft gemacht angenommen hatten und deshalb zur Aufhebung der einstweiligen Verfügung gelangt waren. Hierbei hat nun das Berufungsgericht vor allem jedenfalls darin gefehlt, daß es sich bei der Nachprüfung des früheren Verfahrens nicht auf den Standpunkt gestellt hat, der nach dem Gesetze hier maßgebend war, nämlich den der Glaubhaftmachung, sondern daß es eine nachträgliche Feststellung auf Grund eines vollen Beweisverfahrens zugunsten der einstweiligen Verfügung vorgenommen hat. Die einstweilige Verfügung war schon dann im Sinne des § 945 Z.P.O. „von Anfang an ungerechtfertigt", wenn eine den Hauptanspruch beseitigende Einrede zur Zeit jenes Verfahrens als glaubhaft erscheinen mußte.

Vgl. Entsch. des R.G.'s in Zivils. Bd. 27 S. 427 flg.

Mit dieser Frage hat sich aber das Berufungsgericht gar nicht beschäftigt, so daß seine Entscheidung schon aus diesem Grunde unhaltbar sein würde.

Es ist ferner aber der oben bezeichnete Standpunkt des Berufungsgerichts überhaupt rechtsirrig. Daß bei Beurteilung eines nach § 945 Z.P.O. erhobenen Schadensersatzanspruchs keinenfalls in jeder Beziehung von der erfolgten Wiederaufhebung des Arrestes oder der einstweiligen Verfügung formell abgesehen werden darf, ist vom erkennenden Senate schon dargelegt worden in einem Urteile vom 6. Juni 1904, das sich abgedruckt findet in den Entsch. des R.G.'s Bd. 58 S. 237 flg., und auf welches hier zunächst zu verweisen ist. Daß es sich dort um einen Arrest handelte, während jetzt eine einstweilige Verfügung in Frage steht, ist unerheblich, da, wie keiner Ausführung bedarf, in der hier in Betracht kommenden Beziehung zwischen den beiden Arten gerichtlicher Verfügungen kein Unterschied besteht. In jener Entscheidung ist auch schon als richtig zugegeben, daß der Rechtskraft der im Vorprozesse ergangenen Entscheidung hier nach § 322 Z.P.O. keine Bedeutung zukomme, aber zugleich ausgeführt, daß dieser Umstand nicht hindere, aus dem § 945 Z.P.O. einen besondern Rechtssatz abzuleiten, der der Tatsache, daß ein Arrest oder eine einstweilige Verfügung als von Anfang an ungerechtfertigt aufgehoben worden sei, eine eigenartige Wirkung beilege. Allerdings ist nun in jenem Urteil nur das ausgesprochen, daß die Frage wegen des Arrestgrundes, bzw. wegen der Angemessenheit der Anordnung eines Arrestes ohne Glaubhaftmachung eines Arrestgrundes gegen Sicherheitsleistung in dem nach § 945 Z.P.O. erhobenen Schadensersatzprozesse keiner neuen Erörterung und Entscheidung zu unterziehen sei, während die entsprechende Frage in Ansehung des zu sichernden Hauptanspruchs, die gegenwärtig vorliegt, dort offen gelassen worden ist. Indessen gibt die Wortfassung des § 945 Z.P.O. für eine solche Unterscheidung nicht den geringsten Anhalt. Die Frage kann nur die sein, ob die Anfangsworte: „Erweist sich" ꝛc, eine neue, im Schadensersatzprozesse selbständig zu treffende Feststellung im Auge haben, oder ob es in ihrem Sinne genügt, daß sich die fragliche Anordnung im Verlaufe des weitern durch sie hervorgerufenen Prozeßverfahrens als von Anfang an ungerechtfertigt erweise. Ist nun, wie im angeführten Urteile nachgewiesen ist, die letztere Auslegung, insoweit es sich um den Arrestgrund, bzw. den besonderen Grund der einstweiligen Verfügung handelt, die richtige, so wäre nicht zu begreifen, wie es in betreff des Hauptanspruchs anders sein könnte. Dies ist auch legislativ ganz unbedenklich; denn wie oben schon hervorgehoben, ist der Arrest oder die einstweilige Verfügung auch dann von Anfang an ungerechtfertigt gewesen, wenn der Hauptanspruch nur gerade nicht glaubhaft gemacht werden kann, mag er auch begründet sein. Andererseits kommt nun freilich, was den Hauptanspruch anlangt, noch ein weiterer Fall hinzu, der in betreff des Arrestgrundes, bzw. des besonderen Grundes der einstweiligen Verfügung nicht vorkommen kann: es kann der Hauptanspruch in dem ihn selbst betreffenden Prozesse „über die Hauptsache" noch für unbegründet erklärt, und deshalb der Arrest oder die einstweilige Verfügung nach § 927, bzw. § 936 Z.P.O. aufgehoben werden; auch damit sind die Voraussetzungen des § 945 erfüllt. Doch dieser Fall steht gegenwärtig nicht in Frage. Die Aufhebung des angefochtenen Urteils aber ergibt sich aus dem vorher Ausgeführten.

Es tritt übrigens noch ein weiterer Aufhebungsgrund hinzu. Auch die ferneren Ausführungen des Oberlandesgerichts nämlich beruhen auf einem rechtlichen Verstoße. Es wird dort nämlich, wie schon erwähnt, angenommen, daß diejenigen fünf Mieteforderungen, die durch die einstweilige Verfügung für die Beklagte gesichert werden sollten, dieser und ihrem Ehemanne am 7. Dezember 1900 von der Klägerin abgetreten seien und deshalb, und weil auch keine Rückzession stattgefunden habe, der Beklagten (mit ihrem Ehemanne gemeinsam) zugestanden hätten. Dabei ist aber prozessualisch verstoßen, indem auch hierbei wiederum übersehen ist, daß die Zession vom 7. Dezember 1900 nur die Mieteforderungen gegen sechs bestimmte Mietparteien betraf, zu denen keiner von den in der einstweiligen Verfügung genannten Mietern gehört.

Freilich ist nun bisher von der Klägerin nichts dafür angeführt, inwiefern der von ihr geltend gemachte Schaden gerade auf die einstweilige Verfügung ursächlich zurückzuführen sei. Es konnte jedoch nicht etwa aus diesem Grunde die angefochtene, klagabweisende Entscheidung aufrecht erhalten werden; denn es kann nicht als ausgeschlossen gelten, daß nach Maßgabe des § 139 Abs. 1 Z.P.O. sich noch ein, wenn auch wohl geringerer, Schadensbetrag als durch die einstweilige Verfügung bewirkt ermitteln lassen möchte. Da aber für einen Höchstbetrag in dieser Hinsicht alle Anhaltspunkte fehlen, so mußte die Aufhebung, nebst der dann erforderlichen Zurückverweisung in die vorige Instanz, sich auf den ganzen Umfang des vorigen Urteils erstrecken." ...

99. 1. Bildet der zu Erbteilungszwecken vorgenommene Verkauf von Erbschaftsgegenständen an einen der Teilnehmer an der Erbschaft und die Abtretung von Teilen der Kaufpreisforderung an einzelne Miterben ein einheitliches Rechtsgeschäft?
2. Zur rechtlichen Stellung des Testamentsvollstreckers.

Preuß. Stempelsteuergesetz vom 31. Juli 1895 §§ 3. 10 Abs. 3; Tarifstelle 32 Abs. 11 Ziff. 1.
B.G.B. §§ 2205. 2206.

VII. Zivilsenat. Urt. v. 13. Dezember 1904 i. S. preuß. Fiskus (Bekl.) w. K. (Kl.). Rep. VII. 226/04.

I. Landgericht Breslau.
II. Oberlandesgericht daselbst.

Es handelte sich um die Frage, ob zwei von dem Kläger als Notar aufgenommene Verhandlungen neben Kaufgeschäften auch stempelsteuerpflichtige Zessionen enthielten. Laut der älteren der beiden Verhandlungen, die am 13. März 1901 stattgefunden hatte, schlossen 1. die verwitwete Rosine D., geb. S., 2. der Landwirt Karl D., 3. Frau Auguste T., geb. D., 4. deren Ehemann, der Gutsbesitzer Karl T., dieser jedoch nur in seiner ehemännlichen Stellung, 5. der Fleischergeselle Hermann D. einen von ihnen als Gutsüberlassungsvertrag bezeichneten Vertrag, durch den die Erschienenen zu 1, 3 und 5 ihrem Miterben, dem Erschienenen zu 2, Landwirt Karl D., ein zum Nachlaß des am 20. September 1899 verstorbenen Gutsbesitzers Gottfried D. gehöriges Grundstück nebst Inventar zum Alleineigentum überließen. Der Überlassungspreis wurde auf 18000 *M* vereinbart. Seine Belegung geschah nach den Worten des Vertrages in der Weise, daß der Käufer in Anrechnung auf den Kaufpreis als Selbstschuldner die auf dem Grundstück eingetragenen Hypothekenschulden von zusammen 8100 *M* übernahm, daß ferner der Betrag von 3000 *M* demselben von dem Übernahmepreise zur Abfindung wegen seines Vatererbteiles überwiesen wurde, und er diese Überweisung annahm, daß er sich zur Zahlung von bar 1800 *M* an den Miterben Hermann D. verpflichtete, welche diesem überwiesen wurden, und daß der dann noch verbleibende Restkaufpreis von 5100 *M* in Höhe von 3900 M der Witwe D. und in Höhe von 1200 M dem Miterben Hermann D. überwiesen wurden, welche wiederum diese Überweisung annahmen. Karl D. erklärte noch, die Witwe D. und Hermann D. in Höhe von 3900 M bzw. 1200 M als seine neuen Gläubiger anzunehmen, und verpflichtete sich, diese Beträge nach halbjähriger Kündigung zu zahlen.

Laut der späteren, am 1. April 1902 aufgenommenen Verhandlung erschienen vor dem Kläger 1. der Kaufmann Klemens M., 2. der Schutzmann Adolf P. Der erstere verkaufte in seiner Eigenschaft als Vollstrecker des Testaments des am 11. Februar 1902 verstorbenen Partikuliers Oswald St. dem miterschienenen Schutzmann P. ein zum St.'schen Nachlaß gehöriges Grundstück. Der Kaufpreis wurde auf 34000 M vereinbart. Seine Belegung geschah in der Weise, daß der Käufer in Anrechnung auf den Kaufpreis als Selbstschuldner einen Teil der auf dem verkauften Grundstück ruhenden Hypothekenschulden von zusammen 25050 M übernahm, und das verbleibende Restkaufgeld von 8950 M ihm gegen Zinszahlung gestundet wurde und nach halbjähriger Kündigung gezahlt werden sollte. Im Anschluß hieran heißt es im Vertrage weiter folgendermaßen:

„Dieses Restkaufgeld von 8950 M steht den Oswald St.'schen Erben, nämlich 1. der Frau Schutzmann Selma P., geb. St., 2. der Frau Partikulier Ida M., gleichfalls geb. St., zu gleichen Anteilen mit je 4475 M zu. Der Testamentsvollstrecker überweist ihnen den Betrag von je 4475 M in Anrechnung auf ihr Erbteil."

In dem Vertrage ist dann noch bestimmt, daß der Testamentsvollstrecker sich verpflichtet, bis zur Auflassung die Löschung derjenigen auf dem Grundstück haftenden Hypotheken, welche der Käufer nicht übernahm, auf Kosten der Erben herbeizuführen.

Zu dem zuerst genannten Vertrage hatte Kläger einen Stempel von 1,50 M, zu dem letzteren einen solchen von 340 M verwendet. Gemäß Aufforderung des Beklagten zahlte er noch zu der ersteren Verhandlung für drei Überweisungen von Kaufgeld 3 M und zu der letzteren für zwei Überweisungen 2 M Abtretungsstempel mit dem Vorbehalt der Rückforderung. Er erachtete die Stempelnachforderung für unberechtigt, indem er ausführte, daß beide Verträge eine Erbteilung bezüglich wesentlicher Nachlaßstücke enthielten. Sein Klagantrag ging dahin, den Beklagten zur Zahlung von 5 ℳ nebst 4 Prozent Zinsen seit dem Tage der Klagezustellung zu verurteilen.

Der Beklagte beantragte Abweisung der Klage. Er vertrat die Ansicht, daß die Verträge sich nicht als Erbrezesse, sondern als Kaufgeschäfte charakterisierten, und daß die Überweisungen der Kaufgelder an die Miterben nicht Bestandteile derselben, sondern selbständige, besonders stempelpflichtige Rechtsgeschäfte darstellten.

Der erste Richter gab der Klage statt. Die Berufung des Beklagten blieb erfolglos. Auf die Revision des Beklagten ist die Klage abgewiesen worden aus folgenden

Gründen:

„Den Vertrag vom 13. März 1901 faßt der Berufungsrichter dahin auf, daß die in demselben zugunsten der einzelnen Erben übernommenen Schuldverbindlichkeiten die vertragliche, den Zwecken der Erbteilung gemäß gestaltete Gegenleistung für die Gutsüberlassung darstellen, ohne daß beabsichtigt worden sei, zunächst die Erbengemeinschaft aus dem Kaufvertrage zu berechtigen und erst auf dem Umwege der Zession den einzelnen Erben Ansprüche auf Teile des Kaufpreises einzuräumen. In diesen Erwägungen erblickt die Revision eine Verletzung der Vorschrift in § 3 des preußischen Stempelsteuergesetzes vom 31. Juli 1895, nach welcher die Stempelpflichtigkeit einer Urkunde sich nach ihrem Inhalt richtet, und zwar führt sie aus, daß nach dem Vertrage die Kaufgeldforderung zunächst der Erbengemeinschaft erwachsen und sodann zu gewissen Beträgen einzelnen Erben ausdrücklich überwiesen sei.

Dem Angriffe war Folge zu geben. Das verkaufte Grundstück gehörte dem ungeteilten Nachlaß an. Zur Verfügung über dasselbe waren die zur gesamten Hand vereinigten Erben in dieser Zusammenfassung befugt. Der Vertrag ergibt nun, daß sie auch in dieser Rechtsstellung durch den Abschluß des Vertrages über das Grundstück ohne vorherige Ausscheidung desselben aus dem Nachlasse haben verfügen wollen und verfügt haben. Dafür spricht schon, daß unter den Verkäufern auch die Ehefrau T., welche von dem Erlöse des Grundstücks im Ergebnisse nichts erhielt, sich befindet. Der Überlassungspreis wurde ferner in der vollen Höhe des von den Vertragschließenden angenommenen Grundstückwertes, d. h. auf 18000 ℳ, vereinbart. Er trat an die Stelle des Grundstücks, für welches er erworben wurde; der Anspruch auf ihn erlangte also die rechtliche Eigenschaft eines Nachlaßobjekts. Ob sich überhaupt ein Weg hätte finden lassen, den Anspruch unmittelbar in der Person eines Teils der Erben als einzelner, mit der Erbengemeinschaft nicht identischer Berechtigter zur Entstehung zu bringen, kann auf sich beruhen bleiben, da nach dem Inhalte der Urkunde das Beschreiten eines solchen Wegs tatsächlich nicht versucht ist. Überwiesen sind dementsprechend Teile des Übernahmepreises. Hierin kommt genügend die Abtretung einer bereits bestehenden, in ihren Teilen von gewissen Miterben als einzelnen aus dem Nachlaß zu erwerbenden Forderung zum Ausdruck. Indem der Übernehmer sogar ausdrücklich erklärt, die Witwe D. und den H. D. als „seine neuen Gläubiger" anzunehmen, läßt er erkennen, daß sie nicht seine ursprünglichen Gläubiger waren, sondern daß die Forderung erst auf sie übergegangen ist. Einem solchen Inhalte des Vertrages gegenüber liegt die vom Berufungsrichter vertretene Auffassung nicht mehr innerhalb der Grenze einer zulässigen Urkundenauslegung, sondern verletzt den Grundsatz des § 3 des Stempelsteuergesetzes.

Der Berufungsrichter stützt die von ihm getroffene Entscheidung noch auf eine zweite Erwägung. In Übereinstimmung mit dem ersten Richter führt er aus, daß die Überweisungen als Bestandteile eines zum Zweck der Teilung zwischen den Teilnehmern an einer Erbschaft geschlossenen Kaufvertrages, als eines einheitlichen, nach Tarifstelle 32 Ziff. 1 der Befreiungen steuerpflichtigen Geschäfts, gemäß § 10 Abs. 3 des Stempelsteuergesetzes nicht noch selbständig versteuert zu werden brauchten. Diese Annahme würde, wenn sie zutreffend wäre, selbständig geeignet sein, das Urteil zu tragen; allein sie vermag Billigung nicht zu finden. Das beurkundete Geschäft charakterisiert sich als ein Kauf, welcher, weil er zwischen den Teilnehmern an einer Erbschaft zum Zweck der Teilung der zu dieser gehörigen Gegenstände geschlossen ist, nicht dem Wertstempel, sondern dem ermäßigten Stempel von 1,50 *M* unterliegt. Erscheint hiernach zwar der angegebene Zweck des Kaufgeschäfts als ein begriffliches Merkmal des nur mit dem geringeren Stempel zu belegenden Rechtsgeschäfts, so ist damit eine rechtsgeschäftliche Kategorie doch nur gegenüber den Ermäßigungs- und Befreiungsvorschriften gegeben, und wenn man dem Begriffsmerkmal eine weitertragende Bedeutung einräumen würde, so könnte diese doch niemals dahin gehen, daß alle weiteren, dem Kauf sich anschließenden Veräußerungsgeschäfte, insbesondere Zessionen, durch welche der Teilungszweck im einzelnen Falle verwirklicht werden soll, auch noch unter den Begriff der zum Zweck der Teilung vorgenommenen Kaufverhandlungen fielen. Der § 10 Abs. 3 des Stempelsteuergesetzes setzt aber voraus, daß die einzelnen in einer Urkunde enthaltenen Geschäfte sich als Bestandteile eines einheitlichen nach dem Tarife steuerpflichtigen Rechtsgeschäfts darstellen; nur dann ist ausschließlich der für das letztere vorgesehene Stempelbetrag zu entrichten. Die Voraussetzung kann hier nicht zutreffen, da der Kauf einerseits und die Zessionen andererseits je den Begriff eines seiner rechtlichen Natur nach selbständigen Geschäfts erfüllen und nicht zu einem einheitlichen Rechtsgeschäfte verschmolzen sind. Das angefochtene Urteil verletzt hier also den § 10 des Gesetzes.

In bezug auf den am 1. April 1902 vom Testamentsvollstrecker mit einem Dritten geschlossenen Kaufvertrag führt der Berufungsrichter aus, durch die von einem Testamentsvollstrecker in den Grenzen seiner Befugnisse geschlossenen Rechtsgeschäfte würden die Erben unmittelbar berechtigt und verpflichtet, und da deshalb durch den Kaufvertrag auf die Erben die Rechte und Pflichten gegenüber dem Käufer im Wege der unmittelbaren Stellvertretung übergegangen seien, so müßten die beiden Erben auch im Sinne des Stempelsteuergesetzes als Verkäufer gelten; der Testamentsvollstrecker persönlich habe, da er direkter Stellvertreter sei, weder Rechte für sich erworben, noch Verpflichtungen auf sich genommen. Weiter erklärt der Berufungsrichter die Überzeugung erlangt zu haben, daß die vertragliche Gegenleistung, der Anspruch auf den Kaufpreis, von vornherein für die beiden Erbinnen in Höhe von je einer Hälfte desselben begründet worden sei, ohne je der Erbengemeinschaft zugestanden zu haben, so daß eine Abtretung auch in diesem Falle nicht bekundet worden sei.

Hier zeigt sich zunächst eine unrichtige Auffassung der rechtlichen Stellung des Testamentsvollstreckers. Wenn dieser auch durch die von ihm innerhalb seiner Befugnisse als Testamentsvollstreckers eingegangenen Rechtsgeschäfte in seiner Person weder Rechte erwirbt, noch mit Verbindlichkeiten belastet wird, so folgt daraus doch nicht, daß er als Stellvertreter der Erben in dem vom Berufungsrichter angenommenen Sinn betrachtet werden könnte. Kraft der von dem

Erblasser ihm eingeräumten Befugnisse und behufs Ausführung des Willens des Erblassers verfügt er über den Nachlaß, und zwar mit der Wirkung, daß die von ihm vorgenommenen dinglichen und obligatorischen Dispositionsakte im Bereiche des Nachlaßvermögens für den Erben oder, wenn eine Erbengemeinschaft besteht, für diese rechtlich wirksam sind (§§ 2205. 2206 B.G.B.). Ob seine so geartete Stellung zutreffend als Befugnis zu einer Vertretung des Nachlasses charakterisiert werden kann, ist hier ohne Belang, da die Bejahung dieser Frage zu dem vom Berufungsrichter angenommenen Ergebnisse noch nicht würde führen können; vielmehr hätte dies zur Voraussetzung, daß die Erben von ihm schlechthin, nicht der Nachlaß, und nicht die Erben lediglich in ihrer Eigenschaft als Träger des Nachlaßvermögens, vertreten werden; denn um in der Person der einzelnen Rechte und Verbindlichkeiten zur Entstehung zu bringen, müßte auch gerade eine Stellvertretung der einzelnen als solcher zu den Befugnissen des Testamentsvollstreckers gehören, was dem Zwecke seiner Stellung nicht entspricht.

Vornehmlich würdigt der Berufungsrichter aber auch hier den Inhalt der Urkunde nicht zutreffend. Die Erbinnen nahmen an dem Abschlusse des Kaufgeschäfts nicht teil. Der Kaufmann M. handelte nicht als ihr Stellvertreter, sondern lediglich in seiner Eigenschaft als Testamentsvollstrecker, indem er kraft der ihm als solchem zustehenden selbständigen Befugnisse das Grundstück veräußerte. Demgemäß wurde auch hier die Kaufpreisforderung dem Nachlaß erworben, und wenn der Testamentsvollstrecker den nach Anrechnung gewisser Hypothekenschulden bleibenden Rest den Erbinnen überweist, so tritt er seinerseits ihnen gegenüber als handelnd auf, und es liegt kein Grund vor, seine als Überweisung bezeichnete Disposition nicht als Abtretung aufzufassen, da im Gegenteil nicht nur Raum für eine solche, sondern auch Anlaß zu ihr vorhanden war. Die Auffassung des Berufungsrichters, nach welcher der Anspruch auf den Kaufpreis von vornherein beiden Erbinnen persönlich in Höhe je einer Hälfte desselben begründet worden wäre, ist hiernach mit dem Inhalte der Urkunde unvereinbar." ...

100. Kann das Befriedigungsrecht eines Konkursgläubigers, welchem der Gemeinschuldner die einem Dritten gehörige Sache rechtswirksam verpfändet hatte, dadurch, daß während des Konkursverfahrens der Konkursverwalter sich für die Masse das Eigentum an der Pfandsache von dem Dritten übertragen läßt, nachträglich auf die Geltendmachung des Ausfalls nach Maßgabe von § 64 K.O. beschränkt werden?

VI. Zivilsenat. Urt. v. 19. Dezember 1904 i. S. B. Konkursverw. (Bekl.) w. Württemb. Bankanstalt (Kl.). Rep. VI. 241/04.

I. Landgericht Stuttgart.
II. Oberlandesgericht daselbst.

Der Kaufmann Fr. W. B., über dessen Vermögen am 21. Februar 1903 das Konkursverfahren eröffnet wurde, schuldete zu dieser Zeit der Klägerin aus laufendem Kredit den Betrag von 32746,60 *M*. Er hatte am 6. Februar 1899 der Klägerin für ihre Ansprüche aus dem Kreditverhältnisse Wertpapiere im Nennwert von 15000 *M* als Faustpfand bestellt. Diese Wertpapiere gehörten aber — was die Klägerin nicht wußte — einem Bruder des Gemeinschuldners und waren von letzterem ohne Wissen und Willen des Eigentümers verpfändet. Die Klägerin erklärte, das Pfandrecht an den Papieren geltend machen zu wollen, meldete aber daneben im Konkursverfahren ihre Forderung unverkürzt und nur vorsorglich als Ausfallsforderung an; im Prüfungstermin wurde die Forderung nur als Ausfallsforderung anerkannt. Der Eigentümer der Wertpapiere, R. L., meldete eine auf deren eigenmächtige Verpfändung durch den Gemeinschuldner gestützte Schadensersatzforderung zum Konkurse an, trat aber sodann am 19. Juni 1903 das Eigentum der Wertpapiere an den Konkursverwalter ab. Die Klägerin begehrte Feststellung dahin, daß ihr im Konkurse des W. Fr. B. eine unbevorrechtigte Forderung von 32746,60 *M* zum vollen Betrage, und nicht bloß als Ausfallsforderung zustehe. Der erste Richter wies die Klage ab; das Berufungsgericht erkannte aber nach dem Klagantrage. Die Revision ist zurückgewiesen worden aus den folgenden

Gründen:

... „Die Rechtsgrundsätze, welche den Ausgangspunkt für die Erwägungen des Berufungsgerichts bilden, sind zweifellos zutreffend.

Es ist insbesondere richtig, daß das einem Dritten gehörige Vermögensstück nicht Gegenstand eines Absonderungsrechts im Konkurse sein kann, daß, wenn der Gemeinschuldner fremde Sachen einem Gläubiger zum Pfand gegeben hat, und diese Sachen auch zur Zeit der Konkurseröffnung nicht zum Vermögen des Schuldners gehören, der Gläubiger für den vollen Betrag seiner Forderung verhältnismäßige Befriedigung aus der Konkursmasse verlangen und daneben für den Ausfall, den er im Konkurse erleidet, sich an sein Pfand halten kann.

Vgl. Entsch. des R.G.'s in Zivils. Bd. 7 S. 88, Bd. 22 S. 325 (331); Jaeger, Konkursordnung zu § 48 Anm. 5 Ziff. 3, zu § 64 Anm. 1 b, 2. Aufl. S. 414. 514 flg.

Desgleichen ist es richtig, daß es hierbei nur auf die objektive Rechtslage ankommt, und nicht darauf, ob der Gläubiger die ihm verpfändete Sache für Eigentum des Gemeinschuldners, oder eines Dritten gehalten hat; denn die Eigenschaft als Konkursgläubiger und das Absonderungsrecht im Konkurse bestimmen sich, unabhängig von dem Willen der Beteiligten, nach den vom Gesetze aufgestellten Voraussetzungen. Für die — im vorliegenden Falle unstreitige — Gültigkeit des Pfandrechts an der fremden Sache war allerdings die Meinung der Pfandgläubigerin nach Maßgabe der Bestimmungen des bürgerlichen Rechts über den Schutz des gutgläubigen Erwerbers von Bedeutung.

Bei Beurteilung der hiernach entscheidenden Frage, welche Wirkung der nachträglichen Abtretung der Wertpapiere an den Konkursverwalter zukomme, hat der Berufungsrichter nicht mit Unrecht darauf hingewiesen, daß in gleicher Weise, wie hier der Eigentümer der Pfänder getan, auch ein solcher Eigentümer, welcher selbst Sachen zugunsten des Gemeinschuldners einem Gläubiger zu Pfand bestellt hat, sie nachträglich an den Konkursverwalter abtreten und dadurch, wenn der Standpunkt des Beklagten richtig wäre, die Rechte des Gläubigers teilweise vereiteln könnte. Daß eine derartige Rechtsveränderung zuungunsten eines Konkursgläubigers durch Rechtsgeschäfte des Konkursverwalters herbeigeführt werden könne, muß, mit dem Berufungsgericht, verneint werden.

Grundsätzlich ist für die Rechtsstellung des Konkursgläubigers der Zeitpunkt der Konkurseröffnung maßgebend. „Durch die Konkurseröffnung" — sagen die Motive zu § 12 K.O. a. F. S. 53 — „wird das Verhältnis eines jeden Konkursgläubigers zur Konkursmasse und zu den anderen Gläubigern fixiert"; — „in der Lage, in welcher sich zur Zeit der Konkurseröffnung ein Gläubiger zur Konkursmasse befindet, wird er in dem Verfahren berücksichtigt." Wenn daraus die Folgerung gezogen und in der Vorschrift des § 12, jetzt § 15 K.O. zum Ausdrucke gebracht wird, daß eine Veränderung der Lage des einen Gläubigers zum Nachteile der anderen Gläubiger unstatthaft ist, und daß ein persönlicher Gläubiger nicht nachträglich abgesonderte Befriedigung aus einem Gegenstande der Konkursmasse erlangen kann, so entspricht es jenem Grundsatze auf der anderen Seite nicht minder, daß das einmal mit der Konkurseröffnung begründete Recht des Konkursgläubigers auf anteilsmäßige Befriedigung nicht durch eine spätere Veränderung der Konkursmasse zum Vorteile der übrigen Gläubiger beeinträchtigt werden darf.

Auch für den Bestand der Absonderungsrechte, namentlich nach §§ 48. 64 K.O., ist prinzipiell die Lage zur Zeit der Konkurseröffnung maßgebend, wie sich aus der, auch dem § 4 K.O. zugrunde liegenden, Begriffsbestimmung der Konkursmasse in § 1 K.O. ergibt. Allerdings kann die Konkursmasse, wie auch im Berufungsurteil angeführt wird, durch Erwerbshandlungen des Konkursverwalters einen Zuwachs erfahren, sofern das, was dieser auf Grund von Masserechten oder durch die Verwaltung der Masse für diese erwirbt, gleichfalls der Konkursmasse zugehört.

Vgl. Entsch. des R.G.'s in Zivils. Bd. 29 S. 80 flg., vgl. mit Bd. 26 S. 67.

Es ist auch nicht unmöglich, daß durch einen Neuerwerb von seiten des Konkursverwalters eine gegenständliche Erweiterung bestehender Pfandrechte herbeigeführt wird, und durch § 15 K.O. ist — wie § 17 und § 134 Ziff. 2 K.O. ergeben — auch die Neuentstehung eines Pfandrechts an Sachen des Gemeinschuldners nicht ausgeschlossen.

Vgl. Entsch. des R.G.'s in Zivils. Bd. 53 S. 350 flg.

Allein keinenfalls liegt es in der Macht des Konkursverwalters, durch Erwerb einer Sache für die Konkursmasse ein bisher nicht bestehendes konkursrechtliches Absonderungsrecht rückwirkend zu begründen und damit eine vollberechtigte Konkursforderung nachträglich in eine Ausfallsforderung im Sinne von § 64 K.O. umzuwandeln. Würde der ursprünglich unbeschränkt berechtigte Konkursgläubiger hinterher zufolge des Eigentumserwerbs der Konkursmasse auf den Ausfall beschränkt, obwohl er doch die zur Zeit der Konkurseröffnung vorhandene Aktivmasse durch Verwertung seines Pfandes nicht in Anspruch nimmt, so läge darin eine ungerechtfertigte Verschiebung des in dem maßgebenden Zeitpunkt bestandenen Rechtsverhältnisses der Gläubiger zueinander und zur Konkursmasse.

Die Revision meint nun: wenn man auch diese Grundsätze als richtig anerkennen wolle, so liege der Fall hier doch anders. Der Konkursverwalter habe die fraglichen Papiere auf Grund von § 255 B.G.B. erworben. Nachdem der Gemeinschuldner widerrechtlich über die Papiere seines Bruders verfügt hatte, habe diesem zur Zeit der Konkurseröffnung ein Schadensersatzanspruch, andererseits aber dem Kridar und folglich auch der Konkursmasse für den Fall, daß dieser Schaden ersetzt würde, ein Anspruch auf Herausgabe der Wertpapiere zugestanden. Dieser Anspruch habe zur Konkursmasse im Sinne des § 1 K.O. — als bedingtes Recht — gehört; also gehöre dazu auch, was in Erfüllung der damit verbundenen Verpflichtung nachträglich in die Konkursmasse gekommen sei. Die Wertpapiere seien an die Stelle des Anspruchs getreten, welcher durch Befriedigung aus der Masse ausgeschieden sei. Der Gegner verlange also abgesonderte Befriedigung aus einem Gegenstande, der auf Grund eines zur Zeit der Eröffnung des Verfahrens bestehenden Rechtsverhältnisses in die Masse gekommen sei, und er könne daher für seine persönliche Forderung verhältnismäßige Befriedigung nach § 64 K.O. nur für den Ausfall verlangen, welchen er bei Befriedigung aus dem Pfande erleide. Dieser Deduktion ist nicht beizustimmen.

Es mag zugegeben werden, daß nach § 255 B.G.B. der Gemeinschuldner und folgeweise die Konkursmasse dem Bruder des ersteren für die ihm entfremdeten, bzw. durch die Verpfändung für ihn wertlos gemachten Wertpapiere nur gegen Abtretung der Eigentumsrechte an den Papieren — Zug um Zug — Ersatz zu leisten verpflichtet war, und es kann weiter unterstellt werden, daß die Abtretung der Papiere von seiten des R. B. an den Konkursverwalter — obschon zur fraglichen Zeit aus der Konkursmasse ein Ersatz ohne Zweifel noch gar nicht geleistet war — gerade im Hinblick auf die Vorschrift des § 255 B.G.B. erfolgt sei. Gleichwohl würde die von dem

Beklagten in Anspruch genommene Rechtswirkung auf die Stellung der Klägerin aus der erfolgten Abtretung nicht abzuleiten sein. Dazu führt auch nicht der Grundsatz, daß der nach der Konkurseröffnung gemachte Erwerb, welcher aus einem schon vor der Konkurseröffnung entstandenen Rechtsgrunde herrührt, als Bestandteil der Masse zu behandeln ist. Das dem Ersatzpflichtigen in § 255 B.G.B. eingeräumte Recht ist wesentlich ein Retentionsrecht, welches erst mit der Ersatzleistung in Wirksamkeit tritt. Sodann geht das Eigentum oder sonst abzutretende Recht nicht von selbst mit der Ersatzleistung auf den Ersatzpflichtigen über; es bedarf der rechtsgeschäftlichen Abtretung.

Vgl. Dernburg, Bürgerl. Recht Bd. 2 Abt. 1 § 34 S. 87; Planck, B.G.B. zu § 255 Bem. 1.

Im vorliegenden Falle ist das Eigentum an den Wertpapieren durch die während des Konkursverfahrens erfolgte Abtretung der Eigentumsansprüche (§ 931 B.G.B.) an den Konkursverwalter übertragen worden, wobei man mit dem Berufungsrichter dahingestellt lassen kann, ob dieser, oder der Gemeinschuldner, oder die Gesamtheit der Gläubiger Eigentümer geworden ist. Vor der Konkurseröffnung bestand für den Gemeinschuldner, wenn überhaupt schon ein Rechtsgrund zum Erwerb, so doch keinenfalls mehr als ein bedingter Anspruch auf Abtretung des Eigentums an den Papieren für den Fall einer Ersatzleistung. Der auf diesem Weg durch Rechtshandlungen des Ersatzberechtigten und des Konkursverwalters vermittelte Erwerb des Eigentums für die Konkursmasse könnte, auch wenn zuvor schon ein bedingtes Recht bestanden hätte, nach allgemeinen Rechtsgrundsätzen (vgl. § 158 Abs. 1 B.G.B.) nicht auf den Zeitpunkt der Konkurseröffnung zurückbezogen werden. Aber auch eine etwa für das Konkursrecht aufzustellende Fiktion der Rückwirkung,

vgl. Wolff, Absonderungsrecht im Konkurs § 20 c S. 108. 110,

oder die Annahme einer Surrogierung des später erworbenen Rechts an die Stelle des dem Gemeinschuldner früher erwachsenen Anspruchs könnten nicht dazu berechtigen, daß zum Nachteile des Konkursgläubigers und zugleich Pfandberechtigten der nachträglich für die Masse erworbene Pfandgegenstand als ein von Anfang an der Konkursmasse zugehöriger Bestandteil und Absonderungsgegenstand behandelt wird. Solchen Folgerungen gegenüber würde sich der Grundgedanke, daß dem Konkursgläubiger ein fest begründetes, nach dem Zeitpunkte der Konkurseröffnung sich bestimmendes Recht auf uneingeschränkte anteilsmäßige Befriedigung zusteht, überall als das stärkere Prinzip erweisen. Die Vorschrift des § 64 K.O. ist also auf einen Fall der vorliegenden Art nicht anzuwenden.

Das Berufungsgericht hat ferner zutreffend ausgeführt, daß und weshalb der von dem Beklagten für sich angerufene Grundsatz, welcher in der Plenarentscheidung des Reichsgerichts vom 15. Februar 1886 (Entsch. in Zivils. Bd. 14 S. 172 flg.) in Beziehung auf §§ 60. 61 — jetzt §§ 67. 68 — K.O. ausgesprochen ist, im gegebenen Falle keine Anwendung leide. Es handelt sich hier weder um einen Mitverpflichteten des Gemeinschuldners, noch bezüglich der Forderung der Klägerin und des von R. B. geltend gemachten Schadensersatzanspruchs um eine einheitliche Forderung. Die Revision hat die Frage aufgeworfen, ob denn, wenn vorliegend weder der § 64 noch der § 68 K.O. zutreffe, wenn es sich um ein Absonderungsrecht im Konkurse vorliegend überhaupt nicht handeln sollte, die Klägerin sich nicht doch das, was sie vermöge ihres Pfandes erhalte (wie das auch außerhalb des Konkurses der Fall wäre) abrechnen lassen müßte. Aber die Frage im gegenwärtigen Rechtsstreit ist gerade die, ob die Kägerin ihre Forderung im vollen Betrag als Konkursforderung geltend machen und hierfür konkursmäßige Befriedigung ohne Rücksicht auf das ihr bestellte Pfand beanspruchen kann, oder ob sie, wie der Beklagte will, nach Maßgabe von § 64 K.O. als Konkursgläubigerin nur insoweit im Konkursverfahren zuzulassen und zu befriedigen ist, als sie bei abgesonderter Befriedigung aus ihren Pfändern einen Ausfall erleidet. Das Berufungsgericht hat mit Recht in dem ersteren Sinne entschieden und zum Schlusse noch den Einwand des Beklagten verworfen, Klägerin müsse sich zunächst an ihre Deckung, die Pfänder, halten und könne aus der Konkursmasse erst Befriedigung verlangen, wenn und soweit der Pfanderlös zu ihrer Befriedigung sich nicht als ausreichend erwiesen habe: ein derartiger Rechtssatz habe weder für das württembergische Recht, unter dessen Herrschaft die Forderung der Klägerin und das Pfandrecht derselben entstanden ist, gegolten, noch gelte er nach dem deutschen Bürgerlichen Gesetzbuch. Auch diese Erwägung ist, soweit überhaupt nachzuprüfen, rechtlich einwandsfrei. Darüber, ob einer etwa seit der Konkurseröffnung von der Klägerin erlangten teilweisen Befriedigung ein Einfluß auf die Berechnung ihrer Konkursforderung, bzw. Konkursdividende zukomme, brauchte sich das Berufungsgericht nicht daneben noch besonders auszusprechen. Übrigens ist in den vorinstanzlichen Urteilen nirgends davon die Rede, daß die Klägerin bisher eine teilweise Befriedigung aus ihren Pfändern erlangt habe. Dieser Umstand würde zwar für die Berechnung der von der Klägerin höchstens zu erlangenden vollen Befriedigung in Betracht kommen, aber (auch abgesehen von der Vorschrift des § 68 K.O.) nicht dazu führen, das Befriedigungsrecht der Klägerin im Konkurse, wofür der Bestand der Forderung zur Zeit der Konkurseröffnung maßgebend bleibt,

vgl. Entsch. des R.G.'s in Zivils. Bd. 2 S. 181, Bd. 52 S. 171,

auf den Ausfall zu beschränken.

S. auch v. Sarwey-Bossert, K.O. 4. Aufl. zu § 68 Bem. 2; Fitting, Reichs-Concursrecht § 10 V. Anm. 22.

Die Revision hat schließlich noch hervorgehoben, die Entscheidung des Berufungsrichters führe zu dem unbilligen Ergebnis, daß die Klägerin, welche ein Pfandrecht an einem Vermögensstück ihres Schuldners erwerben wollte, infolge ihres Irrtums und ihrer Unkenntnis davon, daß die Wertpapiere dem R. V. gehörten, mehr erworben habe, als sie erworben hätte, wenn ihre Annahme, daß die Papiere dem Gemeinschuldner gehörten, richtig gewesen wäre. Allein in Wahrheit handelt es sich nicht sowohl um einen Mehrerwerb der Klägerin, als um einen größeren oder geringeren Verlust, den dieselbe voraussichtlich erleiden wird. Mehr, als ihre Forderung beträgt (32746,60 *M*), kann die Klägerin aus den beiderseitigen Befriedigungsobjekten (der Konkursmasse und den Pfändern) zusammen doch niemals erlangen. Wenn aber — nach den Angaben im ersten Urteil — die Konkursdividende auf 40 Prozent, der Erlös aus den Pfändern auf 12000 *M* zu schätzen ist, so wird die Klägerin voraussichtlich einen nicht unerheblichen Ausfall erleiden. Vor der Konkurseröffnung war die Rechtslage die, daß der Klägerin für ihre Forderung außer dem Vermögen des Schuldners noch das Vermögensstück eines Dritten haftete. Zufolge des Konkurses hat sich in ersterer Richtung das Befriedigungsobjekt auf den verhältnismäßigen Anteil an der Konkursmasse reduziert. Der verklagte Konkursverwalter aber hat durch den Erwerb der Pfandstücke eine Rechtslage herbeiführen wollen, wodurch sich die Position der Klägerin noch ungünstiger gestalten würde. Wenn die Konkursmasse zur Ersatzleistung für die Wertpapiere an R. B. verpflichtet ist, so kann diese Folge einer widerrechtlichen Handlung des Gemeinschuldners nicht der Klägerin zur Last gelegt, die damit verknüpfte Einbuße nicht ihr zugeschoben werden." ...

101. Können Lagerscheine mit Rechtswirksamkeit auf den Inhaber gestellt werden?

H.G.B. §§ 363 Abs. 2. 424.
B.G.B. §§ 793. 796. 797. 808 Abs. 1.

I. Zivilsenat. Urt. v. 28. Dezember 1904 i. S. R. & Kons. (Bekl.) w. Warenkommissionsbank (Kl.). Rep. I. 371/04.

I. Landgericht Hamburg.
II. Oberlandesgericht daselbst.

Die Beklagte hatte eine Urkunde folgenden Wortlauts ausgestellt:

„Inhaber-Lagerschein Nr. 398
über
Z. O. Einhundertzweiundfünfzig 152 Sack roh Zucker.

Wir empfingen von Herrn L. B.... und lagerten ... 152 Sack roh Zucker angeblich Br. 15352 ko.

Wir verpflichten uns, den vorerwähnten Zucker ausschließlich an den jeweiligen Inhaber dieses Lagerscheins gegen Rückgabe desselben und der angehefteten Assekuranzpolice und/oder Assekuranzzertifikat, sowie gegen Erstattung der Lagerspesen von heute ab, wie unten bemerkt, auszuliefern.

Die Versicherung ...

Hamburg, den 17. September 1903.
(Unterschrift der Beklagten)."

Auf Grund dieses Lagerscheins verlangte die Klägerin von der Beklagten, die keine staatlich zur Ausstellung von Lagerscheinen ermächtigte Anstalt war, die Herausgabe des Zuckers. Die Beklagte widersprach mit der Begründung, daß nach dem seit dem 1. Januar 1900 geltenden Rechte Lagerscheine nicht gültig auf den Inhaber gestellt werden könnten. Sie wurde jedoch vom Landgerichte verurteilt, gegen Rückgabe des Lagerscheins mit den angehefteten Urkunden und Ersatz der Lagerspesen den Zucker herauszugeben. Ihre Berufung hatte keinen Erfolg. Auch die Revision der Beklagten ist zurückgewiesen worden.

Aus den Gründen:

... „Vorfrage ist, ob der der Klage zugrunde gelegte Lagerschein in Wirklichkeit ein Inhaber-Lagerschein sei. Der Vertreter der Revisionsklägerin hat erklärt, daß diese Eigenschaft des Lagerscheins nicht in Zweifel solle gezogen werden. Diese Erklärung schließt jedoch, da es sich um die rechtliche Beurteilung handelt, die Prüfung des Gerichts nicht aus. In Übereinstimmung mit der Auffassung der Parteien und der Ansicht der Instanzgerichte muß aber diese Vorfrage bejaht werden. Der Abs. 2 der Urkunde in Verbindung mit der Überschrift „Inhaber-Lagerschein" schließt die Auslegung aus, daß sich die Ausstellerin, die Beklagte, nur das Recht habe vorbehalten wollen, die Leistung an jeden Inhaber zu bewirken. Vielmehr ist darin ihr Wille deutlich zum Ausdruck gebracht, daß sie zur Leistung auch nur dem Inhaber verpflichtet sein wolle, die Leistung nur dem Inhaber der Urkunde verspreche (§ 793 B.G.B.). Im Abs. 1 des Lagerscheins ist eine benannte Person, L. B., aufgeführt, aber nur als diejenige, von welcher die Ausstellerin das gelagerte Gut, zu dessen Herausgabe sie sich im Abs. 2 verpflichtet, empfangen habe, also zur näheren Bezeichnung des Gegenstandes ihrer Schulderklärung, nicht als die Gläubigerin für die in der Urkunde versprochene Leistung. Demnach liegt nicht der Fall des § 808 Abs. 1 das. vor. Wenn in Abs. 2 des Lagerscheins die Ausstellerin ihre Leistungspflicht nicht nur von der Rückgabe des Scheins (§ 797 das.), sondern auch von der Rückgabe näher bezeichneter Nebenurkunden und der Erstattung der Lagerspesen abhängig macht, so widerspricht dies dem Wesen einer Schuldverschreibung auf den Inhaber nicht (§ 796 das.).

Die Entscheidung im vorliegenden Falle hängt daher nur davon ab, ob nach dem neuen Rechte Lagerscheine auf den Inhaber zulässig sind, oder nicht. Das Handelsgesetzbuch enthält keine ausdrückliche

Bestimmung. Die Ansicht, welche derartige Lagerscheine für unzulässig erklärt, kann sich nur auf eine Schlußfolgerung aus § 363 Abs. 2 H.G.B. stützen. Hier werden diejenigen Urkunden aufgezählt, welche außer den in Abs. 1 bezeichneten Anweisungen und Verpflichtungsscheinen durch Indossament übertragen werden können, wenn sie an Order lauten. Darunter werden genannt „Lagerscheine der staatlich zur Ausstellung solcher Urkunden ermächtigten Anstalten". Daraus wird geschlossen, daß Lagerscheine, bei welchen diese Voraussetzung nicht zutrifft, nicht an Order gestellt werden dürfen, und daraus weiter, daß um so weniger es zulässig sei, Lagerscheine auf den Inhaber auszustellen. Der erste Schluß ist insofern unbedenklich, als jedenfalls nur die Lagerscheine der staatlich zur Ausstellung ermächtigten Anstalten indossable Orderpapiere sein können.

Vgl. darüber Düringer u. Hachenburg, Das Handelsgesetzbuch Bd. 2 S. 437.

Für den weiteren Schluß fehlt es an genügender Begründung, sei es daß man, wie Staub, Kommentar zum Handelsgesetzbuch Anmerkung 5 zu § 424 (Bd. 2 S. 1502 der 6./7. Auflage), tut, die Inhaber-Lagerscheine überhaupt für „verpönt" erklärt, oder mit Makower, Kommentar (12. Auflage) zu § 424 unter I a 2 (S. 1385), sie nur bei mangelnder staatlicher Ermächtigung für unzulässig hält. Darin, daß das Handelsgesetzbuch hier eine Beschränkung für die Lagerscheine an Order ausspricht, ist nicht zugleich eine gleiche Beschränkung oder gar der Ausschluß für die Lagerscheine auf den Inhaber enthalten. Die Orderpapiere und die Inhaberpapiere sind zwei verschiedene Rechtsinstitute, von denen jedes unter seinen besonderen Regeln steht. Die Vorschriften über die Orderpapiere sind im wesentlichen im Handelsgesetzbuche getroffen (§§ 363 flg.); das Bürgerliche Gesetzbuch behandelt diese Materie nicht. Umgekehrt bezieht sich auf die „Schuldverschreibung auf den Inhaber" der 22. Titel des 2. Buchs des Bürgerlichen Gesetzbuchs, während das Handelsgesetzbuch durch sein Schweigen die hier gegebene Regelung voraussetzt (Art. 2 Abs. 1 Einf.-Ges. zum H.G.B.). Um so mehr hätte es einer deutlichen Bestimmung bedurft, wenn im Widerspruche mit den Sätzen des Bürgerlichen Rechts eine Beschränkung oder ein Verbot der Inhaber-Lagerscheine hätte ausgesprochen werden sollen. Eine solche Absicht hat in der auf die Orderlagerscheine beschränkten Vorschrift nicht nur keinen Ausdruck gefunden, sondern es lassen sich noch besondere Anhaltspunkte dafür geltend machen, daß das Schweigen über die Inhaber-Lagerscheine den Sinn, den es an sich hat, auch wirklich hat haben sollen, nämlich den, daß man diese Art Lagerscheine nicht mit treffen wollte. Abgesehen davon, daß in dem nahestehenden § 367 H.G.B. eine Sonderbestimmung über Inhaberpapiere gegeben ist, zeigt auch eine Bemerkung in der Denkschrift S. 205 (bei Mugdan-Hahn, Die gesamten Materialien S. 361), daß man sich bei der Abfassung des § 363 H.G.B. des Gegensatzes zwischen den Orderpapieren und den Inhaberpapieren wohl bewußt gewesen ist. Zur Rechtfertigung dafür, daß in Abs. 2 der Kreis der Orderpapiere nicht noch weiter ausgedehnt worden sei, wird u. a. bemerkt: „Schuldverschreibungen gewerblicher Unternehmungen werden, falls sie nicht auf den Inhaber lauten, mit Rücksicht auf ... § 2 ... regelmäßig als kaufmännische Verpflichtungsscheine an Order gestellt werden können." Danach ist sogar an den Fall gedacht worden — „regelmäßig" —, wo eine solche Schuldverschreibung zwar wohl auf den Inhaber, nicht aber an Order gestellt werden könnte. Ausdrücklich von Lagerscheinen ist freilich nicht die Rede. Indessen steht außer Zweifel, daß schon damals Lagerscheine auf den Inhaber tatsächlich vorkamen (vgl. Entsch. des R.O.H.G.'s Bd. 25 Nr. 84 S. 352). Es hätte daher die Erkenntnis, daß die Rechtssätze über Orderpapiere und die Rechtssätze über Schuldverschreibungen auf den Inhaber zu verschiedenen Ergebnissen führen, auch für die Lagerscheine auf den Inhaber eine besondere Ausnahmebestimmung aufdrängen müssen, wenn diese wirklich in der Absicht des Gesetzgebers lag. Allerdings läßt sich nicht bestreiten, daß die sachlichen Erwägungen, welche die Beschränkung der Order-Lagerscheine empfohlen haben, auch bei den Inhaber-Lagerscheinen eine ähnliche Maßregel hätten rechtfertigen können, indem durch die leichte Übertragbarkeit auch hier eine Gefährdung des Verkehrs eintreten kann. Indessen hat schon das Berufungsgericht zutreffend darauf hingewiesen, daß die Verhältnisse beim Order- und beim Inhaber-Lagerscheine doch nicht die gleichen sind, und jedenfalls würde dieser Grund nicht ausreichen, um im Widerspruche zu dem erlassenen Gesetz eine Verbotsvorschrift aufzustellen, die der Gesetzgeber nicht ausgesprochen und nicht gewollt hat. Der § 424 H.G.B., der nur die Wirkung der Übergabe des nach § 363 Abs. 2 gültig ausgestellten indossabeln Order-Lagerscheins bestimmt, hat für die Frage, ob Inhaber-Lagerscheine zulässig seien, keine Bedeutung. Bei diesem Ergebnisse kann endlich auch davon keine Rede sein, daß die Ausstellung von Inhaber-Lagerscheinen eine Umgehung des Gesetzes enthalte. Es muß vielmehr, was in dem Urteile des erkennenden Senats vom 11. Februar 1903, Rep. I. 240/02, unentschieden geblieben ist, die Frage, ob nach dem neuen Rechte Lagerscheine gültig auf den Inhaber ausgestellt werden können, in Übereinstimmung mit der Ansicht der Instanzgerichte und der, mit Ausnahme von Staub und Makower, in der Literatur allgemein vertretenen Auffassung des Gesetzes bejaht werden." ...

102. Bedeutung des bei der Annahme der verspäteten Leistung zu machenden Vorbehalts der Vertragsstrafe im Fall der stillschweigenden Annahme.

B.G.B. § 341 Abs. 3.

V. Zivilsenat. Urt. v. 11. Januar 1905 i. S. R. (Kl.) w. Z. (Bekl.). Rep. V. 303/04.

I. Landgericht Köln.
II. Oberlandesgericht daselbst.

Der Beklagte hatte sich beim Verkauf eines Bauplatzes für die Fabrik des Klägers durch Vertrag vom 17. September 1902 u. a. verpflichtet, die Gas- und Wasserzuleitung binnen Monatsfrist herzustellen und für jeden Tag der Überschreitung dieses Termins eine Vertragsstrafe von 50 ℳ zu zahlen. Der Kläger klagte mit der vom 11. Februar 1903 datierten Klage die Vertragsstrafe für die Zeit vom 18. Oktober 1902 bis zum 31. Januar 1903 ein, indem er behauptete, daß die Gas- und Wasserzuleitung noch bis in den Januar nicht fertig gewesen sei, was der Beklagte zugab, jedoch aus den Verhältnissen zu rechtfertigen suchte. Letzteres ließ der erste Richter nicht gelten; er verurteilte den Beklagten zur Zahlung der Strafe. In der Berufungsinstanz wandte der Beklagte neu ein, daß der Kläger den Anspruch auf die Vertragsstrafe dadurch verloren habe, daß er die am 5. Januar fertiggestellten Gas- und Wasseranlagen vorbehaltlos angenommen habe, was der Kläger bestritt. Diesen Einwand erachtete der Berufungsrichter für begründet. Die gegen diese Entscheidung eingelegte Revision wurde zurückgewiesen.

Aus den Gründen:

... „Daß der Beklagte für die rechtzeitige Herstellung der Gas- und Wasseranlagen unbedingt zu haften hatte, hat der Berufungsrichter durch Vertragsauslegung festgestellt; es fragt sich demnach nur, ob er weiter mit Recht angenommen hat, daß der Kläger durch vorbehaltlose Annahme dieser Arbeiten den Anspruch auf die Strafe nach § 341 Abs. 3 B.G.B. verloren habe. Diese Frage muß bejaht werden.

Zunächst ist dem Berufungsrichter darin beizutreten, daß der Vorbehalt, von dem diese gesetzliche Bestimmung das Recht auf die für den Fall der nicht rechtzeitigen Erfüllung einer Verbindlichkeit ausbedungene Vertragsstrafe abhängig macht, wenn der Gläubiger die verspätete Erfüllung angenommen hat, bei der Annahme erklärt worden sein muß. Es ist dies mit ausdrücklichen Worten in der Gesetzesstelle ausgesprochen, und zwar ist diese Fassung — abweichend vom 1. Entwurf, der in seinem § 421 von einer „Annahme unter Vorbehalt der Strafleistung" sprach — von der 2. Kommission gerade in der Absicht beschlossen worden, aus praktischen Gründen dem Gläubiger die Verpflichtung aufzuerlegen, sich beim Empfang der Hauptleistung darüber zu äußern, ob er die Vertragsstrafe noch ferner in Anspruch nehmen wolle (Protok. Bd. 1 S. 778 flg.). Es kann darum weder eine vor der Annahme abgegebene Erklärung, die Vertragsstrafe verlangen zu wollen, dann genügen, wenn dieses Verlangen nicht bei der Annahme in einer für den Schuldner erkennbaren Weise aufrechterhalten wird, noch kann eine Einforderung der Strafe nach der Annahme den bei der Annahme versäumten Vorbehalt ersetzen. So ist auch schon wiederholt vom Reichsgericht erkannt worden; vom VI. Senat laut der Entsch. des R.G.'s in Zivils. Bd. 53 Nr. 89 S. 358/9, vom VII. Senat in der Sache Rep. VII. 490/03, und zu der ähnlichen Vorschrift in § 464 B.G.B. vom V. Senat in der demnächst zum Abdruck gelangenden Sache Rep. V. 550/03.

Mit Recht hat darum der Berufungsrichter angenommen, daß die Erklärung, die der Kläger dem Beklagten in einem Briefe vom

2. Januar 1903 zugehen ließ: er verlange Zahlung der bis zum 1. Januar verwirkten Strafe rc, noch keinen wirksamen Vorbehalt im Sinne des § 341 Abs. 3 enthielt; denn damals waren die Gas- und Wasseranlagen noch nicht einmal hergestellt, geschweige denn angenommen worden. Die Fertigstellung ist erst am 5. Januar erfolgt. Der Berufungsrichter glaubt nun zwar annehmen zu können, daß dies dem Kläger nicht unbekannt geblieben sei; aber eine förmliche Übergabe und Annahme der Anlagen hat nicht stattgefunden, und der Berufungsrichter geht nun davon aus, daß für die vom Beklagten behauptete stillschweigende Annahme erst der Umstand von entscheidender Bedeutung sei, daß der Beklagte dem Kläger durch Brief vom 12. Januar 1903 die Anzeige von der Fertigstellung der Gas- und Wasseranlagen gemacht hat. Auf diese Anzeige hat der Kläger nicht geantwortet, dagegen am 5. Februar Zahlung der Strafe gefordert und Mitte Februar die vorliegende Klage erhoben. In dem Schweigen des Klägers auf die Anzeige vom 12. Januar erblickt nun der Berufungsrichter mit dem Beklagten eine vorbehaltlose Annahme der Leistung, und wenn dies richtig ist, ergibt sich von selbst, daß die Maßnahmen vom 5. Februar und von Mitte Februar den damals bereits verlorenen Anspruch auf Vertragsstrafe nicht zu erhalten vermochten. Der Berufungsrichter begründet seine Ansicht damit, daß unter den vorliegenden Umständen jenes Schweigen des Klägers nach der im Verkehr, namentlich zwischen Kaufleuten, üblichen Auffassung — und beide Parteien seien Kaufleute — nur dahin habe verstanden werden können, daß auch der Kläger die in Frage stehenden Anlagen als erfolgt betrachte und die Leistung als solche entgegennehmen wolle. Damit sei ihre Annahme im Sinne des § 341 Abs. 3 B.G.B. erfolgt, und der Kläger hätte nun, wenn er sich den Anspruch auf die Vertragsstrafe sichern wollte, dies unverzüglich dem Beklagten anzeigen müssen, was aber nicht geschehen sei. In dieser Ausführung kann kein Rechtsirrtum gefunden werden. Die Annahme der Erfüllung, von der im § 341 Abs. 3 gesprochen wird, bedeutet dasselbe, was der § 363 unter der Annahme als Erfüllung versteht, nämlich die Hinnahme der Leistung als die dem Vertrage entsprechende Erfüllung. Die Annahme in diesem Sinne kann, wie der Berufungsrichter weiter ausführt, nicht bloß durch eine ausdrückliche Annahmeerklärung, sondern durch jedes Verhalten bewirkt werden,

durch das der Empfänger dem Schuldner zu erkennen gibt, daß er die dargebotene Vertragsleistung als solche entgegennehmen wolle. Ein solches Verhalten konnte also auch darin liegen, daß der Kläger auf die Anzeige des Beklagten von der Fertigstellung schwieg, nämlich dann, wenn der Beklagte das Schweigen dahin auffassen mußte, daß der Kläger mit der Erfüllung, die ihm in dem Schreiben angeboten worden war, einverstanden sei. Wenn nun der Berufungsrichter angenommen hat, daß dies unter den vorliegenden Umständen der Fall gewesen sei, so stellt sich dies als eine Würdigung tatsächlicher Verhältnisse dar, die mit der Revision nicht angegriffen werden kann, zu deren Unterstützung aber auch noch darauf hingewiesen werden könnte, daß gerade die Vorschrift in § 341 Abs. 3 B.G.B. den Kläger zu einer Erklärung auf die Erfüllungsanzeige des Beklagten antreiben mußte, wenn er sein Schweigen nicht als Billigung aufgefaßt wissen wollte." ...

...

103. 1. Dürfen auf den Inhaber ausgestellte Grundschuldbriefe ohne staatliche Genehmigung in den Verkehr gebracht werden?

B.G.B. §§ 1195. 795.

2. Darf der Grundbuchrichter bei ordnungsmäßigem Verfahren Grundschulden auf den Inhaber eintragen und die auf den Inhaber ausgestellten Grundschuldbriefe aushändigen, bevor ihm die staatliche Genehmigung nachgewiesen ist?

3. Verletzt der Grundbuchrichter seine Amtspflicht fahrlässig, wenn er bei Auslegung unklarer oder lückenhafter Gesetzesvorschriften nicht die vom höchsten Gericht erst hinterher ausgesprochene Meinung trifft?

B.G.B. § 839 Abs. 1.
G.B.O. § 12.

V. Zivilsenat. Urt. v. 18. Januar 1905 i. S. O. (Kl.) w. preuß. Justizfiskus (Bekl.). Rep. V. 317/04.

I. Landgericht Dortmund.
II. Oberlandesgericht Hamm.

Auf Antrag des Kaufmanns L. wurden am 30. Januar 1900 auf zwei ihm gehörige Grundstücke drei Grundschulden von je 10000 ℳ, auf den Inhaber lautend, eingetragen. Die auf den Inhaber ausgestellten Grundschuldbriefe wurden vom Grundbuchrichter dem L. ausgehändigt, der sie an die Handlung M. & Co. begab, von der sie die Klägerin erwarb. L. geriet in Konkurs; seine Grundstücke wurden zwangsversteigert, und dabei kamen auf die drei Grundschulden nur 7083,70 ℳ zur Hebung. Eine staatliche Genehmigung zum Inverkehrbringen der Grundschuldbriefe war nicht erteilt worden. Dies machte der Konkursverwalter im Kaufgelderbelegungstermine geltend und nahm die 7083,70 ℳ für die Konkursmasse in Anspruch. Auf seine Klage wurde die jetzige Klägerin verurteilt, in die Auszahlung jenes Betrags an die Konkursmasse zu willigen.

Die Klägerin war nunmehr der Ansicht, daß der Grundbuchrichter die drei Grundschulden nicht habe eintragen und jedenfalls die Grundschuldbriefe an den L. nicht habe herausgeben dürfen, bevor die staatliche Genehmigung zum Inverkehrbringen erteilt gewesen sei. Sie erblickte in dem Verfahren des Grundbuchrichters eine fahrlässige Verletzung der Amtspflicht im Sinne des § 839 B.G.B., für die der preußische Staat nach § 12 G.B.O. aufzukommen habe, und forderte klagend Zahlung der vollen 30000 ℳ nebst Zinsen, weil die Grundstücke zur Zeit der Schadenszufügung einen die Grundschuld deckenden Wert gehabt hätten.

Der erste Richter wies die Klage ab. Die Berufung der Klägerin wurde zurückgewiesen. Auch ihre Revision wurde zurückgewiesen aus folgenden

Gründen:

... „Der Berufungsrichter läßt dahingestellt, ob die Vorschrift des § 795 B.G.B., wonach Schuldverschreibungen auf den Inhaber über bestimmte Geldsummen nur mit staatlicher Genehmigung in den Verkehr gebracht werden dürfen, auf den auf den Inhaber ausgestellten Grundschuldbrief Anwendung finden. Er nimmt an, daß der Grundbuchrichter auch dann seine Amtspflicht nicht fahrlässig verletzt haben würde, wenn die Frage zu bejahen sein sollte; denn 1. sei die Frage in der Literatur streitig, und 2. habe der Grundbuchrichter die Grundschuldbriefe durch Aushändigung an den L. nicht in Verkehr gesetzt, sondern dies sei erst durch die Weiterbegebung von seiten des L. geschehen.

Die Revision hebt hervor, daß dem Grundbuchrichter nicht der Vorwurf gemacht werde, er habe die Grundschuldbriefe in Verkehr gesetzt, sondern er habe durch Eintragung der Inhabergrundschulden und Aushändigung der erteilten Briefe an L. die Möglichkeit zur Inverkehrsetzung geschaffen. Damit habe er gegen die klaren Bestimmungen der §§ 1195. 795 B.G.B. verstoßen, also fahrlässig gehandelt.

Die Klage ist auf § 12 G.B.O. gegründet, der zur Voraussetzung hat, daß ein Grundbuchbeamter die ihm obliegende Amtspflicht vorsätzlich oder fahrlässig verletzt hat. Der Fall der Vorsätzlichkeit liegt unstreitig nicht vor. Jede Fahrlässigkeit reicht aus, um den Staat dem Beteiligten gegenüber haftbar zu machen. Im vorliegenden Falle soll die Fahrlässigkeit in der unrichtigen Anwendung oder in der Nichtanwendung klarer Gesetzesbestimmungen liegen. Darüber, auf Grund welcher Bestimmungen der Grundbuchrichter sich zur Eintragung der Grundschuld und zur Aushändigung der Grundschuldbriefe an den Grundstückseigentümer für befugt und verpflichtet gehalten hat, sind Feststellungen nicht getroffen worden. Nach Ansicht der Revision ist der § 795 B.G.B. durch Nichtanwendung verletzt, nach dem im Inland ausgestellte Schuldverschreibungen auf den Inhaber, in denen die Zahlung einer bestimmten Geldsumme versprochen wird, nur mit staatlicher Genehmigung in den Verkehr gebracht werden dürfen, und eine ohne solche Genehmigung in den Verkehr gelangte Schuldverschreibung nichtig ist. Aus diesen Bestimmungen in Verbindung mit dem § 1195 B.G.B. folgert die Revision die Pflicht des Grundbuchrichters, die Eintragung der Grundschuld und die Erteilung von Grundschuldbriefen auf den Inhaber vom Nachweise der erteilten Genehmigung abhängig zu machen.

Für die Entscheidung kommt in erster Reihe die Frage in Betracht, ob der § 795 auf Grundschuldbriefe auf den Inhaber überhaupt Anwendung findet. Wäre sie zu verneinen, so würde damit die Annahme einer Fahrlässigkeit des Grundbuchrichters ausgeschlossen sein. Der § 1195 B.G.B. schreibt im zweiten Satze entsprechende Anwendung der Vorschriften über Schuldverschreibungen auf den Inhaber auf den Grundschuldbrief vor, der auf den Inhaber ausgestellt wird. Damit scheint die Anwendung auch des § 795 geboten zu sein.

Trotzdem ist in der Rechtslehre, wenn auch vereinzelt, die verneinende Ansicht vertreten, im wesentlichen mit der Begründung, daß sonst die Verstattung von Grundschuldbriefen auf den Inhaber, von seltenen Fällen abgesehen, illusorisch sein, es sich also um ein totgeborenes Gesetz handeln würde.[1] Diese Erwägung kann jedoch dem gegebenen Gesetze gegenüber nicht in Betracht kommen. Überdies ist die Bestimmung des § 1195 im wesentlichen nur für die großen Anleihen von Gemeinden, Korporationen und sonstigen Großgrundbesitzern, also für Ausnahmefälle, getroffen (Denkschr. z. B.G.B. S. 227. 228 Nr. 2), und für diese trifft jene Erwägung nicht zu. In der Tat führen überwiegende Gründe zur Bejahung der aufgeworfenen Frage. Zutreffend wird in einem Urteile des Kammergerichts (mitgeteilt in Johow-Ring, Jahrb. Bd. 20 S. A 105 flg.) dargelegt, daß derselbe gesetzgeberische Grund, der nach den Motiven zum Bürgerlichen Gesetzbuch Bd. 2 S. 718 zur Vorschrift des § 795 Abs. 1 geführt hat, nämlich der Schutz des Publikums gegen Ausbeutung durch schwindelhafte Unternehmungen, auch auf den auf den Inhaber gestellten Grundschuldbrief paßt, da es ohne das Erfordernis staatlicher Genehmigung möglich sein würde, minderwertige Grundstücke als Unterlage für das Ausgeben solcher Briefe zu benutzen und das unerfahrene Publikum durch das Ausgeben von Papieren, die mit dem Scheine dinglicher Sicherheit umkleidet sind, zu täuschen. Beachtenswerter als jenes in der Rechtslehre erhobene Bedenken ist das vom Vertreter des Revisionsbeklagten vorgebrachte, das dahin geht, daß der § 795 die staatliche Genehmigung nur für solche Schuldverschreibungen fordere, in denen der Aussteller dem Inhaber die Zahlung einer bestimmten Geldsumme verspricht, daß aber der Anspruch aus einer Grundschuld nur auf Zahlung einer bestimmten Geldsumme aus dem Grundstück, also auf Dulden der Zwangsvollstreckung in das Grundstück gerichtet sei (§ 1191 Abs. 1 B.G.B.). Aber auch dieser Einwurf versagt. Es ist in der Rechtslehre streitig, ob die Verpflichtung des Eigentümers eines mit einer Grundschuld belasteten Grundstücks sich im Dulden der Zwangsvollstreckung erschöpft, oder ob er für die

[1] Vgl. Dernburg, Bürgerl. Recht Bd. 3 (3. Aufl.) § 246 Nr. I 3 b; Eck, Vorträge über das B.G.B. Bd. 2 S. 319; Altsmann, Recht des B.G.B.'s S. 270. D. E.

Zahlung aus den Einkünften des Grundstücks zu sorgen hat.[2] Der Entscheidung dieser Streitfrage bedarf es jedoch im vorliegenden Falle nicht, weil auch bei Entscheidung für die erste Alternative die Anwendbarkeit des § 795 angenommen werden müßte. Denn der § 1195 schreibt die entsprechende Anwendung der Bestimmungen über Schuldverschreibungen auf den Inhaber ganz allgemein vor, und weder das Gesetz noch die Vorarbeiten zu ihm geben den geringsten Anhalt dafür, daß die wichtige Bestimmung des § 795 Abs. 1 von der Anwendung ausgeschlossen sein solle. Ist sonach anzunehmen, daß § 1195 auch auf den § 795 verweist, so liegt in dieser Verweisung zugleich, daß der Anspruch aus dem auf den Inhaber ausgestellten Grundschuldbrief, ebenso wie in den Fällen der §§ 592 Satzes 2. 688 Abs. 1 Satzes 2 Z.P.O., als ein Anspruch gilt, der die Zahlung einer bestimmten Geldsumme zum Gegenstande hat. Es ist auch darauf hinzuweisen, daß der § 795 B.G.B., wenn er das Versprechen der Zahlung einer bestimmten Geldsumme verlangt, damit nur Schuldverschreibungen, in denen andere bestimmte Leistungen (z. B. die Lieferungen bestimmter Warenmengen) oder zwar die Zahlung einer Geldsumme, aber von unbestimmtem Betrage versprochen werden, von seinem Anwendungsgebiet ausschließt, und daß nichts dafür spricht, daß er auch die Zahlung einer bestimmten Geldsumme, wenn diese Zahlung aus einem Grundstücke zu leisten ist, nicht habe mitbegreifen wollen. Besonders wichtig ist endlich, daß auch die Gesetzgebung eines Bundesstaats auf dem hier vertretenen Standpunkte steht. Es bestimmt nämlich § 43 der für Mecklenburg-Schwerin erlassenen Verordnung zur Ausführung des Bürgerlichen Gesetzbuchs vom 9. April 1899:

„Die nach § 795 B.G.B. für die Ausgabe von Schuldverschreibungen auf den Inhaber erforderliche staatliche Genehmigung steht, wenn es sich um Grundschuld- oder Rentenschuldbriefe handelt, dem Großherzoglichen Justizministerium zu."

Aus allen diesen Gründen entscheidet sich der erkennende Senat für die in der Rechtslehre überwiegend vertretene Meinung, daß auf

[2] Für die erste Alternative Planck, Komment. Bd. 3 S. 520 Bem. 2a; Biermann, Sachenr. 2. Aufl. S. 347 Bem. 2; für die zweite Turnau u. Förster, Liegenschaftsr. 2. Aufl. Bd. 1 S. 571; Fuchs, Grundbuchr. S. 391 Anm. 6; Hellwig, Anspruch S. 361; Eccius, in Gruchot's Beitr. Bd. 44 S. 529; Jaeger, Komm. zur K.O. 2. Aufl. S. 404 Fußnote. D. E.

den Inhaber gestellte Grundschuldbriefe nur mit staatlicher Genehmigung in den Verkehr gebracht werden dürfen.[3]

Damit ist die Sache aber noch nicht entschieden, sondern es ist die Frage aufzuwerfen, ob der Grundbuchrichter bei Anwendung des § 795 B.G.B. die Eintragung der Grundschuld und die Aushändigung der auf den Inhaber ausgestellten Grundschuldbriefe vom Nachweise der staatlichen Genehmigung hätte abhängig machen müssen. Auch diese in der Rechtslehre ebenfalls streitige Frage muß mit der Revision bejaht werden.

Nach § 795 Abs. 1 ist das Inverkehrbringen ohne staatliche Genehmigung unstatthaft, und nach § 145a St.G.B. (vgl. Einf.-Ges. z. B.G.B. Art. 34 Nr. IV) wird bestraft, wer Schuldverschreibungen auf den Inhaber ohne die erforderliche staatliche Genehmigung ausstellt und in den Verkehr bringt. Aus dem Wortlaute dieser Bestimmungen glaubt ein Kommentator des Grundbuchrechts[4] herleiten zu müssen, daß auch der Grundbuchrichter nur dann gegen das Gesetz verstoße, wenn er den Brief an den ersten Nehmer aushändige, daß er dagegen gesetzlich verfahre, wenn er die Grundschuld eintrage und den Brief dem Eigentümer des Grundstücks aushändige. Die hier gemachte Unterscheidung danach, ob der Brief an diesen, oder an jenen ausgehändigt wird, ist nicht begründet. Der Grundbuchrichter, der den Brief auf Antrag des Eigentümers des Grundstücks an den ersten Nehmer aushändigt, bringt den Brief nicht in den Verkehr, macht sich insbesondere nicht strafbar. In den Verkehr wird der Brief auch in diesem Falle durch den Grundstückseigentümer gebracht. Abgesehen hiervon kommt es bei der Gesetzesauslegung nicht lediglich auf den Wortlaut der einzelnen Vorschrift, die angewendet werden soll, sondern sehr wesentlich auf ihre innere Bedeutung an, die im Einzelfalle aus dem Zusammenhalte mit anderen Gesetzesbestimmungen und mit all-

[3] So auch Biermann, Sachenr. 2. Aufl. Bem. 2b; Planck, Komm. Bd. 3 Bem. 2; Fuchs, Grundbuchr. Anm. 3; Turnau u. Förster, Liegenschaftsr. 2. Aufl. Bd. 1 Bem. 3a zu § 1195; Predari, G.B.O. S. 298; Kretzschmar, Einführ. in das Grundbuchr. Bd. 1 S. 425; Obernek, Reichsgrundbuchr. 3. Aufl. Bd. 1 S. 1016 flg.; Brand, Grundbuchsachen S. 230; Brachvogel-Frydrychowicz, Handb. des Grundbuchr. S. 75; Achilles-Strecker, G.B.O. S. 68; Willenbücher, Liegenschaftsr. (Ausg. f. Preußen) S. 260. D. E.

[4] Fuchs, a. a. O. D. E.

gemeinen Rechtsgrundsätzen sich klar ergeben kann. Nach einem ganz allgemein anerkannten Grundsatze des Liegenschaftsrechts hat der Grundbuchrichter, bevor er eine Eintragung vornimmt, die Verfügungsbefugnis dessen zu prüfen, der die Eintragung bewilligt hat. Trägt er eine Inhabergrundschuld ein, so folgt daraus mit rechtlicher Notwendigkeit, daß er einen auf den Inhaber ausgestellten Brief erteilen und diesen dem Grundstückseigentümer oder auf dessen Bestimmung einem Dritten aushändigen muß (B.G.B. § 1195; G.B.O. §§ 60 u. 70). Der ganze Zweck des Eintragungsbegehrens ist, den auf den Inhaber ausgestellten Brief zu erlangen, um ihn in den Verkehr zu setzen; denn rechtliche Bedeutung erlangt der Brief erst durch die Begebung, und diese wiederum kann ihm die Bedeutung nur verleihen, wenn sie mit staatlicher Genehmigung erfolgt ist (§ 795 B.G.B. Abs. 3). Ohne staatliche Genehmigung ist der unbegebene Brief ohne jede rechtliche Bedeutung, und der begebene nichtig; ebenso aber auch die Eintragung. Unwirksame oder nichtige Eintragungen darf der Grundrichter nicht vornehmen, und unwirksam bleibende oder nichtige Grundschuldbriefe darf er nach dem Geiste der Grundbuchordnung und nach der Bedeutung des Grundbuchs nicht erteilen, wenn er ordnungsmäßig verfahren will. Daher muß er, wenn er mit dem Antrag auf Eintragung einer Inhabergrundschuld und auf Erteilung eines auf den Inhaber ausgestellten Grundschuldbriefes befaßt wird, prüfen, ob der Grundstückseigentümer zur Schaffung eines solchen gefährlichen Verkehrswertes befugt ist, d. h. ob er die staatliche Genehmigung erhalten hat. Es ist freilich möglich, daß nach der Eintragung und nach der Erteilung des Briefes beide durch nachfolgende staatliche Genehmigung volle Wirksamkeit erlangen; aber dann wird eben nur eine Ordnungswidrigkeit geheilt. Der Grundbuchrichter muß in erster Reihe mit der Möglichkeit rechnen, daß der Brief ohne staatliche Genehmigung in den Verkehr gelangt, und der Nehmer des Briefes zu Schaden kommt. Dazu darf er durch die (ordnungswidrige) Eintragung und Briefserteilung nicht die Gelegenheit bieten. Er muß um so mehr auf vorheriger Beibringung der staatlichen Genehmigung bestehen, als es keine Vorschrift gibt, nach der der Staat die Genehmigung auf den Briefen zu beurkunden hat, und der Nehmer mit Grund davon ausgehen kann, daß der Grundbuchrichter, der die Briefe herstellt, eine Prüfung in der angegebenen

Richtung angestellt habe. Die im § 795 Abs. 2 Satz 2 enthaltene Ordnungsvorschrift, daß die Erteilung der staatlichen Genehmigung durch den Deutschen Reichsanzeiger bekannt gemacht werden solle, reicht zum Schutze des Publikums nicht aus und entbindet den Grundbuchrichter von der ihm obliegenden Prüfungspflicht nicht. Auch in dieser Frage befindet sich der erkennende Senat im Einklange mit der in der Rechtslehre herrschenden Meinung.[5]

Aber die endlich aufzuwerfende Frage, ob eine Fahrlässigkeit des Grundbuchrichters vorliege, und damit der ganze Rechtsstreit müssen zuungunsten der Revisionsklägerin entschieden werden. Die Gesetze, die der Grundbuchrichter anzuwenden hatte, sind nicht völlig klar und nicht lückenlos. Wenn selbst jetzt, wo die Meinungen sich zu klären beginnen, namhafte Rechtslehrer noch auf dem Standpunkte stehen, auf dem der Grundbuchrichter bei der Eintragung und der Briefaushändigung nach der Behauptung der Revisionsklägerin gestanden haben soll, so kann dem Grundbuchrichter, der sich fast unmittelbar nach dem Inkrafttreten des neuen Rechtes vor die erwähnten Fragen gestellt sah, der Vorwurf der Verletzung einer Amtspflicht überhaupt nicht gemacht werden. Damit entfällt dann aber die Voraussetzung, unter der der Staat nach § 12 G.B.O. haftbar ist. Die Behauptung der Klägerin, daß der Grundbuchrichter selbst später erklärt habe, er habe bei Auslegung der Gesetze gefehlt, hat der Berufungsrichter mit Recht für unerheblich erklärt; denn die Frage, ob ein Beamter seine Amtspflicht verletzt habe, hat nicht dieser Beamte, sondern der Prozeßrichter zu entscheiden."

104. Nach welchen Normen bestimmt sich die Verjährung des Regreßanspruchs einer Berufsgenossenschaft (§ 96 des alten, § 136 des neuen Gewerbe-Unfallversicherungsgesetzes), wenn der Unfall vor dem 1. Oktober 1900 erfolgt, und ein gegen den schuldigen Betriebsunternehmer rc eingeleitetes Strafverfahren wegen dessen Todes nach jenem Zeitpunkt eingestellt worden ist?

[5] Vgl. die in Anm. 3 aufgeführten Schriftsteller mit Ausnahme von Fuchs.
D. E.

VI. Zivilsenat. Urt. v. 22. Dezember 1904 i. S. Südd. Edel- und Unedelmetall-Berufsgenossenschaft (Kl.) w. K. Erben (Bekl.). Rep. VI. 114/04.

I. Landgericht Karlsruhe.
II. Oberlandesgericht daselbst.

Am 19. September 1900 stürzte in Pforzheim ein Fabrikneubau ein, wobei mehrere Bauarbeiter, darunter der bei der Klägerin versicherte Schlosser E., verletzt wurden. Die Herstellung der Grab- und Maurerarbeiten an dem Bau war dem Maurermeister K. übertragen. Ein in Anlaß des Unfalles eingeleitetes Strafverfahren wurde bezüglich des K. wegen seines am 18. Januar 1901 erfolgten Todes eingestellt. Mit der am 8. Mai 1903 erhobenen Klage belangte die Klägerin die Beklagten als Erben des K. auf Ersatz der für den Verletzten E. gemachten Aufwendungen und der Rentenleistungen. Der erste Richter erkannte nach dem Klagantrage; das Berufungsgericht wies auf Grund der von dem Beklagten vorgeschützten Einrede der Verjährung die Klage ab. Die Revision ist zurückgewiesen worden aus folgenden

Gründen:

... „Das Landgericht geht davon aus: die achtzehnmonatige Verjährung des § 96 des alten Unfallversicherungsgesetzes finde hier keine Anwendung; ebensowenig die in § 138 des neuen Unfallversicherungsgesetzes vom 30. Juni 1900 vorgesehene Verjährungsfrist von zwei Jahren. Die beiden Verjährungsfristen gälten nicht in den Fällen des § 97 des alten Gesetzes und des letzterem entsprechenden § 139 des neuen Gesetzes. In Ermangelung besonderer Verjährungsvorschriften für diesen Fall habe es bei den Bestimmungen des Bürgerlichen Gesetzbuchs sein Bewenden, also bei der dreijährigen Verjährung des § 852 B.G.B. Das Berufungsgericht nimmt zwar gleichfalls an, daß auf die Verjährung der Ansprüche aus §§ 96. 97 des Gesetzes von 1884 in den Fällen des § 97 die Vorschriften des allgemeinen bürgerlichen Rechts, auf den nach dem 1. Januar 1900 entstandenen Anspruch mithin die Bestimmung des § 852 B.G.B., zur Anwendung kämen. Allein die Anwendbarkeit der letzteren Vorschrift sei hier gleichwohl ausgeschlossen wegen der in den Unfallversicherungsgesetzen vom 30. Juni 1900 enthaltenen neuen Verjährungsvorschriften in § 138 des Gewerbe-Unfallversicherungsgesetzes und § 48 des Bau-Unfallversicherungsgesetzes, welche nach allgemeinen Rechtsgrundsätzen und nach Art. 169 Einf.-Ges. zum B.G.B. auch für die für ältere Ansprüche gleicher Art laufende Verjährung maßgebend seien. Mit dem 1. Oktober 1900, an welchem § 138 des Gewerbe-Unfallversicherungsgesetzes in Kraft trat, habe für den mit der Klage geltend gemachten Anspruch eine neue Verjährung von zwei Jahren zu laufen begonnen. Der Anspruch sei danach am 1. Oktober 1902 verjährt, die am 8. Mai 1903 erhobene Klage somit verspätet.

Die Revision gibt zwar im allgemeinen zu, daß die in Art. 169 Einf.-Ges. zum B.G.B. ausgesprochenen Rechtssätze, wenn auch nicht direkt, so doch analog auf alle Fälle anzuwenden seien, in welchen ein neues Verjährungsgesetz erlassen ist. Die Anwendung auf den vorliegenden Fall erscheint ihr aber bedenklich, weil der § 27 des Gesetzes, betr. Abänderung der Unfallversicherungsgesetze, vom 30. Juni 1900 eine besondere Übergangsvorschrift enthalte, wonach mit der dort vorgesehenen Ausnahme auf Unfälle aus der Zeit vor dem 1. Oktober 1900 das Gesetz von 1884 anzuwenden sei. Nach dem Gesetze von 1884 sei nur die Verjährungsfrist des § 852 B.G.B. anwendbar gewesen. ...

Die Ansicht der Revision konnte nicht als richtig anerkannt werden. Zunächst ist für die Entscheidung der in Betracht kommenden Rechtsfragen der Vorschrift des § 27 des Gesetzes, betr. die Abänderung der Unfallversicherungsgesetze, vom 30. Juni 1900 (des sog. Mantelgesetzes) keine Bedeutung beizulegen. Durch diese Bestimmung, welche zum Vorbilde den § 193 des Invalidenversicherungsgesetzes vom 13. Juli 1899 hat, sollten die Wohltaten der neuen Unfallversicherungsgesetzgebung in bestimmtem Umfang auch denjenigen Entschädigungsberechtigten zugewendet werden, deren Anspruch noch unter der Herrschaft der bisherigen Gesetzgebung erwachsen, aber noch nicht zur endgültigen Entscheidung gelangt ist.

Vgl. Kommissionsbericht zu § 23a des Entwurfs, Drucksachen des Reichstags 1898/00 Nr. 703 S. 37.

Sie enthält eine Sondervorschrift, die nur in der durch jenen Zweck gegebenen Grenze über die sog. eigentliche Rückwirkung des neuen

Gesetzes auf einen unter der Herrschaft des früheren Gesetzes eingetretenen Tatbestand verfügen, im übrigen aber zu den Fragen der zeitlichen Begrenzung des Anwendungsgebietes der neuen Vorschriften nicht Stellung nehmen wollte.

Vgl. v. Woedtke, Kommentar zum U.V.G. 5. Aufl. zu § 27 Bem. 2; Greiff, in der Zeitschrift „Die Arbeiterversorgung" 1900 Nr. 26 S. 530 flg.; Urtt. des Reichsversicherungsamtes vom 14. März und 20. Juni 1903, Amtliche Nachrichten 1903 Nr. 1987 S. 349 flg., Nr. 1999 S. 408.

Daß unter der in § 27 behandelten „ersten Feststellung von Entschädigungsansprüchen" auch die vor dem ordentlichen Gericht geltend zu machenden Regreßansprüche der Genossenschaft nach §§ 136 flg. des Gewerbe-Unfallversicherungsgesetzes mitbegriffen wären, kann nicht angenommen werden, und dem Berufungsgericht wäre zudem auch darin Recht zu geben, daß, wenn durch jene Bestimmung den neuen Versicherungsgesetzen in gewisser Richtung eine aus allgemeinen Rechtsgrundsätzen sich nicht ergebende Rückwirkung beigelegt worden sei, daraus nicht der Schluß gezogen werden könne, der Gesetzgeber habe damit diejenige Rückwirkung beseitigen wollen, welche aus solchen Grundsätzen ohne weiteres resultiere. Für die hier zu entscheidenden Fragen sind also, soweit nicht die Lösung aus den Vorschriften des Unfallversicherungsgesetzes selbst zu gewinnen ist, die Normen des bürgerlichen Rechts maßgebend, vor allem die in Art. 169 und Art. 170 Einf.-Ges. zum B.G.B. aufgestellten Grundsätze. Denn selbst wenn man nicht berechtigt wäre, diese letzteren Gesetzesvorschriften unmittelbar auch auf die anderen Reichsgesetze (Art. 32 Einf.-Ges.) anzuwenden, so würden doch die in denselben zum Ausdruck gelangten Rechtsgrundsätze allgemeine Geltung beanspruchen, sofern sie in dem System des derzeitigen bürgerlichen Rechts beruhen. Das gilt zweifellos von der Bestimmung des Art. 170 Einf.-Ges. Aber auch die in Art. 169 getroffenen Vorschriften über die Verjährung greifen in der Bedeutung allgemeiner Grundsätze da ein, wo es in dem Spezialgesetz an einer besonderen Vorschrift fehlt.

Vgl. Planck, B.G.B. Bd. 6 zu Art. 32 Einf.-Ges. Bem. 2, b.

So stellen sich die in Art. 169 Abs. 1 Einf.-Ges. aufgestellte Regel, daß die Vorschriften des neuen Gesetzes auf die laufenden Verjährungen Anwendung finden, wie auch die Einschränkungen dieser Regel als Ausflüsse eines Prinzips dar, welches von dem Einführungsgesetze in Übereinstimmung mit der schon bisher in der Theorie und Rechtsprechung herrschenden Lehre zugrunde gelegt worden ist.

Vgl. Motive zu Art. 169 (Art. 102) S. 250 flg.

Aber auch die in Art. 169 Abs. 2 Satz 1 für den Fall einer neu eingeführten kürzeren Frist gegebene Vorschrift hat nicht lediglich die Bedeutung einer positiven Norm, sondern auch diejenige eines allgemeinen Rechtssatzes, welchen das Gesetz, bei der in diesem Punkte allerdings früher bestehenden Meinungsverschiedenheit, aus dem vorangestellten Prinzip abgeleitet hat, der übrigens schon bisher vorwiegend anerkannt und befolgt worden war.

Vgl. Motive S. 252 flg.; Entsch. des R.G.'s in Zivils. Bd. 24 S. 270 flg., Bd. 12 S. 7 (Nr. 1).

Der in der gegenwärtigen Klage erhobene Anspruch ist an sich nach dem zur Zeit des Unfalls vom 19. September 1900 noch in Kraft gewesenen Gewerbe-Unfallversicherungsgesetze von 1884 zu beurteilen. Nach diesem Gesetz § 96 (ebenso Bau-Unfallversicherungsgesetz vom 11. Juli 1887 § 49) hafteten die Betriebsunternehmer, Bevollmächtigten, Betriebsaufseher ꝛc den Genossenschaften und Krankenkassen grundsätzlich nur dann für die gemachten Aufwendungen, wenn durch strafgerichtliches Urteil festgestellt war, daß sie den Unfall vorsätzlich oder durch Fahrlässigkeit ꝛc herbeigeführt hatten. Der § 97 des Gewerbe-Unfallversicherungsgesetzes ließ eine Ausnahme zu. Die in (§ 95 und) § 96 bezeichneten Ansprüche konnten auch ohne erfolgte Feststellung durch strafgerichtliches Urteil geltend gemacht werden, falls diese Feststellung wegen des Todes oder der Abwesenheit des Betreffenden oder aus einem anderen in der Person desselben liegenden Grunde nicht erfolgen konnte. Der Anspruch der Klägerin gegen den Erblasser der Beklagten fiel also unter den § 97 des (alten) Gesetzes. Mit dem am 1. Oktober 1900 in Kraft getretenen Unfallversicherungsgesetz vom 30. Juni 1900 ist hinsichtlich der Regreßansprüche der Genossenschaften eine Änderung vor sich gegangen. Im Unterschied von den Gemeinden, Armenverbänden, Krankenkassen und sonstigen Unterstützungskassen (§ 136 Abs. 1 Satz 1) ist der Anspruch der Berufsgenossenschaften jener Beschränkung entledigt; ihnen haften die Betriebsunternehmer ꝛc auch ohne Feststellung durch strafgerichtliches Urteil (§ 136 Abs. 1 Satz 2). Die Bestimmung des dem bisherigen § 97 entsprechenden § 139 kann sich jetzt auf die Ansprüche der Genossenschaften nicht mehr mitbeziehen; sie ist für diese gegenstandslos geworden.

Die Vorschrift in dem bisherigen § 97 Abs. 4 ist in diejenige des neuen § 138 Abs. 1 übergegangen. Die letztere: „Der Anspruch (§ 136 Abs. 1 Satz 1) verjährt in 18 Monaten von dem Tage, an welchem das strafgerichtliche Urteil rechtskräftig geworden ist, im übrigen in zwei Jahren nach dem Unfalle", kann nicht wohl anders als dahin verstanden werden, daß die Regreßansprüche der Berufsgenossenschaften, die ja ohne vorgängige strafgerichtliche Verurteilung verfolgbar sind, jetzt schlechthin in zwei Jahren nach dem Unfalle verjähren.

Vgl. auch v. Woedtke-Caspar, G.U.V.G. 5. Aufl. zu § 138 Bem. 2; Piloty, G.U.V.G. Bem. zu § 138 Abs. 1 S. 303; Laß u. Maier, Haftpflichtrecht 2. Aufl. § 25 S. 209 Ziff. 5.

Bei Anwendbarkeit dieser neuen Gesetzesbestimmungen ist der Anspruch der Klägerin zweifellos verjährt, wie das schon vom Berufungsgericht unter Beiziehung der Grundsätze des Art. 169 Einf.-Ges. zum B.G.B. dargelegt ist. Daß eine Unterbrechung (vgl. § 138 Abs. 1 Satz 2 mit § 137 Abs. 1 des Gewerbe-Unfallversicherungsgesetzes) oder eine Hemmung der Verjährung unter der Herrschaft des neuen Gesetzes stattgefunden hätte, behauptet die Klägerin selbst nicht. Die Frage, ob die Bestimmungen des neuen Gesetzes auf den vorliegenden Fall ohne weiteres anwendbar seien, mag nun allerdings zweifelhaft sein, sofern, wie erwähnt, der Anspruch der Klägerin materiell, namentlich bezüglich seiner Entstehung und seines Inhaltes, dem alten Unfallversicherungsgesetze untersteht. Man kann zwar nicht sagen, daß der Ersatzanspruch der Genossenschaft nach dem neuen Gesetz ein wesentlich anderer als nach dem früheren Gesetz geworden sei. Das Fundament des Anspruchs und der Klage ist nach wie vor der von dem Betriebsunternehmer rc durch Fahrlässigkeit herbeigeführte Betriebsunfall in Verbindung mit den von der Genossenschaft gemachten oder zu machenden Aufwendungen. Das bisher auch für die Berufsgenossenschaften notwendige Strafurteil bildet nicht den Klagegrund und hat nicht konstitutive Bedeutung in dem Sinne, daß es den Ersatzanspruch überhaupt erst zur Entstehung brächte; vielmehr ist nur die Geltendmachung des Anspruchs (s. auch die Ausnahme in § 97) davon abhängig, daß das Vorhandensein der Voraussetzungen desselben durch den Strafrichter konstatiert worden ist.

Vgl. Laß u. Maier, a. a. O. § 24 S. 167 Anm. 95; Riesenfeld, Das besondere Haftpflichtrecht § 14 S. 171 flg. § 20 S. 256. Diese Schranke für die Verfolgbarkeit des Anspruchs ist nach dem neuen Gesetze weggefallen. Eine Umgestaltung des Regreßanspruchs der Genossenschaft nach seinem Inhalt und rechtlichen Charakter ist auch nicht mit den Bestimmungen des neuen Gesetzes bewirkt worden, wodurch das Recht der Genossenschaftsversammlung, von der Verfolgung des Anspruchs abzusehen (§ 136 Abs. 1 Sätze 3 u. 4), und das mit Beziehung darauf vorgeschriebene Verfahren (§ 137 Abss. 1 u. 2) geregelt sind. Diese Änderungen würden die Anwendung der Verjährungsvorschriften des neuen Gesetzes auf einen unter der Herrschaft des früheren Gesetzes zur Entstehung gelangten Regreßanspruch der Genossenschaft noch nicht ausschließen. Es läßt sich auch aus der den Gesetzesänderungen zugrunde liegenden rechts- und sozialpolitischen Tendenz,

vgl. Kommissionsbericht Nr. 703a S. 143. 144; v. Woedtke-Caspar, a. a. O. zu § 136 Bem. 7,

kein Anhalt dafür gewinnen, daß der Gesetzgeber eine Anwendung der neuen Verjährungsvorschriften auf die noch unter der Herrschaft des alten Unfallversicherungsgesetzes eingetretenen Unfälle ausgeschlossen wissen wollte. Immerhin liegt im gegenwärtigen Falle die Sache so, daß der Ersatzanspruch der Klägerin bei seiner Entstehung und bis zum Inkrafttreten des neuen Gesetzes an das Erfordernis des strafgerichtlichen Urteils als eine gesetzliche Voraussetzung seiner Geltendmachung gebunden war, sofern und so lange nicht der Fall des § 97 des alten Gesetzes eintrat. Derjenige Tatbestand, welcher den Beginn der Verjährung ohne strafgerichtliches Urteil bedingte (§ 97), hatte für einen Ersatzanspruch des alten Rechtes der Klägerin gegenüber auch am 1. Oktober 1900, als das neue Unfallversicherungsgesetz in Kraft trat, noch nicht vorgelegen.

Indes mag man die Verjährungsvorschriften des jetzigen, oder des alten Unfallversicherungsgesetzes (für die Verjährungszeit) in Betracht ziehen, so gelangt man doch im vorliegenden Fall zu dem gleichen Ergebnisse, daß die Einrede der Verjährung begründet ist. Der Umstand, daß der Anfangspunkt für die Verjährung sich nach § 97 des Gesetzes von 1884 bestimmt, führt ebensowenig, wie die Tatsache, daß gegen den Erblasser der Beklagten ein Strafverfahren eingeleitet war, dazu, daß eine andere als die in den Unfallversicherungsgesetzen normierte Verjährung, daß insbesondere die allgemeine Bestimmung des § 852 B.G.B. (wofern diese überhaupt auf den Regreßanspruch der Genossenschaften, als eine obligatio ex lege, anwendbar ist) Platz greifen müßte. Der § 97 des Gesetzes von 1884 enthielt eine besondere Verjährungsvorschrift nicht; ob auch für die hierunter begriffenen Fälle die spezielle Vorschrift des § 96 Abs. 4 gelten sollte, und von welchem Zeitpunkte diesfalls die achtzehnmonatige Verjährungsfrist zu berechnen war, mochte allerdings zweifelhaft sein. Die Lösung des Zweifels hat man vorwiegend darin finden wollen, daß hier die allgemeinen Verjährungsvorschriften des bürgerlichen Rechts anzuwenden seien.

Vgl. Laß u. Maier, a. a. O. S. 196 und 209; Riesenfeld, a. a. O. § 20 S. 258 flg. und Anm. 398. 399.

Allein es ist doch kaum denkbar, daß es in der Absicht des Gesetzgebers gelegen haben könnte, die Fälle des § 97, die sich von dem Regelfalle des § 96 lediglich durch Erleichterung der Geltendmachung des (gleichen) Anspruchs bei der Unmöglichkeit strafgerichtlicher Verurteilung unterschieden, bezüglich der Verjährung von der einheitlichen reichsrechtlichen Regelung der in Frage stehenden Ersatzansprüche auszunehmen; was bei der vor Inkrafttreten des Bürgerlichen Gesetzbuchs herrschenden großen Verschiedenheit der landesgesetzlichen Verjährungsvorschriften eine mißliche Rechtsungleichheit für jene Ansprüche zur Folge hätte haben müssen. Die Anwendung der Verjährungsfrist des § 96 Abs. 4 des Unfallversicherungsgesetzes auf die Fälle des § 97 erscheint aber auch nicht als unmöglich oder unzulässig. Nach der Ansicht von Piloty (Das Reichsunfallversicherungsgesetz Bd. 1 § 22 S. 143) beginnt in diesen Fällen die Verjährung von dem Tage an zu laufen, an welchem die Tatsache, derentwegen eine strafrichterliche Feststellung der Schuld nicht erfolgen kann — Tod oder Abwesenheit des Beschuldigten ꝛc —, durch den Strafrichter oder den Vertreter der öffentlichen Klage festgestellt, und das Verfahren gegen den Beschuldigten aus diesem Grunde abgebrochen worden ist. In der Tat ist aber, wenn man einmal die Anwendbarkeit der Verjährungsfrist des § 96 Abs. 4 auf die Fälle des § 97 grundsätzlich bejaht, nicht einzusehen, weshalb gerade eine Feststellung der betreffenden Tatsache durch den Strafrichter oder Staatsanwalt erforderlich sein soll, um die Verjährung in Lauf zu setzen. Es kommt auch sonst nicht selten vor, daß eine Tatsache, von deren Eintritt der Beginn der Verjährung oder der Wegfall einer Hemmung derselben abhängig ist, erst nachträglich ermittelt werden muß, daß der, manchmal unsichere, Zeitpunkt der Entstehung des Klagerechts (actio nata) oder der Fälligkeit des Anspruchs im Streitfalle von dem Zivilrichter aus dem objektiven Sachverhalt festzustellen ist. Die von der Revision hervorgehobenen Schwierigkeiten der Feststellung für die Fälle des § 97 (139) des Unfallversicherungsgesetzes würden nicht den Ausschlag gegen die Anwendung des § 96 Abs. 4 geben können, und am wenigsten treten sie in dem (hier vorliegenden) Falle des Todes des Schuldigen hervor. Es steht hier nicht analoge, sondern sinngemäße Gesetzesanwendung in Frage. Der § 139 des neuen Gesetzes erwähnt die Verjährung gleichfalls nicht. Will man die jetzt hierunter begriffenen Fälle des § 136 nicht der in § 138 festgesetzten Verjährung von 2 Jahren nach dem Unfall unterstellen, so würden sich für die Berechnung der Verjährung wieder die gleichen Zweifel wie bei § 97 des alten Gesetzes erheben. Es ist nun zwar, falls hier die Verjährung des bürgerlichen Rechts Platz greifen sollte, diese reichsgesetzlich in §§ 194 flg. 852 B.G.B. geregelt. Allein es scheint doch nicht im Sinne des Gesetzes zu liegen, daß für die hier in Frage stehenden Fälle eine Exemtion von der kurzfristigen Verjährung eintreten sollte, welche (aus gutem Grund auch sonst im Gebiete des Versicherungs- und Haftpflichtrechtes; vgl. noch § 8 des Haftpflichtgesetzes vom 7. Juni 1871) für gleichartige Ansprüche eingeführt ist. Wie dem aber auch sei, so ist für einen Fall der vorliegenden Art die Norm für die Verjährung nicht dem § 852 B.G.B., sondern dem Unfallversicherungsgesetze zu entnehmen.

Die Verbindung der Vorschriften des alten und der des neuen Gesetzes führt schließlich zu dem Ergebnisse: jedenfalls mit dem am 18. Januar 1901 erfolgten Tode des K. — wenn nicht schon am 1. Oktober 1900 — war die Voraussetzung für das Klagerecht der Genossenschaft nach Maßgabe des alten § 97 des Unfallversicherungsgesetzes erfüllt, das Hemmnis der Verjährung weggefallen. Von da ab lief nunmehr die Verjährung, wenn nicht die achtzehnmonatige nach § 96 Abs. 4 des alten, so doch die zweijährige nach § 138 des neuen Gesetzes; auch die letztere Frist war vor der Klagerhebung (8. Mai 1903) verstrichen." ...

105. Kann ein in die Klageschrift aufgenommener, in der mündlichen Verhandlung erster Instanz aber nicht verlesener Klagantrag in der Berufungsinstanz zum Gegenstande der Entscheidung gemacht werden?

Z.P.O. §§ 137. 297. 529. 537.

VII. Zivilsenat. Urt. v. 23. Dezember 1904 i. S. W. & Cz. (Kl.) w. K. (Bekl.). Rep. VII. 281/04.

I. Landgericht Essen.
II. Oberlandesgericht Hamm.

Im Oktober 1899 schlossen die Parteien einen Vertrag, nach welchem 1000 Tonnen Gießereikoks zum Preise von 340 ℳ pr. 10 Tonnen vom 1. November des laufenden bis Ende Dezember des folgenden Jahres von der Klägerin zu liefern und von dem Beklagten abzunehmen waren. Abgenommen vom Beklagten wurden nur 247,5 Tonnen. Mithin war ein Rückstand von 752,5.

Klägerin behauptete, der Beklagte sei in Abnahmeverzug und Zahlungsverzug geraten und habe eine ihm am 26. August 1902 mit dem Hinzufügen gesetzte Frist, daß Klägerin nach Ablauf derselben auf Erfüllung der Leistung verzichten und Schadensersatz berechnen werde, verstreichen lassen.

Klägerin verlangte nun Schadensersatz im Betrage von 12792,50 ℳ, indem sie ausführte, sowohl am 31. August 1902 wie auch zur Zeit der Klagerhebung habe der Marktpreis nur 17 ℳ betragen; mithin habe sie statt des im Vertrage bedungenen Betrages von 34 ℳ nur die Hälfte dieser Summe erzielt. Der in der mündlichen Verhandlung gestellte Antrag der Klägerin ging dahin, den Beklagten zu verurteilen, ihr 12792,50 ℳ nebst Zinsen zu zahlen. In der Klageschrift war dem ebengenannten Antrage noch der fernere hinzugefügt: „oder an Klägerin als Kaufpreis 25585 ℳ zu zahlen"; zur Begründung dieses letzteren Antrages war in der Klageschrift bemerkt, Klägerin sei, wenn Beklagter es wolle, noch bereit, gegen Zahlung zu erfüllen, auch jederzeit dazu in der Lage. Der Beklagte bestritt den Verzug. Er wurde in erster Instanz, unter Abweisung der Mehrforderung der Klägerin, zur Zahlung von 11789,10 ℳ nebst Zinsen verurteilt.

Er legte Berufung ein mit dem Antrage, unter Abänderung des ersten Urteils die Klage ganz abzuweisen. Die Klägerin beantragte Zurückweisung der Berufung und, indem sie sich derselben anschloß, eventuell, nach dem Klagantrage zu erkennen, ganz eventuell, den Beklagten zur Zahlung von 25585 *M* an sie zu verurteilen. Vom Beklagten wurde Zurückweisung der Anschließung mit dem Bemerken erbeten, daß in derselben eine Klagänderung und die Geltendmachung eines prozessual neuen Anspruchs liege.

Durch Urteil des Berufungsgerichts wurde die Anschlußberufung der Klägerin zurückgewiesen. Die Revision der Klägerin hatte keinen Erfolg.

Aus den Gründen:

... „Bei Eingehen auf die Berufungsanschließung führt der Berufungsrichter aus, in dem Antrage der Klägerin liege die unstatthafte Geltendmachung eines neuen Anspruchs; denn neu im Sinne des § 529 Z.P.O. sei jeder Anspruch, welcher in erster Instanz nach dem Tatbestande des ersten Urteils nicht erhoben sei; in der Vorinstanz aber sei der jetzt mit der Anschließung verfolgte Anspruch zwar rechtshängig gemacht, aber nicht in der mündlichen Verhandlung vorgetragen. Die Revision wendet dagegen ein, die im § 137 Z.P.O. getroffene Vorschrift sei nicht zwingender Art, und wenn in der Klageschrift ein Anspruch angemeldet und damit rechtshängig geworden sei, so gehöre er, auch wenn in der mündlichen Verhandlung nicht verlesen, zum Prozeßstoff erster Instanz und gelange bei Einlegung der Berufung auch in die zweite Instanz.

Ein Rechtsirrtum liegt nicht vor. Da die Sache in erster Instanz vor dem Landgericht verhandelt ist, so kommt nicht lediglich der § 137 Z.P.O. in Betracht, nach welchem die mündliche Verhandlung dadurch eingeleitet wird, daß die Parteien ihre Anträge stellen, sondern außer dieser Vorschrift auch die auf die Form dieser Anträge bezügliche, dahingehende Vorschrift des § 297 a. a. O., daß die Anträge aus den vorbereitenden Schriftsätzen verlesen werden müssen. Schon aus der Fassung dieser Vorschrift ergibt sich, daß sie nicht lediglich instruktioneller Art ist, sondern daß ihre Nichtbefolgung Nachteile für die Sache mit sich bringen soll. Diese sind im Abs. 4 dahin bestimmt, daß die nichtverlesenen Anträge unberücksichtigt zu lassen sind. Wenn im Laufe der Verhandlung ein in die Klageschrift aufgenommener Antrag vom Kläger nicht verlesen wird, so ist er daher bei Erlassung des Urteils als nicht vorhanden zu betrachten. Verbindet sich mit der Nichtverlesung des Antrags nicht ein Verzicht auf den Anspruch und auch nicht eine rechtlich wirksame Zurücknahme des ihn betreffenden Teils der Klage, so ist mit der Erlassung des Urteils der ersten Instanz die Rechtshängigkeit des Anspruchs nicht notwendig beseitigt; aber daraus folgt nicht, daß die Nichtverlesung des Anspruchs eine wirksame Reservierung desselben für die ferneren Instanzen enthielte, und daß der Kläger ihn in der Berufungsinstanz durch Verlesung zur Entscheidung bringen könnte. Für den Berufungsrichter muß der Anspruch, der für den ersten Richter nicht vorhanden war, als ein neuer erscheinen. Und sollte in dieser Richtung auch ein Bedenken entstehen können, so würde der § 537 Z.P.O. ein selbständiges Hindernis gegen seine Berücksichtigung bilden. Nach dieser Vorschrift sind Gegenstand der Verhandlung und Entscheidung des Berufungsgerichts alle einen zuerkannten oder aberkannten Anspruch betreffenden Streitpunkte, über welche in Gemäßheit der Anträge eine Verhandlung und Entscheidung erforderlich ist, selbst wenn über diese Streitpunkte in erster Instanz nicht verhandelt oder nicht entschieden ist. Während hiernach bei Würdigung des einzelnen Anspruchs der Berufungsrichter erschöpfend zu verfahren hat, ohne an irgendeine formale aus dem Streitstoff der ersten Instanz zu entnehmende Schranke gebunden zu sein, ist ihm bezüglich der Frage, welche Ansprüche überhaupt zu seiner Entscheidung stehen, nicht die gleiche freie Stellung eingeräumt; vielmehr bestimmt der § 537 entweder, oder er setzt als durch § 529 bereits bestimmt voraus, daß nur solche Ansprüche, welche in erster Instanz zu- oder aberkannt sind, der Entscheidung des Berufungsgerichts unterliegen.

Vgl. Seuffert, Archiv Bd. 40 S. 112, Bd. 48 S. 343.

Einer der Ausnahmefälle ist hier nicht gegeben; weder liegt eine bloße Erweiterung des Klagantrags in dem eventuellen Anschließungsantrage der Klägerin, noch auch wird statt des ursprünglich geforderten Gegenstandes wegen einer später eingetretenen Veränderung das Interesse gefordert. Mit Recht betrachtet der Berufungsrichter den Antrag daher als unzulässig." . . .

106. 1. Gehört die auf Grund des preußischen Gesetzes vom 14. Juli 1893 wegen Aufhebung direkter Staatssteuern auf einem Grundstücke ruhende Grundsteuerentschädigungsrente zu denjenigen öffentlichen Lasten, die zur Eintragung in das Grundbuch nicht geeignet sind?

2. Kann der Käufer auf Grund des § 434 B.G.B., soweit ihm § 439 nicht entgegensteht, vom Verkäufer auch Vertretung für ein Recht verlangen, das für den Käufer selbst auf dem verkauften Grundstücke haftet?

3. Wie ist festzustellen, ob der Fiskus beim Abschlusse eines Rechtsgeschäfts Kenntnis von einer an sich feststehenden Tatsache hatte?

Preuß. Ausf.-Ges. zur G.B.O. Art. 11 Abs. 1.
Preuß. Ausf.-Ges. zum Zw.V.G. Artt. 1. 2.
B.G.B. §§ 434. 436. 439. 166 Abs. 1.

V. Zivilsenat. Urt. v. 28. Januar 1905 i. S. v. Z. (Bekl.) w. preuß. Fiskus (Kl.). Rep. V. 251/04.

I. Landgericht Stettin.
II. Oberlandesgericht daselbst.

Der preußische Domänenfiskus, vertreten durch die Königliche Regierung, Abt. für direkte Steuern, Domänen und Forsten, zu Köslin, kaufte durch Vertrag vom $\frac{\text{29. November}}{\text{6. Dezember}}$ 1900 von dem Beklagten das Gut H. und erhielt es am 6. Dezember 1900 aufgelassen. Auf dem Gute haftete zur Zeit des Kaufabschlusses auf Grund des Gesetzes vom 14. Juli 1893 wegen Aufhebung direkter Staatssteuern eine vom 1. April 1895 ab auf die Dauer von $60^1/_2$ Jahren zahlbare Rente von jährlich 122 *M*, die im Grundbuche nicht eingetragen war. Die Rente war an den Fiskus zu entrichten. Der Kläger hatte die Rente für die Zeit vom 1. April 1901 bis dahin 1902 mit vier Raten von je 30,50 *M* bezahlt und für die übrige Zeit durch Zahlung von 2961,92 *M* abgelöst; er verlangte nun Erstattung dieser Beträge vom Beklagten mit der Behauptung, daß dieser nach dem Vertrage und den gesetzlichen Vorschriften verpflichtet sei, die Rente ihm gegenüber zu vertreten. Der Beklagte war gegenteiliger Meinung und verlangte Abweisung der Klage.

Der erste Richter wies die Klage ab. Der zweite Richter erkannte auf Berufung des Klägers abändernd auf einen von dem

Oberregierungsrat B. bei der Königlichen Regierung zu Köslin darüber zu leistenden Eid, daß er bis zu der am 6. Dezember 1900 erfolgten Auflassung des Gutes H. an den Fiskus keine Kenntnis davon gehabt habe, daß auf diesem Gute für den Fiskus eine auf Grund des Gesetzes vom 14. Juli 1893 zahlbare Rente hafte. Von der Leistung oder Nichtleistung dieses Eides war die Endentscheidung abhängig gemacht. Die Revision des Beklagten wurde zurückgewiesen aus folgenden

Gründen:

„1. Dem Berufungsurteil liegt die Annahme zugrunde, daß die auf dem Gute H. auf Grund des Gesetzes vom 14. Juli 1893 haftende Grundsteuerentschädigungsrente zwar eine öffentliche, auf dem Grundstücke dinglich ruhende Last sei, daß sie aber nicht zu denjenigen öffentlichen Lasten gehöre, die zur Eintragung in das Grundbuch nicht geeignet sind. Der hierauf bezüglichen Ausführung, die der Berufungsrichter in einem Zwischenurteile gegeben hat, ist in jeder Beziehung beizutreten. Der Art. 11 Abs. 1 preuß. Ausf.-Ges. zur G.B.O. schließt diejenigen öffentlichen Lasten des Grundstücks von der Eintragung in das Grundbuch aus, die bei der Zwangsversteigerung und der Zwangsverwaltung den Rechten am Grundstück im Range vorgehen. Letzteres ist nun zwar, wie das Reichsgericht bereits für das frühere Recht entschieden hat (Entsch. in Zivils. Bd. 40 S. 308), auch bei der Grundsteuerentschädigungsrente der Fall; aber man würde dem Sinne und der dem Art. 11 Abs. 1 innewohnenden Bedeutung nicht gerecht werden, wenn man dies allein entscheidend sein lassen und deshalb annehmen wollte, daß die Grundsteuerentschädigungsrente von der Eintragung in das Grundbuch ausgeschlossen sei. Denn es ist gewiß und wird in den Motiven zum Art. 11 ausdrücklich bezeugt, daß das Gesetz mit seiner Bezugnahme auf die Zwangsversteigerung und Zwangsverwaltung diejenigen öffentlichen Lasten treffen und von der Eintragung in das Grundbuch ausschließen wollte, die in den Artt. 1 und 2 preuß. Ausf.-Ges. vom 23. September 1899 zum Zw.V.G. aufgeführt und dort, wie die bezogenen Motive zu Art. 11 (S. 18) hervorheben, „im Einklange mit dem geltenden Rechte bestimmt sind“. Die Wortfassung des Art. 11 mag hiernach nicht genau sein; welche öffentlichen Lasten des Grundstücks aber von der Eintragung in das Grundbuch ausgeschlossen sein sollen, darüber besteht kein Zweifel: es sind diejenigen, die in den Artt. 1 und 2 des erwähnten preuß. Ausf.-Ges. bezeichnet sind, und deren nochmalige Aufführung in dem Ausf.-Ges. zur G.B.O. man durch die Fassung des Art. 11 umgehen wollte. Die Frage rückt also dahin weiter, ob die Grundsteuerentschädigungsrente zu den in den angeführten Artt. 1 und 2 Ausf.-Ges. zum Zw.V.G. bezeichneten Rechten gehört. Daß Art. 1 Ziff. 1, der von der Deichpflicht handelt, und Art. 2, der bestimmte gemeine Lasten aufführt, unter ihnen aber die fragliche Rente nicht erwähnt, hier ausscheiden müssen, ist ohne weiteres klar. In Betracht kommen kann nur Art. 1 Ziff. 2. Der Sinn dieser Vorschrift, wonach die auf dem Grundstücke nach Gesetz oder Verfassung haftenden, nicht auf einem privatrechtlichen Titel beruhenden Abgaben und Leistungen zu den öffentlichen Lasten des Grundstücks im Sinne des § 10 Abs. 1 Ziff. 3 und des § 156 Abs. 1 Zw.V.G. gehören sollen, wird klargestellt durch die vom Gesetz in Parenthese beigefügten Worte: „Gemeine Lasten". Mit ihnen sollte, wie die Motive zu Art. 1 (S. 16) bestätigen, zum Ausdruck gebracht werden, daß man im Einklange mit dem bisherigen preußischen Rechte an dem in ihm ausgebildeten und in der Rechtsprechung der obersten Gerichte anerkannten Begriffe der gemeinen Last festhalten wollte. Die Umgrenzung, die damit die Vorschrift des in Rede stehenden Art. 1 Ziff. 2 erhält, ist für die hier zu entscheidende Frage, ob auch die Grundsteuerentschädigungsrente diesem Art. 1 Ziff. 2 zu unterstellen ist, ausschlaggebend. Denn es ist ein für das preußische Recht feststehender, auch wiederholt sowohl vom früheren Obertribunal wie vom Reichsgericht anerkannter Grundsatz, daß nur solche Lasten „gemeine Lasten" im Sinne des Gesetzes sind, die auf allen Grundstücken derselben Art im Bereiche der Verfassung, aus der sie stammen, lasten und deshalb „gemeine" sind.

Vgl. Turnau, G.B.O. 5. Aufl. S. 678, und Dernburg, Preuß. Privatrecht Bd. 1 § 306, mit den dort gegebenen Nachweisungen.

Dieses Kriterium trifft auf die Grundsteuerentschädigungsrente nicht zu. Denn es sind — ganz abgesehen von den durch Erbgang übertragenen Grundstücken, vgl. § 19 des Gesetzes vom 14. Juli 1893 wegen Aufhebung direkter Staatssteuern — nach Vorschrift dieses § 19 von der Entschädigungspflicht überhaupt frei diejenigen Grundstücke, die in der Zwischenzeit zwischen den beiden Gesetzen vom 21. Mai 1861, betreffend die anderweite Regelung der Grundsteuer (G.S. S. 253), und dem vorerwähnten Gesetze vom 14. Juli 1893 durch lästigen Vertrag veräußert worden sind, und eine Entschädigungsrente haftet ferner nicht auf denjenigen an sich entschädigungspflichtigen Grundstücken, deren Besitzer die im Gesetze freigelassene Rückzahlung in Kapital gewählt und geleistet haben (§ 24 desselben Ges.). Man kann also keineswegs sagen, daß die Grundsteuerentschädigungsrente eine Belastung sei, die im Bereiche des Gesetzes, aus dem sie stammt, allen Grundstücken derselben Art gemeinsam ist. Ist dies aber nicht der Fall, so ist sie auch keine „gemeine Last" im Sinne des bisherigen preußischen Rechts, und da nur diese nach Art. 11 preuß. Ausf.-Ges. zur G.B.O. in Verbindung mit den Artt. 1 und 2 preuß. Ausf.-Ges. zum Zw.V.G. von der Eintragung in das Grundbuch ausgeschlossen sein sollen, gehört sie zu letzteren nicht. Eine Bestätigung dieses Ergebnisses ist übrigens auch aus dem Gesetze vom 14. Juli 1893 selbst zu gewinnen. Denn wenn dort in § 26 vorgeschrieben ist, daß sich die „Zahlung, Sicherstellung und Tilgung der Kapitalien und Tilgungsrenten nach den entsprechenden Vorschriften in den §§ 18 bis 27 des Gesetzes über die Errichtung von Rentenbanken vom 2. März 1850" richten soll, so muß das Gesetz selbst die Eintragung der Tilgungsrenten ins Auge gefaßt, also auch ihre Eintragungsfähigkeit angenommen haben. Daß aber die Rentenbankrenten im Geltungsbereiche des Rentenbankgesetzes vom 2. März 1850 auch nach heutigem Recht eingetragen werden können, unterliegt nach Art. 12 preuß. Ausf.-Ges. zur G.B.O. keinem Zweifel.

Aus dem vorstehenden ergibt sich, daß die Grundsteuerentschädigungsrente, wie der Berufungsrichter mit Recht angenommen hat, nicht zu den öffentlichen Lasten gehört, für die eine Haftung des Verkäufers durch § 436 B.G.B. ausgeschlossen ist.

2. Die Revision nimmt ferner für sich den § 434 B.G.B. in bezug. Sie weist darauf hin, daß die Rente, für welche Vertretung von dem Beklagten als dem Verkäufer verlangt wird, an den Fiskus, also an den Käufer selbst, zu entrichten ist. Wenn § 434 B.G.B. — so führt die Revision aus — den Verkäufer für verpflichtet erkläre, dem Käufer den verkauften Gegenstand frei von Rechten zu verschaffen, die von Dritten gegen den Käufer geltend gemacht werden können, so ergebe sich hieraus von selbst, daß eine Freistellung von

Rechten am verkauften Gegenstande, die dem Käufer selbst zustehen, damit nicht gemeint sein könne. Der Berufungsrichter verletze daher das Gesetz, wenn er die Vertretungspflicht des Verkäufers auch auf solche Rechte ausdehne. Auch mit diesem Angriffe kann die Revision nicht durchdringen. Richtig ist zwar, daß der Domänenfiskus, der den Kaufvertrag abgeschlossen hat und aus ihm nun Rechte geltend macht, nicht deshalb als eine vom Steuerfiskus, an den die Rente zu entrichten ist, verschiedene Rechtspersönlichkeit angesehen werden kann, weil beide Verwaltungen in Preußen verschiedenen Ministerien unterstellt sind, und für beide eine selbständige Kassenführung besteht. Denn diese Selbständigkeit der sog. „fiskalischen Stationen" hat schon in der bisherigen Rechtsprechung nicht dazu geführt, in ihnen auch verschiedene Rechtssubjekte zu erblicken.

Vgl. hierüber Entsch. des R.G.'s in Zivils. Bd. 2 S. 392 und den Plenarbeschluß des preuß. Obertribunals vom 20. Oktober 1850, Entsch. dess. Bd. 20 S. 19.

Daran muß auch für das heute geltende Recht festgehalten werden (ebenso Turnau u. Förster, Liegenschaftsrecht, 2. Aufl., Bd. 1 S. 364). Für letzteres hat übrigens diese Auffassung auch in der Allgemeinen Verfügung des preuß. Justizministers von 20. November 1899 (J. M. Bl. S. 349) insofern Anerkennung gefunden, als dort unter § 4 vorgeschrieben ist, daß bei Eigentumseintragungen für den Fiskus auf seinen Antrag „derjenige Teil seines Vermögens, zu welchem das eingetragene Grundstück gehört, durch einen Zusatz in Klammern bezeichnet werden könne". Etwas Gegenteiliges folgt auch nicht aus § 395 B.G.B.; denn diese Vorschrift soll nach den Motiven (Bd. 2 S. 114) „lediglich das geltende Recht" bestätigen und beruht, wie dieses (§§ 368. 369 A.L.R. I. 16), auf praktischen Erwägungen, denen keine Bedeutung über den unmittelbaren Inhalt der Gesetzesvorschrift hinaus beizumessen ist.

Aber die Auslegung, die der Berufungsrichter in seinem Zwischenurteile dem § 434 B.G.B. gegeben hat, muß als richtig anerkannt werden. Sie geht dahin, daß unter den in § 434 bezeichneten Rechten, die von Dritten gegen den Käufer geltend gemacht werden können, alle Rechte zu verstehen sind, mögen sie Rechte Dritter, oder Rechte des Verkäufers, oder des Käufers sein, die trotz der Übertragung des Eigentums an dem Kaufgegenstande auf den Käufer bestehen bleiben.

Mit Recht leitet dies der Berufungsrichter als den Sinn der Vorschrift aus ihrer Entstehungsgeschichte her. Aus dieser ergibt sich, daß der jetzt den Gesetzestext bildende Wortlaut des § 434 in der Meinung gewählt worden ist, durch ihn die der Vorschrift zugrunde liegende Bestimmung (den § 371 des Entw. I zum B.G.B.) ohne sachliche Abänderung wiederzugeben. Die Protokolle der zweiten Kommission (S. 1315, Ausgabe von Achilles ꝛc Bd. 1 S. 655) stellen dies ausdrücklich fest und fügen hinzu, daß nur „die vom Entwurf unterschiedenen Kategorien der Rechte an der Sache und der sonstigen auf die Sache sich beziehenden Rechte unter einer gemeinschaftlichen Bezeichnung zusammengefaßt" werden sollten. Man hat es also hier mit einer Verkürzung im Ausdrucke zu tun, mit der man das, was der Entwurf in ausführlicher Fassung vorschrieb, kürzer — aber sachlich unverändert — wiederzugeben vermeinte. Sollte dies nun auch nicht ganz zutreffen, sondern der Ausdruck in dieser oder jener Beziehung mangelhaft erscheinen, so wird man doch, um den gewollten Sinn der Gesetzesvorschrift herauszulösen, auf die Fassung des Entwurfs zurückgreifen dürfen; dies wenigstens dann, wenn es — wie hier — feststeht, daß das Gesetz von dem, was der Entwurf vorschlug, inhaltlich nicht abweichen wollte, und wenn der für das Gesetz gewählte Wortlaut nicht unbedingt dazu nötigt, eine Abweichung anzunehmen. Diesen Weg hat der Berufungsrichter eingeschlagen. Er hebt zutreffend hervor, daß der § 371 des Entw., dahin lautend:

> „Der Veräußerer einer Sache haftet dafür, daß nicht Rechte an der Sache und daß auch nicht sonstige auf die Sache sich beziehende Rechte bestehen, welche ein Dritter gegen den Erwerber geltend machen kann",

den Veräußerer für zwei verschiedene Arten von Rechten einstehen läßt: für Rechte an der Sache und für sonstige auf die Sache sich beziehende und gegen den Erwerber wirksame Rechte. Für die ersten ist keinerlei Unterscheidung oder Einschränkung hinzugefügt; sie sollten schlechthin vom Veräußerer vertreten werden. Mit Recht findet darin der Berufungsrichter ausgesprochen, daß der Veräußerer für solche Rechte auch dann einstehen sollte, wenn sie für ihn selbst oder für den Erwerber auf dem veräußerten Gegenstande hafteten, wofern sie nur trotz der Veräußerung haften bleiben; eine Möglichkeit, die der

Entwurf für Rechte an der Sache auch nach dem Erwerbe des Eigentums durch den Berechtigten im § 835 ausdrücklich vorgesehen hatte. Zutreffend erwägt der Berufungsrichter weiter, daß auch kein Grund bestehe, diese Vorschrift des Entwurfs etwa nur auf Rechte aus privatrechtlichen Titeln zu beziehen und für Rechte an der Sache, die in Titeln des öffentlichen Rechts sich gründen, etwas abweichendes anzunehmen. Die Besonderheit für Rechte aus öffentlichen Titeln, die trotz der Veräußerung fortbestehen, liegt auch nach dem Entwurfe (§ 372) in der jetzt den § 436 B.G.B. bildenden Vorschrift, bezüglich deren bereits oben unter 1 nachgewiesen ist, daß sie die hier fragliche Rentenlast nicht mitbetrifft. Im übrigen findet schon im Entwurf die Vorschrift seines § 371, soweit sie sich auch auf die dem Käufer selbst an der Kaufsache zustehenden Rechte mitbezieht, darin ihre notwendige Begrenzung, daß der Käufer für Rechte, die er beim Abschluß des Kaufvertrages gekannt hat, eine Vertretung nicht fordern darf (§ 373 des Entw. und jetzt § 439 B.G.B.). Sieht man hiervon, nämlich von der Kenntnis des Käufers, die noch zu erörtern sein wird, vorläufig ab, so hätte also nach § 371 des Entw. der Umstand, daß das an der Kaufsache fortbestehende Recht dem Käufer selbst zusteht, nicht dazu geführt, die Vertretungspflicht des Verkäufers auszuschließen. Mit Notwendigkeit folgt ein solcher Ausschluß auch aus dem jetzigen Gesetzeswortlaute nicht, und da man mit ihm, wie bereits nachgewiesen, eine sachliche Abänderung des Entwurfs nicht beabsichtigt, sondern gemeint hat, im § 434 B.G.B. die Vorschrift jenes § 371 nur in kürzerer Fassung wiederzugeben, so erscheint es gerechtfertigt, auch den § 434 B.G.B. dahin zu verstehen, daß die Vertretungspflicht des Verkäufers für ein Recht, das auf der Kaufsache haftet und bestehen bleibt, dadurch allein, daß das Recht dem Käufer selbst zusteht, nicht ausgeschlossen sein soll. Für diese Auslegung spricht ersichtlich auch das praktische Bedürfnis. Es wäre eine Lücke im Gesetze, wenn bei Kaufverträgen über ein Grundstück, die z. B. ein Generalbevollmächtigter für seinen Machtgeber oder ein Vormund für seinen Mündel schließt, nicht wissend, daß dem von ihm Vertretenen ein aus dem Grundbuche nicht ersichtliches Recht (z. B. eine Überbaurente, §§ 913. 914 B.G.B.) am Grundstücke zusteht, eine Vertretung für dieses Recht lediglich deshalb nicht verlangt werden könnte (oder wenn der Käufer nur auf eine Anfechtung des

Vertrages wegen Irrtums angewiesen bleiben sollte), weil das Recht dem Käufer selbst zusteht. Nun soll nicht verkannt werden, daß gerade bei der hier in Frage stehenden, aus dem Gesetze vom 14. Juli 1893 herstammenden Grundsteuerentschädigungsrente der Wortlaut des Gesetzes insofern entgegenzustehen scheint, als er auf Rechte, „die von Dritten gegen den Käufer geltend gemacht werden können“, abgestellt ist. Die Grundsteuerentschädigungsrente kann allerdings immer nur vom Fiskus geltend gemacht werden; sie ist an einen Dritten nicht übertragbar. Aber wenn der gewonnene Standpunkt festgehalten wird, daß eine Vertretungspflicht des Verkäufers auch für die dem Käufer selbst an der Kaufsache zustehenden Rechte bestehen kann, so würde es an jedem inneren Grunde dafür fehlen, diese Vertretungspflicht davon abhängig zu machen, ob das Recht des Käufers auf einen Dritten übertragbar ist, oder nicht. Auf die Übertragbarkeit an Dritte zielen auch die Worte des Gesetzes gar nicht ab; sie sind aus der oben erwähnten zweiten Kategorie von Rechten, die der § 371 des Entwurfs aufstellte, herübergenommen und hatten schon dort mit der Übertragbarkeit oder Nichtübertragbarkeit des Rechts, für das sie die Vertretungspflicht dem Veräußerer auferlegten, nichts zu tun. Daraus rechtfertigt es sich, den Klaganspruch auch an diesem Bedenken nicht scheitern zu lassen und den Vorwurf, daß der Berufungsrichter den § 434 B.G.B. durch unrichtige Auslegung verletzt habe, zurückzuweisen.

3. Mit Erledigung dieser gegen das Zwischenurteil erhobenen Angriffe sind diejenigen Punkte, die die Revision zum Gegenstand ihrer Angriffe gemacht hat, erschöpft. Zu prüfen bleibt noch das Endurteil. Soweit in ihm die Frage erörtert wird, ob in dem Kaufvertrage vom 29. November / 6. Dezember 1900, insbesondere in dessen Bestimmungen unter §§ 5 u. 7, eine Übernahme der Rente durch den Käufer zu finden ist, beruht das Urteil ausschließlich auf einer Auslegung des Vertrags und auf der mit ihr in Verbindung gebrachten Würdigung der Beweisaufnahme. In diese hat, da rechtliche Bedenken nicht ersichtlich sind, das Revisionsgericht nicht einzugreifen. Es bleibt dann nur noch der letzte Punkt übrig, ob der Fiskus beim Abschlusse des Kaufvertrags von dem Mangel, für den er jetzt Vertretung fordert, also davon, daß auf dem Gute H. eine Grundsteuerentschädigungsrente haftete, Kenntnis hatte (§ 439 Abs. 1 B.G.B.) Der Fiskus

war, wie unstreitig ist, beim Abschlusse des Kaufvertrags vertreten durch den damaligen Regierungspräsidenten zu Köslin v. T., den Oberregierungsrat B., der noch jetzt als Mitglied derselben Regierung angehört, und den damals bei ihr als Justitiar fungierenden Regierungsrat L. Diese drei Vertreter des Fiskus haben für ihn mit dem Beklagten, wie der bei den Akten befindliche Vertrag ergibt, den Kaufvertrag geschlossen. Hatte einer von ihnen Kenntnis von der Grundsteuerentschädigungsrente, d. h. davon, daß eine solche auf H. lastete, so muß sich der Fiskus nach § 166 Abs. 1 B.G.B. diese Kenntnis zurechnen lassen. Dies nimmt auch der Berufungsrichter an, und er weist zutreffend darauf hin, daß die Grundsätze, die in Ansehung der Kenntnis der Kollektivvertreter von Erwerbsgesellschaften gelten, auch rücksichtlich der Kenntnis der Vertreter von juristischen Personen zur Anwendung zu bringen sind. Richtig ist es ferner, wenn der Berufungsrichter den Umstand, daß dieselbe Abteilung der Königlichen Regierung, die beim Abschlusse des Kaufvertrags durch die drei genannten Beamten repräsentiert wurde, früher die Verhandlungen bei der Festsetzung der streitigen Rente geführt hat, nicht allein für entscheidend ansieht und es ablehnt, schon hieraus dem Fiskus eine Kenntnis der Rente beim Abschlusse des Kaufvertrags zu imputieren. Denn der Berufungsrichter stellt zugleich fest, daß auch nicht eines der Mitglieder der erwähnten Regierungsabteilung, die bei der Rentenfestsetzung als solche fungiert haben, ihr jetzt noch angehört. Mit Recht legt der Berufungsrichter auch darauf kein Gewicht, ob etwa der Fiskus die im Verkehr erforderliche Sorgfalt insofern außer acht gelassen hat, als er bei genauerer Durchforschung seiner Akten und bei gehöriger Umfrage bei den Beamten seines Ressorts Kenntnis von der Grundsteuerentschädigungsrente hätte haben müssen. Hierauf kann es nach § 439 Abs. 1 B.G.B. nicht ankommen, weil nur die wirkliche Kenntnis des Mangels die Vertretungspflicht des Verkäufers ausschließen soll, nicht auch das Kennenmüssen oder die auf Fahrlässigkeit beruhende Unkenntnis. Kommt es aber nur auf die wirkliche Kenntnis an, und zwar — wie sich aus § 439 B.G.B. ergibt — auf die Kenntnis „bei dem Abschlusse des Kaufes", so muß entscheidend sein, ob diejenigen Personen, die den Fiskus bei dem Kaufabschlusse zu vertreten hatten, die Kenntnis besaßen. Daß dies beim Regierungspräsidenten v. T. und beim Justitiar Regierungsrat L. nicht der Fall war, sieht der Berufungsrichter durch deren Zeugnis als erwiesen an; ob es bei dem dritten Vertreter, dem Oberregierungsrat B., der Fall gewesen ist, soll durch den Eid, auf den der Berufungsrichter erkannt hat, festgestellt werden. Ein Rechtsirrtum ist auch in diesem Teile der getroffenen Entscheidung nicht zu finden, namentlich keine Verletzung der sich aus § 439 und § 166 Abs. 1 B.G.B. ergebenden Rechtssätze." ...

107. Zulässigkeit eventueller Widerklagen in Ehesachen.

IV. Zivilsenat. Urt. v. 2. Januar 1905 i. S. M. (Bekl.) w. M. Ehefr. (Kl.). Rep. IV. 307/04.

I. Landgericht Köln.
II. Oberlandesgericht daselbst.

Die Ehefrau hatte Scheidungsklage eingeleitet, der Ehemann Widerklage auf Scheidung erhoben. Das Landgericht erkannte unter Abweisung der Widerklage nach dem Antrag der Klägerin. Der Ehemann legte Berufung ein.

Aus den Gründen:

„Der Beklagte hat in der Berufungsinstanz beantragt, die Klage abzuweisen, für den Fall aber, daß nicht auf Abweisung der Klage erkannt werde, auch nach dem Antrag der Widerklage die Ehe zu trennen und die Klägerin für schuldig zu erklären. Den Unterantrag des Beklagten hat das Berufungsgericht für unzulässig erachtet, weil ein eventueller Widerklagantrag ebenso unzulässig sei, wie eine nur eventuelle Anträge enthaltende Klage, und dieser aus § 253 Abs. 2 Ziff. 2 Z.P.O. sich ergebende Grundsatz auch für das Verfahren in Ehesachen Anwendung finde. Diese Auffassung kann nicht gebilligt werden.

Das Berufungsgericht hat auf zwei Erkenntnisse des Reichsgerichts (Entsch. in Zivils. Bd. 40 S. 331 und Bd. 45 S. 321) hingewiesen. Ob die Begründung des Erkenntnisses Bd. 40 S. 331 dazu führen könnte, den Unterantrag eines Berufungsklägers für unzulässig zu erklären, der einen rechtshängigen in erster Instanz abgewiesenen vermögensrechtlichen Anspruch in der Berufungsinstanz nur für den Fall aufrecht erhält, daß nicht dem Hauptantrag entsprechend der Anspruch des Gegners abgewiesen wird, kann dahingestellt bleiben; jedenfalls könnte ein solcher Grundsatz auf einen Ehescheidungsprozeß keine Anwendung finden. Die in dem reichsgerichtlichen Urteile Bd. 45 S. 321 behandelte Frage, ob in Ehesachen der in erster Instanz obsiegende Beklagte Berufung einlegen kann, um in zweiter Instanz Widerklage zu erheben, kommt hier nicht in Betracht.

Die Zulässigkeit eventueller Widerklagen in Scheidungsprozessen ergibt sich einmal daraus, daß § 615 Z.P.O. die Verbindung der Herstellungs-, Scheidungs- und Anfechtungsklagen für Kläger und Widerkläger gestattet, die Verbindung solcher Klagen aber nur eine eventuelle sein kann, sodann aus der Bestimmung des § 616 Z.P.O., welche beide Parteien nötigt, alle Scheidungsgründe, die sie als selbständige Klage- oder Widerklagegründe geltend machen wollen, vorzubringen, sobald eine der Parteien durch einen Scheidungs- oder Anfechtungsantrag den Bestand der Ehe in Frage gestellt hat, während die Aufrechthaltung der Ehen im öffentlichen Interesse liegt (vgl. §§ 617 flg. Z.P.O.), daher eine Partei, der Scheidungsgründe zur Seite stehen, die aber in erster Linie den Fortbestand der Ehe will, nicht durch prozessuale Nachteile veranlaßt werden darf, die Scheidungsgründe bedingungslos geltend zu machen. Allerdings schließt § 616 nur für den Fall der Abweisung einer Scheidungs- oder Anfechtungsklage die Geltendmachung von Scheidungs- und Anfechtungsgründen aus; allein wenn die Scheidungs- oder Anfechtungsklage einer Partei zum Ziele führt, ist die Gegenpartei mit ihren etwaigen Scheidungsgründen dadurch ausgeschlossen, daß keine Ehe mehr besteht, die Gegenstand ihrer Angriffe sein könnte." . . .

108. 1. Kann in Ehesachen die Anfechtungsklage bei dem Landgericht erhoben werden, während der Scheidungsprozeß in der Revisionsinstanz anhängig ist?

2. Ist, wenn die Ehe durch Zurückweisung der gegen das Scheidungsurteil eingelegten Revision aufgelöst ist, und die nicht

schuldige geschiedene Ehefrau auf Herausgabe der Kinder klagt, auf Antrag des Beklagten das Verfahren auszusetzen, bis über die Anfechtungsklage erkannt ist?

B.G.B. §§ 1338. 1341. 1343.
Z.P.O. §§ 152. 614 flg.

IV. Zivilsenat. Urt. v. 5. Januar 1905 i. S. W. (Bekl.) w. W. gesch. Ehefr. (Kl.). Rep. IV. 367/04.

I. Landgericht Karlsruhe.
II. Oberlandesgericht daselbst.

Die Ehe der Parteien war geschieden; der Beklagte war allein für schuldig erklärt. Das Scheidungserkenntnis war am 11. Februar 1904 rechtskräftig geworden. Das Kind der Parteien hielt sich bei dem Beklagten auf. Die Klägerin erhob am 5. März 1904 Klage auf Herausgabe des Kindes. Das Landgericht erkannte nach dem Antrage der Klägerin. Das Oberlandesgericht wies die Berufung des Beklagten zurück. Auch die Revision wurde zurückgewiesen.

Aus den Gründen:

... „Die Revision rügt, der Berufungsrichter habe die Vorschrift des § 152 Z.P.O. dadurch verletzt, daß er dem Antrage des Beklagten, das Verfahren bis zur Erledigung der erhobenen Anfechtungsklage auszusetzen, nicht stattgegeben habe. Die Rüge kann keinen Erfolg haben. Richtig ist zwar, daß bei Nichtigkeit der Ehe unter Umständen der Klägerin die Sorge für die Person des Kindes nicht zustände. Auch erscheint die Anwendung des § 152 nicht etwa aus dem Grunde ausgeschlossen, weil die Nichtigkeit der Ehe unabhängig von der Durchführung des Anfechtungsprozesses geltend gemacht werden könnte. Nach § 1343 Abs. 2 B.G.B. kann zwar die Nichtigkeit einer anfechtbaren Ehe, die im Wege der Klage angefochten, aber noch nicht für nichtig erklärt ist, anderweit geltend gemacht werden, wenn die Ehe aufgelöst ist (vgl. § 628 Z.P.O.); allein bei der Bestimmung des § 1343 Abs. 2 B.G.B. ist ebenso, wie bei der Vorschrift des § 152 Z.P.O., vorausgesetzt, daß die Anfechtungsklage in zulässiger Weise erhoben ist. Die Anfechtungsklage des Beklagten aber ist nicht rechtswirksam erhoben. Allerdings steht die Vorschrift des § 1338, wonach die Anfechtung nach Auflösung der Ehe ausgeschlossen ist, wenn nicht die Auflösung durch den Tod des zur Anfechtung nicht berechtigten Ehegatten herbeigeführt worden ist, ebensowenig, wie die Bestimmung des § 1341, wonach die Anfechtung durch Erhebung der Anfechtungsklage nur erfolgt, solange nicht die Ehe aufgelöst ist, der Anfechtungsklage des Beklagten entgegen; denn der Beklagte hat die Anfechtungsklage vor Auflösung der Ehe (§ 1564 Satz 3) erhoben. Dagegen rechtfertigen die Vorschriften der §§ 614 flg. Z.P.O. die Zurückweisung des Aussetzungsantrags. Wie schon in früheren Entscheidungen

— vgl. Urteil vom 5. Dezember 1895 (Jurist. Wochenschr. 1896 S. 87 Nr. 43), vom 21. Januar 1904 (Jurist. Wochenschr. 1904 S. 147 Nr. 20) —

ausgesprochen ist, kann nicht, während ein Scheidungs- oder Anfechtungsprozeß rechtshängig ist, ein zweiter Scheidungs- oder Anfechtungsprozeß anhängig gemacht werden. Das Reichsgericht hat nicht, wie die Revision meint, bisher nur erkannt, daß jede Anstellung eines Scheidungsprozesses die Zulassung eines zweiten Scheidungsprozesses, jede Anstellung eines Anfechtungsprozesses die Zulassung eines zweiten Anfechtungsprozesses ausschließe; das Reichsgericht hat auch ausgesprochen, daß in einem Rechtsstreit, der mit einem Scheidungsantrag eröffnet wird, etwaige Anfechtungsgründe, und in einem Rechtsstreit, der mit der Anfechtungsklage eingeleitet wird, etwaige Scheidungsgründe vorzubringen sind.

Vgl. Entsch. in Zivils. Bd. 5 S. 377, Bd. 31 S. 13. 14, Bd. 42 S. 386; Urteil vom 21. Oktober 1902 (Jurist. Wochenschr. 1902 S. 633 Nr. 11).

Alle Angriffe gegen den Bestand einer Ehe sind in einem einzigen Verfahren zu erledigen. Dieses Verfahren endigt erst mit Eintritt der Rechtskraft des Urteils. Lautet das Urteil auf Abweisung der Scheidungs- oder Anfechtungsanträge, so kann nach Eintritt der Rechtskraft ein neues Verfahren nach Maßgabe des § 616 Z.P.O. eingeleitet werden. Lautet das Urteil auf Scheidung oder Nichtigerklärung der Ehe, so findet weder eine neue Scheidungsklage statt; denn es besteht keine Ehe mehr; noch eine neue Anfechtungsklage; denn nach Auflösung der Ehe steht die Bestimmung des § 1338 B.G.B. entgegen; nach Nichtigerklärung der Ehe aber ist eine weitere Anfechtungsklage gegenstandslos. Der Beklagte hat am 5. Februar

1904 die Anfechtungsklage bei dem Landgericht erhoben. Zu jener Zeit war der im Februar 1902 eingeleitete Ehestreit noch nicht beendigt. Der Anfechtungsantrag konnte am 5. Februar 1904, da das Scheidungsurteil der zweiten Instanz am 30. Mai 1903 ergangen war, nirgends angebracht werden. Der Anfechtungsantrag wäre, wenn es vor dem Revisionsgerichte am 11. Februar 1904 zur Aufhebung des Scheidungserkenntnisses und zur Zurückverweisung der Sache an das Oberlandesgericht gekommen wäre, bei dem Oberlandesgericht zu stellen gewesen; da aber das Revisionsgericht es bei der in dem Urteile vom 30. Mai 1903 ausgesprochenen Auflösung der Ehe belassen hat, konnte er überhaupt nicht rechtswirksam gestellt werden. Der Berufungsrichter hat sonach das Gesetz nicht verletzt, indem er den Einwand des Beklagten, die Ehe sei im Wege der Klage angefochten, zurückwies." ...

109. Kann die Restitutionsklage wegen neu aufgefundener Urkunden auf die Behauptung gestützt werden, daß eine Gebrauchsmusteranmeldung nachträglich aufgefunden worden sei?

Z.P.O. § 580 Ziff. 7 lit. b.

I. Zivilsenat. Urt. v. 14. Januar 1905 i. S. B. (Kl. u. Rest.-Kl.) w. M. & St. (Bekl. u. Rest.-Bekl.). Rep. I. 573/04.

I. Oberlandesgericht Köln.

Aus den Gründen:

„Die erhobene Restitutionsklage ist mit Recht als unzulässig verworfen worden. Der § 580 Ziff. 7 b Z.P.O. läßt die Restitutionsklage zu, wenn die Partei eine Urkunde auffindet oder zu benutzen in den Stand gesetzt wird, welche eine ihr günstigere Entscheidung herbeigeführt haben würde. Das Oberlandesgericht hat aber in dem angefochtenen Urteil ganz zutreffend angenommen, daß die Gebrauchsmusteranmeldung vom 31. Dezember 1897, welche zu dem Gebrauchsmuster 87480 geführt hat und nun zur Begründung der Restitutionsklage benutzt wird, überhaupt nicht als eine Urkunde angesehen werden kann, welche im Sinne des § 580 Ziff. 7 b von der Partei erst aufgefunden werden konnte, vorher aber verborgen, nicht auffindbar oder nicht benutzbar gewesen wäre. Die Gebrauchsmuster werden, sofern die Anmeldungen den Anforderungen des § 2 des Gesetzes, betr. den Schutz von Gebrauchsmustern, entsprechen, in die bei dem Kaiserlichen Patentamt, Anmeldestelle für Gebrauchsmuster, geführte Rolle eingetragen; die Eintragungen werden nach § 3 Abs. 3 des Gesetzes durch den Reichsanzeiger in bestimmten Fristen bekannt gemacht; die Einsicht der Rolle sowie der Anmeldungen, auf Grund deren die Eintragungen erfolgten, steht nach Abs. 5 des § 3 jedermann frei. Dementsprechend ist unstreitig auch die Anmeldung vom 31. Dezember 1897 als Gebrauchsmuster 87480 in die Musterrolle eingetragen und im Reichsanzeiger vom 7. Februar 1898 bekannt gemacht worden. Damit war für jedermann die Möglichkeit gegeben, die Anmeldung einzusehen und sich über ihren Inhalt genauer zu unterrichten, wenn ihm die veröffentlichte Bezeichnung des Musters nicht genügte; die Anmeldung war auch dem Kläger frei zugänglich, und der Gedanke, welcher der Einrichtung der Gebrauchsmusterrolle zugrunde liegt und jedermann die freie Kenntnisnahme von allen Anmeldungen gewährleistet, schließt es aus, daß bei Urkunden dieser Art eine „Auffindung" eintreten kann, wie sie in der prozessualen Bestimmung des § 580 Ziff. 7 b Z.P.O. als Restitutionsgrund Beachtung gefunden hat. Wenn auch die Gebrauchsmusteranmeldung keine öffentliche Druckschrift ist, wie eine Patentschrift, so ist sie doch, wie diese, für jedermann jederzeit frei benutzbar. Die Restitutionsklage kann deshalb ebensowenig, wie auf eine angeblich neu aufgefundene Patentschrift (Entsch. des R.G.'s in Zivils. Bd. 48 S. 376), auf die Behauptung gestützt werden, daß die Anmeldung zu einem bekannt gemachten Gebrauchsmuster neu aufgefunden worden sei. Hiernach war die Revision des Klägers als unbegründet zurückzuweisen, ohne daß es einer Prüfung der Frage bedurfte, ob der Kläger ohne sein Verschulden imstande war, die Gebrauchsmusteranmeldung in dem früheren Verfahren geltend zu machen."

110. 1. Begriff des Servises der Offiziere und Militärbeamten.

2. Ist bei der Versetzung eines Zivilbeamten der Militärverwaltung in das Amt eines Militärbeamten der Servis, zu dessen Bezuge er in diesem neuen Amte berechtigt ist, in das etatsmäßige Diensteinkommen einzurechnen, wenn ermittelt werden soll, ob das neue Amt kein geringeres etatsmäßiges Diensteinkommen gewährt, als das bisherige?

Reichsbeamtengesetz vom 31. März 1873 §§ 23 u. 42 Abs. 1 Ziff. 4.
Bestimmungen des preußischen Kriegsministeriums vom 5. April 1893 Nr. 5 (Armeeverordnungsblatt S. 110).
Z.P.O. § 850.

III. Zivilsenat. Urt. v. 17. Januar 1905 i. S. F. (Kl.) w. Reichsmilitärfiskus (Bekl.). Rep. III. 506/04.

I. Landgericht Leipzig.
II. Oberlandesgericht Dresden.

Der Kläger war früher Assistent bei dem Korpsbekleidungsamte in D. und als solcher Zivilbeamter der Militärverwaltung. Er bezog in dieser Stellung zuletzt ein etatsmäßiges Gehalt von jährlich 1950 *M*, ohne zum Bezuge von Servis berechtigt zu sein. Vom 1. Dezember 1899 wurde er mit einem Besoldungsdienstalter vom 1. April 1898 als Intendantursekretär an die Intendantur des XIX. Armeekorps in L. versetzt. Er trat damit in die Klasse der Militärbeamten ein. Sein Gehalt wurde auf 1500 *M*, und der ihm gebührende Servis auf 450 *M* jährlich festgesetzt. Der Kläger war der Ansicht, daß hierdurch gegen Nr. 5 der Bestimmungen des preußischen Kriegsministeriums, betreffend Regelung der Gehälter der etatsmäßigen Unterbeamten nach Dienstaltersstufen, vom 5. April 1893 (Armeeverordnungsblatt S. 110), die nach Nr. 21 der Ausführungsbestimmungen zur Kabinettsorder vom 19. März 1894 (Armeeverordnungsblatt S. 109) auf die mittleren und Kanzleibeamten entsprechend anzuwenden seien, verstoßen sei. Er meinte, da es in der Klasse der Intendantursekretäre keine seinem bisherigen Gehaltssatze von 1950 *M* entsprechende Gehaltsstufe gebe, so hätte er nach diesen Bestimmungen sogleich in die nächsthöhere Stufe von 2300 *M* eintreten müssen. Danach hätte er an Gehalt mehr zu beziehen gehabt

1. in der Zeit vom 1. Dezember 1899 bis zum 31. März 1901 . . . . 1066,66 ℳ,
2. in der Zeit vom 1. April 1901, dem Tage, an dem er in die nächsthöhere Gehaltsklasse von 1900 ℳ eingerückt sei, bis zum 31. Dezember 1903 1400 ℳ.

Der Bestimmung in § 150 des Reichsbeamtengesetzes wollte er genügt haben, und er beantragte deshalb, den Beklagten zur Zahlung von 2466,66 ℳ an ihn zu verurteilen.

Das Landgericht entsprach diesem Antrage.

Auf die Berufung des Beklagten wies das Oberlandesgericht die Klage ab.

Die Revision des Klägers ist zurückgewiesen aus folgenden

Gründen:

„Das Berufungsgericht geht davon aus, daß nach § 23 Abs. 1 des Reichsbeamtengesetzes vom 31. März 1873 jeder Reichsbeamte sich die Versetzung in ein anderes Amt von nicht geringerem Range und etatsmäßigem Diensteinkommen gefallen lassen müsse, wenn es das dienstliche Bedürfnis erfordere. Zu dem etatsmäßigen Diensteinkommen gehöre bei den servisberechtigten Militärbeamten der ihnen gebührende Servis, da dieser im Etat besonders ausgeworfen werde. Das Gericht leitet aber auch aus dem besonderen Zwecke, zu welchem der Servis gewährt werde, und aus der hieraus und der geschichtlichen Entwicklung des Serviswesens sich ergebenden rechtlichen Natur dieser Leistung ihre Zugehörigkeit zum Diensteinkommen des Offiziers oder Militärbeamten ab. Unter Bezugnahme auf v. Courbière, Grundzüge der deutschen Militärverwaltung (S. 326 flg.), und Freiherr v. Schrötter, Die Entwicklung des Begriffs „Servis" im preußischen Heerwesen, in Hintze's Forschungen zur Brandenburgischen und Preußischen Geschichte (Bd. 13 S. 26 flg.), charakterisiert es den hier allein in Betracht kommenden sog. Selbstmieterservis — für die hier fragliche Zeit nach Maßgabe des Gesetzes vom 26. Juli 1897 — als die Geldentschädigung, die das Reich den Offizieren oder Militärbeamten, denen vermöge ihrer Dienststellung allgemein ein Anspruch auf Gewährung von Quartier dem Reiche gegenüber zustehe, zu dem Zwecke zahle, sie dadurch in die Lage zu setzen, sich selbst ein solches zu mieten; eine Begriffsbestimmung, die noch dahin zu vervollständigen sei, daß der Servis zugleich dazu bestimmt sei, dem Bezugsberechtigten die Mittel zur Unterhaltung der Möbel und Utensilien in dem Quartiere und zur Beschaffung von Feuerungs- und Beleuchtungsmaterial zu gewähren. Eine Anerkennung jenes Grundsatzes, nicht, wie das Landgericht angenommen, eine Ausnahme von ihm, findet es in der Bestimmung des § 42 Ziff. 4 des Reichsbeamtengesetzes, wonach bei Berechnung des Ruhegehalts der servisberechtigten Militärbeamten der mittlere Stellen- bzw. Chargen-(Personal-)Servis als Teil des Gehalts betrachtet wird. Im Einklange aber mit jener rechtlichen Natur des Servises stehe es — so begründet das Berufungsgericht seine Entscheidung ferner —, wenn bei der Regelung der Gehälter nach Dienstaltersstufen, die für die mittleren Beamten der Militärverwaltung — Militärbeamte und Zivilbeamte der Militärverwaltung — zuerst im Rechnungsjahre 1894/95 nach Maßgabe der Bestimmungen des preußischen Kriegsministeriums vom 19. März 1894 (Armeeverordnungsblatt S. 111) erfolgt sei, der Servis der servisberechtigten Militärbeamten dergestalt als Teil des Gehalts im Vergleiche zu dem Gehalte der nicht servisberechtigten Zivilbeamten angesehen sei, daß um den pensionsfähigen Teil des Servises das Gehalt der Militärbeamten geringer angesetzt sei, als das der entsprechenden Klasse der Zivilbeamten. Das Gericht verweist hierbei noch besonders auf die Denkschrift zur Erläuterung des Entwurfs des Gesetzes, betreffend die Feststellung des Reichshaushalts-Etats für 1894/95, wo es S. 57 in der Tat heißt:

„Beim Übertritt servisberechtigter Beamter in Zivilbeamtenstellen sollen, wie es bei früher bezogenen Gebühren Grundsatz ist, dem in der früheren Stellung zuständigen Gehalte der pensionsfähige Teil des Servises und andere Gebührnisse zugerechnet werden. Dieser Servisteil ist bei der Gehaltsbemessung zugrunde gelegt." ...

Schließlich geht das Berufungsgericht noch ausführlich auf die Nr. 5 der Bestimmungen des preußischen Kriegsministeriums vom 5. April 1893 ein, in welcher der Kläger die hauptsächliche rechtliche Grundlage seines Anspruchs findet. Es heißt dort:

„Die Dienstzeit berechnet sich in der Regel von der etatsmäßigen Anstellung, das ist vom Tage der Anstellungsverfügung des Beamten in der betreffenden Klasse ab. ...

Abweichend hiervon wird bei Beförderungen und bei Versetzungen im dienstlichen Interesse . . . dem in eine andere Klasse übertretenden Beamten von der in der früheren Klasse zugebrachten Dienstzeit so viel angerechnet, daß derselbe sogleich in die seinem bisherigen Gehalte — Wohnungsgeldzuschuß und pensionsfähige Zulagen bleiben unberücksichtigt — entsprechende Stufe der neuen Klasse eintritt und in dieser Stufe so lange zu verbleiben hat, daß unter Hinzurechnung der in derselben Stufe der früheren Klasse zugebrachten Zeit die vorgesehene Dauer erfüllt wird.

Besteht ein Gehaltssatz, wie ihn der Beamte in der früheren Klasse zuletzt bezogen hat, in der neuen Klasse überhaupt nicht, so tritt der Beamte in der letzteren sogleich in die nächsthöhere Gehaltsstufe ein und verbleibt in dieser" rc.

Das Gericht folgert aus dem Verhältnisse, in welchem die Abss. 2 u. 3 zu dem Abs. 1 ständen, wonach jene nur die Abweichungen bestimmen sollten, die sich gegenüber der in Abs. 1 ausgesprochenen Regel ergäben, wenn der Beamte in eine andere Klasse übertrete, daß unter der „dem bisherigen Gehalte entsprechenden Stufe der neuen Klasse" nicht ohne weiteres eine Stufe von dem bisherigen Gehalte, sondern die Stufe zu verstehen sei, die nach ihrer Ausgestaltung im allgemeinen, also unter Anrechnung insbesondere des etwaigen zum etatsmäßigen Diensteinkommen gehörigen Servises, dem bisherigen Gehalte entspreche. Der Abs. 3 aber wolle, wie der Zusammenhang weiter lehre, nichts anderes anordnen, als daß der Beamte in die nächsthöhere Gehaltsstufe der neuen Klasse eintrete, wenn keine dem bisherigen Gehaltssatze im Sinne des vorhergehenden Abs. 2 entsprechende Gehaltsstufe in der neuen Klasse vorhanden sei. Das Berufungsgericht gelangt hiernach zu dem Schlusse, daß auch aus jenen kriegsministeriellen Bestimmungen nichts für die Ansicht des Klägers zu entnehmen sei. Es nimmt dabei zu der von dem Landgerichte aufgeworfenen und bejahten Frage, ob diese Bestimmungen überhaupt als Rechtsnormen anzunehmen seien, keine Stellung und bemerkt nur, in jedem Falle liege es ihnen fern, den § 23 des Reichsbeamtengesetzes abzuändern.

Diese Begründung des angefochtenen Urteils läßt keinen Rechtsirrtum erkennen. Die Revision wendet sich vor allem gegen den letzten Teil der Ausführungen des Berufungsgerichts, indem sie dabei verbleibt, daß jene Bestimmungen des Kriegsministeriums in der Tat als Rechtsnormen zu betrachten seien, die, richtig aufgefaßt, eine Änderung des § 23 des Reichsbeamtengesetzes enthielten. Indessen bedarf es auch jetzt keines Eingehens auf diese Frage, weil, selbst wenn sie zu bejahen wäre, daraus doch der Kläger keine Rechte für sich ableiten könnte, und zwar auch dann nicht, wenn die Bestimmungen so, wie er es für richtig hält, auszulegen wären. Wenn diese nämlich Rechtsnormen wären, so könnten sie dies nur in demselben Sinne sein, in welchem auch das Gesetz über den Reichshaushalt Rechtsnormen enthält. Denn sie sollen, wie sich aus der Einleitung und dem Inhalte der Bestimmungen selbst ergibt, nur zur Ausführung der Festsetzungen der Reichshaushaltspläne für 1893 und 1894 dienen, in denen zuerst die Regelung der Gehälter der Unter- und demnächst der mittleren Beamten nach Dienstaltersstufen erfolgt ist. Die Gesetze wegen Feststellung des Reichshaushalts aber enthalten zwar nicht bloß Anweisungen an die Verwaltungsbehörden über die Beschaffung der Einnahmen und die Leistung der Ausgaben für das Reich, sondern wirklich Normen des objektiven Rechts. Dagegen gewähren sie den einzelnen Beamten keinen Anspruch auf den Bezug der darin ausgeworfenen Gehälter.

Vgl. Entsch. des R.G.'s in Zivils. Bd. 13 S. 262, Bd. 15 S. 274, und bei Gruchot, Beiträge Bd. 26 S. 1015, Bd. 36 S. 1059.

Vielmehr hängt der Erwerb dieses Rechts noch von dem Antritte des Amtes nach erfolgter Anstellung oder von dem Erlasse der Verfügung ab, die eine spätere Zulage bewilligt. Bei dieser Sachlage bedarf es keiner Erörterung, ob denn überhaupt die Absicht bei Erlassung der Gesetze über den Reichshaushalt für 1893 und 1894 dahin gegangen sein könnte, einen so hervorragenden Satz des Beamtenrechts, wie ihn der § 23 des Reichsbeamtengesetzes enthält, lediglich im Wege der Gesetzgebung über den Reichshaushalt und der Erlassung von Ausführungsvorschriften hierzu zu ändern.

Die Revision sucht dann an einer Reihe möglicher Gestaltungen der Diensteinkommens- und der Ruhegehaltsverhältnisse des Klägers sowie der Versorgungsansprüche seiner Hinterbliebenen nachzuweisen, daß die bei seiner Versetzung in das Amt eines Intendantursekretärs in L. getroffene Festsetzung seines Diensteinkommens, auch wenn sie ihn in der Gegenwart nicht schlechter stelle, als er in seinem früheren

Amte als Assistent bei dem Korpsbekleidungsamte in Dresden gestanden habe, ihn oder seine Hinterbliebenen doch in der Zukunft unter gewissen Umständen in ihren Bezügen aus dem Amte schädigen könnte. Allen diesen Ausführungen gegenüber kommt zunächst schon entscheidend in Betracht, daß, wie der Wortlaut und der erkennbare Sinn des § 23 des Reichsbeamtengesetzes ergeben, der Zweck dieser Vorschrift gar nicht darin besteht, den Beamten gegen jede denkbare Verkürzung seiner Dienstbezüge zu sichern, die sich später einmal unter gewissen Voraussetzungen aus seinem Übertritte in das neue Amt ergeben könnten, sondern nur gegen eine solche, die zur Zeit der Versetzung selbst aus dieser unmittelbar folgen würde, und noch weniger darin, seine Hinterbliebenen gegen eine auf seine Versetzung in ein anderes Amt etwa zurückzuführende Schmälerung ihrer Bezüge zu schützen. Im übrigen läge die von der Revision behauptete Verkürzung des Klägers selbst oder seiner Hinterbliebenen in Wirklichkeit gar nicht vor, auch wenn die angenommenen Fälle einträten oder eingetreten wären. Was in dieser Hinsicht zuvörderst den Fall betrifft, daß der Kläger, nachdem er bei seiner Versetzung aus einer servisberechtigten Beamtengattung zunächst an einen Ort der Servisklasse A oder I versetzt worden, demnächst an einen Ort der Servisklasse III oder IV versetzt würde, was dann ohne weiteres die Gewährung nur eines geringeren Servises und damit, rein rechnerisch betrachtet, eine Verringerung seines bisherigen Diensteinkommens zur Folge hätte, so ist das Bestehen einer solchen Möglichkeit allerdings zuzugeben. Der Kläger würde hiernach beispielsweise, wenn er von Leipzig weiter an einen Ort der II. Servisklasse versetzt würde, statt 450 *M* nur 360 *M* jährlichen Servis erhalten. Nach der geschichtlichen Entwickelung des Serviswesens und der darauf beruhenden Normierung der Servisbezüge der Offiziere und Militärbeamten enthält es aber keine Verkürzung des etatsmäßigen Diensteinkommens, wenn für die neue Stelle, in die der Offizier oder Militärbeamte versetzt ist, der Servis geringer ist, als für seine frühere, sofern dies nur die Folge der Zugehörigkeit seines neuen Wohnorts zu einer niedrigeren Servisklasse ist. Denn die Höhe des Servises richtet sich, abgesehen von den verschiedenen Klassen der Beamten, nach den Teuerungsverhältnissen, die an den verschiedenen Orten herrschen. Das Gesetz geht also davon aus, daß mit der Versetzung des servisberechtigten Beamten an einen zu einer niedrigeren Servisklasse gehörigen Ort auch seine Ausgaben zur Bestreitung derjenigen Bedürfnisse, zu deren Befriedigung der Servis begriffsmäßig bestimmt ist, sich verringern, so daß die wirtschaftliche Lage des Beamten insgesamt durch eine solche Versetzung nach der Auffassung des Gesetzes sich trotz der Verringerung des Servises nicht verschlechtert. Deshalb ist auch für den Wohnungsgeldzuschuß, dessen verschiedene Bemessung auf ähnlichen Erwägungen beruht, in § 4 Abs. 2 des Gesetzes, betreffend die Bewilligung solcher Zuschüsse an die Offiziere des Reichsheeres und der Kaiserlichen Marine sowie an die Reichsbeamten, vom 30. Juni 1873 ausdrücklich bestimmt:

„Hat die Versetzung an einen Ort, welcher zu einer niedrigeren Servisklasse gehört, eine Verminderung des Wohnungsgeldzuschusses zur Folge, so wird hierdurch ein Entschädigungsanspruch nicht begründet."

Auch von der von der Revision behaupteten Verkürzung der Ruhegehaltsansprüche des Klägers als einer mittelbaren Folge seiner Versetzung kann in Wirklichkeit nicht die Rede sein. Der Kläger meint eine solche daraus ableiten zu können, daß er sich zwar bei seiner Versetzung den ihm tatsächlich bewilligten Servis auf sein Diensteinkommen anrechnen lassen solle, daß dagegen bei der Berechnung seines Ruhegehalts nur der mittlere Stellenservis in Betracht gezogen werde, während, wenn er als Zivilbeamter der Militärverwaltung in den Ruhestand versetzt wäre, das Ruhegehalt nach dem vollen Betrage seines dort entsprechend höheren Gehalts nach Maßgabe seiner Dienstzeit berechnet wäre. Allein jener Unterschied zwischen dem vom Kläger wirklich bezogenen Servis, der nach § 23 des Reichsbeamtengesetzes als Teil seines Diensteinkommens zu betrachten ist, und dem mittleren Stellenservis, der bei der Pensionierung nach § 42 Abs. 1 Ziff. 4 bei der Berechnung des Ruhegehalts in Ansatz kommt, besteht gerade in Fällen der vorliegenden Art nicht. Zur gerechten Durchführung des Grundsatzes der zuletzt erwähnten Vorschrift bleiben nämlich, weil die Korps- und Divisionsintendanturen sich sämtlich an Orten befinden, die den Servisklassen A, I oder II angehören, die übrigen Servisklassen bei Berechnung des mittleren Stellenservises bei Intendanturbeamten außer Berücksichtigung.

Vgl. Perels u. Spilling, Das Reichsbeamtengesetz Bem. III zu § 42.

Der mittlere Stellenservis, der bei der Pensionierung dieser Beamten als Teil des Gehalts betrachtet wird, deckt sich demnach mit dem Servise der I. Servisklasse, der dem Kläger, weil L. zur Zeit seiner Versetzung zu dieser Klasse gehörte, mit 450 ℳ jährlich auch bewilligt worden ist. Der Kläger würde daher auch gegenüber den aus seinem früheren Amte sich ergebenden Ruhegehaltsansprüchen nicht verkürzt werden, wenn er aus dem neuen Amte pensioniert würde. . . .

Schließlich hat die Revision noch aus § 850 Z.P.O. und seiner Entstehungsgeschichte den Nachweis zu erbringen versucht, daß der Servis nicht zum Diensteinkommen der Offiziere und Militärbeamten gehöre. Indessen auch dieser Beweisgrund versagt. Allerdings wird im Abs. 5 jenes Paragraphen besonders bestimmt, daß die Einkünfte, die zur Bestreitung eines Dienstaufwandes bestimmt sind, und der Servis der Offiziere, Militärärzte und Militärbeamten weder der Pfändung unterworfen, noch bei der Ermittelung, ob und zu welchem Betrage ein Diensteinkommen der Pfändung unterliege, zu berechnen seien. Allein gerade darin, daß diese Sondervorschrift getroffen und für erforderlich erachtet ist, tritt hervor, daß ohne sie die vorher in den Abs. 1 Ziff. 8, Abs. 2 und Abs. 4 getroffenen Bestimmungen über die Unterwerfung entweder eines Teils des „Diensteinkommens" der Offiziere, Militärärzte und Beamten, oder des gesamten Diensteinkommens auch auf den Servis Anwendung finden würden. Der Paragraph enthält demnach in Wirklichkeit eine weitere Bestätigung, daß der Gesetzgeber an sich den Servis als einen Teil des Diensteinkommens der servisberechtigten Personen betrachtet, und daß deshalb auch der maßgebende § 23 des Reichsbeamtengesetzes in diesem Sinne auszulegen ist. Der Grund aber, weshalb für den Servis trotz dieser Zugehörigkeit zum Diensteinkommen jene Sonderbestimmung getroffen ist, liegt ersichtlich darin, daß er zur Bestreitung schlechthin notwendiger Ausgaben bestimmt ist, weil er, wie erwähnt, an die Stelle der früher gewährten Naturalleistungen — Quartier, Heizung rc — getreten ist. Nur dies ergibt sich auch aus den von der Revision in Bezug genommenen Verhandlungen der Justizkommission des Reichstags bei der Beratung des dem jetzigen § 850 entsprechenden § 696 des Entwurfs der Z.P.O., insbesondere den Erklärungen des dabei zugezogenen Majors Blume.

Vgl. Hahn, Materialien zur Z.P.O. 2. Aufl. Bd. 1 S. 852.

Dagegen liefert die Entstehungsgeschichte des § 850 Z.P.O. an anderer Stelle noch einen weiteren Beleg für die Richtigkeit der Auffassung, daß der Servis in ganz ausgeprägtem Sinne einen Teil des Diensteinkommens der Bezugsberechtigten bildet, nämlich eben in dem, daß er zur Deckung gerade unbedingt notwendiger Ausgaben bestimmt ist. Die Begründung zu dem § 696 des Entwurfs bemerkt nämlich ausdrücklich, daß die hier aufgestellten Beschränkungen der Zwangsvollstreckung in Geldforderungen im wesentlichen den bestehenden Bestimmungen entsprächen, und nimmt dafür an erster Stelle auf die Anhangsparagraphen 160—167 zur preußischen Allgemeinen Gerichtsordnung Bezug.

Vgl. Hahn, a. a. O. Bd. 1 S. 460.

Der § 167 des Anhangs zu Tl. I Tit. 24 A.G.O. stellt nun aber gerade die entsprechende Vorschrift unter Hinweis auf den gesetzgeberischen Grund der besonderen Behandlung des Servises innerhalb des Diensteinkommens auf:

„Ebenso bleibt in Absicht sämtlicher Offiziere der Servis, weil solcher statt der Naturaleinquartierung gezahlt wird, von den Abzügen ausgeschlossen.“ ...

---

111. Ist es eine Schenkung, wenn die Gründer und einzigen Aktionäre einer Aktiengesellschaft nachträglich die Gründungskosten zu tragen versprechen? Kann eine solche nachträgliche Übernahme der Gründungskosten nur in der Form der Abänderung des Gesellschaftsvertrages geschehen?

I. Zivilsenat. Urt. v. 30. November 1904 i. S. Aktienges. Pfl. Akkumulatorenwerke (Kl.) w. E. (Bekl.). Rep. I. 318/04.

I. Landgericht I Berlin.
II. Kammergericht daselbst.

Die klagende Aktiengesellschaft war im Frühjahr 1902 von dem Beklagten E. und dem Kaufmann Pfl. mit einem Grundkapital von 1400000 *M* errichtet worden. Der Beklagte war daran mit 250000 *M* beteiligt, während der Rest der Aktien dem Kaufmanne Pfl. zustand. Die Gründungskosten hatten 40317,75 *M* betragen. Klägerin behauptete, daß der Beklagte am 18. Dezember 1902 ihrem Vorstande gegenüber sich mündlich verpflichtet habe, den seinem Aktienanteil entsprechenden Teil der Gründungskosten zu tragen, wenn Pfl. den auf ihn entfallenden Teil ebenfalls übernehme. Pfl. übernahm diesen Teil der Unkosten und bezahlte ihn mit 33117,90 *M*. Die Klage auf Verurteilung des Beklagten zur Bezahlung seines Anteils mit 7199,85 *M* führte in erster Instanz zu einer eidesbedingten Entscheidung, wurde aber in zweiter Instanz unbedingt abgewiesen.

Das Reichsgericht hat das Berufungsurteil aufgehoben.

Aus den Gründen:

„Das Berufungsgericht stützt seine Entscheidung in erster Linie darauf, daß das Klageversprechen ein Schenkungsversprechen sei und deshalb beim Mangel gerichtlicher oder notarieller Beurkundung nach § 518 B.G.B. der Gültigkeit entbehre, in zweiter Linie darauf, daß es sich bei der behaupteten Vereinbarung um eine Verschiebung in der finanziellen Unterlage der Aktiengesellschaft gehandelt habe, die mit Rücksicht auf §§ 274 flg. 182. 186 Abs. 3 H.G.B. nur in den Formen der Abänderung des Gesellschaftsvertrages zu erreichen gewesen wäre. In beiden Richtungen beruht die Entscheidung auf einer Verletzung des Gesetzes.

Was zunächst die Eventualbegründung angeht, so mag dem Berufungsgerichte zugegeben werden, daß ein ähnlicher Erfolg für die Aktiengesellschaft sich auch dadurch hätte erzielen lassen, daß sie auf dem Wege nachträglicher Änderung des Gesellschaftsvertrages von der ursprünglich übernommenen Verpflichtung zur Tragung der Gründungskosten befreit worden wäre. Von einem solchen Vorgang ist aber vorliegend keine Rede. Die Klage ist mit voller Deutlichkeit nur auf den Tatbestand gegründet, daß der Beklagte sich der Aktiengesellschaft gegenüber nachträglich verpflichtet habe, einen Teil der Gründungskosten zu tragen. Es ist nicht abzusehen, warum es rechtlich unzulässig sein sollte, daß eine bereits bestehende Aktiengesellschaft sich, ohne Änderung der Statuten, von Dritten, seien es die Gründer, oder Aktionäre, oder unbeteiligte Personen, den Ersatz der ihr nach dem Gesellschaftsvertrage zu Lasten fallenden Gründungskosten versprechen lasse.

Unzutreffend ist aber auch die prinzipale Begründung. Das Berufungsgericht glaubt in der vom Beklagten angeblich versprochenen Leistung die sämtlichen Begriffsmerkmale der Schenkung (§ 516 B.G.B.) finden zu müssen, weil die Klägerin, die als Aktiengesellschaft selbständiges Vermögenssubjekt sei, aus dem Vermögen des Beklagten durch eine Zuwendung, zu welcher keinerlei Verbindlichkeit bestand, habe bereichert werden sollen, und beide Teile darüber einig gewesen, daß die Zuwendung unentgeltlich erfolge. Dem Umstande, daß der Beklagte davon auch eine Vermehrung des eigenen Vermögens, nämlich ein Steigen des Aktienkurses infolge der verbesserten Lage der Aktiengesellschaft, habe erhoffen dürfen, will es, als einem bloßen Beweggrunde, keine Bedeutung für den rechtlichen Charakter des Abkommens beilegen. Dem kann nicht beigetreten werden. Verfehlt freilich ist es, wenn die Revision die Unentgeltlichkeit der Zuwendung aus dem Grunde in Zweifel zieht, weil der Beklagte und der Kaufmann Pfl. als die Gründer und einzigen Aktionäre der Aktiengesellschaft eigentlich die Schuldner der Gründungskosten gewesen seien. Der Aktiengesellschaft gegenüber, auf die, wie außer Streit steht, diese Kosten in rechtsgültiger Weise übertragen waren, hatten sie jedenfalls keine Ersatzverpflichtung. Die Ansicht des Berufungsgerichts wird aber dem Sachverhalte deshalb nicht gerecht, weil sie die Bedeutung der Zuwendung in der Hand der Aktiengesellschaft und die Wirkung auf das Vermögen des Beklagten nicht richtig würdigt. Es ist nicht zu billigen, wenn in bezug auf das Steigen des Aktienkurses nur von einer Hoffnung des Beklagten, als einem für den Begriff der Schenkung bedeutungslosen Motive, gesprochen wird. Die Zuwendung an die Aktiengesellschaft hat zur unmittelbaren und notwendigen Folge, daß dadurch auch der innere Wert der Aktionärrechte entsprechend gesteigert wird. Die Aktiengesellschaft ist kein selbstnütziges Vermögenssubjekt; ihre Bestimmung ist, für die Aktionäre zu arbeiten und diesen, während ihres Bestehens in Form des Gewinnes, nach der Auflösung durch Verteilung, das Vermögen wieder zufließen zu lassen. Dem entspricht der Wertgehalt der

Aktionärrechte. Vorliegend steht nicht in Frage, wie es wäre, wenn der Beklagte das behauptete Versprechen abgegeben hätte, ohne Aktionär zu sein, oder über die Quote seiner Aktien hinaus, oder ohne die entsprechende Zusage der übrigen Aktionäre. Vielmehr liegt der Fall unbestritten so, daß der Beklagte sein Versprechen nur in Höhe der auf seinen Aktienbesitz anteilsweise entfallenden Gründungskosten und nur unter der Bedingung gegeben haben soll, daß auch der andere Aktionär, Pfl., für die von ihm vertretenen Aktien sich in gleicher Weise verpflichte. Pfl. hat dies getan und hat den versprochenen Betrag bereits einbezahlt. Wenn jetzt auch der Beklagte die behauptete Zusage erfüllt, so hat sich das Vermögen der Aktiengesellschaft um den ganzen Posten von 40317,75 *M* vermehrt, und zwar so, daß alle Aktien, und alle gleichmäßig, dazu beigesteuert haben. Dieser ganze Betrag kommt aber wieder allen Aktien, und zwar in dem gleichen Verhältnisse, zugute. Der Beklagte wird dann durch den Mehrwert seiner Aktien eine Vermögensvermehrung erfahren haben, welche die durch seine Leistung herbeigeführte Vermögensverminderung ausgleicht. Darin liegt nicht ein bloßes Motiv für die Zuwendung, sondern es ist eine dieser Zuwendung selbst anhaftende Eigenschaft. Deshalb fehlt es für den Tatbestand der Schenkung, wenn auch durch die Leistung des Beklagten der Übergang eines Vermögenswertes in die Hand eines anderen, formell selbständigen Vermögenssubjektes bewirkt wurde, doch an dem Erfordernisse, daß die Bereicherung des Beschenkten auf Kosten einer Vermögensverminderung bei dem Schenker erfolge. Der I. Entwurf (§ 437) sprach ausdrücklich von einer „Zuwendung, durch welche das Vermögen des Zuwendenden vermindert und der Andere bereichert wird". Die Fassung des Gesetzes (§ 516): „Zuwendungen, durch die jemand aus seinem Vermögen einen anderen bereichert", besagt aber dem Sinne nach das gleiche. Der formale Übergang eines Vermögensstückes vom Schenker auf den Beschenkten ist nicht eine Vermögensverminderung, wenn dadurch selbst diesem Vermögen materiell ein anderer entsprechender Wert zugewendet wird.

Ausgehend von der Funktion, welche die Zuwendung in der Hand der Aktiengesellschaft erfüllen soll, kann man aber dem Berufungsgericht auch nicht zugeben, daß hier im Sinne des Gesetzes von einer unentgeltlichen Bereicherung die Rede sein dürfe. Selbstverständlich hat die Aktiengesellschaft dasjenige, was ihr durch das Versprechen der beiden Gründeraktionäre zugeht, nicht für sich aufzuspeichern; dieser Vermögenszuwachs ist vielmehr, wie ihr übriges Vermögen, zur Förderung der statutarischen Zwecke und damit zur Vermehrung des auf die Aktien entfallenden Gewinns bestimmt. Dabei handelt es sich nicht um eine bloße Auflage (§ 525 B.G.B.). Es ist eine aus dem Gesellschaftsvertrage und der Zuwendung sich ergebende Verpflichtung im Interesse der Zuwendenden selber und später ihrer Singularrechtsnachfolger, an die sie die Aktien etwa veräußern." . . .

---

112. Hat das Berufungsgericht, wenn es einen Schadensersatzanspruch dem Grunde nach für gerechtfertigt erklärt, die Sache zur Entscheidung über den Betrag des Anspruchs an das Gericht erster Instanz auch dann zurückzuverweisen, wenn dieses die Klage aus dem Grunde abgewiesen hatte, weil es die Entstehung eines Schadens nicht für nachgewiesen erachtete?

Z.P.O. § 538 Ziff. 3.

VII. Zivilsenat. Urt. v. 17. Januar 1905 i. S. preuß. Fiskus (Bekl.) w. Fischergewerk in Cr. u. Gen. (Kl.). Rep. VII. 258/04.

I. Landgericht Guben.
II. Kammergericht Berlin.

Aus den Gründen:

„Die neue Bestimmung des § 538 Ziff. 3 Z.P.O. hat nur die Bedeutung, daß die Sache in den Fällen zur Entscheidung über die Höhe des Schadensbetrages in die erste Instanz zurückzuverweisen ist, in denen der erstinstanzliche Richter die Klage abgewiesen hat, weil nach seiner Ansicht der Beklagte zum Ersatz eines etwa entstandenen Schadens überhaupt nicht verpflichtet ist, der Berufungsrichter aber das Bestehen einer solchen Verpflichtung des Beklagten für gegeben erachtet. Dagegen bezieht sich die neue Bestimmung nicht auf den hier vorliegenden Fall, daß der erste Richter zwar, ebenso wie der zweite eine Verpflichtung des Beklagten zum Schadensersatz, wenn ein Schaden entstanden ist, anerkennt, jedoch die Klage deshalb abweist, weil nach seiner Annahme ein Schaden nicht vorhanden ist, wenn also, mit anderen Worten, beide Instanzrichter in der rechtlichen Beurteilung der Schadensersatzpflicht des Beklagten übereinstimmen, aber in der tatsächlichen Annahme der Existenz eines Schadens voneinander abweichen. Diese Auslegung des § 538 Ziff. 3 Z.P.O. stimmt allerdings nicht völlig glatt mit dem Wortlaute des Gesetzes, insbesondere den dort gebrauchten Ausdrücken „Grund" und „Betrag" des Anspruchs, überein. Denn nach der Rechtsprechung des Reichsgerichts hat der Ausspruch des Richters, daß der erhobene Schadensersatzanspruch dem Grunde nach gerechtfertigt sei, stets die tatsächliche Annahme zur selbstverständlichen stillschweigenden Voraussetzung, daß überhaupt irgendein Schaden entstanden sei. Es ließe sich danach die Meinung vertreten, daß auch die Feststellung der Nichtexistenz eines Schadens mit zur Entscheidung über den Grund des Anspruchs zu rechnen sei, daß deshalb der erste Richter, wenn er eine Schadensersatzklage wegen Nichtvorhandenseins eines Schadens abweist, nur über den Grund des Anspruchs erkannt habe, und daß die Bestimmung des § 538 Ziff. 3 Z.P.O. daher in solchem Falle anwendbar sei. Ob diese Auffassung durch die Ausführung des Berufungsrichters, daß der erste Richter über die Höhe des Betrages bereits mit erkannt habe, wenn er ihn auf Null feststelle, widerlegt wird, mag zweifelhaft sein. Jedenfalls muß die Erwägung ausschlaggebend sein, daß es unmöglich in der Absicht des Gesetzgebers gelegen haben kann, dem ersten Richter zuzumuten, daß er die Höhe eines seiner Überzeugung nach gar nicht vorhandenen Schadens feststelle; denn in tatsächlichen Fragen kann es einen Zwang des Richters, gegen seine Überzeugung zu entscheiden, nicht geben. Es muß daher für die Anwendung der in Rede stehenden Bestimmung eine gewisse Grenzverschiebung zwischen den Begriffen des „Grundes" und des „Betrages" des Anspruchs insofern angenommen werden, als im Sinne jener Bestimmung der erste Richter dann nicht nur über den Grund, sondern auch über den Betrag des Schadens erkannt hat, wenn er feststellt, daß ein Schaden überhaupt nicht vorhanden sei." ...

---

113. 1. Zur Auslegung des § 568 Abs. 2 Z.P.O.

2. Ist sofortige Beschwerde nach § 99 Abs. 3 Z.P.O. gegenüber einem über den Kostenpunkt ergangenen Berufungsurteile zulässig, wenn die Erledigung des Rechtsstreits in der Hauptsache bereits in erster Instanz eingetreten war?

3. Inwieweit findet sofortige Beschwerde nach § 99 Abs. 3 Z.P.O. statt, wenn der Rechtsstreit in der Hauptsache nur teilweise erledigt ist?

V. Zivilsenat. Beschl. v. 18. Januar 1905 i. S. Sch. (Bekl.) u. H. (Nebeninterv.) w. Reichsgrafen F. v. Sch. (Kl.). Beschw.-Rep. V. 368/04.

I. Kammergericht Berlin.

Gegen den Kläger, der von dem Beklagten ein mit einer $4^3/_8$ prozentigen Hypothek einer Versicherungsgesellschaft in Höhe von 415000 *M* belastetes Grundstück tauschweise gegen Hingabe eines Gutes und unter selbstschuldnerischer Übernahme der erwähnten Hypothek erworben hatte, machte die Hypothekengläubigerin alsbald nach dem Erwerbe des Grundstücks einen Teilbetrag ihrer Forderung in Höhe von 148000 *M* auf Grund des Umstandes geltend, daß dieser Teilbetrag nach den für die Rückzahlung der Hypothek geltenden Vertragsbestimmungen bereits dem Rechtsvorgänger des Klägers, dem Beklagten, gegenüber fällig geworden war. Daraufhin erhob der Kläger Klage mit dem Antrage, den Beklagten zu verurteilen, entweder die Versicherungsgesellschaft zur Zurücknahme des Zahlungsverlangens bezüglich der 148000 *M* zu veranlassen, oder zu bewirken, daß die 148000 *M* zu den bisherigen Bedingungen abgelöst und übernommen würden. Dieser Antrag erledigte sich im Laufe des Prozesses in erster Instanz ebenso wie der weitere demnächst gestellte Antrag, wonach Beklagter zu der Anerkennung verurteilt werden sollte, daß er verpflichtet sei, bei Erwerb eines Teilbetrages von 100000 *M* der bezeichneten Hypothek dem Kläger diesen Teilbetrag unter den im Grundbuch eingetragenen Bedingungen zu kreditieren. Schließlich verlangte der Kläger nur Erstattung: 1. der ihm durch das Zahlungsverlangen der Versicherungsgesellschaft erwachsenen, auf 160,20 *M* berechneten Anwaltsgebühren und Auslagen; 2. einer Zinsdifferenz von 312,50 *M*, die sich daraus ergab, daß er infolge eines im Laufe des

Prozesses mit der Versicherungsgesellschaft getroffenen Abkommens an diese ein halbes Jahr hindurch fünf Prozent anstatt der grundbuchmäßigen $4^3/_8$ Prozent hatte zahlen müssen. Beklagter seinerseits erhob auf Grund der Behauptung, daß dem eingetauschten Gute ein zugesichertes Recht fehle, Widerklage mit dem Antrage, den Kläger zur Zahlung von 1600 *M* zu verurteilen.

Der erste Richter verurteilte zunächst durch Teilurteil den Beklagten nach den beiden schließlichen Klaganträgen und wies sodann durch Schlußurteil die Widerklage ab. Sämtliche Kosten, einschließlich der durch die ursprünglichen Klaganträge veranlaßten, wurden dem Beklagten auferlegt. Auf die Berufung des Beklagten entschied der zweite Richter, ebenfalls im Wege des Teilurteils, über Klage und Widerklage sachlich. Im Schlußurteile, für das allein noch der Streit über die Kosten übrig blieb, wies er die Berufung gegen das erstinstanzliche Urteil hinsichtlich des Kostenpunktes zurück und verurteilte den Beklagten auch in die Kosten der Berufungsinstanz. Hiergegen erhob der Beklagte auf Grund des § 99 Z.P.O. sofortige Beschwerde. Sie wurde als unzulässig verworfen aus folgenden

Gründen:

„Allerdings steht der Beschwerde nicht der Umstand entgegen, daß beide Vorinstanzen über die Kosten in demselben Sinne entschieden haben. Denn § 568 Abs. 2 Z.P.O., der gegenüber zwei gleichlautenden Vorentscheidungen ein weiteres Rechtsmittel nicht zuläßt, gilt nur für die weitere Beschwerde, setzt also voraus, daß bereits die Entscheidung zweiter Instanz auf Beschwerde ergangen ist. Dieser Fall liegt gegenwärtig, wo gegen das Urteil erster Instanz die Berufung eingelegt war, und demzufolge das Verfahren der zweiten Instanz Berufungsverfahren, nicht Beschwerdeverfahren gewesen ist, nicht vor. Dagegen kommt in Betracht, daß, soweit der Rechtsstreit sich ohne Entscheidung in der Hauptsache erledigt hat, die Erledigung bereits in erster Instanz eingetreten war, mithin eine lediglich auf den Kostenpunkt beschränkte Entscheidung nicht erst in der Berufungsinstanz, sondern schon in der ersten Instanz erlassen worden ist. In solchen Fällen kann sich das Rechtsmittel dritter Instanz nur danach richten, welche Natur das in der zweiten Instanz gebrauchte Rechtsmittel gehabt hat. War gegen die erstinstanzliche Kostenentscheidung Berufung eingelegt worden, und ist demzufolge in zweiter Instanz über die Kosten im ordentlichen mündlichen Verfahren durch Urteil entschieden worden, so muß es bei der hierdurch dem Rechtsmittelzuge gegebenen Richtung auch für die dritte Instanz verbleiben. Es findet also gegebenenfalls nur Revision statt. Ein Überspringen von dem einen Rechtsmittelzuge auf den anderen dahin, daß ein vom Berufungsgericht auf Berufung gegen ein reines Kostenurteil erster Instanz erlassenes Urteil im Beschwerdeweg angefochten werden könnte, ist ebenso ausgeschlossen, wie es zweifellos unstatthaft sein würde, gegen den in der Beschwerdeinstanz ergangenen Beschluß eines Oberlandesgerichts Revision einzulegen. Diesen Grundsatz hat der jetzt entscheidende Senat bereits in dem einen ähnlichen Fall betreffenden Beschlusse vom 19. November 1904, Rep. V. 303/04, zur Geltung gebracht, und an ihm war festzuhalten.

Die Unzulässigkeit der eingelegten sofortigen Beschwerde ergibt sich aber weiterhin auch daraus, daß dieses Rechtsmittel nach § 99 Abs. 3 Z.P.O. nur stattfindet, wenn eine Entscheidung in der Hauptsache nicht ergangen ist, während im vorliegenden Falle die Widerklage sowie ein Teil der Klaganträge Gegenstand einer Sachentscheidung gewesen ist. Wenn demgegenüber die Beschwerde die Zulässigkeit des eingelegten Rechtsmittels daraus herleiten will, daß bezüglich derjenigen Kosten, über die im Berufungsurteil erkannt ist, eine Entscheidung in der Hauptsache nur zum kleinsten Teil, zum größten Teil aber nicht ergangen sei, so ist dies offensichtlich verfehlt. Es kann sich vielmehr nur fragen, ob in Fällen einer teilweisen Erledigung der Hauptsache eine Zwiespältigkeit in der Behandlung des Kostenpunktes einzutreten hat, derart, daß die Anfechtbarkeit der Entscheidung über denjenigen Teil der Kosten, der auf den durch Sachurteil erledigten Teil des Prozeßstoffs entfällt, sich nach § 99 Abs. 1 Z.P.O. bestimmt, soweit dagegen die Kosten den ohne Urteil erledigten Prozeßstoffrest betreffen, gegen die Entscheidung Beschwerde nach § 99 Abs. 3 stattfindet. Diese Ansicht ist in der Literatur und auch in praktischen Rechtssprüchen unterer Instanzen mehrfach vertreten worden. Für den vorliegenden Fall kann ihre Richtigkeit dahingestellt bleiben. Denn ihr würde jedenfalls nur dann beigepflichtet werden können, wenn der gegebene Fall keinen Zweifel darüber läßt, welche Kosten von den Gesamtkosten durch das ergangene Sachurteil veranlaßt sind, und welche Kosten sich auf den Rest des Prozeßstoffs beziehen. Nur die Durchführbarkeit einer solchen Kostentrennung würde es ermöglichen, über die letzteren Kosten eine selbständige Entscheidung zu erlassen, bei der ein Konflikt mit der Beurteilung der Hauptsache, wie sie in dem ergangenen (Teil-)Sachurteil enthalten ist, ausgeschlossen wäre. Wo dagegen die Kosten sich ungetrennt und untrennbar über den ganzen Prozeßstoff erstrecken, mithin ein Eingehen auf den Kostenpunkt ohne Nachprüfung der ergangenen Sachentscheidung nicht möglich ist, muß dies nach der gesetzgeberischen Absicht, die den Vorschriften der Abss. 2 und 3 des § 99 Z.P.O. zugrunde liegt, zur Folge haben, daß eine teilweise Erledigung der Hauptsache keine selbständige Anfechtung der Entscheidung über den Kostenpunkt begründet, sondern es trotz jenes Umstandes bei der Regel des § 99 Abs. 1 verbleibt. In diesem Sinne hat sich bereits der II. Zivilsenat des Reichsgerichts gegenüber einem Falle, in dem die Gesamtkosten des Prozesses quotenweise verteilt waren, ausgesprochen,

vgl. Entsch. in Zivils. Bd. 55 S. 394,

und das gleiche muß für den vorliegenden Fall gelten, da hier zwar sämtliche Kosten nur einer Partei auferlegt sind, eine Aussonderung derjenigen Kosten aber, die lediglich durch die ursprünglichen Klaganträge erwachsen sind, sich wegen der inneren Verbindung, in der die letzteren mit den späteren, durch Sachentscheidung erledigten Anträgen standen, nicht vornehmen läßt." ...

Register.

Die beigesetzten Zahlen beziehen sich auf die Seiten.

A. Sachregister.

A

B

L

B. Gesetzesregister.

1. Reichsgesetze.

a. Bürgerliches Gesetzbuch.

2. Gemeines Recht.

a. Institutionen.

b. Pandekten.

c. Codex.

3. Französisches Recht.

Code civil.

4. Landesrecht.

Preußen.

a. Allgemeines Landrecht.

b. Einzelne Gesetze und Verordnungen.

Bremen.

Königreich Sachsen.

C. Chronologische Zusammenstellung der Entscheidungen.

Zusammenstellung

der

im neunundfünfzigsten Bande, der neuen Folge neunten Bande

mitgeteilten Entscheidungen

nach

Oberlandesgerichtsbezirken.

Berlin . . . . . 6. 7. 17. 20. 21. 25. 26. 32. 48. 56. 58. 59. 64. 65. 68. 73. 74. 82. 85. 89. 91. 93. 111. 112. 113.
Braunschweig . 12.
Breslau . . . . 22. 23. 24. 31. 44. 67. 77. 80. 99.
Celle . . . . 15. 60. 69. 70. 81.
Colmar . . . . . 29. 76.
Dresden . . . . 1. 8. 10. 53. 61. 110.
Frankfurt a. M. 98.
Hamburg . . . . 9. 11. 14. 34. 35. 36. 47. 54. 62. 84. 92. 96. 101.
Hamm . . . . . . 3. 4. 19. 41. 57. 66. 87. 103. 105.
Jena . . . . . . 38. 50. 55.
Karlsruhe . . . 2. 5. 13. 27. 42. 52. 63. 104. 108.
Kassel . . . . . 72.
Kiel . . . . 43. 46. 49. 97.
Köln . . . . 37. 79. 86. 88. 102. 107. 109.
Königsberg . . 45.
Marienwerder 39.
Naumburg . . . 18. 28. 78. 83. 95.
Oldenburg . . . 75.
Posen . . . . . . 51.
Stettin . . . . . 30. 71. 90. 106.
Stuttgart . . . . 16. 33. 100.
Zweibrücken . . 94.

Patentamt . . . . 40.

Berichtigungen.

Zehnter Band.

S. 118 Z. 10 v. u. statt „l. 1 § 11" lies „legg. 1. 11".
„ 119 „ 17 v. o. statt „l. 1 § 11" lies „legg. 1. 11".
„ 459 Sp. 2 Z. 5 v. o. statt „§" lies „l.".

Generalregister zu Band 1—30.

S. 858 Sp. 1 Z. 11 v. u. statt „222" lies „322".
„ 890 „ 2 „ 2 v. o. statt „§" setze „.".

Siebenunddreißigster Band.

S. 190 Z. 17 v. u. statt „1613" lies „1615".

Sechsundvierzigster Band.

S. 359 Z. 11 v. u. statt „525" lies „515".
„ 453 Sp. 3 Z. 9 v. o. statt „525" lies „515".

Fünfzigster Band.

S. 433 Sp. 1 Z. 1 v. u. statt „35" lies „37".

Generalregister zu Band 41—50.

S. 602 Sp. 2 zwischen Z. 17 u. 18 v. u. schieb ein „§ 515 .... **46,** 359".
„ „ „ 2 Z. 13 v. u. streich „**46,** 359".

Sechsundfünfzigster Band.

S. 331 Z. 7 v. u. statt „Rep." lies „Beschw.-Rep.".
„ „ „ 4 v. u. statt „237" lies „239".
„ 430 „ 2 v. u. hinter „Co." schieb ein „u. Gen.".
„ 465 „ 14 v. u. statt „Rep." lies „Beschw.-Rep.".
„ „ „ 8 v. u. hinter „Co." schieb ein „u. Gen.".

Siebenundfünfzigster Band.

S. 184 Z. 1 v. o. statt „34" lies „42".
„ 352 „ 15 v. u. hinter „Sache" schieb ein „als „bürgerliche Rechtsstreitigkeit".
„ 377 „ 10 v. o. statt „326" lies „336".
„ 447 Sp. 2 Z. 19 v. u. statt „unzüchigen" lies „unzüchtigen".

Achtundfünfzigster Band.

S. XII Z. 12 v. o. statt „6" lies „76".
„ 6 „ 2 v. u. statt „7" lies „18".
„ 105 „ 8 v. o. statt „138" lies „139".
„ 107 „ 3 v. o. statt „Z.P.O." lies „B.G.B.".
„ 233 „ 5 v. o. statt „04" lies „03".
„ 236 „ 1 v. o. statt „113" lies „119".
„ 237 „ 3 v. u. statt „320" lies „302".
„ 282 „ 6 v. o. statt „ist" lies „war".
„ 285 „ 18 v. o. statt „hervorrufen" lies „hervorzurufen".
„ 361 „ 1 v. o. statt „733" lies „753".
„ 381 Seitenüberschrift statt „98" lies „96".
„ 400 Z. 11 v. o. statt „19" lies „179".
„ 459 „ 7 v. o. statt „04" lies „03".

Neunundfünfzigster Band.

S. 5 Z. 5 v. o. statt „191" lies „391".
„ 72 „ 5 v. o. statt „23" lies „30".
„ 196 „ 4 v. o. statt „17" lies „20".
„ 296 „ 13 v. u. statt „März" lies „Dezember".
„ 319 „ 11 v. o. statt „V" lies „I".
„ 335 „ 5 v. u. statt „Juli" lies „Juni".
„ 393 „ 3 v. o. statt „97" lies „96".

FSC
www.fsc.org
MIX
Papier | Fördert
gute Waldnutzung
FSC® C083411

Kolibri 360 GmbH
Ferdinand-Jühlke-Straße 7
99095 Erfurt, Deutschland
produktsicherheit@kolibri360.de